컴퓨터 비전과 딥러닝

한빛아카데미
Hanbit Academy, Inc.

지은이 **오일석** isoh@jbnu.ac.kr

전북대학교 컴퓨터공학부 교수로 재직 중입니다. 서울대학교 컴퓨터공학부를 졸업하고, KAIST 전산학과에서 박사학위를 받았으며 주요 연구 분야는 기계학습, 컴퓨터 비전, 인공지능입니다. 저서로는 한빛아카데미의 『파이썬으로 만드는 인공지능』(세종도서 2021년 우수학술도서), 『R로 배우는 데이터 과학』, 『기계학습』(대한민국학술원 2018년 우수학술도서), 『컴퓨터 비전』(대한민국학술원 2015년 우수학술도서)과 교보문고의 『패턴인식』(문화체육관광부 2009년 우수학술도서), 『C 프로그래밍과 스타일링』(2009년), 인피니티북스의 『세상을 여는 컴퓨터 이야기』(2020년)가 있고 역서로는 한빛아카데미의 『앱인벤터2』(2015년)가 있습니다.

컴퓨터 비전과 딥러닝

초판발행 2023년 1월 5일
3쇄발행 2024년 1월 20일

지은이 오일석 / **펴낸이** 전태호
펴낸곳 한빛아카데미(주) / **주소** 서울시 서대문구 연희로2길 62 한빛아카데미(주) 2층
전화 02-336-7112 / **팩스** 02-336-7199
등록 2013년 1월 14일 제2017-000063호 / **ISBN** 979-11-5664-548-1 93000

총괄 박현진 / **책임편집** 유경희 / **기획 • 편집** 김미정 / **교정** 신꽃다미 / **진행** 김미정
디자인 이아란 / **전산편집** 김희정 / **제작** 박성우, 김정우
영업 김태진, 김성삼, 이정훈, 임현기, 이성훈, 김주성 / **마케팅** 길진철, 김호철, 심지연

이 책에 대한 의견이나 오탈자 및 잘못된 내용에 대한 수정 정보는 아래 이메일로 알려주십시오.
잘못된 책은 구입하신 서점에서 교환해드립니다. 책값은 뒤표지에 표시되어 있습니다.

홈페이지 www.hanbit.co.kr / 이메일 question@hanbit.co.kr

Published by HANBIT Academy, Inc. Printed in Korea

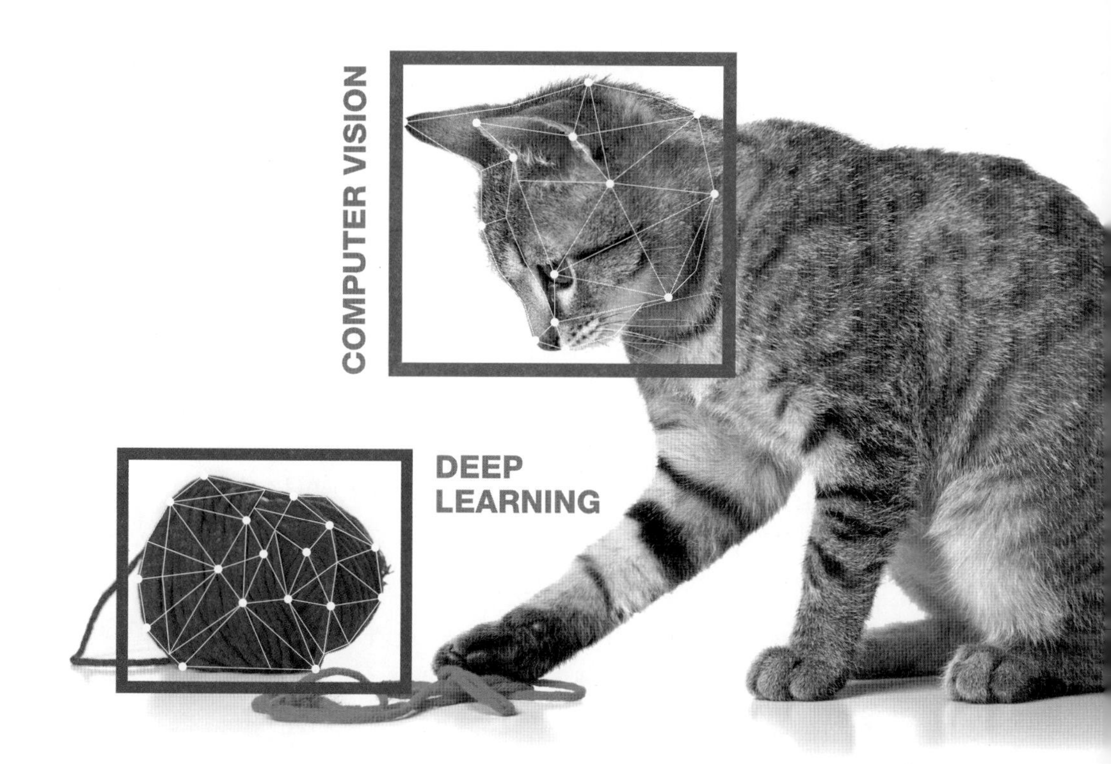

컴퓨터 비전과 딥러닝

오일석 지음

한빛아카데미
Hanbit Academy, Inc.

고전 방법과 딥러닝 방법, 이론과 프로그래밍 실습으로 균형 있게 공부하는 컴퓨터 비전

컴퓨터 비전에서 2012년은 특별한 해입니다. 자연 영상을 1000부류로 분류하는 ILSVRC 대회에서 딥러닝으로 구현한 AlexNet이 고전 알고리즘을 큰 차이로 누르고 우승했기 때문입니다. 이후 빠르게 딥러닝 시대로 패러다임이 전환했습니다. 벽에 큼지막한 C자를 그려놓고 퍼셉트론으로 인식을 시도하는 상징적인 사진을 찍은 것이 1960년경이었으니, 불과 50여 년 만에 컴퓨터 비전이 괄목상대할 능력을 갖춘 셈입니다. 피닉스에서 시범 서비스를 시작한 웨이모의 자율주행 택시는 현재 샌프란시스코로 영역을 확대하여 사업화를 꾀하고 있습니다. DALL·E와 Imagen 같은 언어-비전 생성 모델은 예술가와 디자이너가 상상력을 확장할 수 있도록 영감을 주며 새로운 예술 세계를 열어가고 있습니다. 그리고 이런 혁신의 중심에 컴퓨터 비전이 있습니다.

컴퓨터 비전은 사람이 알고리즘을 직접 설계하던 고전 시대와 사람이 준비해준 데이터로 학습하는 딥러닝 시대로 구분됩니다. 컴퓨터 비전에 대해 세계적으로 가장 권위 있는 책인 『Computer Vision: Algorithms and Applications』는 딥러닝 이전에 1판이 나왔는데, 2022년에 나온 2판에서도 여전히 반 이상의 분량이 고전 알고리즘에 할애되어 있습니다. 반면에 이 책은 딥러닝이 70% 이상을 차지합니다. 이런 구성은 고전 방법과 딥러닝 방법에 대한 균형 있는 안목과 지식을 갖추는 데 크게 도움이 될 것입니다.

이 책은 딱딱한 과학기술 내용을 기승전결 이야기 방식으로 부드럽게 풀어갑니다. 먼저 왜 이 문제를 풀어야 하는지 설명하고, 상식으로 이해할 수 있는 수준의 원리를 소개하면서 단순한 상황에 대한 해결책을 제시합니다. 이어서 본격적으로 수식과 알고리즘을 전개합니다. 그리고 마지막으로 프로그래밍 실습을 통해 해결책을 내 것으로 만듭니다.

이 책에서는 프로그래밍 실습을 중요하게 다룹니다. 고전 시대의 알고리즘을 지원하는 OpenCV와 딥러닝을 지원하는 텐서플로를 활용한 파이썬 프로그램을 85개 제공합니다. 그중에는 PyQt로 GUI를 붙여 실용성을 강화한 비전 에이전트 제작 8개가 포함되어 있습니다. 이론과 실습이 상호 보완하는 이런 구성은 창의적인 아이디어를 내고 아이디어 구현을 통해 경쟁력 있는 제품을 만들 동기와 능력을 충만하게 해줄 것입니다.

책의 전반부에서는 고전 컴퓨터 비전을 다룹니다. 영상 처리로 시작하여 에지 검출과 영역 분할, SIFT로 대표되는 지역 특징의 원리와 알고리즘을 소개합니다. 후반부에서는 딥러닝 비전을 다룹니다. 다층 퍼셉트론으로 신경망의 원리를 소개한 다음, 분류, 검출, 분할, 추적 문제를 해결하는 컨볼루션 신경망을 설명합니다. 최근 놀라운 성능을 보이는 트랜스포머의 원리와 비전 분야의 응용을 설명하고, 로봇과 연동하는 데 필수적인 3차원 비전과 RGB-D 영상 인식도 소개합니다. 그리고 2020년대 들어 뜨거운 주제로 부상한 DALL·E와 Imagen 같은 언어-비전 생성 모델을 설명합니다.

이 책을 공부하려면 파이썬 프로그래밍에 대한 기초 역량이 필요합니다. 그래서 온라인 부록으로 파이썬 기초를 빠르게 다지는 길을 안내하며, 파이썬의 기본 자료 구조와 문법, numpy와 matplotlib을 쉽게 설명한 튜토리얼 문서도 제공합니다. 선형대수와 확률 이론에 대한 최소한의 내용도 함께 제공합니다. 이러한 튜토리얼은 컴퓨터 비전 공부를 시작하는 데 필요한 기초 지식을 빠르게 습득할 수 있는 지름길을 제시할 것입니다.

전북대학교 컴퓨터비전연구실 학생들이 자신이 등장하는 프로그램 실행 영상을 제작해주었으며, 원고를 꼼꼼하게 검토하여 오류를 교정하고 더 좋은 표현을 제안해주었습니다. 고마운 마음을 전합니다. 출판 과정을 꼼꼼하게 챙겨준 한빛아카데미(주)의 김미정 차장께 감사드립니다. 항상 따뜻함과 편안함을 안겨주는 가족, 서영과 서정, 진선에게 감사의 마음을 전합니다.

저자 오일석

- **강의 보조 자료** 한빛아카데미 홈페이지에서 '교수회원'으로 가입하신 분은 인증 후 교수용 강의 보조 자료를 제공받을 수 있습니다. 한빛아카데미 홈페이지 상단의 [교수전용공간] 메뉴를 클릭하세요.
http://www.hanbit.co.kr/academy

- **학습 보조 자료** 학습에 필요한 자료와 온라인 부록은 아래 주소에서 내려받을 수 있습니다.
http://www.hanbit.co.kr/src/4548

- **연습문제 해답 안내** 이 책은 대학 강의용 교재로 개발되었으므로 연습문제 해답은 제공하지 않습니다.

- **주요 내용**

❶ 학습 준비(1~3장)
- 1~2장에서는 컴퓨터 비전을 소개합니다. OpenCV 프로그래밍을 시작하여 컴퓨터 비전에 대한 흥미를 돋웁니다.
- 3장에서는 컴퓨터 비전이 전처리 과정으로 사용하는 영상 처리를 배웁니다.

❷ 고전 컴퓨터 비전(4~6장)
- 4~6장에서는 고전 방법에 속하는 에지 검출과 영역 분할, 지역 특징 검출을 소개합니다. 특히 6장에서는 GUI를 붙여 비전 에이전트를 제작하는 흥미로운 실습을 수행합니다.

❸ 딥러닝 컴퓨터 비전(7~13장)
- 7~8장에서는 다층 퍼셉트론과 컨볼루션 신경망을 소개하고 신경망을 안정적으로 학습하는 데 필요한 여러 가지 기법을 설명합니다.
- 9~11장에서는 분류, 검출, 분할, 추적, 자세 추정 등 컴퓨터 비전의 핵심 문제를 푸는 컨볼루션 신경망과 비전 트랜스포머 모델을 여럿 소개하고 프로그래밍 실습을 수행합니다.
- 12장에서는 RGB-D 영상의 인식과 카메라 캘리브레이션에 필요한 3차원 비전을 학습합니다.
- 13장에서는 생성 비전을 설명합니다. 특히 언어-비전 멀티 모달 생성 모델인 DALL·E의 원리를 자세히 소개합니다.

- **표기** 이 책에서는 스칼라 변수와 벡터, 행렬, 연산을 아래와 같이 일관성 있게 표기합니다.
  - a: 스칼라 변수(이탤릭 소문자)
  - $\mathbf{a} = (a_1\ a_2 \cdots a_d)$: d차원 벡터(볼드 소문자)
  - $\mathbf{A} = \begin{pmatrix} a_{11} & a_{12} & \cdots & a_{1p} \\ a_{21} & a_{22} & \cdots & a_{2p} \\ \vdots & \vdots & \ddots & \vdots \\ a_{q1} & a_{q2} & \cdots & a_{qp} \end{pmatrix}$: $q \times p$ 행렬(볼드 대문자)
  - $\mathbf{A}^{\mathrm{T}}$: 전치 행렬transpose matrix
  - $\mathbf{A}^{-1}$: 역 행렬inverse matrix
  - $|a|$: a의 절댓값
  - $\|\mathbf{a}\|_p = \left(\sum_{i=1}^{d} |a_i|^p\right)^{\frac{1}{p}}$: 벡터의 p놈norm
  - $\|\mathbf{a}\|_1 = |a_1| + |a_2| + \cdots + |a_d|$: 벡터의 1놈(맨해튼 거리)
  - $\|\mathbf{a}\|_2 = \|\mathbf{a}\| = \sqrt{a_1^2 + a_2^2 + \cdots + a_d^2}$: 벡터의 2놈(유클리디안 거리)
  - $\|\mathbf{a}\|_2^2 = \|\mathbf{a}\|^2 = a_1^2 + a_2^2 + \cdots + a_d^2$: 2놈의 제곱(유클리디안 거리의 제곱)
  - $\mathbf{a} \cdot \mathbf{b} = \mathbf{a}\mathbf{b}^{\mathrm{T}} = a_1 b_1 + a_2 b_2 + \cdots + a_d b_d$: 벡터의 내적dot product
  - $\max_i \mathbf{a}$: $[a_1, a_2, \cdots, a_d]$에서 가장 큰 값
  - $\min_i \mathbf{a}$: $[a_1, a_2, \cdots, a_d]$에서 가장 작은 값
  - $\operatorname{argmax}_i \mathbf{a}$: $[a_1, a_2, \cdots, a_d]$에서 가장 큰 값을 갖는 요소의 인덱스
  - $\operatorname{argmin}_i \mathbf{a}$: $[a_1, a_2, \cdots, a_d]$에서 가장 작은 값을 갖는 요소의 인덱스
    (예를 들어, $\mathbf{a}=(5\ 8\ 3\ 1\ 7)$이라면, $\max_i \mathbf{a}$는 8, $\min_i \mathbf{a}$는 1, $\operatorname{argmax}_i \mathbf{a}$는 2, $\operatorname{argmin}_i \mathbf{a}$는 4)
  - e: 오일러 상수Euler constant로서 2.71828… 값을 갖는 무리수
  - $\log$: 밑이 e인 로그 함수
  - $[a,b]$: a보다 크거나 같고 b보다 작거나 같은 구간
  - (a,b): a보다 크고 b보다 작은 구간
  - $a \cong b$: a는 b와 거의 같음
  - $\lceil a \rceil$: a보다 큰 가장 작은 정수
  - $\lfloor a \rfloor$: a보다 작은 가장 큰 정수
  - $a \sim p$: 확률 분포 p에서 a를 샘플링
  - $\mathbb{E}$: 기댓값

Chapter 04 에지와 영역

Chapter 05 지역 특징

Chapter 07 딥러닝 비전

Chapter 08 컨볼루션 신경망

Chapter 13 생성 비전

CHAPTER

인간의 시각을 흉내 내는 컴퓨터 비전

1.1 인간의 시각

1.2 왜 컴퓨터 비전인가?

1.3 컴퓨터 비전은 왜 어려운가?

1.4 컴퓨터 비전의 역사

1.5 컴퓨터 비전 체험 서비스

1.6 컴퓨터 비전 만들기

1.7 읽을거리와 볼거리

연습문제

Preview

인간의 시각은 놀랍다. 영상에서 [그림 1-1]과 같은 장면을 본 아이는 멋진 다이빙 선수라고 말한다. 아래쪽에 깊은 수영장이 있다고 누구나 추론한다. 물 속으로 풍덩 빠지는 장면이 순식간에 나타날 것이라고 미래를 예측한다. 그리고 관중의 환호를 받는 장면까지 상상한다. 실내인가? 몇 명인가? 혼성인가? 이런 질문에 아주 쉽게 대답한다. 다이빙 전문가라면 자세를 분석하여 선수들이 얻을 점수를 꽤 정확하게 추정한다.

그림 1-1 인간이 쉽고 정확하게 해석할 수 있는 영상

인간의 이런 놀라운 시각을 컴퓨터가 흉내 낼 수 있을까? 이런 질문을 품고 컴퓨터 비전의 세상으로 들어가보자.

1.1 인간의 시각

시각은 오감 중에서 가장 뛰어난 감각이다. [그림 1-2(a)]는 인간의 눈이다. 물체에서 반사된 빛은 렌즈에 해당하는 수정체lens를 통해 눈의 내부로 들어와 뒷면에 있는 망막retina에 투영된다. 망막은 빛을 화학 신호로 변환하고 시신경optic nerve은 [그림 1-2(b)]에 노란색으로 표시되어 있는 1차 시각 피질primary visual cortex로 신호를 전송한다. 도착한 신호는 녹색으로 표시된 등쪽 경로dorsal pathway와 보라색으로 표시된 배쪽 경로ventral pathway로 나뉘어 전달된다. 등쪽 경로는 주로 물체의 움직임을 알아내고 배쪽 경로는 물체의 부류를 알아낸다고 알려져 있다. 두뇌는 이렇게 알아낸 인식 정보를 이용해 신체 부위를 적절하게 제어한다. 이런 과정을 사람은 매 순간 빠르고 정확하게 그리고 아주 손쉽게 해낸다.

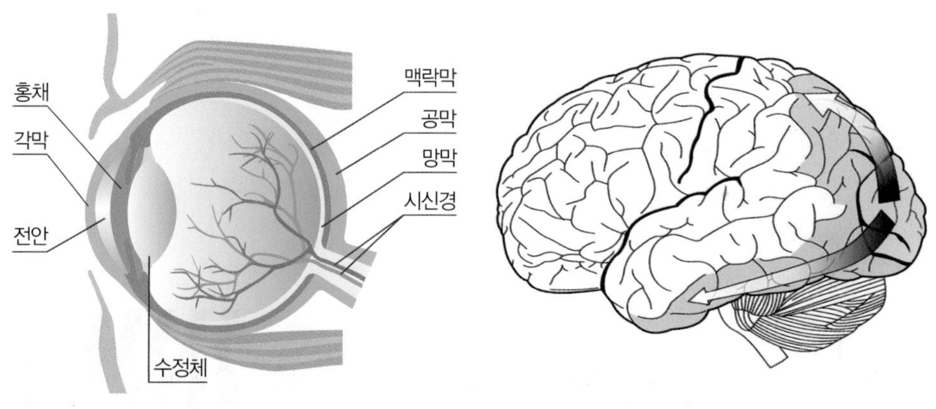

(a) 눈의 구조 (b) 시각 정보 처리를 담당하는 시각 피질

그림 1-2 인간의 시각 시스템

인간은 수천만 년의 진화를 통해 이런 뛰어난 시각을 얻었다. 인간 시각의 강점은 다음과 같다.

- **분류, 검출, 분할, 추적, 행동 분석에 능숙하다.** 이 기능들이 동시에 유기적으로 수행되어 매우 정확하고 빠르다.
- **3차원 복원 능력이 있다.** 망막에 맺힌 2차원 영상을 역으로 해석해 3차원 정보를 복원한다. 이때 두 눈을 사용해 정확성을 더욱 높인다.

- **빠르고 강건하다.** 큰 노력을 들이지 않고도 변하는 장면을 빠르게 해석한다. 조명과 날씨, 물체까지의 거리, 물체의 위치와 각도가 심하게 변해도 높은 인식 성능을 유지한다.
- **다른 지능 요소인 지식 표현, 추론, 계획과 협동한다.** 시각은 다른 지능 요소의 도움을 받아 정확도를 높이고 해석의 지평을 넓힌다. 또한 인식한 정보를 이 지능 요소들에 제공함으로써 의사결정 수준을 높인다.
- **사전 행동proactive에 능숙하다.** 방금 전에 처리한 결과에 따라 미리 시점을 바꾸고 관심 물체에 선택적 주의집중selective attention을 하여 시각 정보 처리의 효과를 극대화한다.
- **과업 전환이 매끄럽고 유기적이고 빠르다.** 앞에 있는 사람이 누구인지 알아내는 과업을 마친 다음 표정을 인식하는 과업으로 전환할 때 틈새 없이seamless 전환한다. 이전 과업에서 알아낸 정보를 이후 과업에 적극 활용한다.
- **비주얼 서보잉visual servoing이 뛰어나다.** 시각 처리로 알아낸 정보로 팔을 제어해 과일을 따거나 물건을 집는 등의 행동을 쉽게 달성한다. 가지가 과일을 가리면 시점을 바꾸어가며 손이 닿을 수 있는 경로를 실시간으로 계획한다.

그러나 인간 시각은 다음과 같은 한계를 안고 있다.

- **착시가 있다.** [그림 1-3]은 왼쪽부터 차례로 '두 선분의 길이가 같은가?', 'A와 B의 밝기가 같은가?', '주황색 원의 크기가 같은가?', '수평선이 평행인가?'와 같은 질문을 던진다. 인간은 이런 질문에 오답을 내기 일쑤다.

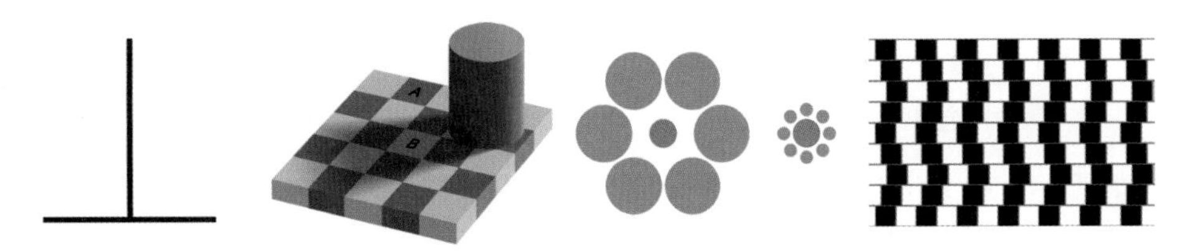

그림 1-3 인간 시각의 착시 현상(출처: 영문 위키피디아 'optical illusion')

- **정밀 측정에 오차가 있다.** 도구를 사용하지 않으면 물체 길이를 mm 단위까지 정확하게 알아내지 못한다.
- **시야가 한정되어 있다.** 수평 방향으로 180도, 수직 방향으로 120도까지만 볼 수 있다.
- **피로해지고 퇴화한다.** 단기적으로 피로 현상을 막을 수 없고 장기적으로 퇴화 현상을 피할 수 없다.

1.2 왜 컴퓨터 비전인가?

컴퓨터 비전은 인간의 시각을 흉내 내는 컴퓨터 프로그램이다. [그림 1-4]가 보여주는 바와 같이 컴퓨터 비전은 인공지능의 중요한 구성 요소다. 예를 들어 시각 기능이 없는 로봇은 다른 기능이 아무리 뛰어나도 정해진 경로로 이동할 수밖에 없고 작업 환경이 조금만 바뀌어도 성능이 크게 떨어져 애물단지가 된다. [그림 1-4]의 파란 테두리 박스의 내용이 이 책의 주제다.

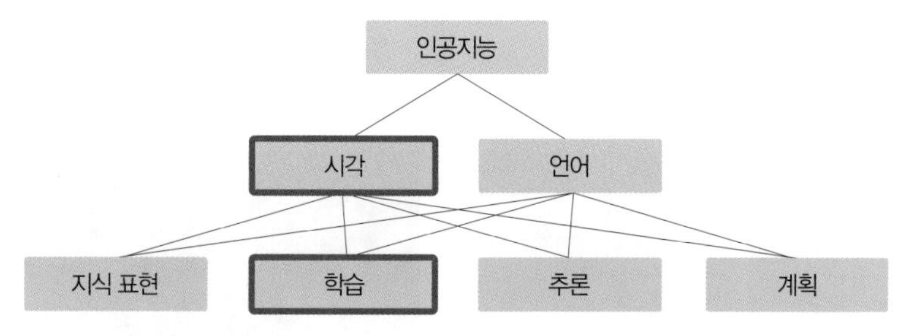

그림 1-4 인공지능의 실현

현재의 컴퓨터 비전 기술로 인간에 필적하는 시각을 구현하는 일은 불가능하다. 하지만 과업을 한정하면 인간의 성능에 가깝거나 뛰어넘는 컴퓨터 비전을 만들어 당장 활용할 수 있는 응용 분야는 무궁무진하다. [그림 1-5]는 몇 가지 대표적인 응용 사례다.

- **농업** 과일 수확, 잡초 제거, 자율 트랙터, 작물 성장 모니터링, 축사 모니터링 등 컴퓨터 비전을 응용할 수 있는 과업이 아주 많다. [그림 1-5(a)]는 테벨 사에서 개발한 과일 수확 드론이다. 컴퓨터 비전을 활용하는 농업용 로봇에 대한 영상이 많으니 찾아보자.

  TIP 추천 영상
  - https://www.youtube.com/watch?v=8dksuAXc6P8
  - https://www.youtube.com/watch?v=K-FvYZv785U
  - https://www.youtube.com/watch?v=bpa1iiJmR3Q

- **의료** 알츠하이머 진단, 병변 위치 찾기, 수술 계획, 재활 도우미, 세포 분석 등에 활발히 활용된다. [그림 1-5(b)]는 MRI 영상에서 3차원 혈관을 분할한 결과를 보여준다.

(a) 과일 수확 드론

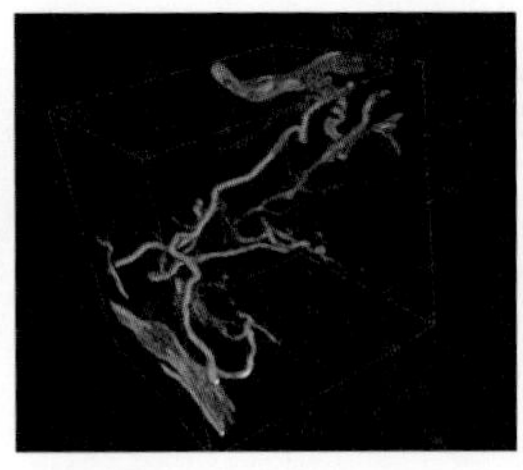

(b) 혈관 분할

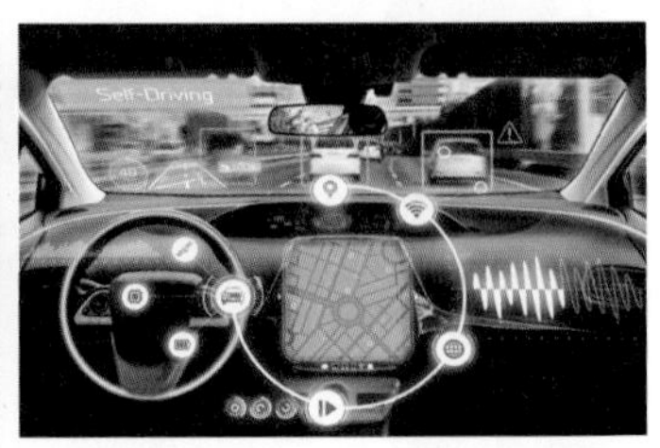

(c) 자율주행

(d) 불량 검사

(e) 선수의 행동 분석

(f) 고객의 동선 분석

(g) 얼굴 인식 보안

(h) 태양광 모니터링

(i) 게임 플레이(알파스타)

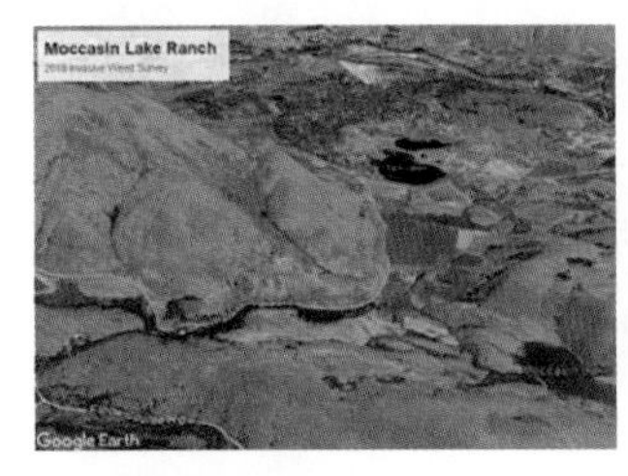

(j) 지형 모니터링

(k) 화성 탐사선

(l) 광장 감시

(m) 에드몽 벨라미

(n) 청소 로봇

(o) 휴머노이드 로봇

그림 1-5 컴퓨터 비전의 응용 사례

- **교통** 교통 흐름 분석, 도로 상황 인식, 주차 관리 등 아주 많은 응용이 있다. [그림 1-5(c)]의 자율주행은 가장 혁신적인 응용으로, 현재 부분적으로 대중화되었다고 볼 수 있다. 자율주행은 다섯 단계로 구분하는데, 현재 출시되는 차는 2~3단계를 기본 장착하는 경우가 많다.

- **스마트 공장** 공정 전반에 걸쳐 장비 진단, 작업자 안전, 공장 내 자율주행, 로봇 비전 등의 컴퓨터 비전 요소를 종합적으로 활용해 스마트 공장을 실현한다. [그림 1-5(d)]의 불량 검사defect inspection는 컴퓨터 비전의 가장 오래된 응용으로 대다수 공장이 사용하고 있다.

- **스포츠** 경기 분석, 선수 행동 분석, 경기 비디오 요약, 심판 판정 등 점점 다양하게 활용되고 있다. [그림 1-5(e)]는 농구 선수의 행동을 자동으로 알아내는 응용 사례다.

- **유통** 매장 내 고객 행위를 분석하면 보다 효과적으로 상품 진열, 맞춤 광고, 동선 유도 등을 할 수 있다. [그림 1-5(f)]는 로컬푸드 매장에서 고객을 추적해 동선을 알아내는 장면이다.

- **보안** [그림 1-5(g)]에서 볼 수 있는 것처럼 얼굴이나 지문 인식을 통한 로그인 기능은 스마트폰이나 태블릿에 장착되어 보편 기술이 되었다. 홍채, 정맥, 보행, 귀 모양, 필적 등도 활용된다.

- **에너지** [그림 1-5(h)]는 태양광 발전 단지에서 드론으로 모듈 상태와 동물 침입을 감시하는 장면이다. 풍력 발전소나 조력 발전소, 전력 전송망 등에도 활용된다.

  TIP 인용 영상
  - https://cacm.acm.org/news/254412-duke-energy-used-computer-vision-robots-to-cutcosts-by-74-million/fulltext

- **엔터테인먼트** 영화 제작에서는 컴퓨터그래픽스와 컴퓨터 비전을 결합해 실사처럼 보이는 장면을 제작하는 일이 보편적이다. [그림 1-5(i)]는 스타크래프트를 프로게이머 수준으로 플레이하는 알파스타AlphaStar의 플레이 화면이다. 알파스타는 컴퓨터 비전 기술을 통해 실시간으로 게임 화면을 분석하고 행동을 결정한다.

  TIP 인용 영상
  - https://www.youtube.com/watch?v=cUTMhmVh1qs

- **환경** 드론이나 위성에서 찍은 사진을 분석해 오염된 곳을 찾아내거나 쓰나미 같은 환경 재앙을 예측하는 데 컴퓨터 비전 기술을 활용한다. [그림 1-5(j)]는 호수의 청결 상태를 인식하는데 컴퓨터 비전을 활용하는 사례다.

- **우주과학** 화성에 착륙한 [그림 1-5(k)]의 로봇이 구덩이에 빠지지 않고 돌아다니려면 컴퓨터 비전이 필수다. 채집할 광물을 알아낼 때도 컴퓨터 비전이 필요하다.

- **감시** CCTV 카메라에 컴퓨터 비전 기능을 장착하면 카메라가 스스로 범죄 현장을 판단하고 경고음을 발생해 범인을 쫓아낼 수 있다. [그림 1-5(l)]은 광장에 설치된 카메라가 사람을 검출하는 장면이다.

- **예술** [그림 1-5(m)]은 컴퓨터 비전이 그린 에드몽 벨라미Edmond de Belamy라는 인물화로서 2018년에 크리스티 경매에서 5억 원에 낙찰되었다. 이처럼 컴퓨터 비전은 새로운 영상을 생성하는 기능을 통해 창작 영역에 도전하고 있다.

- **가사** [그림 1-5(n)]의 청소 로봇이 대표적이다. 예전에는 성능이 낮아 애물단지로 전락하곤 했는데 지금은 3차원 영상을 획득하는 라이다LiDAR 센서를 채용해 성능이 크게 개선되었다.

- **휴머노이드 로봇** [그림 1-5(o)]는 현대가 인수한 보스톤다이내믹스 사에서 개발한 로봇 아트라스Atlas다. 영상을 보면 아트라스는 자유자재로 장애물을 뛰어넘고 공중제비를 돌기도 한다.

TIP 인용 영상

- https://www.youtube.com/watch?v=tF4DML7FIWk

1.3 컴퓨터 비전은 왜 어려운가?

앞 절에서 보았듯이 특정한 과업에 국한하면 인간 시각에 가깝거나 우월한 능력을 보여 실제로 활용할 수 있는 컴퓨터 비전 시스템이 많다. 하지만 일반적인 환경에서는 인간 시각에 크게 뒤지며, 인간에 가까운 성능을 달성할 수 있을지조차 불분명하다. 컴퓨터 비전이 어려운 이유는 명확하다.

세상의 변화무쌍함

세상은 참으로 변화무쌍하다. 낮에는 잘 보이던 물체가 밤에는 어두워 잘 보이지 않는다. 비나 눈이 오면 점박이 영상이 되고 안개가 끼면 흐릿하다. 물체를 보는 위치와 방향에 따라 영상이 달라지며, 카메라나 물체가 이동하면 영상이 시시각각 변한다. 모양이 변하지 않는 강체rigid object도 있지만 동물처럼 몸이 유연한 연성 물체non-rigid object도 있다. 게다가 사람의 관심은 물질의 기본 단위인 원자부터 우주까지 스펙트럼이 아주 넓고 스펙트럼의 모든 수준에서 영상이 발생하므로 컴퓨터 비전이 취급해야 하는 영상의 종류도 방대하다.

이런 변화를 표현하는 규칙이나 알고리즘을 만드는 일은 매우 어렵다. 최근에는 인터넷을 통해 수억 장의 영상을 모아 세상의 변화무쌍함에 대처하려 노력하고 있다. 또한 층을 깊게 쌓은 신경망을 학습하는 딥러닝 기술을 개발해 혁신적인 성능 향상을 얻고 있다. 하지만 세상의 변화무쌍에 대처하는 길은 여전히 특정 과업에 국한하는 방법뿐이다.

컴퓨터는 넘버 크런처

넘버 크런처number cruncher는 엄청난 양의 단순 계산을 반복하는 사람 또는 기계를 일컫는다. 컴퓨터는 방대한 양의 숫자를 메모리에 표현하고 사칙과 비교 연산을 아주 정확하고 빠르게 수행하는 기계다. 따라서 컴퓨터 비전이 처리해야 하는 영상은 [그림 1-6]이 예시하는 숫자 배열일 뿐이다. 이 배열은 모나리자의 눈 부분을 오린 패치 영상이다. 이 배열에 사칙과 비교 연산을 적용해 어떻게 사람의 눈이라는 사실을 알아낼 수 있을까? 사람의 시각이 명암 변화가 심한 곳을 물체 경계로 인식하듯이 컴퓨터 비전은 인접한 화솟값의 차이를 계산하고 차이가 큰 곳을 물체 경계 특징으로 추출한다. 이런 저급 특징을 결합해 눈, 코, 입이라는 중급 특징을 알아내고, 중급 특징을 결합해 얼굴이라는 고급 특징을 알아내는 일은 단순하지 않다.

125	134	125	122	127	127	120	130	139	135	139	140	133	127	127	130	133	135	138	133	137	139	134	130	125	121
117	123	114	116	120	122	118	120	122	117	122	126	124	117	106	100	99	102	105	120	118	113	109	105	106	111
109	110	105	102	112	123	130	135	147	171	191	184	183	174	157	139	124	107	90	92	87	88	92	93	88	89
108	105	100	116	117	129	163	195	210	217	205	215	211	198	185	176	167	143	117	91	80	77	88	91	84	79
107	103	102	120	146	173	200	193	172	165	138	141	135	123	118	125	139	143	137	121	99	84	85	88	82	81
104	107	115	134	159	171	170	136	115	129	107	83	83	82	80	83	90	103	113	125	108	93	91	90	86	83
107	120	137	160	150	125	139	150	167	174	115	99	94	93	98	98	89	87	91	104	103	99	97	95	94	95
111	133	156	134	151	157	189	206	216	212	136	114	92	83	97	110	108	100	98	97	101	101	95	92	103	120
130	145	164	165	185	213	219	210	212	196	158	108	123	137	137	123	111	121	134	145	132	130	147	159	163	171
138	151	170	185	195	215	222	211	214	218	209	160	152	151	157	163	166	167	166	159	155	160	180	193	195	193
142	153	171	190	190	204	218	213	207	214	218	213	204	195	192	189	183	178	173	161	159	163	171	183	189	187
141	151	164	188	178	180	197	204	201	197	196	196	193	190	187	176	163	157	156	156	161	163	166	174	186	192
144	151	160	185	183	176	176	187	192	191	188	193	184	178	177	174	165	156	151	148	163	177	182	188	200	203
152	160	168	176	193	193	182	180	180	174	172	164	161	159	154	146	140	143	149	173	184	190	190	193	199	205
159	168	178	178	202	206	197	194	187	175	175	167	172	179	180	176	176	188	203	215	212	206	204	202	204	205
161	171	185	197	210	204	199	211	210	206	212	219	210	206	215	225	226	220	215	214	209	210	214	216	211	200

그림 1-6 컴퓨터 비전이 인식해야 하는 영상은 아주 큰 숫자 배열

인공지능의 미숙함

[그림 1-4]에서 설명하는 바와 같이 지능은 지식 표현, 학습, 추론, 계획이 유기적으로 작동하는 틀에서 발현된다. 이 틀을 움직이는 힘은 자각self-awareness과 의도intention에서 나온다. 인간의 시각 체계는 이런 종합적이고 능동적인 지능 틀에서 작동한다.

70여 년의 역사를 거치면서 인공지능은 지식 표현, 학습, 추론, 계획의 지능 요소를 모두 중요하게 취급하고 연구를 진행한다. 하지만 학습이라는 지능 요소는 상대적으로 크게 발전한 반면 지식 표현, 추론, 계획의 연구 성과는 지지부진하다. 게다가 이들을 유기적으로 묶는 탄탄한 이론이 없다. 결과적으로 종합적인 지능을 발휘하는 강한 인공지능strong AI은 먼 미래의 일이거나 영원히 불가능하다고 보아야 마땅하다. 강한 인공지능을 인공일반지능AGI; Artificial General Intelligence이라고도 부른다. 현재 인공지능은 제한된 환경에서 특정한 과업을 맡아 높은 성능을 발휘하는 약한 인공지능weak AI에 머물러 있다.

인공지능의 미숙함은 그대로 컴퓨터 비전의 미숙함으로 전이된다. 지식 표현, 추론, 계획이라는 지능 요소의 지원을 제대로 받지 못한 컴퓨터 비전은 강한 컴퓨터 비전으로 올라서지 못하고 약한 컴퓨터 비전에 머물러 있다. 현재 컴퓨터 비전은 제한된 환경에서 특정한 과업을 사람 성능에 가깝게 또는 사람보다 우월하게 수행하는 것을 목표로 한다.

1.4 컴퓨터 비전의 역사

디지털 영상은 신문 산업에서 탄생했다. 1900년대 초 유럽과 북미 대륙 간에는 케이블을 통해 텍스트를 전송하는 기술이 있어 제때 기사를 전달할 수 있었다. 하지만 사진은 배편을 이용하는 수밖에 없어 받을 시점에는 가치가 사라지기 일쑤였다. 1920년에 두 대륙 간에 해저 케이블을 통해 사진을 전송하는 Bartlane 시스템이 구축되었는데, [그림 1-7]의 맨 왼쪽 그림은 그때 전송한 세계 최초의 디지털 영상이다. 당시 관심은 영상을 먼 곳으로 빨리 전송하는 것뿐이었다. 1946년에 세계 최초의 전자식 컴퓨터인 에니악ENIAC이 탄생했다. 초당 3,000개 가량의 덧셈을 수행했고 거대한 뇌giant brain라는 찬사를 받았다. 당시 컴퓨터를 개발한 목적은 빠른 계산에 집중되어 있었고, 컴퓨터로 영상을 처리하려는 생각은 10여 년 동안 거의 하지 않았다. 미국 국립표준기술연구소에 근무하던 러셀 커쉬Russel Kirsch는 1957년에 스캐너를 개발하고 자기 아들 사진을 스캔해 연구소가 개발한 SEAC 컴퓨터에 저장했다. [그림 1-7]의 가운데 흑백 영상이 5×5cm 사진을 176×176 크기로 스캔한 커쉬의 아들 영상으로 세계 최초로 컴퓨터에 저장된 디지털 영상으로 평가된다. 컴퓨터 비전의 태동이라 볼 수 있다. 65여 년이 흐른 지금 컴퓨터 비전은 스스로 자동차를 운전하기에 이르렀다.

Bartlane 시스템(유럽-북미 해저 케이블로 사진을 전송하는 시스템)으로 전송된 세계 최초의 디지털 영상(1920년)

→ 37년

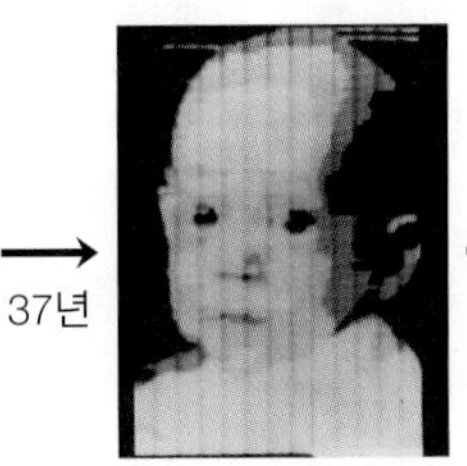

세계 최초로 컴퓨터에 저장된 디지털 영상 (1957년)

→ 65년

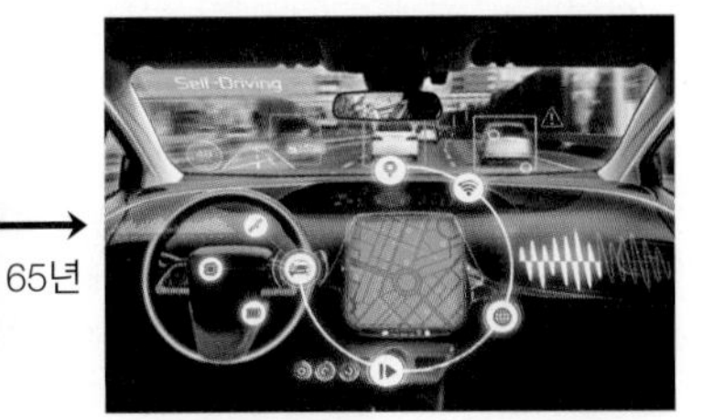

자율주행차(현재)

그림 1-7 컴퓨터 비전의 발전

[표 1-1]은 컴퓨터 비전의 역사를 개략적으로 요약한 것이다. 디지털 영상의 탄생과 더불어 비전 알고리즘, 신경망 모델, 자율주행, 데이터셋과 챌린지, 학술대회와 저널, OpenCV, 딥러닝 라이브러리 등의 발전 과정을 정리했다.

표 1-1 컴퓨터 비전의 역사

연도	사건
1920	• Bartlane 영상 전송 케이블 시스템 구축 [McFarlane1972]
1946	• 세계 최초 전자식 범용 디지털 컴퓨터인 에니악 탄생
1957	• 커쉬가 세계 최초로 디지털 영상을 컴퓨터에 저장
1958	• 로젠블랏의 퍼셉트론 제안(이후 Mark 1 Perceptron에서 문자 인식 실험)
1968	• 소벨의 소벨 에지 연산자 제안
1979	• IEEE Transactions on Pattern Analysis and Machine Intelligence 창간 • ACRONYM 시스템 발표 [Brooks1979]
1980	• 후쿠시마의 네오코그니트론 논문 발표 [Fukushima1980]
1983	• 제1회 CVPR(Computer Vision and Pattern Recognition)이 미국 알링턴에서 개최
1986	• 캐니의 캐니 에지 연산자 논문 발표 [Canny1986] • 루멜하트의 『Parallel Distributed Processing』 출간(다층 퍼셉트론 제안) [Rumelhart1986]
1987	• International Journal of Computer Vision 창간 • 런던에서 제1회 ICCV(International Conference on Computer Vision) 개최(홀수 연도) • Marr상 제정(ICCV에서 시상) • 덴버에서 제1회 NIPS(Neural Information Processing Systems) 개최(2018년에 NeurIPS로 개명)
1990	• 프랑스 안티베에서 제1회 ECCV(European Conference on Computer Vision) 개최(짝수 연도)
1991	• Eigenface 얼굴 인식 논문 발표 [Turk1991]
1998	• 르쿤의 컨볼루션 신경망 논문 발표 [LeCun1998]
1999	• 로우의 SIFT 논문 발표 [Lowe1999] • 엔비디아에서 GPU 발표
2000	• CVPR에서 OpenCV 알파 버전 공개
2001	• Viola-Jones 물체 검출 논문 발표 [Viola2001]
2004	• 그랜드 챌린지(고속도로 자율주행)
2005	• PASCAL VOC 대회 시작

2006	• OpenCV 1.0 공개
2007	• 어번 챌린지(도심 자율주행) • Azriel Rosenfeld Lifetime Achievement상 제정
2009	• 페이페이 리가 CVPR에서 ImageNet 데이터셋 발표 • OpenCV 2.0 공개
2010	• Xbox 360을 위한 Kinect 카메라 시판 • 제1회 ILSVRC 대회 개최 • MS COCO 데이터셋 발표
2012	• ILSVRC 대회에서 AlexNet 우승 [Krizhevsky2012] • 시각 장애인을 태운 자율주행차의 시범 운행 성공
2013	• 아타리 비디오 게임에서 사람 성능 추월 [Mnih2013] • 스콧츠데일에서 제1회 ICLR(International Conference on Learning Representations) 개최
2014	• RCNN 논문 발표 [Girshick2014] • 생성 모델인 GAN 발표 [Goodfellow2014] • ILSVRC에서 GoogLeNet이 우승, VGGNet이 준우승
2015	• 텐서플로 서비스 시작 • ILSVRC에서 ResNet이 우승
2016	• 파이토치 서비스 시작 • YOLO 논문 발표 [Redmon2016]
2017	• 트랜스포머 논문 발표 [Vaswani2017] • Open Images 데이터셋 공개 • 구글 렌즈 서비스 시작
2018	• 인공지능이 그린 에드몽 벨라미가 경매에서 5억 원에 낙찰 • 벤지오, 힌튼, 르쿤 교수가 딥러닝으로 튜링상 수상
2019	• 알파스타가 스타크래프트에서 그랜드마스터 수준 달성 • 트랜스포머를 위한 파이썬 라이브러리 transformers 2.0 공개
2020	• OpenAI 재단의 GPT-3 발표 • IPad Pro에 라이다 센서 장착
2021	• 비전 트랜스포머 발표 [Dosovitskiy2021] • OpenAI 재단의 DALL·E 발표 [Ramesh2021]
2022	• 구글의 Imagen 발표 [Saharia2022]

1.5 컴퓨터 비전 체험 서비스

웹 또는 앱에서 컴퓨터 비전을 체험할 수 있는 기회가 많다. 연구자들은 최고 수준SOTA; State-Of-The-Art의 성능을 달성하면 논문을 작성해 학술대회나 저널에 발표하는데, 많은 경우 소스 코드를 깃허브 등의 웹 사이트에 공개한다. 또한 웹이나 앱을 통해 데모 서비스를 제공하기도 한다. 관련 기업들도 이들 논문이 제공하는 프로그램을 활용하거나 스스로 알고리즘을 구현해 웹이나 앱 서비스를 제공한다. 여기서는 현재 컴퓨터 비전의 기술 수준을 확인하는 데 도움이 될 만한 몇 가지 서비스를 소개한다.

- **구글 렌즈**google lens 구글 렌즈 프로그램은 Google 앱에 통합되었다. Google 앱을 스마트폰에 설치한 다음, 관심있는 물체를 카메라로 찍으면 인식을 수행하고 관련 내용을 검색해 보여준다. [그림 1-8]은 식물 영상을 인식해 맥문동임을 알아내 관련 내용을 검색해 보여주는 장면이다. 텍스트를 찍으면 문자 인식을 해서 텍스트로 변환해 읽어주고, 책 표지를 찍으면 인식하여 책 정보를 검색해 보여준다. 물체 인식은 9~10장에서 공부한다.

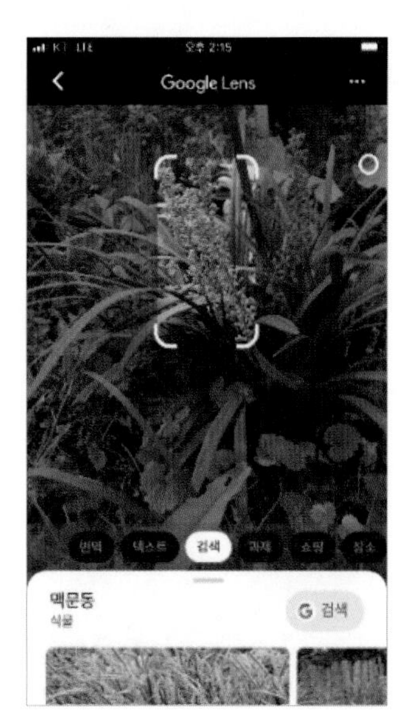

그림 1-8 Google 앱

- **Which face is real?** 생성 모델인 GAN을 이용해 진짜처럼 보이는 가짜 얼굴 영상을 생성하고 진짜와 나란히 배치하여 진짜를 골라내게 하는 흥미로운 서비스로, 워싱턴 대학교에서 제공하고 있다(https://www.whichfaceisreal.com). [그림 1-9]를 보고 어느 쪽이 진짜인지 추정해보자. 생성 모델에 대해서는 13장에서 공부한다.

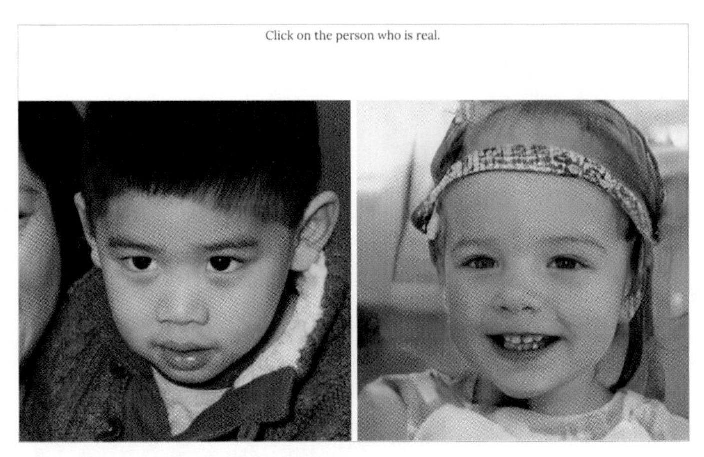

그림 1-9 Which face is real?(왼쪽이 진짜)

- **얼굴 랜드마크 검출** [그림 1-10]은 웹 캠을 연결한 다음 얼굴을 보여주면 랜드마크를 검출하고 3차원 깊이 정보를 추정해 보여주는 장면이다(https://storage.googleapis.com/tfjs-models/demos/facemesh/index.html). mediapipe라는 파이썬 라이브러리를 설치하면 프로그래밍도 쉽게 할 수 있다. 10장에서 코나 눈과 같은 곳에 장식을 다는 비전 에이전트를 제작할 때 얼굴 랜드마크 검출을 사용한다.

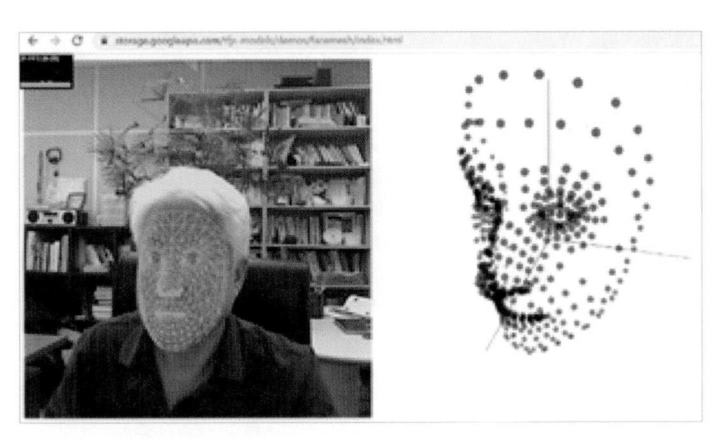

그림 1-10 얼굴 랜드마크 검출

- **영상 설명하기**image captioning Hugging Face 연구팀은 입력 영상을 몇 개 단어로 설명하는 기능을 데모하는 사이트를 운영한다(https://huggingface.co/spaces/akhaliq/CLIP_prefix_captioning). [그림 1-11]은 입력 영상에 대해 '두 축구 선수가 공을 두고 다툰다'고 정확하게 설명한다.

그림 1-11 영상 설명

- **티처블 머신**teachable machine 인식 프로그램을 만들 때는 데이터 수집, 모델 학습, 예측의 3단계를 거치는데, 티처블 머신 서비스를 통해 이 과정을 체험할 수 있다. 웹 캠을 연결한 다음, 웹 사이트(https://teachablemachine.withgoogle.com)에 접속하고 영상을 인식하는 메뉴를 따라 들어간다. 몇 종류의 물체를 웹 캠에 보여주고 영상 데이터를 수집한다. [그림 1-12]는 사과 부류와 토마토 부류에 대해 수집한 영상이다. 데이터 수집을 마치면 〈학습〉 메뉴를 클릭해 모델을 학습한다. 학습을 마친 후 카메라에 물체를 보여주면 부류 정보를 확률(신뢰도)과 함께 출력하는 예측 단계가 실행된다. 영상 인식뿐 아니라 소리 인식과 자세 인식 기능도 제공한다.

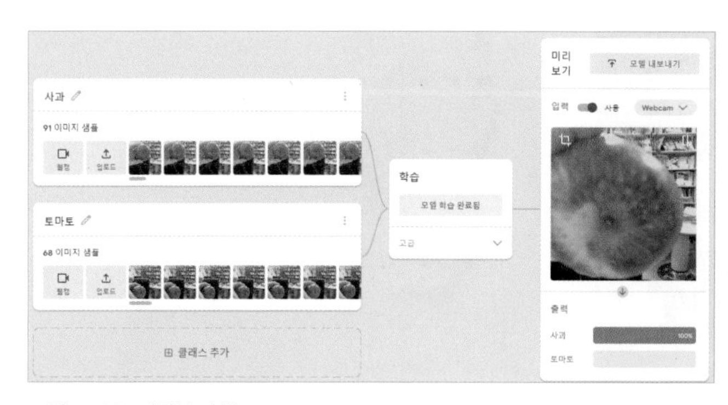

그림 1-12 티처블 머신

1.6 컴퓨터 비전 만들기

인간은 뛰어난 시각을 가지고 있기 때문에 컴퓨터 비전을 만드는 일이 쉬울 것이라고 착각하기 십상이다. 1.3절에서 설명한 바와 같이 세상의 변화무쌍함, 컴퓨터의 넘버 크런처, 인공지능의 미숙함으로 인해 컴퓨터 비전 시스템을 만드는 일은 어렵다는 사실을 이해해야 한다. 또 하나 상기할 점은 컴퓨터 비전의 궁극적인 목적은 인간처럼 일반적인 상황에서 잘 작동하는 시각 기능이지만, 현실적인 목표는 제한된 환경에서 특정한 과업을 높은 성능으로 달성하는 것이라는 사실이다. 따라서 컴퓨터 비전이 풀어야 할 문제는 여러 세부 문제로 구분되어 있다. 컴퓨터 비전을 설명하는 책은 대부분 세부 문제에 집중하며, 이 책도 마찬가지다.

컴퓨터 비전이 풀어야 할 문제

컴퓨터 비전을 활용하는 상황은 다양하다. 예를 들어 스마트폰 카메라로 나뭇잎을 찍어 나무 품종을 알아내는 과업이나 패드 컴퓨터에 얼굴을 비춰 로그인하는 과업에서는 전체 영상에 대해 부류를 알아내면 된다. 이런 상황에서는 분류classification 문제를 풀면 된다. 사진에서 특정 물체를 오려내는 과업에서는 검출detection 또는 분할segmentation 문제를 풀어야 한다. 광장에 설치된 CCTV 카메라를 통해 범죄 현장을 알아내는 과업에서는 사람의 이동 궤적을 알아내야 하며, 이를 위해 사람의 손과 발의 동작을 분석해야 하므로 추적tracking과 행동 분석action analysis 문제를 풀어야 한다.

[그림 1-13]은 컴퓨터 비전이 풀어야 할 세부 문제로서 분류, 검출, 분할, 추적, 행동 분석을 설명한다. [그림 1-13(a)]는 구글 렌즈로 식물을 분류한 사례다. [그림 1-13(b)]와 [그림 1-13(c)]는 검출과 분할 문제를 설명한다. 검출은 물체 위치를 부류 확률(신뢰도)과 함께 직사각형으로 알아내는 문제고, 분할은 물체가 점유한 영역을 부류 확률과 함께 알아내는 문제다. [그림 1-13(d)]는 다중 물체를 추적하는 MOT 챌린지 데이터셋에서 뽑은 영상으로, 비디오에서 움직이는 물체의 위치를 직사각형으로 계속 표시하는 문제다. [그림 1-13(e)]는 행동 인식 데이터셋에서 뽑은 영상으로, 사람 또는 동물이 취하는 행동을 알아내는 문제다.

(a) 분류 (b) 검출 (c) 분할

(d) 추적(https://motchallenge.net/vis/MOT17-09-SDP)

(e) 행동 분석(https://github.com/mostafa-saad/deep-activity-rec#dataset)

그림 1-13 컴퓨터 비전이 풀어야 할 문제

[그림 1-13]은 컴퓨터 비전이 풀어야 할 기본 문제를 예시한 것으로, 상황에 따라 다양하게 변형된 문제가 있다. 예를 들어 사과를 따는 로봇을 만드는 과업에서는 사과라는 한 가지 물체만 검출하면 되는데, 위치가 조금만 틀어져도 로봇 손이 놓칠 수 있기 때문에 정확한 위치가 무엇보다 중요하다. 로켓을 추적하는 미사일에 장착할 컴퓨터 비전을 만든다면, 추적 대상이 로켓이라는 물체 하나뿐이고 로켓은 강체이기 때문에 3차원 물체 모델을 이용해 추적 정확률을 최대로 높일 수 있다.

인공지능에서 다른 지능 요소와 협업은 매우 중요하다. 활발히 연구되는 주제는 자연어 처리 NLP; Natural Language Processing와 협업이다. 영상 설명하기 문제는 상당한 수준을 달성했다. 이 문제에서 컴퓨터 비전은 영상을 분석하는 일을 맡고 자연어 처리는 분석 결과를 가지고 문장을 생성하는 일을 담당한다. [그림 1-11]은 성공적인 사례를 보여준다. 하지만 [그림 1-4]의 지식 표현, 추론, 계획의 지능 요소와 협업은 현재 소강 상태다. 이 협업은 컴퓨터 비전을 넘어 인공지능의 아주 중요한 미래 연구 주제다.

컴퓨터 비전과 로봇이 협업하는 연구가 활발히 진행되고 있다. 컴퓨터 비전이 눈을 담당하고 로봇이 손을 담당하므로 눈-손 협업eye-hand coordination이라고 부른다. 손이 작업을 하는 도중에 상황이 수시로 변하는 경우라면 컴퓨터 비전이 상황을 추적 관찰해 로봇에게 계속 알리는 일이 중요하다. 예를 들어 사과를 따는 로봇의 경우 로봇 손이 사과에 접근하는 도중에 사과가 가지나 잎에 가릴 수 있기 때문에 컴퓨터 비전은 실시간으로 상황을 알아내 로봇에게 알려야 한다. 이처럼 로봇을 위해 컴퓨터 비전이 실시간으로 상황을 주시하는 일을 비주얼 서보잉visual servoing이라 한다.

컴퓨터 비전 알고리즘과 프로그래밍

대략 2010년을 기준으로 그 이전에는 사람이 설계한 알고리즘을 주로 사용했고 이후로는 층을 깊게 쌓은 신경망을 학습하는 딥러닝 방법을 주로 사용한다. 따라서 최신 컴퓨터 비전 책은 2010년 이전의 고전 알고리즘을 앞부분에 배치하고 딥러닝 내용을 뒷부분에 배치하는 경향이 있다. 이 책은 4~6장에서 고전 알고리즘을 다루고 7장부터 딥러닝을 중점적으로 다룬다. 두 접근 방법은 상호 보완적이라 둘을 모두 이해해야 컴퓨터 비전 문제를 제대로 풀 수 있다.

컴퓨터 비전 시스템을 개발할 때는 주로 C, C++, 자바, 파이썬 언어를 사용한다. 이 책에서는 파이썬을 사용한다. 파이썬 프로그래밍을 할 때 여러 라이브러리를 사용하는데, OpenCV와 텐서플로가 중요한 두 축을 형성한다. OpenCV는 컴퓨터 비전 전문 라이브러리고 텐서플로는 딥러닝 라이브러리다. 2장에서는 OpenCV의 기초 프로그래밍을 소개하고 3~6장에서는 OpenCV를 본격적으로 사용한다. 7장부터는 주로 텐서플로를 사용해 딥러닝을 프로그래밍한다.

파이썬은 초심자가 배우기 쉽고 좋은 라이브러리를 많이 확보하고 있어 많은 분야에서 활용된다. 영상은 2차원 또는 3차원 구조의 배열인데, 파이썬은 풍부한 배열 연산을 제공하기 때문에 컴퓨터 비전 프로그래밍에 유리한 측면이 있다. x와 y, z가 길이가 n인 1차원 배열이라 했을 때, x와 y를 요소별로 더해 z에 저장하기 위한 C 언어와 파이썬 언어의 코딩은 다음과 같다.

[C 언어]

```
for(i=0; i<n; i++) z[i]=x[i]+y[i];
```

[파이썬 언어]

```
z=x+y
```

C에서는 반복문을 사용해 각 요소를 더하는 방식으로 코딩한다. 파이썬에서는 x와 y를 그냥 더해 z에 저장하면 된다. 파이썬은 x와 y가 n개 요소를 가진 배열이라는 사실에 따라 내부에서 반복문으로 변환해 실행한다. 프로그래머 입장에서는 세부 동작을 몰라도 되기 때문에 무척 편리하고 오류를 범할 가능성이 낮다. 대신 변수가 어떤 구조의 배열인지 정확히 이해하는 일이 무척 중요하다.

파이썬을 모르면 이 책을 공부할 수 없다. 기초를 다지고 시작해야 한다. 기초를 다질 때는 다음 절에서 소개하는 책과 웹 사이트가 효과적이다. 또는 본인의 취향에 맞는 파이썬 교과서 또는 인터넷 강좌를 선택해 공부하면 된다.

마지막으로 덧붙일 말은 C++와 파이썬의 역할 분담이다. 컴퓨터 비전 알고리즘을 구현할 때는 주로 C++를 사용한다. C++로 작성한 프로그램이 빠르기 때문이다. 이렇게 구현한 C++ 함수와 클래스는 파이썬 언어가 호출할 수 있도록 파이썬 라이브러리로 변환되어 공개된다. 다시 말해 C++는 알고리즘 구현 언어로, 파이썬은 인터페이스 언어로 사용된다. 이 책의 프로그래밍 실습 목적은 알고리즘 구현이 아니라, 구현된 함수를 이용해 컴퓨터 비전 프로그램을 작성하는 것이다. 따라서 파이썬으로 코딩한다.

1.7 읽을거리와 볼거리

컴퓨터 비전에 관련된 다양한 읽을거리와 볼거리 중 대표적인 몇 가지를 소개한다.

컴퓨터 비전과 딥러닝

- **Richard Szeliski, 『Computer Vision: Algorithms and Applications』(2nd Edition, 2022)** 최신의 컴퓨터 비전 내용을 방대하게 담고 있는 교과서다[Szeliski2022]. 2011년의 1판 이후 2022년에 2판이 출간되었는데 딥러닝이 많이 보강되었다. 원문 pdf가 인터넷에 공개되어 있어 무료로 공부할 수 있다. 웹 사이트는 https://szeliski.org/Book이다.

- **Aston Zhang, 『Dive into Deep Learning』(2022)** 최신 딥러닝 내용을 방대하게 담은 교과서다[Zhang2022]. 인터넷에서 무료로 볼 수 있으며 pdf로 다운로드할 수 있다. 최신 내용을 계속 업데이트하는데, 웹에서 최신 내용을 확인할 수 있다. 웹에서 코딩을 따라 할 수 있으며, 장별로 토론방을 운영하므로 독자 커뮤니티를 통해 궁금증을 해소할 수 있다. 웹 사이트는 https://d2l.ai이다. 2022년 12월 기준으로 60개국에 걸쳐 400여 개 대학에서 교재로 사용하고 있다.

파이썬 프로그래밍 기초

- 온라인으로 제공하는 이 책의 부록 A에서 파이썬 프로그래밍 기초를 설명한다. 기초 문법, 기본 자료 구조인 리스트와 튜플, 딕셔너리, 컴퓨터 비전 프로그래밍에 꼭 필요한 numpy 라이브러리(배열 처리)와 matplotlib 라이브러리(그래프 그리기) 사용법을 꼭 필요한 만큼 설명한다.

- **웹 기반 파이썬 기초 학습 사이트** https://learnpython.org 사이트에 접속하면 기초부터 공부할 수 있어 파이썬 초심자에게 유용하다. 이 사이트는 예제 코드를 설명하고 연습 문제를 제시하는 방식으로 수업을 진행한다. 성실히 따라하면 파이썬에 익숙해질 수 있다. 코세라가 제공하는 교육 과정을 활용하는 것도 현명하다. https://kr.coursera.org/courses?query=python에 접속해 자신에게 맞는 과정을 수강하면 된다.

테드 강연

- **컴퓨터는 어떻게 사진을 이해하는가?** ImageNet 데이터셋을 구축하는 데 지대한 공헌을 한 스탠퍼드 대학교의 페이페이 교수가 컴퓨터 비전의 기회와 한계를 쉽게 설명한다(https://www.ted.com/talks/fei_fei_li_how_we_re_teaching_computers_to_understand_pictures?language=ko).
- **컴퓨터는 어떻게 순식간에 물체를 인식할까?** 물체를 빠르게 검출하는 YOLO를 개발한 레드몽이 강연 현장에서 물체 검출 프로그램을 시연한다. YOLO에 대해서는 9장에서 공부하고 실습한다(https://www.ted.com/talks/joseph_redmon_how_computers_learn_to_recognize_objects_instantly).
- **구글 자율주행차** 초창기 자율주행 연구의 선구자인 스런 교수의 2011년 비디오로, 2004년에 열린 그랜드 챌린지에 대한 이야기를 들려준다. 또한 당시에 벌써 22만 5천km 이상을 사고 없이 자율 주행한 이야기를 들려준다(https://www.ted.com/talks/sebastian_thrun_google_s_driverless_car).
- **자율주행 로보택시가 거의 왔다** 아마존의 자회사 죽스Zoox의 에반스 사장이 부르면 즉시 달려오는 로보택시robotaxi 서비스를 소개한다. 로보택시는 호출을 기다리며 계속 돌아다니므로 주차 문제를 상당히 해소한다. 이 서비스가 안정화되면 개인이 차를 소유할 필요가 줄어든다(https://www.ted.com/talks/aicha_evans_your_self_driving_robotaxi_is_almost_here#t-658160).

그 외

- **The age of AI(다큐멘터리 영화)** 로버트 다우니 주니어가 2019년에 공개한 과학 다큐멘터리다. 인공지능이 인간의 삶에 끼치는 영향을 구체적인 사례를 가지고 조명한다. 8편의 비디오로 구성된 시즌 1이 유튜브에 공개되어 있어 무료로 감상할 수 있다. 그중에서 제7편은 컴퓨터 비전 기술을 사용해 코끼리 밀렵꾼을 찾아내 획기적으로 밀렵을 줄이는 이야기와 위성 사진을 분석해 기아와 전쟁을 줄이는 이야기를 들려준다.

연습문제

01 2022년 6월 21일 발사에 성공한 누리호에는 4개의 큐브 위성이 실려 있다. 이들은 차례로 분리되어 독립적인 임무를 수행하고 있다.

(1) 큐브 위성 4개의 임무에 대해 조사하시오.

(2) 그중 하나를 선택해 컴퓨터 비전 기술을 응용할 수 있는 구체적인 과업을 구상하시오.

02 티처블 머신을 다음 절차에 따라 실험하고 성능을 측정하시오. 성능을 측정할 때는 물체의 여러 면을 20개 정도 보여주고 맞힌 개수를 세어 정확률을 계산한다. 정확률은 맞힌 개수를 보여준 영상의 총 수로 나눈 값이다.

(1) 모양과 색깔이 크게 다른 두 물체를 학습하고 테스트한다(예 검은색 마우스와 빨간색 사과).

(2) 모양과 색깔이 비슷한 두 물체를 학습하고 테스트한다(예 모양과 색이 비슷한 두 마우스).

03 [그림 1-8]의 Google 앱을 스마트폰에 설치하시오.

(1) Google 앱에서 관심 있는 식물 이파리를 찍고 인식을 수행하시오. 같은 이파리를 여러 각도와 여러 거리에서 찍고 인식 결과를 평가하시오.

(2) Google 앱을 유용하게 활용할 수 있는 구체적인 응용 시나리오를 제시하시오.

04 [그림 1-7]의 가운데 이미지는 1957년에 세계 최초로 컴퓨터에 저장된 아이 영상이다. 당시 사용된 컴퓨터의 메모리와 CPU 사양을 조사하고, 이 영상을 저장하고 처리하는 데 어떤 어려움이 있었을지 설명하시오.

05 1.2절은 컴퓨터 비전을 활용할 수 있는 여러 분야를 제시한다. 빠진 응용 분야 하나를 생각하고 응용 시나리오를 설명하는 영상과 문장을 비슷한 형식으로 제시하시오.

06 [표 1-1]은 컴퓨터 비전의 간략한 역사다. 사건 하나를 골라 자세히 조사하시오.

07 DALL·E는 영어 문장을 주면 내용에 맞는 영상을 자동으로 생성해주는 혁신적인 모델이다. DALL·E mini 사이트(https://huggingface.co/spaces/dalle-mini/dalle-mini)에 접속해 영상 생성을 시도하고 결과 영상을 제시하시오.

08 알파고를 증거로 인공지능이 사람 지능을 능가했다고 주장하는 사람이 있다. 그런데 1.3절에서는 인공지능이 미숙하다고 한다. 어느 주장이 맞는지 자신의 견해를 제시하시오.

09 자율주행은 0~5단계로 구분한다. 5단계는 사람의 도움을 전혀 받지 않고 어떤 상황에서라도 스스로 운전할 수 있는 단계다. 5단계를 달성했다고 주장하는 사람, 곧 올 것이라 주장하는 사람, 아직 멀었다고 주장하는 사람, 영원히 불가능할 것이라 주장하는 사람이 있다. 웹에서 관련 기사 또는 보고서를 수집해 읽어보고 자신의 견해를 제시하시오.

10 1.7절에 소개한 YOLO에 대한 테드 강연을 시청하고 YOLO를 응용할 수 있는 구체적인 시나리오를 제시하시오.

CHAPTER

OpenCV로 시작하는 컴퓨터 비전

Preview

현대 컴퓨터공학의 두드러진 강점 중의 하나는 양호한 프로그래밍 환경이다. 컴퓨터 비전 프로그래밍도 예외가 아니다. 예전에는 알고리즘을 바닥부터 직접 구현했지만 이제는 함수 호출 한 번으로 영상을 처리할 수 있는 시대가 되었다. 그 중심에는 2000년에 탄생한 OpenCV 라이브러리가 있다. [그림 2-1]은 OpenCV가 제공하는 Canny 함수를 호출함으로써 img 객체에 담겨 있는 원본 영상에서 에지를 추출해 edge 객체에 저장한 예다. 에지 검출이라는 복잡한 과정을 함수 호출 한 번으로 수행했다.

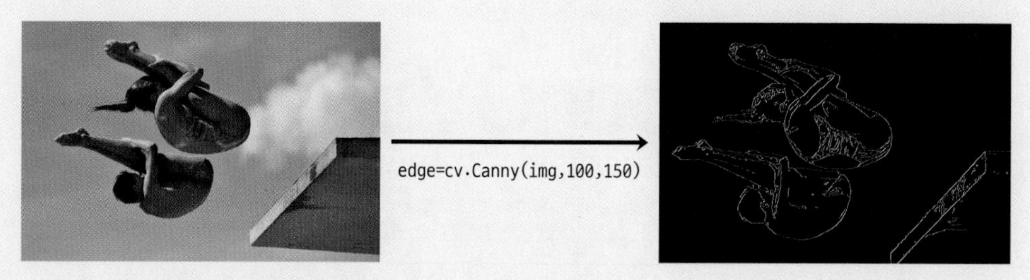

그림 2-1 에지 검출이라는 큰 일을 거뜬히 수행하는 OpenCV의 Canny 함수

OpenCV의 인터페이스 언어로 C++, 자바, 자바스크립트, 파이썬이 있는데, 이 책에서는 파이썬을 사용한다. 파이썬 언어와 OpenCV 라이브러리로 컴퓨터 비전 세계를 활짝 열어보자.

2.1 OpenCV 소개

OpenCV는 인텔 사에서 만들어 공개한 컴퓨터 비전 라이브러리다. 가장 중요한 목적은 바퀴를 다시 발명reinventing the wheel하는 쓸데없는 노력을 방지하는 것이다. 마이크로프로세서 칩을 만드는 인텔이 개발한 점이 의외인데, 많은 화소로 구성된 영상을 처리하려면 계산량이 많아 자사에서 개발한 칩의 성능을 가늠하고 개선하는 데 도움이 된다는 실용적인 이유가 있다.

개요와 간략한 역사

OpenCV를 구성하는 함수와 클래스는 C와 C++ 언어로 개발했으며, 전체 코드는 180만 라인 이상이다. 함수를 호출하는 데 쓰는 인터페이스 언어로는 C, C++, 자바, 자바스크립트, 파이썬이 있다. 데스크톱 운영체제 플랫폼으로 윈도우, 리눅스, macOS를 지원하며, 모바일 운영체제 플랫폼으로 안드로이드와 iOS를 지원한다. OpenCV는 교차 플랫폼을 지원하기 때문에 개발한 프로그램을 어떤 운영체제 플랫폼에서든 실행할 수 있다. 교육 목적과 상업 목적 모두 무료로 사용할 수 있다.

OpenCV의 역사를 간략하게 살펴보면 다음과 같다. 우리나라에는 2005년에 커뮤니티 사이트가 개설되어 활발히 운영되고 있다.

표 2-1 OpenCV의 역사

연도	사건
1998	• 인텔 직원인 개리 브라드스키(Gary Bradski)가 아이디어 제안
1999	• 오픈 소스로 공개하기로 결정하고 이름을 OpenCV로 정함
2000	• CVPR 컨퍼런스에서 알파 버전 발표
2001-2005	• 5개의 베타 버전 발표
2005	• 스탠퍼드 대학교의 자율주행차인 스탠리의 개발 팀에 합류해 그랜드 챌린지 우승 • OpenCV Korea 출범(https://cafe.naver.com/opencv)

2006	• OpenCV 1.0(C 인터페이스) 공개 • 로고 완성
2009	• OpenCV 2.0(C++ 인터페이스) 공개 • 파이썬과 자바 인터페이스 지원
2012	• 안드로이드와 iOS 지원 시작 • 깃허브로 마이그레이션
2015	• OpenCV 3.0 공개
2016	• 자바스크립트 인터페이스 지원 시작 • 딥러닝을 지원하는 DNN 모듈 추가
2018	• OpenCV 4.0 공개 • 고속 처리를 지원하는 OpenVINO 공개
2020	• Computer Vision and Deep Learning 코스 개설 • 전용 보드인 OpenCV AI Kit 출시
2022	• OpenCV 4.6 공개

공식 사이트

OpenCV를 지원하는 사이트는 다음과 같다.

- **OpenCV 공식 홈페이지(https://opencv.org)** Q&A, 포럼, 강좌 등에 대한 정보를 제공하며, 매뉴얼 사이트와 깃허브 사이트로 링크를 제공한다.
- **매뉴얼 사이트(https://docs.opencv.org/4.5.5/index.html)** 프로그래밍할 때 가장 많이 도움을 받는 사이트다. [그림 2-2]는 사이트 화면이다. 화면에서는 4.5.5 버전을 보여주고 있는데 버전업이 되면 위쪽 빨간색 박스로 표시한 곳에서 최신 버전을 선택할 수 있다. OpenCV 라이브러리는 기능에 따라 여러 모듈로 나뉘어 있는데, core, imgproc 등 15개 주요 모듈이 있다. 함수나 클래스의 도움말을 찾으려면 검색 창을 통하면 된다. 이 책에서는 파이썬으로 코딩하기 때문에 빨간색 박스로 표시한 OpenCV-Python Tutorials 메뉴가 중요하다. 구체적인 설명은 2.2절에서 한다.

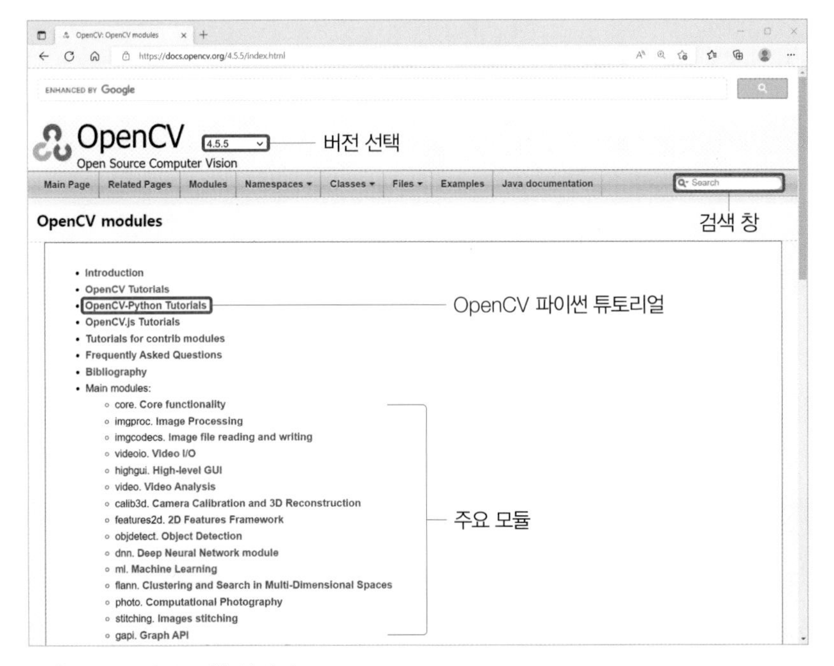

그림 2-2 OpenCV 매뉴얼 사이트

- **깃허브 사이트(https://github.com/opencv/opencv)** OpenCV의 버전업은 깃허브를 통해 진행된다. 새로운 함수를 개발했거나 기존 함수를 개선하고 OpenCV에 반영하고자 하면 이 사이트에서 풀리퀘스트를 하면 된다. 관리자가 승인하면 공식적으로 반영된다.
- **대한민국 OpenCV 사이트(https://cafe.naver.com/opencv)** OpenCV와 컴퓨터 비전에 대한 최신 정보를 한글로 읽을 수 있다.

2.2 프로그래밍 킥오프

프로그래밍을 시작하려면 환경을 갖추어야 한다. 10~20분이면 필요한 소프트웨어를 설치할 수 있다.

파이썬 설치하기

파이썬을 사용하려면 다음 세 가지 소프트웨어를 설치해야 한다.

- **파이썬 컴파일러** 고급 언어인 파이썬으로 작성된 소스 프로그램source program을 컴퓨터가 실행할 수 있는 기계어 프로그램machine-language program으로 번역하는 프로그램이다.
- **통합 개발 환경**IDE; Integrated Development Environment 프로그래밍할 때 프로그램 편집, 관리, 번역, 디버깅 등의 일련의 작업을 통합적으로 지원하는 프로그램이다. 파이썬을 설치하면 기본으로 따라오는 원시적인 IDLE과 따로 설치해야 사용할 수 있는 고급스러운 스파이더Spyder와 파이참PyCharm이 있다. 이 책에서는 스파이더를 사용한다.
- **라이브러리** 특정한 일을 지원하는 변수, 함수, 클래스의 뭉치다. 이 책에서는 컴퓨터 비전을 지원하는 OpenCV와 딥러닝을 지원하는 텐서플로 라이브러리를 가장 중요하게 사용한다. 이외에도 다차원 배열을 지원하는 numpy, 그래프를 그리는 데 쓰는 matplotlib 등의 라이브러리를 사용한다. 6장에서 비전 에이전트를 작성할 때는 사용자 인터페이스를 만들기 위해 PyQt 라이브러리를 사용한다. 온라인 부록 A에서 numpy(배열 처리) 라이브러리와 matplotlib(그래프 그리기) 라이브러리를 설명한다.

이 소프트웨어들을 설치할 때는 주로 아나콘다를 활용한다. 아나콘다는 필요한 소프트웨어 대부분을 한꺼번에 설치해줄 뿐 아니라 가상 환경virtual environment을 제공한다. 파이썬은 빠르게 성장하는 언어이기 때문에 새로운 라이브러리가 하루에도 수십 개씩 공개되고 기존 라이브러리의 버전업도 빠르다. 때문에 이전에 개발해 놓은 프로그램이 새로운 환경에서 오작동할 가능성이 있다. 이런 위험을 피하는 좋은 방법은 프로젝트를 새로 시작할 때 새 가상 환경을 만들고 그 속에서 일관성 있게 프로그램을 개발하는 것이다. 이 책에서는 아나콘다를 활용해 cv라는 가상 환경을 만들고 모든 프로그래밍을 그 속에서 수행한다.

다음 절차에 따라 아나콘다를 설치하고 환경을 구축해보자.

1. 아나콘다 설치하기 아나콘다 공식 사이트(https://www.anaconda.com)에 접속해 [Products]-[Anaconda Distribution]을 클릭한다. [그림 2-3(a)] 화면이 나타나면 소프트웨어를 다운로드하고 설치한다. 설치를 마쳤으면 윈도우의 [시작] 버튼을 클릭해 [그림 2-3(b)]를 확인한다. 이 중 Anaconda Prompt(anaconda)를 자주 사용하니 알아두자.

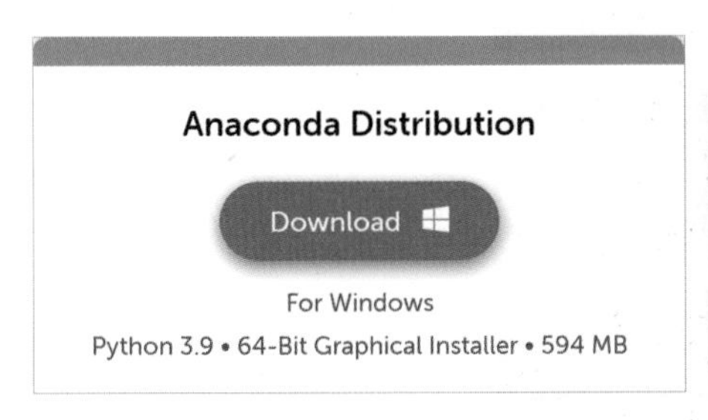

(a) 아나콘다 다운로드 화면

(b) 윈도우 [시작] 버튼을 클릭해 아나콘다 설치 확인

그림 2-3 아나콘다와 스파이더 설치

2. 가상 환경 생성하기 [그림 2-3(b)]의 Anaconda Prompt(anaconda)를 클릭하면 (base) C:/> 프롬프트가 나타난다. 기본으로 만들어진 base라는 가상 환경에 있다는 뜻이다. 여기서 cv라는 새로운 가상 환경을 만들어보자. ❶ conda create -n cv 명령어를 입력하고 Enter 를 누른다. ❷ cv 가상 환경으로 이동하기 위해 conda activate cv 명령어를 입력한다. 프롬프트가 (cv) C:/>로 바뀌면 cv 가상 환경 속으로 들어온 것이다.

3. 가상 환경에서 사용할 통합 개발 환경과 라이브러리 설치하기 ❸ conda install spyder 명령어로 통합 개발 환경 프로그램인 스파이더를 설치하고 ❹ pip install opencv-python 명령어로 OpenCV 라이브러리 설치, ❺ pip install tensorflow 명령어로 텐서플로 라이브러리 설치를 완료한다. 이렇게 하면 가장 중요한 라이브러리 설치는 마친 것이다. 추가로 필요한 라이브러리는 프로그래밍을 하면서 그때그때 안내에 따라 진행한다.

```
(base) C:/> conda create -n cv          ❶ cv 가상 환경 생성
(base) C:/> conda activate cv           ❷ cv 가상 환경으로 이동
(cv) C:/> conda install spyder          ❸ cv 가상 환경에 스파이더 설치
(cv) C:/> pip install opencv-python     ❹ cv 가상 환경에 OpenCV 설치
(cv) C:/> pip install tensorflow        ❺ cv 가상 환경에 텐서플로 설치
(cv) C:/> conda list                    ❻ cv 가상 환경에 설치된 목록 보기
```

❻ conda list 명령어를 입력하면 [그림 2-4]와 같이 현재 가상 환경에 설치된 프로그램과 라이브러리 목록을 볼 수 있다. 박스로 표시한 것은 앞에서 설치한 스파이더 프로그램과 opencv-python, tensorflow 라이브러리다. 따로 설치하지 않아도 기본으로 설치되는 라이브러리가 많은데, 그중에서 앞으로 많이 사용할 numpy와 pyqt 라이브러리도 박스로 표시했다.

```
(cv) C:₩Users₩isor>

# packages in environment at C:₩Users₩isor₩anaconda3₩envs₩
#
# Name                    Version                   Build
absl-py                   1.0.0                    pypi_0
alabaster                 0.7.12             pyhd3eb1b0_0
appdirs                   1.4.4              pyhd3eb1b0_0

numpy                     1.22.1                   pypi_0
numpydoc                  1.1.0              pyhd3eb1b0_1
oauthlib                  3.1.1                    pypi_0
opencv-python             4.5.5.62                 pypi_0

pyqt                      5.9.2            py39hd77b12b_6
pyrsistent                0.18.0           py39h196d8e1_0
pysocks                   1.7.1            py39haa95532_0
python                    3.9.7                h6244533_1

spyder                    5.1.5            py39haa95532_1
spyder-kernels            2.1.3            py39haa95532_0
sqlite                    3.37.0               h2bbff1b_0
tensorboard               2.8.0                    pypi_0
tensorboard-data-server   0.6.1                    pypi_0
tensorboard-plugin-wit    1.8.1                    pypi_0
tensorflow                2.7.0                    pypi_0
```

그림 2-4 cv 가상 환경에 설치된 프로그램과 라이브러리 목록

스파이더 통합 개발 환경에서 프로그래밍하기

이제 프로그래밍 환경을 모두 갖추었다. [그림 2-3(b)]에서 빨간색 박스로 표시한 Spyder(cv)를 클릭해 스파이더 프로그램을 열면 [그림 2-5]와 같은 스파이더 화면이 나타난다. 스크립트 창은 프로그램을 입력하는 곳이다. 스크립트 창에 있는 프로그램을 실행하려면 ▶ 버튼을 클릭한다. 실행 결과는 콘솔 창에 나타나는데 ❶ 표시가 된 곳이다. `In [2]:` 모양의 프롬프트에서도 명령을 내릴 수 있다. ❷ 표시가 된 곳은 print(c) 명령어를 실행한 예다.

파이썬은 인터프리터 방식으로 번역한다. 따라서 프로그램 실행이 끝난 뒤에 변수의 값이 유지된다. 변숫값을 확인해 프로그램이 제대로 작동하는지 확인하거나 오류가 있을 때 디버깅하는 데 매우 유리한 점이다. 또한 프로그램의 일부를 마우스로 선택한 후 F9를 누르면 선택한 부분만 실행할 수 있는 기능이 있다. 예를 들어 오랜 시간을 써서 학습하는 함수의 실행

을 마쳤는데, 그때서야 학습 곡선을 그려야 한다는 사실이 떠올랐다고 가정하자. 이때 프로그램 뒤에 학습 곡선을 그리는 코드를 추가하고 그곳을 마우스로 선택한 후 F9를 누르면 학습 곡선을 얻을 수 있다. ❸ 으로 표시된 곳은 스크립트 창에서 13~14행을 마우스로 선택한 후 F9로 실행한 결과를 보여준다.

TIP 고급어 프로그램을 기계어 프로그램으로 번역할 때 컴파일러와 인터프리터 방식이 있다. 컴파일러 방식은 전체 프로그램을 한꺼번에 번역한 다음 실행하고 인터프리터 방식은 행별로 번역하고 실행하는 일을 반복한다. C 언어는 컴파일러 방식, 파이썬은 인터프리터 방식이다.

확인 창에서는 프로그램에서 출력한 그래프를 확인할 수 있다. 또한 변숫값을 확인하거나 도움말을 볼 때 사용한다. 스크립트 창에 있는 명령어 앞에 커서를 두고 Ctrl+I를 누르면 해당 도움말이 확인 창에 나타난다.

[그림 2-5]에 표시된 파란색 박스는 프로그램이 저장되어 있는 작업 폴더다. 이처럼 적절한 곳에 작업 폴더를 만들고 모든 소스 프로그램을 저장하면 매우 편리하다. [그림 2-5]의 경우 바탕화면에 computerVision 폴더를 만들고 그 밑에 sources 폴더를 만들어 작업 폴더로 사용한다.

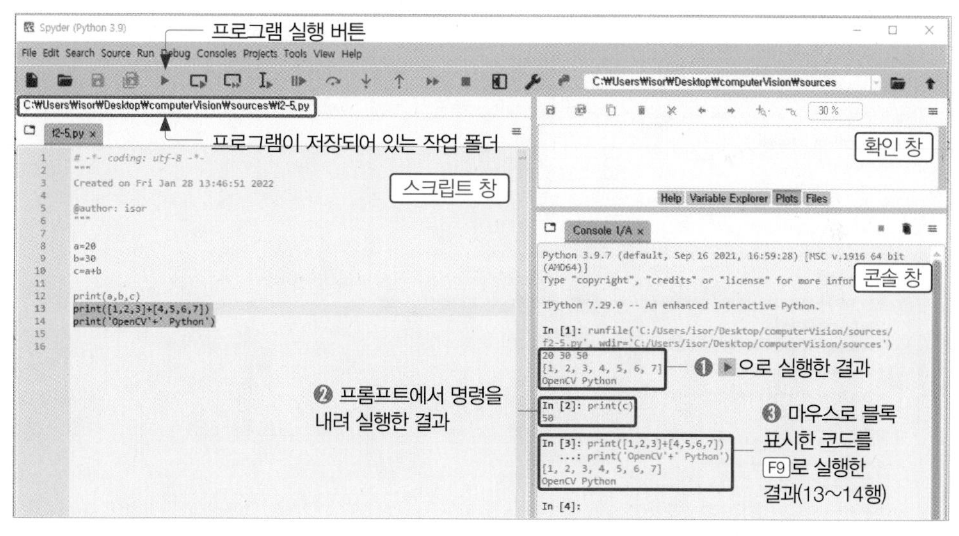

그림 2-5 스파이더 화면

OpenCV 매뉴얼 활용하기

OpenCV 프로그래밍을 할 때 여러 측면에서 공식 사이트의 도움을 받는데, 이때 다음 두 가지를 가장 많이 사용한다.

- **OpenCV-Python 튜토리얼** [그림 2-2]에서 OpenCV-Python Tutorials 링크(https://docs.opencv.org/4.x/d6/d00/tutorial_py_root.html)를 클릭하면 [그림 2-6]의 페이지로 이동한다. 11개 절로 나뉘어 있는데, 맨 앞은 설치 안내, 맨 뒤는 OpenCV와 파이썬의 바인딩 방법 설명이니 실제로 참조할 곳은 9개 절이다. 9개 절을 모두 공부한 후 이 책을 시작하는 것도 방법이지만 필요할 때마다 해당 내용을 찾아 참고하는 방법을 권한다.
- **함수 선언** 컴퓨터 비전 프로그래밍을 하다 보면 다양한 함수를 사용하는데, 함수 선언을 정확히 이해하고 사용해야 한다. 그렇지 않으면 오류가 발생하거나 프로그램이 오작동해 엉뚱한 결과를 얻는다. [그림 2-6]은 검색 창에서 Canny를 검색한 상황이다. 맨 위에 나타난 항목이 Canny 함수인데, 클릭하면 [그림 2-7]의 함수 선언이 나타난다. 자신이 사용하는 함수의 선언을 잘 살피고 규약에 맞게 사용하는 습관을 길러야 코딩을 잘할 수 있다.

그림 2-6 OpenCV-Python 튜토리얼 화면

[그림 2-7]은 OpenCV 공식 사이트에서 제공하는 Canny 함수를 위한 선언이다. 함수 이름과 기능, 매개변수 목록이 제시된다. 매개변수의 이름과 데이터 형, 정당한 값의 범위, 값에 따른 효과 등이 주어진다. 다섯 번째 apertureSize=3처럼 기본값default value이 주어진 매개변수는 생략할 수 있는데, 생략하면 기본값을 가지고 동작한다. 기본값은 여러 영상에 두루 적용할 수 있는 값으로 설정되어 있어 종종 사용한다.

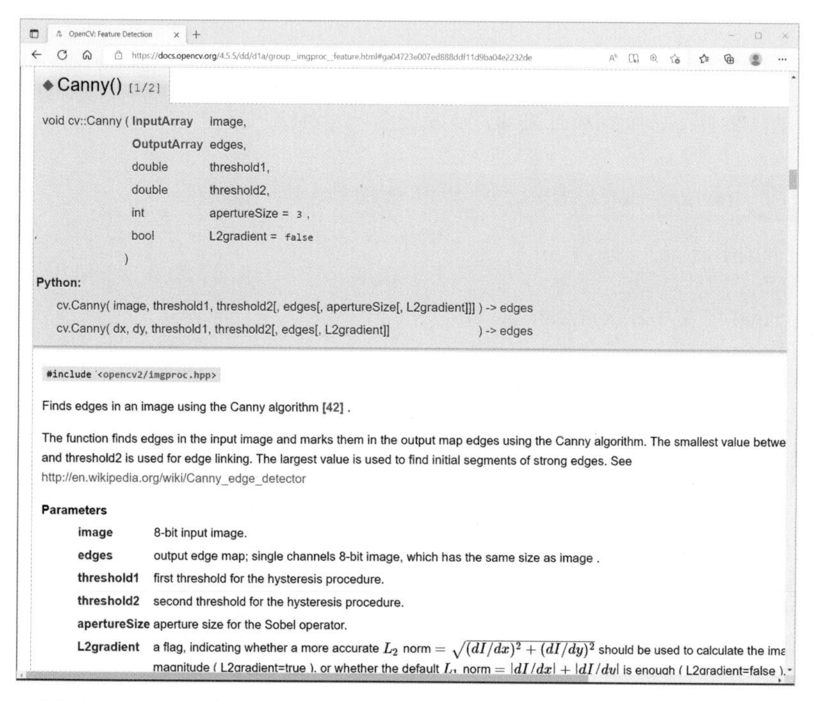

OpenCV: Feature Detection
https://docs.opencv.org/4.5.5/dd/d1a/group__imgproc__feature.html#ga04723e007ed888ddf11d9ba04e2232de

◆ Canny() [1/2]

```
void cv::Canny ( InputArray   image,
                 OutputArray  edges,
                 double       threshold1,
                 double       threshold2,
                 int          apertureSize = 3,
                 bool         L2gradient = false
               )
```

Python:

```
cv.Canny( image, threshold1, threshold2[, edges[, apertureSize[, L2gradient]]] ) -> edges
cv.Canny( dx, dy, threshold1, threshold2[, edges[, L2gradient]] ) -> edges
```

`#include <opencv2/imgproc.hpp>`

Finds edges in an image using the Canny algorithm [42] .

The function finds edges in the input image and marks them in the output map edges using the Canny algorithm. The smallest value betwe and threshold2 is used for edge linking. The largest value is used to find initial segments of strong edges. See http://en.wikipedia.org/wiki/Canny_edge_detector

Parameters

image	8-bit input image.
edges	output edge map; single channels 8-bit image, which has the same size as image .
threshold1	first threshold for the hysteresis procedure.
threshold2	second threshold for the hysteresis procedure.
apertureSize	aperture size for the Sobel operator.
L2gradient	a flag, indicating whether a more accurate L_2 norm $= \sqrt{(dI/dx)^2 + (dI/dy)^2}$ should be used to calculate the ima magnitude (L2gradient=true), or whether the default L_1 norm $= \|dI/dx\| + \|dI/dy\|$ is enough (L2gradient=false).

그림 2-7 OpenCV 함수 선언-Canny 함수 사례

2.3 객체지향 잘 활용하기

객체 다루기

파이썬은 객체지향 언어object-oriented language다. 객체지향은 컴퓨터 비전 프로그래밍에 매우 유리하다. [프로그램 2-1]은 파이썬의 객체지향 특성을 설명한다.

프로그램 2-1 numpy.ndarray 클래스 형의 객체를 만들고 멤버 함수 적용하기

```
01  import numpy as np
02
03  a=np.array([4,5,0,1,2,3,6,7,8,9,10,11])
04  print(a) ①
05  print(type(a)) ②
06  print(a.shape) ③
07  a.sort()
08  print(a) ④
09
10  b=np.array([-4.3,-2.3,12.9,8.99,10.1,-1.2])
11  b.sort()
12  print(b) ⑤
13
14  c=np.array(['one','two','three','four','five','six','seven'])
15  c.sort()
16  print(c) ⑥
```

```
[ 4  5  0  1  2  3  6  7  8  9 10 11]                ①
<class 'numpy.ndarray'>                              ②
(12,)                                                ③
[ 0  1  2  3  4  5  6  7  8  9 10 11]                ④
[-4.3  -2.3  -1.2   8.99 10.1  12.9 ]                ⑤
['five' 'four' 'one' 'seven' 'six' 'three' 'two']    ⑥
```

01행은 numpy 모듈을 np라는 이름으로 불러온다. 03행은 numpy가 제공하는 array 함수로 a라는 객체object를 생성한다. array는 ndarray 클래스 형의 다차원 배열을 만들 때 쓰는 함수다. 04행은 print 명령어로 a 객체의 내용을 출력한다. 실행 결과를 보면 생성할 때 지정한 값을 제대로 가지고 있음을 확인할 수 있다. 05행의 type 함수는 객체의 데이터 형data type을 알려주는 파이썬의 내장 함수built-in function다.

TIP 내장 함수는 import하지 않고 사용할 수 있는 파이썬의 기본 함수로 type, dir, len, range, max, min 등이 있다. 관련 내용은 https://docs.python.org/3/library/functions.html에 정리되어 있다.

실행 결과를 보면 np.ndarray 클래스 형이라는 사실을 알 수 있다. 06행은 a 객체의 shape 함수로 배열 모양을 확인한다. 객체는 내부에 유용한 함수 여러 개가 있는데 [그림 2-8(a)]는 일부 함수를 보여준다. shape은 배열의 모양을 알려주는 함수다. 06행의 실행 결과를 보면 a 객체는 12개 요소를 가진 1차원 배열이라는 사실을 알 수 있다. 07행은 a의 sort 함수를 호출한다. 08행의 실행 결과를 보면 제대로 정렬되었음을 확인할 수 있다.

객체를 만들고 함수를 적용하는 사례를 살펴봤는데, 객체지향의 특성과 강점을 좀 더 살펴본 후 [프로그램 2-1]의 나머지 행을 설명한다.

- 객체는 능동적이다. 객체는 .을 찍어 자신이 가진 함수를 능동적으로 호출한다. 객체 내부에 있는 함수를 멤버 함수member function 또는 메서드method라 한다. 객체 내부에는 멤버 함수뿐 아니라 데이터를 저장할 멤버 변수member variable도 있다.
- 객체는 필요한 만큼 얼마든지 찍어낼 수 있다. [그림 2-8]은 np.ndarray 클래스로 만든 객체를 스위스 칼에 비유한다. 클래스는 객체를 찍어내는 틀에 비유할 수 있다. 실제 세계에서는 물건을 찍어낼 때마다 물리적 재료가 필요해 비용이 들지만 컴퓨터 프로그래밍에서는 클래스로 객체를 무한정 생성할 수 있다. [프로그램 2-1]은 np.ndarray 클래스로 a, b, c라는 3개의 객체를 생성했다. [그림 2-8]에서 보는 바와 같이 객체 3개는 서로 다른 사례지만 멤버 함수는 같다.

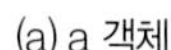
(a) a 객체

(b) b 객체

(c) c 객체

그림 2-8 np.ndarray 클래스로 찍어낸 객체들

[프로그램 2-1]의 10행과 14행은 각각 b와 c라는 객체를 생성한다. 03행에서 만든 a는 정수를 저장했는데 b와 c는 각각 실수와 문자열을 저장한다. 이처럼 같은 클래스로 만든 객체들이 서로 다른 형의 데이터를 저장할 수 있다. 11행에서 b 객체가 sort 함수를 호출하고 15행에서 c 객체가 sort 함수를 호출한다. 실행 결과를 보면 모두 제대로 정렬되었음을 확인할 수 있다.

객체 확인하기 – type과 dir 내장 함수

코딩을 하다 보면 종종 객체가 어떤 클래스인지와 사용 가능한 멤버 함수 목록을 알 필요가 있다. 이때 사용하는 명령어가 type과 dir이다. 스파이더의 콘솔 창에서 다음과 같이 명령어를 실행해보자. type 명령어를 통해 a 객체는 numpy.ndarray 클래스에 속한다는 사실을 알 수 있다. dir 명령어를 통해 a 객체는 __abs__, …, max, shape, sort 등의 멤버 함수를 가진다는 사실을 알 수 있다.

```
In [1]: type(a)
  numpy.ndarray
In [2]: dir(a)
  ['T', '__abs__', '__add__', __and__', …, 'all', 'any', …, 'max', …, 'shape', …, 'sort', … …]
```

멤버 함수가 무슨 일을 하며 어떻게 사용하는지 알려면 help 명령어를 사용한다. 다음은 a 객체의 sort 함수에 대해 알아보는 예다. a의 모든 함수에 대해 알려면 help(a)를 사용한다.

```
In [3]: help(a.sort)
   Help on built-in function sort:

   sort(...) method of numpy.ndarray instance
        a.sort(axis=-1, kind=None, order=None)

        Sort an array in-place. Refer to `numpy.sort` for full documentation.

        Parameters
        ----------
        axis : int, optional
            Axis along which to sort. Default is -1, which means sort along the last
            axis.
```

모든 일이 그렇듯 자주 사용하는 멤버 함수의 사용법을 기억해두면 무척 편리하다. 기억이 분명하지 않을 때는 type, dir, help 명령어로 확인하는 습관이 몸에 배야 한다. 이들 명령어 대신 인터넷에서 검색하는 방법을 사용해도 된다. 편한 방법을 쓰면 된다.

2.4 [프로그래밍 예제 1] 영상을 읽고 표시하기

처음 해보는 OpenCV 프로그래밍

이제 준비를 마쳤으니 본격적으로 OpenCV 프로그래밍을 시작한다. 처음 해볼 OpenCV 프로그래밍은 폴더에 저장되어 있는 영상 파일을 읽고 윈도우에 디스플레이하는 일이다. [프로그램 2-2]는 이 일을 한다.

프로그램 2-2 영상 파일을 읽고 윈도우에 디스플레이하기

```
01  import cv2 as cv
02  import sys
03
04  img=cv.imread('soccer.jpg')      # 영상 읽기
05
06  if img is None:
07     sys.exit('파일을 찾을 수 없습니다.')
08
09  cv.imshow('Image Display',img)  # 윈도우에 영상 표시
10
11  cv.waitKey()
12  cv.destroyAllWindows()
```

01행은 cv2 모듈을 불러와 cv라는 이름을 부여한다. cv2는 2.2절에서 pip install opencv-python 명령어로 설치한 모듈이다. 02행은 sys 모듈을 불러온다. sys는 파이썬이 제공하는

기본 모듈로서 설치하지 않고 사용할 수 있으며, 시스템 변수를 설정하거나 exit 함수로 프로그램을 종료하는 데 사용한다.

04행은 cv 모듈이 제공하는 imread 함수를 호출한다. soccer.jpg 파일을 인수argument로 주었는데 이 파일은 [프로그램 2-2]의 소스 파일이 저장되어 있는 폴더에 있어야 한다. imread 함수는 지정된 영상 파일을 폴더에서 읽어와 결과를 반환한다. 04행은 imread가 반환한 영상을 img 객체에 저장한다. 만일 파일이 없거나 읽는 도중에 오류가 발생하면 img는 None이 된다. 06행은 img가 None인지 확인하고, 그렇다면 07행은 exit 함수로 오류 메시지를 출력하고 프로그램을 종료한다.

img가 None이 아니면 09행에 도달하는데, 09행은 imshow 함수로 영상을 윈도우에 디스플레이한다. imshow 함수에 'Image Display'와 img를 인수를 주었는데, 첫 번째 인수는 윈도우의 이름이고 두 번째 인수는 윈도우에 디스플레이할 영상이다. 09행이 실행되면 실행결과에서 볼 수 있듯이 윈도우가 생성되고 영상이 나타난다. 11행의 waitKey 함수는 키보드의 키가 눌릴 때까지 기다리다가, 키가 눌리면 해당 키의 유니코드 값을 반환한다. 인수를 생략하거나 0으로 설정하면 무한정 기다린다. 시간을 지정하려면 밀리초 단위로 정수를 준다. 예를 들어 cv.waitKey(10000)는 10초를 기다린다. 지정한 시간 내에 키 입력이 일어나지 않으면 −1을 반환한다. 12행은 모든 윈도우를 닫는다.

11~12행이 없으면 09행에서 윈도우가 나타나고 프로그램이 즉시 끝나버려 윈도우를 볼 수 없다. 결국 윈도우를 제대로 닫지 못한 채 프로그램이 종료되어 문제가 생긴다. 11~12행은 키 입력을 기다렸다가 윈도우를 닫고 정상적으로 프로그램을 끝내는 역할을 한다.

OpenCV에서 영상은 numpy.ndarray 클래스 형의 객체

2.3절에서 했던 것처럼 type과 dir 명령어로 04행에서 생성된 img 객체의 정체를 확인해보자. 아래 type(img) 명령어를 통해 img 객체는 numpy.ndarray 클래스임을 알 수 있다. numpy는 다차원 배열을 위한 사실상 표준 모듈이다. 이런 이유로 OpenCV는 영상을 표현하는 데 numpy를 활용한다. img.shape으로 img의 배열 모양을 알아본 바에 따르면 948×1434×3 크기의 3차원 배열이다. img 객체가 표현하는 영상은 [그림 2-9(a)]가 보여주는 바와 같이 948개의 행과 1434개의 열을 가진 채널 3개로 구성된다. 3개의 채널은 앞쪽부터 blue, green, red에 해당한다. 보통 RGB 순서인데 OpenCV는 기본이 BGR이다.

```
In [1]: type(img)
   numpy.ndarray
In [2]: img.shape
   (948,1434,3)
```

영상을 구성하는 한 점을 화소pixel라 한다. pixel은 picture element의 약어다. 영상에서 화소의 위치는 행 좌표 r과 열 좌표 c를 이용해 (r,c)로 표기한다. 행 좌표는 y축, 열 좌표는 x축에 해당한다. 수학의 좌표계와 달리 컴퓨터 비전에서는 왼쪽 위를 원점으로 간주하며, 점의 좌표를 쓸 때 (y,x) 또는 (r,c)와 같이 y축을 먼저 쓴다. 컬러 영상은 한 화소가 blue, green, red의 3개 값을 가진다.

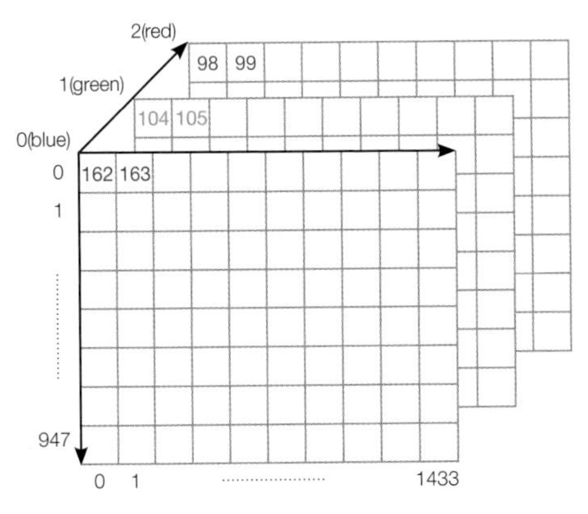

(a) 프로그램으로 조사

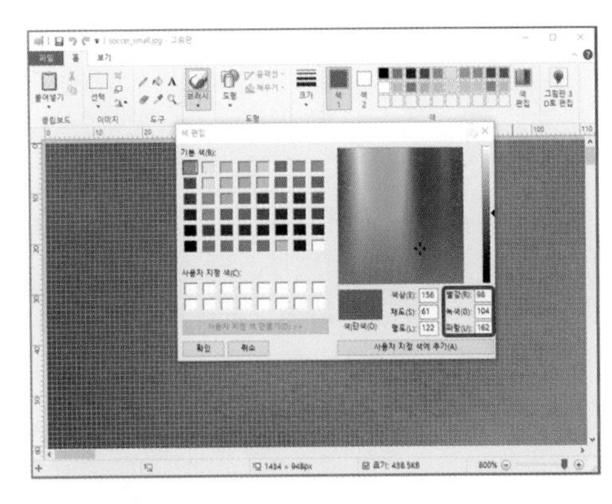
(b) 그림판으로 조사

그림 2-9 img 객체가 표현하는 영상의 구조와 내용

(0,0)과 (0,1)에 있는 화솟값을 조사해보자. 스파이더의 콘솔 창에서 다음과 같이 명령어를 수행한다. (0,0)의 화솟값은 BGR을 구성하는 채널이 각각 162, 104, 98이라는 사실을 확인할 수 있다. (0,1)의 화솟값은 163, 105, 99다. [프로그램 2-2]에서 확인하려면 04행 다음에 print(img[0,0,0], img[0,0,1], img[0,0,2]) 또는 print(img[0,0])을 추가한다.

```
In [3]: print(img[0,0,0], img[0,0,1], img[0,0,2])    # (0,0) 화소 조사
   162 104 98
In [4]: print(img[0,1,0], img[0,1,1], img[0,1,2])    # (0,1) 화소 조사
   163 105 99
```

[그림 2-9(a)]는 프로그램으로 (0,0) 화소를 조사한 결과이고 [그림 2-9(b)]는 그림판을 이용해 조사한 결과다. soccer.jpg 영상을 그림판에서 연 다음 오른쪽 아래에 있는 확대 기능을 사용해 최대로 확대하여 개별 화소를 확인할 수 있는 상태로 만든다. [보기] 탭에서 '눈금자', '격자', '상태표시줄'을 모두 켜서 [그림 2-9(b)]의 상태를 만든다. 스포이드를 선택하고 (0,0)에 있는 화소를 찍는다. 그러면 이 화소의 색이 메뉴 바에 있는 '색1'에 표시된다. [색 편집] 메뉴를 클릭하면 화면에 색상 표가 나타나고 스포이드로 선택한 화소의 RGB 값이 표시된다. 빨간색 박스로 강조한 곳을 보면 BGR=(162,104,98)임을 알 수 있다. 프로그램으로 조사한 값과 일치한다.

2.5 [프로그래밍 예제 2] 영상 형태 변환하고 크기 축소하기

영상에는 다양한 형태가 있다. [프로그램 2-3]에서는 채널이 3개인 컬러 영상을 채널이 1개뿐인 명암 영상grayscale image으로 변환하고 영상 크기를 반으로 축소하는 실험을 한다.

프로그램 2-3 영상을 명암 영상으로 변환하고 반으로 축소하기

```
01  import cv2 as cv
02  import sys
03
04  img=cv.imread('soccer.jpg')
05
06  if img is None:
07      sys.exit('파일을 찾을 수 없습니다.')
08
09  gray=cv.cvtColor(img,cv.COLOR_BGR2GRAY)          # BGR 컬러 영상을 명암 영상으로 변환
10  gray_small=cv.resize(gray,dsize=(0,0),fx=0.5,fy=0.5) # 반으로 축소
11
12  cv.imwrite('soccer_gray.jpg',gray)               # 영상을 파일에 저장
13  cv.imwrite('soccer_gray_small.jpg',gray_small)
14
15  cv.imshow('Color image',img)
16  cv.imshow('Gray image',gray)
17  cv.imshow('Gray image small',gray_small)
18
19  cv.waitKey()
20  cv.destroyAllWindows()
```

01~07행은 [프로그램 2-2]와 같다. 09행은 cvtColor 함수로 컬러 영상을 명암 영상으로 변환한다. 첫 번째 인수는 변환할 컬러 영상을 가진 객체다. 두 번째 인수 cv.COLOR_BGR2GRAY는 BGR로 표현된 컬러 영상을 명암으로 변환하라고 지시한다. cvtColor 함수는 변환된 영상을 반환하는데, 09행은 반환된 영상을 gray 객체에 저장한다. 10행은 resize 함수로 영상의 크기를 변환한다. 첫 번째 인수는 입력 영상이고, 두 번째 인수 dsize는 변환할 크기를 지정하는데 (0,0)인 경우 비율을 지정하는 fx와 fy에 따르는데, dsize=(0,0)이고 fx=0.5, fy=0.5이므로 가로와 세로 방향 모두 반으로 축소한다. resize 함수는 변환된 영상을 반환하는데, 10행은 반환된 영상을 gray_small 객체에 저장한다. 12~13행의 imwrite 함수는 지정한 영상을 지정한 파일에 저장한다. 결국 gray 객체에 있는 영상은 'soccer_gray.jpg' 파일에, gray_small 객체에 있는 영상은 'soccer_gray_small.jpg' 파일에 저장된다. 확장자를 jpg 대신 png로 하면 png 포맷으로 저장된다. 프로그램 실행을 마치고 폴더에서 두 영상을 확인하기 바란다. 15~17행은 영상 3개를 서로 다른 윈도우 3개에 디스플레이한다. 실행 결과에서 윈도우 3개를 확인할 수 있다.

OpenCV의 cvtColor 함수는 채널이 세 장인 컬러 영상을 어떻게 채널이 한 장인 명암 영상으로 변환할까? OpenCV 공식 사이트는 컬러 이론에 기반해 BGR 영상을 명암 영상으로 변환하는 공식을 식 (2.1)로 제시한다(https://docs.opencv.org/3.4/de/d25/imgproc_color_conversions.html). round는 반올림을 뜻한다. [그림 2-10]에서 보는 바와 같이 BGR=(162,104,98)은 식 (2.1)에 따라 I=109로 변환된다. 이런 연산을 모든 화소에 적용하면 명암 영상이 만들어진다.

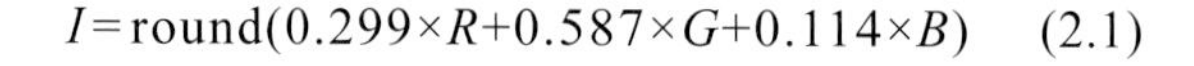

$$I = \text{round}(0.299 \times R + 0.587 \times G + 0.114 \times B) \qquad (2.1)$$

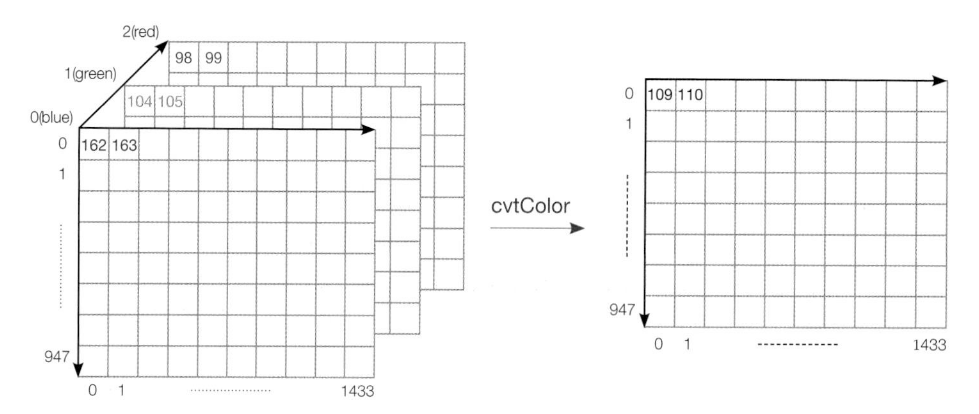

그림 2-10 BGR 컬러 영상을 명암 영상으로 변환

2.6 [프로그래밍 예제 3] 웹 캠에서 비디오 읽기

폴더에서 영상을 읽어오는 일이 쉽다는 사실을 [프로그램 2-2] 실습을 통해 알았다. 이제 웹 캠을 통해 동영상video을 받는 프로그래밍을 한다. 노트북에는 웹 캠이 기본으로 장착되어 있어 그대로 사용하면 되고 데스크톱 PC에서 실험하는 경우에는 별도로 웹 캠을 설치해야 한다.

웹 캠에서 비디오 읽기

[프로그램 2-4]는 웹 캠을 통해 입력되는 동영상을 윈도우에 디스플레이하는 프로그램이다.

프로그램 2-4 웹 캠으로 비디오 획득하기

```
01  import cv2 as cv
02  import sys
03  
04  cap=cv.VideoCapture(0,cv.CAP_DSHOW)  # 카메라와 연결 시도
05  
06  if not cap.isOpened():
07      sys.exit('카메라 연결 실패')
08  
09  while True:
10      ret,frame=cap.read()              # 비디오를 구성하는 프레임 획득
11  
12      if not ret:
13          print('프레임 획득에 실패하여 루프를 나갑니다.')
14          break
15  
16      cv.imshow('Video display',frame)
17  
18      key=cv.waitKey(1)                 # 1밀리초 동안 키보드 입력 기다림
19      if key==ord('q'):                 # 'q' 키가 들어오면 루프를 빠져나감
20          break
21  
22  cap.release()                         # 카메라와 연결을 끊음
23  cv.destroyAllWindows()
```

04행의 VideoCapture 함수는 웹 캠과 연결을 시도하고 결과를 cap 객체에 저장한다. 첫 번째 인수로 웹 캠 번호를 지정하는데, 웹 캠이 하나인 경우에는 0을 준다. 두 번째 인수 cv.CAP_DSHOW는 비디오가 화면에 바로 나타나게 한다. 웹 캠과 연결에 실패하는 경우 cap 객체의 isOpened 함수가 False 값을 가진다. 06~07행은 연결 실패의 경우 오류 메시지를 출력하고 프로그램을 종료한다.

09행의 while 문은 동영상을 입력하는 10~20행을 무한 반복한다. 도중에 사용자가 q를 입력하면 19행이 참이 되고 20행의 break 문을 통해 루프를 빠져나간다. 10행은 cap 객체의 read 함수를 호출한다. read 함수는 호출한 순간의 영상 한 장, 즉 프레임frame을 획득하고 성공 여부와 함께 프레임을 반환한다. 따라서 10행은 ret 객체에 성공 여부를 저장하고 frame 객체에 프레임을 저장한다. 12~14행은 프레임 획득에 실패한 경우 루프를 빠져나간다. 16행은 제목이 'Video display'인 윈도우에 획득한 영상을 디스플레이한다. 18행은 1밀리초 동안 키보드 입력을 기다린다. 인수를 크게 설정해 기다리는 시간이 길어지면 지연이 발생해 비디오가 매끄럽지 않게 나타나는 부작용이 발생한다. 19~20행은 q가 입력되었을 때 루프를 탈출한다. 22행은 카메라와 연결을 끊고 23행은 윈도우를 모두 닫는다.

비디오에서 영상 수집하기

[프로그램 2-5]는 비디오에서 영상을 수집할 수 있게 확장한 프로그램으로, [프로그램 2-4]의 골격을 그대로 사용한다. 추가된 코드는 회색으로 표시해 구분한다. 02행은 배열을 이어 붙이는 hstack 함수를 사용하기 위해 numpy 모듈을 불러온다. hstack은 32행에서 사용한다. 10행은 수집한 영상을 저장할 리스트 frames를 생성한다. 21~22행은 사용자가 c를 누를 때마다 획득한 프레임을 frames 리스트에 추가한다.

프로그램 2-5 비디오에서 수집한 영상을 이어 붙이기

```
01  import cv2 as cv
02  import numpy as np
03  import sys
04
05  cap=cv.VideoCapture(0,cv.CAP_DSHOW)      # 카메라와 연결 시도
06
07  if not cap.isOpened():
08     sys.exit('카메라 연결 실패')
09
10  frames=[]
11  while True:
12     ret,frame=cap.read()                  # 비디오를 구성하는 프레임 획득
13
14     if not ret:
15        print('프레임 획득에 실패하여 루프를 나갑니다.')
16        break
17
18     cv.imshow('Video display',frame)
19
20     key=cv.waitKey(1)                     # 1밀리초 동안 키보드 입력 기다림
21     if key==ord('c'):                     # 'c' 키가 들어오면 프레임을 리스트에 추가
22        frames.append(frame)
23     elif key==ord('q'):                   # 'q' 키가 들어오면 루프를 빠져나감
24        break
25
26  cap.release()                            # 카메라와 연결을 끊음
27  cv.destroyAllWindows()
28
29  if len(frames)>0:                        # 수집된 영상이 있으면
30     imgs=frames[0]
31     for i in range(1,min(3,len(frames))): # 최대 3개까지 이어 붙임
32        imgs=np.hstack((imgs,frames[i]))
33
34     cv.imshow('collected images',imgs)
35
36     cv.waitKey()
37     cv.destroyAllWindows()
```

29~37행은 수집한 영상을 이어 붙여 윈도우에 표시한다. 29행은 수집한 영상이 있는지 확인하고, 있으면 30~37행을 수행한다. 30행은 frames 리스트에 있는 0번 요소를 imgs 배열에 저장한다. 31~32행은 1번, 2번, 3번 요소를 덧붙인다. min(3,len(frames))를 이용해 최대 3개까지만 이어 붙인다. 3개로 한정한 이유는 영상이 너무 커서 화면 밖으로 나가는 것을 방지하기 위해서다.

프로그램 실행 도중 c를 7번 눌러 frames 리스트에 영상을 일곱 장 저장했다고 가정하자. min(3,len(frames))는 3이 되고 31~32행을 세 번 반복해 배열 3개를 이어 붙인다. 컴퓨터 비전 프로그래밍에서는 이처럼 시시각각 변하는 다차원 배열에 대한 이해가 무척 중요하다.

스파이더의 콘솔 창에서 다음 명령을 내려 frames 리스트와 imgs 배열을 조사해보자.

```
In [1]: len(frames)
   7
In [2]: frames[0].shape
   (480,640,3)
In [3]: type(imgs)
   numpy.ndarray
In [4]: imgs.shape
   (480,1920,3)
```

첫 번째 명령은 frames 리스트에 있는 요소의 개수를 알아낸다. 7이 출력되었다. 두 번째 명령은 frames 리스트의 0번 요소, 즉 첫 번째 영상을 저장한 배열의 모양을 shape 함수로 알아낸다. 크기가 480×640×3인 영상임을 알 수 있다. 세 번째 명령어를 통해 세 장의 영상을 이어 붙여 만든 imgs가 numpy.ndarray 형이라는 사실을 알 수 있다. 네 번째 명령어는 imgs가 480×1920×3 크기의 수평 방향으로 긴 영상이라는 사실을 알려준다.

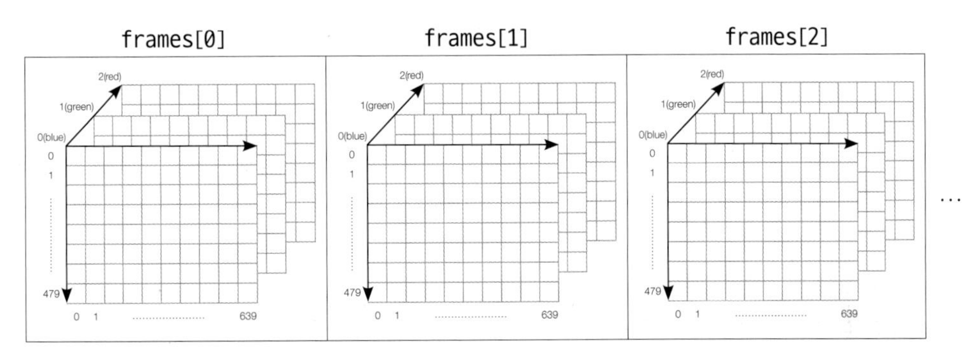

(a) frames 리스트

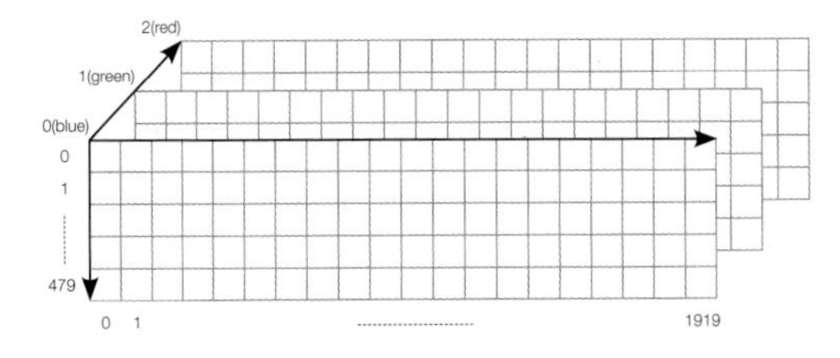

(b) imgs 배열

그림 2-11 [프로그램 2-5]의 자료 구조

[그림 2-11]은 조사한 내용을 그림으로 보여준다. frames 리스트의 요소는 크기가 480×640×3인 컬러 영상이고 imgs는 480×1920×3 크기의 배열이라는 사실을 이해할 수 있다. 컴퓨터 비전 프로그래밍을 잘 하는 요령 중의 하나는 프로그램에 등장하는 수많은 객체의 데이터 형과 모양을 정확히 이해하는 것이다. 이때 type과 shape은 아주 유용하다. type과 shape이 주는 정보만으로 잘 이해되지 않으면 연필과 종이를 들고 [그림 2-11]과 같이 그림을 그려보면 도움이 된다.

2.7 [프로그래밍 예제 4] 그래픽 기능과 사용자 인터페이스 만들기

종종 영상에 도형을 그리거나 글씨를 써넣어야 하는 경우가 있다. 예를 들어 영상에서 얼굴을 검출하면 얼굴 영역을 직사각형으로 표시해야 하고, 얼굴 표정을 인식했다면 어떤 표정인지 써야 한다. 아직 자동으로 검출이나 인식을 할 수 없으니 사용자가 좌표를 지정하는 방식으로 프로그래밍한다. [그림 2-6]의 OpenCV-Python 튜토리얼의 'Gui features in OpenCV' 편에 보다 다양한 기능이 있으니 추가로 살펴보기 바란다.

영상에 도형을 그리고 글씨 쓰기

OpenCV는 직선을 그리는 line, 직사각형을 그리는 rectangle, 다각형을 그리는 polylines, 원을 그리는 circle, 타원을 그리는 ellipse, 문자열을 쓰는 putText 함수를 제공한다. [프로그램 2-6]의 09행은 rectangle 함수로 얼굴에 직사각형을 그린다. 첫 번째 인수 img는 직사각형을 그릴 영상이고, 두 번째 인수 (830,30)은 직사각형의 왼쪽 위 구석점의 좌표다. 이때 x와 y 좌표 순으로 쓴다. 세 번째 인수 (1000,200)은 직사각형의 오른쪽 아래 구석점의 좌표다. 네 번째 인수 (0,0,255)는 색을 지정하는데 (B,G,R)에서 R만 255이므로 빨간색이다. 다섯 번째 인수 2는 선의 두께를 지정한다. 10행은 영상에 문자열을 쓴다. 첫 번째 인수는 영상, 두 번째 인수는 써넣을 문자열, 세 번째 인수는 문자열의 왼쪽 아래 구석점의 위치를 지정한다. 네 번째 인수는 폰트 종류, 다섯 번째 인수는 글자 크기, 여섯 번째 인수는 색, 일곱 번째 인수는 글자 두께다.

프로그램 2-6 영상에 도형을 그리고 글자 쓰기

```
01  import cv2 as cv
02  import sys
03
04  img=cv.imread('girl_laughing.jpg')
05
06  if img is None:
07     sys.exit('파일을 찾을 수 없습니다.')
08
09  cv.rectangle(img,(830,30),(1000,200),(0,0,255),2)   # 직사각형 그리기
```

```
10  cv.putText(img,'laugh',(830,24),cv.FONT_HERSHEY_SIMPLEX,1,(255,0,0),2) # 글씨 쓰기
11
12  cv.imshow('Draw',img)
13
14  cv.waitKey()
15  cv.destroyAllWindows()
```

함수 선언을 정확히 파악하고 제대로 활용하는 일이 매우 중요하다. [그림 2-7]에서 Canny 함수를 예로 든 적이 있는데, 중요성을 강조하기 위해 이번에는 [그림 2-12]와 같이 rectangle 함수 선언을 보여준다. 앞으로 함수를 사용할 때 OpenCV 공식 사이트 또는 구글 검색 등을 통해 함수 선언을 정확히 파악하고 활용하는 습관을 들이자. 함수 선언은 인터넷에서 쉽게 찾을 수 있기 때문에 앞으로는 꼭 필요한 경우만 제시한다.

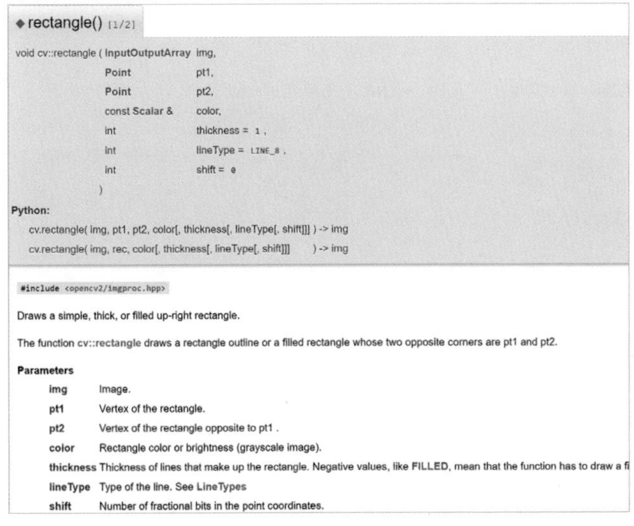

◆ rectangle() [1/2]

```
void cv::rectangle ( InputOutputArray img,
                     Point            pt1,
                     Point            pt2,
                     const Scalar &   color,
                     int              thickness = 1,
                     int              lineType = LINE_8,
                     int              shift = 0
                   )
Python:
    cv.rectangle( img, pt1, pt2, color[, thickness[, lineType[, shift]]] ) -> img
    cv.rectangle( img, rec, color[, thickness[, lineType[, shift]]]      ) -> img
```

#include <opencv2/imgproc.hpp>

Draws a simple, thick, or filled up-right rectangle.

The function cv::rectangle draws a rectangle outline or a filled rectangle whose two opposite corners are pt1 and pt2.

Parameters

img	Image.
pt1	Vertex of the rectangle.
pt2	Vertex of the rectangle opposite to pt1 .
color	Rectangle color or brightness (grayscale image).
thickness	Thickness of lines that make up the rectangle. Negative values, like FILLED, mean that the function has to draw a fi
lineType	Type of the line. See LineTypes
shift	Number of fractional bits in the point coordinates.

그림 2-12 OpenCV 공식 사이트가 제공하는 rectangle 함수의 선언(https://docs.opencv.org/4.x/d6/d6e/group__imgproc__draw.html#ga07d2f74cadcf8e305e810ce8eed13bc9)

마우스를 통한 상호작용

[프로그램 2-6]은 고정된 위치에 직사각형을 그린다. 이제 마우스를 이용해 위치를 지정할 수 있도록 확장해보자. [프로그램 2-7]은 마우스를 클릭한 곳에 직사각형을 그린다. 왼쪽 버튼을 클릭하면 크기가 200×200인 빨간색 직사각형을 그리고, 오른쪽 버튼을 클릭하면 크기가 100×100인 파란색 직사각형을 그린다.

프로그램 2-7 마우스로 클릭한 곳에 직사각형 그리기

```
01  import cv2 as cv
02  import sys
03
04  img=cv.imread('girl_laughing.jpg')
05
06  if img is None:
07     sys.exit('파일을 찾을 수 없습니다.')
08
09  def draw(event,x,y,flags,param):        # 콜백 함수
10     if event==cv.EVENT_LBUTTONDOWN:     # 마우스 왼쪽 버튼 클릭했을 때
11        cv.rectangle(img,(x,y),(x+200,y+200),(0,0,255),2)
12     elif event==cv.EVENT_RBUTTONDOWN:  # 마우스 오른쪽 버튼 클릭했을 때
13        cv.rectangle(img,(x,y),(x+100,y+100),(255,0,0),2)
14
15     cv.imshow('Drawing',img)
16
17  cv.namedWindow('Drawing')
18  cv.imshow('Drawing',img)
19
20  cv.setMouseCallback('Drawing',draw)   # Drawing 윈도우에 draw 콜백 함수 지정
21
22  while(True):                           # 마우스 이벤트가 언제 발생할지 모르므로 무한 반복
23     if cv.waitKey(1)==ord('q'):
24        cv.destroyAllWindows()
25        break
```

마우스를 다루려면 콜백 함수callback function라는 새로운 프로그래밍 방식이 필요하다. 보통 프로그램은 정해진 순서에 따라 명령어를 실행하는데, 마우스를 다루는 프로그램에서는 클릭이나 커서 이동 같은 이벤트가 언제 발생할지 알 수 없기 때문에 콜백 함수가 필요하다. 17행은 'Drawing'이라는 이름의 윈도우를 생성하고, 18행은 윈도우에 img 영상을 디스플레이한다. 20행은 'Drawing'이라는 이름의 윈도우에서 마우스 이벤트가 발생하면 draw라는 콜백 함수를 호출하라고 등록한다. 마우스 이벤트는 버튼 클릭하기, 버튼에서 손 놓기, 커서 이동, 휠 돌리기를 하면 발생한다.

09~15행에 있는 draw 콜백 함수를 살펴보자. 매개변수가 5개인데, event는 이벤트의 종류, x와 y는 이벤트가 일어난 순간의 커서 위치를 나타낸다. flags와 param은 여기서 사용하지 않으므로 설명을 생략한다. 10행은 event가 EVENT_LBUTTONDOWN이면, 즉 왼쪽 버튼을 클릭한 이벤트이면 참이 되는데, 이때 11행은 왼쪽 위 꼭지점이 마우스 커서의 위치 (x,y)이고 너비와 높이가 200인 빨간 직사각형을 그린다. 12~13행은 오른쪽 버튼을 클릭했을 때 너비와 높이가 100인 파란색 직사각형을 그린다. 15행은 바뀐 영상을 윈도우에 반영한다.

20행까지만 코딩하면 콜백 함수를 등록하고 프로그램이 끝나기 때문에 아무 일도 일어나지 않는다. 22~25행은 무한 루프를 돌아 프로그램 실행을 지속한다. 실행 도중에 마우스 이벤트가 발생하면 콜백 함수가 호출되어 img 영상에 직사각형을 그린다. 23~25행은 키보드에서 q가 입력되면 모든 윈도우를 닫고 루프를 탈출한다.

마우스 드래그로 도형 크기 조절하기

[프로그램 2-7]은 직사각형 위치는 선택할 수 있지만 크기는 정해져 있다. 직사각형 크기를 마음대로 조절하려면 마우스 클릭과 드래그를 함께 사용하면 된다. [프로그램 2-8]은 사용자가 직사각형 크기를 조절할 수 있게 확장한다.

드래그는 마우스를 클릭한 채 커서를 이동해 원하는 곳에서 버튼을 놓는 행위다. 따라서 버튼을 클릭했을 때와 놓았을 때 좌표를 읽어 직사각형을 그리면 된다. 이 논리에 따라 콜백 함수 draw만 수정하면 된다. 10행은 버튼을 클릭한 순간의 좌표를 저장할 ix와 iy를 전역 변수global variable로 선언한다. 10행이 없으면 ix와 iy는 함수가 시작할 때 생겼다가 끝날 때 소멸하는 지역 변수로 작용해 드래그하는 동안 발생하는 여러 번의 함수 호출에서 생성과 소멸을 거듭하므로 좌푯값을 유지하지 못한다.

12~13행은 클릭한 순간, 즉 event가 EVENT_LBUTTONDOWN이면 좌표 x와 y를 전역

변수 ix와 iy에 저장한다. 14~15행은 버튼을 놓은 순간, 즉 event가 EVENT_LBUTTONUP이 된 순간, 클릭했을 때 저장해둔 좌표 (ix,iy)와 놓았을 때 좌표 (x,y)를 이용해 직사각형을 그린다.

프로그램 2-8 마우스 드래그로 직사각형 그리기

```
01  import cv2 as cv
02  import sys
03
04  img=cv.imread('girl_laughing.jpg')
05
06  if img is None:
07      sys.exit('파일을 찾을 수 없습니다.')
08
09  def draw(event,x,y,flags,param):
10      global ix,iy
11
12      if event==cv.EVENT_LBUTTONDOWN:    # 마우스 왼쪽 버튼 클릭했을 때 초기 위치 저장
13          ix,iy=x,y
14      elif event==cv.EVENT_LBUTTONUP:    # 마우스 왼쪽 버튼 클릭했을 때 직사각형 그리기
15          cv.rectangle(img,(ix,iy),(x,y),(0,0,255),2)
16
17      cv.imshow('Drawing',img)
18
19  cv.namedWindow('Drawing')
20  cv.imshow('Drawing',img)
21
22  cv.setMouseCallback('Drawing',draw)
23
24  while(True):
25      if cv.waitKey(1)==ord('q'):
26          cv.destroyAllWindows()
27          break
```

2.8 [프로그래밍 예제 5] 페인팅 기능 만들기

때로 마우스가 이동한 궤적을 따라 페인팅하는 기능이 필요하다. 예를 들어 4.5.2항에서는 사용자가 물체와 배경 일부를 페인팅하면 물체 영역을 오려내는 GrabCut이라는 알고리즘을 공부하고 실습한다. 이때 페인팅 기능이 필요하다.

[프로그램 2-9]는 왼쪽 버튼을 클릭하면 파란색으로 페인팅하고 오른쪽 버튼을 클릭하면 빨간색으로 페인팅하는 프로그램이다. 이 프로그램은 [프로그램 2-8]의 골격을 그대로 사용한다. 단지 마우스 이벤트가 발생했을 때 수행하는 콜백 함수의 논리만 다르다. 27행은 'Painting'이라는 윈도우에서 마우스 이벤트가 발생하면 painting 콜백 함수를 호출하라고 등록한다.

13~14행은 왼쪽 버튼을 클릭했을 때 img 영상에 원을 그린다. 14행 circle 함수의 첫 번째 인수는 원을 그릴 영상, 두 번째 인수는 원의 중심, 세 번째 인수는 반지름, 네 번째 인수는 색깔, 다섯 번째 인수는 두께다. 두께를 −1로 설정하면 원의 내부가 채워진다. 따라서 14행은 중심은 커서 위치이고 반지름은 BrushSiz이고 속이 찬 파란색 원을 그린다. 15~16행은 오른쪽 버튼을 클릭했을 때 빨간색 원을 그린다. 17~18행은 왼쪽 버튼을 클릭한 채 이동할 때 파란색 원을 그린다. 19~20행은 오른쪽 버튼을 클릭한 채 이동할 때 빨간색 원을 그린다. 22행은 붓칠이 된 영상을 윈도우에 다시 디스플레이한다.

프로그램 2-9 빨간색 붓과 파란색 붓으로 페인팅하기

```
01  import cv2 as cv
02  import sys
03
04  img=cv.imread('soccer.jpg')
05
06  if img is None:
07      sys.exit('파일을 찾을 수 없습니다.')
08
09  BrushSiz=5                                      # 붓의 크기
10  LColor,RColor=(255,0,0),(0,0,255)               # 파란색과 빨간색
```

```
11
12 def painting(event,x,y,flags,param):
13     if event==cv.EVENT_LBUTTONDOWN:
14       cv.circle(img,(x,y),BrushSiz,LColor,-1)     # 마우스 왼쪽 버튼 클릭하면 파란색
15     elif event==cv.EVENT_RBUTTONDOWN:
16         cv.circle(img,(x,y),BrushSiz,RColor,-1)   # 마우스 오른쪽 버튼 클릭하면 빨간색
17     elif event==cv.EVENT_MOUSEMOVE and flags==cv.EVENT_FLAG_LBUTTON:
18         cv.circle(img,(x,y),BrushSiz,LColor,-1)   # 왼쪽 버튼 클릭하고 이동하면 파란색
19     elif event==cv.EVENT_MOUSEMOVE and flags==cv.EVENT_FLAG_RBUTTON:
20         cv.circle(img,(x,y),BrushSiz,RColor,-1)   # 오른쪽 버튼 클릭하고 이동하면 빨간색
21
22     cv.imshow('Painting',img)                     # 수정된 영상을 다시 그림
23
24 cv.namedWindow('Painting')
25 cv.imshow('Painting',img)
26
27 cv.setMouseCallback('Painting',painting)
28
29 while(True):
30     if cv.waitKey(1)==ord('q'):
31         cv.destroyAllWindows()
32         break
```

연습문제

01 [프로그램 2-1]의 03행을 a=np.array([400,52,'tiger','24',230])으로 바꾸어 정수와 문자열을 혼합하면 어떤 일이 벌어지는지 실험하고 파이썬이 이 경우를 어떻게 해석하는지 설명하시오.

02 np.ndarray 객체는 min, max, argmin, argmax, mean, sum, cumsum, prod, cumprod 라는 멤버 함수를 가진다.

(1) 이 함수들이 각각 무엇을 하는지 조사하시오.

(2) 10개 가량의 실수를 가진 np.ndarray 객체를 만든 다음 이 객체에 이 함수들을 각각 적용하는 프로그램을 작성하고 조사한 대로 동작하는지 확인하시오.

03 [프로그램 2-2]를 서로 다른 영상 2개를 읽어 각각 img1과 img2에 저장하고 서로 다른 윈도우에 디스플레이하는 프로그램으로 확장하시오.

04 [프로그램 2-3]을 0.1, 0.2, 0.3, ⋯, 0.9, 1.0으로 축소한 영상 10개를 서로 다른 윈도우에 디스플레이하도록 확장하시오.

05 [프로그램 2-4]를 사용자가 중간에 g를 입력하면 명암 영상을 디스플레이하고 c를 입력하면 컬러 영상을 디스플레이하도록 확장하시오.

06 [프로그램 2-6]은 직사각형 왼쪽 위에 'laugh'라 써넣었다. 'laugh'를 직사각형에서 조금 떨어뜨려 표시하고 'laugh' 문자열이 화살표로 직사각형을 가리키도록 수정하시오.

hint 화살표는 arrowedLine 함수로 그린다.

07 [프로그램 2-7]을 왼쪽 버튼을 클릭하면 직사각형, 오른쪽 버튼을 클릭하면 원이 그려지도록 확장하시오.

08 [프로그램 2-8]을 왼쪽 버튼은 이전처럼 직사각형을 그리고 오른쪽 버튼은 원을 그리도록 확장하시오. 오른쪽 버튼을 클릭한 곳이 원의 중심이고 오른쪽 버튼을 놓은 곳이 원주다.

09 [프로그램 2-9]를 + 를 누르면 붓의 크기가 1만큼 커지고 - 를 누르면 붓의 크기가 1만큼 작아지게 확장하시오.

hint 29~32행의 while 루프 속에 elif cv.waitKey(1)==ord('+'): 행을 추가하는 방식으로 코딩한다.

CHAPTER 03

영상 처리

Preview

자율주행차가 [그림 3-1(a)]와 같이 안개 낀 도로에 들어서면 행인이나 표지판을 인식하는 기능이 떨어질 수 있다. 이때 히스토그램 평활화라는 영상 처리 연산을 적용하면 [그림 3-1(b)]의 개선된 영상을 얻는다. 개선된 영상에서 물체를 인식하면 기능을 회복할 수 있다.

(a) 안개 낀 도로 영상

(b) 히스토그램 평활화로 개선한 영상

그림 3-1 영상 처리로 화질 개선

영상 처리image processing는 특정 목적을 달성하기 위해 원래 영상을 개선된 영상으로 변환하는 작업이다. 영상 처리는 화질 개선 자체가 목적인 경우가 있다. 경찰이 흐릿하게 찍힌 도주 차량의 번호판을 식별하기 위해 CCTV 영상을 개선하거나 영상의학과 의사가 병변 위치를 찾기 위해 엑스레이 영상을 개선하는 경우가 여기에 해당한다. 이와 달리 컴퓨터 비전은 영상 처리를 전처리 단계에 활용한다. 영상 처리로 개선한 영상을 인식 알고리즘에 입력해 인식 성능을 높이는 것이 목적이다. 영상 처리 연산은 아주 다양하므로 연산을 정확히 이해하고 주어진 문제에 적합한 것을 선택하는 일이 무척 중요하다.

3.1 디지털 영상 기초

1.4절에서 소개한 바와 같이 최초의 디지털 영상은 1920년에 유럽과 북미 간에 연결된 Bartlane 시스템이 전송한 영상이었다. 1957년에 러셀 커쉬는 아이 사진을 스캔한 디지털 영상을 컴퓨터에 세계 최초로 저장했다. 한 화소를 1비트로 표현한 176×176 크기의 흑백 영상이었다. 현대에는 누구나 스마트폰에 수천×수천의 고해상도 컬러 영상을 수천 장씩 저장할 수 있다. 사람들은 스마트폰으로 찍은 영상을 속속 인터넷에 올린다. 그렇게 인터넷에 쌓인 영상은 컴퓨터 비전 알고리즘을 개발하는 데 중요한 실험 데이터로 활용된다.

3.1.1 영상 획득과 표현

디지털 카메라는 실제 세상에 존재하는 피사체를 일정한 간격으로 샘플링하고 명암을 일정한 간격으로 양자화하는 과정을 통해 디지털 영상을 획득한다.

핀홀 카메라와 디지털 변환

사람의 눈과 마찬가지로 카메라가 영상을 획득하는 과정은 매우 복잡한데, [그림 3-2]의 핀홀 카메라pinhole camera 모델은 핵심을 설명한다. 물체에서 반사된 빛은 카메라의 작은 구멍을 통해 안으로 들어가 뒷면에 있는 영상 평면image plane에 맺힌다. 영상 평면은 눈의 경우 망막, 필름 카메라의 경우 필름, 디지털 카메라의 경우 CCD 센서다.

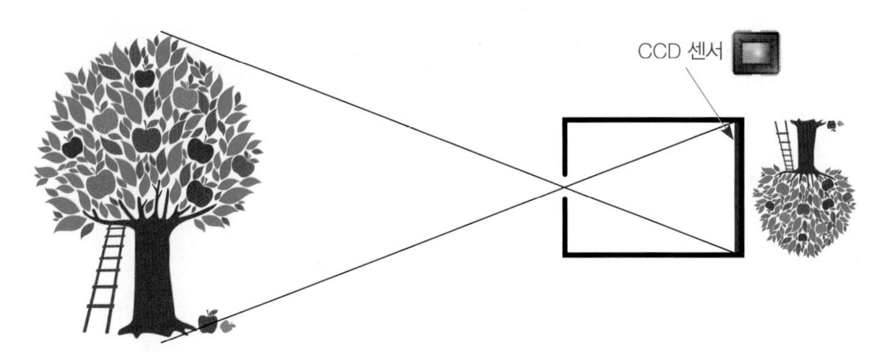

그림 3-2 핀홀 카메라 모델과 CCD 센서

빛이라는 아날로그 신호를 받은 CCD 센서는 디지털 신호로 변환한 영상을 메모리에 저장한다. 디지털로 변환하는 과정에서 샘플링sampling과 양자화quantization를 수행한다. [그림 3-3(a)]에서 보는 바와 같이 샘플링은 2차원 영상 공간을 가로 방향으로 N개, 세로 방향으로 M개 구간으로 나눈다. 이렇게 형성된 한 점을 화소pixel라 하고, $M \times N$을 영상의 크기size 또는 해상도resolution라 한다.

TIP 엄밀히 말해 해상도는 물리적 단위 공간에서 식별 가능한 점의 개수를 뜻한다. 예를 들어 인치 당 점의 개수를 뜻하는 dpi(dot per inch)는 해상도다. 이 책에서는 화소의 개수를 해상도라고 부른다.

[그림 3-3]에서는 M과 N이 16인데, 실제로는 M과 N이 수백~수천이 되도록 샘플링한다. [그림 3-3(b)]는 양자화 과정을 설명한다. 양자화는 화소의 명암을 L개 구간으로 나눈다. 보통 한 바이트로 표현할 수 있도록 L=256을 사용한다. 그림에서는 빨간색 박스로 표시한 영상 일부를 확대해 양자화된 화솟값을 보여준다.

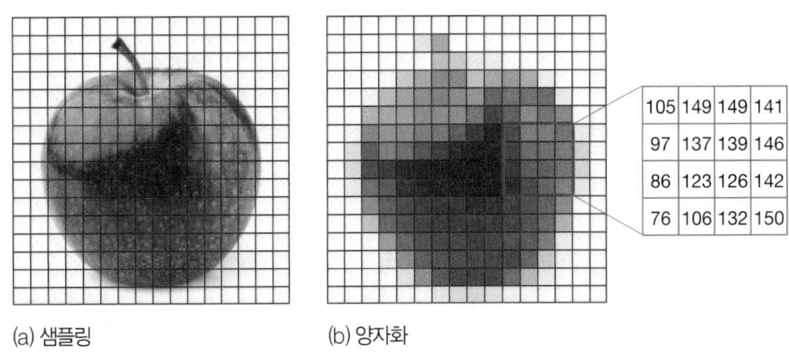

그림 3-3 피사체가 반사하는 빛 신호를 샘플링과 양자화를 통해 디지털 영상으로 변환

영상 좌표계: (y,x)와 (x,y) 표기

[그림 3-4]는 디지털 영상의 좌표계를 설명한다. 가로 방향의 x축은 $0, 1, \cdots, N-1$의 정수 좌표를 가지며 세로 방향의 y축은 $0, 1, \cdots, M-1$의 정수 좌표를 가진다. j행 i열의 명암을 $f(j, i)$로 표기한다. 영상은 2차원 공간의 함수로 간주할 수 있다.

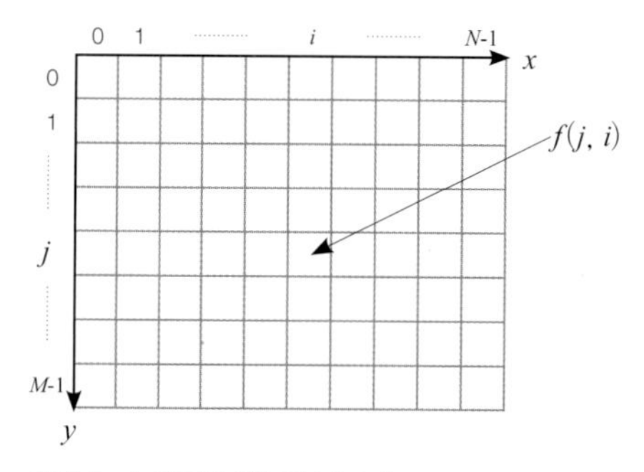

그림 3-4 디지털 영상의 좌표계

디지털 영상의 좌표는 두 가지 측면에서 일반적인 표기와 다르다. 첫 번째는 원점이 왼쪽 위라는 점이다. 예전에 사용하던 CRT 화면의 전자총이 왼쪽 위에서 시작해 아래로 진행하는 물리적 특성에서 유래했다. 컴퓨터그래픽스, 영상 처리, 컴퓨터 비전 분야 모두 관행이다. 둘째는 (x,y) 대신 (y,x) 표기를 사용한다는 점이다. 수학의 행렬과 프로그래밍 언어의 배열에서 행의 좌표를 먼저 적고 열의 좌표를 뒤에 적는 관행에서 유래했다. 디지털 영상은 2차원 배열에 저장되기 때문에 이 관행을 따른다. 문서마다 차이가 있어 혼란을 일으킬 수 있으니 주의를 기울여야 한다. 예를 들어 영상 처리 분야에서 아주 유명한 곤잘레즈의 저서 『Digital Image Processing』에서는 가로 방향을 y축, 세로 방향을 x축으로 설정하고 $f(x,y)$ 표기를 사용한다 [Gozalez2018].

2.4절의 [프로그램 2-2]에서 확인했던 바와 같이 OpenCV는 영상을 numpy 모듈의 ndarray 클래스 형으로 표현한다. OpenCV의 영상이 numpy.ndarray이기 때문에 numpy가 지원하는 다양한 함수를 사용할 수 있는 장점이 있다. 예를 들어 영상이 img 객체에 저장되어 있다면 화소의 최곳값, 최솟값, 평균값을 알려면 ndarray 클래스가 제공하는 멤버 함수 max, min, mean을 사용해 img.max(), img.min(), img.mean()을 출력해보면 알 수 있다.

영상을 저장하는 배열에서 화소의 위치를 지정할 때는 [그림 3-4]에서처럼 (y,x) 표기를 사용하지만 그 외에는 주로 (x,y)로 표기한다. 예를 들어 영상에 선분을 그릴 때는 다음과 같이 line 함수를 사용한다. 이때 선분의 시작점 (10,20)은 x=10과 y=20을 뜻한다. 또 다른 예로 [프로그램 2-6] 09행의 cv.rectangle(img,(830,30),(1000,200),…)에서 직사각형의 왼쪽 위 꼭지점을 나타내는 (830,30)은 x가 830이고 y가 30인 점을 뜻한다.

```
cv.line(img,(10,20),(100,20),…)
```

3.1.2 다양한 종류의 영상

[그림 3-5(a)]는 채널이 하나인 명암 영상grayscale image이다. 명암 영상은 2차원 구조의 배열로 표현한다. [그림 3-5(b)]는 RGB(red, green, blue) 3개 채널로 구성된 컬러 영상으로서 3차원 구조의 배열로 표현한다. 웹 캠에서 입력되는 컬러 동영상은 [그림 3-5(c)]의 4차원 구조의 배열로 표현한다. 컬러 영상은 인간의 눈이 식별할 수 있는 가시광선에서 획득하는 반면, 자외선과 적외선 영역까지 확장한 [그림 3-5(d)]의 다분광multi-spectral 영상에는 3~10개 가량의 채널이 있다. 초분광hyper-spectral 영상에는 다분광보다 조밀하게 획득한 수백~수천 개의 채널이 있다. 다분광과 초분광 영상은 컬러 영상과 마찬가지로 3차원 구조의 배열로 표현한다. 단지 세 번째 축의 크기가 3에서 3보다 큰 값으로 확장될 뿐이다. 다분광과 초분광은 농업, 군사, 우주, 기상 등의 응용에 유용하게 활용된다. 예를 들어 컬러 영상에서 식별이 불가능한 농작물의 병을 다분광이나 초분광 영상에서는 식별이 가능하다. 의료에서 널리 사용하는 MR 영상이나 CT 영상도 [그림 3-5(d)]의 구조를 가진다. MR 영상의 경우 x축과 y축으로 구성된 평면은 신체의 한 단면을 표현하며 z축은 신체의 위에서 아래로 진행한다.

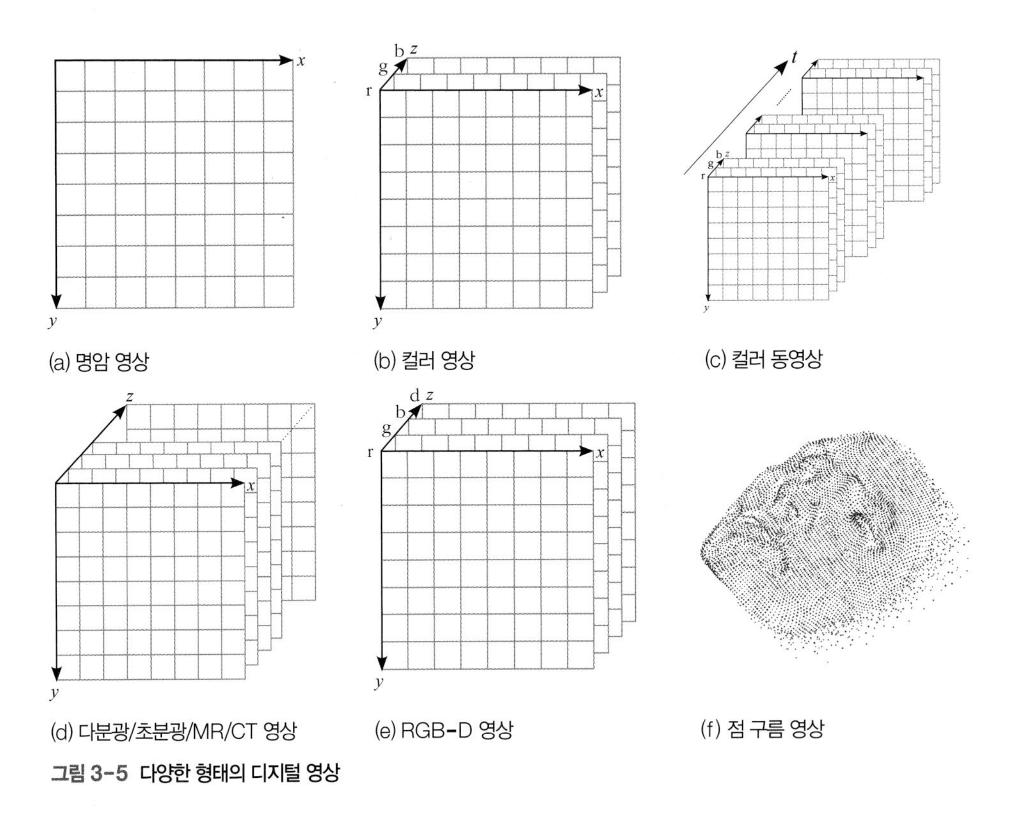

그림 3-5 다양한 형태의 디지털 영상

지금까지는 물체가 반사한 빛을 측정한 디지털 영상을 살펴보았다. 또 다른 종류로 물체까지 거리를 측정한 영상이 있다. 거리를 깊이depth 또는 레인지range라고도 부르며, 거리를 표현한 영상은 깊이 영상 또는 레인지 영상이라고 부른다. 빛은 날씨나 조명 등의 변화에 매우 민감하지만 거리는 둔감하기 때문에 깊이 영상을 사용하는 알고리즘은 이런 변화에 강건robust하다. 안전이 중요한 자율주행차에서 깊이 영상은 필수다. 예전에는 깊이 영상의 획득 시간이 길고 해상도는 낮은데 가격이 비싸서 특정 응용에 제한적으로 활용되었지만, 최근에는 단점이 개선되어 널리 쓰인다. [그림 3-5(e)]는 RGB 컬러 센서와 깊이 센서가 통합된 카메라로 획득한 RGB-D 영상이다. 또 다른 방식의 깊이 센서로 라이다lidar가 있다. 라이다는 어떤 조건을 만족하는 점의 거리만 측정하기 때문에 영상이 완벽한 격자 구조가 아니다. 따라서 획득한 거리 데이터를 [그림 3-5(f)]가 보여주는 점 구름point cloud 영상으로 표현한다. 점 구름에서는 점의 좌표 (x,y)와 해당 점까지 거리 d를 (x_i,y_i,d_i) 형식으로 저장한다. 인덱스 i는 i번째 점을 뜻한다. 12장에서는 거리를 측정하는 원리와 센서의 종류, 깊이 영상을 사용한 알고리즘을 소개한다.

3.1.3 컬러 모델

[그림 3-6(a)]는 학창 시절 미술 시간에 공부한 삼원색으로 RGB 컬러 모델을 설명한다. 빨강(R), 녹색(G), 파랑(B)의 세 요소를 섞으면 세상의 모든 색을 표현할 수 있다는 이론이다. [그림 3-6(b)]는 세 요소의 범위를 0부터 1로 설정해 세상의 모든 색을 RGB 큐브에 넣는다. 이 표현법에서 Red는 (1,0,0), Green은 (0,1,0), Blue는 (0,0,1)로 표현하고, 두 요소를 조합한 Yellow는 (1,1,0), Magenta는 (1,0,1), Cyan은 (0,1,1)로 표현한다. 세 요소가 모두 0인 (0,0,0)은 검정이며, 모두 1인 (1,1,1)은 하양이다. 세 요소가 같은 값을 갖는 점선은 색상은 없고 명암만 있다. RGB 큐브를 디지털 영상으로 표현할 때는 [그림 3-6(c)]와 같이 각 요소를 양자화한다. 여기서는 8단계로 양자화했는데, 실제로는 주로 256단계로 양자화해 한 바이트로 표현한다. 예를 들어 Red는 (255,0,0)이고 Magenta는 (255,0,255)다.

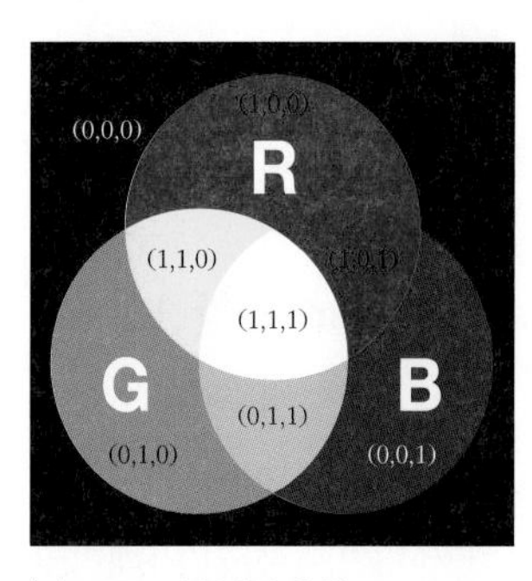

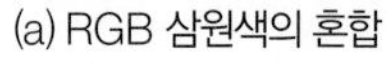

(a) RGB 삼원색의 혼합

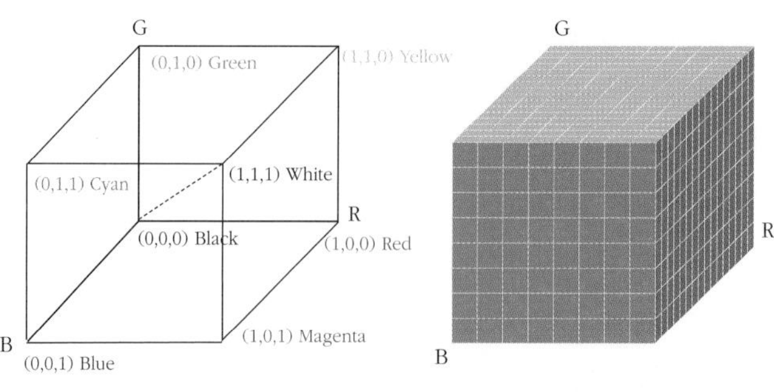

(b) RGB 큐브 (c) 양자화된 RGB 큐브

그림 3-6 RGB 컬러 공간

[그림 3-7]은 HSV 컬러 모델을 설명한다. H는 색상, S는 채도, V는 명암을 표현한다. RGB 모델에서는 빛의 밝기가 R, G, B 세 요소에 섞여있기 때문에 빛이 약해지면 R, G, B 값이 모두 작아진다. 예를 들어 같은 과일을 어둑할 때 찍으면 한낮일 때보다 R, G, B 값이 모두 낮다. 이런 성질은 익은 과일을 검출하는 컴퓨터 비전 프로그램을 제작하는 데 방해 요인이 될 수 있다. HSV 모델에서는 색상은 H 요소, 빛의 밝기는 V 요소에 집중되어 있다. 따라서 영상을 HSV 컬러 공간으로 변환하면 익은 과일을 검출하는 데 유리하다.

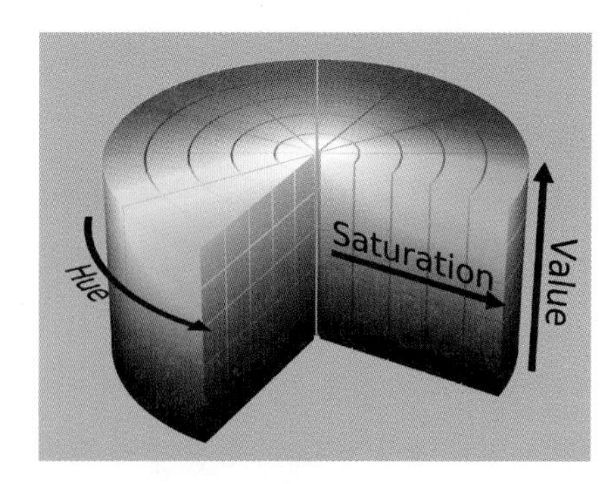

그림 3-7 HSV 컬러 모델

3.1.4 RGB 채널별로 디스플레이

OpenCV는 디지털 영상을 numpy 모듈이 지원하는 ndarray 클래스로 표현하기 때문에 OpenCV 프로그래밍을 잘 하려면 numpy에 익숙해야 한다.

TIP 온라인 부록 A에서 이 책을 공부하는 데 필요한 최소한의 numpy 지식을 제공한다.

[프로그램 3-1]은 RGB 영상의 일부를 잘라내고 R, G, B 채널로 분리하기 위해 numpy 배열을 다루는 연습을 한다. 09행은 세 채널을 가진 원래 영상 img를 'original_RGB'라는 윈도우에 디스플레이한다. 10행은 img의 왼쪽 위 부분을 잘라내어 'Upper left half'라는 윈도우에 디스플레이한다. 이때 ndarray 클래스의 슬라이싱 기능을 사용하여 영상의 왼쪽 위 1/4만큼을 img[0:img.shape[0]//2,0:img.shape[1]//2,:]로 지정했다. 파이썬에서 //은 나눗셈의 몫을 구하는 연산자다. 스파이더의 콘솔 창에서 다음 명령어를 실행하면 img는 948×1434 영상이란 사실을 알 수 있다. 따라서 10행의 슬라이싱은 img[0:474,0:717,0:2]에 해당한다.

```
In [0]: img.shape
(948,1434,3)
```

[그림 3-8]은 10행의 슬라이싱을 그림으로 설명한다. 11행은 첫 번째와 두 번째 축을 1/4부터 3/4까지 지정해 영상의 중간 부분을 잘라낸다. 연필을 들고 [그림 3-8]에 11행이 슬라이싱한 부분을 표시해보기 바란다.

13~15행은 img 영상을 채널별로 분리해 서로 다른 윈도우에 디스플레이한다. OpenCV는 BGR 순서로 저장하기 때문에 img[:,:,2]에 R, img[:,:,1]에 G, img[:,:,0]에 B 채널이 저장되어 있다.

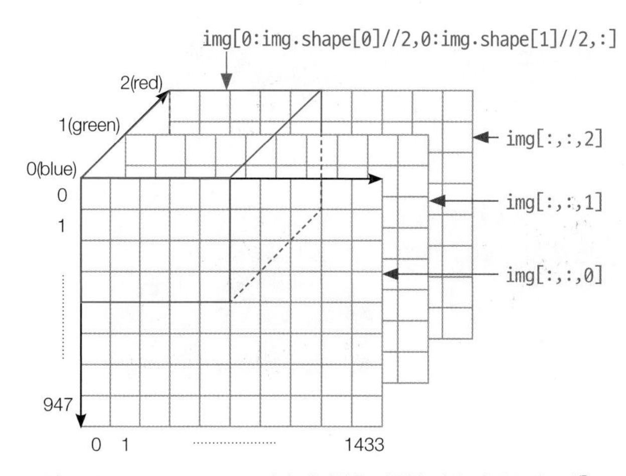

그림 3-8 numpy.ndarray의 슬라이싱을 이용한 영상 일부분 자르기([프로그램 3-1]의 10행)

프로그램 3-1 RGB 컬러 영상을 채널별로 구분해 디스플레이하기

```
01  import cv2 as cv
02  import sys
03
04  img=cv.imread('soccer.jpg')
05
06  if img is None:
07     sys.exit('파일을 찾을 수 없습니다.')
08
09  cv.imshow('original_RGB',img)
10  cv.imshow('Upper left half',img[0:img.shape[0]//2,0:img.shape[1]//2,:])
11  cv.imshow('Center half',img[img.shape[0]//4:3*img.shape[0]//4,img.
              shape[1]//4:3*img.shape[1]//4,:])
12
13  cv.imshow('R channel',img[:,:,2])
14  cv.imshow('G channel',img[:,:,1])
15  cv.imshow('B channel',img[:,:,0])
16
17  cv.waitKey()
18  cv.destroyAllWindows()
```

R 채널 G 채널 B 채널

실행 결과에서 세 채널로 분리된 영상에 주목하자. 빨간색 유니폼 영역은 R 채널이 밝고 G와 B 채널은 어둡다. G 채널에서는 잔디밭이 비교적 밝고, B 채널에서는 파란색 유니폼 영역과 파란색을 띠는 관중석 영역이 밝다. 등번호 영역은 검은색이기 때문에 모든 채널에서 어둡고 왼쪽 선수의 스타킹은 하얀색이기 때문에 모든 채널에서 밝다.

3.2 이진 영상

때로 컬러 영상이나 명암 영상을 이진 영상으로 변환할 필요가 있다. 이진 영상binary image은 화소가 0(흑) 또는 1(백)인 영상이다. 따라서 화소당 1비트면 저장할 수 있는데, 현대 컴퓨터는 메모리 용량이 크기 때문에 화소당 1바이트를 사용하여 메모리 효율보다 프로그래밍 편리성을 우선하는 경우가 많다. 컴퓨터 비전에서는 에지를 검출한 후 에지만 1로 표현하거나 물체를 검출한 후 물체는 1, 배경은 0으로 표시하는 등의 일에 이진 영상을 활용한다.

3.2.1 이진화

명암 영상을 이진화하려면 임곗값 T보다 큰 화소는 1, 그렇지 않은 화소는 0으로 바꾸면 된다. 식 (3.1)은 이 과정을 정의한다. f는 원래 명암 영상이고 b는 이진 영상이다.

$$b(j,i) = \begin{cases} 1, f(j,i) \geq T \\ 0, f(j,i) < T \end{cases} \qquad (3.1)$$

식 (3.1)을 적용할 때 가장 중요한 일은 임곗값 T의 결정이다. 너무 낮게 또는 너무 높게 설정하면 대부분 화소가 물체 또는 배경에 쏠리는 문제가 발생한다. 보통 히스토그램의 계곡 근처를 임곗값으로 결정해 쏠림 현상을 누그러뜨린다. 히스토그램은 0, 1, ⋯, $L-1$의 명암 단계 각각에 대해 화소의 발생 빈도를 나타내는 1차원 배열이다. [예시 3-1]은 히스토그램의 예다.

[예시 3-1] 히스토그램을 이용한 이진화

[그림 3-9]는 크기가 8×8이고 명암 단계가 L=8인 영상이다. 이 영상의 히스토그램을 구하면 [그림 3-9(b)]이다. 위는 히스토그램을 배열로 표현하고 아래는 막대 그래프로 표현한다. 히스토그램을 관찰해보면 [0,4]와 [5,7] 범위가 봉우리를 형성하고 4가 계곡이므로 T=4로 결정한다. 식 (3.1)을 적용하면 [그림 3-9(c)]의 이진 영상을 얻는다.

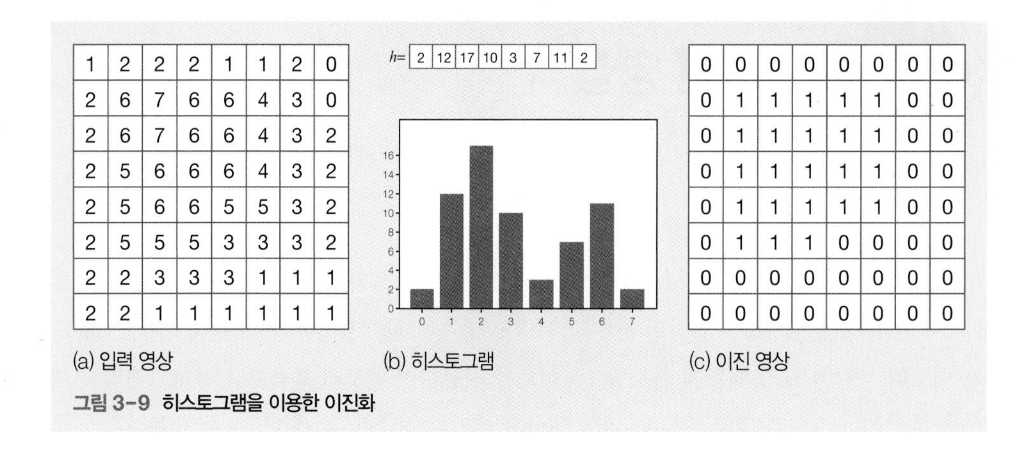

1	2	2	2	1	1	2	0
2	6	7	6	6	4	3	0
2	6	7	6	6	4	3	2
2	5	6	6	6	4	3	2
2	5	6	6	5	5	3	2
2	5	5	5	3	3	3	2
2	2	3	3	3	1	1	1
2	2	1	1	1	1	1	1

(a) 입력 영상

(b) 히스토그램

0	0	0	0	0	0	0	0
0	1	1	1	1	1	0	0
0	1	1	1	1	1	0	0
0	1	1	1	1	1	0	0
0	1	1	1	1	1	0	0
0	1	1	1	0	0	0	0
0	0	0	0	0	0	0	0
0	0	0	0	0	0	0	0

(c) 이진 영상

그림 3-9 히스토그램을 이용한 이진화

[예시 3-1]은 개념을 설명하기 위해 아주 단순한 영상을 사용했다. 실제 영상은 크기도 크고 명암 단계도 256이고 계곡이 분명하지 않을 가능성이 높다.

[프로그램 3-2]는 컬러 영상에서 R 채널을 분리해 명암 영상으로 간주해 히스토그램을 구한다.

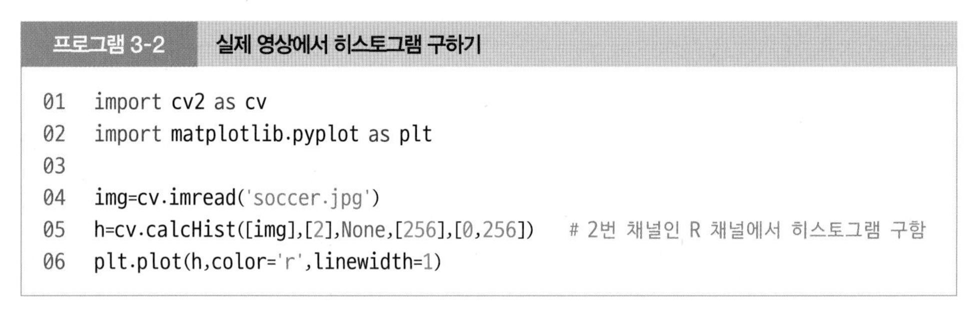

프로그램 3-2 실제 영상에서 히스토그램 구하기

```
01  import cv2 as cv
02  import matplotlib.pyplot as plt
03
04  img=cv.imread('soccer.jpg')
05  h=cv.calcHist([img],[2],None,[256],[0,256])    # 2번 채널인 R 채널에서 히스토그램 구함
06  plt.plot(h,color='r',linewidth=1)
```

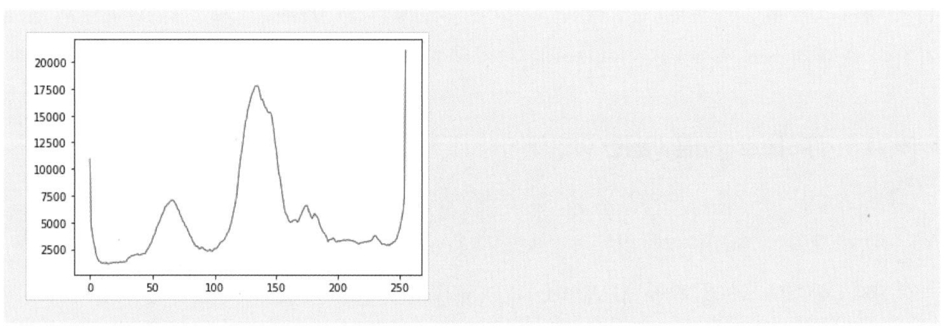

02행은 그래프를 그리기 위해 matplotlib.pyplot을 불러온다. matplotlib 모듈은 다음 명령어로 설치해야 사용할 수 있다.

```
(cv) C:/> pip install matplotlib
```

05행은 calcHist 함수로 히스토그램을 구한다. calcHist 함수는 인수를 리스트로 주어야 하는데, 첫 번째와 두 번째 인수는 영상과 영상의 채널 번호다. 채널 번호를 2로 설정했기 때문에 img의 R 채널에서 히스토그램을 구한다. 세 번째 인수는 히스토그램을 구할 영역을 지정하는 마스크인데, None이므로 전체 영상에서 히스토그램을 구한다. 네 번째 인수 256은 히스토그램의 칸의 수를 지정한다. 명암 단계 L이 256이므로 256으로 지정했다. 만일 128로 지정하면 0과 1을 0, 2와 3을 1, 3과 4를 2, …로 간주해 128개의 칸을 가진 히스토그램을 구한다. 다섯 번째 인수는 세어볼 명암값의 범위를 지정한다. 예를 들어 [0,128]로 지정했다면 128 이상인 값은 세지 않는다. 06행은 plot 함수로 히스토그램 h의 그래프를 그린다.

실행 결과를 관찰해보면 큰 계곡이 3개이고 작은 계곡은 아주 많다. 계곡 근처를 임겟값으로 정하는 일이 어려워졌다. 다음 절의 오츄 알고리즘은 이런 어려움을 피하기 위해 이진화를 최적화 문제로 취급한다.

3.2.2 오츄 알고리즘

오츄는 이진화를 식 (3.2)의 최적화 문제로 바라보았다[Otsu1979]. 이 식은 모든 명암값에 대해 목적 함수 J를 계산하고 J가 최소인 명암값을 최적값 $\hat{t}$으로 정한다. 이렇게 결정한 $\hat{t}$을 식 (3.1)의 임곗값 T로 사용해 이진화한다.

$$\hat{t} = \underset{t \in \{0,1,2,\cdots,L-1\}}{\operatorname{argmin}} J(t) \qquad (3.2)$$

목적 함수objective function $J(t)$는 t의 좋은 정도를 측정하는데 J가 작을수록 좋다. 오츄는 t로 이진화했을 때 0이 되는 화소의 분산과 1이 되는 화소의 분산의 가중치 합을 J로 사용했다. 가중치는 해당 화소의 개수이다. 분산이 작을수록 0인 화소 집합과 1인 화소 집합이 균일하기 때문에 좋은 이진 영상이 된다는 발상이다. 식 (3.3)은 J를 정의한다. n_0과 n_1은 t로 이진화된 영상에서 0인 화소와 1인 화소의 개수고 v_0과 v_1은 0인 화소와 1인 화소의 분산이다. 오츄는 J를 빨리 계산하는 식을 유도해 빠른 알고리즘을 제시했다. 구체적인 알고리즘을 보려면 [Otsu1979] 또는 [오일석2014(2.3.1항)]을 참조한다.

$$J(t) = n_0(t)v_0(t) + n_1(t)v_1(t) \qquad (3.3)$$

이진화

[프로그램 3-3]은 오츄 알고리즘으로 이진화를 수행한다.

프로그램 3-3 오츄 알고리즘으로 이진화하기

```
01  import cv2 as cv
02  import sys
03
04  img=cv.imread('soccer.jpg')
05
06  t,bin_img=cv.threshold(img[:,:,2],0,255,cv.THRESH_BINARY+cv.THRESH_OTSU)
07  print('오츄 알고리즘이 찾은 최적 임곗값=',t) ①
08
09  cv.imshow('R channel',img[:,:,2])                    # R 채널 영상
10  cv.imshow('R channel binarization',bin_img)     # R 채널 이진화 영상
11
12  cv.waitKey()
13  cv.destroyAllWindows()
```

```
오츄 알고리즘이 찾은 최적 임곗값= 113.0 ①
```

06행에서는 threshold 함수의 첫 번째 인수가 img[:,:,2]이므로 R 채널을 이진화한다. 두 번째와 세 번째 인수는 명암값의 범위를 지정한다. 네 번째 인수 cv.THRESH_BINARY+cv.THRESH_OTSU는 오츄 알고리즘으로 이진화를 수행하게 한다. threshold 함수는 알고리즘이 찾은 최적의 임곗값과 이진화된 영상을 반환하는데, 06행은 이들을 t와 bin_img 객체에 저장한다. 07행에서 임곗값 t를 출력한 결과 113임을 확인하였다(①). 09~10행은 R 채널과 R 채널을 이진화한 결과 영상을 표시한다.

최적화 문제

컴퓨터 비전은 주어진 문제를 최적화optimization 문제로 공식화해 푸는 경우가 많다. 식 (3.2)는 이진화를 최적화 문제로 공식화한 예다. 매개변수 t는 해 공간solution space을 구성한다. 해 공간이란 발생할 수 있는 모든 해의 집합이다. 식 (3.2)에서 L=256이라면 해 공간은 {0, 1, 2, ⋯, 255}이다. 해 공간이 아주 작기 때문에 오츄 알고리즘은 모든 후보 해에 대해 식 (3.3)을 일일이 계산하고 최소가 되는 t를 최적해로 결정한다. 이와 같이 모든 해를 다 검사하는 방법을 낱낱 탐색 알고리즘exhaustive search algorithm이라 한다.

컴퓨터 비전이 푸는 문제는 해 공간의 크기가 수만~수억 또는 무한대인 경우가 대부분이다. 이런 경우 낱낱 탐색 알고리즘은 시간이 너무 많이 걸려 현실성이 없다. 따라서 보다 똑똑한 탐색 알고리즘을 사용한다. 예를 들어 물체의 외곽선을 찾는 스네이크 알고리즘은 명암 변화와 곡선의 매끄러운 정도가 최대가 되는 최적해를 탐욕 알고리즘greedy algorithm으로 찾는다. 신경망을 학습할 때는 역전파back-propagation 알고리즘을 사용해 오류가 최소가 되는 최적해를 빨리 찾는다. 스네이크 알고리즘은 4.5.1항, 역전파 알고리즘은 7.6절에서 공부한다.

3.2.3 연결 요소

[그림 3-10]은 화소의 연결성을 설명한다. 맨 왼쪽은 (j,i)에 위치한 화소의 8개 이웃 화소를 표시한다. 가운데는 상하좌우에 있는 4개 이웃만 연결된 것으로 간주하는 4-연결성이고 오른쪽은 대각선에 위치한 화소도 연결된 것으로 간주하는 8-연결성이다.

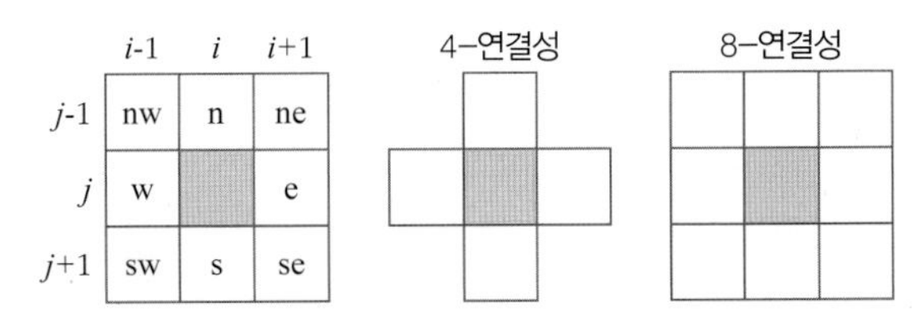

그림 3-10 화소의 연결성

이진 영상에서 1의 값을 가진 연결된 화소의 집합을 연결 요소connected component라 한다. [예시 3-2]는 4-연결성과 8-연결성에 따라 연결 요소를 표시한 사례다. OpenCV에서 연결 요소는 connectedComponents 함수로 찾을 수 있다.

[예시 3-2] 연결 요소

[그림 3-11]에서 (a)는 입력 이진 영상이고, (b)와 (c)는 각각 4-연결성과 8-연결성으로 찾은 연결 요소다. 연결 요소는 고유한 정수 번호로 구분한다.

0	0	0	0	0	0	0	0
0	1	1	1	0	0	0	0
0	1	1	0	1	1	0	0
0	1	1	0	1	1	0	0
0	0	0	0	1	1	0	0
0	0	0	0	0	0	0	0
0	0	1	1	1	0	1	0
0	0	0	1	1	0	1	0

(a) 입력 이진 영상

0	0	0	0	0	0	0	0
0	1	1	1	0	0	0	0
0	1	1	0	2	2	0	0
0	1	1	0	2	2	0	0
0	0	0	0	2	2	0	0
0	0	0	0	0	0	0	0
0	0	3	3	3	0	4	0
0	0	0	3	3	0	4	0

(b) 4-연결성으로 찾은 연결 요소

0	0	0	0	0	0	0	0
0	1	1	1	0	0	0	0
0	1	1	0	1	1	0	0
0	1	1	0	1	1	0	0
0	0	0	0	1	1	0	0
0	0	0	0	0	0	0	0
0	0	2	2	2	0	3	0
0	0	0	2	2	0	3	0

(c) 8-연결성으로 찾은 연결 요소

그림 3-11 연결 요소 찾기

3.2.4 모폴로지

영상을 변환하는 과정에서 하나의 물체가 여러 영역으로 분리되거나 다른 물체가 한 영역으로 붙는 경우 등이 발생한다. 이런 부작용을 누그러뜨리기 위해 모폴로지 연산을 사용한다. 이진 영상을 위한 모폴로지와 명암 영상을 위한 모폴로지가 있는데, 여기서는 이진 영상의 모폴로지만 다룬다. 모폴로지morphology는 구조 요소structuring element를 이용해 영역의 모양을 조작한다. [그림 3-12]는 몇 가지 구조 요소의 예이며 이 중에서 회색으로 표시한 것이 중심 화소다.

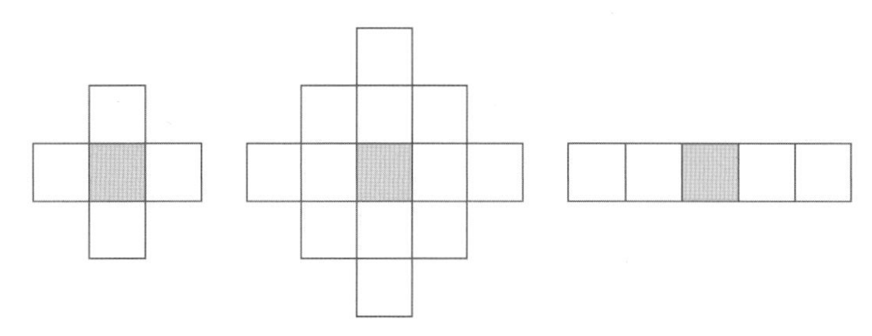

그림 3-12 모폴로지가 사용하는 구조 요소

팽창, 침식, 열림, 닫힘

모폴로지의 기본 연산은 팽창dilation과 침식erosion이다. 팽창은 구조 요소의 중심을 1인 화소에 씌운 다음 구조 요소에 해당하는 모든 화소를 1로 바꾼다. 이런 과정을 1인 모든 화소에 적용하면 된다. 침식은 구조 요소의 중심을 1인 화소 p에 씌운 다음 구조 요소에 해당하는 모든 화소가 1인 경우에 p를 1로 유지하고 그렇지 않으면 0으로 바꾼다. [예시 3-3]은 팽창과 침식 연산을 예시한다.

[예시 3-3] 팽창과 침식 연산

[그림 3-13]에서 (a)는 입력 이진 영상과 구조 요소를 보여준다. (b)는 팽창을 설명하는데, 왼쪽은 p라고 표시된 (1,3) 위치에 구조 요소를 씌운 상황이다. 구조 요소에 해당하는 왼쪽과 오른쪽 이웃 화소가 1로 바뀐다. 오른쪽은 팽창을 마친 결과 영상이다. 1로 바뀐 화소를 빨간색으로 표시해 이해를 돕는다. (c)는 침식을 설명하는데, 왼쪽은 p라고 표시된 (2,1) 위치에 구조 요소를 씌운 상황이다. 구조 요소에 해당하는 점에 1이 아닌 화소가 있어 p는 0으로 바뀐다. 오른쪽은 침식을 마친 결과 영상이다. 0으로 바뀐 화소를 빨간색으로 표시해 이해를 돕는다.

0	0	0	0	0	0	0	0
0	0	0	1	0	0	0	0
0	1	1	1	1	1	0	0
0	1	1	0	1	1	1	0

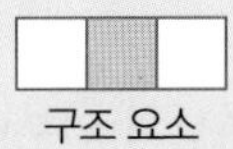

(a) 입력 영상과 구조 요소

0	0	0	0	0	0	0	0
0	0	0	p 1	0	0	0	0
0	1	1	1	1	1	0	0
0	1	1	0	1	1	1	0

0	0	0	0	0	0	0	0
0	0	1	1	1	0	0	0
1	1	1	1	1	1	1	0
1	1	1	1	1	1	1	1

(b) 팽창

0	0	0	0	0	0	0	0
0	0	0	1	0	0	0	0
0	p 1	1	1	1	1	0	0
0	1	1	0	1	1	1	0

0	0	0	0	0	0	0	0
0	0	0	0	0	0	0	0
0	0	1	1	1	0	0	0
0	0	0	0	0	1	0	0

(c) 침식

그림 3-13 팽창과 침식

[예시 3-3]에서 살펴본 바와 같이 팽창은 작은 홈을 메우거나 끊어진 영역을 하나로 연결하는 등의 효과를 얻을 수 있고 침식은 영역의 경계에 솟은 돌출 부분을 깎는 효과를 얻을 수 있다. 팽창과 침식의 효과는 구조 요소의 모양에 달려 있다. [그림 3-13]에서는 수평 방향으로 긴 구조 요소를 사용했는데 [그림 3-12]에 있는 다른 구조 요소를 사용하면 결과가 달라진다.

팽창은 영역을 키우고 침식은 영역을 작게 만든다. 침식을 수행한 영상에 팽창을 적용하면 대략 원래 크기를 유지한다. 침식한 결과에 팽창을 적용하는 연산을 열림opening이라 하고, 팽창한 결과에 침식을 적용하는 연산을 닫힘closing이라 한다.

모폴로지 연산

[프로그램 3-4]는 서명을 스캔한 영상에 모폴로지 연산을 적용한다. 05행은 서명 영상을 읽어온다. png 파일에는 4개의 채널이 있으므로 IMREAD_UNCHANGED 인수를 주어 모든 채널을 읽어오도록 지정한다. img.shape으로 확인하면 img는 크기가 525×1920인 채널이 4개인 영상임을 알 수 있다. 0, 1, 2, 3번 채널 중 3번 채널이 서명을 담고 있다. 07행은 img의 3번 채널, 즉 img[:,:,3]에 오츄 이진화를 적용한 결과를 bin_img에 저장한다. 08행은 matplotlib 모듈의 imshow 함수로 bin_img를 출력한다. 이때 cmap='gray'로 지정해 명암 영상으로 출력한다.

11~13행은 모폴로지 효과를 확인할 목적으로 영상의 일부만 잘라 b에 저장하고, 잘라낸 패치를 디스플레이한다. 15~19행은 [그림 3-12]의 두 번째 구조 요소를 se 객체에 저장한다. 21행은 팽창 연산을 적용한다. iterations 매개변수는 적용 회수를 나타내는데, 1로 설정해 한 번만 적용한다. 22행은 팽창을 적용한 영상 b_dilation을 디스플레이한다. 25~27행은 침식을 적용하고 결과를 디스플레이한다. 29행은 팽창을 적용한 영상에 침식을 적용한다. 다시 말해 닫기 연산을 적용한다. 30행은 닫기를 적용한 영상을 디스플레이한다.

프로그램 3-4 모폴로지 연산 적용하기

```
01  import cv2 as cv
02  import numpy as np
03  import matplotlib.pyplot as plt
04
05  img=cv.imread('JohnHancocksSignature.png',cv.IMREAD_UNCHANGED)
06
07  t,bin_img=cv.threshold(img[:,:,3],0,255,cv.THRESH_BINARY+cv.THRESH_OTSU)
08  plt.imshow(bin_img,cmap='gray'), plt.xticks([]), plt.yticks([]) ①
09  plt.show()
```

```
10
11  b=bin_img[bin_img.shape[0]//2:bin_img.shape[0],0:bin_img.shape[0]//2+1]
12  plt.imshow(b,cmap='gray'), plt.xticks([]), plt.yticks([]) ②
13  plt.show()
14
15  se=np.uint8([[0,0,1,0,0],                                   # 구조 요소
16               [0,1,1,1,0],
17               [1,1,1,1,1],
18               [0,1,1,1,0],
19               [0,0,1,0,0]])
20
21  b_dilation=cv.dilate(b,se,iterations=1)                     # 팽창
22  plt.imshow(b_dilation,cmap='gray'), plt.xticks([]), plt.yticks([]) ③
23  plt.show()
24
25  b_erosion=cv.erode(b,se,iterations=1)                       # 침식
26  plt.imshow(b_erosion,cmap='gray'), plt.xticks([]), plt.yticks([]) ④
27  plt.show()
28
29  b_closing=cv.erode(cv.dilate(b,se,iterations=1),se,iterations=1) # 닫기
30  plt.imshow(b_closing,cmap='gray'), plt.xticks([]), plt.yticks([]) ⑤
31  plt.show()
```

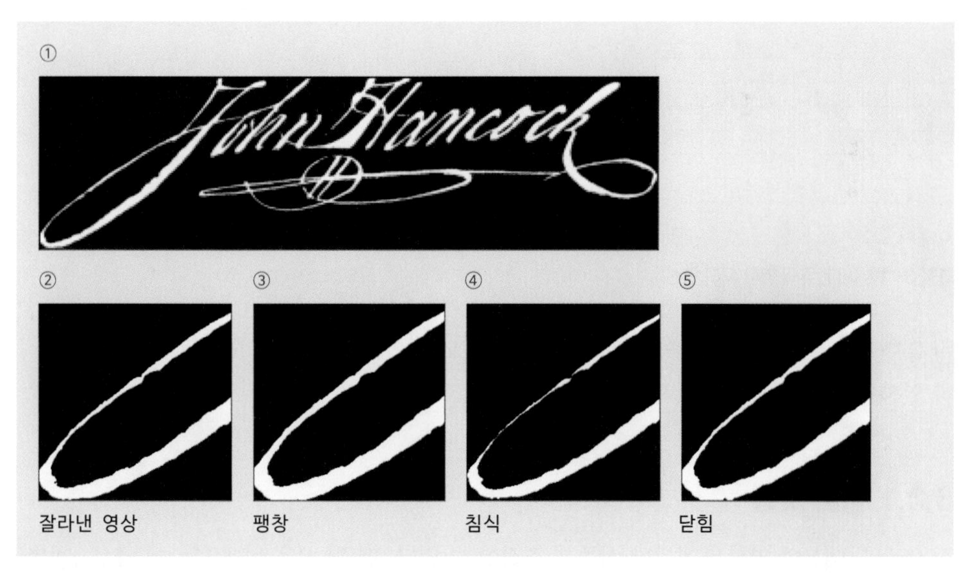

실행 결과의 첫 번째 영상에서 서명 영상을 확인할 수 있다. 팽창 영상에서는 획이 두꺼워지고 가장자리에 있는 작은 홈이 메워진 효과를 확인할 수 있다. 침식 영상은 획이 얇아졌고 심지어 끊긴 곳도 있다. 닫힘 영상은 원래 획의 두께를 대체로 유지한다.

3.3 점 연산

화소 입장에서 바라본 영상 처리 연산이란 화소가 새로운 값을 받는 과정이다. 새로운 값을 어디에서 받느냐에 따라 점 연산, 영역 연산, 기하 연산의 세 종류로 구분할 수 있다. [그림 3-14]는 세 종류의 연산을 설명한다. 점 연산에서는 자기 자신으로부터 값을 받는다. 영역 연산에서는 이웃 화소의 값을 보고 새로운 값을 결정한다. 기하 연산에서는 기하학적 변환에 따라 다른 곳으로부터 값을 받는다. 앞에서 공부한 오츄 이진화는 점 연산에 속하고 모폴로지는 영역 연산에 속한다.

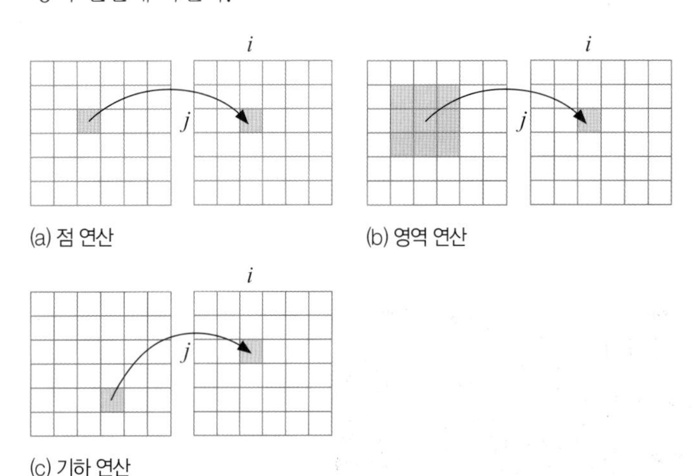

그림 3-14 세 종류의 영상 처리 연산

이 절에서는 [그림 3-14(a)]의 점 연산 몇 가지를 간략하게 설명한다. 영역 연산은 3.4절, 기하 연산은 3.5절에서 설명한다.

3.3.1 명암 조절

식 (3.4)를 이용해 영상을 밝거나 어둡게 조정할 수 있다. 맨 위 식은 원래 영상에 양수 a를 더해 밝게 만드는데, 화소가 가질 수 있는 최댓값 $L-1$을 넘지 않게 min을 취한다. 가운데 식은 원래 영상에 양수 a를 빼서 어둡게 만드는데 max를 취해 음수를 방지한다. 마지막 식은 $L-1$

에서 원래 명암값을 빼서 반전시킨다. 식 (3.4)는 모두 선형linear 연산이다. 선형 연산이란 상수를 곱해서 더하기만 하는 연산이다. 여기서는 원래 명암값에 1 또는 −1을 곱하고 상수를 더하므로 선형 연산이다.

$$f'(j,i)=\begin{cases}\min\left(f\left(j,i\right)+a,L-1\right) & \text{밝게}\\ \max\left(f\left(j,i\right)-a,0\right) & \text{어둡게}\\ \left(L-1\right)-f\left(j,i\right) & \text{반전}\end{cases} \tag{3.4}$$

식 (3.5)는 감마 보정gamma correction을 정의한다. 인간의 눈은 빛의 밝기 변화에 비선형적으로 반응한다고 알려져 있다. 예를 들어 명암 10을 20으로 올렸을 때와 120을 130으로 올렸을 때 같은 양만큼 늘었지만 인간이 느끼는 밝아지는 정도는 두 경우가 다르다. 식 (3.5)의 감마 보정은 이런 비선형적인 시각 반응을 수학적으로 표현한다. $\dot{f}$는 $[0,L-1]$ 범위의 화소의 값을 $L-1$로 나누어 $[0,1]$ 범위로 정규화한 영상이다. γ는 사용자가 조정하는 값인데, 1이면 원래 영상을 유지하고 1보다 작으면 밝아지고 1보다 크면 어두워진다.

$$f'\left(j,i\right)=\left(L-1\right)\times\left(\dot{f}\left(j,i\right)\right)^{\gamma} \tag{3.5}$$

[프로그램 3-5]는 감마 보정을 실험한다.

프로그램 3-5 감마 보정 실험하기

```
01  import cv2 as cv
02  import numpy as np
03
04  img=cv.imread('soccer.jpg')
05  img=cv.resize(img,dsize=(0,0),fx=0.25,fy=0.25)
06
07  def gamma(f,gamma=1.0):
08      f1=f/255.0                              # L=256이라고 가정
09      return np.uint8(255*(f1**gamma))
10
11  gc=np.hstack((gamma(img,0.5),gamma(img,0.75),gamma(img,1.0),gamma(img,2.0),gamma
            (img,3.0)))
12  cv.imshow('gamma',gc)
13
14  cv.waitKey()
15  cv.destroyAllWindows()
```

05행은 여러 장을 가로로 이어 붙여 표시할 목적으로 영상을 1/4로 축소한다. 07~09행은 감마 보정을 해주는 gamma 함수를 정의한다. 07행에서 첫 번째 매개변수는 감마 보정할 영상이고 두 번째 매개변수는 식 (3.5)의 γ다. 기본값을 1.0으로 설정했기 때문에 호출할 때 생략하면 1.0을 사용한다. 08행은 L=256이라고 가정하고 255.0으로 나누어 [0,1] 범위의 영상으로 정규화한다. 정규화 영상을 저장한 f1의 데이터 형을 알아보기 위해 스파이더의 콘솔 창에서 type(f1[0,0,0])으로 조사해보면 numpy.float64, 즉 64비트 실수형이란 사실을 알 수 있다. 09행은 화솟값에 gamma 승을 적용한 후 255를 곱한다. 그 결과에 np.uint8을 적용해 8비트 정수형으로 바꾸어 반환한다.

11행은 gamma를 0.5, 0.75, 1.0, 2.0, 3.0으로 변화시키면서 gamma 함수를 적용한 영상 5개를 hstack 함수로 이어 붙인다. 12행은 이어 붙인 영상을 윈도우에 디스플레이한다. 실행 결과에서 gamma=1.0일 때가 원본 영상이다. 상대적으로 0.5는 아주 밝고, 0.75는 밝고, 2.0은 어둡고, 3.0은 아주 어두운 영상이 되었다.

3.3.2 히스토그램 평활화

히스토그램 평활화histogram equalization는 히스토그램이 평평하게 되도록 영상을 조작해 영상의 명암 대비를 높이는 기법이다. 명암 대비가 높아지면 영상에 있는 물체를 더 잘 식별할 수 있다. 어떻게 히스토그램을 평평하게 만들 수 있을까?

히스토그램 평활화는 모든 칸의 값을 더하면 1.0이 되는 정규화 히스토그램 $\dot{h}$와 i번 칸은 0~i번 칸을 더한 값을 가진 누적 정규화 히스토그램 $\ddot{h}$를 가지고 식 (3.6)을 수행한다. l은 원래 명암값이고 l'는 평활화로 얻은 새로운 명암값이다. [예시 3-4]는 히스토그램 평활화를 예시한다.

$$l' = \text{round}\left(\ddot{h}(l) \times (L-1)\right) \qquad (3.6)$$

[예시 3-4] 히스토그램 평활화

[그림 3-9] 영상을 재활용하자. h는 [그림 3-9]에 있는 히스토그램이다. h에서 구한 정규화 히스토그램 $\dot{h}$와 누적 정규화 히스토그램 $\ddot{h}$는 다음 표와 같다. 식 (3.6)을 적용하면 마지막 열에 있는 새로운 명암값 l'가 된다.

l	h	$\dot{h}$	$\ddot{h}$	$\ddot{h}\times7$	l'
0	2	0.03125	0.03125	0.21875	0
1	12	0.1875	0.21875	1.53125	2
2	17	0.265625	0.484375	3.390625	3
3	10	0.15625	0.640625	4.484375	4
4	3	0.046875	0.6875	4.8125	5
5	7	0.109375	0.796875	5.578125	6
6	11	0.171875	0.96875	6.78125	7
7	2	0.03125	1.0	7.0	7

위의 표는 원래 명암값 l을 새로운 명암값 l'로 매핑하는 표다. 이 표를 이용해 [그림 3-9(a)]의 영상을 변환하면 [그림 3-15]를 얻는다. 오른쪽 그림은 새로운 영상의 히스토그램이다.

2	3	3	3	2	2	3	0
3	7	7	7	7	5	4	0
3	7	7	7	7	5	4	3
3	6	7	7	7	5	4	3
3	6	7	7	6	6	4	3
3	6	6	6	4	4	4	3
3	3	4	4	4	2	2	2
3	3	2	2	2	2	2	2

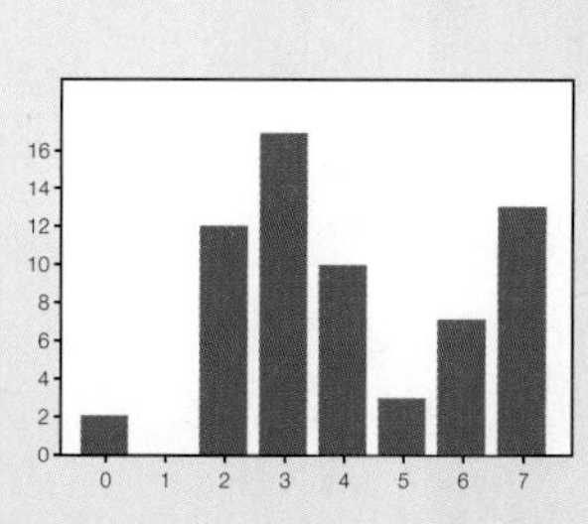

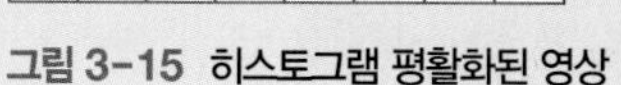
그림 3-15 히스토그램 평활화된 영상

[프로그램 3-6]은 히스토그램 평활화를 수행한다. 04행은 안개가 낀 도로 영상을 읽는다. 06행은 명암 영상으로 변환하고 07행은 디스플레이한다. 09~10행은 히스토그램을 구해 디스플레이한다. 12행은 명암 영상 gray에 히스토그램 평활화를 적용하고 결과 영상을 equal 객체에 저장한다. 13행은 equal 영상을 디스플레이한다. 15행은 equal 영상의 히스토그램을 구하고 16행은 디스플레이한다.

프로그램 3-6 히스토그램 평활화하기

```
01  import cv2 as cv
02  import matplotlib.pyplot as plt
03
04  img=cv.imread('mistyroad.jpg')
05
06  gray=cv.cvtColor(img,cv.COLOR_BGR2GRAY)         # 명암 영상으로 변환하고 출력
07  plt.imshow(gray,cmap='gray'), plt.xticks([]), plt.yticks([]), plt.show()
08
09  h=cv.calcHist([gray],[0],None,[256],[0,256])     # 히스토그램을 구해 출력
10  plt.plot(h,color='r',linewidth=1), plt.show()
11
12  equal=cv.equalizeHist(gray)                      # 히스토그램을 평활화하고 출력
13  plt.imshow(equal,cmap='gray'), plt.xticks([]), plt.yticks([]), plt.show()
14
15  h=cv.calcHist([equal],[0],None,[256],[0,256])    # 히스토그램을 구해 출력
16  plt.plot(h,color='r',linewidth=1), plt.show()
```

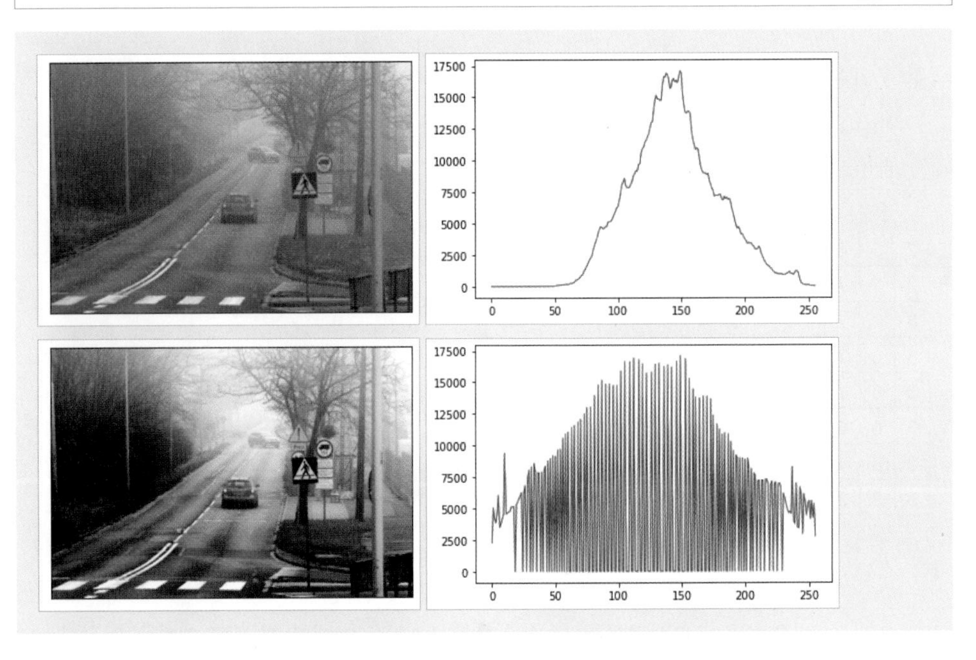

실행 결과를 분석해보자. 첫 행에 있는 원래 영상의 히스토그램을 통해 [0,255]의 전체 명암값 범위에서 0~50 범위는 거의 사용하지 않고 대부분의 화솟값이 100~200 사이라는 사실을 알 수 있다. 원래 영상이 꽤 흐릿한 이유다. 히스토그램 평활화된 영상의 히스토그램은 이전보다 평평해졌으며 영상은 상당히 선명해졌다.

3.4 영역 연산

[그림 3-14(b)]가 보여주듯이 영역 연산은 이웃 화소를 같이 고려해 새로운 값을 결정한다. 영역 연산은 주로 컨볼루션을 통해 이루어진다. 컨볼루션은 4장의 에지 추출과 8장의 컨볼루션 신경망이 활용하는 아주 중요한 연산이다.

3.4.1 컨볼루션

컨볼루션convolution은 입력 영상 f의 각 화소에 필터를 적용해 곱의 합을 구하는 연산이다. [그림 3-16(a)]는 1차원 영상을 1차원 필터 u로 컨볼루션한 예다. 필터를 입력 영상의 1, 2, 3, …, 8 위치에 차례로 씌우고 곱의 합을 구해 출력 영상 f'에 쓴다. 그림은 위치 3에 필터를 씌우고 곱의 합을 계산하는 과정을 보인다. 곱의 합은 해당하는 화소끼리 곱한 다음 결과를 더한다. 다시 말해 $2\times1+1\times2+3\times1=7$을 출력 영상 f'의 위치 3에 기록한다. 이 예에서 필터 크기는 3이고 필터를 구성하는 화소의 인덱스는 중앙을 0, 왼쪽을 −1, 오른쪽을 1로 표시한다.

[그림 3-16(b)]의 2차원 영상의 컨볼루션에서는 필터 u가 2차원이다. 필터를 1행의 (1,1) 위치에서 시작해 오른쪽으로 이동하며 (1,6) 위치까지 적용한다. 1행을 마치면 2행으로 내려와 (2,1)에서 시작해 오른쪽으로 진행하며 (2,6)까지 적용한다. 이런 일을 3, 4, 5, 6행에 대해 적용한다. 그림은 (3,2) 위치에 필터를 적용하는 예를 보여주는데, 1차원과 마찬가지로 곱의 합을 구해 출력 영상 f'의 (3,2) 위치에 기록한다. 다시 말해 $1\times(-1)+1\times0+3\times1+1\times(-1)+1\times0+3\times1+1\times(-1)+1\times0+3\times1=6$을 f'의 (3,2) 위치에 기록한다. 지금까지 설명한 1차원과 2차원의 컨볼루션을 각각 식 (3.7)과 식 (3.8)로 정의할 수 있다. 2차원 필터의 크기를 $h\times w$로 표시하는데 [그림 3-16(b)]의 필터는 3×3이다. 보통 h와 w는 같게 하고 대칭성을 위해 홀수를 사용한다.

$$f'(x)=\sum_{i=-(w-1)/2}^{(w-1)/2} u(i)f(x+i) \qquad (3.7)$$

$$f'(y,x)=\sum_{j=-(h-1)/2}^{(h-1)/2}\sum_{i=-(w-1)/2}^{(w-1)/2}u(j,i)f(y+j,x+i) \tag{3.8}$$

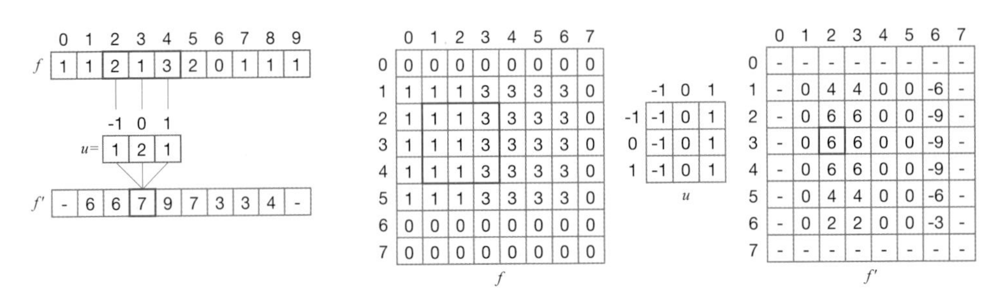

(a) 1차원 영상에 컨볼루션 적용　　(b) 2차원 영상에 컨볼루션 적용

그림 3-16 컨볼루션의 원리

필터를 가장자리 화소에 씌우면 필터의 일부가 밖으로 나가기 때문에 적용할 수 없다. 따라서 [그림 3-16]에서는 f'의 가장자리를 −로 표시했다. 가장자리에 적용하려면 원래 영상 f에 덧대기를 하면 된다. 0 덧대기0 padding는 필요한 만큼 가장자리를 확장한 후 0으로 채우고, 복사 덧대기copy padding는 가장자리 화소의 값으로 채운다. 컨볼루션은 연산 도중에 발생하는 값을 입력 영상 f 자체에 기록하는 제자리in-place 연산으로 구현할 수 없다. 다음 화소의 값을 계산할 때 이웃 화솟값이 바뀌어 있으면 안 되기 때문이다. 따라서 컨볼루션 결과는 별도의 출력 영상 f'에 기록해야 한다.

3.4.2 다양한 필터

컨볼루션 자체는 특정한 목적이 없는 일반 연산generic operation이다. 필터가 정해지면 목적이 결정된다. [그림 3-16(b)]의 필터 u에 대해 생각해보자. 이 필터의 오른쪽 3개 화소는 1, 왼쪽 3개 화소는 −1이다. 따라서 입력 영상의 오른쪽 3개 화솟값에서 왼쪽 3개 화솟값을 빼는 효과를 발휘한다. 입력 영상 f를 잘 보면 2열에서 3열로 이동하면서 값이 커지고 6열에서 7열로 이동하면서 값이 작아진다. 다시 말해 그곳에 수직 에지가 있다. 컨볼루션을 적용한 결과 영상 f'를 보면 2열과 3열에 양수가 나타나며 6열에 음수가 나타난다. 이와 같이 [그림 3-16(b)]의 필터는 수직 에지를 검출하는 목적을 달성해준다. 이 필터는 4.1절의 에지 검출에서 자세히 다룬다.

1/9	1/9	1/9
1/9	1/9	1/9
1/9	1/9	1/9

0.0030	0.0133	0.0219	0.0133	0.0030
0.0133	0.0596	0.0983	0.0596	0.0133
0.0219	0.0983	0.1621	0.0983	0.0219
0.0133	0.0596	0.0983	0.0596	0.0133
0.0030	0.0133	0.0219	0.0133	0.0030

(a) 스무딩 필터

0	-1	0
-1	4	-1
0	-1	0

-1	-1	-1
-1	8	-1
-1	-1	-1

(b) 샤프닝 필터

-1	0	0
0	0	0
0	0	1

-1	-1	0
-1	0	1
0	1	1

(c) 엠보싱 필터

그림 3-17 잡음 제거와 대비 향상을 위한 필터

영상은 다양한 잡음이 있다. 밝은 영역에 어두운 작은 반점이 여기저기 나타나는 경우 잡음일 가능성이 높다. 이런 경우 [그림 3-17(a)]에 있는 스무딩 필터smoothing filter로 컨볼루션하면 잡음을 누그러뜨릴 수 있다. 왼쪽 필터는 크기가 3×3인데 모든 화소가 1/9이기 때문에 입력 영상의 해당 9개 화소의 평균을 취하는 셈이다. 따라서 어떤 점의 값이 주위에 비해 아주 낮을 때 자신은 커지고 주위는 작아져서 잡음을 누그러뜨리는 효과를 발휘한다. [그림 3-17(a)]의 오른쪽 필터 크기는 5×5인데, 중심의 값이 가장 크고 중심에서 멀어질수록 작아지는 가우시안 함수에 따라 제작되었다.

식 (3.9)는 1차원과 2차원 가우시안 함수Gaussian function를 정의하고 [그림 3-18]은 그림으로 표현한다. 함수의 모양은 표준편차 σ에 따른다. σ가 크면 봉우리가 낮아지고 멀리까지 퍼지며 작으면 봉우리가 높아진다. 가우시안 함수는 중심에서 멀어지면 0은 아니지만 0에 가깝기 때문에 디지털 필터를 만들 때는 필터 크기를 한정 짓는다. 보통 6σ와 같거나 큰 정수 중에 가장 작은 홀수를 필터 크기로 정한다. 예를 들어 σ=0.7이라면 4.2와 같거나 큰 정수 중에 가장 작은 홀수는 5이기 때문에 5×5 필터를 사용한다. [그림 3-17(a)]의 오른쪽 필터는 이 경우에 해당한다. 가우시안은 수학적으로 좋은 특성을 보이기 때문에 여러 학문 분야에 두루두루 사용된다. 이 책에서는 5.3절의 스케일 공간 구성, 13.2.3항의 변이 오토인코더, 13.4절의 확산 모델에서 가우시안을 다시 사용한다.

$$\text{1차원 가우시안:}\quad g(x)=\frac{1}{\sigma\sqrt{2\pi}}e^{-\frac{x^2}{2\sigma^2}}$$
$$\text{2차원 가우시안:}\quad g(y,x)=\frac{1}{\sigma^2 2\pi}e^{-\frac{y^2+x^2}{2\sigma^2}} \qquad (3.9)$$

스무딩 필터는 잡음을 제거하는 효과가 있지만 부작용으로 물체의 경계를 흐릿하게 만드는, 즉 블러링blurring이라는 부작용이 있다. [그림 3-17(b)]는 스무딩 필터와 반대 작용을 하는 샤프닝sharpening 필터다. 샤프닝 필터는 에지를 선명하게 해서 물체의 식별을 돕는 작용을 하는데, 부작용으로 잡음을 확대한다. 필터를 잘 설계하면 흥미로운 효과를 얻을 수 있다. [그림 3-17(c)]는 물체에 돋을새김 느낌을 주는 엠보싱embossing 필터다.

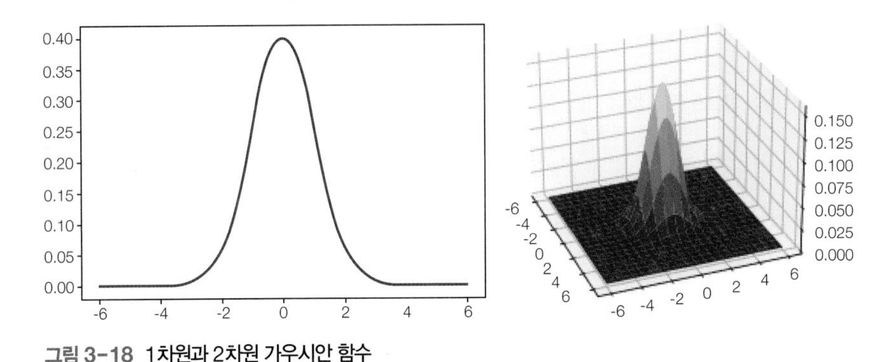

그림 3-18 1차원과 2차원 가우시안 함수

3.4.3 데이터 형과 컨볼루션

대부분의 OpenCV 함수는 연산 결과가 변수의 유효한 값의 범위를 벗어나지 않게 주의를 기울여 작성되어 있지만 컨볼루션을 지원하는 filter2D 함수와 같이 프로그래머가 주의를 기울여야 하는 경우가 있다.

데이터 형

OpenCV는 주로 한 화소의 명암 단계를 0~255 범위로 표현하며 이를 위해 1바이트를 사용한다. [프로그램 3-7]을 실행한 후 스파이더의 콘솔 창에서 다음 명령어를 실행해 img를 구성하는 화소의 데이터 형을 확인하면 numpy.uint8이다. uint8은 unsigned integer 8 bits의 약어로서 0~255 범위를 표현할 수 있는 부호 없는 8비트 데이터 형이다.

```
In [1]: print(type(img[0,0,0]))
        numpy.uint8
```

[프로그램 3-7]은 [그림 3-17(c)]의 왼쪽에 있는 엠보싱 필터를 사용하는데, 이 필터는 오른쪽 아래 화소에서 왼쪽 위 화소를 빼는 연산이므로 −255~255 범위의 값이 발생할 수 있다. 따라서 컨볼루션 결과를 그냥 저장하면 문제가 생긴다. uint8 형의 변수가 범위를 벗어난 값을 어떻게 저장하는지 다음 명령어로 확인해보자. 정상 범위인 0, 1, 254, 255는 그대로 유지

되는데, −3, −2, −1은 253, 254, 255로 바뀌었고 256, 257, 258은 0, 1, 2로 바뀌었다. 연산 결과가 변수의 범위를 벗어날 때 주의를 기울여 프로그래밍해야 한다는 사실을 알 수 있다.

```
In [2]: a=np.array([-3,-2,-1,0,1,254,255,256,257,258],dtype=np.uint8)
In [3]: print(a)
        [253 254 255   0   1 254 255   0   1   2]
```

[그림 3-17(c)]의 왼쪽 엠보싱 필터에 대해 생각해보자. 이 필터는 −255~255 사이의 값을 출력할 수 있는데 어떻게 해야 0~255 범위를 사용하면서 엠보싱 효과를 얻을 수 있을까? 절댓값을 취하는 방법이 있는데 엠보싱은 솟았거나 패인 효과를 거두어야 하므로 좋은 생각이 아니다. −255~255 사이에서 일정 부분을 포기해야 하는데, −255~−128 사이와 128~255 사이는 발생할 수 있지만 빈도는 작을 것이기 때문에 이곳을 희생하기로 한다. 따라서 128을 더해 −255~255 범위를 −127~383 범위로 변환한 후 np.clip 함수로 0~255 범위로 축소한다. np.clip(a,p,q)는 a가 p보다 작으면 p, q보다 크면 q로 바꾸고 그렇지 않으면 원래 값을 유지한다. 따라서 엠보싱 필터를 적용한 영상이 a라면 np.clip(a+128,0,255)를 추가로 적용해 0~255 범위로 변환한다.

컨볼루션 적용

[프로그램 3-7]을 통해 앞에서 배운 여러가지 필터를 실험해보자. 04~06행은 영상을 읽어와 축소하고 명암 영상으로 변환해 gray 객체에 저장한다. 축소하는 이유는 단지 여러 영상을 한 윈도우에 보이기 위해서다. 07행은 스무딩 효과를 살펴보기 위해 영상에 글씨를 써넣는다.

10행은 gray 영상에 GaussianBlur 함수를 적용하는데, 첫 번째 인수는 스무딩을 적용할 영상이고 두 번째 인수는 필터의 크기다. 세 번째 인수는 식 (3.9)에 있는 표준편차 σ인데 0.0으로 설정하면 필터 크기를 보고 자동으로 추정한다. 10행은 필터 크기 5×5, 9×9, 15×15로 GaussianBlur 함수를 적용한 결과 영상 3개를 hstack으로 이어 붙인다. 11행은 이어 붙인 영상을 윈도우에 디스플레이한다.

13~15행은 [그림 3-17(c)] 왼쪽에 있는 엠보싱 필터를 정의한다. 17~18행을 잘 살펴볼 필요가 있다. 엠보싱 필터는 오른쪽 아래 화소에서 왼쪽 위 화소를 빼기 때문에 음수가 발생한다. 그런데 gray 배열의 화소는 np.uint8 형이다. 즉 부호가 없는 1바이트 정수 형이다. 18행의 filter2D 함수는 주어진 영상 배열과 같은 형의 배열을 출력하기 때문에 결과 영상도 uint8

형이다. 따라서 음수가 발생하면 이상한 값으로 바뀌어 저장된다. 17행은 음수를 표현하기 위해 gray 배열에 np.int16 함수를 적용해 부호가 있는 2바이트(16비트) 형으로 변환한다. 이제 18행의 filter2D 함수는 np.int16 형에서 동작해 음수까지 저장한다. 여기에 128을 더하고 np.clip 함수를 적용한다. 결과 영상에 np.uint8 함수를 적용해 np.uint8 형으로 변환하여 emboss 객체에 저장한다. 19행은 np.clip을 생략했는데 적용하지 않았을 때 발생하는 부작용을 확인하기 위해서다. 20행은 np.int16 형으로 변환하지 않았을 때 부작용을 확인한다.

22~24행은 np.clip을 적용해 값의 범위를 제대로 처리했을 때 얻은 emboss, np.clip을 생략했을 때 얻은 emboss_bad, np.int16으로 변환하지 않았을 때 얻은 emboss_worse 영상을 윈도우에 디스플레이한다.

프로그램 3-7 컨볼루션 적용(가우시안 스무딩과 엠보싱)하기

```
01  import cv2 as cv
02  import numpy as np
03
04  img=cv.imread('soccer.jpg')
05  img=cv.resize(img,dsize=(0,0),fx=0.4,fy=0.4)
06  gray=cv.cvtColor(img,cv.COLOR_BGR2GRAY)
07  cv.putText(gray,'soccer',(10,20),cv.FONT_HERSHEY_SIMPLEX,0.7,(255,255,255),2)
08  cv.imshow('Original',gray) ①
09
10  smooth=np.hstack((cv.GaussianBlur(gray,(5,5),0.0),cv.
                GaussianBlur(gray,(9,9),0.0),cv.GaussianBlur(gray,(15,15),0.0)))
11  cv.imshow('Smooth',smooth) ②
12
13  femboss=np.array([[-1.0, 0.0, 0.0],
14                    [ 0.0, 0.0, 0.0],
15                    [ 0.0, 0.0, 1.0]])
16
17  gray16=np.int16(gray)
18  emboss=np.uint8(np.clip(cv.filter2D(gray16,-1,femboss)+128,0,255))
19  emboss_bad=np.uint8(cv.filter2D(gray16,-1,femboss)+128)
20  emboss_worse=cv.filter2D(gray,-1,femboss)
21
22  cv.imshow('Emboss',emboss) ③
23  cv.imshow('Emboss_bad',emboss_bad) ④
24  cv.imshow('Emboss_worse',emboss_worse) ⑤
25
26  cv.waitKey()
27  cv.destroyAllWindows()
```

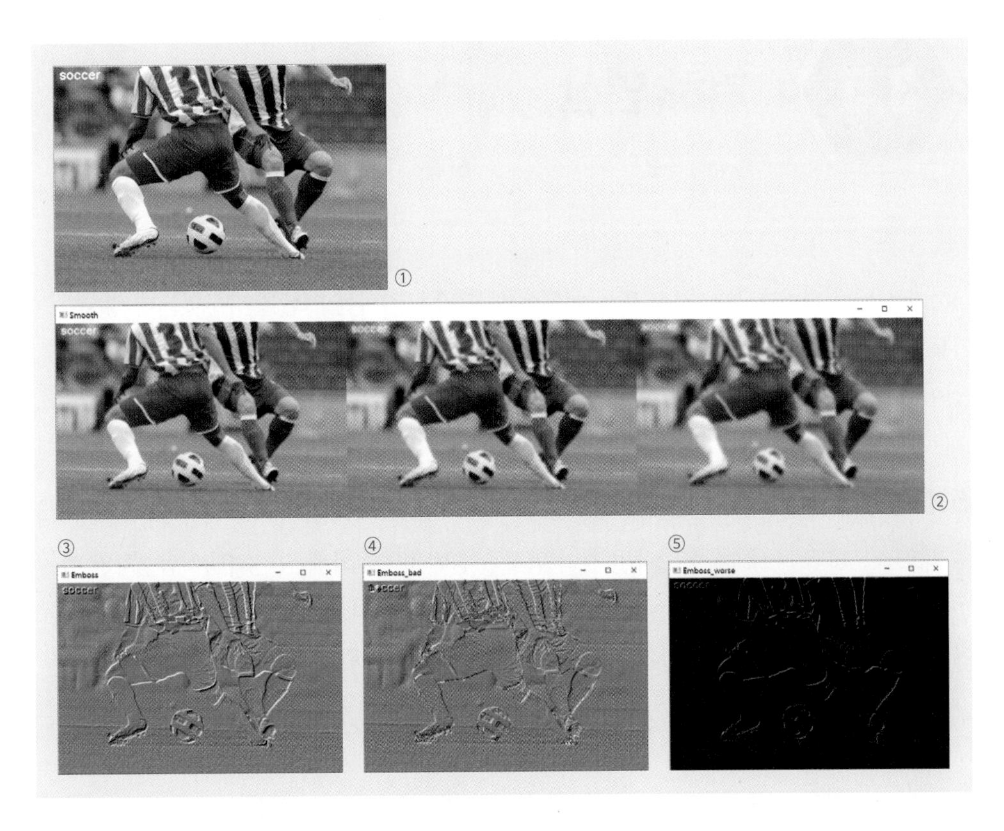

[프로그램 3-7]을 실행한 결과를 분석해보자. 먼저 5×5, 9×9, 15×15 크기의 가우시안 필터로 스무딩한 영상을 보면 필터가 커질수록 영상의 세부 내용이 사라지는 현상을 확인할 수 있다. 15×15 필터의 경우 'soccer'라는 글씨를 식별할 수 없을 정도가 되었다. 엠보싱을 적용한 영상을 살펴보자. np.int16과 np.clip을 적용한 경우 보기 좋은 엠보싱 영상이 되었다. np.clip을 생략한 두 번째 엠보싱 영상은 검은 점이 곳곳에 나타나는 현상이 발생한다. 255를 넘어 오버플로우가 발생한 화소의 값이 엉뚱하게 바뀌어서 나타난 현상이다. np.int16을 적용하지 않은 마지막 엠보싱 영상은 엠보싱으로 보기 어려울 정도로 품질이 떨어진다.

3.5 기하 연산

지금까지는 어떤 화소가 자기 자신 또는 이웃을 보고 값을 정하는 연산을 다루었는데 영상의 크기를 조절하거나 영상을 회전하려면 [그림 3-14(c)]처럼 멀리 있는 화소에서 값을 가져올 수 있어야 한다. 기하 연산은 이런 경우를 다룬다.

3.5.1 동차 좌표와 동차 행렬

동차 좌표homogeneous coordinate는 2차원 점의 위치 (x,y)에 1을 추가해 식 (3.10)처럼 3차원 벡터 $\bar{p}$로 표현한다. 동차 좌표에서는 3개 요소에 같은 값을 곱하면 같은 좌표를 나타낸다. 예를 들어 (−2, 4, 1), (−4, 8, 2), (−1, 2, 0.5)는 모두 (−2, 4) 점에 해당한다.

$$\bar{p} = (x, y, 1) \qquad (3.10)$$

3가지 기하 변환은 이동, 회전, 크기다. 동차 좌표에서는 이들 연산을 3×3 동차 행렬homogeneous matrix로 표현한다. [표 3-1]은 이들 변환과 해당 동차 행렬을 설명한다.

표 3-1 3가지 기하 변환

기하 변환	동차 행렬	설명
이동	$T(t_x,t_y)=\begin{pmatrix}1 & 0 & t_x\\ 0 & 1 & t_y\\ 0 & 0 & 1\end{pmatrix}$	x 방향으로 t_x, y 방향으로 t_y만큼 이동
회전	$R(\theta)=\begin{pmatrix}\cos\theta & \sin\theta & 0\\ -\sin\theta & \cos\theta & 0\\ 0 & 0 & 1\end{pmatrix}$	원점을 중심으로 반시계 방향으로 θ만큼 회전
크기	$S(s_x,s_y)=\begin{pmatrix}s_x & 0 & 0\\ 0 & s_y & 0\\ 0 & 0 & 1\end{pmatrix}$	x 방향으로 s_x, y 방향으로 s_x만큼 크기 조정(1보다 크면 확대, 1보다 작으면 축소)

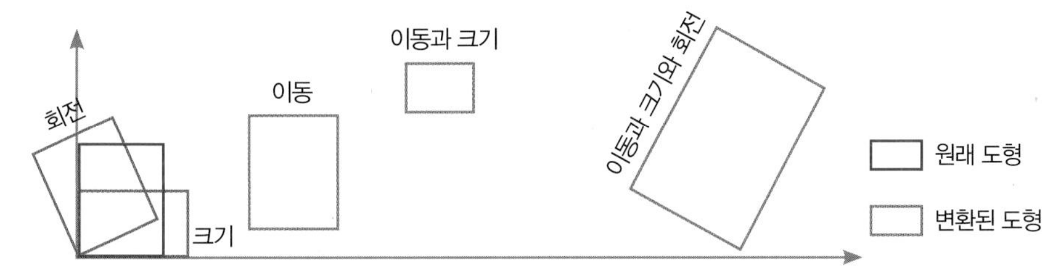

그림 3-19 여러 가지 기하 변환

[그림 3-19]는 세 가지 기본 변환과 기본 변환을 결합한 복합 변환의 사례다. [예시 3-5]를 통해 동차 행렬의 동작을 구체적으로 설명한다.

[예시 3-5] 동차 행렬을 이용한 기하 변환

[그림 3-20]은 정사각형을 x 방향으로 2, y 방향으로 −1만큼 이동한 다음 반시계 방향으로 30도 회전하는 변환을 보여준다. 이동과 회전을 위한 동차 행렬은 [표 3-1]에 따라 다음과 같다.

$$\mathrm{T}(2,-1)=\begin{pmatrix}1&0&2\\0&1&-1\\0&0&1\end{pmatrix},\ \ \mathrm{R}(30°)=\begin{pmatrix}0.8660&0.5000&0\\-0.5000&0.8660&0\\0&0&1\end{pmatrix}$$

점 p_1을 동차 좌표 $\overline{p}_1$=(1,3,1)로 바꾼 후 다음과 같이 이동을 위한 동차 행렬 T를 곱한다. 주의할 점은 행 벡터인 $\overline{p}_1$에 전치를 취한 $\overline{p}_1^{\mathrm{T}}=\begin{pmatrix}1\\3\\1\end{pmatrix}$을 뒤에 곱해야 한다는 사실이다. 결국 $\begin{pmatrix}3\\2\\1\end{pmatrix}$을 얻는데, 세 번째 요소를 없애면 2차원 좌표 (3,2)를 얻는다. [그림 3-20]에서 이동을 적용한 후의 좌표와 일치함을 알 수 있다.

$$\overline{p}_1^{'\mathrm{T}}=\mathrm{T}(2,-1)\,\overline{p}_1^{\mathrm{T}}=\begin{pmatrix}1&0&2\\0&1&-1\\0&0&1\end{pmatrix}\begin{pmatrix}1\\3\\1\end{pmatrix}=\begin{pmatrix}3\\2\\1\end{pmatrix}$$

$\overline{p}_1'$에 회전을 위한 동차 행렬을 곱하면 (3.598,0.232)를 얻어 [그림 3-20]과 일치한다. 다른 3개 점에 대한 계산은 연습문제로 남겨둔다.

$$\bar{p}_1''^{\mathrm{T}} = \mathrm{R}(30°)\,\bar{p}_1'^{\mathrm{T}} = \begin{pmatrix} 0.8660 & 0.5000 & 0 \\ -0.5000 & 0.8660 & 0 \\ 0 & 0 & 1 \end{pmatrix} \begin{pmatrix} 3 \\ 2 \\ 1 \end{pmatrix} = \begin{pmatrix} 3.598 \\ 0.232 \\ 1 \end{pmatrix}$$

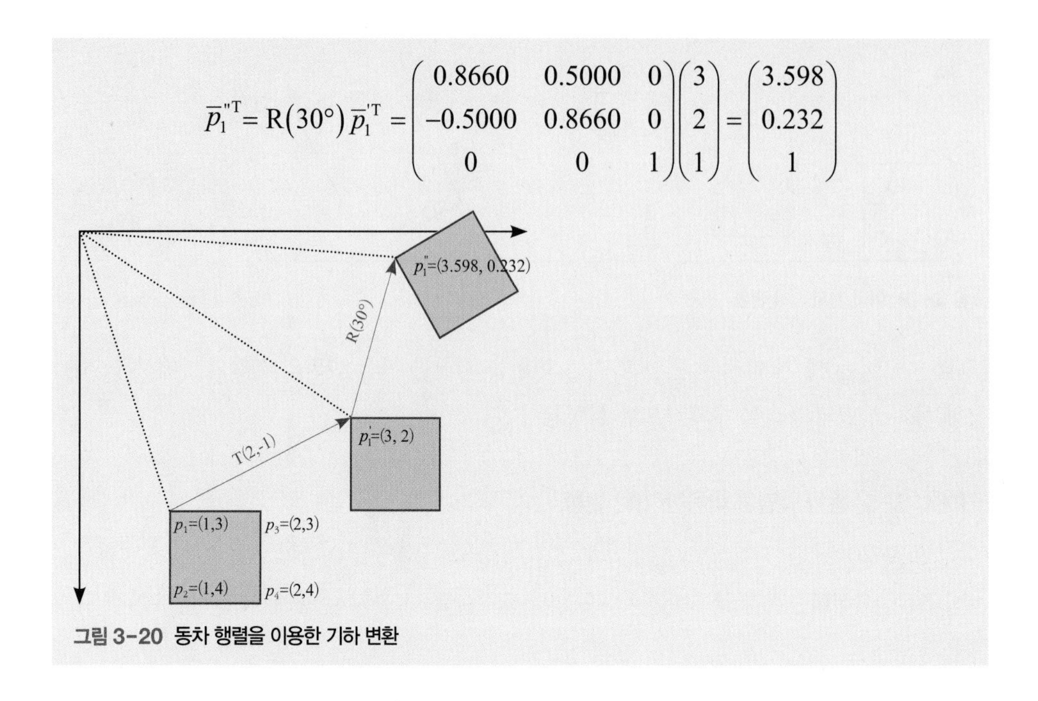

그림 3-20 동차 행렬을 이용한 기하 변환

동차 좌표를 쓰면 수학 표기가 깔끔한 장점도 있지만 계산 효율에서 큰 장점이 있다. [그림 3-20]의 경우 점마다 이동과 회전을 연속으로 적용해야 하기 때문에 한 점당 두 번의 행렬 곱셈이 필요하다. 정사각형은 점이 4개이므로 총 8번의 행렬 곱셈을 한다. 그런데 행렬 곱셈에는 결합 법칙이 성립하기 때문에 어떤 순서로 곱하든 같은 결과를 얻는다. 따라서 동차 좌표 $\bar{p}$에 동차 행렬 T와 R을 적용할 때 $\mathrm{R}(\mathrm{T}\bar{p})$ 순서로 계산해도 되고 $(\mathrm{RT})\bar{p}$ 순서로 해도 된다. [예시 3-5]에서는 $\mathrm{R}(\mathrm{T}\bar{p})$ 순서를 사용했는데 아래는 $(\mathrm{RT})\bar{p}$ 순서를 보여준다. 변환해야 하는 점이 많고 여러 단계의 변환을 적용하는 경우 변환 행렬을 모두 곱해 하나의 변환 행렬을 만들어두고 점마다 한 번의 행렬 곱셈으로 계산하는 큰 이점이 있다.

$$\mathbf{A} = \mathrm{R}(30°)\mathrm{T}(2,-1) = \begin{pmatrix} 0.8660 & 0.5000 & 0 \\ -0.5000 & 0.8660 & 0 \\ 0 & 0 & 1 \end{pmatrix} \begin{pmatrix} 1 & 0 & 2 \\ 0 & 1 & -1 \\ 0 & 0 & 1 \end{pmatrix} = \begin{pmatrix} 0.8660 & 0.5000 & 1.232 \\ -0.5000 & 0.8660 & -1.866 \\ 0 & 0 & 1 \end{pmatrix}$$

$$\mathbf{A}\bar{p}_1^{\mathrm{T}} = \begin{pmatrix} 0.8660 & 0.5000 & 1.232 \\ -0.5000 & 0.8660 & -1.866 \\ 0 & 0 & 1 \end{pmatrix} \begin{pmatrix} 1 \\ 3 \\ 1 \end{pmatrix} = \begin{pmatrix} 3.598 \\ 0.232 \\ 1 \end{pmatrix}$$

[표 3-1]의 변환 행렬은 아무리 여러 개를 곱해도 직선은 직선으로 유지되고 평행인 선은 평행을 유지한다. 이런 성질은 동차 행렬의 3행이 (0 0 1)이기 때문에 유지된다. 이런 성질을 가진 변환을 그렇지 않은 변환과 구분하려고 어파인 변환affine transformation이라 한다. 투영projection은 멀리 있는 물체가 작게 보이기 때문에 평행을 유지하지 못하는 변환으로 어파인 변환이 아니다. 투영을 위한 동차 행렬의 3행은 (0 0 1)이 아니다. 투영은 5.6절의 호모그래피와 12.1절의 카메라 캘리브레이션에서 소개한다.

3.5.2 영상의 기하 변환

영상을 구성하는 점, 즉 화소에 동차 변환을 적용해 영상을 회전하거나 크기를 조정할 수 있다. 그런데 화소 위치를 정수로 지정하기 때문에 문제가 생긴다. [그림 3-20]에서 점 (1,3)이 (3.598,0.232)로 변환되었는데 변환된 위치를 어떤 화소에 배정할 것인가? 쉽게 생각할 수 있는 방법은 반올림하여 (4,0) 화소에 배정하는 것이다. 이런 순진한 방법은 여러 문제를 일으킨다.

[그림 3-21(a)]는 동차 행렬 **A**로 원래 영상을 새로운 영상으로 변환하는 과정이다. 빨간색으로 표시된 화소는 **A**에 의해 변환 영상의 해당 화소로 매핑된다. 이때 실수 좌표를 정수로 반올림하면 ?로 표시된 화소처럼 값을 받지 못하는 경우가 발생한다. 결과적으로 곳곳에 구멍이 뚫린 이상한 영상이 된다. 영상 처리에서는 시각적으로 불만스러운 이와 같은 현상을 에일리어싱aliasing이라 하고 에일리어싱을 누그러뜨리는 방법을 안티 에일리어싱anti-aliasing이라 한다. [그림 3-21(a)]의 에일리어싱을 방지하려면 [그림 3-21(b)]와 같이 변환 영상이 원래 영상의 해당 화소를 찾는 후방 변환을 사용하면 된다. 후방 변환은 변환 행렬 **A**의 역행렬인 $\mathbf{A}^{-1}$을 사용하면 된다.

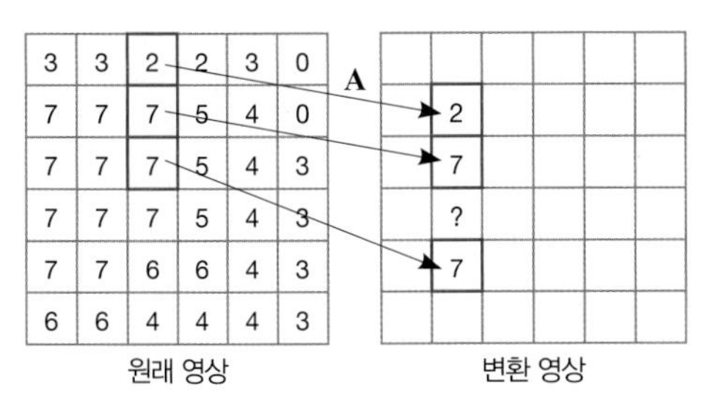

(a) 전방 변환

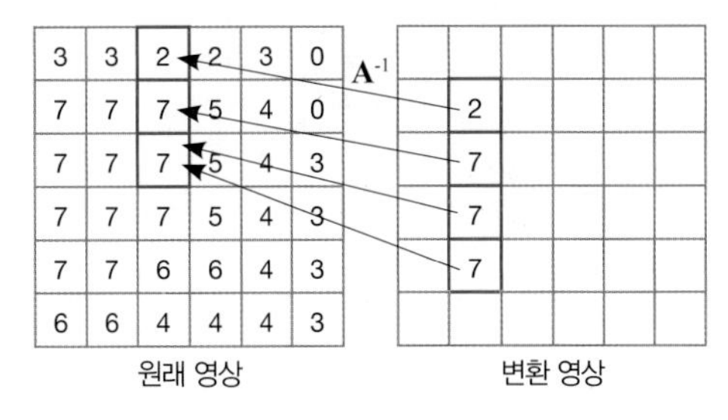

(b) 후방 변환

그림 3-21 영상의 기하 변환

3.5.3 영상 보간

영상에 기하 연산을 적용할 때 후방 변환을 사용하면 구멍이 생기는 현상을 방지할 수 있다. 하지만 여전히 실수 좌표를 정수로 변환하는 과정이 필요하다. 이때 반올림을 사용해 가장 가까운 화소에 배정하는 기법을 최근접 이웃nearest neighbor 방법이라고 부른다. 최근접 이웃은 에일리어싱이 여전히 심하다. 예를 들어 [그림 3-21(b)]에서 볼 수 있듯이 변환 영상에서 서로 다른 2개의 화소가 같은 값을 받고 있다. 이런 에일리어싱은 보간을 사용하면 상당히 개선된다.

[그림 3-22]는 어떤 화소가 (j',i')로 변환되어 4개 화소에 걸친 상황이다. j'와 i'는 실수다. 보간에서는 4개 화소와 걸친 비율에 따라 가중 평균하여 화솟값을 계산한다. (j,i) 화소와 수직 빗금 친 영역만큼 겹쳤는데 영역의 넓이는 $\alpha\beta$이다. $(j,i+1)$과 수평 빗금 친 영역만큼 겹쳤는데 영역의 넓이는 $(1-\alpha)\beta$다. 마찬가지로 $(j+1,i)$화소와 $\alpha(1-\beta)$, $(j+1,i+1)$ 화소와 $(1-\alpha)(1-\beta)$만큼 겹친다. 식 (3.11)은 (j',i') 화소의 명암값 $f(j',i')$를 계산한다.

$$f(j',i')=\alpha\beta f(j,i)+(1-\alpha)\beta f(j,i+1)+\alpha(1-\beta)f(j+1,i) \\ +(1-\alpha)(1-\beta)f(j+1,i+1) \tag{3.11}$$

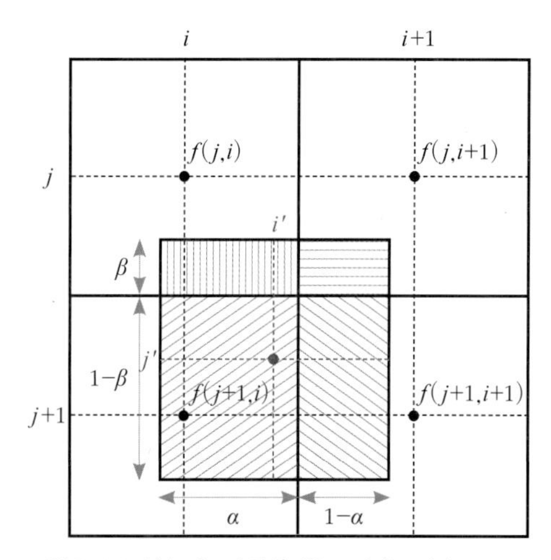

그림 3-22 실수 좌표의 화솟값을 보간하는 과정

[그림 3-22]는 겹치는 비율을 곱하기 때문에 선형 보간법에 해당한다. 이 보간은 x와 y의 두 방향에 걸쳐 계산하므로 양선형 보간법bilinear interpolation method이라 한다. 16개의 이웃과 3차 함수를 사용해 보간하는 양3차 보간법bicubic interpolation method이 있는데, 이에 대한 설명은 생

략한다. 양선형 보간과 양3차 보간은 최근접 이웃에 비해 화질이 월등히 좋다. 대신 계산 시간이 더 걸리는데, 현대의 컴퓨터는 매우 빠르기 때문에 대부분 상황에서 계산 시간은 크게 문제가 되지 않는다. OpenCV 프로그램에서는 최근접 이웃은 INTER_NEAREST, 양선형 보간은 INTER_LINEAR, 양3차 보간은 INTER_CUBIC을 인수로 주면 된다.

보간을 이용한 영상 변환

[프로그램 3-8]은 영상을 확대하는 데 최근접 이웃, 양선형 보간, 양3차 보간을 적용하고 영상 품질을 비교한다. 03행은 컬러 영상을 읽어오고, 04행은 100×100 패치를 잘라 patch 객체에 저장한다. 원래 영상을 확대하면 너무 커서 패치를 잘라 실험한다. 06행은 오려낸 곳을 파란 박스로 표시하고, 07~09행은 오려낸 패치에 최근접 이웃(INTER_NEAREST), 양선형(INTER_LINEAR), 양3차(INTER_CUBIC) 보간 방법을 적용해 5배로 확대한다. 12~14행은 확대된 영상을 윈도우에 디스플레이한다.

최근접 이웃 방법의 경우 꽃잎 가장자리에 계단 모양의 에일리어싱 현상이 심하다. 양선형과 양3차 보간은 최근접 이웃에 비해 화질이 월등히 좋다. 이 경우 양선형과 양3차의 화질은 육안으로 우열을 구분하기 어렵다.

프로그램 3-8 **보간을 이용해 영상의 기하 변환하기**

```
01  import cv2 as cv
02
03  img=cv.imread('rose.png')
04  patch=img[250:350,170:270,:]
05
06  img=cv.rectangle(img,(170,250),(270,350),(255,0,0),3)
07  patch1=cv.resize(patch,dsize=(0,0),fx=5,fy=5,interpolation=cv.INTER_NEAREST)
08  patch2=cv.resize(patch,dsize=(0,0),fx=5,fy=5,interpolation=cv.INTER_LINEAR)
09  patch3=cv.resize(patch,dsize=(0,0),fx=5,fy=5,interpolation=cv.INTER_CUBIC)
10
11  cv.imshow('Original',img)
12  cv.imshow('Resize nearest',patch1)
13  cv.imshow('Resize bilinear',patch2)
14  cv.imshow('Resize bicubic',patch3)
15
16  cv.waitKey()
17  cv.destroyAllWindows()
```

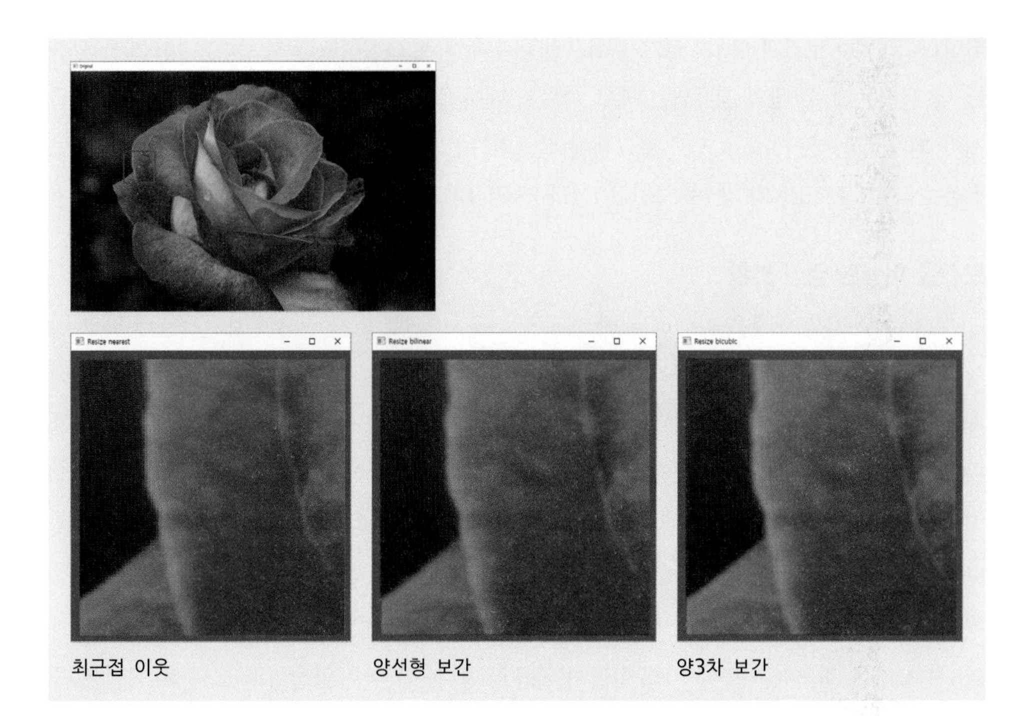
Resize nearest
Resize bilinear
Resize bicubic
최근접 이웃
양선형 보간
양3차 보간

3.6 OpenCV의 시간 효율

컴퓨터 비전은 인식 정확률이 중요하지만 시간 효율도 못지 않게 중요하다. 예를 들어 비디오에서 물체를 추적하는 경우 초당 수십 장의 고해상도 영상을 처리할 수 있어야 한다. 직접 작성한 코드와 OpenCV가 제공하는 함수의 처리 시간을 비교해 봄으로써 OpenCV의 시간 효율을 분석해보자.

OpenCV의 시간 효율 확인

[프로그램 3-9]는 컬러 영상을 명암 영상으로 변환하는 함수 2개를 정의한다. 05~10행의 my_cvtGray1 함수는 for 문 2개로 모든 화소에 접근해 컬러를 명암으로 변환한다. 변환은 식 (2.1)로 수행한다. 12~15행의 my_cvtGray2 함수는 파이썬의 배열 연산으로 구현한다.

17행은 영상을 읽어온다. 19~21행은 my_cvtGray1 함수를 호출해 명암 영상으로 변환한다. 함수 시작 직전과 끝났을 때 시간을 빼서 소요 시간을 출력한다. 23~25행은 배열 연산을 사용하는 my_cvtGray2 함수에 대해 같은 일을 한다. 27~29행은 OpenCV가 제공하는 cvtColor 함수에 대해 같은 일을 한다.

실행 결과를 분석해보자. my_cvtGray1 함수는 4.7983초가 걸렸다. img.shape으로 조사해보면 792×1197 해상도의 영상이다. 94만 8천여 개의 화소 각각에 접근하여 곱셈 세 번과 덧셈 두 번을 수행하는 데 소요된 시간이다. 놀랍게도 배열 연산을 사용한 my_cvtGray2 함수는 0.0158초가 걸렸다. for 문 2개로 화소를 일일이 방문하는 my_cvtGray1 함수보다 무려 300배 가량 빠르다. 파이썬에서는 가능한 경우 배열 연산을 사용해야 하는 이유이다.

OpenCV가 제공하는 함수는 0.0136초가 걸렸다. my_cvtGray2 함수보다 미세하게 빠르다. OpenCV는 C와 C++ 언어로 함수를 작성하고 인텔 마이크로프로세서에 최적화하는 등의 노력을 기울여 빠른 속도를 자랑한다. 따라서 OpenCV가 제공하는 함수로 달성할 수 있는 과업은 최대한 OpenCV를 활용하는 것이 현명한 선택이다.

프로그램 3-9 직접 작성한 함수와 OpenCV가 제공하는 함수의 시간 비교하기

```
01  import cv2 as cv
02  import numpy as np
03  import time
04
05  def my_cvtGray1(bgr_img):
06     g=np.zeros([bgr_img.shape[0],bgr_img.shape[1]])
07     for r in range(bgr_img.shape[0]):
08        for c in range(bgr_img.shape[1]):
09           g[r,c]=0.114*bgr_img[r,c,0]+0.587*bgr_img[r,c,1]+0.299*bgr_img[r,c,2]
10     return np.uint8(g)
11
12  def my_cvtGray2(bgr_img):
13     g=np.zeros([bgr_img.shape[0],bgr_img.shape[1]])
14     g=0.114*bgr_img[:,:,0]+0.587*bgr_img[:,:,1]+0.299*bgr_img[:,:,2]
15     return np.uint8(g)
16
17  img=cv.imread('girl_laughing.png')
18
19  start=time.time()
20  my_cvtGray1(img)
21  print('My time1:',time.time()-start) ①
22
23  start=time.time()
24  my_cvtGray2(img)
25  print('My time2:',time.time()-start) ②
26
27  start=time.time()
28  cv.cvtColor(img,cv.COLOR_BGR2GRAY)
29  print('OpenCV time:',time.time()-start) ③
```

```
My time1: 4.798288106918335 ①
My time2: 0.015836000442504883 ②
OpenCV time: 0.013601541519165039 ③
```

01 [그림 3-5]는 다양한 형태의 영상을 예시한다. 다음 영상이 차지하는 메모리 양을 바이트 단위로 제시하시오. (1)~(4)에서는 한 채널을 구성하는 화소 하나가 8비트(1바이트)로 표현된다고 가정한다.

(1) 512×512 컬러 영상

(2) 30초 분량의 256×256 컬러 동영상(30FPSFrames Per Second를 가정)

(3) 256×256×128 CT 영상

(4) 512×512 크기의 8채널 다분광 영상

(5) 20,000개 점으로 구성된 점 구름 영상(한 점은 x, y, z 좌표로 표현되는데 x, y, z는 각각 4바이트 실수로 표현)

02 [그림 3-13(a)]의 입력 영상에 대해 다음 구조 요소를 이용해 팽창한 영상과 침식한 영상을 제시하시오.

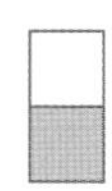

03 다음 5×5 영상에 대해 히스토그램 평활화를 수행하시오. [예시 3-4]의 표와 [그림 3-15]를 제시하시오.

0	0	1	1	3
2	3	3	3	3
3	3	4	4	4
4	3	4	5	7
4	4	4	5	7

04 [그림 3-16(b)]의 원래 영상 f에 다음 필터를 적용한 결과 영상 f'를 제시하시오. 각 필터의 효과에 대해 기술하시오.

(1)

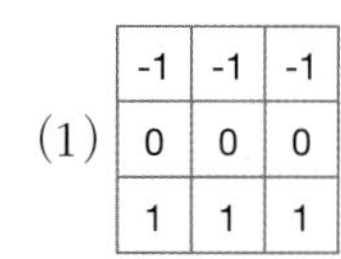

(2)

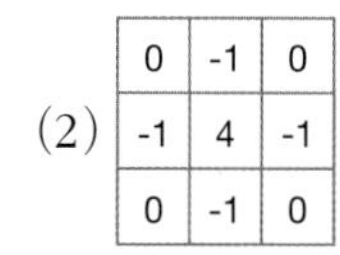

(3)

-1	0	0
0	0	0
0	0	1

05 [예시 3-5]에서 나머지 점 3개에 대한 계산 과정을 제시하시오.

06 [그림 3-18]의 1차원과 2차원 가우시안 함수를 그리는 파이썬 프로그램을 작성하시오.

07 [프로그램 3-7]의 10행은 필터 크기를 5×5, 9×9, 15×15로 바꾸어가며 가우시안 스무딩을 적용한다. 같은 크기의 필터로 메디안median 스무딩을 추가로 적용해 가우시안 스무딩과 메디안 스무딩 결과를 서로 다른 윈도우에 디스플레이하시오. 두 스무딩 기법의 원리를 설명하고 효과 측면에서 어떻게 다른지 설명하시오.

08 [예시 3-4]를 코딩해 히스토그램 평활화를 수행하는 함수 myEqualizeHist를 작성하시오. [프로그램 3-9]처럼 myEqualizeHist와 openCV가 제공하는 equalizeHist의 계산 시간을 비교하시오.

09 [프로그램 3-8]은 보간 품질을 관찰할 위치를 미리 프로그램 안에 지정해놓았다. 마우스를 이용해 관찰하고 싶은 곳을 직사각형으로 지정할 수 있게 확장하시오.

hint [프로그램 2-8]을 활용한다.

10 [프로그램 3-9]의 실험을 통해 my_cvtGray1이 my_cvtGray2보다 무려 300배 느리다는 사실을 알았다. 이유를 설명하시오.

CHAPTER 04

에지와 영역

Preview

에지 검출edge detection과 영역 분할region segmentation은 컴퓨터 비전이 초창기부터 중요하게 다루어온 연구 주제다. [그림 4-1]은 캘리포니아 대학교의 버클리Berkeley 팀에서 영역 분할 알고리즘을 개발하고 평가하기 위해 2011년에 공개한 BSDS 데이터셋의 예제 영상이다(https://www2.eecs.berkeley.edu/Research/Projects/CS/vision/bsds). [그림 4-1(b)]는 사람이 정성을 들여 정교하게 분할한 영상이다. 컴퓨터 비전이 이 정도 수준으로 할 수 있을까?

(a) 원래 영상

(b) 영역 영상(사람이 분할)

그림 4-1 영역 분할을 위한 BSDS 데이터셋

에지edge는 물체 경계에 있는 점이다. 에지를 완벽하게 검출해 물체의 경계를 폐곡선으로 따낼 수 있다면 분할 문제가 저절로 풀린다. 반대로 영역 분할 알고리즘이 완벽해 물체를 독립된 영역으로 분할하면 에지 검출 문제가 저절로 풀린다. 따라서 둘은 쌍대 문제dual problem다. 하지만 둘은 완전히 다른 방향으로 문제 해결을 모색한다. 에지 검출은 특성이 크게 다른 화소에 집중하는 반면 영역 분할은 비슷한 화소를 묶는 방식을 선호한다.

사람은 영역 분할을 할 때 머리 속에 기억된 물체 모델을 활용해 영역이 어떤 물체에 해당하는지 동시에 알아내는 의미 분할semantic segmentation을 한다. 이 장에서 소개하는 고전적인 분할 알고리즘은 물체 모델 없이 단지 화소의 값에만 의존하기 때문에 의미 분할이 불가능하다. 의미 분할을 추구하는 딥러닝에 대해서는 9장에서 소개한다.

4.1 에지 검출

에지 검출 알고리즘은 물체 내부는 명암이 서서히 변하고 물체 경계는 명암이 급격히 변하는 특성을 활용한다. [그림 4-2]는 선수의 손가락 일부를 확대해 화솟값을 확인하는 예다. 예상대로 물체의 경계에서 급격한 명암 변화가 발생한다.

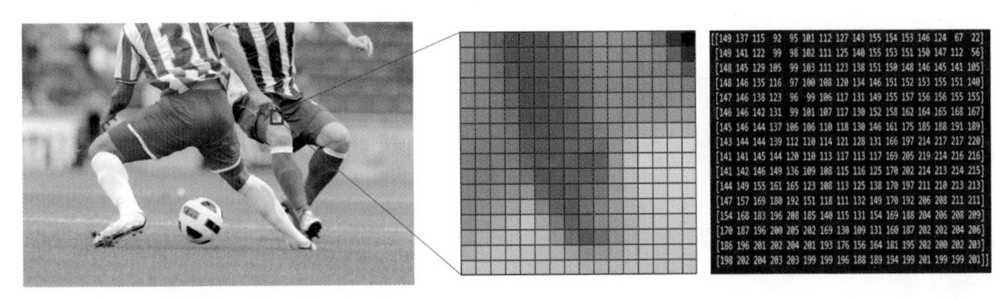

그림 4-2 명암 변화를 확인하기 위해 영상 일부를 확대

4.1.1 영상의 미분

미분은 변수 x의 값이 미세하게 증가했을 때 함수의 변화량을 측정한다. 식 (4.1)은 미분을 정의하고 [그림 4-3(a)]는 식을 설명한다.

$$f'(x) = \lim_{\delta x \to 0} \frac{f(x+\delta x) - f(x)}{\delta x} \qquad (4.1)$$

미분 연산을 [그림 4-2]의 디지털 영상에 어떻게 적용할까? 정수 좌표를 쓰는 디지털 영상에서는 x의 최소 변화량이 1이므로 δx=1로 한다. 식 (4.2)는 디지털 영상을 미분하는 식이다. 이 식을 영상 f에 적용하는 일은 [그림 4-3(b)]가 보여주듯이 필터 u로 컨볼루션하여 구현한다. 필터 u의 중심점은 왼쪽 화소다. 필터 u를 에지 연산자edge operator라고 한다.

$$f'(x) = \frac{f(x+\delta x) - f(x)}{\delta x} = f(x+1) - f(x) \qquad (4.2)$$

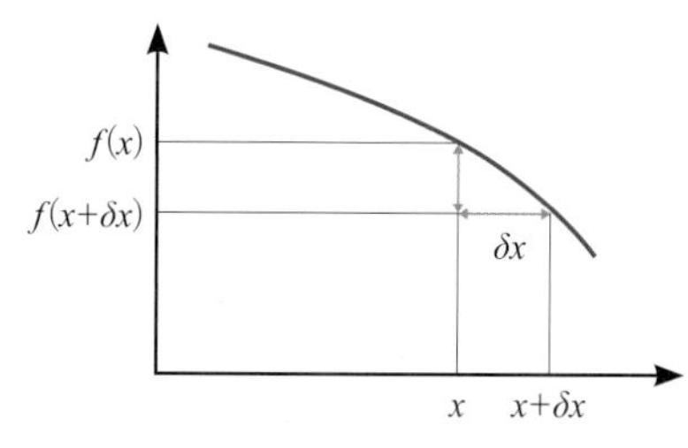

(a) 연속 함수의 미분

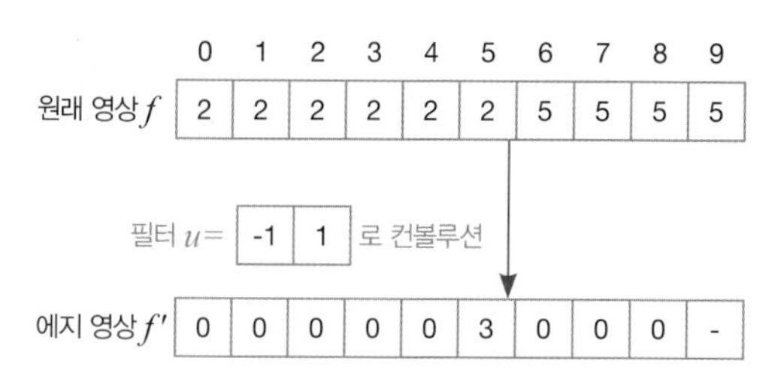

(b) 디지털 영상의 미분(필터 u로 컨볼루션)

그림 4-3 연속 함수와 디지털 영상의 미분

4.1.2 에지 연산자

[그림 4-3(b)]는 에지 검출의 핵심을 거의 다 설명한다. 컨볼루션으로 구한 미분 영상 f'는 명암 변화가 없는 곳은 0, 명암 변화가 급격한 부분은 3을 가진다. [그림 4-3]은 핵심을 설명하지만 현실을 제대로 반영하지 못한다. 현실 세계의 영상은 [그림 4-2]처럼 물체 경계에서 명암 변화가 계단 모양이 아니다. 지금부터 현실 세계를 반영하는 방법을 찾아본다.

현실 세계의 램프 에지

현실에서는 [그림 4-4]에서 보는 바와 같이 명암이 몇 화소에 걸쳐 변하는 램프 에지ramp edge가 발생한다. 컨볼루션으로 구한 1차 미분 영상을 보면 램프 에지에서 1보다 큰 두께의 에지가 발생했다. 에지의 정확한 위치를 정하는 위치 찾기localization 문제가 생겼다. 물체 경계를 지나면서 명암값이 커지면 미분값이 양수고 작아지면 음수다. 1차 미분은 에지 발생 여부뿐 아니라 에지가 어떤 방향을 향하는지에 대한 정보까지 제공한다는 긍정적인 현상이다.

그림 4-4 현실 세계에서 발생하는 램프 에지

[그림 4-4]는 u로 컨볼루션한 영상을 u로 한 번 더 컨볼루션한 영상을 보여준다. 이 영상은 원래 영상을 두 번 미분한 2차 미분 영상 f''로 볼 수 있다. 이 영상은 필터 u로 컨볼루션을 두 번 적용해서 얻을 수 있지만 식 (4.3)에 따라 연산자를 설계하면 한 번의 컨볼루션으로 구할 수 있다. 이렇게 하면 두 배 빠르게 계산할 수 있다.

$$\begin{aligned} f''(x) &= \frac{f'(x) - f'(x-\delta)}{\delta} = f'(x) - f'(x-1) \\ &= \big(f(x+1) - f(x)\big) - \big(f(x) - f(x-1)\big) \\ &= f(x+1) - 2f(x) + f(x-1) \end{aligned} \tag{4.3}$$

이 식을 구현하는 필터는

1	-2	1

[그림 4-4]를 잘 살펴보면 1차 미분 영상은 에지에서 봉우리가 발생하고 2차 미분 영상은 영교차zero crossing가 발생한다. 영교차란 왼쪽과 오른쪽에 부호가 다른 반응이 나타나고 자신은 0을 갖는 위치를 뜻한다. [그림 4-5]는 이런 현상을 개념적으로 보여준다. 이 관찰 결과를 바탕으로 에지 검출은 1차 미분에서 봉우리를 찾거나 2차 미분에서 영교차를 찾는 일이라고 정의할 수 있다.

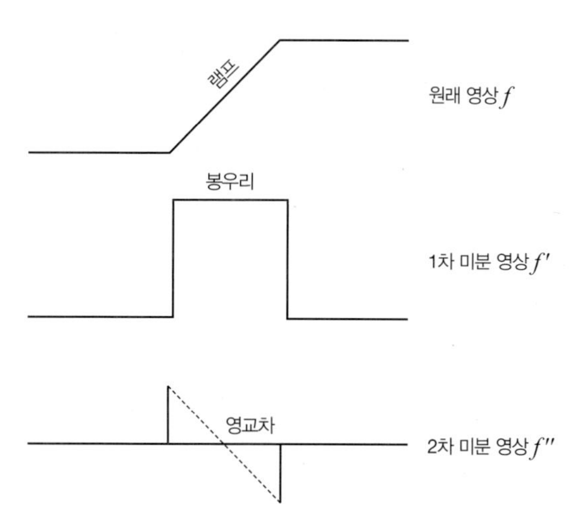

그림 4-5 램프 에지에서 발생하는 봉우리와 영교차

1차 미분에 기반한 에지 연산자

앞서 설계한 에지 연산자 [-1 1]은 너무 작고 대칭이 아니다. 실제로는 [-1 0 1]로 확장하여 사용한다. 식 (4.4)는 1차원에서 설계한 이 연산자를 2차원으로 확장한다. 2차원에서는 x 방향과 y 방향의 두 연산자를 사용한다.

$$f_x'(y,x) = f(y,x+1) - f(y,x-1)$$
$$f_y'(y,x) = f(y+1,x) - f(y-1,x) \qquad (4.4)$$

이 식을 구현하는 필터는 u_x= [-1 0 1]와 u_y= [-1 0 1]ᵀ (세로: -1, 0, 1)

이들 필터를 [그림 4-6]처럼 3×3 크기로 확장하면 잡음을 흡수하여 더 좋은 성능을 보인다. 이들 필터는 가장 널리 쓰이는 에지 연산자다. 소벨 연산자는 보다 가까운 상하좌우 화소에 가중치 2를 준다.

u_x=

-1	0	1
-1	0	1
-1	0	1

u_y=

-1	-1	-1
0	0	0
1	1	1

(a) 프레윗(Prewitt) 연산자

u_x=

-1	0	1
-2	0	2
-1	0	1

u_y=

-1	-2	-1
0	0	0
1	2	1

(b) 소벨(Sobel) 연산자

그림 4-6 에지 연산자

식 (4.5)로 에지일 가능성을 나타내는 에지 강도edge strength와 에지의 진행 방향을 나타내는 에지 방향edge direction을 구할 수 있다. f_x'와 f_y'는 프레윗 또는 소벨 연산자를 적용한 결과 영상이다. 에지 방향은 그레이디언트 방향을 90도 회전한 방향으로 정의한다. [예시 4-1]은 구체적인 사례로 계산 과정을 명확히 설명한다.

$$\text{에지 강도: } s(y,x) = \sqrt{f_x'(y,x)^2 + f_y'(y,x)^2}$$
$$\text{그레이디언트 방향: } d(y,x) = \arctan\left(\frac{f_y'(y,x)}{f_x'(y,x)}\right) \qquad (4.5)$$

[예시 4-1] 소벨 연산자 적용 과정

[그림 4-7]은 대각선을 기준으로 위쪽은 3, 아래쪽은 1인 가상의 영상에 소벨 에지 연산자를 적용하는 과정을 예시한다. 회색으로 표시한 (3,4) 화소에 대한 자세한 계산 과정을 설명한다.

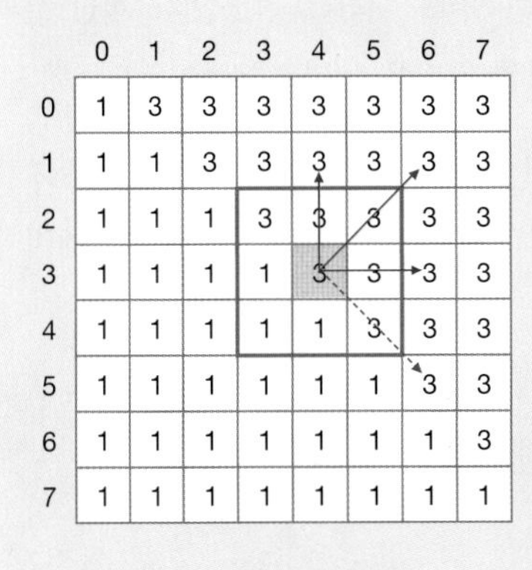

$$f_y'(3,4)=-6,\ f_x'(3,4)=6$$

$$s(3,4)=\sqrt{6^2+(-6)^2}=8.485$$

$$d(3,4)=\arctan\left(\frac{-6}{6}\right)=-45°$$

→ f_x'와 f_y'

→ 그레이디언트 방향

⇢ 에지 방향

그림 4-7 소벨 연산자 적용 사례

f_y'와 f_x'는 (f_y', f_x')와 같이 벡터를 구성하는데 미분에서는 이 벡터를 그레이디언트gradient라 부른다. [그림 4-7]에서 빨간 실선 화살표는 그레이디언트 방향을 나타낸다. 에지 방향은 그레이디언트에 수직한 방향으로 빨간 점선 화살표로 표시한다. 에지 방향을 바라보고 섰을 때 왼쪽은 밝고 오른쪽은 어둡게 설정한다. 프로그래밍할 때 일관성만 유지하면 반대로 설정해도 무방하다.

f_x'와 f_y'맵, 에지 강도 맵과 에지 방향 맵은 음수를 포함하며 실수다. 따라서 이들 맵은 32비트 실수 형인 cv.CV_32F로 지정해야 안전하다.

소벨 연산자의 적용

[프로그램 4-1]은 소벨 연산자를 적용하여 에지 강도 맵을 구한다.

04행은 컬러 영상을 명암으로 변환한다. 06행은 Sobel 함수로 x 방향의 연산자를 적용한다. 두 번째 인수는 결과 영상을 32비트 실수 맵에 저장하라고 지시하고 세 번째와 네 번째 인수는 x 방향 연산자를 사용하라고 지시하고 네 번째 인수는 3×3 크기를 사용하라고 지정한다. 07행은 y 방향 연산자를 적용한다. 09~10행은 음수가 포함된 맵에 절댓값을 취해 양수로 변환한다. convertScaleAbs 함수는 부호 없는 8비트 형인 CV_8U(numpy의 uint8과 같음)

맵을 만드는데, 크기가 0보다 작은 값은 0, 255를 넘는 값은 255로 바꾸어 기록한다. 12행의 addWeighted 함수는 sobel_x와 sobel_y에 0.5를 곱해서 더한 결과를 edge_strength 객체에 저장한다. addWeighted(img1,a,img2,b,c)는 img1×a+img2×b+c를 계산한다. img1과 img2가 같은 데이터 형이면 결과 영상은 같은 데이터 형이 되고, 둘의 데이터 형이 다르면 오류가 발생한다. 만일 img1과 img2가 부호 없는 8비트, 즉 CV_8U인데 계산 결과가 255를 넘으면 255를 기록한다. 14~17행은 결과 영상을 윈도우에 디스플레이한다.

실행 결과를 분석해보자. *x* 방향 연산자를 적용한 sobel_x는 수직 방향의 에지가 선명하게 나타난다. sobel_y는 수평 방향의 에지가 선명하다. 명암 변화가 큰 곳에 더욱 선명한 에지가 나타난 현상도 확인할 수 있다.

프로그램 4-1 소벨 에지 검출(Sobel 함수 사용)하기

```
01  import cv2 as cv
02
03  img=cv.imread('soccer.jpg')
04  gray=cv.cvtColor(img,cv.COLOR_BGR2GRAY)
05
06  grad_x=cv.Sobel(gray,cv.CV_32F,1,0,ksize=3)      # 소벨 연산자 적용
07  grad_y=cv.Sobel(gray,cv.CV_32F,0,1,ksize=3)
08
09  sobel_x=cv.convertScaleAbs(grad_x)               # 절댓값을 취해 양수 영상으로 변환
10  sobel_y=cv.convertScaleAbs(grad_y)
11
12  edge_strength=cv.addWeighted(sobel_x,0.5,sobel_y,0.5,0)   # 에지 강도 계산
13
14  cv.imshow('Original',gray)
15  cv.imshow('sobelx',sobel_x)
16  cv.imshow('sobely',sobel_y)
17  cv.imshow('edge strength',edge_strength)
18
19  cv.waitKey()
20  cv.destroyAllWindows()
```

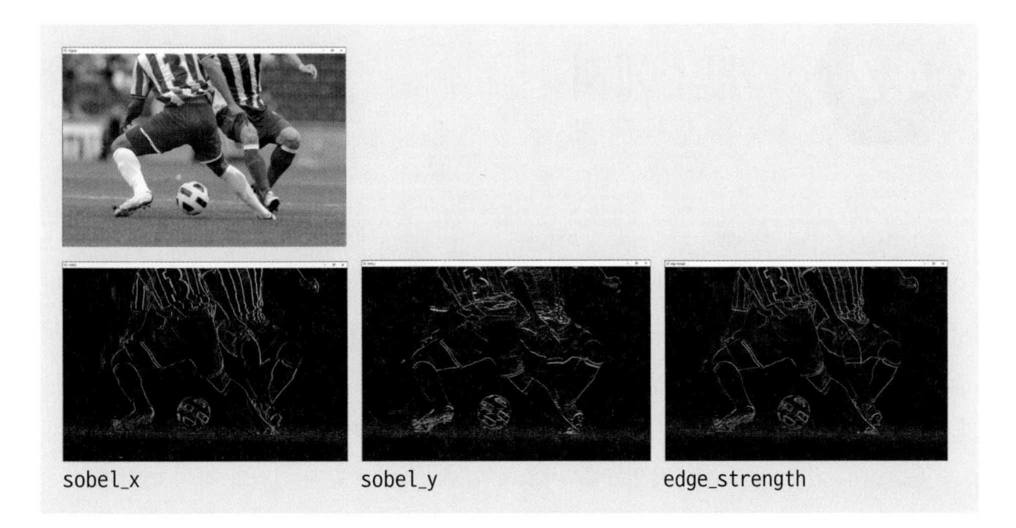
sobel_x
sobel_y
edge_strength

4.2 캐니 에지

1986년에 캐니는 지금도 가장 체계적인 에지 검출 이론이라고 인정받는 알고리즘을 제안한다[Canny1986]. 최소 오류율과 위치 정확도, 한 두께라는 기준에 따라 목적 함수를 정의하고 에지 검출을 최적화 문제로 풀었다. 에지 검출에서는 가우시안에 1차 미분을 적용한 연산자가 최적이라는 사실을 수학적으로 증명했다. 한 두께 에지를 출력하기 위해 비최대 억제NMS; Non-Maximum Suppression를 적용한다. 비최대 억제는 [그림 4-8]에서와 같이 에지 화소에 적용하는데, 에지 방향에 수직인 두 이웃 화소의 에지 강도가 자신보다 작으면 에지로 살아남고 그렇지 않으면 에지 아닌 화소로 바뀐다. 다시 말해 두 이웃 화소와 비교해 자신이 최대가 아니면 억제된다.

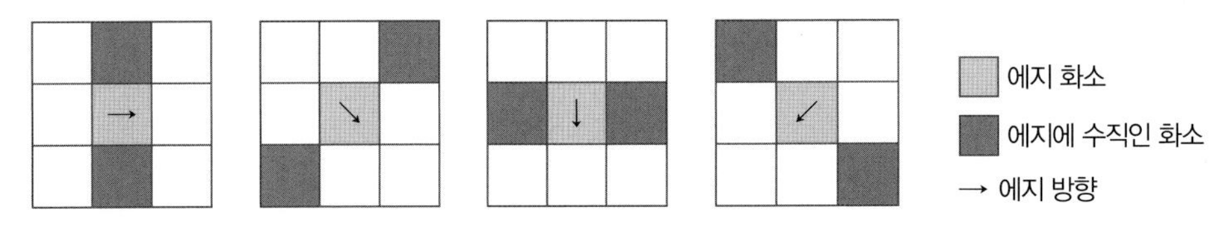

그림 4-8 비최대 억제

캐니 알고리즘은 거짓 긍정false positive을 줄이기 위해 2개의 이력 임곗값 T_{low}와 T_{high}를 이용한 에지 추적을 추가로 적용한다. 거짓 긍정이란 실제 에지가 아닌데 에지로 검출된 화소를 뜻한다. 에지 추적은 에지 강도가 T_{high} 이상인 에지 화소에서 시작한다. 실제 에지일 가능성이 높은 곳에서 추적을 시작하겠다는 의도다. 시작 화소가 정해지면 이후 추적은 T_{low} 임곗값을 넘는 에지를 대상으로 진행한다. 즉 추적 이력이 있는 이웃을 가진 화소는 에지 강도가 낮더라도 실제 에지로 인정하는 전략이다. 캐니는 T_{high}를 T_{low}의 2~3배로 설정할 것을 권고했다. OpenCV는 캐니 알고리즘을 구현한 Canny 함수를 제공한다.

캐니 에지 실험

[프로그램 4-2]는 캐니 에지를 실험한다. 07행은 이력 임곗값을 낮게 설정하고 08행은 높게 설정하여 두 경우를 비교한다. 11~12행은 검출한 에지 맵을 윈도우에 디스플레이한다.

프로그램 4-2 **캐니 에지 실험하기**

```
01  import cv2 as cv
02
03  img=cv.imread('soccer.jpg')         # 영상 읽기
04
05  gray=cv.cvtColor(img,cv.COLOR_BGR2GRAY)
06
07  canny1=cv.Canny(gray,50,150)        # Tlow=50, Thigh=150으로 설정
08  canny2=cv.Canny(gray,100,200)       # Tlow=100, Thigh=200으로 설정
09
10  cv.imshow('Original',gray)
11  cv.imshow('Canny1',canny1)
12  cv.imshow('Canny2',canny2)
13
14  cv.waitKey()
15  cv.destroyAllWindows()
```

프로그램 실행 결과를 분석해보자. 이력 임곗값이 높으면 더욱 확실한, 즉 에지 강도가 큰 화소만 추적하기 때문에 더 적은 에지가 발생한다. 예를 들면 등번호 3에서 획의 일부가 손실되었다. 이력 임곗값을 낮게 설정한 경우에는 등번호 3이 온전하게 검출되는 대신에 잔디밭에서 잡음 에지가 많이 발생했다.

지금까지 에지 검출은 모두 명암 변화에만 의존한다. 따라서 물체 경계에 나타난 에지와 그림자로 인해 발생한 가짜 에지를 구분하지 못한다. 또한 인접한 두 물체가 비슷한 명암을 가져 명암 변화가 적은 경우 경계에서 에지가 발생하지 않는다. 사람은 에지를 검출할 때 명암 변화에만 의존하지 않는다. 물체의 모양을 표현한 3차원 모델과 눈에 비치는 2차원 겉모습 모델 appearance model을 동시에 사용한다. 이런 이유로 사람의 시각은 주위 환경이 심하게 바뀌더라도 성능 저하가 적은 매우 강인한 특성을 보인다. 에지 검출에 대한 연구는 캐니 이후에 뚜렷한 개선이 없다.

4.3 직선 검출

앞 절에서 검출한 에지 맵에서 에지 화소는 1, 에지가 아닌 화소는 0으로 표시한다. 사람 눈에는 에지가 연결된 선분으로 보이는데, 에지 맵에는 연결 관계가 암시적으로 나타나 있을 뿐 명시적으로 표현되어 있지 않다. 이들을 연결하여 경계선으로 변환하고 경계선을 직선으로 변환하면 이후 단계인 물체 표현이나 인식에 무척 유리하다.

4.3.1 경계선 찾기

8-연결 에지 화소를 서로 연결해 경계선contour을 구성할 수 있다. [그림 4-9]는 에지 맵에서 경계선 3개를 찾아 연속된 점의 리스트로 표현하는 사례를 보여준다. OpenCV는 findContours 함수로 이 일을 수행한다.

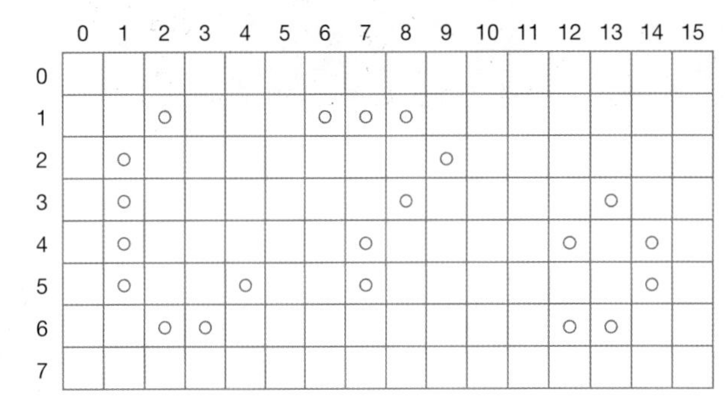

경계선1: (1,2)(2,1)(3,1)(4,1)(5,1)(6,2)(6.3)(5,4)
경계선2: (1,6)(1,7)(1,8)(2,9)(3,8)(4,7)(5,7)
경계선3: (4,12)(3,13)(4,14)(5,14)(6,13)(6,12)

그림 4-9 에지 맵에서 경계선 찾기

에지 맵에서 경계선 검출

[프로그램 4-3]은 에지 맵에서 경계선을 검출하고 길이가 임곗값 이상인 경계선만 취한다. 06행은 Canny 함수로 에지 맵을 구한다. 08행은 findContours 함수로 경계선을 찾아 contour 객체에 저장한다. 첫 번째 인수는 경계선을 찾을 에지 영상이다. 두 번째 인수는 구멍이 있는 경우 바깥쪽 경계선과 그 안에 있는 구멍의 경계선을 계층적으로 찾는 방식을 지정한다. 이 프로그램은 cv.RETR_LIST로 설정해 맨 바깥쪽 경계선만 찾도록 지시한다. 세 번째

인수는 경계선을 표현하는 방식을 지정하는데 cv.CHAIN_APPROX_NONE으로 설정하면 [그림 4-9]처럼 모든 점을 기록한다. cv.CHAIN_APPROX_SIMPLE로 설정하면 직선에 대해서는 양 끝점만 기록한다. cv.CHAIN_APPROX_TC89_L1 또는 cv.CHAIN_APPROX_TC89_KCOS로 설정하면 Teh-Chin 알고리즘으로 굴곡이 심한 점을 찾아 그들만 기록한다[Teh1989]. 10~13행은 길이가 50 이상인 경계선만 골라 lcontour 객체에 저장한다. findContours 함수는 시작점부터 끝점까지 추적한 다음 역추적하여 시작점으로 돌아오도록 경계선을 표현하기 때문에 12행에서 100으로 설정하면 실제로는 길이가 50 이상인 경계선만 남긴다. 15행의 drawContours는 영상에 경계선을 그린다. 첫 번째 인수는 경계선을 그려 넣을 영상이고 두 번째 인수는 경계선인데 lcontour 객체로 설정했다. 세 번째 인수를 −1로 설정하면 모든 경계선을 그려주며 양수로 설정하면 해당 번호에 해당하는 경계선 하나만 그려준다. 네 번째와 다섯 번째 인수는 색과 두께를 지정한다.

프로그램 4-3　에지 맵에서 경계선 찾기

```
01  import cv2 as cv
02  import numpy as np
03
04  img=cv.imread('soccer.jpg')            # 영상 읽기
05  gray=cv.cvtColor(img,cv.COLOR_BGR2GRAY)
06  canny=cv.Canny(gray,100,200)
07
08  contour,hierarchy=cv.findContours(canny,cv.RETR_LIST,cv.CHAIN_APPROX_NONE)
09
10  lcontour=[]
11  for i in range(len(contour)):
12      if contour[i].shape[0]>100:        # 길이가 100보다 크면
13          lcontour.append(contour[i])
14
15  cv.drawContours(img,lcontour,-1,(0,255,0),3)
16
17  cv.imshow('Original with contours',img)
18  cv.imshow('Canny',canny)
19
20  cv.waitKey()
21  cv.destroyAllWindows()
```

[프로그램 4-3]이 출력한 에지 맵을 보면 잔디밭에서 짧은 잡음 경계선이 많이 발생했다. 길이가 50 이상인 경계선만 골라 원래 영상에 표시한 영상을 보면 잡음 경계선이 거의 사라졌다.

4.3.2 허프 변환

앞 절에서는 이웃한 에지를 연결하여 경계선을 검출한다. 이런 접근 방법은 같은 물체를 구성하는 에지가 자잘하게 끊겨 나타나는 경우 문제가 발생한다. 이런 상황에 허프 변환을 적용하면 끊긴 에지를 모아 선분 또는 원 등을 검출할 수 있다.

원리

[그림 4-10(a)]는 두 점을 가지고 허프 변환Hough transform의 원리를 설명한다. (x,y)를 지나는 직선은 $y=ax+b$로 표현할 수 있다. a는 기울기고 b는 y축과 만나는 점의 좌표, 즉 y 절편이다. [그림 4-10(a)]에 있는 빨간 점 $(x,y)=(1,3)$을 대입하면 $3=1a+b$인데 정리하면 $b=-a+3$이다. 이 식에서 b와 a를 변수로 간주하면 [그림 4-10(b)]의 새로운 공간 (a,b)가 형성된다. 새로운 공간에서 $b=-a+3$은 기울기가 -1이고 절편이 3인 직선이다. 다시 말해 빨간 점 $(1,3)$을 지나는 직선은 무수히 많은데 이들 직선은 (a,b) 공간에서 점이 되고 이들 점이 빨간 직선 $b=-a+3$을 형성한다. 같은 과정을 파란 점 $(3,1)$에 적용하면 [그림 4-10(b)]의 (a,b) 공간에서 파란 직선이 된다. (a,b) 공간에서 두 직선이 만나는 점은 $(-1,4)$인데 이 점이 [그림 4-10(a)]의 원래 공간에서 두 점을 지나는 직선의 기울기와 y 절편이다. 다시 말해 점선으로 표시한 직선의 방정식은 $y=-1x+4$이다. (a,b) 공간에서 두 직선이 만나는 점은 투표로 알아낸다. 각각의 직선은 자신이 지나는 점에 1만큼씩 투표를 한다. 결국 [그림 4-10(b)]의 경우

직선이 지나지 않는 곳은 0, 직선이 지나는 곳은 1표, 두 직선이 만나는 곳은 2표를 받는다.

허프 변환의 동작을 요약하면 다음과 같다. 입력된 각각의 점 (x_i,y_i)에 대해 (a,b) 공간에 직선 $b=-ax_i+y_i$를 그린 다음 이들 직선이 만나는 점 (a,b)를 찾아 a를 기울기, b를 y 절편으로 취한다. 만나는 점은 투표로 알아낸다.

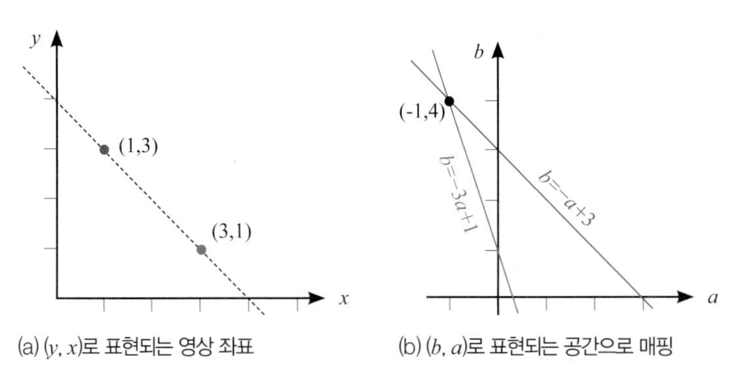

(a) (y, x)로 표현되는 영상 좌표

(b) (b, a)로 표현되는 공간으로 매핑

그림 4-10 허프 변환의 원리

구현

앞에서 설명한 허프 변환은 이상적인 상황을 가정했다. 실제 상황에서 구현하려면 몇 가지 사항을 신중하게 고려해야 한다. 첫째, [그림 4-10]에서는 두 점만 고려했는데 현실에서는 많은 점이 있고 점들이 완벽히 일직선을 이루지 못한다. 이 문제는 (a,b) 공간을 이산화하여 해결한다. 예를 들어 a와 b의 범위를 −1000~1000으로 설정하고 각각을 크기가 20인 구간 50개로 나누어 칸이 50×50=2500인 2차원 누적 배열 v를 만든다. v를 0으로 초기화한 다음 각각의 직선은 자신이 지나는 모든 칸에 1만큼씩 투표한다.

둘째, 투표가 이뤄진 누적 배열에 잡음이 많다. [그림 4-11]은 가상의 누적 배열을 예시한다. 비최대 억제non-maximum suppression는 잡음이 많은 상태에서 한 점을 결정할 때 컴퓨터 비전이 종종 사용하는 방법이다. 캐니 에지에서는 [그림 4-8]의 비최대 억제를 사용한 적이 있다. 비최대 억제는 지역 최대가 아닌 점을 억제하고 지역 최대local maximum만 남기는 전략이다. 지역 최대 점을 극점extreme point이라 부르기도 한다. [그림 4-11]의 경우 8-이웃을 사용한다면 색칠한 점이 극점이다. 극점만 남기더라도 잡음이 있어 보통 임곗값을 같이 적용한다. 그림에서는 비최대 억제로 점이 3개 남았는데 임곗값을 5로 설정하면 노란색으로 칠한 점 2개만 최종 선택된다.

0	1	0	0	0	0	0	0
0	2	2	0	1	3	0	0
0	3	5	3	2	0	0	0
0	2	4	2	6	7	0	0
0	2	3	3	5	8	6	0
0	1	0	0	0	4	5	3

그림 4-11 비최대 억제로 찾은 극점 2개

셋째, 직선 방정식 $y=ax+b$를 사용하면 기울기 a가 무한대인 경우 투표가 불가능하다. 이 문제는 극좌표polar coordinate에서 직선의 방정식을 표현하는 식 (4.6)을 도입해서 해결한다.

$$x\sin(\theta)+y\cos(\theta)=\rho \qquad (4.6)$$

허프 변환은 직선의 방정식은 알려주는데 직선의 양 끝점은 알려주지 못한다. 양 끝점을 알아내려면 비최대 억제 과정에서 극점을 형성한 화소를 찾아 가장 먼 곳에 있는 두 화소를 계산하는 추가적인 과정이 필요하다. 허프 변환은 직선뿐 아니라 이론적으로는 어떤 도형이라도 검출할 수 있다. 예를 들어 원을 검출하려면 식 (4.7)의 원의 방정식을 이용한다. 이 식은 a와 b, r을 포함하므로 (a,b,r)의 3차원 누적 배열을 사용한다.

$$(x-a)^2+(y-b)^2=r^2 \qquad (4.7)$$

허프 변환 활용

[프로그램 4-4]는 원을 검출하는 허프 변환으로 사과 나무 영상에서 사과를 검출하는 프로그램이다. 06행의 HoughCircles 함수는 첫 번째 인수인 명암 영상에서 원을 검출해 중심과 반지름을 저장한 리스트를 반환한다. 두 번째 인수는 여러 변형 알고리즘 중의 하나를 지정하는데 cv.HOUGH_GRADIENT는 에지 방향 정보를 추가로 사용하는 방법이다. 세 번째 인수는 누적 배열의 크기를 지정하는데 1로 설정하면 입력 영상과 같은 크기를 사용한다. 네 번째 인수는 원 사이의 최소 거리를 지정하는데 작을수록 많은 원이 검출된다. 다섯 번째 인수는 캐니 에지 알고리즘이 사용하는 T_{high}다. 여섯 번째 인수는 비최대 억제를 적용할 때 쓰는 임곗값이다. 일곱 번째와 여덟 번째 인수는 원의 최소와 최대 반지름을 지정한다. 08~09행은 apples 리스트가 가진 원의 중심과 반지름 정보를 이용하여 원래 영상에 원을 그려 넣는다.

프로그램 4-4 **허프 변환을 이용해 사과 검출하기**

```
01  import cv2 as cv
02
03  img=cv.imread('apples.jpg')
04  gray=cv.cvtColor(img,cv.COLOR_BGR2GRAY)
05
06  apples=cv.HoughCircles(gray,cv.HOUGH_GRADIENT,1,200,param1=150,param2=20,
                           minRadius=50,maxRadius=120)
07
08  for i in apples[0]:
09     cv.circle(img,(int(i[0]),int(i[1])),int(i[2]),(255,0,0),2)
10
11  cv.imshow('Apple detection',img)
12
13  cv.waitKey()
14  cv.destroyAllWindows()
```

실행 결과를 분석해보자. 사과를 제대로 찾은 경우도 있지만, 없는 곳을 검출한 거짓 긍정과 있는데 놓친 거짓 부정도 있다. 또한 위치가 틀어진 경우도 있다. HoughCircles 함수의 인숫값을 이리저리 변경하며 실험해보기 바란다.

4.3.3 RANSAC

[그림 4-12]는 아웃라이어outlier가 섞여있는 상황을 예시한다. 허프 변환은 어떤 선분이 있는지 모르기 때문에 모든 점에 같은 투표 기회를 준다. 누적 배열에 잡음이 많이 발생하는 원인이다. 허프 변환은 비최대 억제를 이용해 문제 해결을 시도하지만 [그림 4-12] 상황에서 빨간 직선 2개를 출력할 가능성이 높다.

최소평균제곱오차LMSE; Least Mean Squared Error 알고리즘은 모든 점을 대상으로 오류를 계산하고 최소 오류를 범하는 직선을 찾는다. [그림 4-12]는 최소평균제곱오차로 추정한 파란 직선을 보여주는데 아웃라이어의 영향으로 실제에서 벗어난 직선을 찾는다. 이 알고리즘은 인라이어와 아웃라이어 구별없이 모든 샘플이 동등한 자격으로 오류 계산에 참여하기 때문에 아웃라이어의 영향을 크게 받을 수밖에 없다. 허프 변환과 최소평균제곱오차는 둘 다 아웃라이어에 민감한 강인하지 않은 기법이다.

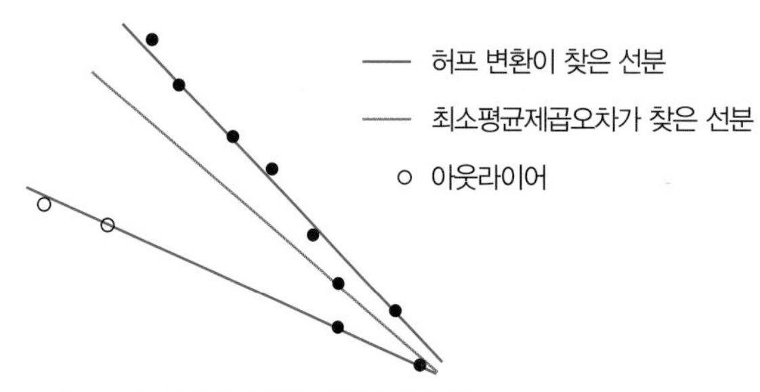

그림 4-12 강인하지 않은 기법의 선분 추정

아웃라이어를 걸러내는 과정을 가진 추정 기법을 강인한 추정robust estimation이라 부른다. 예를 들어 같은 물건의 길이를 5번 측정했는데 {16, 1, 1, 1, 1}을 얻었다면 16은 아웃라이어일 가능성이 매우 높다. 평균mean으로 길이를 추정하면 4가 되는데 평균은 아웃라이어에 대처하는 능력이 전혀 없다고 말할 수 있다. 중앙값median은 아웃라이어를 배제하여 길이를 1이라고 추정하기 때문에 강인한 추정 기법이라고 말할 수 있다.

1981년에 RANSACRANdom SAmple Consensus을 소개하는 흥미로운 논문이 발표되었다 [Fischler1981]. RANSAC은 인라이어와 아웃라이어가 섞여 있는 상황에서 인라이어를 찾아 최적 근사하는 기법이다. [그림 4-13]은 에지 영상에서 선분을 추정하는 문제에 RANSAC을 적용한다. RANSAC은 랜덤하게 두 점을 선택하고 두 점을 지나는 직선을 계산한다. [그림 4-13(a)]는 첫 번째 시도인데 선택된 점을 파란색으로 표시했다. 일정한 양의 오차 t를 허용해 직선에 일치하는 점의 개수를 센다. 개수가 임곗값 d를 넘지 못하면 가능성이 없다고 보고 버린다. d=5라면 첫 번째 시도는 버린다. [그림 4-13(b)]는 두 번째 시도를 예시한다. 직선에 일치하는 점이 7개로서 임곗값 d를 넘었다. 일치하는 점 7개를 가지고 최적 직선을 추정하고 추정 오류가 임곗값 e보다 작으면 후보군에 추가하고 그렇지 않으면 버린다. RANSAC은 이런 시도를 많이 반복한다. 반복을 마치면 후보군에서 최적을 찾아 출력한다.

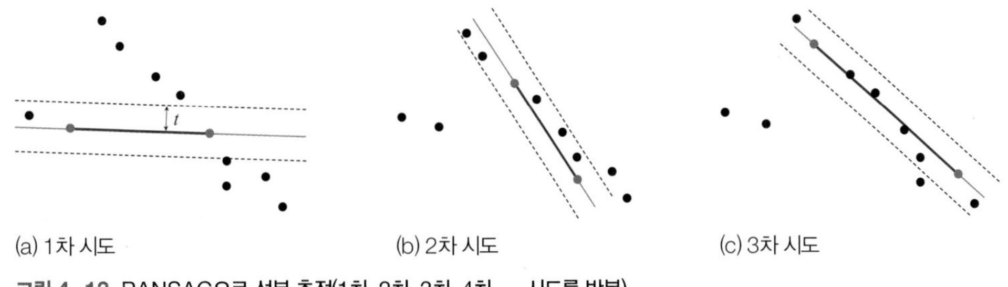

그림 4-13 RANSAC으로 선분 추정(1차, 2차, 3차, 4차, … 시도를 반복)

RANSAC은 반복 횟수가 많을수록 진짜 직선을 찾을 가능성이 높아진다. 반면 시간은 더 걸리기 때문에 적절한 값을 설정해야 한다. RANSAC은 난수를 사용하기 때문에 실행할 때마다 다른 결과를 출력한다.

4.4 영역 분할

영역 분할region segmentation은 물체가 점유한 영역을 구분하는 작업이다. 에지는 물체의 경계를 지정하기 때문에 에지가 완벽하다면 영역 분할이 따로 필요하지 않다. 하지만 [프로그램 4-3]의 실행 결과에서 볼 수 있듯이 명암 변화가 낮은 곳에서 뚫려 폐곡선을 형성하지 못하는 경우가 허다하다. 뚫린 곳을 메우는 작업을 시도하면 메우지 말아야 할 곳을 메워 또 다른 부작용이 발생한다.

사람은 영역 분할을 할 때 뇌에 저장되어 있는 물체의 3차원 모델을 꺼내서 사용한다. 관심이 있는 물체에 집중하는 선택적 주의집중 작용을 통해 때로는 사람 영역을 분할하고 때로는 더 세밀하게 눈과 입을 분할하여 표정까지 인식한다. 이처럼 의미 있는 단위로 분할하는 방식을 의미 분할semantic segmentation이라 한다. 딥러닝 기술은 의미 분할에 새로운 가능성을 열었다. 딥러닝에 대해서는 7장 이후부터 공부하고 의미 분할은 9.4절에서 다룬다. 여기서는 의미를 전혀 고려하지 않은 채 명암 또는 컬러의 변화만 보고 영역을 분할하는 고전적인 기법을 다룬다.

4.4.1 배경이 단순한 영상의 영역 분할

책을 스캔하거나 컨베이어 벨트 위를 흐르는 물건을 카메라로 찍은 영상의 경우는 단순한 알고리즘을 사용해도 좋은 분할 성능을 얻을 수 있다.

3.2절의 이진화 알고리즘을 확장해 영역 분할에 쓸 수 있다. 예를 들어 오츄 이진화를 여러 임곗값을 사용하도록 확장한 알고리즘으로 영상을 분할할 수 있다. 또한 군집화 알고리즘을 영역 분할에 적용할 수 있는데, (r,g,b) 3개 값으로 표현된 화소를 샘플로 보고 3차원 공간에서 클러스터링을 수행한 다음 화소 각각에 클러스터 번호를 부여한다. 이렇게 구성된 영상에서 연결 요소를 찾아 영역으로 간주한다.

워터셰드watershed는 비가 오면 오목한 곳에 웅덩이가 생기는 현상을 모방하는 연산이다. 워터셰드를 확장해 영역 분할에 활용할 수 있다. [그림 4-14(a)]는 영상에서 추출한 에지 강도 맵이고 [그림 4-14(b)]는 맵을 지형으로 간주한다. 낮은 곳부터 물을 채우는 연산을 반복하면 [그림 4-14(c)]와 같이 서로 다른 웅덩이를 찾을 수 있다. 워터셰드 알고리즘은 이렇게 찾은 웅덩이를 영역으로 간주한다[Meyer1993].

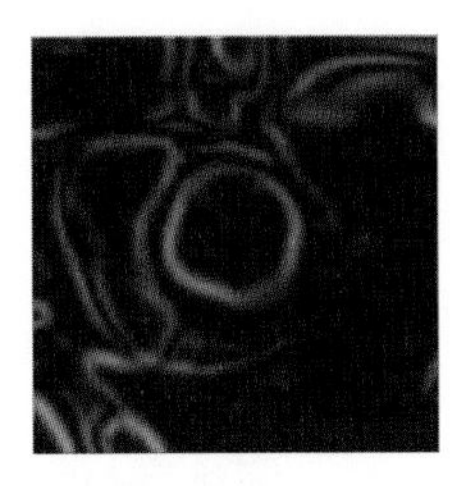

(a) 에지 강도 맵

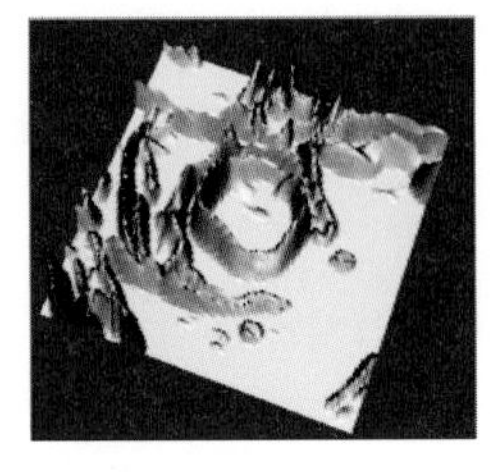

(b) 지형으로 간주

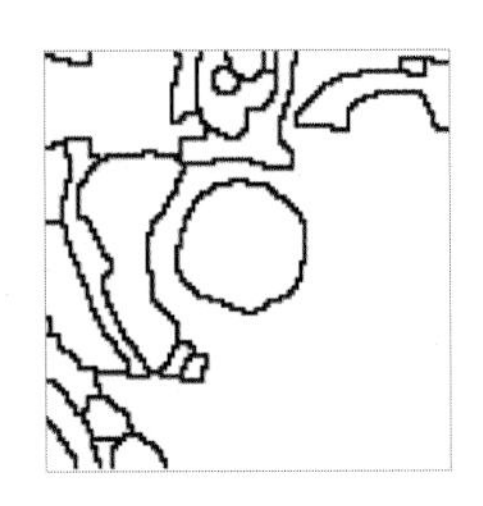

(c) 워터셰드

그림 4-14 워터셰드 분할 알고리즘[Cousty2007]

4.4.2 슈퍼 화소 분할

때로 영상을 아주 작은 영역으로 분할해 다른 알고리즘의 입력으로 사용하는 경우가 있다. 작은 영역은 화소보다 크지만 물체보다 작기 때문에 슈퍼 화소super-pixel라 한다. 슈퍼 화소 알고리즘이 여럿 있는데 여기서는 SLICSimple Linear Iterative Clustering 알고리즘을 소개한다. 여러 알고리즘을 자세히 알려면 서베이 논문 [Stutz2018]을 참조한다.

SLIC은 k-평균 군집화k-means clustering 알고리즘과 비슷하게 작동하는데 처리 과정이 단순하고 성능이 좋아 인기가 높다[Achanta2012]. SLIC은 입력 영상에서 k개 화소를 군집 중심으로 지정하는데, [그림 4-15]에서처럼 등간격으로 패치로 분할한 다음 패치 중심을 군집 중심으로 간주한다. 그림은 k=8인 경우를 예시한다. 군집 중심 C_1~C_8이 우연히 물체 경계에 놓이는 일을 방지하려고 3×3 이웃에서 그레이디언트가 가장 낮은 이웃 화소로 이동한다. SLIC은 화소를 색상을 나타내는 3개 값과 위치를 나타내는 2개 값을 결합해 (R,G,B,x,y)의 5차원 벡터로 표현한다. 예를 들어 C_1의 컬러 값이 (100,120,50)이라면 위치 정보 (x,y)=(1,2)를 결합해 (100,120,50,1,2)로 표현한다. 이제 화소를 가장 가까운 군집 중심에 할당하는 단계와 군집 중심을 갱신하는 단계를 반복한다. 화소 할당 단계에서는 화소 각각에 대해 주위 4개 군집 중심과 자신까지 거리를 계산해서 가장 유사한 군집 중심에 할당한다. 화소 할당이 끝나면 각 군집 중심은 자신에게 할당된 화소를 평균해 군집 중심을 갱신한다. 모든 군집 중심의 이동량의 평균을 구하고 평균이 임계치보다 작으면 수렴했다고 판단하고 알고리즘을 멈춘다.

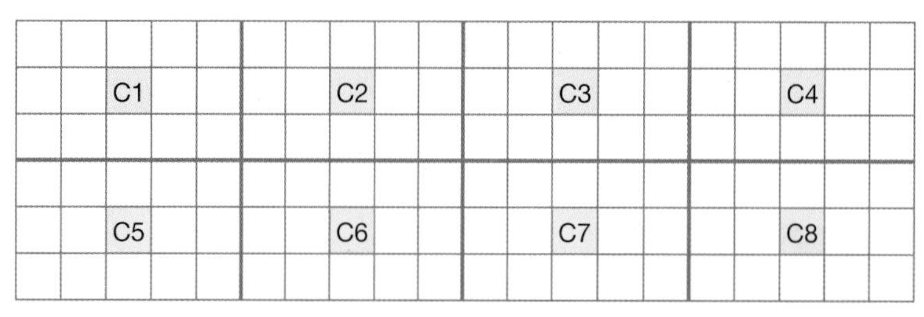

그림 4-15 SLIC 알고리즘의 초기 군집 중심

SLIC 알고리즘으로 슈퍼 화소 분할

[프로그램 4-5]는 SLIC 알고리즘으로 입력 영상을 슈퍼 화소로 분할한다. SLIC에 관한한 OpenCV보다 skimage 라이브러리가 제공하는 slic 함수가 사용하기 편하다. skimage 라이브러리를 쓰려면 아래 명령어로 설치해야 한다.

```
(cv) C:/> pip install scikit-image
```

01행은 skimage 라이브러리를 불러온다. 05행은 skimage 내부에 있는 coffee 영상을 읽어 img 객체에 저장하고, 06행은 OpenCV의 imshow 함수로 윈도우에 디스플레이한다. skimage도 영상을 표시하는 함수가 있는데 익숙한 OpenCV 함수를 사용한다. 두 라이브러리 모두 numpy 배열로 영상을 표현하기 때문에 호환된다. skimage는 RGB 순서로 저장하고 OpenCV는 BGR 순서로 저장하기 때문에 cvtColor 함수로 BGR로 변환하여 출력한다.

08행은 skimage의 slic 함수로 슈퍼 화소 분할을 수행하고 결과를 slic1 객체에 저장한다. slic 함수의 첫 번째 인수는 분할할 영상이고, compactness 인수는 슈퍼 화소의 모양을 조절한다. 값이 클수록 네모에 가까운 모양이 만들어지는 대신 슈퍼 화소의 색상 균일성은 희생된다. n_segments 인수는 슈퍼 화소의 개수를 600개로 지정한다. 알고리즘 설명에서 사용한 k이다. 09행은 slic1 객체의 분할 정보를 img 영상에 표시하고 결과를 sp_img1 객체에 저장한다. 10행은 0~1 사이의 실수로 표현된 sp_img1을 0~255 사이로 바꾸고 uint8 형으로 변환한다. 12~14행은 08~10행과 같고 compactness를 20에서 40으로 바꾼 점만 다르다. 16행과 17행은 두 결과 영상을 디스플레이한다.

프로그램 4-5　SLIC 알고리즘으로 입력 영상을 슈퍼 화소 분할하기

```
01  import skimage
02  import numpy as np
03  import cv2 as cv
04
05  img=skimage.data.coffee()
06  cv.imshow('Coffee image',cv.cvtColor(img,cv.COLOR_RGB2BGR))
07
08  slic1=skimage.segmentation.slic(img,compactness=20,n_segments=600)
09  sp_img1=skimage.segmentation.mark_boundaries(img,slic1)
10  sp_img1=np.uint8(sp_img1*255.0)
11
12  slic2=skimage.segmentation.slic(img,compactness=40,n_segments=600)
13  sp_img2=skimage.segmentation.mark_boundaries(img,slic2)
14  sp_img2=np.uint8(sp_img2*255.0)
15
16  cv.imshow('Super pixels (compact 20)',cv.cvtColor(sp_img1,cv.COLOR_RGB2BGR))
17  cv.imshow('Super pixels (compact 40)',cv.cvtColor(sp_img2,cv.COLOR_RGB2BGR))
18
19  cv.waitKey()
20  cv.destroyAllWindows()
```

compactness=20　　compactness=40

실행 결과를 살펴보면, 책상의 경계와 커피 잔의 둥그런 경계가 잘 분할된 것을 확인할 수 있다. compactness 인수를 크게 하면 네모 모양은 잘 유지되는 반면 슈퍼 화소의 색상 균일성이 낮아지는 현상을 확인할 수 있다.

4.4.3 최적화 분할

앞에서 다룬 분할 알고리즘은 지역적 명암 변화만 살핀다. 예를 들어 이런 알고리즘에서는 양말의 색이 배경색과 비슷하면 양말 부분에서 경계가 형성되지 않아 사람 영역이 배경과 섞이게 된다. 이 문제를 해결하는 좋은 접근 방법은 지역적 명암 변화를 보되 전역적 정보를 같이 고려하는 것이다. 비록 지역적으로 아주 약한 색상 변화지만 전역적으로 유리한 측면이 있다면 그곳을 물체 경계로 간주하는 발상이다. 이 발상을 구현할 때는 주로 영상을 그래프로 표현하고 분할을 최적화 문제로 푼다.

영상의 그래프 표현

영상을 그래프로 표현할 때 화소 또는 슈퍼 화소를 노드로 취한다. [프로그램 4-5]에서 사용한 커피잔 영상은 400×600 크기로, 화소를 노드로 사용하면 노드가 24만 개라서 계산 효율 측면에서 큰 부담이다. 08행처럼 n_segments 인수를 600으로 설정하여 슈퍼 화소를 구하면 노드 개수를 400배 줄일 수 있다. 두 노드를 연결하는 에지의 가중치로는 유사도를 사용한다.

두 노드 v_p와 v_q의 유사도 s_{pq}를 식 (4.8)로 정의한다. $v_q \in neighbor(v_p)$는 v_q와 v_p가 8-이웃을 이루거나 둘 사이의 거리가 사용자가 지정한 값 r 이내면 참이다. 유사도는 거리와 반대되는 개념이므로 거리 d_{pq}가 가질 수 있는 최댓값 D에서 d_{pq}를 뺀 값 또는 d_{pq}의 역수를 사용한다. $f(v)$는 v에 해당하는 화소의 색상과 위치를 결합한 벡터다. 예를 들어 v가 (10,12)에 위치한 화소이고 RGB 색상이 (13,60,55)인 경우 $f(v)$=(13,60,55,10,12)다. 슈퍼 화소가 노드인 경우에는 슈퍼 화소를 구성하는 화소들의 평균 벡터를 사용한다.

$$
\text{거리} \begin{cases} d_{pq} = \left\| f(v_p) - f(v_q) \right\|, & \text{만일 } v_q \in neighbor(v_p) \\ \infty, & \text{그렇지 않으면} \end{cases}
$$

$$
\text{유사도} \begin{cases} s_{pq} = D - d_{pq} \text{ 또는 } \dfrac{1}{e^{d_{pq}}}, & \text{만일 } v_q \in neighbor(v_p) \\ 0, & \text{그렇지 않으면} \end{cases} \tag{4.8}
$$

정규화 절단 알고리즘

2000년에 발표된 정규화 절단normalized cut은 화소를 노드로 취하고, $f(v)$로 색상과 위치를 결합한 5차원 벡터를 사용하고, 유사도를 에지 가중치로 사용한다[Shi2000]. 원래 영역을 2개의 영역 C_1과 C_2로 분할했을 때 cut을 식 (4.9)로 정의한다. 이 식의 의도에 대해 생각해보자. 두 영역 C_1과 C_2가 제대로 된 분할이라면 C_1에 속한 v_p와 C_2에 속한 v_q의 유사도가 작아 $cut(C_1,C_2)$는 작다. 반대로 좋지 않은 분할의 $cut(C_1,C_2)$는 크다. 다시 말해 cut은 영역 분할의 좋은 정도를 측정해주는 목적 함수다.

$$cut\left(C_1,C_2\right)=\sum\nolimits_{v_p\in C_1,v_q\in C_2}s_{pq} \qquad (4.9)$$

식 (4.9)의 cut은 C_1과 C_2 영역이 클수록 둘 사이에 에지가 많아 덩달아 커진다. 결국 cut을 목적 함수로 사용한 알고리즘은 영역을 자잘하게 분할하는 경향을 띤다. 식 (4.10)는 cut을 정규화하여 영역의 크기에 중립이 되도록 만든다. C는 $C_1\cup C_2$로서 C_1과 C_2로 나뉘기 전의 원래 영역이다.

$$ncut\left(C_1,C_2\right)=\frac{cut\left(C_1,C_2\right)}{cut\left(C_1,C\right)}+\frac{cut\left(C_1,C_2\right)}{cut\left(C_2,C\right)} \qquad (4.10)$$

$ncut$ 함수를 목적 함수로 사용하면 분할을 최적화 문제로 풀 수 있다. $ncut$이 작을수록 좋은 분할이므로 최소화 문제다. 원래 영역 C에서 $ncut$이 최소인 분할 C_1과 C_2를 어떻게 찾을 것인가? C가 조금만 커도 분할하는 경우의 수가 너무 많아 모든 후보를 일일이 평가하는 방식은 현실성이 없다. a, b, c, d의 4개 화소로 구성된 영역조차 a/bcd, b/acd, c/abd, d/abc, ab/cd, ac/bd, ad/bc의 7개 후보가 있다. Shi는 $ncut$이 최소에 가깝도록 분할하는 효율적인 방법을 제안한다. 구체적인 내용은 [Shi2000] 또는 [오일석2014(5.3.2항)]을 참조한다.

정규화 절단 알고리즘이 발표되고 10여 년이 지나 Shi와 같은 연구실의 Arbelaez 등은 에지 검출과 영역 분할을 결합하고 계층적으로 영역을 분할하는 알고리즘을 제안한다[Arbelaez2011]. 이 알고리즘은 고전적인 영역 분할 알고리즘 중에 가장 뛰어난 것으로 평가된다.

정규화 절단 알고리즘을 이용한 영역 분할

[프로그램 4-6]은 정규화 절단 알고리즘으로 영역을 분할하는 프로그램이다. 06행은 coffee 영상을 읽어온다. 08행과 12행은 분할하는 데 걸리는 시간을 측정해 출력한다. 09행의 slic 함수는 영상을 600개 슈퍼 화소로 분할해 slic1 객체에 저장한다. 10행의 rag_mean_color 함수는 슈퍼 화소를 노드로 사용하고 'similarity'를 에지 가중치로 사용한 그래프를 구성하여 g 객체에 저장한다. 11행의 cut_normalized 함수는 slic1과 g 객체 정보를 이용하여 정규화 절단을 수행하고 결과를 ncut 객체에 저장한다. ncut은 화소에 영역의 번호를 부여한 맵이다. 14행은 원래 영상인 coffee에 영역 분할 정보를 담은 ncut 맵을 이용하여 영역 경계를 표시하고 marking 객체에 저장한다. 15행은 0~1 사이의 실수를 가진 marking을 0~255 사이의 uint8 형으로 변환한다. 17행은 RGB로 표현된 분할 영상을 BGR로 변환하여 윈도우에 디스플레이한다.

프로그램 4-6 정규화 절단 알고리즘으로 영역 분할하기

```
01  import skimage
02  import numpy as np
03  import cv2 as cv
04  import time
05
06  coffee=skimage.data.coffee()
07
08  start=time.time()
09  slic=skimage.segmentation.slic(coffee,compactness=20,n_segments=600,start_
                                    label=1)
10  g=skimage.future.graph.rag_mean_color(coffee,slic,mode='similarity')
11  ncut=skimage.future.graph.cut_normalized(slic,g)  # 정규화 절단
12  print(coffee.shape,' Coffee 영상을 분할하는 데 ',time.time()-start,'초 소요')
13
14  marking=skimage.segmentation.mark_boundaries(coffee,ncut)
15  ncut_coffee=np.uint8(marking*255.0)
16
17  cv.imshow('Normalized cut',cv.cvtColor(ncut_coffee,cv.COLOR_RGB2BGR))
18
19  cv.waitKey()
20  cv.destroyAllWindows()
```

```
(400, 600, 3) Coffee 영상을 분할하는 데 6.4380834102630615초 소요
```

실행 결과를 살펴보자. 책상과 커피 잔, 잔 받침이 서로 구분되었는데 각각은 여러 개의 영역으로 과잉 분할over segmentation되었다. 특히 색상 변화가 심한 스푼이 심하게 과잉 분할되었다. 11행의 실행 결과인 ncut 객체는 영역 번호를 가진 맵이다. 아래 명령어를 실행하면 영역의 개수를 알아낼 수 있다. 영역은 27개다.

```
In [1]: np.unique(ncut)
        array([  1,   8,  35,  58,  70, 120, 147, 164, 169, 181, 232, 279, 300, 315, 326,
               336, 339, 348, 361, 375, 391, 394, 396, 400, 465, 471, 526], dtype=int64)
In [2]: np.unique(ncut).size
        27
```

지금까지 영역 분할은 영상의 색상 정보에만 의존한다. 따라서 이웃한 두 물체가 비슷한 색상을 가지는 경우 하나의 영역으로 분할되곤 한다. 또한 색상 변화가 심한 물체는 과잉 분할된다. 사람은 영역을 분할할 때 색상 정보에만 의존하지 않고 물체의 3차원 모델과 눈에 비치는 2차원 겉모습 모델을 동시에 사용하기 때문에 이런 변화에 강건하다. 영역 분할에 대한 고전적인 접근 방법 연구는 에지와 영역 정보를 결합하여 성능을 높인 [Arbelaez2011] 논문 이후 뚜렷한 개선이 없다.

다행히 딥러닝 시대로 전환하면서 분할에 혁신이 일어난다. [그림 1-13(c)]는 딥러닝으로 수행한 의미 분할 결과다. 딥러닝의 의미 분할은 9장에서 다룬다.

4.5 대화식 분할

지금까지 다룬 분할 알고리즘은 자동으로 영상 전체를 여러 영역으로 나눈다. 때로 한 물체의 분할에만 관심 있는 경우가 있다. 예를 들어 의사는 엑스레이 영상에서 특정 장기만 분할하면 된다. 이런 상황에서 사용자는 분할 알고리즘이 필요로 하는 초기 정보를 기꺼이 입력할 것이다. 초기 정보를 가지고 반자동으로 동작하는 분할 알고리즘은 사용자의 의도에 맞게 물체를 분할한다.

4.5.1 능동 외곽선

1987년에 Kass는 능동 외곽선active contour 알고리즘을 발표했다[Kass1987]. 사용자가 물체 내부에 초기 곡선을 지정하면 곡선을 점점 확장하면서 물체 외곽선으로 접근하는 방법이다. 곡선이 꿈틀대면서 에너지가 최소인 상태를 찾아가기 때문에 스네이크snake라는 별명을 얻었다.

스네이크를 구현하려면 곡선을 표현하는 방법이 필요하다. 컴퓨터그래픽스는 매끄러운 곡선으로 구성된 기계 부품이나 인간 장기의 모양을 모델링하는 데 쓸 수 있는 스프라인 곡선spline curve을 고안했다. 스프라인 곡선을 $g(l)$로 표현할 수 있는데 2차원 상의 곡선이므로 $g(l) = (y(l), x(l))$로 표현한다. 매개변수 l은 [0,1] 범위의 실수인데 폐곡선을 이루기 위해 $g(0) = g(1)$이다. 디지털 영상은 이산 공간이기 때문에 l을 0, 1, ⋯, n으로 표현한다. [그림 4-16]은 n=6인 사례다.

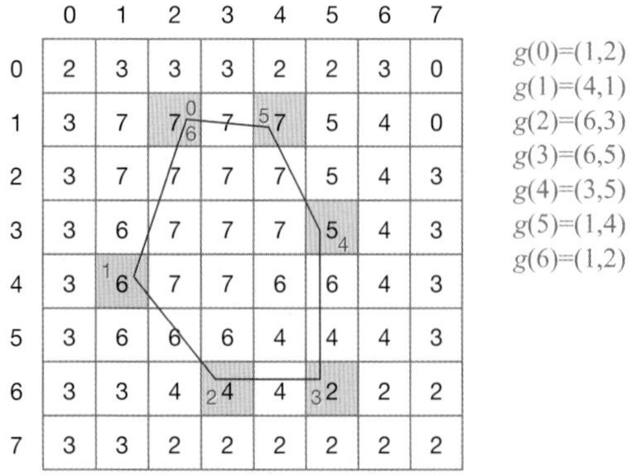

	0	1	2	3	4	5	6	7
0	2	3	3	3	2	2	3	0
1	3	7	7	7	7	5	4	0
2	3	7	7	7	7	5	4	3
3	3	6	7	7	7	5	4	3
4	3	6	7	7	6	6	4	3
5	3	6	6	6	4	4	4	3
6	3	3	4	4	4	2	2	2
7	3	3	2	2	2	2	2	2

$g(0)=(1,2)$
$g(1)=(4,1)$
$g(2)=(6,3)$
$g(3)=(6,5)$
$g(4)=(3,5)$
$g(5)=(1,4)$
$g(6)=(1,2)$

그림 4-16 디지털 공간에서 스네이크 곡선 표현

식 (4.11)은 스네이크 곡선 g의 에너지 E를 영상 에너지 e_{image}, 내부 에너지 $e_{internal}$, 도메인 에너지 e_{domain}의 합으로 표현한다. 영상 에너지 e_{image}는 물체의 경계에 에지가 나타난다는 사실에 기반하여 곡선이 에지에 위치하도록 유도한다. 내부 에너지 $e_{internal}$은 곡선이 매끄러운 모양이 되도록 유도한다. 일반적으로 물체의 경계는 급격하게 꺾이는 곳보다 매끄럽게 변하는 곳이 더 많다는 사실에 기반한다. 도메인 에너지 e_{domain}은 분할하려는 특정 물체의 모양 정보를 잘 유지하도록 유도한다. 앞의 두 가지 에너지는 물체의 일반 특성에 관련되어 사용자가 개입하지 않아도 동작한다. 세 번째는 사용자가 모양을 지정해야 하는데 종종 무시한다. 실제 구현에서는 e_{image}를 위해 에지 강도를 사용하고 $e_{internal}$을 위해 곡률을 사용한다.

$$E(g)=\sum_{l=0}^{n}\left(e_{image}\left(g(l)\right)+e_{internal}\left(g(l)\right)+e_{domain}\left(g(l)\right)\right) \qquad (4.11)$$

식 (4.12)는 스네이크 알고리즘이 풀어야 하는 문제를 정의하는데, 에너지를 최소로 하는 최적의 곡선을 찾는 최적화 문제이다. 어떻게 최적 곡선을 빨리 찾을 수 있을까?

$$\hat{g}=\underset{g}{\operatorname{argmin}}\,E(g) \qquad (4.12)$$

스네이크 알고리즘은 사용자가 지정해준 초기 곡선을 g_0으로 두고, g_0에서 g_1, g_1에서 g_2, g_2에서 g_3, …, g_t에서 g_{t+1}을 찾아가는 과정을 수렴할 때까지 반복한다. Williams는 Kass의 탐색 방법을 개선한 [알고리즘 4-1]을 제시했다[Williams1992].

[알고리즘 4-1] 스네이크로 물체 분할

입력: 명암 영상, 임곗값 T

출력: 최적 곡선 $\hat{g}$

```
1. 사용자 입력을 받아 초기 곡선 g를 설정한다.
2. while TRUE
3.    moved=0
4.    for i=0 to n-1
5.       for g(i)의 9개 이웃점 각각에 대해       // 자신과 8-이웃을 포함한 9개 점
6.          g(i)를 이웃점으로 이동한 곡선의 에너지 E를 식 (4.11)로 구한다.
7.       if 에너지가 최소인 점이 g(i)와 다르면
8.          g(i)를 최소점으로 이동하고 moved를 1 증가시킨다.
9.    if moved<T  // 곡선의 이동량이 임계치보다 작으면 수렴했다고 간주하고 탈출
10.      break
```

4.5.2 GrabCut

네트워크 흐름network flow은 여러 지점을 거치는 물이나 전기 흐름을 그래프로 표현하고 병목 지점을 찾아 흐름을 개선하는 문제로서 아주 오래 전부터 연구되었다[Ahuja1993]. Greig는 네트워크 흐름 알고리즘을 영상 복원에 활용하는 발상을 제시하여 컴퓨터 비전 분야로 끌어 들였다[Greig1989]. 한동안 별로 주목을 받지 못하다가 10여 년이 지나 스테레오와 영역 분할 등의 여러 문제에 활발히 적용되기 시작했다[Boykov2004].

현재까지 널리 쓰이는 연구 결과는 GrabCut 알고리즘이다[Rother2004]. GrabCut에서는 사용자가 붓으로 물체와 배경을 초기 지정한다. [프로그램 4-7]의 실행 결과에 사람이 붓칠한 영상이 있는데 파란색은 물체, 빨간색은 배경을 나타낸다. 파란 화소는 물체, 빨간 화소는 배경이 확실하니 이들 화소를 가지고 물체 히스토그램과 배경 히스토그램을 만든다. 나머지 화소들은 두 히스토그램과 유사성을 따져 물체일 확률과 배경일 확률을 추정하고 물체 영역과 배경 영역을 갱신한다. 새로운 정보로 히스토그램을 다시 만들고 물체 영역과 배경 영역을 갱신하는 과정을 반복한다. 영역이 거의 변하지 않으면 수렴한 것으로 간주하고 멈춘다.

GrabCut으로 물체 분할

[프로그램 4-7]은 사용자가 붓칠한 정보를 이용하여 GrabCut으로 물체를 분할한다. 영상에 붓칠하는 기능은 2장에서 실습한 [프로그램 2-9]를 다시 활용한다.

04행은 영상을 읽어 img 객체에 저장한다. 05행은 붓칠한 정보를 표시하는 데 쓸 img_show 객체를 만든다. 원본 영상 img는 분할 알고리즘을 위해 원래 내용을 유지해야 하므로 img를 복사해 별도 배열 img_show를 만든다. 07~08행은 사용자의 붓칠에 따라 물체인지 배경인지에 대한 정보를 기록할 배열 mask를 만든다. 07행은 원본 영상과 크기가 같은 mask 배열을 생성하고 08행은 모든 화소를 배경일 것 같음(cv.GC_PR_BGD)으로 초기화한다. OpenCV는 배경으로 판정된 화소는 cv.GC_BGD, 물체로 판정된 화소는 cv.GC_FGD, 배경일 것 같은 화소는 cv.GC_PR_BGD, 물체일 것 같은 화소는 cv.GC_PR_FGD로 표시한다. 해당하는 값은 순서대로 0, 1, 2, 3이다.

10~34행은 [프로그램 2-9]와 거의 같다. 30행은 painting 콜백 함수를 등록한다. 11행은 왼쪽 버튼을 클릭했을 때 쓸 파란색과 오른쪽 버튼을 클릭했을 때 쓸 빨간색을 정의하는데, 파란색은 물체를 칠하고 빨간색은 배경을 칠한다. 주의할 점이 몇 가지 있다. 마우스 왼쪽 버튼을 클릭하면 14~16행이 실행되는데, 15행은 img 배열이 아니라 디스플레이용인 img_show에 파란색을 기록한다. 16행이 추가되었는데 mask 배열에 확실히 물체라는 표시, 즉 cv.GC_FGD를 붓칠한 곳에 기록한다. 20~22행은 왼쪽 버튼을 클릭한 채 커서를 이동한 경우인데 14~16행과 같다. 17~19행은 오른쪽 버튼을 클릭했을 때이고 23~25행은 오른쪽 버튼을 클릭한 채 커서를 이동한 경우인데 img_show에 빨간색을 기록하고, mask에 cv.GC_BGD를 기록한다.

사용자가 붓칠을 마치고 q를 누르면 37행으로 이동해 분할을 시도한다. 37~38행은 grabCut 함수가 내부에서 사용할 배경 히스토그램과 물체 히스토그램을 생성하고 0으로 초기화한다. 히스토그램은 실수로 표현하며 65개 칸을 가진다. 40행은 grabCut 함수를 호출하여 실제 분할을 수행한다. 첫 번째 인수는 원본 영상이고 두 번째 인수는 사용자가 지정한 물체와 배경 정보를 가진 맵이다. 배경으로 지정한 화소는 0(cv.GC_BGD), 물체로 지정한 화소는 1(cv.GC_FGD), 나머지 화소는 배경일 것 같음에 해당하는 2(cv.GC_PR_BGD)를 가지고 있다. 세 번째 인수는 관심 영역을 지정하는 ROI인데 None으로 설정해 전체 영상을 대상으로 하라고 지시한다. 네 번째와 다섯 번째 인수는 배경과 물체 히스토그램이다. 여섯 번째 인수는 5번 반복하라고 지시한다. 일곱 번째 인수는 배경과 물체를 표시한 맵을 사용하라고 지시한다. 함수 실행이 끝나면 두 번째 인수 mask가 분할한 정보를 가진다. 41행은 배경 또는 배경일 것 같음으로 표시된 화소를 0, 물체 또는 물체일 것 같음으로 표시된 화소를 1로 바꾸어 mask2 객체에 저장한다. 42행은 원본 영상 img와 mask2를 곱해서 배경에 해당하는 화소를 검게 바꾸어 grab 객체에 저장하고 43행은 grab을 윈도우에 디스플레이한다. 45~46행은 사용자가 아무 키나 누르면 윈도우를 모두 닫고 프로그램을 종료한다.

프로그램 4-7 GrabCut을 이용해 물체 분할하기

```
01  import cv2 as cv
02  import numpy as np
03
04  img=cv.imread('soccer.jpg')                       # 영상 읽기
05  img_show=np.copy(img)                             # 붓칠을 디스플레이할 목적의 영상
06
07  mask=np.zeros((img.shape[0],img.shape[1]),np.uint8)
08  mask[:,:]=cv.GC_PR_BGD                            # 모든 화소를 배경일 것 같음으로 초기화
09
10  BrushSiz=9                                        # 붓의 크기
11  LColor,RColor=(255,0,0),(0,0,255)                 # 파란색(물체)과 빨간색(배경)
12
13  def painting(event,x,y,flags,param):
14     if event==cv.EVENT_LBUTTONDOWN:
15        cv.circle(img_show,(x,y),BrushSiz,LColor,-1) # 왼쪽 버튼 클릭하면 파란색
16        cv.circle(mask,(x,y),BrushSiz,cv.GC_FGD,-1)
17     elif event==cv.EVENT_RBUTTONDOWN:
18        cv.circle(img_show,(x,y),BrushSiz,RColor,-1) # 오른쪽 버튼 클릭하면 빨간색
19        cv.circle(mask,(x,y),BrushSiz,cv.GC_BGD,-1)
20     elif event==cv.EVENT_MOUSEMOVE and flags==cv.EVENT_FLAG_LBUTTON:
21        cv.circle(img_show,(x,y),BrushSiz,LColor,-1)
                                                      # 왼쪽 버튼 클릭하고 이동하면 파란색
22        cv.circle(mask,(x,y),BrushSiz,cv.GC_FGD,-1)
23     elif event==cv.EVENT_MOUSEMOVE and flags==cv.EVENT_FLAG_RBUTTON:
24        cv.circle(img_show,(x,y),BrushSiz,RColor,-1)
                                                      # 오른쪽 버튼 클릭하고 이동하면 빨간색
25        cv.circle(mask,(x,y),BrushSiz,cv.GC_BGD,-1)
26
27     cv.imshow('Painting',img_show)
28
29  cv.namedWindow('Painting')
30  cv.setMouseCallback('Painting',painting)
```

```
31
32  while(True):                                   # 붓칠을 끝내려면 'q' 키를 누름
33     if cv.waitKey(1)==ord('q'):
34        break
35
36  # 여기부터 GrabCut 적용하는 코드
37  background=np.zeros((1,65),np.float64)    # 배경 히스토그램 0으로 초기화
38  foreground=np.zeros((1,65),np.float64)    # 물체 히스토그램 0으로 초기화
39
40  cv.grabCut(img,mask,None,background,foreground,5,cv.GC_INIT_WITH_MASK)
41  mask2=np.where((mask==cv.GC_BGD)|(mask==cv.GC_PR_BGD),0,1).astype('uint8')
42  grab=img*mask2[:,:,np.newaxis]
43  cv.imshow('Grab cut image',grab)
44
45  cv.waitKey()
46  cv.destroyAllWindows()
```

프로그램의 실행 결과를 분석해보자. 사용자가 붓칠한 정보를 보고 선수와 배경을 어느 정도 구분했다. 파란 유니폼을 입은 선수의 팔은 전혀 붓칠이 없는데 물체로 분할했다. 하지만 빨간 유니폼 선수의 오른쪽 발목을 배경으로 오인했으며 배경 일부를 물체로 오인했다. 비전 에이전트를 만들어보는 6장에서 붓칠과 분할을 여러 번 반복해 정교하게 물체를 오려내는 실험을 한다.

4.6 영역 특징

[그림 4-17(a)]는 가상의 영역 분할 맵을 제시한다. 이 맵에는 1, 2, 3으로 표시한 3개의 영역이 있다.

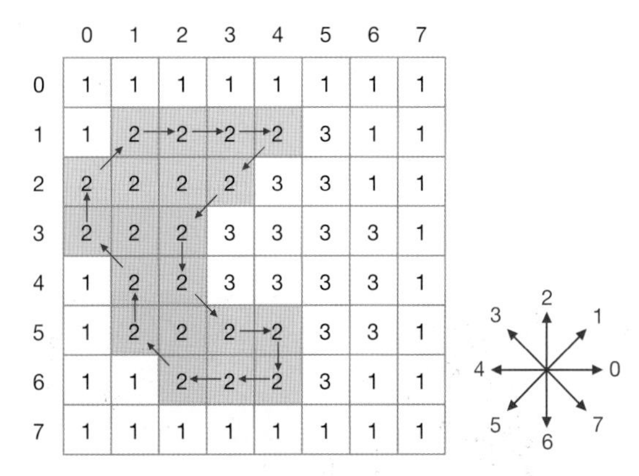

(a) 영역의 레이블링

(b) 영역의 기하 변환

그림 4-17 영역의 레이블링과 기하 변환

특징의 불변성과 등변성

물체는 [그림 4-17(b)]에서 보는 바와 같이 다양한 변환을 거쳐 영상에 나타날 수 있다. 변환을 해도 특징의 값이 변하지 않는다면 불변성invariant이 있다고 말한다. 예를 들어 성별이라는 특징은 나이가 변해도 그대로이기 때문에 성별은 나이에 불변이라고 말한다. 근력은 나이에 불변이지 않다. [그림 4-17(a)]에서 면적이라는 특징은 회전에 불변이지만 축소에는 불변이지 않다. 반대로 물체의 중심 축을 나타내는 주축은 회전에는 불변이지 않지만 축소에는 불변이다. 등변성equivariant은 불변성과 반대 개념이다. 특징이 어떤 변환에 대해 따라 변한다면 등변이라고 말한다. 면적은 축소에 등변이지만 회전에는 등변이지 않다.

기하학적 변환에 대한 불변도 중요하지만 조명이 바뀌었을 때 발생하는 광도 변환에 대한 불변도 중요한 상황이 있다. 특히 다음 절에서 공부할 지역 특징은 광도가 바뀌더라도 같은 특징으로 추출되는 성질이 중요하다.

상황에 맞게 특징을 선택하는 일이 중요하다. 예를 들어 카메라와 조명이 고정되어 있는 컨베이어 벨트 위를 여러 가지 공구가 고정된 자세를 취한 채 지나가는 상황에서 망치를 집어야 하는 로봇은 어떤 특징을 사용해도 무방하다. 하지만 카메라가 로봇 팔에 매달려 있어 망치가 다른 크기와 다른 자세로 나타나는 경우에는 회전과 축소에 불변인 특징을 사용해야 망치를 구분해낼 수 있다. 인식한 다음 망치를 잡고 들어올릴 때는 회전에 등변인 특징을 사용해야 로봇 손의 방향을 결정할 수 있다.

모멘트와 모양 특징

식 (4.13)은 영역 R의 모멘트를 정의한다. (y,x)는 영역 R에 속하는 화소다. p와 q를 바꾸어 여러 모멘트를 계산할 수 있다.

$$m_{qp} \ R = \sum_{y,x \ \in R} y^q x^p \qquad (4.13)$$

영역의 면적과 중점을 식 (4.14)로 구할 수 있다. 중점을 이용하여 중심 모멘트를 식 (4.15)로 정의할 수 있다.

$$\left.\begin{array}{l} \text{면적: } a = m_{00} \\ \text{중점: } (\dot{y}, \dot{x}) = \left(\dfrac{m_{10}}{a}, \dfrac{m_{01}}{a} \right) \end{array}\right\} \qquad (4.14)$$

$$\mu_{qp} = \sum_{(y,x)\in R} (y - \dot{y})^q (x - \dot{x})^p \qquad (4.15)$$

중심 모멘트로부터 식 (4.16)에 있는 특징을 추출할 수 있다. 열 분산은 화소들이 수직 방향으로 퍼진 정도를 나타내고 행 분산은 수평 방향으로 퍼진 정도를 나타낸다. 예를 들어 [그림 4-17(a)]의 2번 영역은 열 분산은 크고 행 분산은 작다.

$$\left.\begin{aligned} \text{열 분산: } v_{cc} &= \frac{\mu_{20}}{a} \\ \text{행 분산: } v_{rr} &= \frac{\mu_{02}}{a} \\ \text{열행 분산: } v_{rc} &= \frac{\mu_{11}}{a} \end{aligned}\right\} \quad (4.16)$$

중심 모멘트는 이동 불변이지만 크기나 회전 불변이 아니다. 식 (4.17)의 특징은 크기 불변이다.

$$\eta_{qp} = \frac{\mu_{qp}}{\mu_{00}^{\left(\frac{q+p}{2}+1\right)}} \quad (4.17)$$

영역의 둘레perimeter와 둥근 정도roundness는 식 (4.18)로 측정할 수 있다. n_{even}은 [그림 4-17(a)]에서 짝수 체인의 개수고 n_{odd}은 홀수 체인의 개수다. 2번 영역의 경우 $p = 10 + 6\sqrt{2} = 18.485$다.

$$\left.\begin{aligned} \text{둘레: } p &= n_{even} + n_{odd}\sqrt{2} \\ \text{둥근 정도: } r &= \frac{4\pi a}{p^2} \end{aligned}\right\} \quad (4.18)$$

주축을 중심으로 영역을 회전하면 가장 적은 힘을 받는다. 주축은 중심 $(\dot{y}, \dot{x})$를 지나며 식 (4.19)의 방향을 가진다.

$$\text{주축의 방향: } \theta = \frac{1}{2}\arctan\left(\frac{2\mu_{11}}{\mu_{20} - \mu_{02}}\right) \quad (4.19)$$

텍스처 특징

텍스처는 일정한 패턴의 반복이다. 식 (4.20)은 에지 정보의 통계를 텍스처 특징으로 취한다. 텍스처가 세밀하면 많은 에지가 발생하고 거칠면 적게 발생하는 성질을 이용하고 있다. *busy*는 에지 화소 수를 전체 화소 수로 나누어 세밀함을 측정한다. 에지의 강도와 방향의 분포도 텍스처의 성질을 잘 반영한다. *mag*는 에지 강도를 q 단계로 양자화하여 구한 히스토그램이고 *dir*은 에지 방향을 8단계로 양자화해 구한 히스토그램이다.

$$T_{edge} = \left(busy, mag(i), dir(j)\right), 0 \le i \le q-1, 0 \le j \le 7 \quad (4.20)$$

[그림 4-18(a)]는 중심 화소와 주위 화소의 명암값을 비교해서 텍스처를 구하는 LBP Local Binary Pattern를 설명한다. 회색 칠한 화소를 조사하는 상황인데 주위 8개 화소와 값을 비교하여 회색 화소보다 큰 화소는 1, 작은 화소는 0으로 표시한다. 빨간 선분이 가리키는 순서대로 이진수를 구성하고 십진수로 변환한다. 이 예에서는 225를 얻었는데 발생 가능한 수는 0~255이다. 영역에 속한 모든 화소를 조사한 다음 256개 값에 대한 발생 빈도를 센 히스토그램을 구한다. 이렇게 구한 LBP는 256차원의 특징 벡터가 된다.

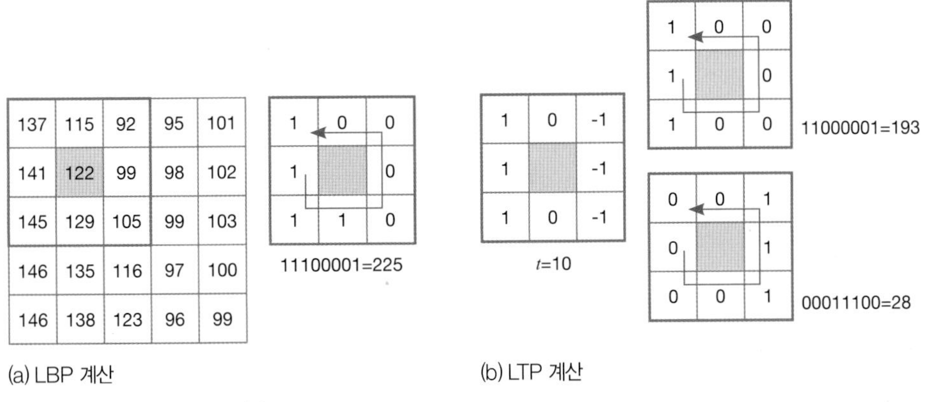

(a) LBP 계산 (b) LTP 계산

그림 4-18 LBP와 LTP 구하기

LBP는 작은 명암 변화에 민감한 단점이 있다. 예를 들어 물체 내부에 명암값이 150인 곳이 있을 때 이웃 화소는 랜덤한 잡음이 발생하여 148, 151, 152 값을 가져 랜덤한 비트열이 생성될 수 있다. [그림 4-18(b)]의 LTP Local Ternary Pattern는 이러한 문제를 누그러뜨린다. 임곗값 t=10이라면 회색 화솟값 122를 기준으로 122−10보다 작은 화소에는 −1, 122+10보다 큰 화소에는 1, 그렇지 않은 화소에는 0을 부여해 3진 코드를 얻는다. 3진 코드를 이진 코드 2개로 변환하고 각각을 십진수로 변환한다. 각각에 대해 히스토그램을 구하면 칸이 256개인 히스토그램 2개를 얻는다. 결국 512차원 LTP 특징 벡터를 얻는다. 주위 관계를 확장하여 LBP를 개선할 수도 있다. 예를 들어 중심 화소에서 반지름이 2인 원을 그려 원둘레에 위치한 화소를 조사한다. 이때 실수 좌표가 발생하므로 [그림 3-22]와 같은 보간을 적용한다.

TIP 보다 다양한 텍스처 특징을 공부하려는 독자는 [Humeau-Heurtier2019]를 참조한다.

이진 영역의 특징

OpenCV는 특징을 추출하는 함수를 여럿 제공한다(https://docs.opencv.org/3.4/d4/d73/tutorial_py_contours_begin.html). [프로그램 4-8]은 특징을 추출하는 몇 가지 함수의 사용법을 예시한다.

프로그램 4-8 이진 영역의 특징을 추출하는 함수 사용하기

```
01  import skimage
02  import numpy as np
03  import cv2 as cv
04
05  orig=skimage.data.horse()
06  img=255-np.uint8(orig)*255
07  cv.imshow('Horse',img) ①
08
09  contours,hierarchy=cv.findContours(img,cv.RETR_EXTERNAL,cv.CHAIN_APPROX_NONE)
10
11  img2=cv.cvtColor(img,cv.COLOR_GRAY2BGR)           # 컬러 디스플레이용 영상
12  cv.drawContours(img2,contours,-1,(255,0,255),2)
13  cv.imshow('Horse with contour',img2) ②
14
15  contour=contours[0]
16
17  m=cv.moments(contour)                              # 몇 가지 특징
18  area=cv.contourArea(contour)
19  cx,cy=m['m10']/m['m00'],m['m01']/m['m00']
20  perimeter=cv.arcLength(contour,True)
21  roundness=(4.0*np.pi*area)/(perimeter*perimeter)
22  print('면적=',area,'\n중점=(',cx,',',cy,')','\n둘레=',perimeter,'\n둥근 정도=',
        roundness) ③
23
24  img3=cv.cvtColor(img,cv.COLOR_GRAY2BGR)           # 컬러 디스플레이용 영상
25
26  contour_approx=cv.approxPolyDP(contour,8,True)    # 직선 근사
27  cv.drawContours(img3,[contour_approx],-1,(0,255,0),2)
28
29  hull=cv.convexHull(contour)                        # 볼록 헐
30  hull=hull.reshape(1,hull.shape[0],hull.shape[2])
31  cv.drawContours(img3,hull,-1,(0,0,255),2)
32
33  cv.imshow('Horse with line segments and convex hull',img3) ④
34
35  cv.waitKey()
36  cv.destroyAllWindows()
```

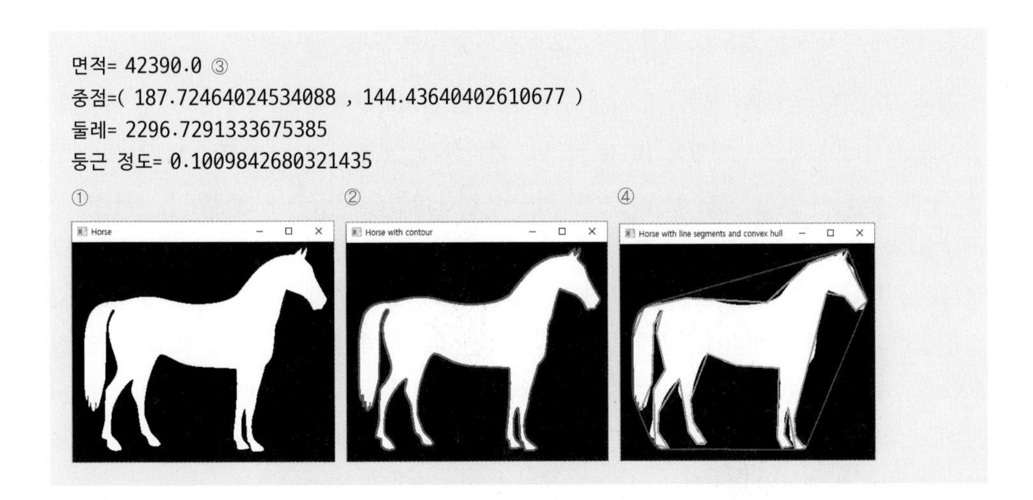

01행은 예제 영상을 사용하기 위해 skimage 모듈을 불러온다. 05행은 skimage가 제공하는 horse 영상을 읽어 orig 객체에 저장한다. 이 영상은 말이 차지한 영역은 False, 배경 영역은 True로 표시한 영상인데, 06행에서 말 영역은 255, 배경은 0인 영상으로 변환한다. 07행은 영상을 윈도우에 디스플레이한다. 실행 결과를 보면, 말 한 마리가 있는 이진 영상을 확인할 수 있다.

09행은 findContours 함수로 물체의 경계선을 추출하여 contours 객체에 저장한다. type(contours) 명령어로 확인해보면 contours는 튜플임을 알 수 있다. len(contours) 명령어로 확인하면 1이 출력되어 예상대로 경계선이 하나뿐임을 알 수 있다. 11~13행은 영상에 경계선을 표시하고 윈도우에 디스플레이한다. 11행은 디스플레이 목적으로 명암 영상을 컬러로 바꾸어 img2 객체에 저장하고, 12행은 drawContours 함수로 img2에 경계선을 표시한다. 세 번째 인수 −1은 contours에 있는 경계선을 모두 표시하라는 지시고, 네 번째와 다섯 번째 인수는 색깔과 선의 두께다.

15행은 contours에서 0번 요소를 꺼내 contour 객체에 저장한다. 이후 코드는 경계선 하나를 처리하기 때문이다. 17행은 식 (4.13)의 모멘트를 추출하여 m에 저장한다. m을 출력해보면 딕셔너리고 키는 'm00', 'm01', 'm10', …임을 알 수 있다. 18행은 contourArea 함수로 경계선으로 둘러싸인 영역의 면적을 계산한다. 식 (4.14)가 정의하듯이 면적은 m['m00']과 같다. 19행은 식 (4.14)에 따라 중점을 계산한다. 20행은 식 (4.18)를 구현한 arcLength 함수로 둘레의 길이를 계산한다. 두 번째 인수 True는 contour가 폐곡선임을 알린다. 21행은 식 (4.18)에 따라 둥근 정도를 계산한다. 22행은 이들의 특징값을 출력한다.

24행은 직선 근사 결과와 볼록 헐convex hull을 컬러로 표시하려고 컬러 영상 img3을 만든다. 컬러를 표시해야 하므로 명암을 BGR 컬러로 변환한다. 26행의 approxPolyDP는 경계선을 직선으로 근사한다. [그림 4-19]는 이 함수가 사용하는 알고리즘을 설명한다. 곡선의 양 끝점 $p1$과 $p2$를 이은 선분으로부터 가장 먼 곡선 위의 점을 구한다. 그림에서는 빨간색으로 표시된 q다. q로부터 선분까지 거리 h가 임곗값을 넘으면 q를 중심으로 곡선 $p1$~q와 q~$p2$로 분할하고, 임곗값 미만이면 멈춘다. 두 부분 곡선 각각에 대해 같은 과정을 재귀적으로 반복한다. 26행 approxPolyDP 함수의 두 번째 인수는 임곗값에 해당하고 세 번째 인수 True는 폐곡선임을 알린다. 27행은 직선 근사한 결과를 img3에 녹색으로 표시한다. 29행은 볼록 헐을 구해 hull 객체에 저장한다. 30행은 이렇게 얻은 배열을 31행의 drawContours 함수에 입력할 수 있는 형태로 변환한다. 31행은 볼록 헐을 img3에 빨간색으로 표시한다. 33행은 img3을 윈도우에 디스플레이한다.

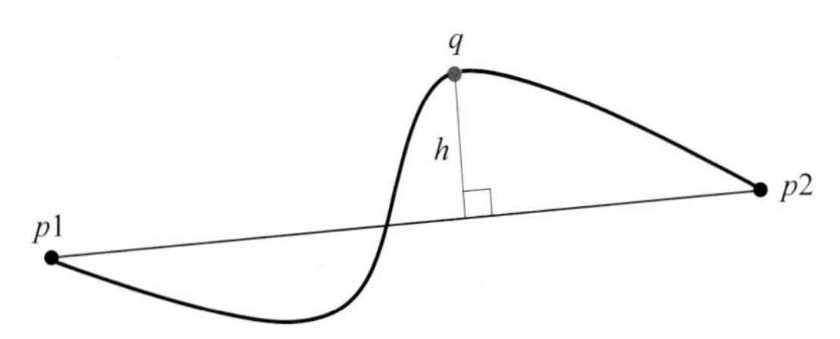

그림 4-19 직선 근사 알고리즘

프로그램 실행 결과 ②를 보면 외곽선이 잘 추출된 것을 알 수 있다. ④의 직선 근사 결과는 물체 경계를 다각형으로 잘 표현하고 있다. len(contour_approx)로 조사해보면 41개의 점으로 구성된 다각형임을 확인할 수 있다.

01 [그림 4-7] 영상의 아래 위치에서 f_y', f_x', s, d를 구하시오.

(1) $(y,x)=(4,4)$

(2) $(y,x)=(5,2)$

02 [그림 4-18] 영상에서 105 값을 가진 화소에 대해 LBP와 LTP를 [그림 4-18]처럼 제시하시오.

03 4.3.3항에서 설명한 RANSAC 알고리즘은 에지 점을 직선으로 근사한다. 이때 에지 점의 위치 정보만 사용하는데, 에지 점은 에지 강도와 에지 방향 정보를 추가로 가지고 있기 때문에 이 정보들을 추가로 활용하면 성능을 높일 여지가 있다. 에지 강도와 에지 방향 정보를 추가로 사용해 RANSAC 알고리즘을 강화하는 아이디어를 제시하시오.

04 자연 영상에는 그림자가 만든 에지와 물체 경계가 만든 에지 등이 혼재되어 있다. 4.1~4.2절에서 소개한 에지 검출 알고리즘만으로 이들을 구분할 수 있는가? 예/아니오로 답하고, 그렇게 답한 이유를 설명하시오.

05 [그림 4-1]은 자연 영상과 사람이 영역 분할하여 레이블링한 결과를 보여준다. 사람에 따라 다르게 분할할 수 있는데, 버클리 팀에서는 이 문제를 어떻게 해결했는지 조사하시오.

06 [프로그램 4-7] 40행에 있는 인수 5의 의미를 쓰시오. 5를 1로 바꾸면 프로그램 실행 결과가 어떻게 달라지는지 확인하고 이유를 설명하시오.

07 OpenCV는 [그림 4-6]의 에지 연산자 이외에 Scharr 에지 연산자를 제공한다. Scharr 연산자에 대해 조사하시오. 같은 영상에 Sobel 연산자와 Scharr 연산자를 적용하고 결과가 어떻게 다른지 비교 실험하시오.

08 OpenCV가 제공하는 Canny 함수의 선언을 보면, image, edges, threshold1, threshold2, apertureSize, L2gradient, 총 6개의 매개변수가 있다. 각각의 의미를 쓰고, 뒤에 있는 네 매개변수를 변화시키면서 효과를 분석하시오.

hint https://docs.opencv.org/4.x/dd/d1a/group__imgproc__feature.html#ga04723e007ed888ddf11d9ba04e2232de를 참조한다.

09 [프로그램 4-5]에서 compactness와 n_segments를 변화시키면서 효과를 분석하시오.

10 [프로그램 4-7]은 사용자가 붓칠을 하면 그를 바탕으로 분할을 한 번 하고 종료한다. 마음에 들지 않으면 사용자가 추가로 붓칠을 하고 프로그램은 새로 붓칠한 결과를 추가로 반영해 분할하는 일을 반복하도록 [프로그램 4-7]을 확장하시오.

hint 40~43행을 함수로 만들고, 32~34행의 while 반복 안에서 이 함수를 호출한다.

CHAPTER

지역 특징

Preview

멋진 파노라마 영상은 디지털 카메라에 포함된 기능이며 스마트폰 앱을 사용해 제작할 수도 있다. 카메라를 조금씩 움직이면서 겹치는 영상을 여러 장 획득하면 컴퓨터 비전 프로그램이 자동으로 이어 붙여서 순식간에 [그림 5-1]과 같은 파노라마 영상을 만들 수 있다. 이때 컴퓨터 비전이 풀어야 하는 가장 중요한 것이 대응점 문제correspondence problem다. 대응점 문제란 이웃한 영상에 나타난 같은 물체의 같은 곳을 쌍으로 묶어주는 일이다. 이 문제를 해결하려면 이웃한 영상에서 같은 물체의 같은 곳에서 같은 특징을 추출할 수 있어야 한다. 대응점 문제를 안정적으로 풀 수 있다면 파노라마 영상 제작뿐 아니라 물체 인식, 물체 추적, 스테레오 비전, 카메라 캘리브레이션 등 여러 중요한 응용 문제에 적용할 수 있다.

그림 5-1 지역 특징으로 대응점 문제를 해결해서 제작한 파노라마 영상

4장에서 공부한 에지 특징이나 영역 특징은 대응점 찾기에 여러모로 부족하다. 대안을 찾던 컴퓨터 비전 연구자들이 지역 특징local features 연구에 집중하여 획기적인 성능 개선을 이뤘다. 실용적인 시스템이 여럿 등장하면서 컴퓨터 비전의 응용 분야가 크게 확장된다.

5.1 발상

[그림 5-2]는 다중 물체 추적 챌린지multiple object tracking challenge가 제공하는 MOT-17-14-SDP 동영상에서 추출한 70번째와 83번째 프레임이다(https://motchallenge.net/data/MOT17). 초당 25프레임을 담은 동영상이므로 두 영상의 간격은 대략 0.5초다. 버스를 추적하는 효과적인 방법 중 하나는 두 영상에서 특징점feature point을 추출하고 매칭을 통해 해당하는 특징점 쌍을 찾는 것이다. 다시 말해 대응점 문제correspondence problem를 풀어야 한다.

[그림 5-2]는 같은 물체의 같은 위치에 있는 두 특징점을 표시하고 있다. 왼쪽 영상에서 추출된 특징점이 오른쪽 영상에서도 추출되어야 한다. 이러한 조건을 높은 확률로 만족하면 반복성repeatability이 좋다고 한다. 또한 특징점에서 추출한 두 특징 벡터는 비슷해야 한다. 그래야 매칭을 통해 둘이 쌍이라고 알아낼 수 있다. 물체에 이동, 회전, 스케일(크기) 변환이 발생하더라도 이러한 조건을 만족하는 특징을 불변성invariance이 좋다고 한다.

그림 5-2 대응점 찾기(MOT-17-14-SDP 동영상의 70번째와 83번째 영상)

1980년대에는 에지를 연결한 경계선에서 모퉁이corner를 찾아 특징점으로 사용하는 아이디어에 대한 연구가 왕성했다. 당시에는 검출한 특징점이 물체의 실제 모퉁이에 해당해야 한다는 생각이 지배적이었다. 이 접근 방법은 1990년대에 시들하다가 2000년대 초에 자취를 감추었다. 지역 특징이라는 대안이 부상했기 때문이다.

지역 특징은 [그림 5-2]의 원본 영상에 씌운 녹색 박스처럼 좁은 지역을 보고 특징점 여부를 판정한다. 지역 특징이라는 새로운 접근 방법에서는 특징점이 물체의 실제 모퉁이에 위치해야 한다는 완고한 생각을 버린다. 대신 물체의 같은 곳이 두 영상 모두에서 특징점으로 추출되어야 한다는 반복성을 더 중요하게 취급하는 발상의 전환이 일어났다.

지역 특징은 다양한 종류가 있는데 대체로 (위치, 스케일, 방향, 특징 기술자)로 표현한다. 위치와 스케일은 검출detection 단계에서 알아내고 방향과 특징 기술자feature descriptor는 기술description 단계에서 알아낸다. 검출 단계는 5.2절~5.4.1항에서 설명하고 기술 단계는 5.4.2항에서 설명한다. 매칭은 5.5절에서 다룬다.

지역 특징의 조건

지역 특징이 대응점 문제를 푸는 데 유용하려면 앞에서 언급한 반복성과 불변성을 포함해 몇 가지 조건을 추가로 만족해야 한다.

- **반복성**repeatability 같은 물체가 서로 다른 두 영상에 나타났을 때 첫 번째 영상에서 검출된 특징점이 두 번째 영상에서도 같은 위치에서 높은 확률로 검출되어야 한다.
- **불변성**invariance 물체에 이동, 회전, 스케일, 조명 변환이 일어나도 특징 기술자의 값은 비슷해야 한다. 불변성을 만족해야 다양한 변환이 일어난 상황에서도 매칭에 성공할 수 있기 때문이다. 이동과 회전에 대한 불변성은 5.2절, 스케일에 대한 불변성은 5.3~5.4절에서 다룬다.
- **분별력**discriminative power 물체의 다른 곳에서 추출된 특징과 두드러지게 달라야 한다. 그렇지 않다면 물체의 다른 곳에서 추출된 특징과 매칭될 위험이 있다.
- **지역성**locality 작은 영역을 중심으로 특징 벡터를 추출해야 물체에 가림occlusion이 발생해도 매칭이 안정적으로 동작한다.
- **적당한 양** 물체를 추적하려면 몇 개의 대응점만 있으면 된다. 하지만 대응점은 오류를 내포할 가능성이 있기 때문에 특징점이 더 많으면 더 정확하게 추적할 수 있다. 반면에 특징점이 너무 많으면 계산 시간이 과다해진다.
- **계산 효율** 계산 시간이 매우 중요한 응용이 많다. 예를 들어 선수를 추적하여 정보를 자동으로 표시하는 축구 중계의 경우 초당 몇 프레임 이상을 처리해야 하는 실시간 조건이 필수다.

이들 조건은 종종 상충tradeoff 관계에 있다. 반복성이 중요하지만 실시간 처리가 양보할 수 없는 조건인 경우 반복성을 어느 정도 희생하고 실시간 처리를 유지해야 한다. 보다 넓은 영역에서 특징 벡터를 추출하면 분별력이 높아지지만 지역성이 낮아져 가림에 잘 대처하지 못한다. 결국 응용에 대한 깊은 이해를 바탕으로 적절히 조절해야 한다.

특징의 쓰임새에 대한 안목

대응점 문제를 푸는 데 4장에서 다룬 에지 특징이나 영역 특징은 거의 쓸모가 없다. 에지 맵은 화소가 에지인지 여부에 따라 0과 1로 표시한 정보일 뿐이다. 에지 화소가 가진 정보가 빈약하여 두 영상에서 서로 대응하는 에지 화소 쌍을 찾아낼 근거가 매우 약하다. 영역 분할의 경우 서로 다른 두 영상의 분할 결과가 너무 달라 영역 대 영역의 매칭은 거의 의미가 없다. 대응점 문제에 관한 한 지역 특징은 독보적인 성능을 보장한다.

눈을 돌리면 에지 특징이나 영역 특징이 필요한 응용이 많다. 사진에서 특정 물체의 영역을 배경으로 대치하는 사진 편집의 경우 지역 특징은 쓸모가 없다. 이 경우 영역 특징을 써야 하는데, 4.5.2항의 GrabCut과 같이 대화식으로 분할하는 알고리즘이 효과적이다. 성공적인 컴퓨터 비전 시스템을 구축하려면 응용 문제에 대한 이해를 바탕으로 적절한 알고리즘을 선택하는 안목이 중요하다. 이런 안목은 알고리즘을 깊이 이해해야 생긴다.

5.2 이동과 회전 불변한 지역 특징

수만 개의 화소로 구성된 영상 중 앞 절에서 제시한 조건을 만족하는 훌륭한 지역 특징을 어떻게 찾을 수 있을까? [그림 5-3]에서 간단한 인지 실험을 해보자. 왼쪽 영상에 표시된 특징점 a, b, c 중에 어느 것이 오른쪽 영상에서 찾기 쉬울까? a가 가장 쉽고 c가 가장 어렵다. 왜 그럴까? 이유를 수학으로 표현할 수 있을까? 1970년대에 모라벡은 해법을 찾아 나선다.

그림 5-3 대응점 찾기 인지 실험(MOT-17-14-SDP 동영상의 70번째와 83번째 영상)

5.2.1 모라벡 알고리즘

모라벡은 [그림 5-3]의 인지 실험 결과에 대한 이유를 a는 여러 방향으로 색상 변화가 있어 찾기 쉬운데 c는 어느 방향으로도 밝기 변화가 미세하여 찾기 어렵다고 설명했다. 그리고 1980년에 발표한 논문에서 찾기 쉬운 정도를 측정하는 데 쓸 수 있는 제곱차의 합SSD; Sum of Squared Difference을 식 (5.1)로 제시했다[Moravec1980]. 이 식을 화소마다 적용하는데, 각 화소에서 v와 u를 각각 -1, 0, 1로 변화시켜 3×3 맵을 생성한다.

$$S(v,u)=\sum_{y}\sum_{x}\left(f(y+v,x+u)-f(y,x)\right)^2 \qquad (5.1)$$

(y,x)는 적용하는 화소의 위치에 따라 정해진다. 화소 위치가 (4,3)이라면 식 (5.1)은 다음과 같다.

$$S(v,u)=\sum_{3\le y\le 5}\sum_{2\le x\le 4}\left(f(y+v,x+u)-f(y,x)\right)^2$$

[예시 5-1]은 식 (5.1)을 보다 구체적으로 설명하여 이해를 돕는다.

[예시 5-1] 제곱차의 합 계산

[그림 5-4(a)]에서 b로 표시된 점 (4,3)에 계산을 적용한다고 가정한다.

	0	1	2	3	4	5	6	7	8	9
0	0	0	0	0	0	0	0	0	0	0
1	0	0	0	0	0	0	0	c 0	0	0
2	0	0	0	1	0	0	0	0	0	0
3	0	0	0	1	1	0	0	0	0	0
4	0	0	0	b 1	1	1	0	0	0	0
5	0	0	0	1	1	1	1	0	0	0
6	0	0	0	1	1	1	1	a 1	0	0
7	0	0	0	0	0	0	0	0	0	0
8	0	0	0	0	0	0	0	0	0	0
9	0	0	0	0	0	0	0	0	0	0

(a) 원래 영상

a

v \ u	-1	0	1
-1	3	4	4
0	2	0	2
1	4	3	2

b

v \ u	-1	0	1
-1	3	1	6
0	3	0	4
1	3	0	3

c

v \ u	-1	0	1
-1	0	0	0
0	0	0	0
1	0	0	0

(b) 세 점에서 추출한 S 맵

그림 5-4 제곱차의 합 계산

아래 식은 v는 0, u는 1인 경우인 $S(0,1)$을 계산하는 과정이다.

$$S(0,1)=\sum_{3\le y\le 5}\sum_{2\le x\le 4}\left(f(y,x+1)-f(y,x)\right)^2=4$$

(v,u)의 나머지 칸을 계산해 3×3 맵에 채우면 점 b의 맵은 [그림 5-4(b)]의 가운데가 된다.

[그림 5-4(b)]는 a, b, c 세 점에서 구한 S 맵이다. 이 맵을 통해 식 (5.1)의 의도를 생각해보자. 점 c는 모든 방향에서 변화가 없어 S 맵의 모든 요소가 0이므로 지역 특징으로 자격이 전혀 없다. b는 원래 영상에서 수직 방향으로 변화가 없고 수평 방향으로 변화가 있어 S 맵에서 상하에 있는 이웃은 작은 값을 가지고 좌우에 있는 이웃은 큰 값을 가진다. 지역 특징으로 부족하다. a는 원래 영상에서 모든 방향으로 변화가 있어 S 맵에서 8 이웃이 모두 큰 값을 가진다. 지역 특징으로 손색이 없다. 이 관찰을 통해 훌륭한 지역 특징을 골라낼 실마리를 찾았다.

식 (5.2)는 S 맵을 가지고 지역 특징으로 좋은 정도를 측정한다. 이 식은 상하좌우에 있는 4개 화소의 최솟값을 특징 가능성 값 C로 취한다. [그림 5-4]에서 a는 C=2, b와 c는 C=0이 되어 a가 가장 좋은 점수를 받는다.

$$C = \min\left(S(0,1), S(0,-1), S(1,0), S(-1,0)\right) \qquad (5.2)$$

5.2.2 해리스 특징점

모라벡 알고리즘은 지역 특징을 위한 새로운 길을 열었다는 데 큰 의미가 있지만 현실적이지는 않다. 실제 세계에서 획득한 영상은 [그림 5-4]처럼 단순하지 않다. 3×3 크기의 작은 마스크를 사용하고 식 (5.2)처럼 상하좌우 이웃만 보고 점수를 매기는 방식은 한계가 있다. 해리스는 알고리즘을 크게 개선한다[Harris1988].

2차 모멘트 행렬을 통한 특징점 검출

식 (5.3)은 잡음에 대처하기 위해 식 (5.1)에 가우시안 G를 추가로 적용한다. 이 식을 가중치 제곱차의 합이라 부른다.

$$S(v,u) = \sum_y \sum_x G(y,x)\left(f(y+v, x+u) - f(y,x)\right)^2 \qquad (5.3)$$

테일러 확장Taylor expansion에 따르면 식 (5.4)가 성립한다. $d_y(y,x)$는 y 방향의 미분값이고 $d_x(y,x)$는 x 방향의 미분값이다. 식 (5.4)를 식 (5.3)에 대입하고 정리하면 식 (5.5)를 얻는다.

$$f(y+v, x+u) \cong f(y,x) + vd_y(y,x) + ud_x(y,x) \qquad (5.4)$$

$$S(v,u) \cong \sum_y \sum_x G(y,x)\left(vd_y(y,x) + ud_x(y,x)\right)^2 \qquad (5.5)$$

식 (5.5)를 다음과 같이 정리하여 식 (5.6)을 유도한다. 첫 번째 행은 간결하게 표기하기 위해 $d_y(y,x)$와 $d_x(y,x)$를 d_y와 d_x로 줄여 쓰고 제곱을 풀어 쓴다. 두 번째 행은 2×2 행렬을 도입하여 행렬 곱으로 대치하며 세 번째 행은 $(v\ u)$가 Σ에 대한 상수이므로 Σ 앞으로 옮긴다. $\Sigma\Sigma G$를 행렬 안으로 옮기면 네 번째 행이 된다.

$$S(v,u) \cong \sum_y \sum_x G(y,x)\left(vd_y + ud_x\right)^2 = \sum_y \sum_x G(y,x)\left(v^2 d_y^2 + 2vud_y d_x + u^2 d_x^2\right)$$

$$
= \sum_y \sum_x G(y,x)(v \quad u) \begin{pmatrix} d_y^2 & d_y d_x \\ d_y d_x & d_x^2 \end{pmatrix} \begin{pmatrix} v \\ u \end{pmatrix}
$$

$$
= (v \quad u) \sum_y \sum_x G(y,x) \begin{pmatrix} d_y^2 & d_y d_x \\ d_y d_x & d_x^2 \end{pmatrix} \begin{pmatrix} v \\ u \end{pmatrix}
$$

$$
= (v \quad u) \begin{pmatrix} \sum_y \sum_x G(y,x) d_y^2 & \sum_y \sum_x G(y,x) d_y d_x \\ \sum_y \sum_x G(y,x) d_y d_x & \sum_y \sum_x G(y,x) d_x^2 \end{pmatrix} \begin{pmatrix} v \\ u \end{pmatrix}
$$

마지막 행은 컨볼루션 연산자 ⊛ 를 이용하여 식 (5.6)으로 바꿀 수 있다.

$$
S(v,u) \cong (v \quad u) \begin{pmatrix} G \circledast d_y^2 & G \circledast d_y d_x \\ G \circledast d_y d_x & G \circledast d_x^2 \end{pmatrix} \begin{pmatrix} v \\ u \end{pmatrix} = \mathbf{uAu}^{\mathrm{T}} \qquad (5.6)
$$

식 (5.6)의 행렬 **A**를 2차 모멘트 행렬second moment matrix이라 부르며 따로 떼어 식 (5.7)로 쓴다.

$$
\mathbf{A} = \begin{pmatrix} G \circledast d_y^2 & G \circledast d_y d_x \\ G \circledast d_y d_x & G \circledast d_x^2 \end{pmatrix} \qquad (5.7)
$$

A에는 여러 가지 유용한 특성이 있다. 첫 번째, $(v\ u)$는 정수뿐 아니라 실수도 가능하므로 $S(20.3,11.8)$의 계산이 가능하다. 두 번째, **A**는 어떤 화소 주위의 영상 구조를 표현하고 있어 **A**만 분석하면 지역 특징 여부를 판단할 수 있다. 따라서 $(v\ u)$를 변화시키면서 맵을 생성하는 계산 과정을 거치지 않아도 된다. 해리스는 **A**의 고윳값을 보고 지역 특징으로 좋은 정도를 측정하는 기법을 제안한다. [표 5-1]은 세 점 a, b, c의 **A**와 고윳값을 보여준다. 세 점의 **A**는 [프로그램 5-1] 실행 결과의 ⑥~⑧ 배열에서 읽어왔다.

표 5-1 [그림 5-4(a)]에서 세 점의 특징 가능성 측정

	a	b	c
2차 모멘트 행렬	$\mathbf{A} = \begin{pmatrix} 0.52 & -0.2 \\ -0.2 & 0.53 \end{pmatrix}$	$\mathbf{A} = \begin{pmatrix} 0.08 & -0.08 \\ -0.08 & 0.8 \end{pmatrix}$	$\mathbf{A} = \begin{pmatrix} 0 & 0 \\ 0 & 0 \end{pmatrix}$
고윳값	λ_1=0.72, λ_2=0.33	λ_1=0.81, λ_2=0.07	λ_1=0.0, λ_2=0.0
특징 가능성 값	C=0.1925	C=0.0237	C=0.0

[표 5-1]에서 볼 수 있듯이 고윳값이 모두 0에 가까운 c와 같은 점은 특징으로 가치가 없고, b와 같이 고윳값 하나는 큰데 다른 하나는 작은 경우에 한 방향으로만 변화가 있고, a와 같이 두 고윳값이 모두 큰 경우는 지역 특징으로 훌륭하다. 해리스는 이런 사실에 기반하여 지역 특징일 가능성을 식 (5.8)로 정의하였다. $k = 0.04$로 설정하면 적절하다고 알려져 있다.

$$C = \lambda_1 \lambda_2 - k(\lambda_1 + \lambda_2)^2 \qquad (5.8)$$

식 (5.8)은 고윳값을 계산하는 시간이 필요하다. 모든 화소에 대해 이 식을 계산해야 하므로 고윳값 계산을 피할 수 있다면 큰 이득이 된다. $\mathbf{A} = \begin{pmatrix} p & r \\ r & q \end{pmatrix}$이라 하면 고윳값의 합은 $\lambda_1 + \lambda_2 = p + q$이고 곱은 $\lambda_1 \lambda_2 = pq - r^2$이다. 이를 이용하여 식 (5.8)을 식 (5.9)로 쓸 수 있다.

$$C = (pq - r^2) - k(p + q)^2 \qquad (5.9)$$

대부분 컴퓨터 비전 알고리즘은 많은 화소를 대상으로 계산하므로 자칫 느릴 수 있다. 식 (5.8)을 식 (5.9)로 바꾸어 빨리 계산하는 사례는 컴퓨터 비전 개발자에게 좋은 교훈이 된다.

[프로그램 5-1]의 실행 결과를 미리 살펴보자. ⑨로 표시한 행렬은 식 (5.9)를 모든 화소에 적용하여 얻은 특징 가능성 맵 C다. [그림 5-5]는 C를 보여준다. 이 맵을 잘 살펴보면 특징점을 중심으로 큰 값이 일정 범위에 걸쳐 퍼져 있다. 맵에서 특징일 가능성이 가장 높은 곳을 선택하는 위치 찾기localization 문제가 발생했다. 합리적인 방법은 극점extreme point, 즉 자신의 8개 이웃보다 큰 값을 갖는 화소를 특징점으로 선택하는 비최대 억제를 적용하는 것이다. 비최대 억제는 캐니 에지를 검출할 때([그림 4-8])와 허프 변환([그림 4-11])에서 사용한 적이 있다.

```
[[ 0.   0.   -0.   -0.   -0.    0.    0.    0.    0.    0.  ]
 [ 0.  -0.    0.02  0.04  0.02 -0.    0.    0.    0.    0.  ]
 [ 0.  -0.    0.07  0.19  0.08 -0.02 -0.    0.    0.    0.  ]
 [ 0.  -0.    0.03  0.17  0.09 -0.06 -0.02 -0.    0.    0.  ]
 [ 0.  -0.   -0.02  0.02  0.05 -0.06 -0.06 -0.02 -0.    0.  ]
 [ 0.  -0.    0.02  0.09  0.08  0.05  0.09  0.08  0.02 -0.  ]
 [ 0.  -0.    0.07  0.19  0.09  0.02  0.17  0.19  0.04 -0.  ]
 [ 0.  -0.    0.03  0.07  0.02 -0.02  0.03  0.07  0.02 -0.  ]
 [ 0.   0.   -0.   -0.   -0.   -0.   -0.   -0.   -0.    0.  ]
 [ 0.   0.    0.    0.    0.    0.    0.    0.    0.    0.  ]]
```

그림 5-5 특징 가능성 맵 C와 비최대 억제로 찾은 지역 특징점

해리스 특징점 검출

[프로그램 5-1]은 식 (5.7)과 식 (5.9)로 표현되는 특징점 검출 알고리즘을 구현한다. 알고리즘 계산 과정을 살펴볼 수 있도록 [그림 5-4(a)]와 같은 10×10 크기의 간단한 영상을 사용한다.

프로그램 5-1 해리스 특징점 검출 구현하기

```
01  import cv2 as cv
02  import numpy as np
03
04  img=np.array([[0,0,0,0,0,0,0,0,0,0],
05                [0,0,0,0,0,0,0,0,0,0],
06                [0,0,0,1,0,0,0,0,0,0],
07                [0,0,0,1,1,0,0,0,0,0],
08                [0,0,0,1,1,1,0,0,0,0],
09                [0,0,0,1,1,1,1,0,0,0],
10                [0,0,0,1,1,1,1,1,0,0],
11                [0,0,0,0,0,0,0,0,0,0],
12                [0,0,0,0,0,0,0,0,0,0],
13                [0,0,0,0,0,0,0,0,0,0]],dtype=np.float32)
14
15  ux=np.array([[-1,0,1]])
16  uy=np.array([-1,0,1]).transpose()
17  k=cv.getGaussianKernel(3,1)
18  g=np.outer(k,k.transpose())
19
20  dy=cv.filter2D(img,cv.CV_32F,uy)
21  dx=cv.filter2D(img,cv.CV_32F,ux)
22  dyy=dy*dy
23  dxx=dx*dx
24  dyx=dy*dx
25  gdyy=cv.filter2D(dyy,cv.CV_32F,g)
26  gdxx=cv.filter2D(dxx,cv.CV_32F,g)
27  gdyx=cv.filter2D(dyx,cv.CV_32F,g)
28  C=(gdyy*gdxx-gdyx*gdyx)-0.04*(gdyy+gdxx)*(gdyy+gdxx)
29
30  for j in range(1,C.shape[0]-1):          # 비최대 억제
31     for i in range(1,C.shape[1]-1):
32        if C[j,i]>0.1 and sum(sum(C[j,i]>C[j-1:j+2,i-1:i+2]))==8:
33           img[j,i]=9                        # 특징점을 원본 영상에 9로 표시
34
```

```
35  np.set_printoptions(precision=2)
36  print(dy) ①
37  print(dx) ②
38  print(dyy) ③
39  print(dxx) ④
40  print(dyx) ⑤
41  print(gdyy) ⑥
42  print(gdxx) ⑦
43  print(gdyx) ⑧
44  print(C) ⑨                                   # 특징 가능성 맵
45  print(img) ⑩                                 # 특징점을 9로 표시한 원본 영상
46
47  popping=np.zeros([160,160],np.uint8)        # 화소 확인 가능하게 16배로 확대
48  for j in range(0,160):
49      for i in range(0,160):
50          popping[j,i]=np.uint8((C[j//16,i//16]+0.06)*700)
51
52  cv.imshow('Image Display2',popping) ⑪
53  cv.waitKey()
54  cv.destroyAllWindows()
```

①

```
[[ 0.  0.  0.  0.  0.  0.  0.  0.  0.  0.]
 [ 0.  0.  0.  1.  0.  0.  0.  0.  0.  0.]
 [ 0.  0.  0.  1.  1.  0.  0.  0.  0.  0.]
 [ 0.  0.  0.  0.  1.  1.  0.  0.  0.  0.]
 [ 0.  0.  0.  0.  0.  1.  1.  0.  0.  0.]
 [ 0.  0.  0.  0.  0.  0.  1.  1.  0.  0.]
 [ 0.  0.  0. -1. -1. -1. -1.  0.  0.  0.]
 [ 0.  0.  0. -1. -1. -1. -1. -1.  0.  0.]
 [ 0.  0.  0.  0.  0.  0.  0.  0.  0.  0.]
 [ 0.  0.  0.  0.  0.  0.  0.  0.  0.  0.]]
```

②

```
[[ 0.  0.  0.  0.  0.  0.  0.  0.  0.  0.]
 [ 0.  0.  0.  0.  0.  0.  0.  0.  0.  0.]
 [ 0.  0.  1.  0. -1.  0.  0.  0.  0.  0.]
 [ 0.  0.  1.  1. -1. -1.  0.  0.  0.  0.]
 [ 0.  0.  1.  1.  0. -1. -1.  0.  0.  0.]
 [ 0.  0.  1.  1.  0.  0. -1. -1.  0.  0.]
 [ 0.  0.  1.  1.  0.  0.  0. -1. -1.  0.]
 [ 0.  0.  0.  0.  0.  0.  0.  0.  0.  0.]
 [ 0.  0.  0.  0.  0.  0.  0.  0.  0.  0.]
 [ 0.  0.  0.  0.  0.  0.  0.  0.  0.  0.]]
```

③

```
[[0. 0. 0. 0. 0. 0. 0. 0. 0. 0.]
 [0. 0. 0. 1. 0. 0. 0. 0. 0. 0.]
 [0. 0. 0. 1. 1. 0. 0. 0. 0. 0.]
 [0. 0. 0. 0. 1. 1. 0. 0. 0. 0.]
 [0. 0. 0. 0. 0. 1. 1. 0. 0. 0.]
 [0. 0. 0. 0. 0. 0. 1. 1. 0. 0.]
 [0. 0. 0. 1. 1. 1. 1. 0. 0. 0.]
 [0. 0. 0. 1. 1. 1. 1. 1. 0. 0.]
 [0. 0. 0. 0. 0. 0. 0. 0. 0. 0.]
 [0. 0. 0. 0. 0. 0. 0. 0. 0. 0.]]
```

④

```
[[0. 0. 0. 0. 0. 0. 0. 0. 0. 0.]
 [0. 0. 0. 0. 0. 0. 0. 0. 0. 0.]
 [0. 0. 1. 0. 1. 0. 0. 0. 0. 0.]
 [0. 0. 1. 1. 1. 1. 0. 0. 0. 0.]
 [0. 0. 1. 1. 0. 1. 1. 0. 0. 0.]
 [0. 0. 1. 1. 0. 0. 1. 1. 0. 0.]
 [0. 0. 1. 1. 0. 0. 0. 1. 1. 0.]
 [0. 0. 0. 0. 0. 0. 0. 0. 0. 0.]
 [0. 0. 0. 0. 0. 0. 0. 0. 0. 0.]
 [0. 0. 0. 0. 0. 0. 0. 0. 0. 0.]]
```

⑤

```
[[ 0.  0.  0.  0.  0.  0.  0.  0.  0.  0.]
 [ 0.  0.  0.  0.  0.  0.  0.  0.  0.  0.]
 [ 0.  0.  0.  0. -1.  0.  0.  0.  0.  0.]
 [ 0.  0.  0.  0. -1. -1.  0.  0.  0.  0.]
 [ 0.  0.  0.  0.  0. -1. -1.  0.  0.  0.]
 [ 0.  0.  0.  0.  0.  0. -1. -1.  0.  0.]
 [ 0.  0.  0. -1. -0. -0. -0. -0. -0.  0.]
 [ 0.  0.  0. -0. -0. -0. -0. -0.  0.  0.]
 [ 0.  0.  0.  0.  0.  0.  0.  0.  0.  0.]
 [ 0.  0.  0.  0.  0.  0.  0.  0.  0.  0.]]
```

⑥

```
[[0.   0.   0.15 0.25 0.15 0.   0.   0.   0.   0.  ]
 [0.   0.   0.2  0.4  0.32 0.08 0.   0.   0.   0.  ]
 [0.   0.   0.2  0.53 0.6  0.32 0.08 0.   0.   0.  ]
 [0.   0.   0.08 0.32 0.6  0.6  0.32 0.08 0.   0.  ]
 [0.   0.   0.   0.08 0.32 0.6  0.6  0.32 0.08 0.  ]
 [0.   0.   0.08 0.2  0.35 0.6  0.73 0.48 0.12 0.  ]
 [0.   0.   0.2  0.53 0.73 0.8  0.8  0.52 0.15 0.  ]
 [0.   0.   0.2  0.53 0.73 0.73 0.65 0.4  0.12 0.  ]
 [0.   0.   0.08 0.2  0.27 0.27 0.27 0.2  0.08 0.  ]
 [0.   0.   0.   0.   0.   0.   0.   0.   0.   0.  ]]
```

⑦

```
[[0.   0.   0.   0.   0.   0.   0.   0.   0.   0.  ]
 [0.   0.08 0.12 0.15 0.12 0.08 0.   0.   0.   0.  ]
 [0.   0.2  0.4  0.52 0.48 0.32 0.08 0.   0.   0.  ]
 [0.   0.27 0.65 0.8  0.73 0.6  0.32 0.08 0.   0.  ]
 [0.   0.27 0.73 0.8  0.6  0.6  0.6  0.32 0.08 0.  ]
 [0.   0.27 0.73 0.73 0.35 0.32 0.6  0.6  0.32 0.15]
 [0.   0.2  0.53 0.53 0.2  0.08 0.32 0.53 0.4  0.25]
 [0.   0.08 0.2  0.2  0.08 0.   0.08 0.2  0.2  0.15]
 [0.   0.   0.   0.   0.   0.   0.   0.   0.   0.  ]
 [0.   0.   0.   0.   0.   0.   0.   0.   0.   0.  ]]
```

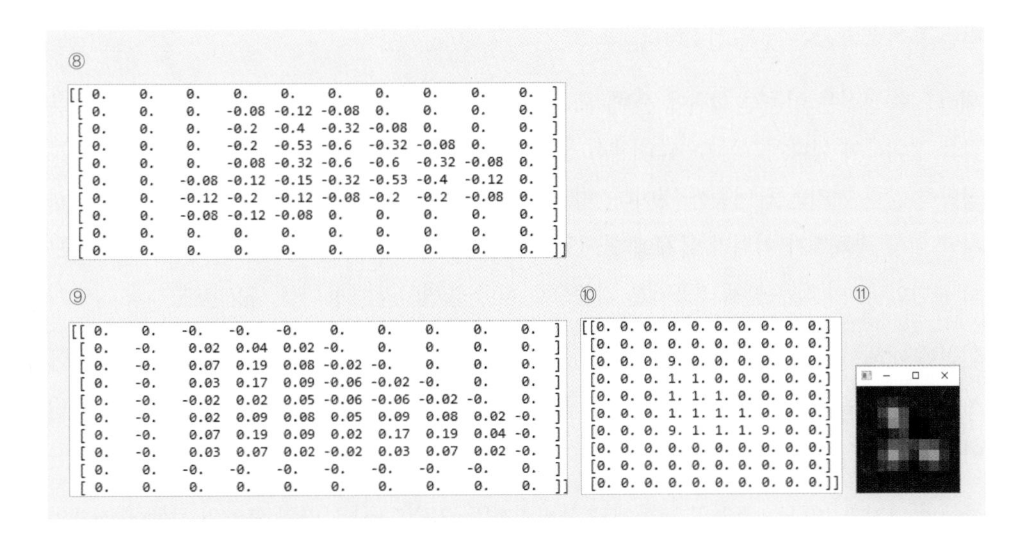

04~13행은 입력 영상을 생성한다. dtype=np.float32로 지정하여 실수 연산이 일어나도록 한다. 15~16행은 1×3과 3×1의 미분을 위한 필터를 만들고, 17~18행은 3×3의 가우시안 필터를 만든다. 17행의 (3,1)을 (5,1)로 바꾸면 5×5 크기의 가우시안 필터를 사용한다.

20~21행은 식 (5.7)의 d_y와 d_x를 구하고, 22~24행은 d_y^2, d_x^2, d_yd_x를 구하고, 25~27행은 $G \circledast d_y^2$, $G \circledast d_x^2$, $G \circledast d_yd_x$를 구한다. 28행은 식 (5.9)의 특징 가능성 맵 C를 계산한다. 30~33행은 비최대 억제를 적용한다. 32행의 조건에서 극점이 되려면 C가 0.1보다 커야 하며 8개 이웃보다 커야 한다. 33행은 조건을 만족하는 화소를 원본 배열 img에 9로 표시한다.

35행은 소수점 이하 두 자리까지 출력하게 설정한다. 36~43행은 특징 가능성 맵 C를 계산하는 데 필요한 미분 영상 출력, 44행은 C 맵 출력, 45행은 검출된 특징점을 9로 표시한 원본 영상을 출력한다. 47~52행은 C 맵을 16배 확대하여 윈도우에 나타낸다.

해리스 특징점의 분석

[그림 5-5]를 보면 검출된 세 특징점이 모두 삼각형이라는 물체의 모퉁이corner에 위치한다. 이 그림만 보면 해리스 특징점은 물체의 모퉁이를 찾는다고 생각할 수 있는데, 실제 영상에 적용하면 모퉁이뿐 아니라 블롭blob도 많이 검출함을 알 수 있다. 둥근 모양의 작은 영역인 블롭은 모든 방향으로 변화가 많기 때문이다. 해리스는 자신의 알고리즘이 찾은 특징을 모퉁이라고 불렀는데 이후 연구자들은 생각을 달리 하여 특징점feature point 또는 관심점interest point이

라는 용어로 부르는 것을 선호한다.

해리스 특징점은 이동과 회전에 불변invariant일까? 이 질문에 제대로 답을 하려면 불변이라는 말을 정의해야 한다. [그림 5-4(a)]에서 삼각형이 오른쪽으로 이동하면 [그림 5-5]의 C 맵도 정확히 같은 거리만큼 이동할 것이다. 따라서 해리스 특징점은 이동에 등변equivariant이다. 하지만 영상 좌표계가 아니라 물체에 붙어있는 좌표계를 기준으로 보면 같은 좌표를 유지하므로 불변이다. 이 책은 물체 좌표계를 기준으로 삼아 불변이라는 용어를 사용한다.

회전에 대해서도 불변일까? 삼각형이 회전하면 C 맵도 따라 회전하고 특징점도 회전한 곳에서 검출되므로 회전에 불변이다. 해리스 특징점은 물체 좌표계 관점에서 이동과 회전에 불변이다.

물체의 크기가 변하는 스케일 변환에도 불변일까? [그림 5-6]은 타원 모양의 물체에 스케일 변환이 발생한 상황이다. 왼쪽에 있는 작은 물체에서는 작은 마스크를 사용해도 모퉁이를 특징점으로 검출할 수 있는데, 오른쪽의 큰 물체에 작은 마스크를 적용하면 수직 에지가 지나가는 곳에 지나지 않는다. 오른쪽 물체에 큰 마스크를 적용하면 모퉁이에 반응하여 특징점을 검출할 것이다. 왼쪽 작은 물체에 큰 마스크를 적용하면 다른 물체와 섞일 가능성이 높아 제대로 특징점을 검출할 수 없다.

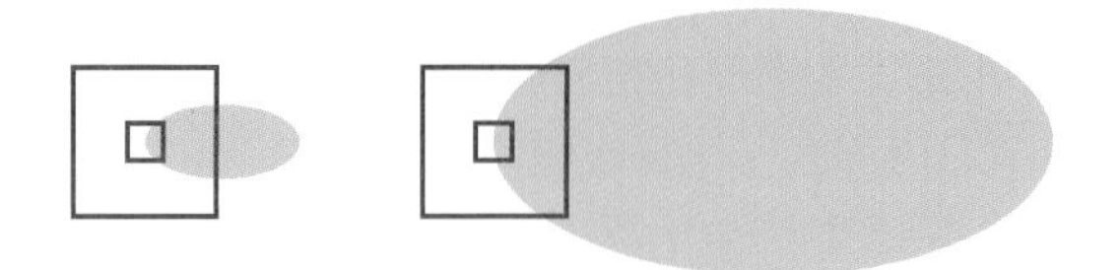

그림 5-6 물체의 크기에 따라 마스크의 크기를 적절하게 정해야 하는 상황

[프로그램 5-1]의 17~18행은 3×3 크기의 가우시안 마스크 G를 사용한다. 17행의 (3,1)을 (5,1)로 바꾸면 5×5 마스크를 사용할 수 있고, (7,1)로 바꾸면 7×7 마스크를 사용할 수 있다. 이렇듯 프로그래머는 마스크 크기를 자유자재로 바꿀 수 있지만, 영상의 어느 곳에 어떤 크기를 적용할 지에 대한 실마리가 없으니 자동으로 조절할 수 없다. 따라서 해리스 알고리즘은 스케일에 불변이지 않다. 다음 절은 모라벡과 해리스의 연구 결과를 토대로 스케일 변환에 불변한 특징을 개발한다.

5.3 스케일 불변한 지역 특징

사람은 거리에 상관 없이 같은 물체는 같다고 인식한다. 단지 세세한 내용을 인식할 수 있는 정도에 차이가 있을 뿐이다. 친구가 멀리 있을 때는 친구라 인식하는 데 그치지만 가까워지면 표정을 인식하고 건넬 말을 정한다. 컴퓨터 비전이 물체의 스케일에 대처하는 인간의 이런 능력을 갖출 수 있을까? 스케일 공간 이론은 스케일 불변의 가능성을 열어준다.

스케일 공간scale space 이론에서는 스케일을 모르는 상황에 대응하기 위해 [알고리즘 5-1]의 세 단계 전략을 사용한다. 이 알고리즘을 구현하는 다양한 변형이 있는데 SIFT는 가장 성공한 버전이다. SIFT는 5.4절에서 설명한다.

[알고리즘 5-1] 스케일 공간에서 특징점 검출

입력: 명암 영상 f

출력: 스케일에 불변한 특징점 집합

1. 입력 영상 f로부터 다중 스케일 영상 $\tilde{f}$를 구성한다.
2. $\tilde{f}$에 적절한 미분 연산을 적용하여 다중 스케일 미분 영상 $\tilde{f}'$를 구한다.
3. $\tilde{f}'$에서 극점을 찾아 특징점으로 취한다.

[알고리즘 5-1]의 1행에서 구축하는 다중 스케일multi-scale 영상은 가까이부터 멀리까지 본 장면을 표현해야 한다. 입력은 한 장의 명암 영상에 불과하기 때문에 여러 거리에서 보았을 때 나타나는 현상을 얼추 흉내 내는 수밖에 없다. 첫 번째 방법은 거리가 멀어지면 세부 내용이 점점 흐려지는 현상을 모방한다. 표준편차 σ를 점점 키우면서 가우시안 필터로 입력 영상을 스무딩하여 흐려지는 현상을 시뮬레이션한다. [그림 5-7(a)]는 가우시안 스무딩 방법을 예시한다.

두 번째 방법은 거리가 멀어짐에 따라 물체의 크기가 작아지는 현상을 모방한다. 영상의 크기를 반씩 줄인 영상을 쌓은 피라미드 영상으로 이 현상을 시뮬레이션한다. [그림 5-7(b)]는 피라미드 방법을 예시한다.

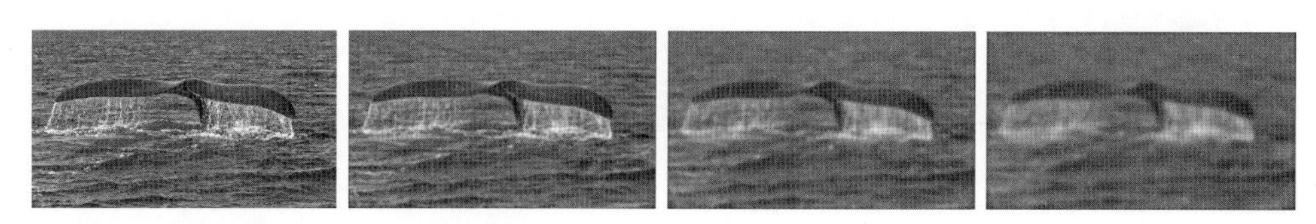

(a) 가우시안 스무딩 방법

(b) 피라미드 방법

그림 5-7 다중 스케일 영상을 구성하는 두 가지 방법[오일석2014]

피라미드 방법은 영상을 연속적인 스케일로 줄일 수 없는 한계가 있는 반면 가우시안 스무딩은 σ를 연속된 값으로 조절할 수 있는 장점이 있다. 가우시안 방법은 연속 공간에서 유도한 수식과 알고리즘을 디지털 공간으로 변환해 사용할 수 있는 장점이 있다. [그림 5-8]은 가우시안 스무딩으로 만든 영상을 t 축에 배치한 다중 스케일 영상 $\tilde{f}$ 이다. (y,x,t) 공간을 스케일 공간scale space이라 한다. 그림은 σ=1.0, 2.0,…을 예시하는데 실제로는 σ를 더 촘촘하게 적용한 영상을 사용한다.

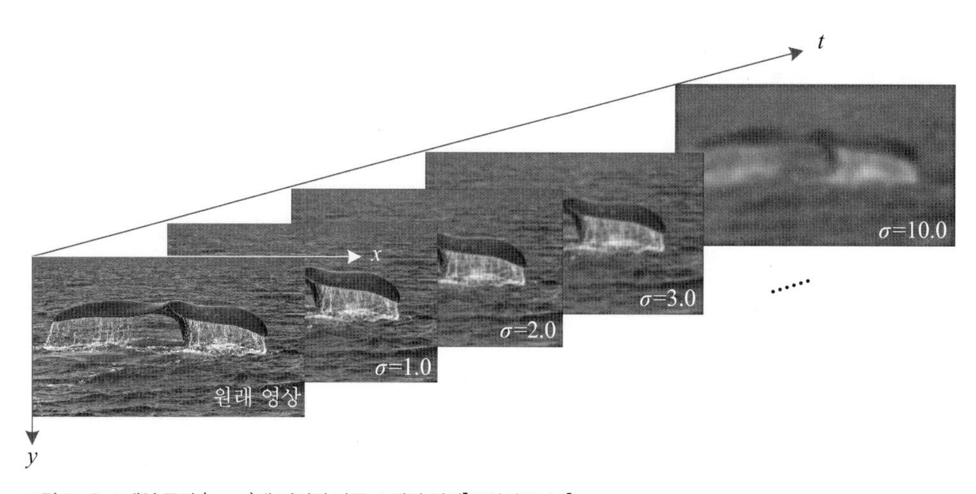

그림 5-8 스케일 공간 (y, x, t)에 정의된 다중 스케일 영상[오일석2014]

[알고리즘 5-1]의 2행에서 수행하는 스케일 공간의 미분은 식 (5.10)의 라플라시안Laplacian을 주로 사용한다. d_{yy}는 y로 두 번 미분한 영상이고 d_{xx}는 x로 두 번 미분한 영상이다.

$$\text{라플라시안: } \nabla^2 f = d_{yy} + d_{xx} \qquad (5.10)$$

라플라시안은 스케일 공간에서 극점을 찾는 데 유리하다고 실험적으로 입증되어 있다 [Lindeberg1998]. 그런데 σ가 클수록 d_{yy}와 d_{xx}가 작아지는 문제가 있어 실제 구현에서는 식 (5.11)의 정규 라플라시안normalized Laplacian을 사용한다. 정규 라플라시안은 라플라시안의 절댓값에 단지 σ^2을 곱한 값이다.

$$\text{정규 라플라시안: } \nabla^2_{normal} f = \sigma^2 \mid d_{yy} + d_{xx} \mid \qquad (5.11)$$

[알고리즘 5-1] 3행의 극점 검출에서는 주로 비최대 억제를 사용한다. 스케일 공간은 3차원이기 때문에 3차원에서 비최대 억제를 적용한다.

5.4 SIFT

[알고리즘 5-1]을 구현하는 다양한 변형이 제시되었는데 SIFTScale-Invariant Feature Transform가 가장 성공적이고 지금까지 널리 쓰인다. SIFT는 브리티시컬럼비아 대학교의 데이빗 로우David Lowe 교수가 1999년 논문으로 발표하며 세상에 알려졌다[Lowe1999]. 2004년에는 확장된 방법이 발표되었다[Lowe2004]. 5.4.1항은 [알고리즘 5-1]의 세 단계를 거쳐 SIFT 특징점을 검출하는 과정을 자세히 설명한다. 5.4.2항은 특징점에서 기술자를 추출하는 과정을 설명하고 5.5절은 특징점을 빠르게 매칭하는 방법을 설명한다.

5.4.1 검출

SIFT는 [알고리즘 5-1]의 세 단계를 거쳐 특징점을 검출한다. 각 단계는 최적의 검출 정확도를 달성하고 계산 시간을 최대한 줄이는 연산을 사용한다.

1단계: 다중 스케일 영상 구축

SIFT는 [그림 5-7]의 가우시안 스무딩과 피라미드 방법을 결합해 다중 스케일 영상을 구성한다. [그림 5-9(a)]는 둘을 결합하는 방법을 설명한다. 아래쪽 영상 여섯 장은 원래 영상에 가우시안 스무딩을 적용해 만드는데 이런 영상들을 옥타브octave라 부른다. 아래쪽 여섯 장은 옥타브 0, 위쪽 여섯 장은 옥타브 1이다. 옥타브 1은 원래 영상을 반으로 줄이고 가우시안을 적용해 만든다. 영상을 반으로 줄이는 일을 반복하여 옥타브 2, 3, 4, …를 추가한다. 옥타브 0과 옥타브 1을 만드는 과정을 자세히 설명한다.

옥타브 0은 원래 영상을 σ_1=1.6으로 스무딩한 영상에서 출발한다. 두 번째 영상은 $\sigma_2=k\sigma_1$로 스무딩하는데 실험을 통해 $k=2^{1/3}$로 정했다. 따라서 옥타브 0에 σ_1=1.6, σ_2=2.0159, σ_3=2.5398, σ_4=3.2, σ_5=4.0317, σ_6=5.0797로 스무딩한 영상을 배치한다. 실제 구현에서는 원본 영상 자체가 이미 0.5만큼 스무딩되어 있다고 가정하고 σ_1=1.6 대신 $\sigma_1=\sqrt{1.6^2-0.5^2}$을 사용한다. 옥타브 0을 구축하려면 컨볼루션을 6번 수행해야 한다. 이때 i번째 영상은 σ_i에 해당하는 필터로 스무딩하는데, i가 클수록 필터가 커서 시간이 더 걸린다. 컨볼루션의 수학적 특성에 따라 원본 영상을 σ_{i+1}로 스무딩한 결과는 σ_i로 스무딩한 영상에 σ_{i+1}과 σ_i의 차이인 $\sqrt{\sigma_{i+1}^2 - \sigma_i^2}$ 로 스무딩한 결과와 같다. 이 성질을 이용하여 i+1번째 영상은 i번째 영상에 $\sqrt{\sigma_{i+1}^2 - \sigma_i^2}$ 필터로 컨볼루션하여 빠르게 계산한다.

옥타브 1은 옥타브 0과 비슷하게 구축한다. 옥타브 1의 첫 번째 영상은 옥타브 0에서 3.2로 스무딩한 네 번째 영상을 반으로 축소하여 얻는다. [그림 5-9(a)]의 하얀색 화살표가 이 과정을 설명한다. 영상 축소는 화소를 하나 건너 취하는 방식으로 수행한다. 첫 번째 영상은 이미 1.6으로 스무딩되었다고 간주하고 추가 스무딩을 적용하지 않는다. 나머지 다섯 장의 영상은 옥타브 1과 같은 과정을 거쳐 만든다. 옥타브 0에서 옥타브 1을 얻는 과정을 반복 적용하여 옥타브 2, 3, 4, …를 만들면 다중 스케일 영상이 완성된다.

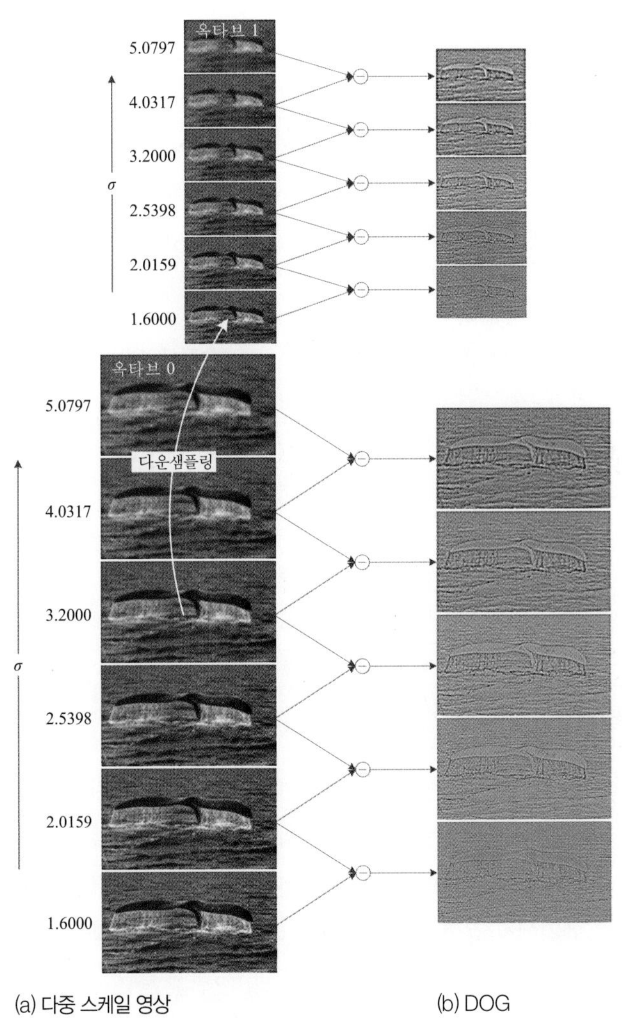

(a) 다중 스케일 영상 (b) DOG

그림 5-9 SIFT의 다중 스케일 영상[오일석2014]

2단계: 다중 스케일 영상에 미분 적용

SIFT는 식 (5.11)의 정규 라플라시안을 사용한다. 라플라시안은 큰 필터로 컨볼루션을 수행하므로 시간이 많이 걸린다. SIFT는 정규 라플라시안과 매우 유사하다고 증명된 DOGDifference of Gaussian를 사용하여 계산 시간을 획기적으로 줄인다. DOG는 [그림 5-9(b)]에서 볼 수 있듯이 이웃한 영상을 화소별로 빼면 되기 때문에 아주 빠르게 계산할 수 있다. 한 옥타브에 여섯 장의 영상이 있기 때문에 다섯 장의 DOG 영상이 생긴다.

3단계: 극점 검출

해리스 특징점을 검출할 때 [그림 5-5]에서 2차원 구조의 특징 가능성 맵 C에 비최대 억제를 적용하여 극점을 찾고 특징점으로 취한 적이 있다. 여기서도 같은 방식을 사용하는데 2차원 공간이 3차원으로 확장된 차이만 있다.

[그림 5-10]은 i번째 DOG 영상에서 X 표시된 화소의 극점 여부를 조사하는 상황이다. i번째 영상에서 8개 이웃 화소, 이웃인 $i-1$번째와 $i+1$번째 영상의 18개 이웃 화소를 조사한다. X 화소가 26개 이웃 화소보다 크면 극점으로 인정하고 특징점으로 취한다. SIFT는 특징점을 키포인트keypoint라고 부른다.

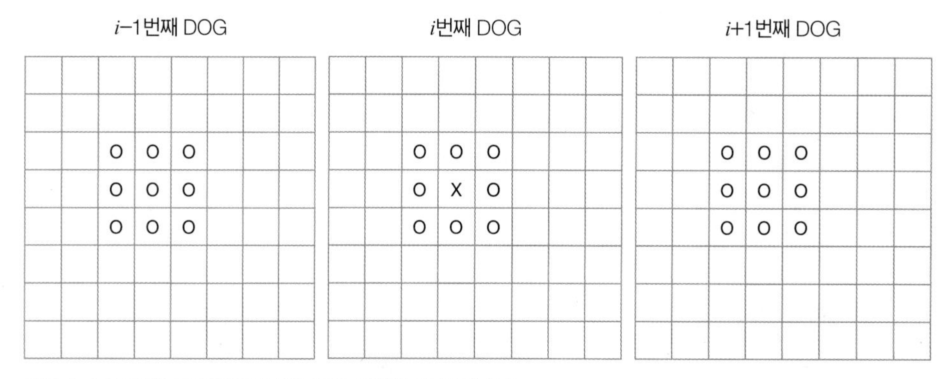

그림 5-10 3차원 구조의 DOG 영상에서 특징점(키포인트) 검출

검출된 특징점은 옥타브를 나타내는 o, DOG 번호를 나타내는 i, 옥타브에서 화소 위치를 나타내는 y와 x를 모아 (y,x,o,i)로 표현한다. y와 x는 위치를 나타내고 o와 i는 스케일 정보를 나타낸다. 이 값들을 테일러 확장으로 미세 조정하여 최종 확정한다. 미세 조정한 위치를 나타내는 y와 x는 실수다. 마지막으로 에지에서 검출된 특징점을 걸러내는 후처리 과정을 적용한다.

5.4.2 SIFT 기술자

앞 절에서 SIFT 특징점의 위치와 스케일 정보를 알아냈다. 위치와 스케일 정보만으로는 물체를 매칭하는 데 턱없이 부족하기 때문에 특징점 주위를 살펴 풍부한 정보를 가진 기술자 descriptor를 추출하는 단계를 거친다. 기술자는 특징 벡터에 해당한다. 특징점 검출과 마찬가지로 기술자 추출도 5.1절에서 제시한 6개 조건을 만족해야 한다. 특히 이동과 회전, 스케일에 불변한 기술자를 추출해야 하고, 영상이 어두워지거나 밝아져도 같은 값을 추출하는 조명 불변성까지 만족해야 한다.

알고리즘

키포인트는 (y,x,o,i)로 표현되는데 옥타브 o에 있는 i번째 DOG의 (y,x) 위치에서 검출되었다는 정보다. 이 정보를 가지고 [그림 5-9(a)]에서 가장 가까운 가우시안 영상을 결정하고 거기서 기술자를 추출한다. 이렇게 하여 스케일 불변성을 달성한다.

물체가 회전해도 같은 기술자를 추출하는 회전 불변성을 달성하려면 기준 방향을 정하고, 기준 방향을 중심으로 특징을 추출하면 된다. 기준 방향을 정하기 위해 키포인트 주위 영역에서 추출한 그레이디언트 분포를 이용한다. 특징점을 미세 조정하는 단계에서 키포인트의 위치 y와 x가 실수가 되었으므로 [그림 3-22]의 보간 방법으로 작은 영역을 샘플링한다. 이 영역에 대해 [그림 4-6]의 에지 연산자로 그레이디언트 강도와 방향을 계산한다. 그레이디언트 방향을 10도 간격으로 양자화하여 36개 칸을 가진 히스토그램을 구한다. 히스토그램에서 최댓값을 가진 칸을 찾아 지배적인 방향dominant orientation으로 정한다. 최댓값의 0.8배 이상인 또 다른 칸이 있으면 그것도 지배적인 방향으로 취한다. 따라서 하나의 키포인트에서 방향이 다른 여러 특징점이 발생할 수 있다. 이제 키포인트는 지배적인 방향 θ를 추가하여 (y,x,σ,θ)로 표현된다. o와 i는 σ로 변환하여 표현한다.

특징점에서 기술자를 추출하기 위해 [그림 5-11(a)]처럼 θ를 기준으로 윈도우를 씌우고 [그림 3-22]의 보간 방법으로 샘플링하여 [그림 5-11(b)]와 같은 16×16 크기의 작은 영역을 얻는다. 그림이 보여주는 바와 같이 영역을 4×4 크기의 블록 16개로 나눈다. 빨간색 테두리가 블록을 나타낸다. 각 블록은 자신에 속한 16개 화소의 그레이디언트 방향을 8단계로 양자화하고 히스토그램을 구한다. 이때 가우시안을 가중치로 사용한다.

[그림 5-11(b)]는 두꺼운 테두리로 표시한 블록의 히스토그램을 예시한다. 블록이 16개이

고 블록마다 8차원 히스토그램이 만들어지므로 최종적으로 16×8=128차원의 기술자 **x**를 얻는다.

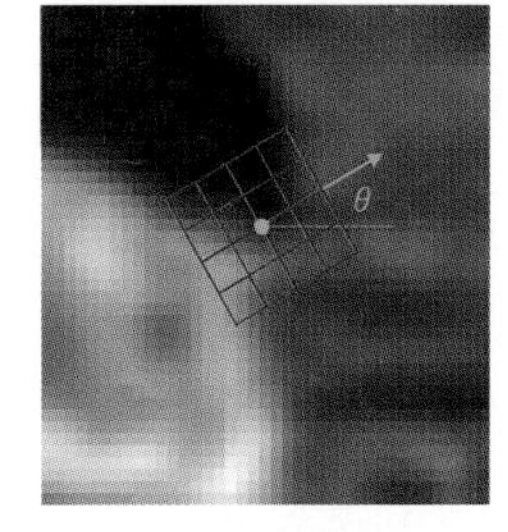

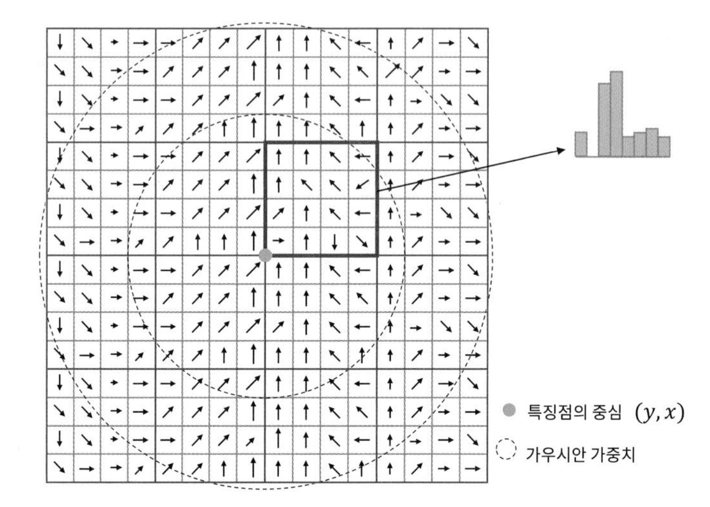

(a) 지배적인 방향의 윈도우　(b) 16×16 부분 영역 샘플링과 기술자 추출

그림 5-11 SIFT 특징점에서 기술자 추출

마지막으로 고려할 점은 조명 불변성illumination invariance이다. 빛이 강해져 영상이 밝아지면 기술자를 구성하는 특징값이 커지고 어두워지면 작아진다. SIFT는 이런 변화에 둔감해져 조명 불변성을 달성하려고 기술자 **x**를 벡터의 크기 $\|\mathbf{x}\|$로 나누어 단위 벡터로 바꾼다. 또한, 단위 벡터에 0.2보다 큰 요소가 있으면 0.2로 바꾼 다음 다시 단위 벡터로 바꾼다. 이렇게 얻은 **x**가 최종 기술자가 된다. 이제 하나의 특징점은 $(y,x,\sigma,\theta,\mathbf{x})$로 표현된다.

입력 영상이 들어오면 SIFT는 많은 수의 특징점을 찾아 특징점 집합으로 $(y_i,x_i,\sigma_i,\theta_i,\mathbf{x}_i)$, $i=1,2,\cdots,n$을 출력한다. 이제 같은 물체를 포함하는 서로 다른 두 영상에서 추출한 두 특징점 집합을 매칭하여 매칭 쌍을 찾는 일을 해야 한다. 이 일은 5.5절에서 다룬다.

SIFT 검출과 기술자 추출

OpenCV는 SIFT 특징점을 검출하고 영상에 표시해주는 함수를 제공하는데, 사용하기 아주 쉽다. [프로그램 5-2]는 이 함수들을 사용하는 사례다.

프로그램 5-2 SIFT 검출과 기술자 추출

```
01  import cv2 as cv
02
03  img=cv.imread('mot_color70.jpg')            # 영상 읽기
04  gray=cv.cvtColor(img,cv.COLOR_BGR2GRAY)
05
06  sift=cv.SIFT_create()
07  kp,des=sift.detectAndCompute(gray,None)
08
09  gray=cv.drawKeypoints(gray,kp,None,flags=cv.DRAW_MATCHES_FLAGS_DRAW_RICH_
    KEYPOINTS)
10  cv.imshow('sift', gray)
11
12  k=cv.waitKey()
13  cv.destroyAllWindows()
```

03~04행은 영상을 읽고 명암 영상으로 변환하여 gray에 저장한다.

06행은 SIFT_create 함수를 호출하여 SIFT 특징점을 추출하는 데 쓸 sift 객체를 생성한다. 다음은 SIFT_create 함수의 선언이다. 모든 매개변수가 기본값을 가지고 있어 [프로그램 5-2]에서는 생략했다. 매개변수 nfeatures는 검출할 특징점 개수를 지정하는데, 기본값인 0

으로 설정하면 검출한 특징점을 모두 반환하고 개수를 지정하면 신뢰도가 높은 순서로 지정한 만큼만 반환한다. nOctaveLayers는 옥타브 개수를 지정한다. contrastThreshold는 테일러 확장으로 미세 조정할 때 쓰는 매개변수로, 값이 클수록 적은 수의 특징점이 검출된다. edgeThreshold는 에지에서 검출된 특징점을 걸러내는 데 쓰는 매개변수로 값이 클수록 덜 걸러내 더 많은 특징점이 발생한다. sigma는 옥타브 0의 입력 영상에 적용할 가우시안의 표준편차다.

```
cv.SIFT_create(nfeatures=0,nOctaveLayers=3, contrastThreshold=0.04,
              edgeThreshold=10,sigma=1.6)
```

07행은 sift 객체의 detectAndCompute 함수를 호출하여 특징점과 기술자를 찾아 각각 kp와 des 객체에 저장한다. 특징점 검출과 기술자 추출을 나누어 처리하려면 07행을 다음과 같이 명령어 2개로 쓰면 된다.

```
kp=sift.detect(gray,None)
des=sift.compute(gray,kp)
```

09행은 drawKeypoints 함수로 검출한 특징점을 영상에 표시하고 10행은 영상을 윈도우에 나타낸다.

실행 결과를 살펴보자. 원의 중심은 특징점의 위치이고 반지름은 스케일, 원 안에 표시된 선분은 지배적인 방향이다. len(kp)를 출력하면 4415의 특징점이 검출되었다. 상당히 많은 수의 특징점이 발생한다는 사실을 알 수 있다. 만일 07행을 sift=cv.SIFT_create(nfeatures=500)으로 바꾸면 신뢰도가 높은 500개 특징점을 얻는다.

SIFT의 변종

SIFT의 성공 이후 다양하게 변형한 알고리즘이 발표되었다. 특징점 검출 방법으로는 SURF, FAST, AGAST가 대표적이고 기술자 추출로는 PCA-SIFT, GLOH, 모양 컨텍스트, 이진 기술자 등이 있다. SURF는 빠른 검출을 목표로 하는데, SIFT에 비해 6배 가량 빠르다고 알려져 있다. 이들의 원리 또는 성능 비교를 살피려면 [Tuytelaars2007, Aanas2012, 오일석 2014(4.4.4~4.4.5항과 6.2.2~6.2.3항)]을 참조한다.

5.5 매칭

매칭은 컴퓨터 비전이 풀어야 하는 물체 인식, 물체 추적, 스테레오, 카메라 캘리브레이션 등의 다양한 문제에서 핵심 역할을 한다. 예를 들어 [그림 5-2]는 물체 추적 문제를 예시하는데, 연속 프레임에서 안정적으로 매칭 쌍을 알아내면 추적 문제를 풀었다고 볼 수 있다.

5.5.1 매칭 전략

매칭 문제는 가장 유사한 특징점을 찾아 쌍을 맺어주면 되니 얼핏 쉽다고 생각할 수 있다. 하지만 [프로그램 5-2]의 실행 결과에서 확인했듯이 특징점이 상당히 많고 잡음이 섞인 기술자가 적지 않아 꽤 까다로운 문제다. 방법을 고안하기 전에 문제를 정확히 이해하는 일이 먼저다.

문제의 이해

매칭은 첫 번째 영상에서 추출한 기술자 집합 $A=\{\mathbf{a}_1,\mathbf{a}_2,\cdots,\mathbf{a}_m\}$와 두 번째 영상에서 추출한 기술자 집합 $B=\{\mathbf{b}_1,\mathbf{b}_2,\cdots,\mathbf{b}_n\}$가 주어졌을 때 같은 물체의 같은 곳에 해당하는 $\mathbf{a}_i$와 $\mathbf{b}_j$ 쌍을 모두 찾는 문제다. [그림 5-12]는 [그림 5-2]에 있는 두 장의 영상에서 추출한 기술자 집합을 예시한다.

매칭을 적용하는 상황은 다양하다. 물체 인식 문제에서는 물체의 모델 영상이 A이고 물체와 배경이 섞인 장면 영상이 B다. 모델 영상은 깨끗한 배경에 물체가 홀로 있기 때문에 비교적 신뢰도가 높은 적은 수의 기술자가 검출된다. 반면에 장면 영상은 여러 물체가 혼재되어 기술자는 많고 잡음이 심하다. 물체 추적 문제에서는 [그림 5-12]에서 볼 수 있듯이 두 장의 장면 영상이 동등한 입장이며 둘 다 복잡하다. 스테레오 문제도 물체 추적과 같은 상황이다.

가장 쉽게 생각할 수 있는 매칭 알고리즘은 A와 B를 조합한 mn개의 쌍 각각에 대해 거리를 계산하고, 거리가 임곗값보다 작은 쌍을 모두 취하는 것이다. [그림 5-12]에서 이런 순진한 알고리즘의 한계가 드러난다. 물체의 같은 곳이 아닌데 매칭되는 쌍(거짓 긍정)과 같은 곳인데 매칭에 실패하는 경우(거짓 부정)가 자주 발생할 것이다.

또한 m과 n이 커서 매칭에 많은 시간이 소요된다. [그림 5-12]의 두 영상에서 추출한 SIFT 특징점은 각각 4,415개와 4,096개이므로 1,808만 번 이상의 거리 계산이 필요하다. 실시간으로 물체를 추적하려면 상당히 부담스러운 계산 양이다. 빨리 매칭할 수 있는 효율적인 알고리즘이 필요해졌다.

그림 5-12 두 장의 영상에서 추출한 SIFT 특징점을 어떻게 매칭할까?

두 기술자의 거리를 계산할 때는 보통 식 (5.12)로 정의되는 유클리디안 거리를 사용한다. 이때 기술자는 d차원 벡터인데 SIFT 기술자는 d=128이다. 두 기술자를 $\mathbf{a}=(a_1, a_2, \cdots, a_d)$와 $\mathbf{b}=(b_1, b_2, \cdots, b_d)$로 표기한다.

$$d(\mathbf{a},\mathbf{b}) = \sqrt{\sum_{k=1,d}(a_k - b_k)^2} = \|\mathbf{a}-\mathbf{b}\| \qquad (5.12)$$

매칭 전략

세 가지 매칭 전략을 생각할 수 있다. 가장 단순한 첫 번째 전략은 두 기술자 $\mathbf{a}_i$와 $\mathbf{b}_j$의 거리가 임곗값보다 작으면 매칭되었다고 간주하는 고정 임곗값 방법이다. 식 (5.13)은 이 방법을 표현하는데, 임곗값 T를 정하는 일이 매우 중요하다. T를 너무 작게 하면 아주 가까운 쌍만 조건을 만족하므로 진짜 매칭 쌍이 조건을 통과하지 못해 거짓 부정false negative이 많이 발생한다. 반면 T를 너무 크게 하면 조금만 비슷해도 조건을 만족하므로 진짜가 아닌데 조건을 통과하는 거짓 긍정false positive이 많이 발생한다.

$$d(\mathbf{a}_i,\mathbf{b}_j) < T \qquad (5.13)$$

두 번째 전략은 최근접 이웃nearest neighbor이다. $\mathbf{a}_i$는 B에서 거리가 가장 작은 $\mathbf{b}_j$를 찾고 $\mathbf{a}_i$와 $\mathbf{b}_j$가 식 (5.13)을 만족하면 매칭 쌍으로 취한다.

세 번째 전략은 최근접 이웃 거리 비율이다. $\mathbf{a}_i$는 B에서 가장 가까운 $\mathbf{b}_j$와 두 번째 가까운 $\mathbf{b}_k$를 찾는다. $\mathbf{b}_j$와 $\mathbf{b}_k$가 식 (5.14)를 만족하면 $\mathbf{a}_i$와 $\mathbf{b}_j$는 매칭 쌍이 된다.

$$\frac{d(\mathbf{a}_i,\mathbf{b}_j)}{d(\mathbf{a}_i,\mathbf{b}_k)} < T \qquad (5.14)$$

[그림 5-13]은 세 전략의 차이를 설명한다. 같은 색은 매칭되어야 할 진짜 쌍이다. 고정 임곗값 방법을 사용하면 **a**는 **c**와 매칭이 일어나지 않아 거짓 부정이 되고 **b**는 **e**와 매칭되어 거짓 긍정이 된다. 최근접 이웃 방법에서 **a**는 **c**와 옳게 쌍이 되어 참 긍정이 되고 **b**는 **e**와 거짓 긍정이 된다. 최근접 이웃 거리 비율 방법에서 **a**와 가장 가까운 두 이웃은 **c**와 **d**인데 거리 비율이 작아서 **a**와 **c**는 옳게 쌍이 되어 참 긍정이 되고, **b**는 두 최근접 이웃인 **e**와 **d**의 거리 비율이 커서 **b**와 **e**는 쌍이 안 되어 참 부정이 된다. 많은 논문이 최근접 이웃 거리 비율 전략이 가장 좋은 성능을 보인다는 실험 결과를 보고한다. SIFT도 이 전략을 사용한다.

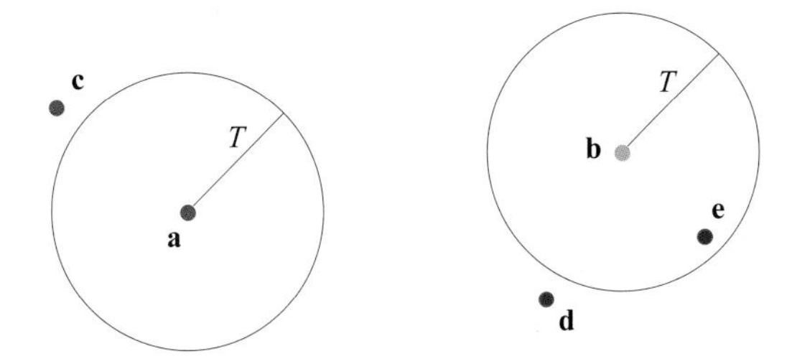

그림 5-13 세 가지 매칭 전략의 비교

5.5.2 매칭 성능 측정

성능을 정량적으로 측정하는 일은 컴퓨터 비전에서 아주 중요하다. 정량적 성능은 알고리즘을 개선하거나 최선의 알고리즘을 선택하기 위한 기준이며 시스템을 현장에 투입할지 결정할 때 꼭 필요하다. 컴퓨터 비전 분야의 성능 측정을 폭넓게 공부하려면 [Christensen2002, Scharstein2021]을 참조한다. 특히 [Scharstein2021]은 컴퓨터 비전의 성능 측정에 대한 논문 여러 편을 실은 IJCV의 2021년 4월 특집호를 소개한다. 특집호에 실린 논문들은 영상 데이터셋, 성능 측정 기준, 벤치마킹 결과 등을 상세하게 다룬다.

정밀도와 재현율

[그림 5-14]는 색깔로 정답GT; Ground Truth을 표시하는데, 같은 색은 진짜 매칭 쌍이고 다른 색은 진짜 매칭 쌍이 아니다. 매칭 알고리즘의 예측에 따라 네 가지 경우가 있다.

(a)는 진짜 매칭 쌍인데 매칭 알고리즘이 **a**와 **b**를 매칭 쌍, 즉 긍정으로 예측했으니 참 긍정TP; True Positive이다. 반면 (b)는 맺어줘야 하는데 알고리즘이 부정이라고 예측한 경우로서 거짓 부정FN; False Negative이다. (c)는 맺으면 안 되는데 맺은 경우로, 거짓 긍정FP; False Positive이다. (d)는 맺으면 안 되는데 맺지 않은 경우로, 참 부정TN; True Negative이다.

a b a b a b a b

(a) 참 긍정 (b) 거짓 부정 (c) 거짓 긍정 (d) 참 부정

그림 5-14 매칭의 네 가지 경우(같은 색이 진짜 매칭 쌍이고 ----은 매칭 알고리즘이 맺어준 쌍)

표 5-2 혼동 행렬

		정답(GT)	
		긍정	부정
예측	긍정	참 긍정(TP)	거짓 긍정(FP)
	부정	거짓 부정(FN)	참 부정(TN)

매칭 알고리즘이 예측한 많은 수의 매칭 쌍에 대해 네 경우의 빈도를 세어 [표 5-2]에 채우면 혼동 행렬confusion matrix이 된다. 혼동 행렬을 이용하면 식 (5.15)의 성능 지표를 계산할 수 있다. 정밀도precision는 매칭 알고리즘이 긍정, 즉 매칭 쌍으로 예측한 개수 중에 진짜 쌍인 비율이다. 재현율recall은 진짜 쌍 중에 알고리즘이 찾아낸 쌍의 비율이다. F1은 정밀도와 재현율을 둘 다 고려하여 하나의 값으로 표현한다.

$$\left.\begin{aligned} \text{정밀도} &= \frac{TP}{TP+FP} \\ \text{재현율} &= \frac{TP}{TP+FN} \\ F1 &= \frac{2 \times \text{정밀도} \times \text{재현율}}{\text{정밀도} + \text{재현율}} \end{aligned}\right\} \qquad (5.15)$$

$$\text{정확율} = \frac{TP+TN}{TP+TN+FP+FN} \qquad (5.16)$$

식 (5.16)의 정확률accuracy은 옳게 예측한 비율이다. 특징점 매칭에서는 부정이 긍정보다 월등히 많아 정확률이 의미가 없는 상황이 많다. 예를 들어 물체 인식의 경우 물체만 있는 모델 영상에서 추출한 특징점은 대부분 긍정이지만 물체와 배경이 섞인 장면 영상에서 추출한 특징점 대부분은 부정이다. 이 경우 매칭 알고리즘이 매칭 쌍을 전혀 출력하지 않아도 정확률이 100%에 가깝게 된다. 컴퓨터 비전에서는 주어진 상황에 딱 맞는 성능 기준을 써야 한다는 좋은 교훈이다.

ROC 곡선과 AUC

식 (5.13)을 사용하는 고정 임곗값 방법이나 식 (5.14)를 사용하는 최근접 이웃 거리 비율 방법은 임곗값 T를 가지는데 T를 작게 하면 식 (5.17)의 거짓 긍정률FPR; False Positive Rate은 작아진다. 반대로 T를 크게 하면 거짓 긍정률이 커지는데 참 긍정률TPR; True Positive Rate도 따라 커지는 경향이 있다.

$$\left.\begin{aligned} \text{참 긍정률} &= \frac{TP}{TP+FN} \\ \text{거짓 긍정률} &= \frac{FP}{TN+FP} \end{aligned}\right\} \qquad (5.17)$$

[그림 5-15]는 가로축을 거짓 긍정률, 세로축을 참 긍정률로 설정한 ROCReceiver Operating Characteristic 곡선이다. 이 그림은 가상의 매칭 알고리즘으로 측정한 세 ROC 곡선을 보여주는데, 왼쪽 위 꼭지점에 가까운 c2의 성능이 가장 뛰어나다. 극단적으로 ROC 곡선이 왼쪽 위 꼭지점을 지난다면 오류를 전혀 범하지 않는 완벽한 매칭 알고리즘이다. 종종 ROC 곡선 아래쪽 면적을 뜻하는 AUCArea Under Curve를 측정하여 제시한다. c0의 AUC는 0.5다. c1의 AUC는 0.5보다 크고 c2의 AUC는 c1의 AUC보다 크다.

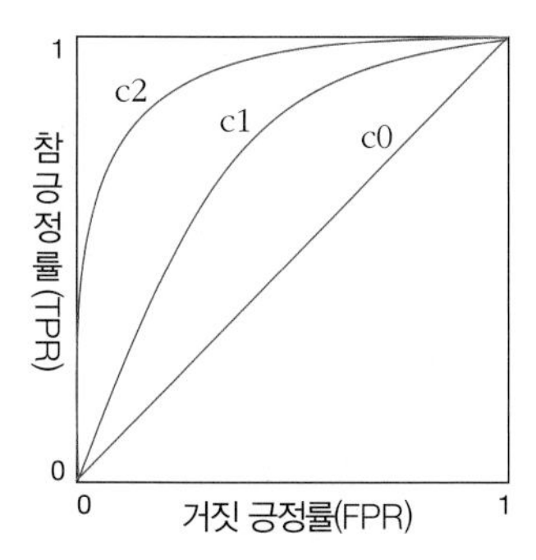

그림 5-15 ROC 곡선

5.5.3 빠른 매칭

앞 절에서는 매칭이 얼마나 정확한지 측정하였는데 컴퓨터 비전에서는 속도라는 또 다른 중요한 성능 지표가 있다. 속도는 실시간 처리가 요구되는 상황에서 양보할 수 없는 강한 조건이다. 대용량 데이터를 빠르게 탐색하는 자료 구조가 많다. [그림 5-16]이 예시하는 이진 탐색 트리binary search tree와 해싱hashing이 대표적이다[문병로2018].

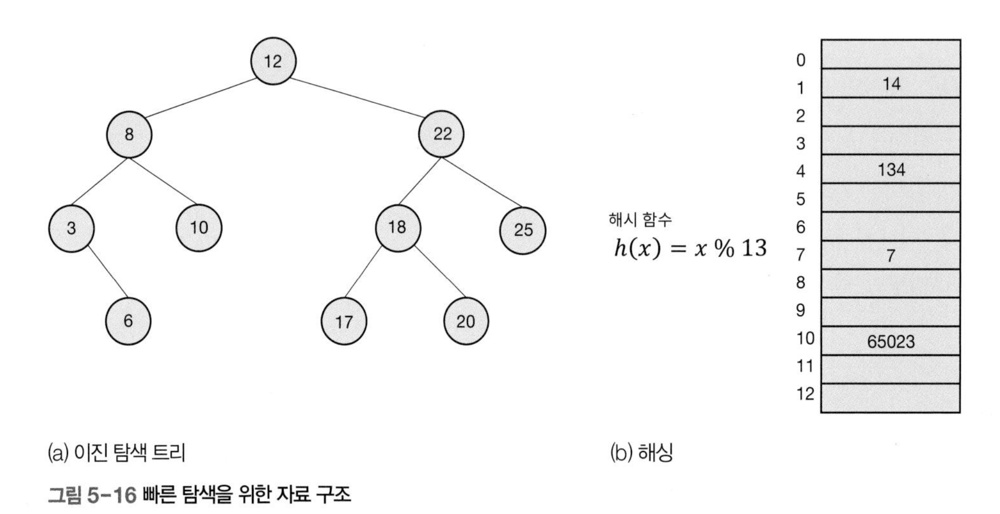

(a) 이진 탐색 트리

(b) 해싱

그림 5-16 빠른 탐색을 위한 자료 구조

*k*d 트리

[그림 5-16(a)]에 있는 이진 탐색 트리의 루트 노드는 12를 가지는데 왼쪽 부분 트리에 있는 노드는 모두 루트보다 작고 오른쪽 부분 트리에 있는 노드는 모두 루트보다 크다. 두 부분 트리가 이 성질을 재귀적으로 만족한다. 질의어를 탐색하는 일은 루트에서 시작하여 루트보다 작으면 왼쪽, 크면 오른쪽으로 이동하는 일을 재귀적으로 반복하여 이루어진다.

이진 탐색 트리는 한 번 비교할 때마다 한 단계씩 내려가므로 최악의 경우에도 트리의 깊이 이하의 비교로 탐색을 마친다. 따라서 아주 빠른 탐색이 가능한 자료 구조다.

이진 탐색 트리를 특징점 매칭에 적용하면 빠른 속도를 달성할 수 있는데, 특징점 매칭의 독특한 성질 때문에 그대로 적용할 수는 없다. 첫째, 이진 탐색 트리에서는 값 하나를 비교하는데, 특징점 매칭에서는 여러 값으로 구성된 기술자, 즉 특징 벡터를 비교해야 한다. 둘째, 이진 탐색 트리는 정확히 같은 값을 찾는 반면 특징점 매칭에서는 최근접 이웃을 찾아야 한다. 벤트리는 이진 탐색 트리를 특징점 매칭에 적합하게 개조한 *k*d 트리를 개발했다[Bentley 1975].

먼저 kd 트리를 만드는 과정을 설명한다. 기술자의 집합 $X=\{\mathbf{x}_1, \mathbf{x}_2, \cdots, \mathbf{x}_m\}$로 트리를 만든다고 가정한다. i번째 기술자는 $\mathbf{x}_i=(x_{i1}, x_{i2}, \cdots, x_{id})$로 표기한다. 먼저 루트 노드를 만드는데, d개 축 중에 어느 것을 쓸지 결정해야 한다. 이때 축 각각의 분산을 계산하고 분산이 가장 큰 축을 선택한다. 분산이 클수록 트리의 균형을 이루는 데 유리하기 때문이다.

이제 X를 두 부분 집합인 X_{left}와 X_{right}로 분할하는 데 쓸 기술자를 정한다. 앞에서 선택한 축이 k라면 k번째 요소 $(x_{1k}, x_{2k}, \cdots, x_{mk})$를 정렬하고 중앙값을 결정한다. x_{jk}가 중앙값이라면 j번째 기술자 $\mathbf{x}_j$를 루트 노드에 배치하고, k번째 축의 값이 x_{jk}보다 작은 기술자는 왼쪽, 큰 기술자는 오른쪽으로 보내 X_{left}와 X_{right}로 분할한다. 이런 과정을 X_{left}와 X_{right} 각각에 재귀적으로 적용한다.

[예시 5-2] kd 트리 생성

[그림 5-17(a)]는 $d=2$, $m=10$이고 $X=\{\mathbf{x}_1=(3,1),\ \mathbf{x}_2=(2,3),\ \mathbf{x}_3=(6,2),\ \mathbf{x}_4=(4,4),\ \mathbf{x}_5=(3,6),\ \mathbf{x}_6=(8,5),\ \mathbf{x}_7=(7,6.5),\ \mathbf{x}_8=(5,8),\ \mathbf{x}_9=(6,10),\ \mathbf{x}_{10}=(6,11)\}$인 간단한 예시다. 두 축의 값은 각각 (3,2,6,4,⋯,6)과 (1,3,2,4,⋯,11)이다. 두 번째 축의 분산이 더 커서 두 번째 축이 선택된다. 두 번째 축의 값 (1,3,2,4,⋯,11)을 정렬하고 중앙값을 구하면 $j=5$, 즉 다섯 번째 기술자 $\mathbf{x}_5$가 분할 기준이 된다. $\mathbf{x}_5$와 두 번째 축을 기준으로 나머지 9개 기술자를 분할하면 $X_{left}=\{\mathbf{x}_1, \mathbf{x}_3, \mathbf{x}_2, \mathbf{x}_4, \mathbf{x}_6\}$과 $X_{right}=\{\mathbf{x}_7, \mathbf{x}_8, \mathbf{x}_9, \mathbf{x}_{10}\}$이다. 루트 노드에 $\mathbf{x}_5$를 배치하고 2번 축을 기준으로 분할했다는 정보를 기록한다. 그림에서는 축 정보를 색으로 구분했는데 빨간색은 2번 축, 파란색은 1번 축이다. X_{left}와 X_{right} 각각에 대해 같은 과정을 재귀적으로 반복하면 [그림 5-17(a)]의 kd 트리가 완성된다.

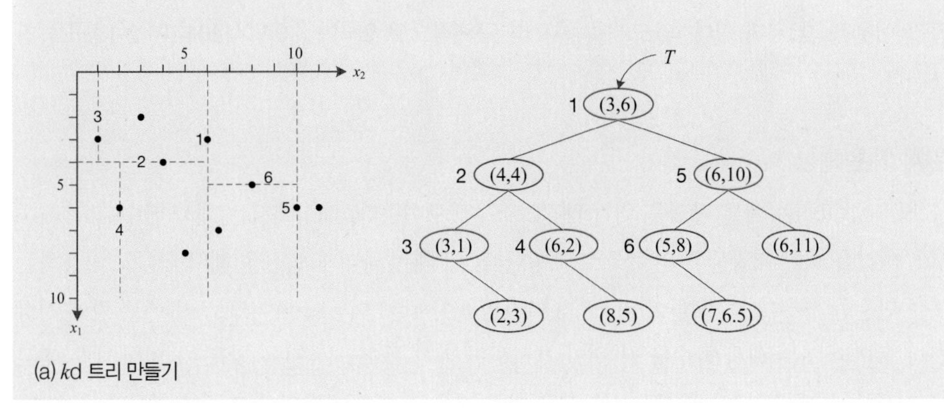

(a) kd 트리 만들기

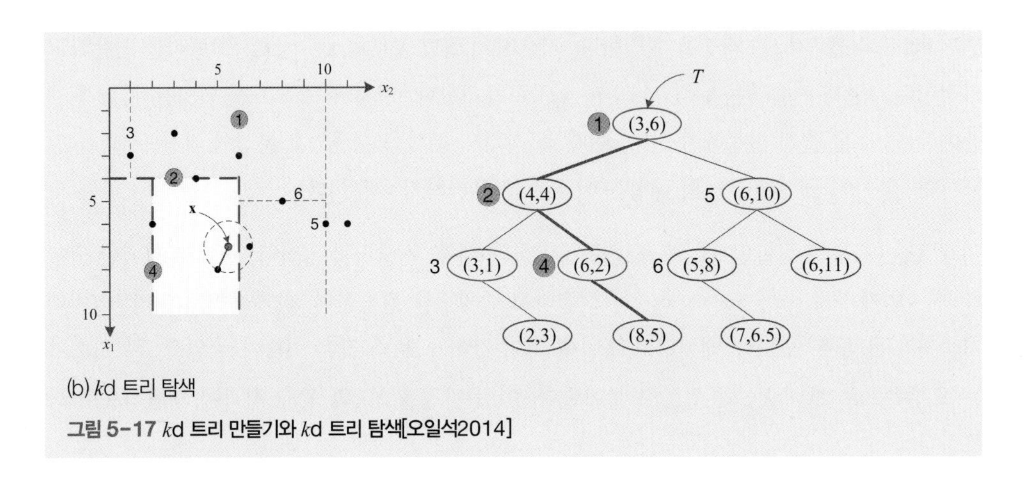

(b) *k*d 트리 탐색

그림 5-17 *k*d 트리 만들기와 *k*d 트리 탐색[오일석2014]

[그림 5-17(b)]는 새로운 특징 벡터 **x** = (7,5.5)가 입력되었다고 가정하고 트리에서 최근접 이웃을 찾는 과정을 설명한다. 루트 노드의 빨간색은 두 번째 축을 사용한다는 뜻이기 때문에 **x**의 두 번째 요소 5.5와 루트 노드의 두 번째 요소 6을 비교한다. **x**가 작기 때문에 왼쪽으로 내려가 노드 ②를 만난다. ②의 파란색은 첫 번째 축을 뜻하기 때문에 **x**의 첫 번째 요소 7과 노드 ②의 첫 번째 요소 4를 비교한다. **x**가 크기 때문에 오른쪽으로 간다. 이런 과정을 반복하면 잎 노드 (8,5)에 도달한다. [그림 5-17(b)]의 노란색으로 칠한 칸에 해당한다.

그런데 이웃 칸에 더 가까운 점이 존재할 가능성이 있기 때문에 (8,5)를 최근접 이웃이라고 단언할 수 없다. [그림 5-17(b)]의 경우 오른쪽 칸에 더 가까운 (7,6.5)가 있다. 따라서 타고 내려온 경로를 역추적하여 더 가까운 점을 찾는 추가 과정이 필요하다. 그런데 역추적까지 수행하면 *k*d 트리의 탐색이 충분히 빠르지 못한 문제가 있다. 해결책은 최근접 이웃 대신 근사 최근접 이웃을 찾는 데 있다. 알고리즘을 보다 구체적으로 알려면 [오일석2014(7.2.1항)]을 참조한다.

위치 의존 해싱

[그림 5-16(b)]는 빠른 탐색을 위한 해싱hashing을 보여준다. 해싱에서는 해시 함수hash function *h*가 키 값을 키가 저장될 칸의 번호로 매핑한다. 이 예는 나머지 연산을 해시 함수로 사용하는 아주 단순한 경우다. 예를 들어 키 *x*가 134라면 *h*(134)=134%13=4이므로 *x*를 4번 칸에 저장한다. 해싱에서는 해시 함수를 한 번만 계산하면 키가 들어있는 칸을 찾을 수 있어 매우 빠르게 탐색할 수 있다. 해싱에서는 서로 다른 키가 같은 주소로 매핑되어 충돌이 일어날 수 있다.

충돌 확률을 최소로 유지하는 좋은 해시 함수가 많이 개발되어 있다[문병로2018].

해싱을 특징점 매칭에 활용하려면 이진 탐색 트리를 *k*d 트리로 개조했듯이 상당한 수정이 필요하다. 특징점 매칭에서는 키가 벡터고 최근접 이웃을 찾아야 하기 때문이다. 또한 해싱에서는 충돌 확률을 최소화하는 전략을 사용하는데, 해싱을 특징점 매칭에 활용하려면 반대로 비슷한 특징 벡터가 같은 칸에 담길 확률을 최대한 높여야 한다. 이런 성질을 만족하는 대표적인 해싱 기법으로 위치 의존 해싱locality-sensitive hashing이 있다[Andoni2008]. 위치 의존 해싱에 대해 더 자세히 알려면 [오일석2014(7.2.2항)]을 참조한다.

빠른 매칭을 보장하는 라이브러리: FLANN과 FAISS

SIFT를 고안한 로우 교수와 제자인 무자는 앞에서 설명한 *k*d 트리의 다양한 변형을 소개하고 이들의 성능을 비교 분석한 논문을 발표했다[Muja2014]. 또한 이들을 구현한 FLANNFast Library for Approximate Nearest Neighbors 라이브러리를 공개했다. FLANN은 C++로 개발하였는데 C, C++, Ruby, 파이썬 인터페이스를 제공한다. FLANN의 소스 코드는 깃허브에 있다(https://github.com/flann-lib/flann). OpenCV는 FLANN을 이용한 함수를 제공하는데, 5.5.4항의 프로그래밍 실습은 이를 활용한다.

최근 페이스북은 최근접 이웃을 아주 빠르게 찾는 FAISSFacebook AI Similarity Search 라이브러리를 공개했다[Johnson2021]. C++로 작성하였으며 파이썬 인터페이스를 제공한다. 사용법은 공식 웹 사이트(https://faiss.ai)를 참조한다.

5.5.4 FLANN을 이용한 특징점 매칭

[프로그램 5-3]의 01~12행은 [프로그램 5-2]와 비슷한 과정을 거친다. 단지 MOT 동영상의 70번째 영상과 83번째 영상을 읽어들이며, 05행에서 70번째 영상의 버스 부분을 오려내 물체 모델 영상으로 사용하는 점이 다르다. 05~06행은 물체 모델 영상을 정하고 07~08행은 장면 영상을 정한다고 생각하면 된다. 11~12행은 두 영상 각각에서 SIFT 특징점을 검출하고 기술자를 추출한다.

16행은 DescriptorMatcher_create 함수를 호출하여 flann_matcher 객체를 생성한다. 이때 인수로 DescriptorMatcher_FLANNBASED를 설정하여 FLANN 라이브러리를 사용하라고 지시한다. 17행은 flann_matcher 객체의 knnMatch 함수를 호출하여 매칭을 수행한

다. 이때 des1, des2, 2라는 인수를 줘서 des1을 des2와 매칭하여 최근접 2개만 찾으라고 지시한다.

19~23행은 이렇게 찾은 매칭 쌍 중에서 식 (5.14)의 최근접 이웃 거리 비율 전략을 적용하여 좋은 쌍을 골라낸다.

프로그램 5-3 FLANN 라이브러리를 이용한 SIFT 매칭

```
01  import cv2 as cv
02  import numpy as np
03  import time
04  
05  img1=cv.imread('mot_color70.jpg')[190:350,440:560] # 버스를 크롭하여 모델 영상으로 사용
06  gray1=cv.cvtColor(img1,cv.COLOR_BGR2GRAY)
07  img2=cv.imread('mot_color83.jpg')                  # 장면 영상
08  gray2=cv.cvtColor(img2,cv.COLOR_BGR2GRAY)
09  
10  sift=cv.SIFT_create()
11  kp1,des1=sift.detectAndCompute(gray1,None)
12  kp2,des2=sift.detectAndCompute(gray2,None)
13  print('특징점 개수:',len(kp1),len(kp2)) ①
14  
15  start=time.time()
16  flann_matcher=cv.DescriptorMatcher_create(cv.DescriptorMatcher_FLANNBASED)
17  knn_match=flann_matcher.knnMatch(des1,des2,2)
18  
19  T=0.7
20  good_match=[]
21  for nearest1,nearest2 in knn_match:
22      if (nearest1.distance/nearest2.distance)<T:
23          good_match.append(nearest1)
24  print('매칭에 걸린 시간:',time.time()-start) ②
25  
26  img_match=np.empty((max(img1.shape[0],img2.shape[0]),img1.shape[1]+img2.
    shape[1],3),dtype=np.uint8)
27  cv.drawMatches(img1,kp1,img2,kp2,good_match,img_match,flags=cv.
    DrawMatchesFlags_NOT_DRAW_SINGLE_POINTS)
28  
29  cv.imshow('Good Matches', img_match)
30  
31  k=cv.waitKey()
32  cv.destroyAllWindows()
```

```
특징점 개수: 231 4096 ①
매칭에 걸린 시간: 0.03124260902404785 ②
```

26~27행은 매칭 결과를 보여줄 영상을 만든다. 26행은 두 영상을 나란히 배치하는 데 쓸 배열 img_match를 생성한다. 27행은 두 영상에 특징점을 표시하고 good_match가 가진 좋은 매칭 쌍을 선으로 연결하여 표시한다.

실행 결과를 보면 잘못된 매칭, 즉 거짓 긍정도 보이지만 대부분 옳은 매칭, 즉 참 긍정이 많다는 사실을 확인할 수 있다. 13행의 출력을 보면 모델 영상에서 231개, 장면 영상에서 4,096개의 특징점이 검출되었다. 24행의 출력을 보면 둘을 매칭하는 데 불과 0.031초 걸렸다. *k*d 트리 알고리즘을 구현한 FLANN의 빠른 속도를 확인하였다.

5.6 호모그래피 추정

[프로그램 5-3]은 꽤 정확하게 매칭 쌍을 찾았지만 여전히 부족한 점이 있다. 예를 들어 잘못된 쌍(거짓 긍정)으로 인해 건물을 버스로 착각할 수 있다. 따라서 아웃라이어를 걸러내는 과정이 필요하다. 또한 매칭 쌍을 이용하여 물체 위치를 찾는 과정이 추가되어야 한다. 호모그래피는 이런 일을 가능하게 해준다.

5.6.1 문제의 이해

[그림 5-18]은 3차원 공간에 있는 평면 P의 두 점 p1과 p2를 보여준다. 카메라 A와 B는 다른 방향에서 영상을 획득한다. p1과 p2는 카메라 A의 영상 공간에 a1과 a2로 투영되며 카메라 B에서 b1과 b2로 투영된다. 이처럼 3차원 점이 2차원 평면으로 변환되는 기하 관계를 투영 변환projective transformation이라 한다.

투영 변환은 [표 3-1]의 어파인 변환과 다른 점이 있다. 이동과 회전, 크기 변환을 조합한 어파인 변환은 평행인 선분을 평행으로 유지하는 반면 투영 변환은 먼 곳의 물체가 작게 나타나기 때문에 평행을 유지하지 못한다. 어파인 변환은 3×3 동차 행렬의 세 번째 행이 항상 (0 0 1)이지만 투영 변환은 그렇지 않다.

물체의 투영은 3차원 공간에서 이루어지기 때문에 점 **p**를 동차 좌표로 표현하면 $(x, y, z, 1)$의 4차원 벡터가 되고 투영을 위한 변환 행렬은 4×4이다. 여기서는 3차원 점이 모두 P에 위치한다고 가정하여 문제를 단순화한다. 평면의 좌표계를 [그림 5-18]처럼 x-y-z로 표기하면 평면의 모든 점은 z=0이다. 이 성질을 이용하여 z축을 무시하면 변환을 3×3 행렬로 표현할 수 있다. 이런 제한된 상황에서 이루어지는 투영 변환을 평면 호모그래피planar homography라 부르는데 보통 줄여서 호모그래피라 한다.

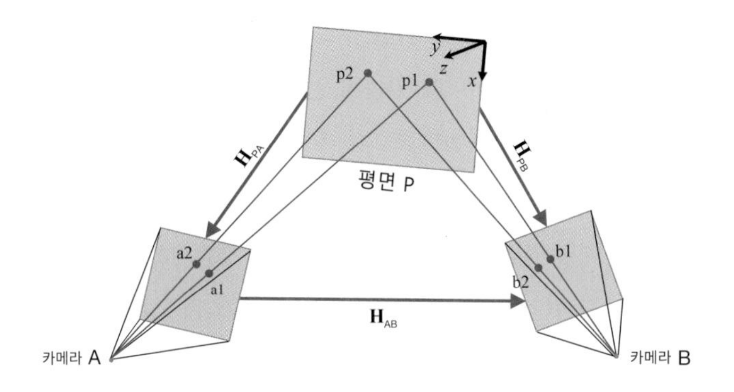

그림 5-18 호모그래피

[그림 5-18]에는 3차원 물체가 놓인 평면 P, 카메라 A의 영상 평면, 카메라 B의 영상 평면의 3개 평면이 있다. 어떤 평면의 점 **a**를 다른 평면의 점 **b**로 투영하는 변환 행렬을 **H**라 표기하면 **a**와 **b**의 관계를 식 (5.18)로 표현할 수 있다. **H**는 호모그래피 행렬이라 부른다. $\mathbf{Ha}^{\mathrm{T}}$를 계산하여 **b**를 구하면 세 번째 요소가 1이 아닐 수 있어 식 (5.19)를 이용하여 세 번째 요소가 1인 동차 좌표로 만든다. [그림 5-18]에서는 평면 P를 카메라 A의 영상 평면으로 투영하는 호모그래피 행렬 $\mathbf{H}_{\mathrm{PA}}$, 카메라 B의 영상 평면으로 투영하는 $\mathbf{H}_{\mathrm{PB}}$, 카메라 A의 평면을 카메라 B의 평면으로 투영하는 $\mathbf{H}_{\mathrm{AB}}$를 고려할 수 있는데, 보통 $\mathbf{H}_{\mathrm{PA}}$와 $\mathbf{H}_{\mathrm{PB}}$는 무시하고 카메라 평면끼리 투영 변환을 다루는 $\mathbf{H}_{\mathrm{AB}}$를 사용한다.

$$\mathbf{b}^{\mathrm{T}} = \begin{pmatrix} b_x \\ b_y \\ 1 \end{pmatrix} = \begin{pmatrix} h_{00} & h_{01} & h_{02} \\ h_{10} & h_{11} & h_{12} \\ h_{20} & h_{21} & 1 \end{pmatrix} \begin{pmatrix} a_x \\ a_y \\ 1 \end{pmatrix} = \mathbf{Ha}^{\mathrm{T}} \qquad (5.18)$$

$$\text{풀어쓰면,}\quad b_x = \frac{h_{00}a_x + h_{01}a_y + h_{02}}{h_{20}a_x + h_{21}a_y + 1},\ b_y = \frac{h_{10}a_x + h_{11}a_y + h_{12}}{h_{20}a_x + h_{21}a_y + 1} \qquad (5.19)$$

카메라 A와 B의 관계는 응용에 따라 여러 상황이 있을 수 있다. [프로그램 5-3]의 경우 버스를 추적하는 차량에 설치된 카메라로 획득한 영상을 사용했기 때문에 A와 B는 같은 카메라인데 위치와 방향이 다르다. 눈앞에 펼쳐진 장관을 파노라마 영상으로 제작하는 응용에서는 같은 장소에서 카메라를 조금씩 돌려가며 영상을 획득하기 때문에 약간의 위치 변화가 일어나고 일정한 양만큼 회전된 카메라로 간주할 수 있다.

앞 절에서 매칭 쌍을 구했기 때문에 $(\mathbf{a}_1, \mathbf{b}_1)$, $(\mathbf{a}_2, \mathbf{b}_2)$, $(\mathbf{a}_3, \mathbf{b}_3)$, …가 있다고 가정할 수 있다.

풀어야 하는 문제는 이들 매칭 쌍으로 호모그래피 행렬 **H**를 구하는 것이다. **H**를 구하면 [프로그램 5-3]의 경우 버스라는 물체가 장면 영상 어디에 있는지 알아낼 수 있다. 또한 물체의 점이 장면 영상의 어디에 나타날지 추정할 수 있다.

H에 9개 요소가 있는데 h_{22}=1이므로 알아내야 할 값은 8개다. 식 (5.19)에 따라 매칭 쌍 하나가 방정식 2개를 제공하므로 최소 4개 매칭 쌍이 있으면 **H**를 계산할 수 있다. 현실에서는 거짓 매칭이 있고 옳은 매칭에 위치 오류가 있어 많은 매칭 쌍을 사용하여 오류가 최소가 되는 최적의 **H**를 계산한다.

5.6.2 강인한 호모그래피 추정

매칭 쌍 n개를 $(\mathbf{a}_1, \mathbf{b}_1)$, $(\mathbf{a}_2, \mathbf{b}_2)$, $(\mathbf{a}_3, \mathbf{b}_3)$, ⋯, $(\mathbf{a}_n, \mathbf{b}_n)$으로 표기하면 식 (5.20)이 성립한다. **B**는 $\mathbf{b}_i$를 i번째 열에 배치한 $3 \times n$ 행렬이고 **A**는 $\mathbf{a}_i$를 i번째 열에 배치한 $3 \times n$ 행렬이다. 식 (5.20)은 $2n$개의 방정식을 제공하는데 최소 오류로 이들 방정식을 만족하는 **H**를 구하는 알고리즘이 여럿 있다.

$$\mathbf{B} = \mathbf{H}\mathbf{A} \qquad (5.20)$$

중앙값을 이용한 강인한 추정

가장 널리 쓰이는 알고리즘은 최소평균제곱오차LMSE; Least Mean Square Error다. **H**는 $\mathbf{a}_i$를 $\mathbf{H}\mathbf{a}_i^{\mathrm{T}}$로 투영하는데, $\mathbf{H}\mathbf{a}_i^{\mathrm{T}}$와 $\mathbf{b}_i$의 차이 $\|\mathbf{H}\mathbf{a}_i^{\mathrm{T}} - \mathbf{b}_i\|_2^2$가 오차다. 식 (5.21)은 모든 점의 오차를 평균한다. 최소평균제곱오차는 식 (5.21)의 E가 최소인 **H**를 찾는다. 파이썬의 numpy 모듈이 제공하는 lstsq 함수를 사용하거나 scipy 모듈의 leastsq 함수를 이용하여 풀 수 있다.

$$E = \frac{1}{n}\sum_{i=1,n}\|\mathbf{H}\mathbf{a}_i^{\mathrm{T}} - \mathbf{b}_i\|_2^2 \qquad (5.21)$$

식 (5.21)을 사용하는 최소평균제곱오차 방법은 모든 매칭 쌍이 같은 자격으로 오류 계산에 참여하기 때문에 틀린 매칭 쌍, 즉 아웃라이어로 인해 호모그래피의 정확도가 떨어질 수 있다. 아웃라이어를 걸러내는 방법은 여러 가지인데, 가장 단순한 방법은 모든 쌍의 오차를 계산한 다음 평균 대신 중앙값median을 사용하는 것이다. 다시 말해 n개의 오차를 계산한 다음 정렬하고 가운데 위치한 오차를 E로 취한다. 이렇게 하면 틀린 매칭 쌍은 중앙값 계산까지만 영향을 미치고 해를 계산하는 과정에서는 빠지기 때문에 보다 강인한 해를 얻을 수 있다. 이어 살펴볼 RANSAC은 중앙값보다 더 강인한 추정 기법이다.

RANSAC

RANSAC은 샘플에 섞여있는 아웃라이어를 회피하면서 최적해를 구하는 일반 기법이다. 4.3.3항에서는 에지에 선분을 적합하는 데 RANSAC을 활용했다. 여기서는 매칭 쌍 집합에서 호모그래피 행렬을 추정하는 데 RANSAC을 활용한다.

[알고리즘 5-2]는 매칭점 쌍을 입력으로 받아 최적의 호모그래피 행렬을 추정하는 RANSAC이다. 1행은 후보 호모그래피를 저장할 리스트 h를 초기화한다. 2행은 지정한 횟수 m만큼 3~9행을 반복한다. 보통 m을 수천으로 설정한다. 3행은 매칭 쌍 집합에서 임의로 4개를 선택하고 이들을 가지고 식 (5.20)을 구성하고 식 (5.21)의 오류 E가 최소가 되는 호모그래피 행렬 $\mathbf{H}$를 추정한다. 4행은 선택된 네 쌍으로 *inlier* 집합을 초기화한다. 5~6행은 나머지 매칭 쌍 중에 $\mathbf{H}$에 동의하는 쌍을 찾아 *inlier*에 추가한다. 7~9행은 *inlier*에 있는 모든 쌍을 가지고 $\mathbf{H}$를 다시 추정하고 $\mathbf{H}$를 신뢰할 수 있으면 h에 추가한다. 10행은 h에 있는 호모그래피 행렬 중에서 품질이 가장 좋은 것을 선택하여 최종 해로 취한다.

[알고리즘 5-2] 호모그래피 추정을 위한 RANSAC

입력: 매칭 쌍 집합 $X=\{(\mathbf{a}_1,\mathbf{b}_1),(\mathbf{a}_2,\mathbf{b}_2),\cdots,(\mathbf{a}_n,\mathbf{b}_n)\}$, 반복 횟수 m, 임곗값 t, d, e

출력: 최적 호모그래피 $\hat{\mathbf{H}}$

1. h=[]
2. for j=1 to m
3. X에서 네 쌍을 랜덤하게 선택하고 식 (5.21)을 풀어 호모그래피 행렬 $\mathbf{H}$를 추정한다.
4. 이들 네 쌍으로 *inlier* 집합을 초기화한다.
5. for (3행에서 선택한 네 쌍을 제외한 모든 쌍 p에 대해)
6. if (p가 허용 오차 t 이내로 $\mathbf{H}$에 적합하면) p를 *inlier*에 삽입한다.
7. if (*inlier*가 d개 이상의 요소를 가지면)
8. *inlier*의 모든 요소를 가지고 호모그래피 행렬 $\mathbf{H}$를 다시 추정한다.
9. if (8행에서 적합 오차가 e보다 작으면) $\mathbf{H}$를 h에 삽입한다.
10. h에 있는 호모그래피 중에서 가장 좋은 것을 $\hat{\mathbf{H}}$로 취한다.

RANSAC을 개선한 PROSAC이 개발되었다[Chum2005]. PROSAC의 아이디어는 단순하다. [알고리즘 5-2]의 3행에서 네 쌍을 랜덤하게 뽑는 대신 차별하여 뽑는다. 모든 매칭 쌍은 식 (5.13) 또는 식 (5.14)에서 임곗값 T보다 작아야 한다는 조건을 통과했는데, PROSAC은 더 작은 값으로 통과한 쌍일수록 뽑힐 확률을 높여주는 전략을 사용한다. OpenCV는 RANSAC과 PROSAC을 모두 지원한다.

5.6.3 호모그래피 추정 실험

[프로그램 5-4]는 [프로그램 5-3]에 호모그래피를 추정하는 기능을 추가한 것이다. 추가된 부분을 회색으로 표시해 쉽게 구분할 수 있게 했다.

01~20행은 [프로그램 5-3]과 같다.

프로그램 5-4 RANSAC을 이용해 호모그래피 추정하기

```
01  import cv2 as cv
02  import numpy as np
03
04  img1=cv.imread('mot_color70.jpg')[190:350,440:560] # 버스를 크롭하여 모델 영상으로 사용
05  gray1=cv.cvtColor(img1,cv.COLOR_BGR2GRAY)
06  img2=cv.imread('mot_color83.jpg')                   # 장면 영상
07  gray2=cv.cvtColor(img2,cv.COLOR_BGR2GRAY)
08
09  sift=cv.SIFT_create()
10  kp1,des1=sift.detectAndCompute(gray1,None)
11  kp2,des2=sift.detectAndCompute(gray2,None)
12
13  flann_matcher=cv.DescriptorMatcher_create(cv.DescriptorMatcher_FLANNBASED)
14  knn_match=flann_matcher.knnMatch(des1,des2,2)      # 최근접 2개
15
16  T=0.7
17  good_match=[]
18  for nearest1,nearest2 in knn_match:
19      if (nearest1.distance/nearest2.distance)<T:
20          good_match.append(nearest1)
21
22  points1=np.float32([kp1[gm.queryIdx].pt for gm in good_match])
23  points2=np.float32([kp2[gm.trainIdx].pt for gm in good_match])
24
```

```
25  H,_=cv.findHomography(points1,points2,cv.RANSAC)
26
27  h1,w1=img1.shape[0],img1.shape[1]                       # 첫 번째 영상의 크기
28  h2,w2=img2.shape[0],img2.shape[1]                       # 두 번째 영상의 크기
29
30  box1=np.float32([[0,0],[0,h1-1],[w1-1,h1-1],[w1-1,0]]).reshape(4,1,2)
31  box2=cv.perspectiveTransform(box1,H)
32
33  img2=cv.polylines(img2,[np.int32(box2)],True,(0,255,0),8)
34
35  img_match=np.empty((max(h1,h2),w1+w2,3),dtype=np.uint8)
36  cv.drawMatches(img1,kp1,img2,kp2,good_match,img_match,flags=cv.
    DrawMatchesFlags_NOT_DRAW_SINGLE_POINTS)
37
38  cv.imshow('Matches and Homography',img_match)
39
40  k=cv.waitKey()
41  cv.destroyAllWindows()
```

22행 이후 동작을 이해하려면 good_match 객체의 세부 내용을 알아야 한다. good_match는 16~20행을 통해 매칭 쌍 중에 좋은 것을 골라 저장한 리스트다. good_match의 0번 요소를 아래 명령어로 확인해보자. distance 멤버 변수는 두 특징점의 거리, queryIdx는 첫 번째(모델) 영상에서 추출한 특징점의 번호, trainIdx는 두 번째(장면) 영상에서 추출한 특징점

의 번호다. 다시 말해 $\mathbf{a}_i$와 $\mathbf{b}_j$가 매칭 쌍이라면 queryIdx는 i이고 trainIdx는 j이다.

```
In [1]: dir(good_match[0])
        [ … … 'distance', 'imgIdx', 'queryIdx', 'trainIdx']
```

22~23행은 이런 정보를 바탕으로 good_match에 있는 매칭 쌍 각각에 대해 첫 번째 영상의 특징점들의 좌표를 알아내 points1에 저장하고 두 번째 영상의 특징점들의 좌표를 알아내 points2에 저장한다.

25행은 findHomography 함수를 이용하여 호모그래피 행렬을 추정하여 H에 저장한다. findHomography 함수는 인수로 주어진 points1과 points2를 가지고 RANSAC 알고리즘을 수행하여 호모그래피 행렬을 추정한다.

27~28행은 두 영상의 크기를 알아낸다. 30행은 첫 번째 영상을 포함하는 네 구석의 좌표를 box1에 저장한다. 이때 numpy가 제공하는 reshape으로 box1의 배열 모양을 31행의 perspectiveTransform 함수가 원하는 모양으로 변환한다. 31행은 첫 번째 영상의 좌표에 호모그래피 행렬 H를 적용하여 두 번째 영상으로 투영하고 결과를 box2에 저장한다.

33행은 polylines 함수로 box2를 두 번째 영상에 그린다. 35~36행은 [프로그램 5-3]의 26~27행에 해당하는데, 두 영상을 옆으로 나란히 배치하고 특징점 정보와 매칭 정보를 그린다.

프로그램의 실행 결과를 보면 버스 모델 영상을 장면 영상에서 잘 검출하고 호모그래피 행렬도 정확하게 추정했음을 확인할 수 있다. 그리고 보라색으로 표시된 매칭 쌍은 아웃라이어인데 제대로 걸러냈음을 확인할 수 있다.

01 [그림 5-4(a)]에서 다음 두 점에 대해 [그림 5-4(b)]의 S 맵과 식 (5.2)의 C를 계산하시오.

(1) $(y,x)=(6,3)$

(2) $(y,x)=(4,5)$

02 문제 1의 두 점에 대해 [표 5-1]의 2차 모멘트 행렬, 고윳값, 특징 가능성 값을 계산하시오.

hint [프로그램 5-1]의 출력 결과를 활용한다.

03 [프로그램 5-2]의 06~07행은 가능한 모든 키포인트를 생성하고, 09행은 키포인트를 그린다.

(1) 키포인트를 2개만 생성하도록 [프로그램 5-2]를 수정하시오.

hint 키포인트 개수는 SIFT_create 함수에서 nfeatures 인수를 설정하면 된다.

(2) 2, 4, 8, 16, …, 512개의 키포인트를 생성하고, 각 결과를 서로 다른 윈도우에 디스플레이하도록 프로그램을 확장하시오.

(3) (2)의 결과를 잘 살펴, SIFT는 어떤 특성의 키포인트를 선호하는지 분석하시오.

04 5.4.2항은 SIFT의 변종 부분에서 SURF가 SIFT에 비해 6배 가량 빠르다고 설명한다. SURF가 속도 향상을 달성하는 원리를 설명하시오.

05 SIFT는 에지에서 발생한 쓸모 없는 키포인트를 찾아 제거하는 후처리 연산을 적용한다. [Lowe2004]를 참조하여 이런 키포인트를 어떻게 찾는지 설명하시오.

06 [그림 5-9]의 옥타브 영상을 만드는 프로그램을 작성하시오. 예시 영상은 스스로 고르시오.

(1) 그림처럼 6개의 가우시안 영상과 5개의 DOG를 만들어 서로 다른 윈도우에 디스플레이하는 프로그램을 작성하시오.

(2) 옥타브를 구성하는 가우시안 영상의 개수를 지정할 수 있도록 프로그램을 확장하시오.

07 [알고리즘 5-2]에서는 임곗값에 따라 FP가 영향을 받는다. FP를 줄이려면 임곗값 t, d, e 각각을 늘려야 하는지 줄여야 하는지 쓰고 그 이유를 설명하시오.

08 아래 제시한 모델 영상(좌)과 장면 영상(우)을 참고하여 [프로그램 5-4]를 간판 인식 또는 교통 표지판 인식을 할 수 있도록 수정하시오.

[모델 영상]

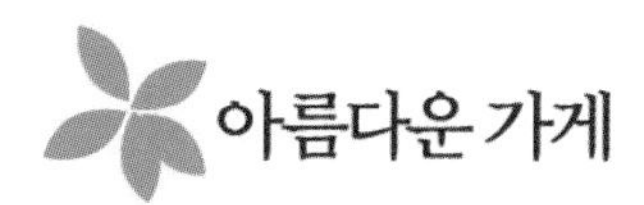

[장면 영상]

CHAPTER

비전 에이전트

Preview

컴퓨터 비전이 쓸모 있으려면 환경environment과 상호작용interaction을 해야 한다. [그림 6-1]에 있는 배달 드론, 공장 조립 라인에서 불량품을 거르는 검사 시스템, 상차림을 인식하여 다이어트 조언을 하는 스마트폰 앱은 환경과 활발히 상호작용한다.

그림 6-1 환경과 상호작용하는 컴퓨터 비전 시스템

컴퓨터 비전이 환경과 상호작용하게 하려면 환경에서 영상을 획득하는 기능과 처리한 결과에 따라 환경에 영향을 미치는 기능을 적절하게 추가해야 한다. 2~5장에서는 배운 이론을 구현하고 제대로 동작하는지 확인할 목적이 강해서 프로그래밍할 때 이런 기능을 고려하지 않았다. 하지만 이번 장에서는 비전 프로그램에 사용자 인터페이스를 붙여 환경과 상호작용할 수 있게 확장한다.

6장에서 해볼 프로그래밍 실습은 컴퓨터 비전에 대한 흥미를 배가시키고 시장 경쟁력을 갖춘 컴퓨터 비전 제품을 개발해보고 싶은 욕구를 불러일으킬 것이다. 또한 컴퓨터 비전 분야의 프로그램 개발 능력을 크게 향상시켜줄 것이다.

6.1 지능 에이전트로서 비전 에이전트

경제학은 사람을 합리적 에이전트rational agent로 바라본다. 이 관점은 사람을 항상 최적의 의사결정을 하려 노력하는 주체로 본다. 합리적 에이전트라는 개념을 컴퓨터에 적용하면 지능 에이전트intelligent agent가 된다. 지능 에이전트도 최적의 의사결정을 하려 노력한다.

세계적으로 유명한 인공지능 교과서 『Artificial Intelligence: A Modern Approach(4판)』에서는 지능 에이전트를 다음과 같이 정의한다[Russell2021].

> anything that can be viewed as perceiving its environment through sensors and acting upon that environment through actuators
>
> 센서를 통해 환경을 지각하고 액츄에이터를 통해 환경에 행동을 가한다고 볼 수 있는 모든 것

지능 에이전트는 비전, 자연 언어 처리, 지식 표현, 학습, 추론 등의 기능을 종합적으로 발휘해야 한다. 이 책에서는 비전에 특화된 지능 에이전트를 비전 에이전트vision agent라 부른다. 앞의 정의에서 sensors를 vision sensors로 바꾸면 비전 에이전트의 정의가 된다.

2~5장에서 수행한 프로그래밍 실습은 환경과 상호작용이 없는 것으로 [그림 6-2(a)]의 비전 프로그램이다. 반면 [그림 6-2(b)]는 환경과 상호작용하는 과정을 추가한 비전 에이전트다. 비전 에이전트가 환경과 제대로 상호작용하려면 인식한 결과에 따라 로봇을 움직이거나 자동차의 브레이크와 조향 장치를 조작하는 데까지 확장되어야 한다. 환경에 영향을 미치는 물리적 장치를 액추에이터actuator라고 한다. 물리적 액추에이터의 제어는 이 책의 범위를 넘어선다.

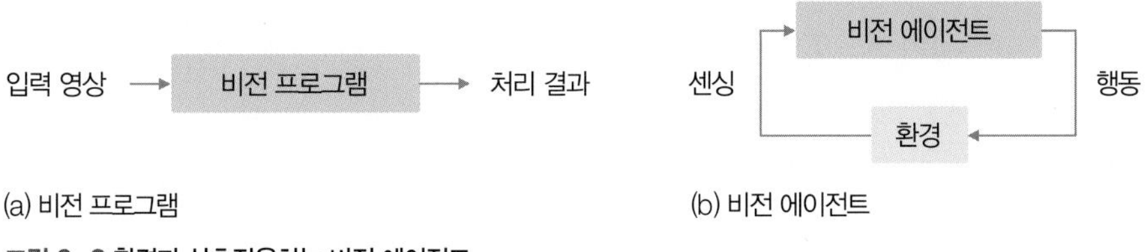

그림 6-2 환경과 상호작용하는 비전 에이전트

우리는 2~5장에서 만든 프로그램에 사용자 인터페이스를 붙여 영상 획득 과정을 보강하고 처리 결과에 따라 적절한 행위를 모방하는 비전 에이전트로 확장한다.

6.3절에서는 4.5.2항에서 실습한 GrabCut을 반복적으로 적용하여 원하는 모양을 정교하게 오려낼 수 있게 [프로그램 4-7]을 확장한다. 사용자는 마우스로 페인팅하는 작업을 반복하여 원하는 물체를 정교하게 오려낸다.

6.4절에서는 도로에 설치된 교통약자 보호 표지판을 인식하고 운전자에게 경고 신호를 보내는 과업을 모방하는 프로그래밍 실습을 한다. 이때 5.4절에서 공부한 SIFT라는 지역 특징을 이용하여 표지판을 인식한다.

6.5절에서는 웹 캠으로 입력받은 여러 장의 영상을 봉합하여 파노라마 영상을 제작하는 비전 에이전트를 만들어본다.

6.6절에서는 영상에 엠보싱, 카툰, 스케치, 유화의 특수 효과를 발휘하는 프로그래밍 실습을 한다. 웹 캠으로 입력받은 비디오에도 이를 적용한다.

비전 에이전트를 제작하려면 편리한 사용자 인터페이스가 필수다. 파이썬의 PyQt 모듈을 사용해 그래픽 사용자 인터페이스를 제작하는 일을 시작으로 비전 에이전트를 제작하는 신나는 세계로 들어간다.

6.2 PyQt를 이용한 사용자 인터페이스

비전 프로그램을 비전 에이전트로 확장하려면 적절한 그래픽 사용자 인터페이스GUI; Graphical User Interface를 추가해야 한다. 파이썬에서 GUI 프로그래밍은 tkinter 또는 PyQt 모듈을 사용한다. 이 책에서는 PyQt를 사용한다. 아나콘다를 설치하면 PyQt가 포함되므로 별도로 설치할 필요는 없다. PyQt를 공부하려면 [Fitzpatrick2021] 또는 [김민휘2020]을 참조한다. [김민휘2020]은 인터넷에 무료 버전이 공개되어 있다(https://wikidocs.net/book/2165). PyQt의 공식 사이트(https://www.riverbankcomputing.com/static/Docs/PyQt5)에서 제공하는 문서를 참조해도 된다.

PyQt 기초 프로그래밍

[프로그램 6-1]은 PyQt를 이용한 간단한 GUI 프로그램이다. 처음 만나는 GUI 프로그램이니 코드를 살펴보기 전에 프로그램을 실행하여 제대로 동작하는지 먼저 확인하자. 프로그램을 실행하면 〈짧게 삑〉, 〈길게 삑〉, 〈나가기〉라는 3개의 버튼을 가진 윈도우가 뜬다. 마우스로 〈짧게 삑〉 버튼을 클릭하면 0.5초 동안 삑 소리가 나고 〈길게 삑〉 버튼을 클릭하면 3초 동안 삑 소리가 난다. 〈나가기〉 버튼을 클릭하면 윈도우가 닫히며 프로그램이 끝난다.

프로그램 6-1 PyQt로 간단한 GUI 만들기(버튼을 클릭하면 삑 소리 들려주기)

```
01  from PyQt5.QtWidgets import *
02  import sys
03  import winsound
04
05  class BeepSound(QMainWindow):
06      def __init__(self) :
07          super().__init__()
08          self.setWindowTitle('삑 소리 내기')              # 윈도우 이름과 위치 지정
09          self.setGeometry(200,200,500,100)
10
11          shortBeepButton=QPushButton('짧게 삑',self)  # 버튼 생성
12          longBeepButton=QPushButton('길게 삑',self)
13          quitButton=QPushButton('나가기',self)
```

```
14          self.label=QLabel('환영합니다!',self)
15
16          shortBeepButton.setGeometry(10,10,100,30)          # 버튼 위치와 크기 지정
17          longBeepButton.setGeometry(110,10,100,30)
18          quitButton.setGeometry(210,10,100,30)
19          self.label.setGeometry(10,40,500,70)
20
21          shortBeepButton.clicked.connect(self.shortBeepFunction) # 콜백 함수 지정
22          longBeepButton.clicked.connect(self.longBeepFunction)
23          quitButton.clicked.connect(self.quitFunction)
24
25      def shortBeepFunction(self):
26          self.label.setText('주파수 1000으로 0.5초 동안 삑 소리를 냅니다.')
27          winsound.Beep(1000,500)
28
29      def longBeepFunction(self):
30          self.label.setText('주파수 1000으로 3초 동안 삑 소리를 냅니다.')
31          winsound.Beep(1000,3000)
32
33      def quitFunction(self):
34          self.close()
35
36  app=QApplication(sys.argv)
37  win=BeepSound()
38  win.show()
39  app.exec_()
```

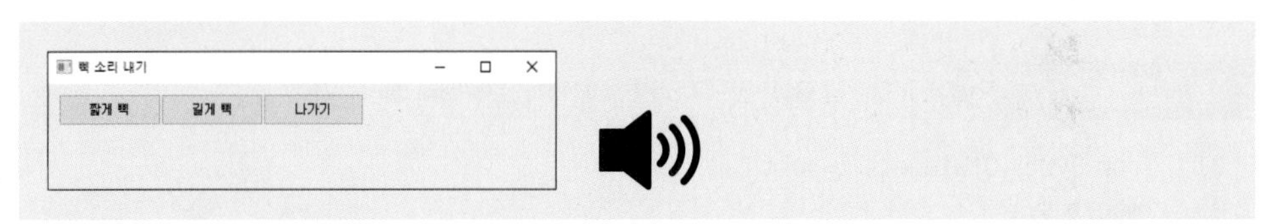

01~03행은 PyQt5.QtWidgets, sys, winsound 모듈을 불러온다. winsound는 삑 소리를 내는데 사용한다.

05~34행은 PyQt로 GUI를 제작하는 일을 지원하는 클래스를 선언한다. 클래스 선언이 시작되는 05행에서 클래스 이름을 적절하게 붙이면 되는데, 삑 소리를 내주는 클래스라 BeepSound라 하였다. 매개변수에는 QMainWindow가 있는데 QMainWindow 클래스를 상속받겠다는 뜻이다. QMainWindow는 윈도우를 생성하고 관리하는 함수를 제공하는

핵심 클래스다.

06~23행은 BeepSound 클래스로 객체를 생성하면 자동으로 실행되는 생성자 함수 __init__을 정의한다. 08행은 윈도우의 제목 표시줄에 '삑 소리 내기'라고 쓴다. 실행 결과에 있는 윈도우의 제목 표시줄에 이 제목이 나타남을 확인할 수 있다. 09행은 윈도우를 화면의 (200,200) 위치에 초기 배치하고 너비와 높이를 각각 500과 100으로 설정하라는 명령어다.

11~14행은 QPushButton 함수로 버튼 3개와 QLabel 함수로 레이블 1개를 만든다. 버튼과 레이블은 위젯widget의 일종인데, PyQt는 이들 외에도 QCheckBox, QRadioButton, QComboBox, QLineEdit 등 20여 개의 유용한 위젯을 제공한다. 11행은 '짧게 삑'이라고 표시된 버튼을 만들어 shortBeepButton 객체에 저장한다. 12행과 13행도 같은 방식으로 버튼을 만들어 longBeepButton과 quitButton 객체에 저장한다. 14행은 '환영합니다!'라고 쓴 레이블을 만들어 label 객체에 저장한다. 이때 버튼 객체와 달리 앞에 self를 붙였는데 이렇게 self를 붙이면 멤버 변수가 된다. 멤버 변수는 클래스 어느 곳에서든 접근이 가능하며 클래스로 생성한 객체에서도 접근이 가능하다. 이 프로그램에서는 shortBeepFunction 함수와 longBeepFunction 함수가 label 객체에 접근해야 해서 멤버 변수로 선언한다.

16~19행은 4개 위젯의 위치와 크기를 지정한다. 예를 들어 16행은 shortBeepButton을 윈도우의 (10,10) 위치에 배치하고 너비와 높이를 100과 30으로 설정한다. 21~23행은 사용자가 버튼을 클릭했을 때 수행할 콜백 함수를 지정한다. 예를 들어 21행은 shortBeepButton을 클릭하면 25~27행에 정의되어 있는 shortBeepFunction 함수를 실행한다. shortBeepFunction은 label.setText 명령어를 이용하여 레이블 위젯에 지정한 텍스트를 쓰고 winsound.Beep(1000,500) 명령어를 이용하여 주파수 1000인 삑 소리를 500밀리초(0.5초) 동안 들려준다. longBeepButton은 shortBeepButton과 같은 방식으로 동작하는데, 단지 winsound.Beep(1000,3000)을 통해 3000밀리초(3초) 동안 길게 삑 소리를 내는 것만 다르다.

이제 메인에 해당하는 36~39행을 살펴보자. 36행은 PyQt 실행에 필요한 객체 app을 생성한다. 37행은 BeepSound 클래스의 객체 win을 생성한다. 이때 06~23행에 정의된 BeepSound 클래스의 생성자 함수 __init__이 자동으로 실행된다. 다시 말해 '삑 소리 내기' 제목의 윈도우를 생성하고 위젯 4개가 만들어지며 콜백 함수가 등록된다. 38행은 win에 해당하는 윈도우를 실제로 화면에 나타낸다. 39행은 무한 루프를 돌아 프로그램이 끝나는 것을 방지한다. 39행이 없으면 win 객체에 해당하는 윈도우를 화면에 띄우는 순간 프로그램이 끝나서 사용자는 프로그램과 상호작용할 기회가 없다. 프로그램 종료는 〈나가기〉 버튼을 통해 달성된다. 〈나가기〉를 클릭하면 23행에서 등록해두었던 콜백 함수 quitFunction이 호출되고 34행의 close 함수가 실행되며 프로그램이 종료된다.

OpenCV에 PyQt를 붙여 프로그램 확장하기

이제 OpenCV에 PyQt의 GUI를 붙여 비전 프로그램을 확장해보자. [프로그램 6-2]는 비디오를 활성화하고 비디오에서 프레임을 획득하고 저장하는 간단한 기능을 제공한다.

먼저 프로그램의 큰 구조를 살펴보자. 05~47행은 GUI 제작을 지원하는 Video 클래스를 선언한다. Video 클래스 내부에 있는 06~24행은 Video 클래스의 생성자 함수 __init__이고, 26~47행은 버튼을 클릭하면 실행될 콜백 함수 4개다. 콜백 함수는 OpenCV 함수를 여러 군데에서 사용한다. 프로그램의 메인에 해당하는 49~52행은 [프로그램 6-1]의 36~39행과 같다.

06~24행의 생성자 함수 __init__을 살펴보자. 08행은 윈도우의 제목 표시줄에 '비디오에서 프레임 수집'이라고 쓴다. 09행은 화면에 나타날 윈도우의 위치와 크기를 설정한다. 11~14행은 QPushButton 함수로 버튼 4개를 만든다. 16~19행은 4개 버튼의 위치와 크기를 지정한다. 21~24행은 사용자가 버튼을 클릭했을 때 수행할 콜백 함수를 지정한다. 이 부분은 [프로그램 6-1]과 논리 흐름이 같다. 프로그램 패턴을 머리 속에 각인시킬 필요가 있다.

프로그램 6-2 OpenCV에 PyQt의 GUI 붙이기(비디오에서 프레임을 잡아 저장하기)

```
01  from PyQt5.QtWidgets import *
02  import sys
03  import cv2 as cv
04
05  class Video(QMainWindow):
06      def __init__(self) :
07          super().__init__()
08          self.setWindowTitle('비디오에서 프레임 수집')          # 윈도우 이름과 위치 지정
09          self.setGeometry(200,200,500,100)
10
11          videoButton=QPushButton('비디오 켜기',self)           # 버튼 생성
12          captureButton=QPushButton('프레임 잡기',self)
13          saveButton=QPushButton('프레임 저장',self)
```

```
14          quitButton=QPushButton('나가기',self)
15
16          videoButton.setGeometry(10,10,100,30)           # 버튼 위치와 크기 지정
17          captureButton.setGeometry(110,10,100,30)
18          saveButton.setGeometry(210,10,100,30)
19          quitButton.setGeometry(310,10,100,30)
20
21          videoButton.clicked.connect(self.videoFunction)  # 콜백 함수 지정
22          captureButton.clicked.connect(self.captureFunction)
23          saveButton.clicked.connect(self.saveFunction)
24          quitButton.clicked.connect(self.quitFunction)
25
26      def videoFunction(self):
27          self.cap=cv.VideoCapture(0,cv.CAP_DSHOW)        # 카메라와 연결 시도
28          if not self.cap.isOpened(): self.close()
29
30          while True:
31              ret,self.frame=self.cap.read()
32              if not ret: break
33              cv.imshow('video display',self.frame)
34              cv.waitKey(1)
35
36      def captureFunction(self):
37          self.capturedFrame=self.frame
38          cv.imshow('Captured Frame',self.capturedFrame)
39
40      def saveFunction(self):                             # 파일 저장
41          fname=QFileDialog.getSaveFileName(self,'파일 저장','./')
42          cv.imwrite(fname[0],self.capturedFrame)
43
44      def quitFunction(self):
45          self.cap.release()                              # 카메라와 연결을 끊음
46          cv.destroyAllWindows()
47          self.close()
48
49  app=QApplication(sys.argv)
50  win=Video()
51  win.show()
52  app.exec_()
```

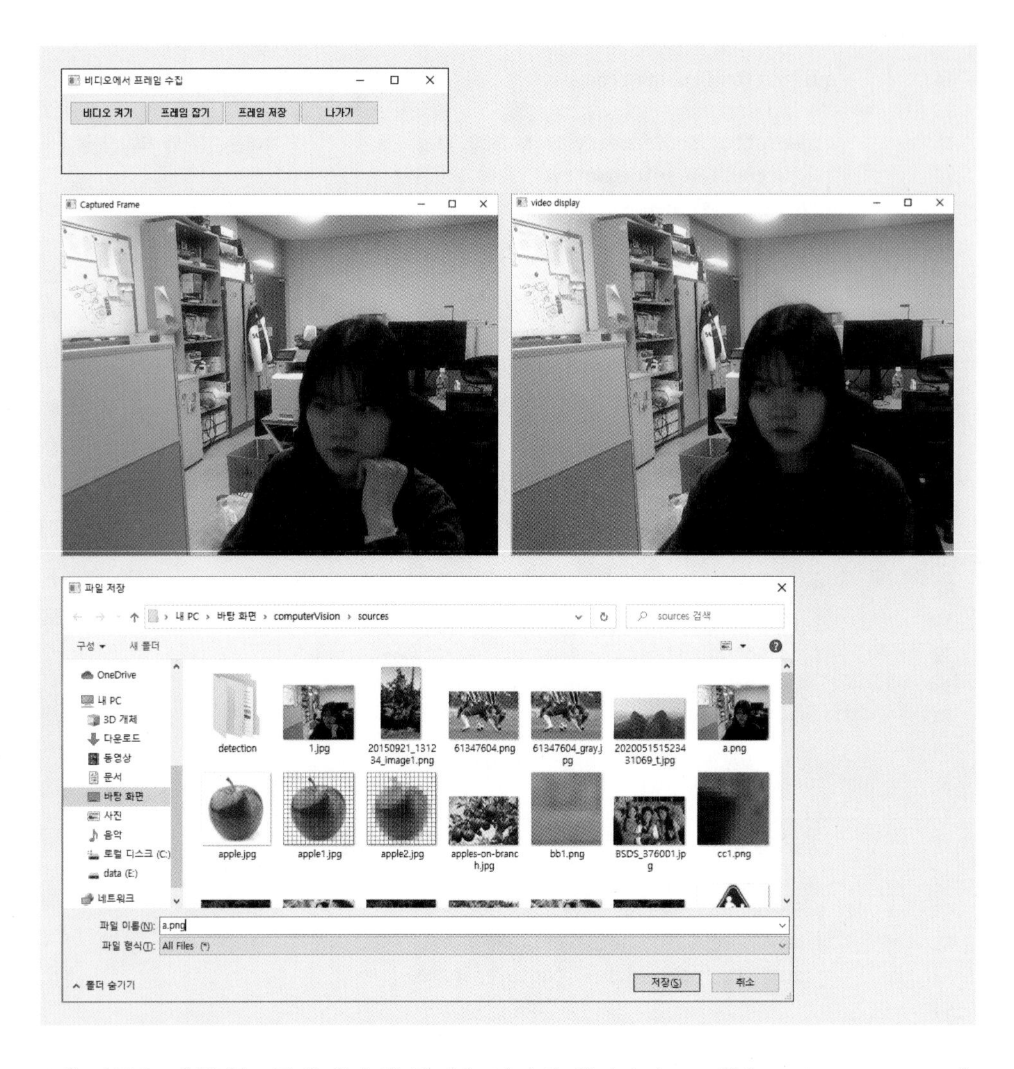

4개 버튼을 지원하는 콜백 함수의 동작을 하나씩 살펴보자. 21행은 videoFunction을 videoButton의 콜백 함수로 등록한다. 다시 말해 〈비디오 켜기〉라는 videoButton이 클릭되는 순간 videoFunction이 호출되도록 등록한다. 26~34행의 videoFunction은 OpenCV 함수를 이용하여 웹 캠으로부터 비디오를 입력받아 윈도우에 디스플레이하는 일을 한다. videoFunction의 코드는 [프로그램 2-4]를 약간 수정한 것이다. 27행은 웹 캠과 연결을 시도하고, 28행은 연결이 안 됐을 때 오류 메시지를 출력하고 프로그램을 끝낸다. 연결에 성공하면 30~34행에서 루프를 반복하는데, 비디오에서 프레임을 획득하여 frame 변수에 저장하고 'video display'라는 윈도우에 표시한다. cap과 frame 변수 앞에 self를 붙여

멤버 변수로 선언했는데, 이들 변수를 다른 함수와 공유할 필요가 있기 때문이다. cap 변수는 〈나가기〉 버튼을 클릭했을 때 quitFunction의 45행에서 비디오 연결을 끊는 데 사용된다. frame 변수는 〈프레임 잡기〉 버튼을 클릭한 순간 captureFunction의 37행이 그 순간의 프레임을 capturedFrame 변수에 저장할 때 사용된다.

22행은 captureFunction을 〈프레임 잡기〉라는 captureButton의 콜백 함수로 등록한다. captureFunction의 37행은 비디오 프레임을 저장한 frame을 capturedFrame 변수에 저장한다. 38행은 윈도우에 디스플레이한다.

23행은 saveFunction을 〈프레임 저장〉이라는 saveButton의 콜백 함수로 등록한다. saveFunction은 41행에서 PyQt가 제공하는 QFileDialog.getSaveFileName 함수를 사용하여 사용자가 파일을 저장할 곳을 브라우징하고 파일 이름을 지정할 수 있게 한다. 두 번째 인수 '파일 저장'은 브라우징 윈도우의 제목을 지정하고 세 번째 인수 './'는 현재 폴더에서 브라우징하라고 지시한다. QFileDialog.getSaveFileName 함수는 사용자가 입력한 파일 이름을 반환하는데, 41행은 파일 이름을 fname에 저장한다. 42행은 capturedFrame에 저장해두었던 프레임을 사용자가 지정한 파일 이름으로 저장한다. 이때 fname이 튜플이기 때문에 fname[0]으로 지정한다.

24행은 quitFunction을 〈나가기〉라는 quitButton의 콜백 함수로 등록한다. quitFunction은 45행에서 비디오 연결을 끊고 46행에서 OpenCV가 연 모든 윈도우를 닫고 47행에서 프로그램을 끝낸다.

지금까지 PyQt를 이용하여 GUI 프로그래밍을 연습했다. 이제 2~5장에서 배운 내용에 GUI를 추가하여 비전 에이전트로 확장한다.

6.3 [비전 에이전트 1] 오림

대화식으로 영상을 분할하는 기법인 GrabCut은 4.5.2항에서 다루었다. 그때 실습한 [프로그램 4-7]은 OpenCV가 제공하는 grabCut 함수를 이용하여 물체를 오려낸다. 사용자가 마우스 왼쪽 버튼으로 물체 일부를 파란색으로 칠하고 오른쪽 버튼으로 배경 일부를 빨간색으로 칠하면 grabCut 함수가 물체 영역을 오린다. [프로그램 4-7]은 사용자가 영상 파일을 선택하는 기능이 없고 분할 결과가 마음에 들 때까지 반복하는 기능이 없다.

관심 물체를 분할

[프로그램 6-3]은 사용자와 상호작용하면서 GrabCut을 반복 적용하여 사용자가 만족할 때까지 물체 영역을 오려내는 일을 지원하는 비전 에이전트다.

먼저 프로그램 실행 결과를 살펴보자. GUI 윈도우에 버튼이 7개 있는데, 왼쪽부터 영상 읽기, 페인팅 시작하기, 오리기, 붓 크기 조정하기, 저장하기, 나가기를 담당한다. 〈파일〉 버튼을 이용해 원하는 영상을 선택한다. 〈페인팅〉 버튼을 클릭하면 붓칠이 가능한 상태가 된다. 실행 결과에서 사용자가 물체(파란색)와 배경(빨간색)에 붓칠을 한 영상을 확인할 수 있다. 〈오림〉 버튼을 클릭하면 오리는 작업이 실행되고 결과를 확인할 수 있다. 붓칠이 된 영상에 추가로 붓칠을 반복하면 정교하게 물체를 오려낼 수 있다. 붓의 크기도 자유자재로 바꿀 수 있다.

프로그램 6-3 GrabCut을 이용해 관심 물체 오리기

```
01  import cv2 as cv
02  import numpy as np
03  import sys
04  from PyQt5.QtWidgets import *
05
06  class Orim(QMainWindow):
07     def __init__(self) :
08        super().__init__()
09        self.setWindowTitle('오림')
10        self.setGeometry(200,200,700,200)
11
12        fileButton=QPushButton('파일',self)
```

```
13          paintButton=QPushButton('페인팅',self)
14          cutButton=QPushButton('오림',self)
15          incButton=QPushButton('+',self)
16          decButton=QPushButton('-',self)
17          saveButton=QPushButton('저장',self)
18          quitButton=QPushButton('나가기',self)
19
20          fileButton.setGeometry(10,10,100,30)
21          paintButton.setGeometry(110,10,100,30)
22          cutButton.setGeometry(210,10,100,30)
23          incButton.setGeometry(310,10,50,30)
24          decButton.setGeometry(360,10,50,30)
25          saveButton.setGeometry(410,10,100,30)
26          quitButton.setGeometry(510,10,100,30)
27
28          fileButton.clicked.connect(self.fileOpenFunction)
29          paintButton.clicked.connect(self.paintFunction)
30          cutButton.clicked.connect(self.cutFunction)
31          incButton.clicked.connect(self.incFunction)
32          decButton.clicked.connect(self.decFunction)
33          saveButton.clicked.connect(self.saveFunction)
34          quitButton.clicked.connect(self.quitFunction)
35
36          self.BrushSiz=5                             # 페인팅 붓의 크기
37          self.LColor,self.RColor=(255,0,0),(0,0,255) # 파란색 물체, 빨간색 배경
38
39      def fileOpenFunction(self):
40          fname=QFileDialog.getOpenFileName(self,'Open file›,'./')
41          self.img=cv.imread(fname[0])
42          if self.img is None: sys.exit('파일을 찾을 수 없습니다.')
43
44          self.img_show=np.copy(self.img)             # 표시용 영상
45          cv.imshow('Painting',self.img_show)
46
47          self.mask=np.zeros((self.img.shape[0],self.img.shape[1]),np.uint8)
48          self.mask[:,:]=cv.GC_PR_BGD                 # 모든 화소를 배경일 것 같음으로 초기화
49
50      def paintFunction(self):
51          cv.setMouseCallback('Painting',self.painting)
52
53      def painting(self,event,x,y,flags,param):
54          if event==cv.EVENT_LBUTTONDOWN:
55              cv.circle(self.img_show,(x,y),self.BrushSiz,self.LColor,-1)
                                                        # 왼쪽 버튼을 클릭하면 파란색
```

```
56                cv.circle(self.mask,(x,y),self.BrushSiz,cv.GC_FGD,-1)
57            elif event==cv.EVENT_RBUTTONDOWN:
58                cv.circle(self.img_show,(x,y),self.BrushSiz,self.RColor,-1)
                                                      # 오른쪽 버튼을 클릭하면 빨간색
59                cv.circle(self.mask,(x,y),self.BrushSiz,cv.GC_BGD,-1)
60            elif event==cv.EVENT_MOUSEMOVE and flags==cv.EVENT_FLAG_LBUTTON:
61                cv.circle(self.img_show,(x,y),self.BrushSiz,self.LColor,-1)
                                                      # 왼쪽 버튼을 클릭하고 이동하면 파란색
62                cv.circle(self.mask,(x,y),self.BrushSiz,cv.GC_FGD,-1)
63            elif event==cv.EVENT_MOUSEMOVE and flags==cv.EVENT_FLAG_RBUTTON:
64                cv.circle(self.img_show,(x,y),self.BrushSiz,self.RColor,-1)
                                                      # 오른쪽 버튼을 클릭하고 이동하면 빨간색
65                cv.circle(self.mask,(x,y),self.BrushSiz,cv.GC_BGD,-1)
66
67            cv.imshow('Painting',self.img_show)
68
69        def cutFunction(self):
70            background=np.zeros((1,65),np.float64)
71            foreground=np.zeros((1,65),np.float64)
72            cv.grabCut(self.img,self.mask,None,background,foreground,5,cv.GC_INIT_
              WITH_MASK)
73            mask2=np.where((self.mask==2)|(self.mask==0),0,1).astype('uint8')
74            self.grabImg=self.img*mask2[:,:,np.newaxis]
75            cv.imshow('Scissoring',self.grabImg)
76
77        def incFunction(self):
78            self.BrushSiz=min(20,self.BrushSiz+1)
79
80        def decFunction(self):
81            self.BrushSiz=max(1,self.BrushSiz-1)
82
83        def saveFunction(self):
84            fname=QFileDialog.getSaveFileName(self,'파일 저장','./')
85            cv.imwrite(fname[0],self.grabImg)
86
87        def quitFunction(self):
88            cv.destroyAllWindows()
89            self.close()
90
91    app=QApplication(sys.argv)
92    win=Orim()
93    win.show()
94    app.exec_()
```

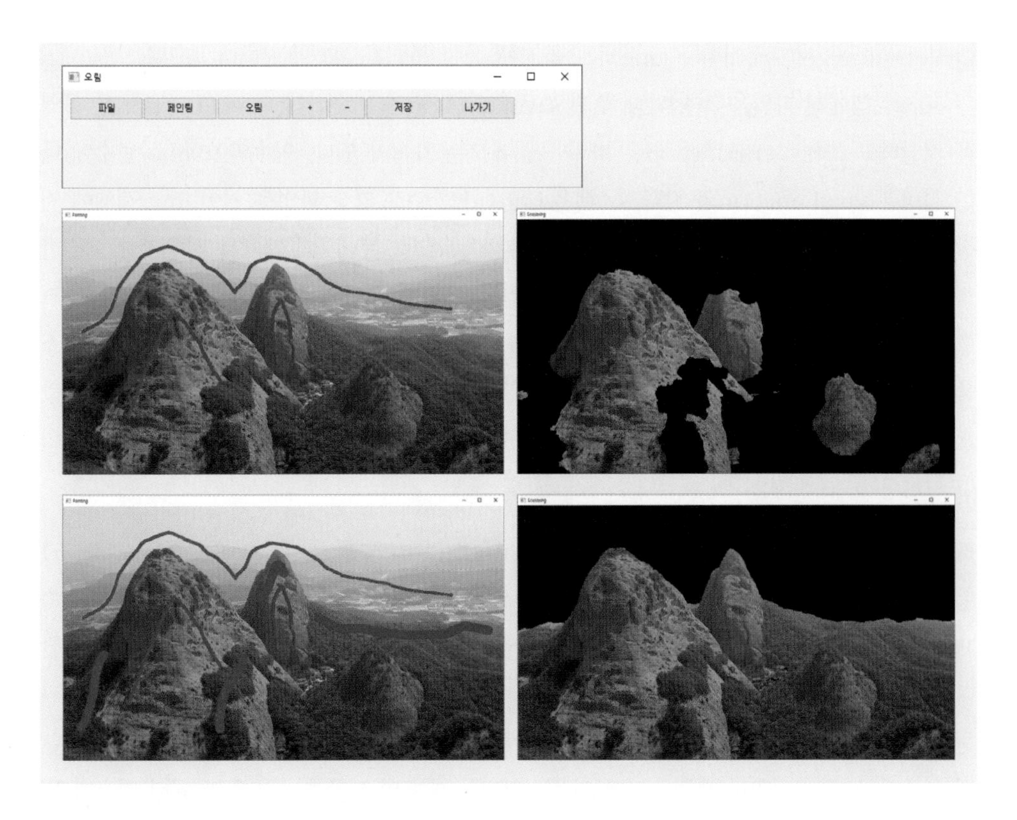

프로그램의 구조를 살펴보자. 06~89행은 Orim 클래스를 선언한다. Orim 클래스 내부에 있는 07~37행은 생성자 함수 __init__이고, 39~89행은 7개 버튼을 위한 콜백 함수다. 91~94행은 프로그램의 메인에 해당한다.

07~37행은 Orim 클래스의 생성자 함수 __init__이다. 09행은 윈도우의 제목 표시줄에 '오림'이라고 쓰고 10행은 윈도우의 위치와 크기를 설정한다. 12~18행은 QPushButton 함수로 버튼을 7개 만든다. 20~26행은 버튼의 위치와 크기를 지정한다. 〈파일〉 버튼은 사용자가 원하는 영상 파일을 선택하는 기능, 〈페인팅〉 버튼은 물체 영역과 배경 영역을 칠하는 기능, 〈오림〉 버튼은 물체 영역을 오리는 기능, 〈+〉와 〈−〉 버튼은 붓의 크기를 조정하는 기능, 〈저장〉 버튼은 오려낸 물체 영상을 저장하는 기능, 〈나가기〉 버튼은 프로그램을 종료하는 기능을 제공한다. 28~34행은 버튼을 위해 콜백 함수를 등록한다. 36행은 붓의 초기 크기를 5로 설정하고 37행은 붓의 색을 파란색과 빨간색으로 지정한다.

버튼 7개에 해당하는 콜백 함수를 하나씩 살펴보자. 28행은 fileOpenFunction을 〈파일〉이라는 fileButton의 콜백 함수로 등록한다. 39~48행의 fileOpenFunction은 40행에서

QFileDialog.getOpenFileName 함수를 사용하여 폴더를 브라우징한다. [프로그램 6-2]의 40~42행에서 파일을 저장할 때 썼던 saveFunction과 비슷한데, saveFunction은 파일을 저장하고 fileOpenFunction은 파일을 읽어오는 차이가 있다. 인수와 fname 변수에 대한 설명은 saveFunction과 같다. 41행은 imread 함수로 영상 파일을 읽어 img 객체에 저장한다. 44행은 img를 복사하여 img_show 객체를 만드는데, 이 객체는 사용자가 색칠한 정보를 표시하는 역할을 한다. 이후에 원본 영상이 필요하기 때문에 원래 내용을 유지하려고 별도의 img_show를 사용한다. 45행은 img_show를 'Painting'이라는 윈도우에 디스플레이한다. 47행은 사용자가 색칠한 정보를 저장할 mask 객체를 생성하며, 48행은 초깃값으로 GC_PR_BGD, 즉 배경일 것 같음으로 표시한다. mask에 대해서는 [프로그램 4-7]의 07~08행에 대한 설명을 참조한다.

29행은 paintFunction을 〈페인팅〉이라는 paintButton의 콜백 함수로 등록한다. 50~51행의 paintFunction은 painting 함수를 'Painting' 윈도우의 콜백 함수로 등록한다. 즉 'Painting'이라는 윈도우에서 마우스 조작이 일어나면 painting 함수를 호출하도록 설정한다. 'Painting' 윈도우는 사용자가 〈파일〉 버튼으로 영상을 선택했을 때 45행에서 생성된 윈도우다. 53~67행의 painting 함수는 [프로그램 4-7]의 painting 함수와 동일하다. 단지 Orim 클래스의 멤버 함수가 되기 위해 self라는 매개변수를 추가한 점과 멤버 변수가 된 img_show, BrushSiz, LColor, RColor, mask 변수 앞에 self를 붙인 차이만 있다.

30행은 cutFunction을 〈오림〉이라는 cutButton의 콜백 함수로 등록한다. 69~75행의 cutFunction은 [프로그램 4-7]의 37~43행의 코드를 함수로 만든 것이다. 이 함수의 동작은 [프로그램 4-7]의 설명을 참조한다. 31행은 incFunction을 〈+〉 표시된 incButton의 콜백 함수로 등록한다. 77~78행의 incFunction은 붓의 크기를 나타내는 BrushSiz 변수를 1만큼 증가시킨다. 이때 min(20,BrushSiz+1)을 취해 붓의 크기가 20을 넘지 않게 한다. 32행은 decFunction을 〈-〉 표시된 decButton의 콜백 함수로 등록한다. 80~81행의 decFunction은 붓의 크기를 1만큼 줄인다. max(1,BrushSiz-1)를 취해 붓의 크기가 1보다 작아지는 경우를 방지한다. 33행은 saveFunction을 〈저장〉이라는 saveButton의 콜백 함수로 등록한다. 83~85행의 saveFunction은 [프로그램 6-2]의 40~42행에 있는 saveFunction과 비슷하다. 34행은 quitFunction을 〈나가기〉라는 quitButton의 콜백 함수로 등록한다. 87~89행의 quitFunction은 OpenCV가 연 모든 윈도우를 닫고 프로그램을 끝낸다.

6.4 [비전 에이전트 2] 교통약자 보호구역 알림

어린이, 노인, 장애인과 같은 교통약자에 대한 보호 정책이 강화되고 있다. 이들 보호구역에 설치된 교통 표지판을 컴퓨터 비전 기술로 인식하여 운전자에게 알리면 사고를 줄이는 데 크게 도움이 될 것이다. 5.4~5.6절에서 다룬 SIFT 특징과 SIFT를 사용한 [프로그램 5-4]를 잘 활용하면 교통 표지판을 인식할 수 있다. 블랙박스 또는 스마트폰을 통해 들어오는 동영상을 처리하면 좋겠지만 여기서는 사용자가 선택한 도로 영상에서 표지판을 찾는 일로 한정한다.

도로 영상에서 표지판 식별

[프로그램 6-4]의 실행 결과에 있는 GUI 윈도우를 먼저 살펴보자. 〈표지판 등록〉 버튼은 세 종류의 표지판 모델 영상을 읽어 등록하고, 〈도로 영상 불러옴〉 버튼은 사용자가 도로 영상을 선택하게 하고, 〈인식〉 버튼은 표지판 영상을 인식하고 결과를 보여준다. 이 프로그램을 실행하려면 30행에 있는 png 파일 3개를 소스 프로그램이 있는 폴더에 저장해두어야 한다.

프로그램 6-4 교통약자 보호구역 알림 구현하기

```
01  import cv2 as cv
02  import numpy as np
03  from PyQt5.QtWidgets import *
04  import sys
05  import winsound
06
07  class TrafficWeak(QMainWindow):
08      def __init__(self):
09          super().__init__()
10          self.setWindowTitle('교통약자 보호')
11          self.setGeometry(200,200,700,200)
12
13          signButton=QPushButton('표지판 등록',self)
14          roadButton=QPushButton('도로 영상 불러옴',self)
15          recognitionButton=QPushButton('인식',self)
16          quitButton=QPushButton('나가기',self)
17          self.label=QLabel('환영합니다!',self)
```

```
18
19          signButton.setGeometry(10,10,100,30)
20          roadButton.setGeometry(110,10,100,30)
21          recognitionButton.setGeometry(210,10,100,30)
22          quitButton.setGeometry(510,10,100,30)
23          self.label.setGeometry(10,40,600,170)
24
25          signButton.clicked.connect(self.signFunction)
26          roadButton.clicked.connect(self.roadFunction)
27          recognitionButton.clicked.connect(self.recognitionFunction)
28          quitButton.clicked.connect(self.quitFunction)
29
30          self.signFiles=[['child.png','어린이'],['elder.png','노인'],['disabled.
            png','장애인']]              # 표지판 모델 영상
31          self.signImgs=[]              # 표지판 모델 영상 저장
32
33      def signFunction(self):
34          self.label.clear()
35          self.label.setText('교통약자 표지판을 등록합니다.')
36
37          for fname,_ in self.signFiles:
38              self.signImgs.append(cv.imread(fname))
39              cv.imshow(fname,self.signImgs[-1])
40
41      def roadFunction(self):
42          if self.signImgs==[]:
43              self.label.setText('먼저 표지판을 등록하세요.')
44          else:
45              fname=QFileDialog.getOpenFileName(self,'파일 읽기','./')
46              self.roadImg=cv.imread(fname[0])
47              if self.roadImg is None: sys.exit('파일을 찾을 수 없습니다.')
48
49              cv.imshow('Road scene',self.roadImg)
50
51      def recognitionFunction(self):
52          if self.roadImg is None:
53              self.label.setText('먼저 도로 영상을 입력하세요.')
54          else:
55              sift=cv.SIFT_create()
56
57              KD=[]                     # 여러 표지판 영상의 키포인트와 기술자 저장
58              for img in self.signImgs:
59                  gray=cv.cvtColor(img,cv.COLOR_BGR2GRAY)
```

```
60              KD.append(sift.detectAndCompute(gray,None))
61
62          grayRoad=cv.cvtColor(self.roadImg,cv.COLOR_BGR2GRAY)  # 명암으로 변환
63          road_kp,road_des=sift.detectAndCompute(grayRoad,None)
                                                 # 키포인트와 기술자 추출
64
65          matcher=cv.DescriptorMatcher_create(cv.DescriptorMatcher_FLANNBASED)
66          GM=[]                                # 여러 표지판 영상의 good match를 저장
67          for sign_kp,sign_des in KD:
68              knn_match=matcher.knnMatch(sign_des,road_des,2)
69              T=0.7
70              good_match=[]
71              for nearest1,nearest2 in knn_match:
72                  if (nearest1.distance/nearest2.distance)<T:
73                      good_match.append(nearest1)
74              GM.append(good_match)
75
76          best=GM.index(max(GM,key=len))  # 매칭 쌍 개수가 최대인 표지판 찾기
77
78          if len(GM[best])<4:                  # 최선의 표지판이 매칭 쌍 4개 미만이면 실패
79              self.label.setText('표지판이 없습니다.')
80          else:                                # 성공(호모그래피 찾아 영상에 표시)
81              sign_kp=KD[best][0]
82              good_match=GM[best]
83
84              points1=np.float32([sign_kp[gm.queryIdx].pt for gm in good_match])
85              points2=np.float32([road_kp[gm.trainIdx].pt for gm in good_match])
86
87              H,_=cv.findHomography(points1,points2,cv.RANSAC)
88
89              h1,w1=self.signImgs[best].shape[0],self.signImgs[best].shape[1]
                                                 # 표지판 영상의 크기
90              h2,w2=self.roadImg.shape[0],self.roadImg.shape[1] # 도로 영상의 크기
91
92              box1=np.float32([[0,0],[0,h1-1],[w1-1,h1-1],[w1-1,0]]).reshape(4,1,2)
93              box2=cv.perspectiveTransform(box1,H)
94
95              self.roadImg=cv.polylines(self.roadImg,[np.int32(box2)],True,
                (0,255,0),4)
96
97              img_match=np.empty((max(h1,h2),w1+w2,3),dtype=np.uint8)
98              cv.drawMatches(self.signImgs[best],sign_kp,self.roadImg,road_
                kp,good_match,img_match,flags=cv.DrawMatchesFlags_NOT_DRAW_
                SINGLE_POINTS)
```

```
 99                cv.imshow('Matches and Homography',img_match)
100
101                self.label.setText(self.signFiles[best][1]+ '보호구역입니다. 30km
                   로 서행하세요.')
102                winsound.Beep(3000,500)
103
104       def quitFunction(self):
105          cv.destroyAllWindows()
106          self.close()
107
108   app=QApplication(sys.argv)
109   win=TrafficWeak()
110   win.show()
111   app.exec_()
```

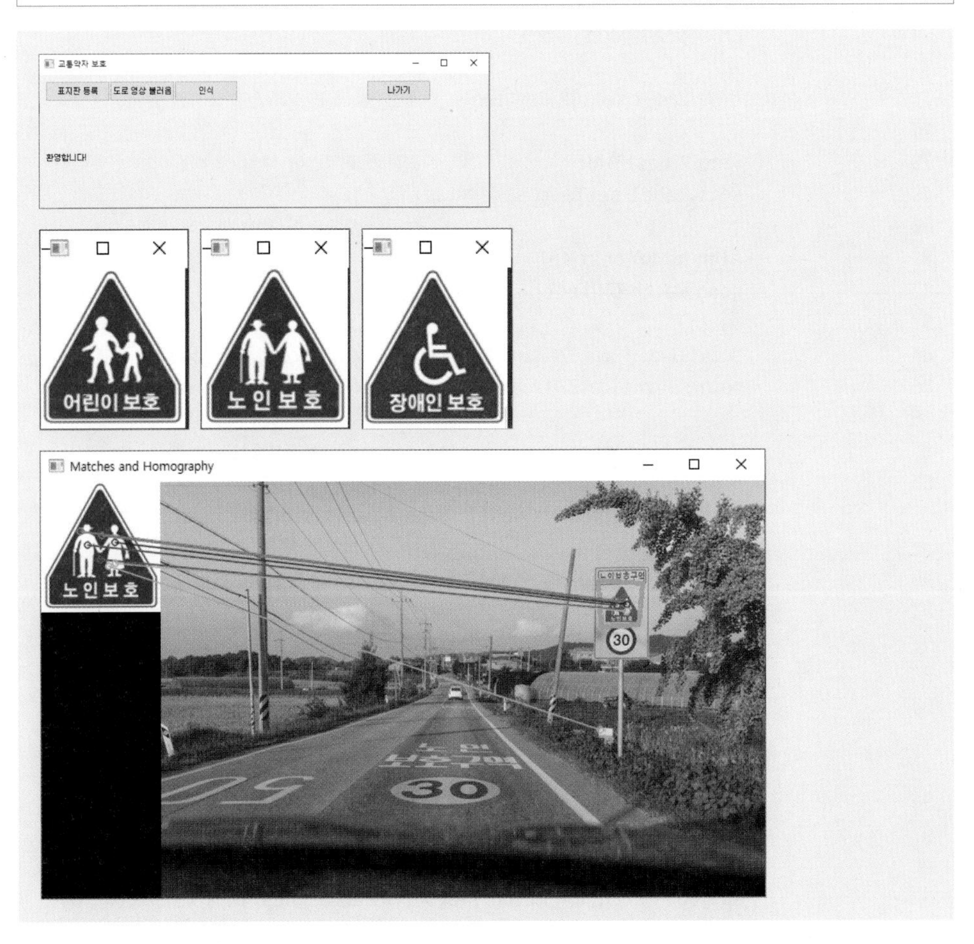

07~106행은 TrafficWeak 클래스를 선언한다. 08~31행은 생성자 함수 __init__을 정의한다. 33~106행은 버튼 4개에 해당하는 콜백 함수다. 108~111행은 프로그램의 메인에 해당한다.

08~31행의 생성자 함수 __init__을 살펴본다. 10행은 윈도우의 제목 표시줄에 '교통약자 보호'라고 쓰고 11행은 윈도우의 위치와 크기를 설정한다. 13~17행은 QPushButton 함수로 버튼 4개, QLabel 함수로 레이블 1개를 만든다. 19~23행은 버튼과 레이블 위젯의 위치와 크기를 지정한다. 25~28행은 사용자가 버튼을 클릭했을 때 수행할 콜백 함수를 지정한다. 30행은 표지판 모델 영상 이름을 설정하고, 31행은 이 영상들을 저장할 signImgs 객체를 만든다.

버튼 4개에 해당하는 콜백 함수를 하나씩 살펴보자. 33~39행은 〈표지판 등록〉 버튼을 클릭했을 때 실행되는 signFunction이다. 34행은 레이블을 깨끗이 지우고 35행은 교통 표지판을 등록한다는 메시지를 출력한다. 37행은 signFiles 리스트에 들어있는 요소 각각에 대해 파일 이름을 fname에 담고 38~39행을 반복한다. 38행은 이름이 fname인 영상 파일을 읽어 signImgs에 추가한다. 39행은 signImgs의 맨 뒤에 있는, 즉 방금 추가한 영상을 fname이라는 제목 표시줄을 가진 윈도우에 디스플레이한다. 요약하면, 사용자가 〈표지판 등록〉 버튼을 클릭하면 표지판 영상을 읽어 signImgs에 저장하고 윈도우에 디스플레이한다. 프로그램 실행 결과의 두 번째 줄에서 윈도우 3개를 볼 수 있다.

41~49행은 〈도로 영상 불러옴〉 버튼을 클릭했을 때 실행되는 roadFunction이다. 42~43행은 signImgs가 비었을 때, 즉 사용자가 〈표지판 등록〉 버튼으로 표지판을 등록하는 과정을 거치지 않고 이 버튼을 클릭했을 때 등록을 먼저 하라는 메시지를 레이블에 표시한다. 44~49행은 제대로 등록해둔 경우를 처리한다. 45행은 사용자가 폴더를 브라우징하면서 도로 영상을 선택할 수 있게 한다. 46행은 영상 파일을 읽어 roadImg 객체에 저장하고, 49행은 읽은 영상을 윈도우에 디스플레이한다.

51~102행은 〈인식〉 버튼을 클릭했을 때 실행되는 recognitionFunction이다. 52~53행은 roadImg가 비었을 때, 즉 사용자가 〈도로 영상 불러옴〉 버튼으로 도로 영상을 입력하는 과정을 거치지 않고 이 버튼을 클릭했을 때 영상 입력을 먼저 하라는 메시지를 레이블에 표시한다.

54~102행은 도로 영상을 제대로 입력해둔 경우를 처리한다. 55~99행은 SIFT로 호모그래피를 찾아 표시하는 [프로그램 5-4]를 개조하여 작성했다. 55행은 SIFT를 검출하는 데 사용

할 객체 sift를 생성한다. 57~60행은 signImgs에 담겨있는 세 장의 표지판 모델 영상에서 특징점과 기술자를 차례로 추출하여 KD에 저장한다. [프로그램 5-4]는 영상을 한 장 처리했으므로 detectAndCompute 함수를 통해 [특징점,기술자] 정보를 얻었는데, 여기서는 영상을 세 장 처리하므로 KD는 [[특징점1,기술자1],[특징점2,기술자2],[특징점3,기술자3]]과 같은 자료 구조가 된다. 30행에서 더 많은 표지판 영상을 설정하면 KD의 요소 개수는 따라 늘어난다.

62~63행은 도로 영상인 roadImg에서 특징점과 기술자를 찾아 road_kp와 road_des 객체에 저장한다. 65행은 FLANN 기반 매칭을 해주는 matcher 객체를 생성한다. 66행은 세 장의 모델 영상과 매칭한 결과를 저장할 GM 객체를 생성한다. 67행의 for 명령문은 표지판 모델 영상 세 장에서 추출해둔 특징점과 기술자를 KD에서 하나씩 꺼내 sign_kp와 sign_des에 저장하고 68~74행을 반복한다. 68행은 sign_des를 road_des와 매칭하여 특징점마다 최근접 이웃 2개를 찾는다. 69~73행은 좋은 매칭을 골라 good_match에 저장하고, 74행은 good_match를 GD에 추가한다. 65~74행을 마치면 GD는 세 장의 표지판 영상 각각에 대해 좋은 매칭 리스트를 가진다.

76행은 표지판 영상 세 장의 매칭 리스트 길이를 비교하여 가장 많은 매칭 쌍을 가진 표지판 영상의 인덱스를 best에 저장한다. 예를 들어 노인 표지판이 다른 표지판보다 매칭 쌍이 많다면 best는 1이 된다. 30행에서 노인 표지판이 1번 요소이기 때문이다. 78~79행은 best의 매칭 쌍이 4보다 작으면 인식 실패, 즉 표지판이 없다고 간주하고 표지판이 없다는 메시지를 레이블에 표시한다.

80~102행은 인식에 성공한 경우를 처리한다. 이때 표지판 영상과 도로 영상의 매칭 특징점을 정해야 한다. 표지판 영상의 특징점은 81행을 통해 KD의 best 요소를 끄집어내 sign_kp에 저장한다. 도로 영상의 특징점은 63행에서 검출한 road_kp를 사용한다. 둘의 매칭 쌍 정보를 위해 82행은 GD의 best 요소를 끄집어 내어 good_match에 저장한다. 특징점과 매칭 정보를 그리는 84~99행은 [프로그램 5-4]의 22~38행과 같다.

101행은 어떤 보호구역인지 알리고 102행은 삑 소리를 내 주의를 기울이게 한다. 이때 best가 0이면 어린이, 1이면 노인, 2면 장애인 표지판에 해당한다. 이 순서는 30행에 있는 리스트의 요소 순서와 같다.

104~106행은 〈나가기〉 버튼을 클릭했을 때 실행되는 quitFunction이다. OpenCV가 연

모든 윈도우를 닫고 프로그램을 끝낸다.

실행 결과의 세 번째 줄을 보면 도로 영상에 있는 노인 보호 표지판을 제대로 인식하고 표지판 위치를 옳게 찾은 것을 확인할 수 있다. [프로그램 6-4]는 정지 영상을 불러들여 표지판을 인식한다는 한계가 있다. 환경과 상호작용을 강화하려면 동영상에서 인식할 수 있게 확장해야 한다. 특히 자동차에 설치된 블랙박스나 스마트폰의 카메라에서 들어오는 실시간 동영상에서 표지판을 정확히 인식한다면 상용 제품의 가치를 가진 비전 에이전트로 발전할 것이다.

6.5 [비전 에이전트 3] 파노라마 영상 제작

사진 한 장에 다 담을 수 없는 멋진 장관을 만났을 때 카메라 시점을 조금씩 돌려 여러 장을 찍은 다음 봉합하여 파노라마 영상으로 제작하곤 한다. 파노라마 기능은 디지털 카메라에 내장되어 있고 스마트폰 앱으로도 제공된다. 여기서는 OpenCV를 이용하여 파노라마 영상을 제작하는 비전 에이전트를 만들어본다. 파노라마 제작은 5.4~5.6절에서 소개한 SIFT 특징을 이용하여 구현할 수 있는데, OpenCV는 여러 장의 영상을 주면 자동으로 파노라마를 제작하는 stitch라는 아주 편리한 함수를 제공한다.

SIFT를 이용한 영상 봉합

먼저 [프로그램 6-5]의 실행 결과를 보고 사용자 인터페이스를 확인해보자. 〈영상 수집〉 버튼은 웹 캠으로 영상을 수집할 때 사용한다. 〈영상 보기〉 버튼은 수집한 영상을 확인할 때, 〈봉합〉 버튼은 수집한 영상을 봉합하여 파노라마 영상을 제작할 때, 〈저장〉 버튼은 파노라마 영상을 저장할 때 사용한다. 〈영상 수집〉 버튼을 이용해 영상 수집을 마치기 전에는 〈영상 보기〉, 〈봉합〉, 〈저장〉 버튼을 비활성 상태로 설정하여 작업 순서를 지키도록 유도한다.

프로그램 6-5 비디오에서 수집한 영상을 봉합하여 파노라마 영상 제작하기

```
01  from PyQt5.QtWidgets import *
02  import cv2 as cv
03  import numpy as np
04  import winsound
05  import sys
06
07  class Panorama(QMainWindow) :
08      def __init__(self) :
09          super().__init__()
10          self.setWindowTitle('파노라마 영상')
11          self.setGeometry(200,200,700,200)
12
13          collectButton=QPushButton('영상 수집',self)
```

```
14          self.showButton=QPushButton('영상 보기',self)
15          self.stitchButton=QPushButton('봉합',self)
16          self.saveButton=QPushButton('저장',self)
17          quitButton=QPushButton('나가기',self)
18          self.label=QLabel('환영합니다!',self)
19
20          collectButton.setGeometry(10,25,100,30)
21          self.showButton.setGeometry(110,25,100,30)
22          self.stitchButton.setGeometry(210,25,100,30)
23          self.saveButton.setGeometry(310,25,100,30)
24          quitButton.setGeometry(450,25,100,30)
25          self.label.setGeometry(10,70,600,170)
26
27          self.showButton.setEnabled(False)
28          self.stitchButton.setEnabled(False)
29          self.saveButton.setEnabled(False)
30
31          collectButton.clicked.connect(self.collectFunction)
32          self.showButton.clicked.connect(self.showFunction)
33          self.stitchButton.clicked.connect(self.stitchFunction)
34          self.saveButton.clicked.connect(self.saveFunction)
35          quitButton.clicked.connect(self.quitFunction)
36
37      def collectFunction(self):
38          self.showButton.setEnabled(False)
39          self.stitchButton.setEnabled(False)
40          self.saveButton.setEnabled(False)
41          self.label.setText('c를 여러 번 눌러 수집하고 끝나면 q를 눌러 비디오를 끕니다.')
42
43          self.cap=cv.VideoCapture(0,cv.CAP_DSHOW)
44          if not self.cap.isOpened(): sys.exit('카메라 연결 실패')
45
46          self.imgs=[]
47          while True:
48              ret,frame=self.cap.read()
49              if not ret: break
50
51              cv.imshow('video display', frame)
52
53              key=cv.waitKey(1)
54              if key==ord('c'):
55                  self.imgs.append(frame) # 영상 저장
```

```
56              elif key==ord('q'):
57                  self.cap.release()
58                  cv.destroyWindow('video display')
59                  break
60
61          if len(self.imgs)>=2:    # 수집한 영상이 두 장 이상이면
62              self.showButton.setEnabled(True)
63              self.stitchButton.setEnabled(True)
64              self.saveButton.setEnabled(True)
65
66      def showFunction(self):
67          self.label.setText('수집된 영상은 '+str(len(self.imgs))+'장입니다.')
68          stack=cv.resize(self.imgs[0],dsize=(0,0),fx=0.25,fy=0.25)
69          for i in range(1,len(self.imgs)):
70              stack=np.hstack((stack,cv.resize(self.imgs[i],dsize=(0,0),fx=0.25,
                fy=0.25)))
71          cv.imshow('Image collection',stack)
72
73      def stitchFunction(self):
74          stitcher=cv.Stitcher_create()
75          status,self.img_stitched=stitcher.stitch(self.imgs)
76          if status==cv.STITCHER_OK:
77              cv.imshow('Image stitched panorama',self.img_stitched)
78          else:
79              winsound.Beep(3000,500)
80              self.label.setText('파노라마 제작에 실패했습니다. 다시 시도하세요.')
81
82      def saveFunction(self):
83          fname=QFileDialog.getSaveFileName(self,'파일 저장','./')
84          cv.imwrite(fname[0],self.img_stitched)
85
86      def quitFunction(self):
87          self.cap.release()
88          cv.destroyAllWindows()
89          self.close()
90
91  app=QApplication(sys.argv)
92  win=Panorama()
93  win.show()
94  app.exec_()
```

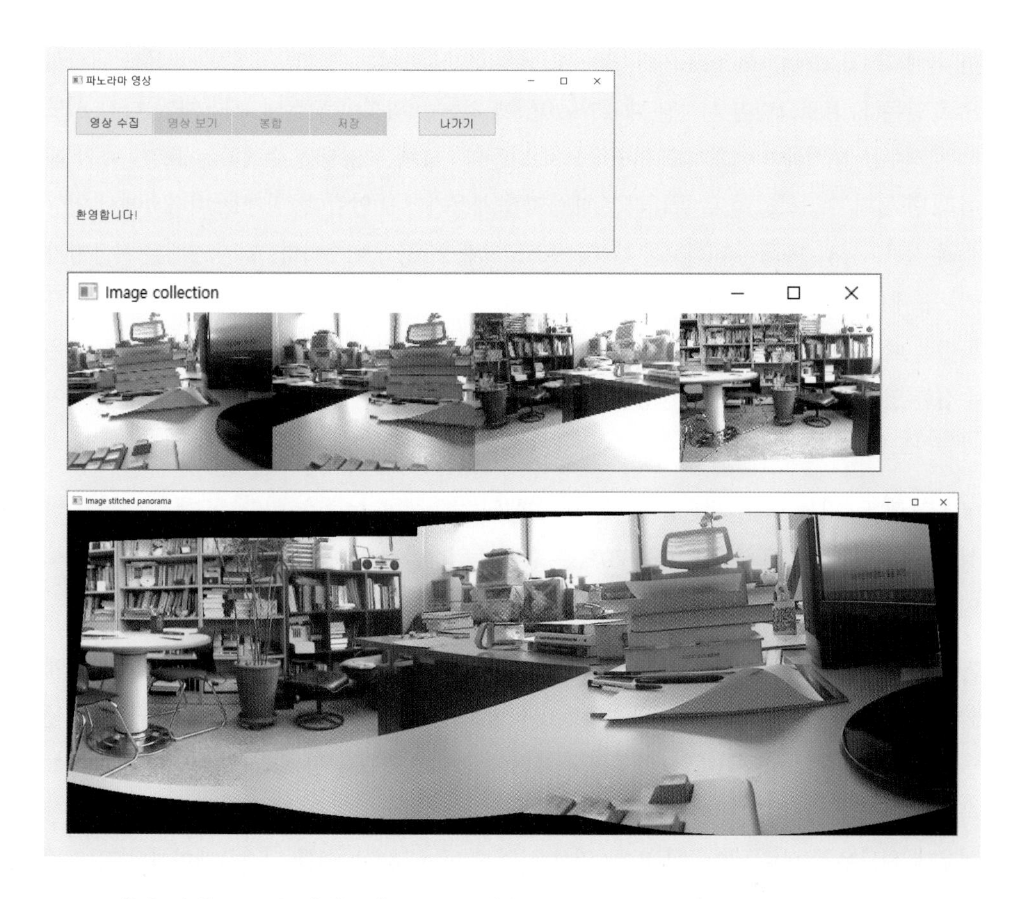

프로그램의 전체 구조를 살펴보자. 07~89행은 Panorama 클래스를 선언한다. 08~35행은 생성자 함수 __init__이고 37~89행은 5개 버튼에 해당하는 콜백 함수, 91~94행은 프로그램의 메인에 해당한다.

08~35행의 __init__을 살펴본다. 10행은 윈도우의 제목 표시줄에 '파노라마 영상'이라고 쓰고 11행은 윈도우의 위치와 크기를 설정한다. 13~18행은 QPushButton 함수로 버튼 5개, QLabel 함수로 레이블 1개를 만든다. 이때 앞에 self가 붙은 위젯은 멤버 변수가 되어 모든 멤버 함수가 접근할 수 있다. 20~25행은 버튼과 레이블 위젯의 위치와 크기를 지정한다. 27~29행은 showButton, stitchButton, saveButton을 비활성으로 설정하여 클릭할 수 없게 한다(영상 수집이 끝나야 수행할 수 있는 단계이기 때문이다). 31~35행은 버튼을 클릭했을 때 수행할 콜백 함수를 등록한다.

5개 버튼에 해당하는 콜백 함수를 하나씩 살펴보자. 37~64행은 〈영상 수집〉 버튼을 클릭하면 실행되는 collectFunction이다. 38~40행은 〈영상 보기〉, 〈봉합〉, 〈저장〉 버튼을 비활성으로 만든다. 프로그램이 시작될 때 27~29행에 의해 비활성이 되는데, 사용자가 다시 시도하는 경우를 대비하여 여기서도 비활성으로 만든다. 41행은 영상을 수집하는 요령, 즉 c를 여러 번 눌러 수집하고 q로 끝내라는 메시지를 사용자에게 알린다. 실제로 비디오에서 영상을 수집하는 43~59행은 비디오를 다루는 [프로그램 2-5]와 비슷하다. 54~55행은 사용자가 키보드에서 c를 누를 때마다 그때의 영상을 imgs에 추가한다. 56~59행은 사용자가 q를 눌렀을 때 비디오 연결을 끊고 웹 캠과 연결된 윈도우를 닫고 루프를 빠져나간다. 61~64행은 수집한 영상이 두 장 이상이면 〈영상 보기〉, 〈봉합〉, 〈저장〉 버튼을 활성화하여 이후 작업이 가능하도록 한다.

66~71행은 〈영상 보기〉 버튼을 클릭하면 실행되는 showFunction이다. 67행은 수집된 영상의 수를 레이블에 표시한다. 68~70행은 수집된 영상을 0.25배로 축소하고 hstack 함수로 이어붙인다. 71행은 새로운 윈도우를 열고 이어붙인 영상을 디스플레이한다.

73~80행은 〈봉합〉 버튼을 클릭하면 실행되는 stitchFunction이다. 74행은 영상 봉합에 쓸 stitcher 객체를 생성하고 75행은 stitch 함수로 봉합을 시도한다. 인수로는 수집한 영상을 저장하고 있는 imgs를 준다. 아주 간편하다. stitch 함수는 봉합 성공 여부와 봉합된 영상을 반환하는데, 75행은 반환값을 status와 img_stitched에 저장한다. 76~77행은 성공한 경우에 윈도우를 새로 열어 파노라마 영상을 가진 img_stitched를 디스플레이하고 78~80행은 실패한 경우에 삑 소리를 내고 메시지를 출력한다. 82~84행은 〈저장〉 버튼을 클릭했을 때 실행되는 saveFunction이다. 86~89행은 〈나가기〉 버튼을 클릭했을 때 실행되는 quitFunction이다.

프로그램의 실행 결과는 영상 네 장을 수집한 결과를 보여준다. 이들을 봉합한 파노라마 영상의 품질이 상당히 뛰어난 것을 확인할 수 있다. 여러 번 시도하면서 성능을 가늠해보자.

6.6 [비전 에이전트 4] 특수 효과

3장에서 [그림 3-17(c)]의 필터로 컨볼루션을 수행하면 엠보싱이라는 특수 효과를 거둘 수 있음을 [프로그램 3-7]을 통해 확인했다. 여기서는 엠보싱뿐 아니라 카툰, 연필 스케치, 유화라는 특수 효과로 확장하여 GUI를 붙인 비전 에이전트를 제작한다.

특수 효과의 원리

OpenCV는 특수 효과를 위한 흥미로운 함수를 여러 개 제공한다. stylization과 pencilSketch 함수는 OpenCV 매뉴얼의 Non-Photorealistic Rendering 부분에서 설명하고 oilPainting 함수는 Additional photo processing algorithms 부분에서 설명한다. stylization은 카툰 효과, pencilSketch는 연필로 스케치한 효과, oilPainting은 유화 효과를 제공한다. stylization과 pencilSketch는 기본값이 설정되어 있어 생략해도 되지만 oilPainting은 기본값이 없으니 꼭 지정해야 한다. 이들 특수 효과에 대한 상세한 내용을 공부하려는 독자는 [Gastal2011]을 참조한다. OpenCV 공식 사이트가 제공하는 함수 선언은 다음과 같다.

TIP 특수 효과를 위한 함수 참고 자료

- stylization, pencilSketch: https://docs.opencv.org/3.4/df/dac/group__photo__render.html, https://learnopencv.com/non-photorealistic-rendering-using-opencv-python-c
- oilPainting: https://docs.opencv.org/4.x/de/daa/group__xphoto.html

```
cv.stylization(src, sigma_s=60, sigma_r=0.45) → dst
    매개변수:
      src: 입력 영상(8-비트 3-채널 입력 영상)
      sigma_s: 스무딩을 위한 가우시안의 표준편차 σ(0~200 범위)
      sigma_r: 양방향 필터가 사용하는 두 번째 가우시안의 표준편차 σ(0~1 범위)
    반환값:
      dst: 특수 효과 처리된 영상(8-비트 3-채널 영상)

cv.pencilSketch(src, sigma_s=60, sigma_r=0.07, shade_factor=0.02) → dst1, dst2
```

```
    매개변수:
      src: 입력 영상(8-비트 3-채널 입력 영상)
      sigma_s: 스무딩을 위한 가우시안의 표준편차 (0~200 범위)
      sigma_r: 양방향 필터가 사용하는 두 번째 가우시안의 표준편차 σ(0~1 범위)
      shade_factor: 출력 영상의 밝은 정도(0~0.1 범위)
    반환값:
      dst1: 특수 효과 처리된 명암 영상(8-비트 1-채널 영상)
      dst2: 특수 효과 처리된 컬러 영상(8-비트 3-채널 영상)

cv.xphoto.oilPainting(src, size, dynRatio,, code) → dst
    매개변수:
      src: 입력 영상(8-비트 3-채널 또는 1-채널 입력 영상)
      size: 2×size+1 패치에서 히스토그램을 구함
      dynRatio: 명암값을 dynRatio로 나누고 히스토그램을 구함
      code: 컬러 공간 지정
    반환값:
      dst: 특수 효과 처리된 영상(입력 영상과 같은 모양)
```

가우시안 필터로 컨볼루션을 수행하면 물체 경계를 포함하여 영상 전체가 흐릿해진다. 때로는 물체 경계의 명암 대비를 유지하면서 다른 부분만 흐릿하게 만들 필요가 있다. 이런 조건을 만족하는 필터를 에지 보존edge-preserving 필터라 한다. stylization과 pencilSketch 함수는 에지 보존 필터를 활용한다. 식 (6.1)이 정의하는 양방향 필터bilateral filter는 가장 널리 쓰이는 에지 보존 필터다. 간편성을 위해 1차원 컨볼루션으로 설명한다.

$$f'(x)=\sum_{i=-(w-1)/2}^{(w-1)/2} g_s(i)\,g_r\big(f(x)-f(x+i)\big)\,f(x+i) \qquad (6.1)$$

식 (6.1)은 식 (3.7)의 필터 u를 가우시안 필터로 대체한 것이다. 가우시안은 [그림 3-18]이 보여주는 바와 같이 중앙이 가장 크고 중앙에서 멀어질수록 작아지는 함수다. 식 (6.1)에 두 개의 가우시안 g_s와 g_r이 있다. $g_s(i)$는 $i = 0$일 때 가장 크고 i가 0에서 멀어질수록 작아진다. $g_r(f(x)-f(x+i))$는 필터가 씌워진 현재 화소 x의 값 $f(x)$와 이웃 화소의 값 $f(x+i)$의 차이를 매개변수로 가진다. 두 화소의 값이 같아 차이가 0이라면 $g_r(0)$이 되어 가장 큰 값을 가진다. 반대로 두 화소의 값이 크게 달라 차이가 크다면 g_r은 작아진다. 식 (6.1)은 g_r로 인해 i에 해당하는 화소는 중앙 화소와 값이 많이 다를수록 낮은 가중치를 가진다. 결국 물체 경계에서 서로 다른 물체에 속한 화소는 서로에게 영향력이 낮아져 결국 에지를 잘 보존한다. stylization

과 pencilSketch 함수의 sigma_s와 sigma_r 매개변수는 식 (6.1)의 g_s와 g_r의 표준편차다. sigma_s는 클수록 영상을 흐릿하게 만드는 효과가 크고 sigma_r은 작을수록 에지 보존 효과가 크다.

정지 영상의 특수 효과

[프로그램 6-6] 실습을 하기 전에 아래 명령어를 통해 패키지를 설치한다.

```
(cv) C:/> pip install opencv-contrib-python
```

프로그램 6-6 사진 영상에 특수 효과 처리하기

```
01  import cv2 as cv
02  import numpy as np
03  from PyQt5.QtWidgets import *
04  import sys
05  
06  class SpecialEffect(QMainWindow):
07     def __init__(self):
08        super().__init__()
09        self.setWindowTitle('사진 특수 효과')
10        self.setGeometry(200,200,800,200)
11  
12        pictureButton=QPushButton('사진 읽기',self)
13        embossButton=QPushButton('엠보싱',self)
14        cartoonButton=QPushButton('카툰',self)
15        sketchButton=QPushButton('연필 스케치',self)
16        oilButton=QPushButton('유화',self)
17        saveButton=QPushButton('저장하기',self)
18        self.pickCombo=QComboBox(self)
19        self.pickCombo.addItems(['엠보싱','카툰','연필 스케치(명암)','연필 스케치(컬러)',
          '유화'])
20        quitButton=QPushButton('나가기',self)
21        self.label=QLabel('환영합니다!',self)
22  
23        pictureButton.setGeometry(10,10,100,30)
24        embossButton.setGeometry(110,10,100,30)
25        cartoonButton.setGeometry(210,10,100,30)
26        sketchButton.setGeometry(310,10,100,30)
27        oilButton.setGeometry(410,10,100,30)
28        saveButton.setGeometry(510,10,100,30)
```

```
29          self.pickCombo.setGeometry(510,40,110,30)
30          quitButton.setGeometry(620,10,100,30)
31          self.label.setGeometry(10,40,500,170)
32
33          pictureButton.clicked.connect(self.pictureOpenFunction)
34          embossButton.clicked.connect(self.embossFunction)
35          cartoonButton.clicked.connect(self.cartoonFunction)
36          sketchButton.clicked.connect(self.sketchFunction)
37          oilButton.clicked.connect(self.oilFunction)
38          saveButton.clicked.connect(self.saveFunction)
39          quitButton.clicked.connect(self.quitFunction)
40
41      def pictureOpenFunction(self):
42          fname=QFileDialog.getOpenFileName(self,'사진 읽기','./')
43          self.img=cv.imread(fname[0])
44          if self.img is None: sys.exit('파일을 찾을 수 없습니다.')
45
46          cv.imshow('Painting',self.img)
47
48      def embossFunction(self):
49          femboss=np.array([[-1.0, 0.0, 0.0],[0.0, 0.0, 0.0],[0.0, 0.0, 1.0]])
50
51          gray=cv.cvtColor(self.img,cv.COLOR_BGR2GRAY)
52          gray16=np.int16(gray)
53          self.emboss=np.uint8(np.clip(cv.filter2D(gray16,-1,femboss)+128,0,255))
54
55          cv.imshow('Emboss',self.emboss)
56
57      def cartoonFunction(self):
58          self.cartoon=cv.stylization(self.img,sigma_s=60,sigma_r=0.45)
59          cv.imshow('Cartoon',self.cartoon)
60
61      def sketchFunction(self):
62          self.sketch_gray,self.sketch_color=cv.pencilSketch(self.img,sigma_
            s=60,sigma_r=0.07,shade_factor=0.02)
63          cv.imshow('Pencil sketch(gray)',self.sketch_gray)
64          cv.imshow('Pencil sketch(color)',self.sketch_color)
65
66      def oilFunction(self):
67          self.oil=cv.xphoto.oilPainting(self.img,10,1,cv.COLOR_BGR2Lab)
68          cv.imshow('Oil painting',self.oil)
69
70      def saveFunction(self):
71          fname=QFileDialog.getSaveFileName(self,'파일 저장','./')
```

```
72
73          i=self.pickCombo.currentIndex()
74          if i==0: cv.imwrite(fname[0],self.emboss)
75          elif i==1: cv.imwrite(fname[0],self.cartoon)
76          elif i==2: cv.imwrite(fname[0],self.sketch_gray)
77          elif i==3: cv.imwrite(fname[0],self.sketch_color)
78          elif i==4: cv.imwrite(fname[0],self.oil)
79
80      def quitFunction(self):
81          cv.destroyAllWindows()
82          self.close()
83
84  app=QApplication(sys.argv)
85  win=SpecialEffect()
86  win.show()
87  app.exec_()
```

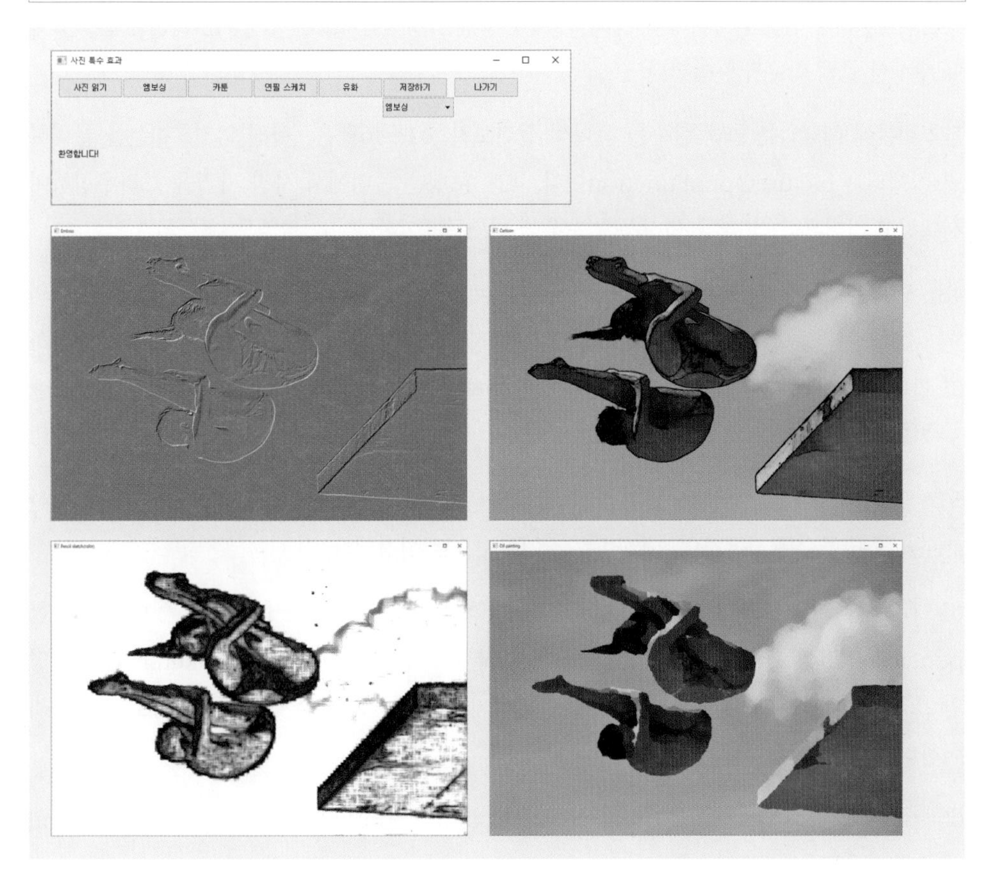

실행 결과에서 사용자 인터페이스를 확인해보자. 〈사진 읽기〉 버튼을 이용해 폴더에서 사진 영상을 선택하고 읽어올 수 있다. 〈엠보싱〉, 〈카툰〉, 〈연필 스케치〉, 〈유화〉 버튼은 4가지 특수 효과를 지원한다. 〈저장하기〉 버튼은 특수 효과 처리된 영상을 저장할 때 사용하는데, 콤보박스를 이용해 어떤 특수 효과를 저장할지 선택할 수 있다.

프로그램의 전체 구조를 살펴보자. 06~82행은 SpecialEffect 클래스를 선언한다. 07~39행은 생성자 함수 __init__이고 41~82행은 7개 버튼에 해당하는 콜백 함수, 84~87행은 프로그램의 메인에 해당한다.

07~39행의 __init__을 살펴본다. 09행은 윈도우의 제목 표시줄에 '사진 특수 효과'라 쓰고 10행은 윈도우의 위치와 크기를 설정한다. 12~21행은 QPushButton 함수로 버튼 7개, QLabel 함수로 레이블 1개, QComboBox 함수로 콤보박스 1개를 만든다. 처음 사용하는 콤보박스를 살펴보자. 18행은 콤보박스를 만들고 19행은 5개 선택 사항을 지정한다. 23~31행은 버튼과 레이블, 콤보박스 위젯의 위치와 크기를 지정한다. 33~39행은 버튼을 클릭했을 때 수행할 콜백 함수를 등록한다.

7개 버튼에 해당하는 콜백 함수를 하나씩 살펴보자. 41~46행은 〈사진 읽기〉 버튼을 클릭하면 실행되는 pictureOpenFunction이다. 42~43행은 폴더에서 사진 파일을 브라우징하여 선택하고 읽어온다. 46행은 영상을 윈도우에 디스플레이한다.

48~55행은 〈엠보싱〉 버튼을 클릭하면 실행되는 embossFunction이다. [프로그램 3-7]의 13~18행과 비슷하다. 49행은 엠보싱 필터를 정의한다. 51~53행은 명암 영상으로 변환하고 컨볼루션을 적용한다. 값의 범위를 다루기 위해 16비트 정수로 변환하는 기법은 [프로그램 3-7]의 설명을 참조한다.

57~59행은 〈카툰〉 버튼을 클릭하면 실행되는 cartoonFunction이다. 앞에서 소개한 stylization 함수를 사용하며, 매개변수는 기본값으로 설정했다.

61~64행은 〈연필 스케치〉 버튼을 클릭하면 실행되는 sketchFunction이다. 앞에서 소개한 pencilSketch 함수를 사용하며, 매개변수는 기본값으로 설정했다. pencilSketch 함수는 명암 스케치와 컬러 스케치 영상 두 장을 반환하기 때문에 이들을 두 윈도우에 따로 디스플레이한다.

66~68행은 〈유화〉 버튼을 클릭하면 실행되는 oilFunction이다. 앞에서 소개한 oilPainting

함수를 사용하며, size와 dynRatio 매개변수는 각각 10과 1로 설정하고 code 매개변수는 cv.COLOR_BGR2Lab으로 설정한다.

70~78행은 〈저장하기〉 버튼을 클릭하면 실행되는 saveFunction이다. 사용자는 71행을 통해 영상 이름을 지정한다. 73행은 사용자가 콤보박스에서 선택한 특수 효과의 인덱스를 알아낸다. 74~78행은 사용자의 선택에 따라 특수 효과 영상을 저장한다.

80~82행은 〈나가기〉 버튼을 클릭했을 때 실행되는 quitFunction이다.

비디오 특수 효과

[프로그램 6-6]을 조금 수정하면 비디오 버전으로 만들 수 있다. 비디오 버전에서 신경 쓸 점은 웹 캠을 통해 들어오는 초당 30프레임의 영상을 실시간으로 처리하는 일이다. 한 장을 특수 효과 처리하는 시간이 1/30초 이내라면 지연 없이 비디오를 디스플레이할 수 있다. 그렇지 않다면 지연이 발생한다.

[프로그램 6-7]의 실행 결과를 보고 사용자 인터페이스를 확인해보자. 〈비디오 시작〉 버튼은 웹 캠과 연결하여 윈도우에 비디오 영상을 디스플레이한다. 두 번째 메뉴는 콤보박스로 여러 특수 효과 중에서 하나를 선택할 수 있다. 〈나가기〉 버튼을 클릭하면 프로그램이 종료된다.

프로그램 6-7 비디오 영상에 특수 효과 처리하기

```
01  import cv2 as cv
02  import numpy as np
03  from PyQt5.QtWidgets import *
04  import sys
05
06  class VideoSpecialEffect(QMainWindow):
07      def __init__(self):
08          super().__init__()
09          self.setWindowTitle('비디오 특수 효과')
10          self.setGeometry(200,200,400,100)
11
12          videoButton=QPushButton('비디오 시작',self)
13          self.pickCombo=QComboBox(self)
14          self.pickCombo.addItems(['엠보싱','카툰','연필 스케치(명암)','연필 스케치(컬러)',
            '유화'])
15          quitButton=QPushButton('나가기',self)
16
17          videoButton.setGeometry(10,10,140,30)
```

```
18        self.pickCombo.setGeometry(150,10,110,30)
19        quitButton.setGeometry(280,10,100,30)
20
21        videoButton.clicked.connect(self.videoSpecialEffectFunction)
22        quitButton.clicked.connect(self.quitFunction)
23
24    def videoSpecialEffectFunction(self):
25        self.cap=cv.VideoCapture(0,cv.CAP_DSHOW)
26        if not self.cap.isOpened(): sys.exit('카메라 연결 실패')
27
28        while True:
29            ret,frame=self.cap.read()
30            if not ret: break
31
32            pick_effect=self.pickCombo.currentIndex()
33            if pick_effect==0:
34                femboss=np.array([[-1.0, 0.0, 0.0],[0.0, 0.0, 0.0],[0.0, 0.0, 1.0]])
35                gray=cv.cvtColor(frame,cv.COLOR_BGR2GRAY)
36                gray16=np.int16(gray)
37                special_img=np.uint8(np.clip(cv.filter2D(gray16,-1,femboss)+
                  128,0,255))
38            elif pick_effect==1:
39                special_img=cv.stylization(frame,sigma_s=60,sigma_r=0.45)
40            elif pick_effect==2:
41                special_img,_=cv.pencilSketch(frame,sigma_s=60,sigma_r=0.07,
                  shade_factor=0.02)
42            elif pick_effect==3:
43                _,special_img=cv.pencilSketch(frame,sigma_s=60,sigma_r=0.07,
                  shade_factor=0.02)
44            elif pick_effect==4:
45                special_img=cv.xphoto.oilPainting(frame,10,1,cv.COLOR_BGR2Lab)
46
47            cv.imshow('Special effect',special_img)
48            cv.waitKey(1)
49
50    def quitFunction(self):
51        self.cap.release()
52        cv.destroyAllWindows()
53        self.close()
54
55 app=QApplication(sys.argv)
56 win=VideoSpecialEffect()
57 win.show()
58 app.exec_()
```

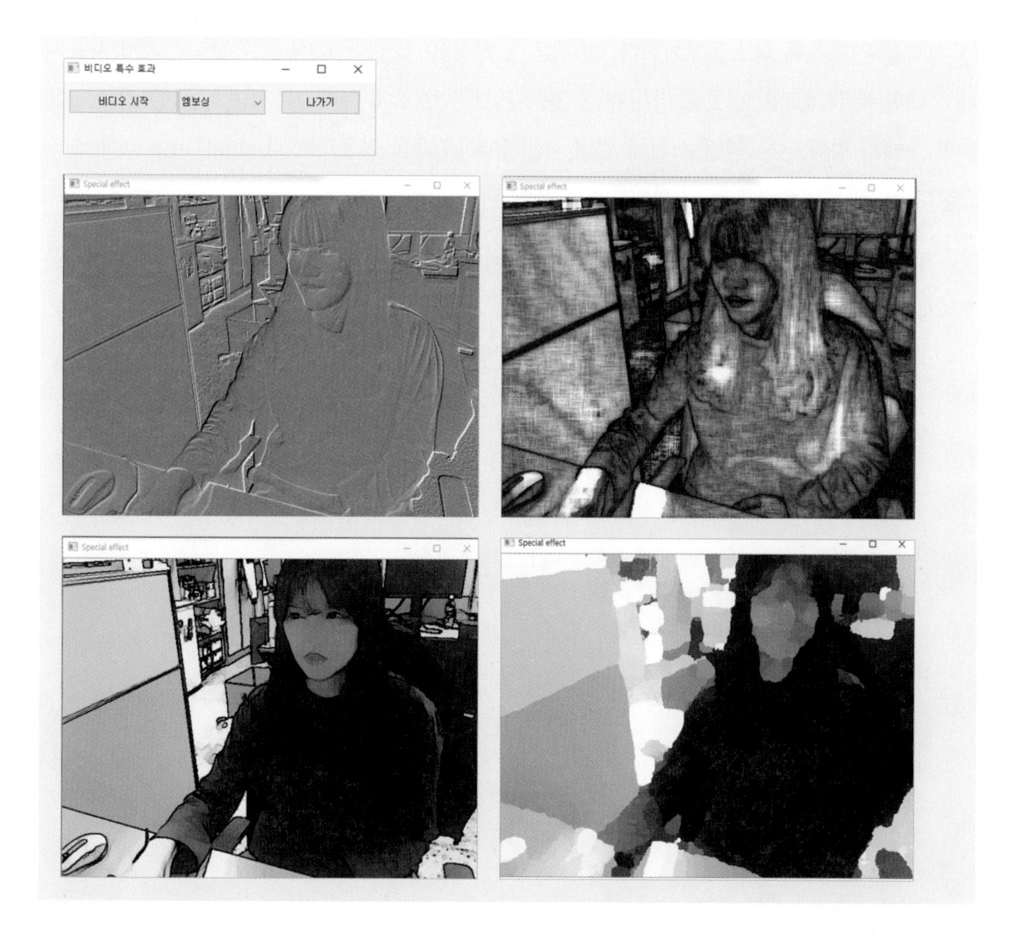

프로그램의 전체 구조를 살펴보자. 06~53행은 VideoSpecialEffect 클래스를 선언한다. 07~22행은 생성자 함수 __init__이고 24~53행은 버튼 2개에 해당하는 콜백 함수다. 55~58행은 프로그램의 메인에 해당한다.

07~22행의 __init__을 살펴보자. 09행은 윈도우의 제목 표시줄에 '비디오 특수 효과'라 쓰고 10행은 윈도우의 위치와 크기를 설정한다. 12~15행은 QPushButton 함수로 버튼 2개, QComboBox 함수로 콤보박스 1개를 만든다. 17~19행은 버튼과 콤보박스의 위치와 크기를 지정한다. 21~22행은 버튼을 클릭했을 때 수행할 콜백 함수를 등록한다.

버튼 2개에 해당하는 콜백 함수를 하나씩 살펴보자. 24~48행은 〈비디오 시작〉 버튼을 클릭하면 실행되는 videoSpecialEffectFunction이다. 25행은 웹 캠과 연결을 시도한다. 28~48행은 무한 루프를 돌면서 실시간으로 비디오 프레임을 읽고 지정된 특수 효과를 적용한 결과를 윈도우에 디스플레이한다. 29행은 프레임을 읽는다. 32행은 콤보박스에서 사용자가 선택한 특수 효과의 번호를 알아낸다. 33~45행은 번호에 따라 0은 엠보싱, 1은 카툰, 2는 연필 스케치 명암, 3은 연필 스케치 컬러, 4는 유화 효과를 적용하여 special_img 객체에 저장한다. 47행은 special_img 객체를 윈도우에 디스플레이한다.

50~53행은 〈나가기〉 버튼을 클릭했을 때 실행되는 quitFunction이다. 웹 캠과 연결을 끊은 후 윈도우를 모두 닫고 프로그램을 종료한다.

프로그램을 실행해보면, 약간의 지연이 있지만 큰 무리없이 비디오 처리가 가능함을 알 수 있다.

연습 문제

01 [프로그램 6-1]은 삑 소리만 낼 수 있다. winsound 모듈이 제공하는 여러 가지 소리를 낼 수 있게 메뉴를 확장하시오.

hint winsound.PlaySound 함수를 이용한다.

02 [프로그램 6-2]에 〈여러 프레임 잡기〉라는 버튼을 추가하시오. 이 버튼은 [프로그램 2-5]처럼 c를 누를 때마다 프레임을 획득하여 이어붙이는 기능을 한다.

03 [프로그램 6-3]에 대해 다음 내용을 답하시오.

(1) 이 프로그램은 〈파일〉 버튼 → 〈페인트〉 버튼 → 〈오림〉 버튼 순서로 클릭하면 제대로 실행된다. 하지만 〈파일〉 버튼 → 〈오림〉 버튼 순서로 클릭하면 오류가 발생한다. 오류 메시지를 제시하고 이유를 설명하시오.

(2) 오류를 방지할 방법을 구상하고 프로그램을 개선하시오.

04 [프로그램 6-3]에는 색칠을 지우는 기능이 없다. 이전에 칠한 색을 모두 지워 색칠이 안 된 초기 상태로 복원하는 〈색칠 지우기〉 버튼을 추가하시오.

05 [프로그램 6-5]에서 봉합한 영상을 보면 가장자리에 검은색 영역이 나타나는 현상을 확인할 수 있다. 검은색 영역을 제외하고 오려내는 〈검은색 영역 제거〉 버튼을 추가하시오.

06 아래 사진에서 볼 수 있듯이, 카메라의 셔터 속도보다 빠르게 움직이는 물체에는 모션 블러motion blur 효과가 나타난다. [프로그램 6-6]에 모션 블러 기능을 추가하시오.

(1) 모션 블러 효과를 인공적으로 만드는 고급 기법이 많다. 이 문제에서는 가장 단순한 방법을 사용한다. 아래 제시한 길이가 20인 필터를 사용하여 수평 방향의 모션 블러를 일으키시오.

$$\left[\frac{1}{20}, \frac{1}{20}, \frac{1}{20}, \cdots, \frac{1}{20}, \frac{1}{20}\right]$$

(2) 콤보박스를 이용하여 '약하게', '적절하게', '강하게'를 선택할 수 있게 확장하시오.

hint 필터가 클수록 효과가 강하다.

CHAPTER

07

딥러닝 비전

Preview

컴퓨터 비전은 꾸준히 발전을 거듭하였고 다양한 분야에서 실용적인 시스템을 만드는 데 성공하였다. 6장에서는 성공적인 알고리즘을 중심으로 비전 에이전트를 직접 제작하는 값진 경험을 했다. 이런 발전에도 불구하고 여전히 해결하지 못한 어려운 문제가 아주 많다. [그림 7-1]은 두 가지 대표적인 문제다. [그림 7-1(a)]는 의미 분할semantic segmentation 문제로 물체를 구성하는 화소를 모아 영역으로 분할하고 물체 부류를 알아내야 한다. [그림 7-1(b)]는 영상 설명하기image captioning 문제인데 영상의 핵심 내용을 파악한 뒤 10개 가량의 단어로 이루어진 설명 문장을 생성해야 한다. 이런 고난도 문제에서 고전적 컴퓨터 비전은 제한된 상황에서조차도 턱없이 낮은 성능에 머문다.

(a) 의미 분할 문제

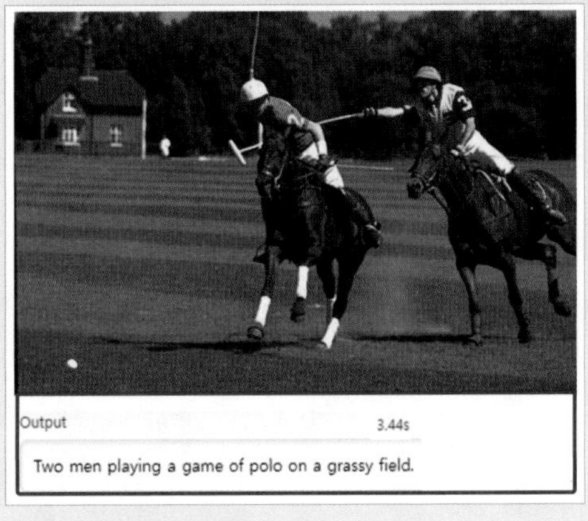

(b) 영상 설명하기 문제

그림 7-1 딥러닝이 일으킨 혁신

컴퓨터 비전은 딥러닝을 도입하기 전의 고전적 컴퓨터 비전과 딥러닝을 도입한 현대적 컴퓨터 비전으로 구별할 수 있다. 딥러닝은 고난도 문제를 해결할 수 있는 길을 열어준다.

7장에서는 얕은 신경망 모델인 다층 퍼셉트론에서 시작해 점점 깊은 신경망으로 진행하는 방식으로 딥러닝 기초를 설명하고, 8장에서는 컨볼루션 신경망을 통해 본격적으로 딥러닝을 다룬다. 9~13장에서는 딥러닝으로 컴퓨터 비전 문제를 푸는 다양한 방법을 소개한다.

7.1 방법론의 대전환

6장까지 공부한 내용 대부분은 고전적 컴퓨터 비전에 해당한다. 이때 사용한 방법을 한마디로 요약하면 '규칙 기반rule-based'이다. 현대적 컴퓨터 비전은 '데이터 중심data-centric'인 딥러닝으로 대전환한다. 딥러닝은 월등한 성능을 보장하며 많은 장점이 있다.

그렇다고 딥러닝이 모든 면에서 고전적 컴퓨터 비전을 능가하는 것은 아니다. 고전적 컴퓨터 비전과 현대적 컴퓨터 비전은 상호 보완 관계다. 둘 다 이해하고 잘 다룰 수 있어야 컴퓨터 비전의 전문성을 완성할 수 있다.

규칙 기반의 한계

지금까지 공부한 알고리즘에 대해 생각해보자. 교통약자 보호 표지판을 인식하는 [프로그램 6-4]의 비전 에이전트는 영상에서 SIFT 특징을 추출하고 빠른 매칭을 위해 *k*d 트리를 사용한다. 이 알고리즘은 모두 사람의 합리적 사고를 통해 개발되었다. 사람은 데이터를 면밀히 관찰하여 정교하게 알고리즘을 개발하고 꾸준히 개선한다. 사람이 만든 이런 특징과 매칭 알고리즘을 수작업hand-crafted 특징과 수작업 알고리즘이라고 한다.

수작업으로 개발한 결과는 대부분 규칙rule으로 표현한다. 예를 들어 지역 특징일 가능성을 나타내는 식 (5.2)와 식 (5.9), SIFT를 추출하기 위한 [그림 5-9]의 스케일 공간은 일종의 규칙이다. 규칙을 알고리즘으로 표현하고 알고리즘을 코딩하면 컴퓨터 비전 프로그램이 된다. 고전적 컴퓨터 비전은 이런 과정으로 문제를 해결하기 때문에 규칙 기반rule-based이라고 한다.

사람이 규칙을 도출할 때는 다양한 영상을 면밀히 살펴도 한계가 있다. 특징일 가능성을 나타내는 식 (5.9)는 고윳값을 사용하는데, 더 좋은 방안은 없을까? [그림 5-9]의 스케일 공간은 가우시안 필터로 제작하는데, 더 좋은 필터는 없을까? 데이터에 따라 최적의 필터를 설계해야 하지 않을까? 규칙 기반 방법은 이런 질문에 명쾌한 답을 내놓지 못한다. 규칙 기반을 사용하는 고전적 컴퓨터 비전은 사람의 노력으로 일정 수준의 성능은 달성하지만 그 이상을 돌파하지 못하는 결정적인 한계가 있다.

딥러닝으로 대전환

[그림 7-2]는 컴퓨터 비전 방법론의 얼개를 보여준다. 컴퓨터 비전 방법론은 크게 규칙 기반과 기계학습machine learning으로 나눌 수 있다. 기계학습은 주어진 문제 도메인에서 데이터를 수집하고 모델을 학습하는 과정을 거쳐 문제를 해결한다. 기계학습 방법론에는 다양한 학습 모델이 있는데, 크게 신경망 모델과 신경망이 아닌 모델로 구분할 수 있다. 비신경망에 속하는 대표적 모델은 SVM, 결정 트리, 랜덤 포리스트다. 신경망에서는 대략 2010년 이전에는 얕은 신경망 모델을 사용했는데 이후에는 훨씬 많은 층을 배치한 깊은 신경망 모델로 발전한다. 깊은 신경망 구조를 설계하고 학습하고 예측에 사용하는 기술을 통틀어 딥러닝deep learning이라고 한다. 딥러닝은 뛰어난 성능으로 인해 다른 기계학습 모델을 제치고 컴퓨터 비전의 주류 기술로 자리잡았다.

그림 7-2 컴퓨터 비전 방법론의 얼개

신경망은 얕은 모델로 출발하여 점점 깊어지며 발전해왔다. 이 장에서는 이런 과정에 따라 얕은 신경망인 퍼셉트론에서 시작해 다층 퍼셉트론과 깊은 다층 퍼셉트론 순으로 설명한다. 퍼셉트론은 단순하여 기본 개념과 연산을 이해하기 쉬울 뿐 아니라 여전히 딥러닝 모델의 주요 부품으로 활용되기 때문이다.

딥러닝의 영향력은 컴퓨터 비전을 넘어 아주 넓다. 자연어 처리NLP; Natural Language Processing는 영어나 한국어와 같은 자연어를 처리하여 언어 번역이나 챗봇 등을 만드는 기술이다. 딥러닝은 자연어 처리에서도 주류 기술로 활용된다. 지능 게임 분야에서도 주류 기술이 되었는데, 이세돌 기사를 이긴 알파고는 딥러닝 기술로 만들었다. 최근에 인공지능이 전 세계의 주목을 받게 된 중심에 딥러닝 기술이 있다.

7.2 기계학습 기초

딥러닝은 기계학습의 일종이고 기계학습의 오래된 이론에 뿌리를 두고 있기 때문에 기계학습의 기초를 먼저 설명한다.

7.2.1 기계학습의 단순한 예

이 절에서는 보일러라는 단순한 예시를 가지고 기계학습의 개념과 용어를 설명한다. 기름을 더 분사하면 보일러 온도는 상승한다. 보일러 공학자는 기름 분사량을 x, 온도를 y로 두었을 때 x와 y의 관계를 표현하는 함수에 관심을 가진다. 함수가 있으면 분사량을 특정 값으로 설정했을 때 온도를 알 수 있기 때문이다.

기계학습에서는 함수를 모델이라 부르고, 수집한 데이터로 방정식을 풀어 함수를 알아내는 일을 학습learning이라고 한다. 식 (7.1)은 기계학습 모델을 함수 형태로 표현한다. 학습된 모델로 특정 분사량에 대해 온도를 계산하는 일을 예측prediction이라고 한다. [예시 7-1]을 살펴보자.

$$\text{기계학습 모델: } y=f(x) \qquad (7.1)$$

[예시 7-1] 기름 분사량에 따라 온도를 예측하는 모델

보일러 공학자는 예측에 쓸 모델을 얻으려고 다음과 같은 절차를 밟는다.

1. 데이터 수집

분사량을 2와 4로 설정하여 다음과 같이 샘플 2개를 수집했다고 가정하자. x는 분사량, y는 온도다. 샘플을 좌표계에 그리면 [그림 7-3]이 된다. 기계학습에서는 수집한 샘플의 모음을 훈련 집합train set이라고 한다. 이 책은 샘플의 번호를 위첨자로 표시한다. 제곱 표기와 혼란을 피하기 위해 $x^{(2)}$와 같이 표기하는 책이 있는데 이 책은 간결성을 위해 x^2로 표기한다. 문맥에 따라 구별하기 바란다. 보통 샘플의 개수를 n으로 표시하며 이 데이터 셋은 $n=2$다.

$$\text{훈련 집합} \begin{cases} x^1 = 2,\ y^1 = 3 \\ x^2 = 4,\ y^2 = 4 \end{cases}$$

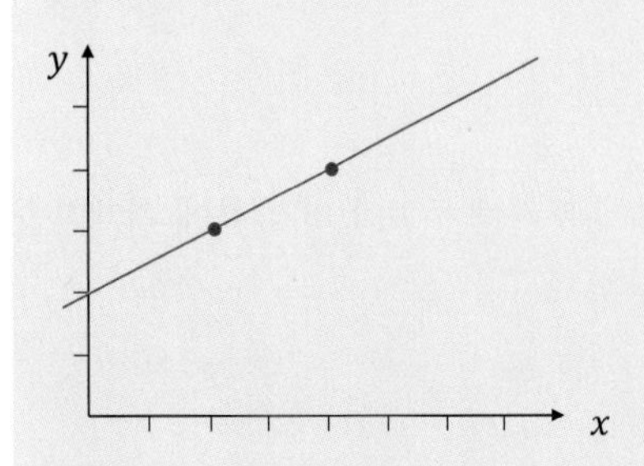

그림 7-3 기계학습이 사용하는 데이터 사례

2. 모델 선택

f는 선형과 비선형의 다양한 함수 관계가 가능하다. 보일러 공학자는 면밀한 검토 끝에 1차 방정식으로 표현되는 선형 관계로 결정하고 아래 직선의 식을 모델로 선택했다고 가정하자.

$$\text{모델: } y=f(x)=u_1\ x+u_0$$

3. 학습

보일러 공학자는 훈련 집합에 있는 두 샘플을 모델에 대입한 방정식을 풀어, 즉 모델을 학습하여 가중치의 값 $u_1 = 0.5$와 $u_0 = 2$를 구한다. [그림 7-3]의 파란색 선은 학습된 모델이다.

4. 예측

보일러 공학자는 훈련 집합에 없는 새로운 샘플 $x=5$를 모델에 대입하여 $y=4.5$라고 예측한다.

$$\text{예측: } y=f(5)=0.5\times5+2=4.5$$

7.2.2 기계학습의 4단계

[예시 7-1]에서 예시한 바와 같이 기계학습은 [그림 7-4]의 4단계를 거친다. 각 단계를 좀 더 상세하게 살펴본다.

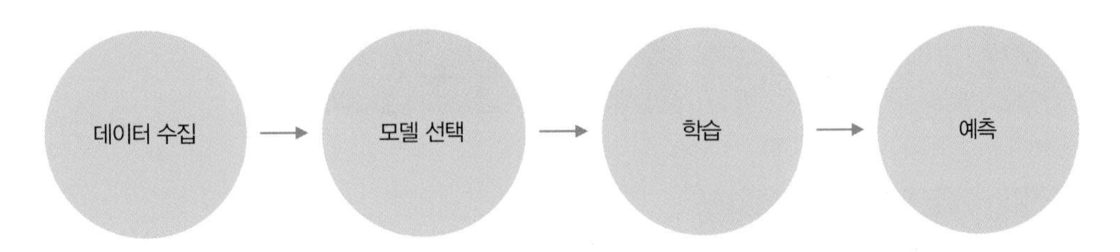

그림 7-4 전형적인 기계학습 과정

1단계: 데이터 수집

기계학습에서는 모델의 입력을 특징 벡터feature vector, 출력을 참값GT; Ground Truth 또는 레이블label이라고 한다. 보통은 특징 벡터와 참값을 x와 y로 표기한다. [예시 7-1]에서는 기름 분사량이 x이고 온도가 y다. 보통 특징 벡터는 d개 특징으로 구성되는 벡터로, 식 (7.2)와 같이 볼드체로 표기한다. 식 (7.3)에서 표현한 데이터셋은 특징 벡터마다 참값이 붙어있는 n개 샘플로 구성된다. $\mathbf{x}^i$는 i번째 특징 벡터다. [예시 7-1]은 n=2, d=1인 아주 단순한 경우인데 실제 데이터에서는 n은 수만~수억이고 d는 수백~수백만이다.

$$\text{특징 벡터: } \mathbf{x}=(x_1, x_2, \cdots, x_d) \qquad (7.2)$$

$$\text{데이터셋: } D=\{(\mathbf{x}^1, y^1),(\mathbf{x}^2, y^2),\cdots,(\mathbf{x}^n, y^n)\} \qquad (7.3)$$

참값 y는 모델이 맞혀야 하는 정답에 해당한다. [예시 7-1]의 경우 y는 연속된 값이다. 이런 문제를 회귀regression라고 한다. [그림 7-5(a)]처럼 입력 영상에서 물체 부류를 알아내는 문제에서 y는 이산값이다. 이런 문제를 분류classification라고 한다. 컴퓨터 비전에는 분류 문제뿐 아니라 검출, 분할, 추적 등의 다양한 문제가 있는데, 이런 문제에서는 참값을 표현하는 일이 훨씬 복잡하다. 예를 들어 검출은 [그림 7-5(b)]에서 보는 바와 같이 물체 위치를 직사각형으로 알아내야 하므로 직사각형 두 점의 좌표가 y에 해당한다.

(a) 분류: Boat(왼쪽)와 Chair(오른쪽)

(b) 검출

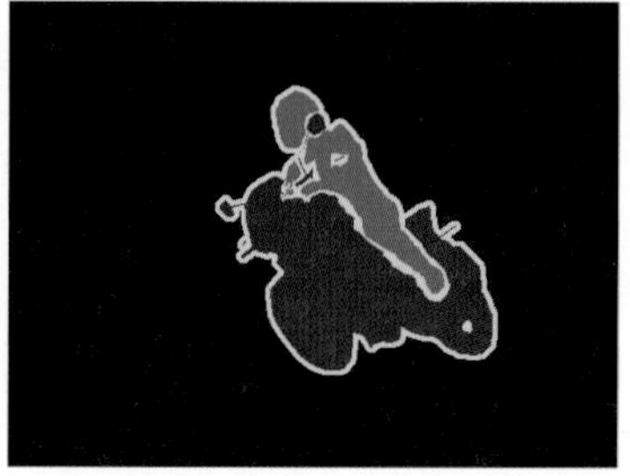

(c) 분할

그림 7-5 컴퓨터 비전의 다양한 데이터(PASCAL VOC 데이터셋에서 선택함)

데이터 수집에는 많은 비용이 든다. 숫자와 같이 초등학생도 레이블링할 수 있는 데이터도 있지만 의료 영상과 같이 전문가가 아니면 레이블링이 불가능한 경우도 있다. 분할의 경우 물체가 차지한 영역을 화소 수준으로 지정해야 하기 때문에 노동 집약적이다. 다행히 아주 많은 데이터가 이미 인터넷에 공개되어 있다. 이 책에서는 공개 데이터셋으로 프로그래밍 실습을 한다.

TIP 9장의 9.1.2항에서 유명한 데이터셋을 소개한다. 공개된 데이터셋을 보다 폭넓게 살피려면 위키피디아에서 'list of datasets for machine learning research'를 참조한다.

2단계: 모델 선택

[예시 7-1]에서는 설명을 단순화하려고 직선을 모델로 사용하였다. 하지만 기름 분사량과 온도의 관계가 더 복잡한 경우는 비선형 모델을 사용해야 한다. 예를 들어 두 변수가 2차 함수의 관계라면 $y=u_2x^2+u_1x+u_0$로 표현되는 모델을 선택해야 한다. 이제 학습이 추정할 가중치가 u_2, u_1, u_0의 3개가 되었다. 가중치는 보통 행렬 **W**로 표기하는데, [예시 7-1]의 선형 모델은 $\mathbf{W} = (u_0\ u_1)$, 2차 다항식 모델은 $\mathbf{W} = (u_0\ u_1\ u_2)$이다. 딥러닝은 가중치가 수만~수억 개인 큰 용량의 모델을 사용한다. 딥러닝 모델은 수십 개 층으로 구성되는데, 층마다 가중치가 있으므로 $\mathbf{W}=\{\mathbf{U}^1, \mathbf{U}^2, \mathbf{U}^3, \cdots, \mathbf{U}^L\}$로 표기한다. L은 층의 개수다.

TIP 최적화 알고리즘은 신경망의 가중치(weight)를 매개변수(parameter)라 부른다. 이 책에서는 신경망을 다루므로 특별한 경우를 빼고 가중치라는 용어를 사용한다.

3단계: 학습

학습은 훈련 집합에 있는 샘플을 최소 오류로 맞히는 최적의 가중치 값을 알아내는 작업이다. [예시 7-1]에서는 모델 함수에 데이터셋을 대입하여 만든 방정식을 풀어 가중치의 최적값을 구했다. 이런 방식을 분석적 방법analytical method이라 한다. 실제 데이터에서는 [그림 7-6]이 보여주는 바와 같이 잡음이 발생하고 2단계에서 선택한 모델이 데이터 분포와 정확히 맞지 않는 등의 여러 요인으로 인해 어느 정도의 오류가 필연적이다. 기계학습은 오류를 조금씩 줄이는 과정을 반복하는 수치적 방법numerical method을 사용한다.

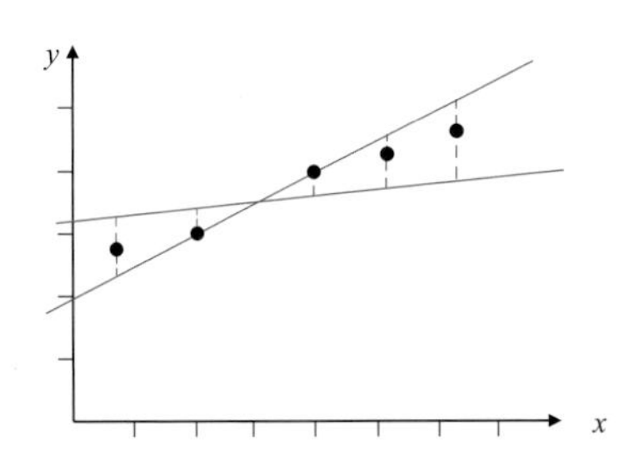

그림 7-6 모델이 범하는 오류를 측정하는 손실 함수

학습 알고리즘이 최적의 가중치를 찾으려면 현재 가중치 값 **W**가 얼마나 좋은지, 즉 오류를 얼마나 덜 범하는지 측정하는 함수가 필요하다. 기계학습에서는 이 함수를 손실 함수loss function라 부른다. 식 (7.4)는 평균제곱오차MSE; Mean Squared Error를 정의한다. 이 손실 함수는 0에 가까울수록 좋다.

$$평균제곱오차:\ J(\mathbf{W}) = \frac{1}{n}\sum_{i=1,n}\left(f\left(\mathbf{x}^i\right) - y^i\right)^2 \qquad (7.4)$$

[그림 7-6]은 평균제곱오차를 설명한다. 점선은 오류를 뜻하는데, 검은색 점은 참값에 해당하는 y^i고 직선상의 점은 모델이 예측한 값 $f(\mathbf{x}^i)$다. 점선은 오차, 즉 $f(\mathbf{x}^i)-y^i$에 해당한다. 따라서 모든 점선 길이의 제곱의 평균을 구하면 평균제곱오차다. [그림 7-6]에는 파란색의 모델과 빨간색의 모델이 있는데, 파란색 모델의 평균제곱오차가 더 작아 파란색 모델이 최적에 더 가깝다고 말할 수 있다. 최적화 알고리즘은 평균제곱오차를 최소로 하는 가중치의 최적값 $\hat{\mathbf{W}}$을 찾아준다. 기계학습에서는 최적화 알고리즘을 옵티마이저optimizer라 부른다.

4단계: 예측

예측이란 학습을 마친 모델, 즉 $\hat{\mathbf{W}}$을 가진 모델에 학습에 사용하지 않던 새로운 특징 벡터를 입력하고 출력을 구하는 과정이다. 예측을 추론inference이라고 부르기도 하며 예측을 통해 모델의 성능을 평가할 수 있다. 모델의 객관적인 성능 평가는 모델을 개선할 때나 모델을 현장에 설치해도 되는지 판단할 때 중요하다. 가장 좋은 평가 방법은 바로 현장에 설치하여 정확률을 측정하는 것인데, 이 방법은 비용이 많이 든다. 특히 의료나 자율주행처럼 생명과 직결된 상황에서는 불가능한 방법이다. 기계학습은 데이터셋을 일정 비율로 분할하여 일부는 훈련 집합에 넣어 학습에 사용하고 나머지는 테스트 집합에 넣어 예측에 사용한다.

데이터셋을 훈련 집합과 테스트 집합으로 분할하여 성능을 측정하면 어느 정도 객관성을 보장할 수 있지만 데이터셋의 크기가 충분히 크지 않은 상황에서는 우연히 좋은 또는 우연히 나쁜 성능이 발생할 수 있다. 예를 들어 인식이 쉬운 샘플이 테스트 집합으로 많이 가면 실제보다 좋은 성능이 출력된다.

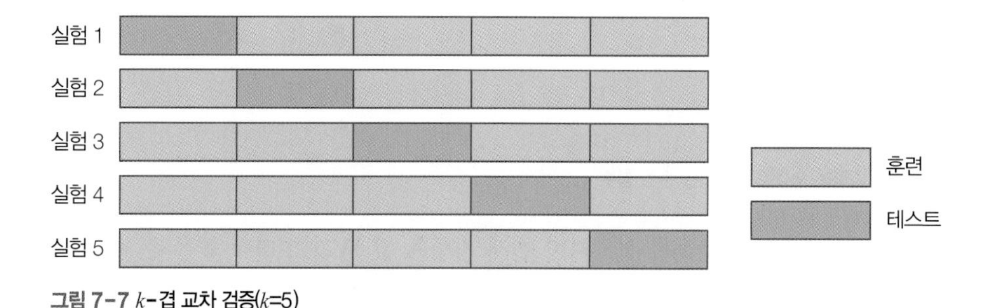

그림 7-7 k-겹 교차 검증(k=5)

[그림 7-7]은 데이터셋을 k개 부분 집합으로 분할하고 성능 실험을 k번 하여 평균을 취하는 k-겹 교차 검증k-fold cross validation을 설명한다. $i=1, 2, \cdots, k$로 바꾸면서 실험하는데 i번째 실험에서는 i번 부분 집합을 테스트 집합으로 사용하고 나머지 $k-1$개 부분 집합을 훈련 집합으로 사용한다.

7.3 딥러닝 소프트웨어 맛보기

기계학습을 구현하려면 적절한 소프트웨어 도구가 필요하다. 파이썬은 기계학습을 지원하는 sklearn 라이브러리를 제공하는데, sklearn은 [그림 7-2]에 있는 비신경망 모델과 얕은 신경망까지만 지원한다. 딥러닝을 구현하는 데 가장 널리 쓰이는 도구는 텐서플로TensorFlow와 파이토치PyTorch다. 텐서플로는 2015년에 구글에서 공개했고 파이토치는 2016년에 페이스북에서 공개했다. 이 책에서는 텐서플로를 사용한다.

텐서플로 소개

텐서플로는 2019년에 버전2를 공개했다. 버전1에서는 tensorflow 객체가 numpy와 호환되지 않아 불편했는데 버전2에서는 완전 호환된다. 텐서플로 자체는 프로그래밍이 까다로운 단점이 있다. 이런 단점을 극복하기 위해 프랑소와 숄레François Chollet는 텐서플로 위에서 돌아가는 케라스Keras 라이브러리를 제작해 공개하였다. 텐서플로 버전1에서는 텐서플로와 케라스가 별도 라이브러리여서 따로 설치해야 했는데 버전2에서는 텐서플로를 설치하면 케라스가 함께 설치된다. 대부분 케라스 명령어로 딥러닝을 개발하는데 둘이 한 몸이므로 보통 텐서플로 프로그래밍을 한다고 말한다. 텐서플로를 사용하려면 pip install tensorflow 명령어로 설치해야 한다. 2.2절 파이썬 설치에서 텐서플로를 미리 설치할 것을 권유했는데 그때 설치했다면 여기서는 그냥 넘어간다.

데이터와 텐서

딥러닝을 실습하려면 데이터셋을 준비해야 한다. [그림 7-4]의 1단계에 해당하는 일인데 다행히 텐서플로에는 다양한 데이터셋이 제공된다. 텐서플로 첫 프로그래밍으로 데이터셋 확인을 하기로 한다. [프로그램 7-1]을 통해 텐서플로가 제공하는 데이터셋의 사용법을 익힐 수 있다.

TIP 데이터셋 목록

- 텐서플로: https://www.tensorflow.org/datasets
- 케라스: https://keras.io/api/datasets

프로그램 7-1 텐서플로로 데이터 확인하기

```
01  import tensorflow as tf
02  import tensorflow.keras.datasets as ds
03  import matplotlib.pyplot as plt
04  
05  (x_train,y_train),(x_test,y_test)=ds.mnist.load_data()
06  print(x_train.shape,y_train.shape,x_test.shape,y_test.shape) ①
07  plt.figure(figsize=(24,3))
08  plt.suptitle('MNIST',fontsize=30)
09  for i in range(10):
10     plt.subplot(1,10,i+1)
11     plt.imshow(x_train[i],cmap='gray') ②
12     plt.xticks([]); plt.yticks([])
13     plt.title(str(y_train[i]),fontsize=30)
14  
15  (x_train,y_train),(x_test,y_test)=ds.cifar10.load_data()
16  print(x_train.shape,y_train.shape,x_test.shape,y_test.shape) ③
17  class_names=['airplane','car','bird','cat','deer','dog','frog','horse','ship',
    'truck']
18  plt.figure(figsize=(24,3))
19  plt.suptitle('CIFAR-10',fontsize=30)
20  for i in range(10):
21     plt.subplot(1,10,i+1)
22     plt.imshow(x_train[i]) ④
23     plt.xticks([]); plt.yticks([])
24     plt.title(class_names[y_train[i,0]],fontsize=30)
```

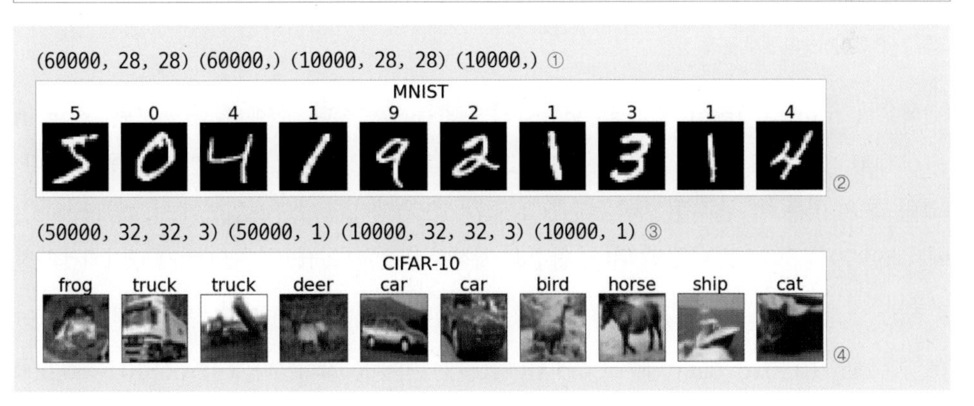

01행은 tensorflow 모듈을 tf 이름으로 불러오고 02행은 데이터셋을 읽어오는 데 필요한 모듈을 ds라는 이름으로 불러온다. 05~13행은 MNIST 데이터셋, 15~24행은 CIFAR-10 데이터셋을 읽고 모양을 확인하고 몇 개 샘플을 출력하여 내용을 확인한다.

05행은 mnist.load_data 함수로 MNIST 데이터셋을 읽어온다. MNIST에는 70,000개의 필기 숫자 샘플이 있는데, 60,000개의 훈련 집합과 10,000개의 테스트 집합으로 분할되어 있다. 특징 벡터는 숫자를 28×28 맵으로 표현하고, 참값은 숫자 부류를 나타내기 위해 0~9 사이의 값을 가진다. 05행은 훈련 집합을 읽어 x_train과 y_train, 테스트 집합을 읽어 x_test와 y_test에 저장한다.

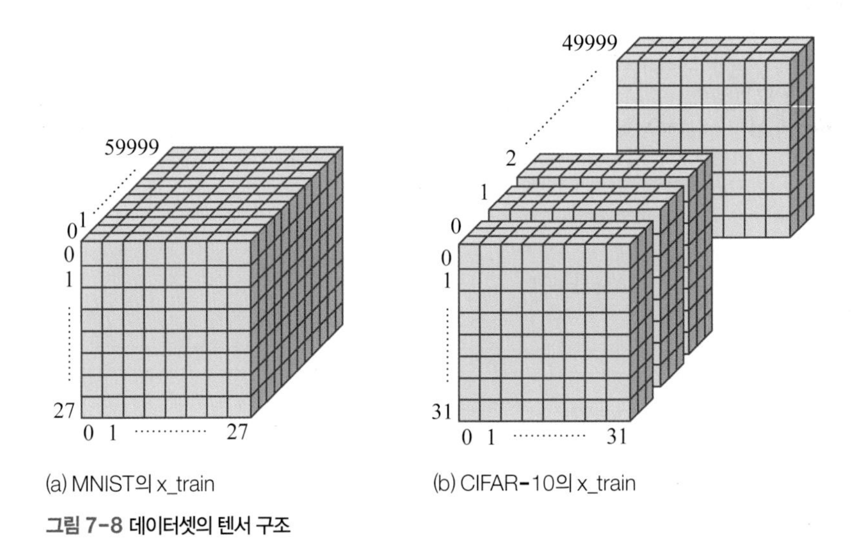

(a) MNIST의 x_train (b) CIFAR-10의 x_train

그림 7-8 데이터셋의 텐서 구조

06행은 x_train, y_train, x_test, y_test의 구조를 출력한다. 실행 결과를 보면, x_train은 60000×28×28 모양임을 알 수 있다. 28×28 맵이 60,000장 쌓여 있는 3차원 구조다. [그림 7-8(a)]는 이 구조를 보여준다. x_test는 10000×28×28 모양인데, [그림 7-8(a)]에서 59999를 9999로 바꾸면 된다. 참값을 저장하고 있는 y_train은 60000 크기의 1차원 구조다.

15행은 cifar10.load_data 함수로 CIFAR-10 데이터셋을 읽어온다. CIFAR-10은 60,000개의 자연 영상을 가지는데 50,000개를 가진 훈련 집합과 10,000개를 가진 테스트 집합으로 분할되어 있다. 특징 벡터는 32×32×3 맵으로 표현된다. R, G, B를 위해 32×32 맵이 3장 있는 구조다. 부류가 10개이므로 참값은 0~9 사이의 값을 가진다. 15행은 훈련 집합을 읽어 x_train과 y_train, 테스트 집합을 읽어 x_test와 y_test에 저장한다. 16행은 x_train, y_train, x_test, y_test의 구조를 출력한다.

TIP MNIST의 y_train은 (60000,)인데, CIFAR-10의 y_train은 (50000,1)이다. MNIST의 y_train은 [5,0,4,…]의 리스트로 저장되어 있고, CIFAR-10의 y_train은 [[6],[9],[9],…]의 리스트로 저장되어 있어 다르다.

실행 결과를 보면, x_train은 50000×32×32×3 모양임을 알 수 있다. 32×32×3 맵이 50,000장 쌓여 있는 4차원 구조다. [그림 7-8(b)]는 이 구조를 보여준다.

딥러닝에서는 다차원 배열multi-dimensional array을 텐서tensor라 부른다. MNIST의 x_train은 60000×28×28의 3차원 텐서고 y_train은 60000 크기의 1차원 텐서다. CIFAR-10의 x_train은 50000×32×32×3의 4차원 텐서고 y_train은 50000 크기의 1차원 텐서다.

07~13행은 MNIST의 x_train의 10개 샘플을 matplotlib.pyplot 모듈을 사용하여 보여준다. 07행은 그림의 크기를 지정하고 08행은 그림에 제목을 단다. 09~13행은 x_train의 앞에 배치되어 있는 10개 샘플을 보여준다. 10행의 subplot(1,10,i+1)은 1줄에 10개 영상을 배치하는데 i+1번째를 채우라고 지시한다. 11행은 x_train의 i번째 샘플을 명암으로 출력한다. 12행은 x와 y축에 눈금을 달지 말라고 지시하고, 13행은 샘플의 부류 정보를 제목으로 달아준다.

17~24행은 CIFAR-10의 x_train의 앞에 배치되어 있는 10개 샘플을 보여준다. 17행은 0~9 사이의 숫자로 표현된 부류 정보를 물체 이름으로 변환해주는 표다. 24행은 이 표를 사용하여 샘플 위에 물체 부류 정보를 표시한다.

7.4 인공 신경망의 태동

[그림 7-2]의 기계학습 방법론에서 가장 성공하고 주류로 자리잡은 모델은 신경망이다. 이 절에서는 1940년대에 태동하여 현재 딥러닝으로 발전하는 신경망 역사를 간략하게 살펴본다. 이어 최초의 성공적인 신경망 모델인 퍼셉트론을 통해 신경망에 대한 기초 지식을 다진다.

7.4.1 신경망의 간략 역사

1900년대 들어 인간 뇌에 대한 활발한 연구에 힘입어 뉴런의 정체가 조금씩 밝혀진다. 몇몇 신경과학자는 뉴런의 정보 처리 과정을 수학적으로 모델링하여 인공 신경망을 만드는 연구를 시작한다. 1946년에는 초당 3,000회 가량 덧셈을 할 수 있는 세계 최초의 전자식 컴퓨터인 에니악ENIAC이 탄생한다. 신경 과학자들은 컴퓨터로 인공 신경망을 구현하여 사람처럼 인식할 수 있는 기계를 만들려는 거대한 발상을 한다.

[그림 7-9]는 사람 뇌를 구성하는 뉴런neuron과 퍼셉트론이라는 초기 인공 신경망을 보여준다. 세포체soma, 수상 돌기dendrite, 축삭axon으로 구성된 뉴런은 뇌의 정보 처리 단위다. 수상 돌기는 화학 물질을 통해 다른 뉴런으로부터 신호를 받고 세포체는 화학 반응을 통해 연산을 수행하고 축삭은 연산 결과를 다른 뉴런에 전달한다. 뉴런의 정보 전달은 [그림 7-9(a)]의 확대된 그림에 있는 시냅스synapse를 통해 이루어진다. 사람의 뇌에는 10^{11}개의 뉴런이 있고 하나의 뉴런은 평균 1,000여 개의 다른 뉴런과 연결되어 있다. 사람 뇌는 단순한 연산 장치가 엄청나게 밀집된 형태로 연결된 병렬 처리기로 볼 수 있다. 이런 이유로 뇌를 신경망neural network이라고 부른다. 뇌의 신경망과 구분하려고 수학 모델인 신경망을 인공 신경망ANN; Artificial Neural Network으로 구분하는데, 이 책에서는 인공 신경망을 줄여서 신경망이라고 부른다.

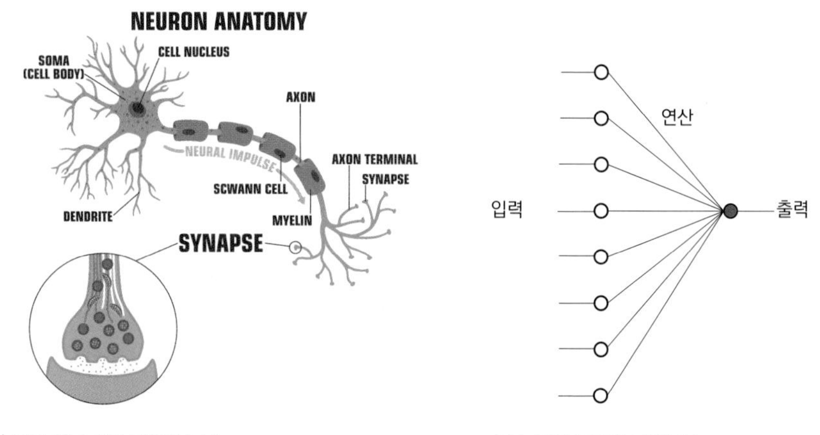

(a) 뇌의 정보 처리 단위인 뉴런 (b) 뉴런을 모방한 퍼셉트론

그림 7-9 생물 신경망과 인공 신경망

1943년에 맥컬록McCulloch과 피츠Pitts가 뉴런의 정보 처리를 모방한 수학 모델을 발표했는데 이것이 세계 최초의 인공 신경망이다. 1949년에는 헤브Hebb가 학습 알고리즘을 발표했다. 1958년에는 로젠블랫Rosenblatt이 퍼셉트론을 최초로 구현했는데 [그림 7-9(b)]는 퍼셉트론의 구조를 보여준다[Rosenblatt1958]. 이후에 위드로Widrow와 호프Hoff는 퍼셉트론을 개선한 아달린Adaline과 마달린Madaline을 발표했다. 1960년대에는 신경망이 인공지능을 완성해줄 것처럼 과장되어 매스컴의 주목을 받았다. 1969년에 민스키Minsky와 페퍼트Papert는 『Perceptrons』라는 저서를 통해 퍼셉트론이 선형 분류기에 불과하고 XOR 문제조차 풀지 못한다고 밝혔다[Minsky1969]. 이후 신경망 연구는 크게 퇴조한다.

소강 상태에서 연구를 지속한 연구자들이 있었는데, 이들의 연구 결과가 1986년에 루멜하트Rumelhart와 동료들이 저술한 『Parallel Distributed Processing: Explorations in the Microstructure of Cognition』을 통해 세상에 나왔다[Rumelhart1986]. 이 연구의 핵심은 퍼셉트론에 은닉층을 추가한 다층 퍼셉트론과 다층 퍼셉트론을 학습할 수 있는 역전파 알고리즘이다. 다층 퍼셉트론은 수표에 적힌 필기체 문자를 인식하는 실용화 시스템을 만들 정도의 높은 정확률을 보였다. 이로써 신경망은 다시 활기를 찾는다.

1990년대에는 SVM이라는 비신경망 모델이 등장하여 다층 퍼셉트론을 능가하는 형국이 된다. 2000년대 들어 은닉층의 개수를 대폭 늘린 딥러닝이 등장하여 신경망이 다시 기계학습의 주류 기술이 된다. 신경망의 역사를 더 깊이 살피려면 [Schmidhuber2015, Kurenkov2020]을 참고한다.

7.4.2 퍼셉트론

퍼셉트론은 1958년에 등장한 용량이 아주 작은 신경망 모델로서 현대적인 문제를 해결하기에는 턱없이 부족하다. 하지만 퍼셉트론 이론은 딥러닝 이론의 토대가 되며, 퍼셉트론은 딥러닝 신경망의 핵심 부품으로 사용된다. 따라서 퍼셉트론에 대한 이해는 딥러닝을 이해하는 지름길이다.

구조와 연산

퍼셉트론은 특징 벡터를 입력으로 받아 연산을 수행하고 결과를 출력층으로 내보낸다. [그림 7-10(a)]는 퍼셉트론의 구조다. 입력층input layer에는 식 (7.2)로 정의되는 d차원 특징 벡터를 받기 위한 d개 노드와 1개의 바이어스 노드가 있다. 바이어스 노드bias node는 x_0=1로 설정하여 항상 1이 입력된다. 출력층outut layer에는 노드가 하나 있다. 입력 노드는 특징값을 통과시키는 일만 하여 속이 빈 원으로 그렸고, 출력 노드는 연산을 수행하기 때문에 속이 찬 파란색 원으로 구별하였다. 입력 노드와 출력 노드를 연결하는 에지에 있는 u_i는 가중치weight라고 한다.

출력 노드는 입력 노드의 값 x_i와 에지에 있는 가중치 u_i를 곱해서 얻은 d+1개의 곱셈 결과를 더해 s를 구한 다음, s를 τ 함수에 통과시켜 얻은 값 o를 출력한다. 식 (7.5)는 연산 과정을 표현한다. τ를 활성 함수activation function라 부르는데 퍼셉트론은 활성 함수로 [그림 7-10(b)]의 계단 함수를 사용한다. 활성 함수를 적용하기 전의 값 s를 로짓logit이라 부른다.

$$o = \tau(s) = \tau\left(\sum_{i=0,d} u_i x_i\right)$$
$$\tau(s) = \begin{cases} +1, s > 0 \\ -1, s \le 0 \end{cases} \quad (7.5)$$

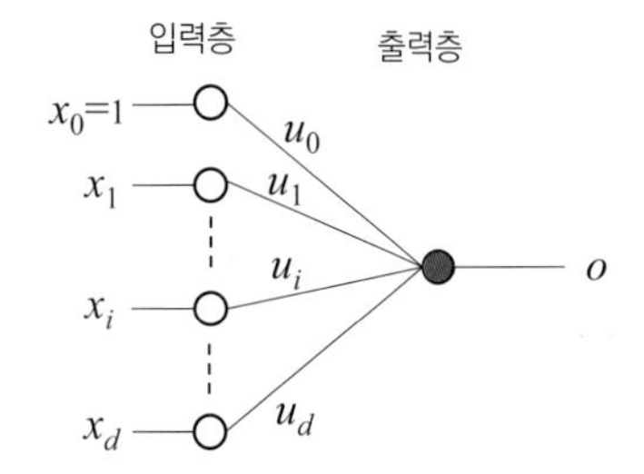

(a) 퍼셉트론의 구조

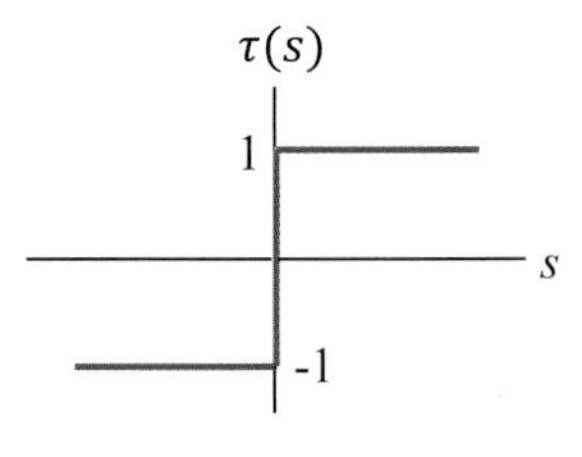

(b) 퍼셉트론이 사용하는 활성 함수

그림 7-10 퍼셉트론의 구조와 연산

퍼셉트론은 분류기

퍼셉트론은 특징 공간을 2개의 부분 공간으로 나누는 함수로 해석할 수 있다. 이런 해석을 쉽게 설명하기 위해 [예시 7-2]가 제시하는 OR 분류 문제를 사용한다.

[예시 7-2] 퍼셉트론으로 OR 분류 문제 풀기

OR 데이터셋은 아주 단순하여 퍼셉트론을 설명하는 데 자주 쓰인다. [그림 7-11]은 4개 샘플로 구성된 OR 데이터셋을 보여준다. $\mathbf{x}^1 \sim \mathbf{x}^4$는 특징 벡터고 $y^1 \sim y^4$는 참값이다. 식 (7.2)와 식 (7.3)에 따르면 d=2, n=4다. 속이 찬 샘플은 참값이 1이고 속이 빈 샘플은 −1이다.

$$\mathbf{x}^1 = (0,0) \quad \mathbf{x}^2 = (0,1) \quad \mathbf{x}^3 = (1,0) \quad \mathbf{x}^4 = (1,1)$$
$$y^1 = -1 \qquad y^2 = 1 \qquad y^3 = 1 \qquad y^4 = 1$$

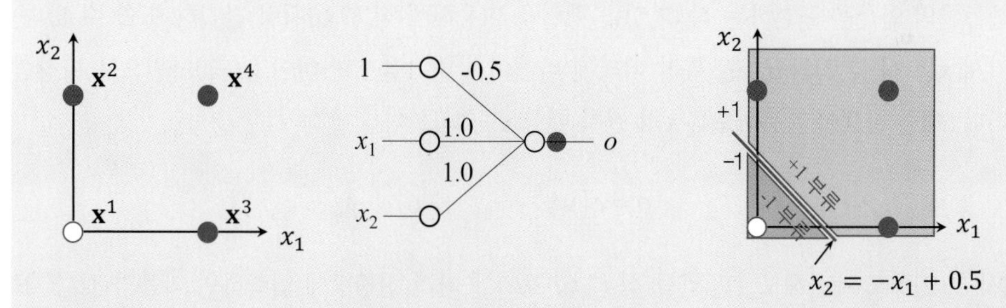

(a) OR 데이터셋 (b) OR 데이터셋을 분류하는 퍼셉트론 (c) 퍼셉트론이 형성하는 결정 경계

그림 7-11 OR 분류 문제를 해결하는 퍼셉트론

[그림 7-11(b)]는 OR 데이터셋을 분류하는 퍼셉트론이다. 가중치는 u_0=−0.5, u_1=1, u_2=1이다. 데이터셋을 식 (7.5)에 입력하여 옳게 분류하는지 확인해보자. $\mathbf{x}^2$를 식 (7.5)에 입력하면 아래와 같이 1을 얻는데, $\mathbf{x}^2$의 참값이 y^2=1이므로 옳게 분류했다. 나머지 샘플 3개도 같은 방식으로 입력해보면 모두 옳게 분류한다.

$$o=\tau(-0.5\times1+1\times0+1\times1)=\tau(0.5)=1$$

[그림 7-11(b)]의 퍼셉트론 가중치를 식 (7.5)에 대입하면 아래 식의 첫 행이 된다. o가 0보다 크면 1, 0보다 작으면 −1 부류로 분류하기 때문에 o=0은 두 부류를 나누는 결정 경계decision boundary에 해당한다. 두 번째 행처럼 o=0으로 둔 식을 만들고 정리하면 세 번째 행에 있는 식

을 얻는다. 이 식을 2차원 좌표계에 그리면 [그림 7-11(c)]의 빨간색 선분이 된다. u_1과 u_2는 직선의 기울기를 표현하고 u_0은 절편에 해당한다. 바이어스 u_0이 없으면 직선이 항상 원점을 지나므로 데이터를 제대로 분류할 수 없다. 바이어스 노드를 추가하는 이유다.

$$o = u_2x_2 + u_1x_1 + u_0x_0 = x_2 + x_1 - 0.5$$
$$x_2 + x_1 - 0.5 = 0$$
$$x_2 = -x_1 + 0.5$$

[그림 7-11(c)]의 의미를 생각해보자. 빨간색 선분은 특징 공간을 2개의 부분 공간으로 분할하는데, 노란색 부분 공간의 점은 모두 +1로 분류하고 녹색 부분 공간의 점은 모두 −1로 분류한다. 다시 말해 퍼셉트론은 특징 공간을 두 부분 공간으로 나누는 분류기classifier다.

행렬 표기

퍼셉트론의 연산을 표현하는 식 (7.5)를 행렬을 이용하여 식 (7.6)처럼 간결하게 쓸 수 있다. 여기서 $\mathbf{x}$는 식 (7.2)의 d차원 특징 벡터에 바이어스 값 1을 추가하여 $(d+1)$차원으로 확장한 벡터다. 행렬 곱셈이 가능하도록 $\mathbf{x}$의 전치 행렬 $\mathbf{x}^\mathrm{T}$를 곱한다.

$$o = \tau\left(\mathbf{u}\mathbf{x}^\mathrm{T}\right) \qquad (7.6)$$

[예시 7-2]에서 계산해보았던 $\mathbf{x}^2$를 식 (7.6) 표기에 따라 신경망에 입력하면 다음과 같다. 표현 방식만 다르고 계산 결과는 같다.

$$o = \tau\left(\mathbf{u}\mathbf{x}^{2^\mathrm{T}}\right) = \tau\left(\begin{pmatrix}-0.5 & 1 & 1\end{pmatrix}\begin{pmatrix}1\\0\\1\end{pmatrix}\right) = \tau\left(-0.5\times1 + 1\times0 + 1\times1\right) = \tau\left(0.5\right) = 1$$

식 (7.6)은 샘플 하나를 계산하는 식인데, 식 (7.7)은 데이터셋에 있는 n개의 샘플을 한꺼번에 계산하는 식이다. 특징 벡터 $\mathbf{x}$가 행렬 $\mathbf{X}$가 되었고 출력이 스칼라 o에서 행렬 $\mathbf{O}$가 되었다. $\mathbf{X}$는 특징 벡터가 행에 배치된 행렬이다. 모든 샘플을 담은 행렬 $\mathbf{X}$를 설계 행렬design matrix이라 부른다. 신경망 책과 논문은 이런 행렬 표기를 자주 사용한다. 또한 파이썬으로 코딩할 때도 행렬 표기를 사용하기 때문에 익숙해져야만 한다.

$$\mathbf{O} = \tau\left(\mathbf{u}\mathbf{X}^\mathrm{T}\right) \qquad (7.7)$$

[예시 7-3] OR 데이터셋을 행렬 표기로 처리

식 (7.7)의 행렬 표기를 따르면 OR 데이터셋은 아래와 같다.

$$\mathbf{X} = \begin{pmatrix} \mathbf{x}^1 \\ \mathbf{x}^2 \\ \mathbf{x}^3 \\ \mathbf{x}^4 \end{pmatrix} = \begin{pmatrix} 0 & 0 \\ 0 & 1 \\ 1 & 0 \\ 1 & 1 \end{pmatrix}$$

바이어스 값을 추가하고 전치를 적용한 $\mathbf{X}^{\mathrm{T}}$는 아래와 같다. 바이어스를 파란색으로 표시해 쉽게 확인할 수 있게 하였다.

$$\mathbf{X}^{\mathrm{T}} = \begin{pmatrix} 1 & 1 & 1 & 1 \\ 0 & 0 & 1 & 1 \\ 0 & 1 & 0 & 1 \end{pmatrix}$$

$\mathbf{X}^{\mathrm{T}}$를 식 (7.7)에 대입하면 아래와 같다. 퍼셉트론이 예측한 결과를 담은 행렬 $\mathbf{O}$를 참값과 비교하면 같다. 따라서 [그림 7-11(b)]의 퍼셉트론은 OR 데이터를 100% 정확률로 분류한다고 말할 수 있다.

$$\mathbf{O} = \tau\left(\mathbf{u}\mathbf{X}^{\mathrm{T}}\right) = \tau\left(\begin{pmatrix} -0.5 & 1 & 1 \end{pmatrix} \begin{pmatrix} 1 & 1 & 1 & 1 \\ 0 & 0 & 1 & 1 \\ 0 & 1 & 0 & 1 \end{pmatrix}\right) = \begin{pmatrix} -1 & 1 & 1 & 1 \end{pmatrix}$$

행렬 표현을 어렵게 생각하여 중도에 포기하는 학생이 종종 있다. 쉬운 [예시 7-3]을 정확하게 이해하고 연습문제를 풀면서 여러 번 코딩을 해보면 점점 익숙해지다가 어느 순간 쉬워진다.

7.5 깊은 다층 퍼셉트론

앞 절에서 특징 벡터의 차원이 2이고 데이터셋 크기가 4인 단순한 OR 데이터셋으로 퍼셉트론의 분류 능력을 예시했는데, 퍼셉트론은 수백 차원 샘플이 수만 개인 분류 문제도 풀 수 있다고 증명되어 있다. 그런데 퍼셉트론은 선형 분류기이기 때문에 [그림 7-12(a)]와 같이 선형 분리 가능linearly separable한 데이터셋만 100% 정확률로 분류할 수 있는 결정적인 한계가 있다. 퍼셉트론은 [그림 7-12(b)]와 같은 선형 분리 불가능한 상황에서는 정확률이 낮을 수밖에 없다.

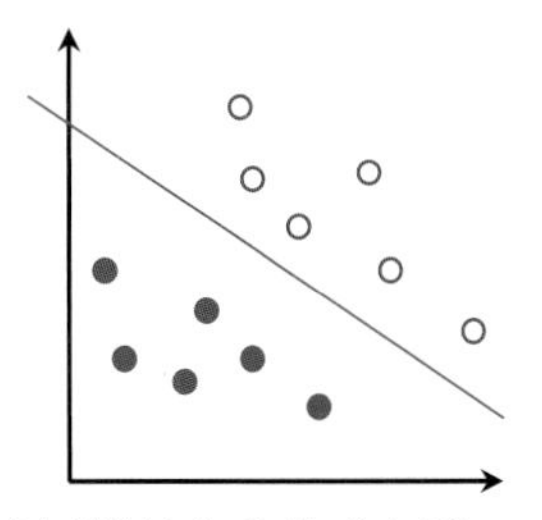

(a) 선형 분리 가능한 데이터셋

(b) 선형 분리 불가능한 데이터셋

그림 7-12 선형 분리 가능과 불가능

민스키와 페퍼트는 『Perceptrons』라는 저서를 통해 퍼셉트론의 한계를 체계적으로 지적했다[Minsky1969]. [그림 7-13(a)]에 있는 XOR 문제를 제시하고 퍼셉트론은 이런 단순한 문제조차 풀지 못한다고 비판했다. XOR 데이터셋은 퍼셉트론의 가중치를 어떻게 설정하든 4개 샘플 중 하나는 틀릴 수밖에 없어 정확률의 상한이 75%다.

1986년에 루멜하트는 은닉층을 추가한 다층 퍼셉트론을 제시했다[Rumelhart1986]. 다층 퍼셉트론은 비선형 분류기로서 [그림 7-12(b)]의 데이터셋에서 곡선으로 구성된 결정 경계를 만들어 비선형 분류 문제를 멋지게 해결한다.

7.5.1 다층 퍼셉트론

다층 퍼셉트론이 [그림 7-13(a)]의 XOR 분류 문제를 푸는 아이디어는 단순하다. 아이디어의 핵심은 퍼셉트론을 여러 개 사용하는 것이다.

발상

[그림 7-13(b)]처럼 퍼셉트론을 2개 사용하면 특징 공간을 3개 영역으로 분할할 수 있다. 두 퍼셉트론의 출력을 z_1과 z_2로 표기했는데, z_1과 z_2 모두 +1일 때만 +1 부류로 분류하고 나머지 경우는 −1 부류로 분류하면 4개 샘플을 100% 정확률로 분류할 수 있다.

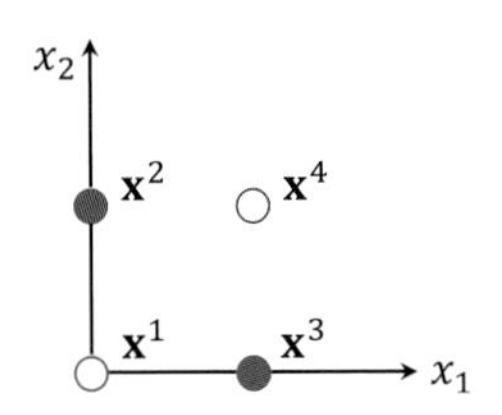

(a) XOR 데이터셋

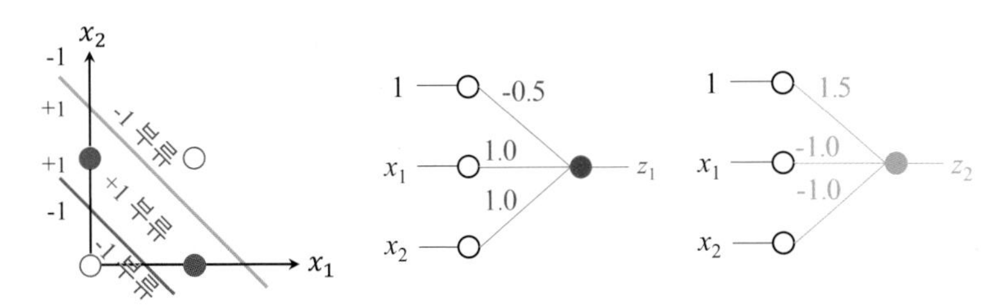

(b) 퍼셉트론을 2개 사용하여 특징 공간을 3개 영역으로 분할

그림 7-13 퍼셉트론을 여러 개 사용하여 XOR 분류 문제 해결

두 퍼셉트론을 [그림 7-14]와 같이 병렬 결합하면 원래 특징 공간 $\mathbf{x}=(x_1,x_2)$를 새로운 특징 공간 $\mathbf{z}=(z_1,z_2)$로 변환할 수 있다. 원래 특징 공간 $\mathbf{x}$의 세 부분 공간 a, b, c는 새로운 특징 공간 $\mathbf{z}$에서 세 점 a', b', c'가 된다. 주목할 사실은 변환된 세 점의 선형 분리가 가능해졌다는 것이다.

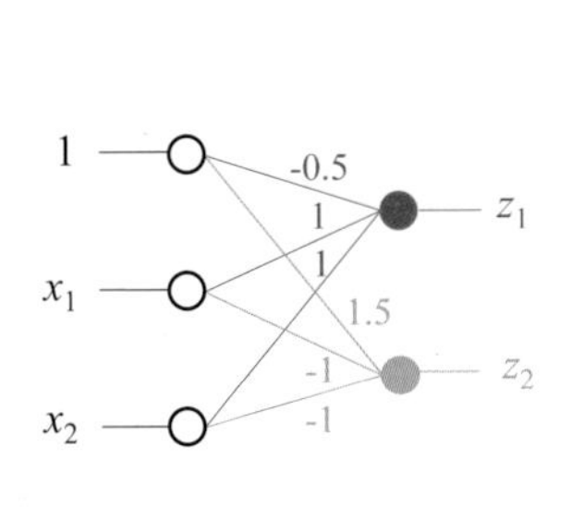

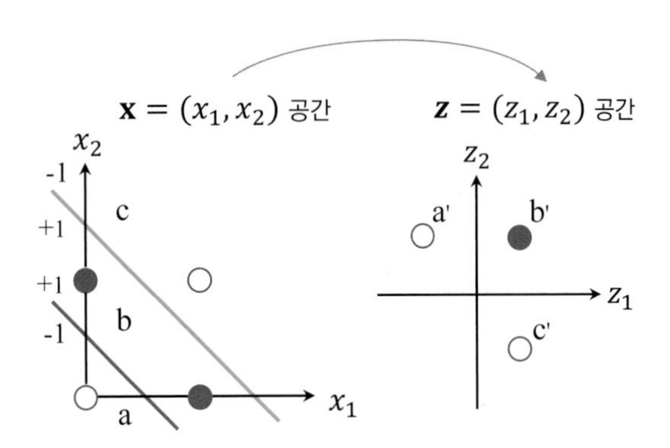

(a) 두 퍼셉트론의 병렬 결합

(b) 특징 공간 변환 – 세 영역이 세 점으로 변환

그림 7-14 특징 공간의 변환

이제 퍼셉트론을 하나 더 사용하면 XOR 문제를 해결할 수 있다. [그림 7-15(a)]는 **z** 공간에서 분류를 수행하는 세 번째 퍼셉트론을 보여준다. 파란색으로 표시한 이 퍼셉트론을 [그림 7-14(a)]에 순차적으로 결합하면 [그림 7-15(b)]의 신경망을 얻는다. 이 신경망을 다층 퍼셉트론MLP; Multi-Layer Perceptron이라고 한다.

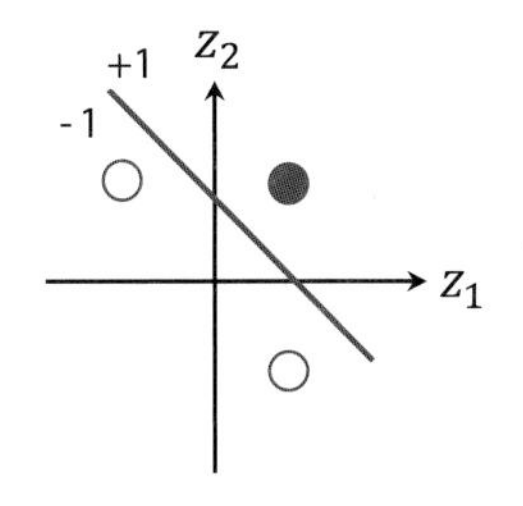

(a) **z** 공간을 분할하는 세 번째 퍼셉트론

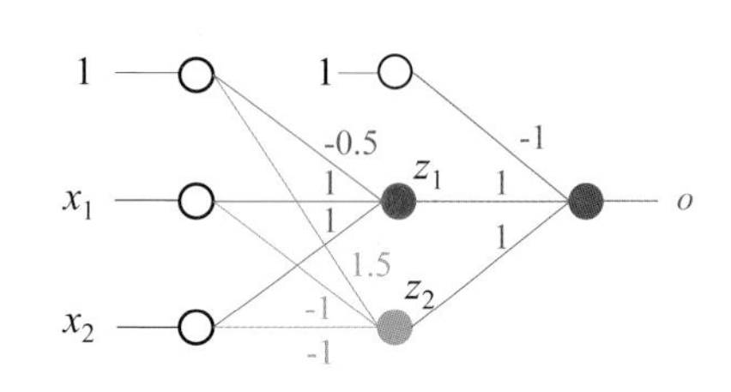

(b) 세 번째 퍼셉트론의 순차 결합

그림 7-15 다층 퍼셉트론

[표 7-1]은 [그림 7-15(b)]에 있는 다층 퍼셉트론의 동작을 요약한 것이다. 다층 퍼셉트론의 출력 o와 레이블 y를 비교하면 4개 샘플 모두 같아서 XOR 데이터를 100% 정확률로 분류한다고 말할 수 있다.

표 7-1 [그림 7-15(b)]의 다층 퍼셉트론을 이용한 XOR 데이터 인식

특징 공간 **x**	은닉 공간 **z**	출력 o	레이블 y
(0,0)	(−1,1)	−1	−1
(0,1)	(1,1)	1	1
(1,0)	(1,1)	1	1
(1,1)	(1,−1)	−1	−1

구조

[그림 7-15(b)]의 구조를 일반화하면 [그림 7-16]의 다층 퍼셉트론이 된다. 입력층과 출력층 사이에 새로 생긴 층을 은닉층hidden layer이라고 한다. 두 층 사이에 숨어있다는 뜻에서 그런 이름이 붙었다. 은닉층이 형성하는 새로운 특징 공간을 은닉 공간hidden space 또는 잠복 공간latent space이라 부른다. 입력층은 특징을 통과시키는 일만 하고 연산을 하지 않기 때문에 층을 셀 때 뺀다. 따라서 [그림 7-16]의 다층 퍼셉트론은 층이 2개고 [그림 7-10(a)]의 퍼셉트론은 층이 1개다. 다층 퍼셉트론은 이웃한 두 층에 있는 노드의 모든 쌍에 에지가 있어 완전 연

결FC; Fully-Connected 구조라 부른다.

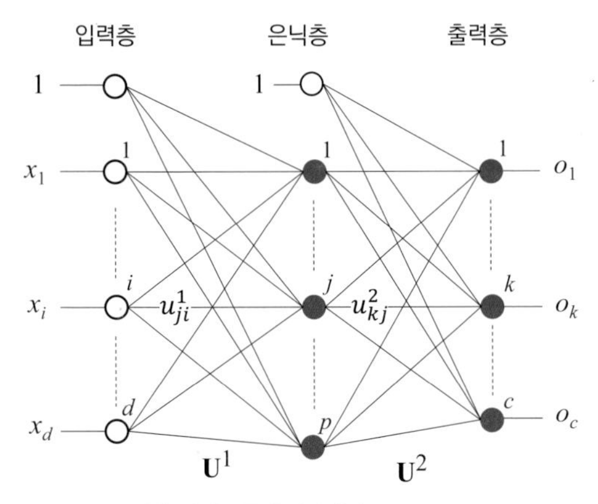

그림 7-16 다층 퍼셉트론의 일반적인 구조

[그림 7-16]에서 연산이 일어나는 층을 강조하기 위해 노드를 파란색으로 표시했다. 이웃한 층을 연결하는 가중치를 살펴보자. 은닉층의 j번째 노드와 입력층의 i번째 노드를 연결하는 에지 가중치를 u_{ji}^1로 표기한다. 출력층의 k번째 노드와 은닉층의 j번째 노드를 연결하는 에지 가중치를 u_{kj}^2로 표기한다. 입력층과 은닉층을 연결하는 가중치를 식 (7.8)의 행렬 $\mathbf{U}^1$로 표현한다. $\mathbf{U}^1$은 $p \times (d+1)$ 행렬이다. 은닉층과 출력층을 연결하는 가중치를 행렬 $\mathbf{U}^2$로 표현한다. $\mathbf{U}^2$는 $c \times (p+1)$이다.

$$\mathbf{U}^1 = \begin{pmatrix} u_{10}^1 & u_{11}^1 & \cdots & u_{1d}^1 \\ u_{20}^1 & u_{21}^1 & \cdots & u_{2d}^1 \\ \vdots & \vdots & \ddots & \vdots \\ u_{p0}^1 & u_{p1}^1 & \cdots & u_{pd}^1 \end{pmatrix} \quad \mathbf{U}^2 = \begin{pmatrix} u_{10}^2 & u_{11}^2 & \cdots & u_{1p}^2 \\ u_{20}^2 & u_{21}^2 & \cdots & u_{2p}^2 \\ \vdots & \vdots & \ddots & \vdots \\ u_{c0}^2 & u_{c1}^2 & \cdots & u_{cp}^2 \end{pmatrix} \qquad (7.8)$$

특징 벡터의 차원이 d이고 부류의 개수가 c인 데이터가 주어지면 입력층의 노드 개수는 $d+1$이 되고 출력층의 노드 개수는 c가 된다. 예를 들어 필기 숫자 데이터셋 MNIST는 28×28 맵으로 숫자를 표현하는데, 화소를 특징으로 간주하면 $d=784$이고 $c=10$이기 때문에 입력 노드는 바이어스 노드를 추가하여 785개, 출력 노드는 10개다.

은닉층의 노드 개수 p는 사용자가 지정해야 한다. 이처럼 신경망의 구조 또는 다음에 공부할 학습 알고리즘과 관련하여 사용자가 설정해줘야 하는 매개변수를 하이퍼 매개변수hyper parameter라고 한다. 하이퍼 매개변수를 잘 설정해야 신경망이 높은 성능을 발휘하기 때문에 최적값을 찾는 일이 중요하다. 7.7.3항은 하이퍼 매개변수를 설정하는 요령을 설명한다.

[그림 7-15(b)]의 다층 퍼셉트론의 가중치 개수를 계산해보면, (2+1)2+(2+1)1=9개다. 이제 MNIST 데이터셋을 사용하고 p를 128로 설정했다고 가정해 다층 퍼셉트론의 가중치 개수를 계산하면 (784+1)128+(128+1)10=101,770이다. 생각보다 많은 가중치다. 이 가중치를 어떻게 알아낼 것인가? [그림 7-15(b)]는 XOR이라는 단순한 데이터이기 때문에 사람이 직접 가중치를 설정했지만, MNIST는 그럴 수 없다. 가중치는 학습으로 알아낸다. 학습은 7.6절에서 다룬다.

전방 계산

특징 벡터 $\mathbf{x}$가 입력층으로 들어가 은닉층과 출력층을 거치면서 순차적으로 연산을 수행하는 과정을 전방 계산forward computation이라고 한다. 은닉층과 출력층 순으로 전방 계산을 살펴본다.

[그림 7-16]의 다층 퍼셉트론은 퍼셉트론을 여럿 결합한 구조다. 은닉층의 j번째 노드에 주목하자. 이 노드는 하나의 퍼셉트론에 해당하므로 연산은 식 (7.5)와 같다. [그림 7-16]의 표기에 맞추어 다시 쓰면 식 (7.9)가 된다. 식 (7.9)는 신경망 구조가 복잡해 표기가 복잡해진 차이만 있고 연산 내용은 퍼셉트론의 식 (7.5)와 같다. z_j는 은닉 노드의 출력으로 그 다음 층인 출력층의 입력으로 사용된다. 활성 함수의 입력인 $\sum_{i=0,d} u_{ji}^1 x_i$를 로짓logit이라 부른다.

$$j\text{번째 은닉 노드의 연산: } z_j = \tau\left(\sum_{i=0,d} u_{ji}^1 x_i\right) \qquad (7.9)$$

식 (7.9)를 행렬 표기로 바꾸어 쓰면 식 (7.10)이 된다. $\mathbf{u}_j^1$은 식 (7.8)에 있는 $\mathbf{U}^1$의 j번째 행으로 $\mathbf{u}_j^1 = \begin{pmatrix} u_{j0}^1 & u_{j1}^1 & \cdots & u_{jd}^1 \end{pmatrix}$이다. 다시 말해 [그림 7-16]에서 j번째 은닉 노드에 연결된 d+1개 가중치다.

$$j\text{번째 은닉 노드의 연산(행렬 표기): } z_j = \tau\left(\mathbf{u}_j^1 \mathbf{x}^{\mathrm{T}}\right) \qquad (7.10)$$

[그림 7-16]의 k번째 출력 노드의 연산을 살펴보자. k번째 출력 노드는 은닉층의 연산 결과 $\mathbf{z}$를 입력으로 받는다. 따라서 연산을 식 (7.11)로 정의할 수 있다. $\mathbf{u}_k^2$는 식 (7.8)에 있는 $\mathbf{U}^2$의 k번째 행으로 $\mathbf{u}_k^2 = \begin{pmatrix} u_{k0}^2 & u_{k1}^2 & \cdots & u_{kp}^2 \end{pmatrix}$이다. 다시 말해 [그림 7-16]에서 k번째 출력 노드에 연결된 p+1개 가중치다.

$$k\text{번째 출력 노드의 연산(행렬 표기)}: o_k = \tau\left(\mathbf{u}_k^2 \mathbf{z}\right) \quad (7.11)$$

식 (7.10)과 식 (7.11)은 노드 1개에 대한 연산을 표현하는데 식 (7.12)는 층에 있는 모든 노드의 연산으로 확대해 표현한다. 은닉층과 출력층의 활성 함수를 τ_1과 τ_2로 구분하여 적은 이유는 은닉층과 출력층이 다른 활성 함수를 사용하기 때문이다. 활성 함수는 7.5.3항에서 설명한다.

$$\begin{aligned} &\text{은닉층의 연산}: \mathbf{z} = \tau_1\left(\mathbf{U}^1 \mathbf{x}^{\mathrm{T}}\right) \\ &\text{출력층의 연산}: \mathbf{o} = \tau_2\left(\mathbf{U}^2 \mathbf{z}\right) \end{aligned} \quad (7.12)$$

식 (7.12)는 식 (7.13)의 복합 함수 형태로 바꿔 쓸 수 있다. 복잡한 구조의 신경망 연산을 한 줄 수식으로 쓸 수 있는 것은 선형대수의 힘이다. 수식 이해가 어렵다면 부록 B의 선형대수 편을 살펴보기 바란다.

$$\text{다층 퍼셉트론의 전방 계산}: \mathbf{o} = \tau_2\left(\mathbf{U}^2 \tau_1\left(\mathbf{U}^1 \mathbf{x}^{\mathrm{T}}\right)\right) \quad (7.13)$$

신경망은 하나의 샘플 $\mathbf{x}$를 처리하는 경우도 있지만 식 (7.3)이 표현하는 데이터셋 전체를 한꺼번에 처리하는 경우가 많다. 행렬 표현은 이러한 상황으로 쉽게 확장해준다. 식 (7.14)는 n개 특징 벡터를 한꺼번에 처리한다. 식 (7.13)의 벡터 $\mathbf{x}$와 $\mathbf{o}$가 행렬 $\mathbf{X}$와 $\mathbf{O}$로 달라진 것뿐이다. $\mathbf{x}^i$는 바이어스 노드를 추가한 $(d+1)$차원 벡터이다.

$$\begin{aligned} &\text{데이터셋 전체에 대한 다층 퍼셉트론의 전방 계산}: \mathbf{O} = \tau_2\left(\mathbf{U}^2 \tau_1\left(\mathbf{U}^1 \mathbf{X}^{\mathrm{T}}\right)\right) \\ &\text{이때, 설계 행렬 } \mathbf{X} = \begin{pmatrix} \mathbf{x}^1 \\ \mathbf{x}^2 \\ \vdots \\ \mathbf{x}^n \end{pmatrix} \end{aligned} \quad (7.14)$$

파이썬으로 신경망을 프로그래밍할 때 식 (7.12)~(7.14)와 같은 행렬 표기를 주로 사용하므로 이들 표기에 익숙해져야 한다. [예시 7-4]의 계산 과정을 꼼꼼히 살피면서 연필을 들고 직접 따라해보자. 그리고 이 장의 연습문제 03~05번은 행렬 표기에 대한 연습이니 꼭 풀어보기 바란다.

[예시 7-4] 다층 퍼셉트론의 연산

XOR 데이터셋을 인식하는 [그림 7-15(b)]의 신경망의 연산을 살펴보자. 이 신경망은 d=2, p=2, c=1이다. 가중치 행렬은 다음과 같다.

$$\mathbf{U}^1 = \begin{pmatrix} -0.5 & 1 & 1 \\ 1.5 & -1 & -1 \end{pmatrix}, \quad \mathbf{U}^2 = \begin{pmatrix} -1 & 1 & 1 \end{pmatrix}$$

샘플을 하나씩 처리하는 식 (7.13)을 $\mathbf{x}=(0,1)$ 샘플에 적용해보자. 계산을 편하게 하려고 활성 함수로 계단 함수를 사용한다. $\mathbf{x}$에 바이어스를 추가한 $\mathbf{x}=(1,0,1)$을 신경망에 입력하고 계산하는 과정은 아래와 같다. 활성 함수 τ_1은 활성 함수를 적용할 뿐 아니라 계산 결과에 은닉층의 바이어스를 추가하는 역할까지 한다고 가정한다. 나머지 3개 샘플에 대한 계산은 연습문제로 남겨둔다.

$$\boldsymbol{o} = \tau_2\left(\begin{pmatrix} -1 & 1 & 1 \end{pmatrix} \tau_1\left(\begin{pmatrix} -0.5 & 1 & 1 \\ 1.5 & -1 & -1 \end{pmatrix} \begin{pmatrix} 1 \\ 0 \\ 1 \end{pmatrix} \right) \right) = \tau_2\left(\begin{pmatrix} -1 & 1 & 1 \end{pmatrix} \tau_1\begin{pmatrix} 0.5 \\ 0.5 \end{pmatrix} \right)$$

$$= \tau_2\left(\begin{pmatrix} -1 & 1 & 1 \end{pmatrix} \begin{pmatrix} 1 \\ 1 \\ 1 \end{pmatrix} \right) = \tau_2\left((1) \right) = 1$$

데이터셋을 한꺼번에 처리하는 식 (7.14)를 적용하면 아래와 같다.

$$\mathbf{O} = \tau_2\left(\begin{pmatrix} -1 & 1 & 1 \end{pmatrix} \tau_1\left(\begin{pmatrix} -0.5 & 1 & 1 \\ 1.5 & -1 & -1 \end{pmatrix} \begin{pmatrix} 1 & 1 & 1 & 1 \\ 0 & 0 & 1 & 1 \\ 0 & 1 & 0 & 1 \end{pmatrix} \right) \right)$$

$$= \tau_2\left(\begin{pmatrix} -1 & 1 & 1 \end{pmatrix} \tau_1\left(\begin{pmatrix} -0.5 & 0.5 & 0.5 & 1.5 \\ 1.5 & 0.5 & 0.5 & -0.5 \end{pmatrix} \right) \right)$$

$$= \tau_2\left(\begin{pmatrix} -1 & 1 & 1 \end{pmatrix} \begin{pmatrix} 1 & 1 & 1 & 1 \\ -1 & 1 & 1 & 1 \\ 1 & 1 & 1 & -1 \end{pmatrix} \right)$$

$$= \tau_2\left(\begin{pmatrix} -1 & 1 & 1 & -1 \end{pmatrix} \right) = \begin{pmatrix} -1 & 1 & 1 & -1 \end{pmatrix}$$

7.5.2 딥러닝의 서막: 깊은 다층 퍼셉트론

다층 퍼셉트론을 주로 사용하던 1980년대에도 은닉층을 더 많이 쌓아 신경망을 깊게 만드는 생각을 했다. 하지만 데이터셋이 작고 컴퓨터가 느리고 학습 알고리즘이 미숙한 탓에 깊은 다층 퍼셉트론은 학습이 제대로 되지 않았다. 당시에는 은닉층을 1개 또는 2개 쌓은 얕은 신경망shallow neural network을 사용하였다. 기술이 발전한 지금은 깊은 신경망을 문제없이 학습한다.

깊은 다층 퍼셉트론의 전방 계산

[그림 7-17]은 L개 층을 가진 깊은 다층 퍼셉트론DMLP; Deep Multi-Layer Perceptron이다. 은닉층 1부터 오른쪽으로 진행하며 가중치 행렬을 $\mathbf{U}^1$, $\mathbf{U}^2$, $\cdots$, $\mathbf{U}^L$로 표기한다. [그림 7-16]의 다층 퍼셉트론은 L=2인 특수한 경우다.

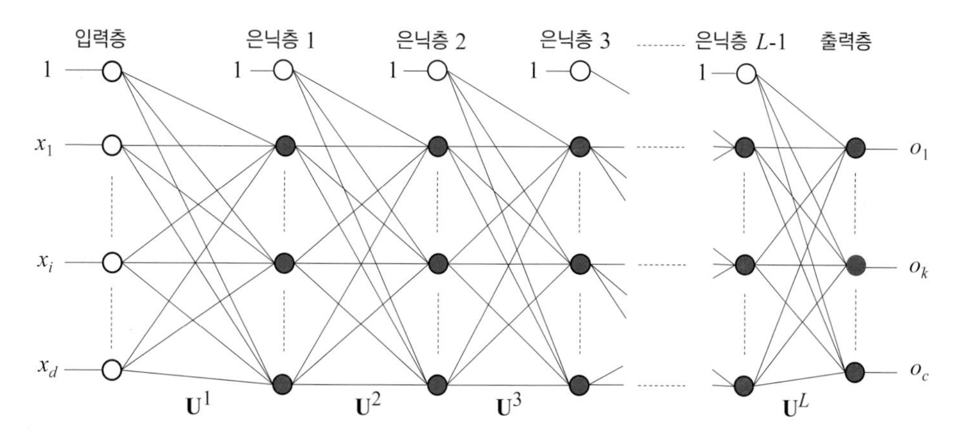

그림 7-17 깊은 다층 퍼셉트론(L층 신경망)

식 (7.15)는 l번째 층의 가중치 행렬이다. l번째 층의 j번째 노드와 $l-1$번째 층의 i번째 노드를 연결하는 가중치를 u^l_{ji}로 표기한다. 층 번호는 입력층을 0번째 층, 은닉층 l을 l번째 층, 출력층을 L번째 층으로 매긴다. $\mathbf{U}^1$과 $\mathbf{U}^L$은 특별한 경우로, $\mathbf{U}^1$은 입력층과 은닉층 1 사이의 가중치고 $\mathbf{U}^L$은 은닉층 $L-1$과 출력층 사이의 가중치다. n_l은 l번째 층의 노드 개수고 n_{l-1}은 직전 층의 노드 개수다.

$$\mathbf{U}^l = \begin{pmatrix} u^l_{10} & u^l_{11} & \cdots & u^l_{1n_{l-1}} \\ u^l_{20} & u^l_{21} & \cdots & u^l_{2n_{l-1}} \\ \vdots & \vdots & \ddots & \vdots \\ u^l_{n_l0} & u^l_{n_l1} & \cdots & u^l_{n_ln_{l-1}} \end{pmatrix}, \quad l = 1, 2, \cdots, L \qquad (7.15)$$

특징 벡터 $\mathbf{x}$가 입력층으로 들어와 은닉층 1, 은닉층 2, ⋯, 출력층의 순서대로 계산이 이루어지는 전방 계산을 살펴보자. 입력층과 출력층 표기를 은닉층 표기에 맞추면 모든 층의 계산을 식 (7.16)으로 표기할 수 있다. 입력층에 입력되는 특징 벡터는 $(1,x_1,x_2,\cdots,x_d)$인데, $\mathbf{z}^0=(z_0^0, z_1^0, z_2^0, \cdots, z_{n_0}^0)$로 표기한다. 출력층은 예측값 $(o_1,o_2,\cdots,o_c)$를 $\mathbf{z}^L$로 간주한다.

$$l\text{번째 층의 연산: } \mathbf{z}^l = \tau_l\left(\mathbf{U}^l\mathbf{z}^{l-1}\right), \quad l = 1,2,\cdots L \qquad (7.16)$$

[그림 7-17]의 깊은 다층 퍼셉트론은 [그림 7-16]의 다층 퍼셉트론보다 깊어서 복잡한 식이 전개될 것 같은데 훨씬 간결하다. 입력층과 출력층의 표기를 식 (7.16)에 맞춘 탓이다. 물론 다층 퍼셉트론도 식 (7.16)으로 표현할 수 있다.

다층 퍼셉트론에서 제시했던 식 (7.13)을 깊은 다층 퍼셉트론으로 확장하면 식 (7.17)이 된다. 데이터셋 전체를 한꺼번에 처리하는 식으로 확장하면 식 (7.18)이 된다.

$$\text{한 샘플의 전방 계산: } \mathbf{o} = \tau_L\left(\cdots\cdots\tau_3\left(\mathbf{U}^3\tau_2\left(\mathbf{U}^2\tau_1\left(\mathbf{U}^1\mathbf{x}^\mathrm{T}\right)\right)\right)\right) \qquad (7.17)$$

$$\text{데이터셋 전체에 대한 전방 계산: } \mathbf{O} = \tau_L\left(\cdots\cdots\tau_3\left(\mathbf{U}^3\tau_2\left(\mathbf{U}^2\tau_1\left(\mathbf{U}^1\mathbf{X}^\mathrm{T}\right)\right)\right)\right) \qquad (7.18)$$

신경망 출력을 부류 정보로 해석

식 (7.17)에 따라 전방 계산을 수행하면 최종 출력으로 $\mathbf{o}=(o_1\ o_2\ \cdots\ o_c)$를 얻는다. c는 출력 노드의 개수로 부류의 수에 해당한다. 예를 들어 숫자 인식의 경우 c는 10이다. 신경망의 출력이 $\mathbf{o}=(0.0\ 0.1\ 0.8\ \cdots\ 0.1)$이라면 세 번째 부류가 최댓값을 가졌으므로, 0,1,2,3,⋯,9 순서로 부류 번호를 부여했다면 숫자 2라고 인식한다. 부류 정보를 알아내는 이런 의사결정을 식 (7.19)로 쓸 수 있다. 전방 계산을 통해 $\mathbf{o}$를 구하고 식 (7.19)를 이용하여 부류 정보를 알아내는 과정을 예측prediction 또는 추론inference이라고 한다.

$$\text{최종 부류: } \hat{k} = \underset{k}{\operatorname{argmax}}\, o_k \qquad (7.19)$$

보통 출력층은 활성 함수로 softmax를 사용한다. softmax는 모든 요소를 더하면 1이 되는 특성이 있어 확률로 해석할 수 있는 것이 장점이다. 활성 함수에 대해서는 다음 절에서 다룬다.

7.5.3 활성 함수

퍼셉트론은 활성 함수로 [그림 7-10(b)]의 계단 함수를 사용하므로 출력이 1 또는 −1이다. 세상에는 두 가지 상태로 표현할 수 없는 경우가 아주 많다. 다층 퍼셉트론은 계단 함수를 닮았지만 매끄럽게 변하는 시그모이드 함수를 활성 함수로 사용한다. 시그모이드에는 범위가 [0,1]인 logistic sigmoid와 범위가 [−1,1]인 hyperbolic tangent sigmoid가 있다. 다층 퍼셉트론이 퍼셉트론의 한계를 극복한 원동력은 은닉층을 추가한 혁신적인 아이디어에 있었지만 활성 함수를 계단에서 시그모이드로 바꾼 데에도 있었다.

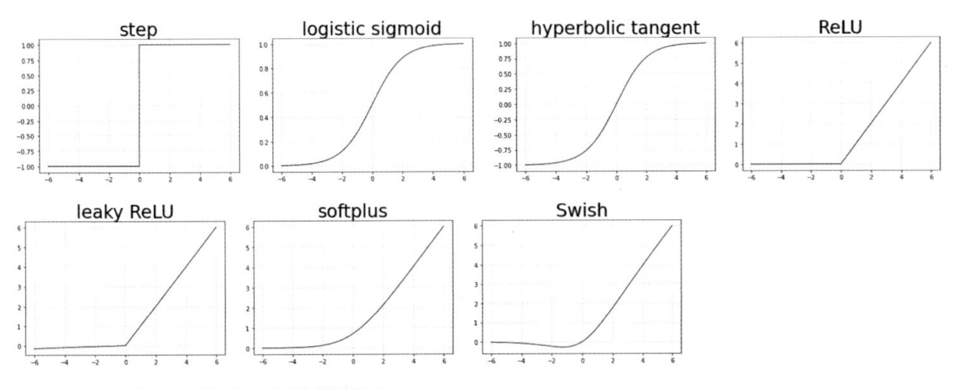

그림 7-18 신경망이 사용하는 다양한 활성 함수

[표 7-2]는 신경망이 주로 사용하는 활성 함수를 정의하고 [그림 7-18]은 이를 그래프로 보여준다. 활성 함수의 입력인 s는 식 (7.9)의 로짓 값이다. β는 함수의 모양을 제어한다. 예를 들어 logistic sigmoid는 β가 크면 0 근방에서 가팔라져 계단 함수에 더욱 가까워진다. Swish는 β가 작아질수록 ReLU에 가까워진다. β는 사용자가 설정하거나 학습으로 알아낸다.

딥러닝은 주로 ReLURectified Linear Unit 또는 ReLU의 변종인 leaky ReLU, softplus, Swish를 사용한다. ReLU는 2000년대 들어서야 쓰이기 시작한 함수인데 딥러닝의 성능을 한 단계 높인 획기적인 발견으로 평가된다. 현재는 대다수 신경망에서 쓴다. ReLU는 비교 연산 한 번으로 계산할 수 있고 미분값은 양수에서 1, 음수에서 0이므로 계산 효율 측면에서도 유리하다. 0에서 미분이 안 되는 문제가 있는데 0 또는 1을 취하면 해결된다.

TIP ReLU의 개발 역사를 살펴보려면 위키피디아에서 'rectifier(neural networks)'를 검색한다. Swish 함수를 제안한 [Ramachandran2017]에서도 살펴볼 수 있다.

S 모양의 logistic sigmoid와 hyperbolic tangent는 0 근방에서는 급격하게 변하지만 0에서 멀어지면 변화량이 아주 작다. 다시 말해 0에서 먼 곳의 미분값은 0에 가깝다. 신경망 학습은 출력층에서 입력층으로 진행하면서 미분값을 이용해 가중치를 갱신하는 방식으로 진행한다. 이때 미분값을 계속 곱하는데 활성 함수의 미분값이 작은 경우 급격하게 0에 가까워져 가중치 갱신이 일어나지 않는 현상이 발생한다. 이런 이유로 학습이 제대로 이루어지지 않는 증상을 그레이디언트 소멸vanishing gradient이라 부른다. ReLU는 양수 구간이면 어느 곳에서나 미분값이 1이기 때문에 그레이디언트 소멸을 크게 누그러뜨린다. 이런 이유로 층이 깊은 딥러닝은 주로 ReLU를 사용한다.

표 7-2 다양한 활성 함수 $\tau(s)$

step	logistic sigmoid	hyperbolic tangent	ReLU	leaky LeRU	softplus	Swish
$\begin{cases} 1 & s>0 \\ -1 & s\le 0 \end{cases}$	$\frac{1}{1+e^{-\beta s}}$	$\frac{2}{1+e^{-\beta s}}-1$	$\max(0,s)$	$\begin{cases} s & s>0 \\ 0.01s & s\le 0 \end{cases}$	$\frac{\log(1+e^{\beta s})}{\beta}$	$\frac{s}{1+e^{-\beta s}}$

신경망의 출력층은 주로 softmax 함수를 사용한다. [표 7-2]에 있는 함수는 출력층의 c개 노드가 계산한 곱의 합, 즉 로짓 벡터 $\mathbf{s}=(s_1,s_2,\cdots,s_c)$를 입력으로 받아 출력을 내는데, 모든 노드는 독립적으로 $\tau(s_i)$를 적용한다. 반면 softmax는 모든 출력 노드를 같이 고려하는데, k번째 출력 노드의 값을 식 (7.20)으로 계산하여 $(o_1,o_2,\cdots,o_c)$를 출력한다. softmax는 모든 노드의 값을 더하면 1이 되는, 즉 $o_1+o_2+\cdots+o_c=1$이라는 성질을 만족한다. 따라서 확률로 간주할 수 있어 신경망의 최종 출력으로 적합하다.

$$o_k=\frac{e^{s_k}}{\sum_{i=1,c}e^{s_i}} \qquad (7.20)$$

7.6 학습 알고리즘

OR 데이터셋을 분류하는 [그림 7-11(b)]와 XOR 데이터셋을 분류하는 [그림 7-15(b)]의 신경망에서는 사람이 가중치를 설정했다. 다시 말해 신경망 학습을 사람이 수행했다. 매우 작은 문제라 사람이 학습을 대행했는데, 실제 데이터셋은 복잡하여 학습 알고리즘을 사용해야 한다.

7.6.1 발상

우리에게 주어진 것은 식 (7.3)으로 표현되는 데이터셋 $D=\{\mathbf{X}, \mathbf{Y}\}$뿐이다. [그림 7-4]의 모델 선택 단계에서 [그림 7-17]의 깊은 다층 퍼셉트론을 모델로 선택하고 은닉층의 개수와 노드 개수를 설정하여 모델 선택을 마쳤다고 가정하자. 이제 D를 가지고 신경망 모델을 학습해야 한다. MNIST 데이터셋은 크기가 작아 다루기 쉬워 딥러닝 프로그래밍을 시작할 때 자주 사용한다. 여기서는 MNIST를 가지고 학습 알고리즘을 설명한다. [프로그램 7-1]로 확인한 MNIST의 훈련 집합은 [그림 7-8(a)]의 텐서다. 샘플이 60,000개이므로 $\mathbf{X}$는 $\mathbf{x}^1, \mathbf{x}^2, \cdots, \mathbf{x}^{60000}$으로 구성된다.

[그림 7-19(a)]는 MNIST의 i번째 샘플 $\mathbf{x}^i$를 보여준다. $\mathbf{x}^i$는 28×28 맵으로 표현된다. 다층 퍼셉트론은 1차원 구조의 특징 벡터를 입력으로 받기 때문에 [그림 7-19]는 2차원 구조의 맵을 1차원으로 펼쳐 784개 요소를 가진 벡터를 만든다. [그림 7-19(b)]의 CIFAR-10은 컬러 영상을 32×32×3의 3차원 구조로 표현하는데, 1차원으로 펼치면 3,072개 요소를 가진 벡터가 된다.

$\mathbf{x}^i =$ [image] $= (x_1, x_2, \cdots, x_{784})$

$\mathbf{y}^i = (0,0,0,0,0,1,0,0,0,0)$

(a) MNIST

$\mathbf{x}^i =$ [image] $= (x_1, x_2, \cdots, x_{3072})$

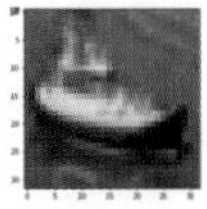

$\mathbf{y}^i = (0,0,0,0,0,0,0,0,1,0)$

(b) CIFAR-10

그림 7-19 학습에 사용되는 데이터 샘플의 벡터 표현

참값 $\mathbf{y}^i$는 주로 원핫 코드one-hot code로 표현한다. 원핫 코드는 해당 부류만 1이고 나머지는 모두 0인 벡터다. MNIST의 경우 0,1,2,⋯,9 순으로 부류 번호를 매긴다면 [그림 7-19(a)] 샘플의 $\mathbf{y}^i$는 6번째 요소만 1인 벡터다. CIFAR-10의 경우 부류가 [airplane, car, bird, cat, deer, dog, frog, horse, ship, truck]이므로 ship 부류에 속하는 [그림 7-19(b)]의 샘플은 9번째 요소만 1인 벡터가 된다.

학습 알고리즘이 알아내야 하는 것은 식 (7.15)로 정의된 가중치 $\mathbf{W}=\{\mathbf{U}^1, \mathbf{U}^2, \cdots, \mathbf{U}^L\}$이다. $\mathbf{W}$는 아주 많은 가중치를 가진다. 예를 들어 은닉층이 하나고 은닉층 노드가 128개라고 가정하면 (784+1)128+(128+1)10=101,770개의 가중치가 있다. 학습 알고리즘은 60,000개 샘플을 높은 정확률로 맞히는 10만 개 이상의 가중치를 알아내는 최적화 문제를 풀어야 한다.

처음에는 가중치를 어떻게 설정해야 높은 정확률을 얻을 수 있는지에 대한 아무런 실마리가 없다. 따라서 가중치를 난수로 설정하고 출발한다. 그리고 충분히 높은 정확률을 달성하거나 더 이상 개선이 불가능하다고 여겨질 때까지 정확률을 향상하는 방향으로 가중치 갱신을 반복한다. 이런 발상에 대해 형식을 갖춰 쓰면 [알고리즘 7-1]이 된다.

[알고리즘 7-1] 신경망 학습 알고리즘

입력: 훈련 데이터 $D=\{\mathbf{X}, \mathbf{Y}\}$

출력: 최적의 가중치 $\hat{\mathbf{W}}$

1. 가중치 행렬 $\mathbf{W}$를 난수로 초기화한다.
2. while (True)
3. $\mathbf{W}$로 전방 계산을 수행하고 손실 함수 $J(\mathbf{W})$를 계산한다.
4.   if ($J(\mathbf{W})$가 만족스럽거나 여러 번 반복에서 더 이상 개선이 없음) break
5. $J(\mathbf{W})$를 낮추는 방향 $\Delta\mathbf{W}$를 계산한다.
6. $\mathbf{W}=\mathbf{W}+\Delta\mathbf{W}$
7. $\hat{\mathbf{W}}=\mathbf{W}$

1행의 난수 생성은 쉽다. 3행은 식 (7.18)로 전방 계산을 하면 된다. 손실 함수 $J(\mathbf{W})$로는 신경망의 예측과 참값의 차이, 즉 오류를 평균한 식 (7.4)의 평균제곱오차를 사용한다. 4행은 수렴 조건을 확인한다. 조건을 만족하면 break 문을 통해 루프를 빠져나가 그때 가중치 $\mathbf{W}$를 최적값으로 저장하고 알고리즘을 마친다. 수렴 조건을 만족하지 못하면 5행으로 가서 $J(\mathbf{W})$

를 낮춘, 즉 오류를 줄이는 방향인 $\Delta\mathbf{W}$를 계산한다. $\Delta\mathbf{W}$는 미분으로 알아낸다. 6행은 현재 가중치 $\mathbf{W}$에 개선 방향 $\Delta\mathbf{W}$를 더해 가중치를 갱신한다.

7.6.2 스토캐스틱 경사하강법

[알고리즘 7-1]을 구현하는 데 가장 중요한 과정은 손실 함수를 줄이도록 가중치를 갱신하는 5~6행이다. 손실 함수를 줄이는 방향 $\Delta\mathbf{W}$는 손실 함수 J를 가중치 $\mathbf{U}^i$로 미분한 값 $\frac{\partial J}{\partial \mathbf{U}^i}$의 음수에 해당한다. 이 절은 이러한 사실을 간단한 예시를 가지고 설명하고, 이 사실을 기반으로 경사하강법을 설계한다. 경사하강법은 과학과 공학 분야에서 최적화 문제를 풀 때 주로 사용하는 일반적인 방법이다.

경사하강법 기초

경사하강법GD method; Gradient Descent method은 미분값을 보고 함수가 낮아지는 방향을 찾아 이동하는 일을 반복하여 최저점에 도달하는 알고리즘이다. [예시 7-5]는 단순한 예를 가지고 경사하강법을 설명한다.

[예시 7-5] 단순한 신경망의 학습

[그림 7-20(a)]는 층에 노드가 하나뿐인 신경망이다. 훈련 집합은 샘플 하나뿐이고, 활성 함수는 s가 들어가면 s가 나오는 항등 함수라고 가정한다. 신경망의 연산과 손실 함수인 평균제곱오차 J를 다음과 같이 쓸 수 있다. 학습은 J가 최소인 u를 구하는 문제이기 때문에 J를 u로 미분한 도함수를 구한다. x와 y는 값이 정해져 있으므로 미분할 때 상수로 취급된다.

신경망 연산: $o = ux$

손실 함수: $J(u) = (y - ux)^2 = x^2u^2 - 2yxu + y^2$

J의 도함수: $\frac{dJ}{du} = 2x^2u - 2yx$

[알고리즘 7-1]의 1행에서 난수를 생성해 u=0.8이 되었다면 [그림 7-20(b)]와 같은 상황이 된다. 이 점에서 미분값은 $\frac{dJ}{du} = 2(0.2)^2(0.8) - 2(1)(0.2) = -0.336$이다.

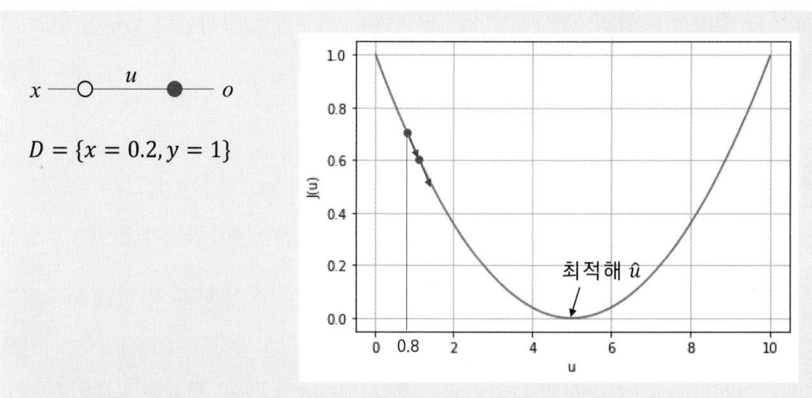

(a) 신경망과 훈련 집합 (b) 손실 함수 J

그림 7-20 가장 단순한 상황의 경사하강법

미분값이 음수라는 사실은 u가 증가하면 J가 감소한다는 뜻으로, 미분값의 반대 방향 즉 $-\frac{dJ}{du}$ 방향으로 가야 더 낮은 점으로 이동한다. 다시 말해 [알고리즘 7-1]의 5행에서 $\Delta u = -\frac{dJ}{du} = 0.336$다. 6행을 실행하면 다음과 같다.

$$u = u + \Delta u = u + \left(-\frac{dJ}{du}\right) = 0.8 + 0.336 = 1.136$$

새로운 점에서 미분값을 다시 계산하면 $\frac{dJ}{du} = 2(0.2)^2(1.136) - 2(1)(0.2) = -0.3091$이다. 5~6행을 다시 수행하면 다음과 같다. 이런 과정을 반복하면 최적해인 $\hat{u} = 5$에 점점 가까워진다.

$$u = 1.136 + 0.3091 = 1.4451$$

식 (7.21)은 [예시 7-5]를 일반화한 식이다. 이 식에 학습률learning rate ρ가 등장한다. 미분은 최적해에 다가갈 방향은 알려주는데 이동량을 알려주지는 못한다. 따라서 학습 알고리즘은 학습률을 0.01 또는 0.001과 같이 작은 값으로 설정하여 조금씩 이동하는 보수적인 전략을 쓴다. [예시 7-5]는 ρ=1인 셈인데 이렇게 큰 값을 사용하면 최적해를 중심으로 좌우로 왔다 갔다하는 진자 현상이 나타날 수 있다.

$$u = u - \rho \frac{dJ}{du} \qquad (7.21)$$

스토캐스틱 경사하강법으로 확장

식 (7.21)을 딥러닝에 적용하려면 두 가지 측면에서 확장해야 한다. 첫 번째 확장은 신경망의 가중치는 층을 구성하고 수만~수억 개라는 사실을 반영한다. 가중치가 u 하나뿐일 때의 식 (7.21)을 가중치가 여럿인 식 (7.22)로 확장한다. 또한 맨 마지막 L층에서 시작하여 왼쪽으로 진행하면서 가중치를 갱신한다. 역방향으로 진행하면서 미분값, 즉 그레이디언트 $\frac{\partial J}{\partial \mathbf{U}^l}$를 계산하는 방법을 역전파라 부른다.

$$\mathbf{U}^l = \mathbf{U}^l - \rho \frac{\partial J}{\partial \mathbf{U}^l},\ \ l = L, L-1, \cdots, 2, 1 \qquad (7.22)$$

두 번째 확장은 식 (7.22)를 적용할 데이터의 단위와 관련된다. 한쪽 극단은 샘플마다 식 (7.22)를 적용한다. 데이터셋에 n개 샘플이 있다면 n번의 미분과 가중치 갱신이 일어난다. 이렇게 모든 샘플을 처리하는 한 사이클을 세대epoch라 한다. 다른 극단은 모든 샘플의 미분값의 평균을 구하고 식 (7.22)를 한 번 적용하여 한 세대를 마치는 배치 방식이다. 신경망 학습은 두 극단의 중간을 주로 사용한다. 미니 배치 M을 적절한 크기로 설정하고 미니 배치 단위로 식 (7.22)를 적용한다. 미니 배치 방식에서는 식 (7.22)를 $\left\lceil \frac{n}{|M|} \right\rceil$ 번 반복하여 한 세대를 처리한다. 예를 들어 MNIST의 경우 n=60000인데 미니 배치 크기를 128로 설정했다고 가정하자. 60,000개에서 128개를 랜덤으로 선택하여 식 (7.22)로 가중치를 갱신하고, 나머지 59,872개에서 랜덤으로 선택하여 갱신하고, 이런 일을 반복하다가 마지막에는 나머지 96개로 가중치를 갱신하고 한 세대를 마친다. 미니 배치 방식에서는 평균제곱오차를 식 (7.23)으로 정의한다.

$$J(\mathbf{W}) = \frac{1}{|M|} \sum_{\mathbf{x} \in M} \|\mathbf{y} - \mathbf{o}\|_2^2 \qquad (7.23)$$

미니 배치를 사용하는 확장된 경사하강법을 스토캐스틱 경사하강법SGD; Stochastic Gradient Descent이라고 한다. 보통 줄여서 SGD라 부르며, 신경망에서 가장 오랫동안 애용해온 최적화 방법이다. 신경망에서는 최적화 방법을 옵티마이저optimizer라고 한다. 이후 모멘텀과 적응적 학습률을 이용하여 SGD를 개선한 Adam, AdaGrad, RMSprop 옵티마이저 등이 등장한다. 이들 옵티마이저의 원리는 8장에서 설명한다.

역전파

[그림 7-21]의 깊은 다층 퍼셉트론의 가중치 집합은 $\mathbf{W}=\{\mathbf{U}^1, \mathbf{U}^2, \cdots, \mathbf{U}^L\}$의 계층 구조를 가

진다. 이러한 계층 구조에 따라 신경망은 식 (7.18)의 복합 함수를 계산한다. 맨 뒤에 있는 L층의 가중치 $\mathbf{U}^L$은 출력층, 즉 L층에만 영향을 미친다. $L-1$층의 가중치 $\mathbf{U}^{L-1}$은 $L-1$층과 L층에 영향을 미친다. 일반적으로 l층의 가중치 $\mathbf{U}^l$은 l, $l+1$, ..., L층에 영향을 미친다. 이러한 사실에 따라 미분의 연쇄 법칙chain rule을 적용하면, l층의 그레이디언트는 $l+1$층의 그레이디언트 $\frac{\partial J}{\partial \mathbf{U}^{l+1}}$에 두 층 사이의 그레이디언트 $\frac{\partial \mathbf{U}^{l+1}}{\partial \mathbf{U}^l}$을 곱하여 구할 수 있다. [그림 7-21]은 L층에서 시작하여 역으로 $L-1, L-2, \cdots, 1$층으로 진행하며 그레이디언트 $\frac{\partial J}{\partial \mathbf{U}^l}$를 계산하고 가중치 갱신을 수행하는 과정을 보여준다. 역방향으로 진행한다는 의미에서 신경망의 그레이디언트를 구하는 알고리즘을 역전파backpropagation라 부른다. 역전파의 핵심은 신경망의 계층 구조를 이용하여 그레이디언트를 매우 빨리 계산한다는 점에 있다. [알고리즘 7-2]는 역전파 내용을 반영하여 [알고리즘 7-1]을 다시 쓴 것이다. 역전파에 대한 상세한 내용은 튜토리얼 논문 [Goodfellow2016, 6.5절]을 참조한다.

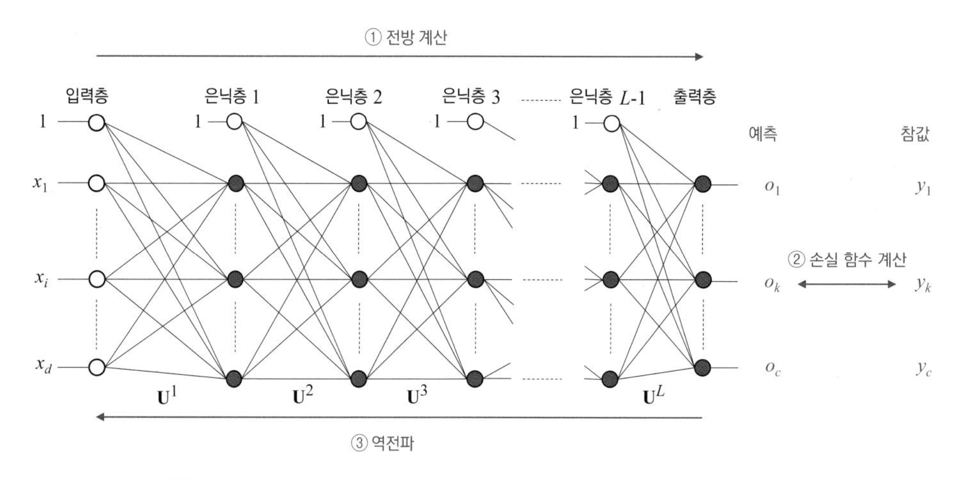

그림 7-21 신경망 학습 알고리즘

[알고리즘 7-2] 스토캐스틱 경사하강법

입력: 훈련 데이터 $D=\{\mathbf{X}, \mathbf{Y}\}$, 세대 수 e, 학습률 ρ

출력: 최적의 가중치 $\hat{\mathbf{W}}$

1. 가중치 행렬 $\mathbf{W}$를 난수로 초기화한다.
2. for $i=1,2,\ldots,e$

3. $D'=D$
4. while D'가 공집합이 아님
5. D'에서 미니 배치 M을 랜덤 선택하고 선택된 샘플을 D'에서 제거한다.
6. M으로 전방 계산을 수행하고 손실 함수 $J(\mathbf{W})$를 계산한다.
7. $\frac{\partial J}{\partial \mathbf{U}^{L+1}}=1$ // 초깃값을 1로 두고 시작
8. for $l=L, L-1, \cdots, 2, 1$
9. $\frac{\partial J}{\partial \mathbf{U}^{l+1}}$를 이용하여 $\frac{\partial J}{\partial \mathbf{U}^{l}}$을 계산한다. // 역전파
10. $\mathbf{U}^l = \mathbf{U}^l - \rho \frac{\partial J}{\partial \mathbf{U}^l}$ // 식 (7.22)
11. $\hat{\mathbf{W}}=\mathbf{W}$

7.7 다층 퍼셉트론 구현하기

7.3절에서 [프로그램 7-1]을 통해 텐서플로가 제공하는 MNIST와 CIFAR-10 데이터셋을 확인하는 프로그래밍 실습을 했다. 여기서는 앞에서 배운 다층 퍼셉트론과 깊은 다층 퍼셉트론을 텐서플로로 구현하고 성능을 측정하는 실험을 한다.

7.7.1 필기 숫자 인식

[프로그램 7-2]는 다층 퍼셉트론으로 MNIST를 인식하는 실험이다. 1980~1990년대의 다층 퍼셉트론 시대에 주로 사용하던 SGD 옵티마이저와 현대 딥러닝이 주로 사용하는 Adam 옵티마이저의 성능을 비교하는 실험도 한다.

다층 퍼셉트론으로 필기 숫자 인식

텐서플로로 신경망을 학습하고 예측하는 첫 프로그래밍이라 상세히 설명한다.

프로그램 7-2 다층 퍼셉트론으로 MNIST 인식하기(SGD 옵티마이저)

```
01  import numpy as np
02  import tensorflow as tf
03  import tensorflow.keras.datasets as ds
04
05  from tensorflow.keras.models import Sequential
06  from tensorflow.keras.layers import Dense
07  from tensorflow.keras.optimizers import SGD
08
09  (x_train,y_train),(x_test,y_test)=ds.mnist.load_data()
10  x_train=x_train.reshape(60000,784)
11  x_test=x_test.reshape(10000,784)
12  x_train=x_train.astype(np.float32)/255.0                    데이터 준비
13  x_test=x_test.astype(np.float32)/255.0
14  y_train=tf.keras.utils.to_categorical(y_train,10)
15  y_test=tf.keras.utils.to_categorical(y_test,10)
16
```

```
17  mlp=Sequential()                                                        모델 선택
18  mlp.add(Dense(units=512,activation='tanh',input_shape=(784,)))          (신경망
19  mlp.add(Dense(units=10,activation='softmax'))                           구조 설계)
20
21  mlp.compile(loss='MSE',optimizer=SGD(learning_rate=0.01),
    metrics=['accuracy'])                                                   학습
22  mlp.fit(x_train,y_train,batch_size=128,epochs=50,validation_
    data=(x_test,y_test),verbose=2) ①
23
24  res=mlp.evaluate(x_test,y_test,verbose=0)                               예측(성능 측정)
25  print('정확률=',res[1]*100) ②
```

```
Epoch 1/50 ①
469/469 - 1s - loss: 0.0876 - accuracy: 0.2390 - val_loss: 0.0842 - val_accuracy:
0.3410 - 1s/epoch - 3ms/step
Epoch 2/50
469/469 - 1s - loss: 0.0805 - accuracy: 0.4025 - val_loss: 0.0764 - val_accuracy:
0.4418 - 1s/epoch - 2ms/step
…
Epoch 49/50
469/469 - 1s - loss: 0.0189 - accuracy: 0.8870 - val_loss: 0.0179 - val_accuracy:
0.8941 - 1s/epoch - 2ms/step
Epoch 50/50
469/469 - 1s - loss: 0.0187 - accuracy: 0.8874 - val_loss: 0.0178 - val_accuracy:
0.8946 - 1s/epoch - 2ms/step
정확률= 89.4599974155426 ②
```

05~07행은 models, layers, optimizers 모듈에서 필요한 클래스를 불러온다. 이들 세 모듈은 텐서플로 프로그래밍의 기초에 해당하므로 주의 깊게 살피고 기억해야 한다. 여기서는 간단히 소개만 하고, 8.4.3항에서 보다 구체적으로 설명한다.

- **models 모듈** Sequential과 functional API의 두 모델을 제공한다. 다층 퍼셉트론처럼 왼쪽에서 오른쪽으로 계산이 한 줄기로 흐르는 경우에 Sequential을 쓴다.
- **layers 모듈** 여러 가지 층을 제공한다. 다층 퍼셉트론을 구성하는 완전연결층은 Dense 클래스로 쌓는다. 다른 종류의 층은 8장에서 소개한다.
- **optimizers 모듈** 학습 알고리즘이 사용하는 옵티마이저 함수를 제공한다. SGD, Adam, AdaGrad, RMSprop 등이 있다. 옵티마이저의 원리에 대해서는 8.6.2항에서 설명한다.

05행은 models 모듈에서 Sequential 클래스, 06행은 layers 모듈에서 Dense 클래스, 07행은 optimizers 모듈에서 SGD 클래스를 각각 불러온다.

09~15행은 데이터를 준비하는 단계다. 09행은 MNIST 데이터셋을 읽어 훈련 집합은 x_train과 y_train, 테스트 집합은 x_test와 y_test에 저장한다. 10~11행은 reshape 함수를 이용하여 [그림 7-19(a)]처럼 28×28의 2차원 구조 맵을 1차원으로 펼친다. 12~13행은 x_train의 원래 데이터형인 uint8을 실수 연산이 가능하도록 float32형으로 변환한다. 또한 255로 나누어 [0,255] 범위를 [0,1] 범위로 변환한다. 14~15행은 0~9 사이의 정수로 표현된 y_train과 y_test를 원핫 코드로 변환한다. 원핫 코드에 대해서는 [그림 7-19(a)]를 참조한다. 이제 신경망에 입력할 데이터 준비를 마쳤다. [그림 7-4]에서 데이터 수집 단계를 마친 셈이다.

17~19행은 [그림 7-16]의 다층 퍼셉트론을 구축한다. 17행은 Sequential 함수로 mlp 객체를 생성한다. 18행은 add 함수로 층을 쌓는다. 이때 인수로 지정한 Dense는 완전연결층에 해당한다. input_shape=(784,)는 입력층에 784개 노드를 배치하고, units=512는 은닉층에 512개 노드를 배치한다. activation='tanh'는 은닉층의 활성 함수로 [그림 7-18]의 hyperbolic tangent를 사용하라고 지시한다. 19행은 출력층에 해당하는 완전연결층을 쌓는다. 텐서플로가 이전 층의 노드 개수를 알고 있어, 이때는 input_shape을 생략해도 된다. units=10은 출력층에 노드를 10개 배치한다. activation='softmax'는 출력층이 활성 함수로 softmax를 사용하게 한다. 7.5.3항에서 출력층은 주로 softmax를 사용하다고 설명했다. 이렇게 단 3줄의 코드로 [그림 7-16]의 신경망 구조를 완성했다. [그림 7-4]의 두 번째 단계인 모델 선택을 마친 셈이다.

21~22행은 앞서 구축한 신경망 모델을 학습한다. 항상 compile과 fit 함수가 쌍으로 등장하여 신경망 학습을 담당한다. 21행의 compile 함수에 있는 loss='MSE' 인수는 손실 함수로 식 (7.23)의 MSE(평균제곱오차)를 사용하라고 지시한다. optimizer=SGD(learning_rate=0.01) 인수는 옵티마이저로 SGD(스토캐스틱 경사 하강법)를 쓰는데, 학습률을 0.01로 설정하라고 지시한다. SGD 함수 선언을 보면 learning_rate의 기본값이 0.01이어서 생략해도 되지만 학습률을 원하는 값으로 지정할 수 있음을 보이려고 명시했다. metrics=['accuracy']는 학습하는 도중에 정확률을 기준으로 성능을 측정하라고 지시한다.

22행의 fit 함수는 실제로 학습을 실행한다. 따라서 가장 많은 시간이 걸린다. 학습 시간을 측

정하려면 fit 바로 앞과 뒤에서 time.time()으로 시간을 재서 빼면 된다. 앞에 있는 두 인수 x_train과 y_train은 훈련 집합이다. batch_size=128은 미니 배치 크기를 128로 설정한다. 식 (7.23)에서 $|M|$=128인 셈이다. epochs=50은 세대를 50번 반복하라는 지시다. [알고리즘 7-2]에서 e=50인 셈이다. validation_data=(x_test,y_test)는 학습 도중에 x_test와 y_test를 가지고 성능을 측정하라는 지시다. verbose=2는 학습 도중에 세대마다 성능을 출력하라는 지시다. verbose=0이면 출력을 안하고 1이면 진행 막대만 표시한다. [그림 7-4]의 세 번째 단계인 학습을 마친 셈이다.

24~25행은 예측을 통해 성능을 측정한다. 24행은 evaluate 함수로 성능을 측정하여 res 객체에 저장한다. x_test와 y_test 인수는 테스트 집합으로 성능을 측정하라는 지시다. res는 여러 정보를 가지는데 res[1]은 정확률이다. 25행은 100을 곱해 퍼센트로 출력한다.

[프로그램 7-2]는 잘 짜인 구조의 프로그램이다. 이 구조는 [그림 7-4]가 설명하는 기계학습의 흐름을 그대로 반영하는데, 명확하게 하려고 코드에 단계를 표시했다. 앞으로 이 패턴에 따라 프로그래밍을 하니 잘 기억하자.

[프로그램 7-2]의 실행 결과를 살펴보자. 프로그램은 매 세대마다 훈련 집합과 검증 집합에 대한 손실 함숫값과 정확률을 출력한다. 22행에서 검증 집합으로 validation_data=(x_test,y_test)를 설정했으므로 테스트 집합을 검증에 사용한다. 세대를 진행함에 따라 손실 함숫값은 낮아지고 정확률은 높아지는 현상을 확인할 수 있다. 24행이 측정하고 25행이 출력한 정확률은 89.46%다. 100개 샘플 중에 89개 가량 맞힌다는 뜻이다. 만족할 만한 성능인가?

다층 퍼셉트론으로 필기 숫자 인식: Adam 옵티마이저

[프로그램 7-3]은 [프로그램 7-2] 21행의 compile 함수에서 단지 SGD를 Adam으로 바꾼 프로그램이다. 학습률을 뜻하는 learning_rate 인수는 Adam의 기본값인 0.001로 설정했다.

프로그램 7-3 다층 퍼셉트론으로 MNIST 인식하기(Adam 옵티마이저)

```
   07행과 21을 제외한 다른 부분은 [프로그램 7-2]와 같음

07 from tensorflow.keras.optimizers import Adam

21 mlp.compile(loss='MSE',optimizer=Adam(learning_rate=0.001),metrics
   =['accuracy'])
```

```
Epoch 1/50
469/469 - 1s - loss: 0.0148 - accuracy: 0.9028 - val_loss: 0.0109 - val_accuracy:
0.9284 - 1s/epoch - 3ms/step
Epoch 2/50
469/469 - 1s - loss: 0.0089 - accuracy: 0.9428 - val_loss: 0.0073 - val_accuracy:
0.9523 - 1s/epoch - 2ms/step
…
Epoch 49/50
469/469 - 1s - loss: 2.4108e-04 - accuracy: 0.9987 - val_loss: 0.0029 - val_accuracy:
0.9822 - 1s/epoch - 2ms/step
Epoch 50/50
469/469 - 1s - loss: 2.8139e-04 - accuracy: 0.9984 - val_loss: 0.0029 - val_accuracy:
0.9819 - 1s/epoch - 2ms/step
정확률= 98.18999767303467
```

프로그램 실행 결과를 보면 놀랍게 향상된 성능을 확인할 수 있다. 첫 세대 만에 92.84%의 정확률을 달성하여 SGD를 사용한 [프로그램 7-2]가 50세대를 마친 후의 89.46%를 능가했다. Adam이 50세대를 마친 정확률은 98.19%로 SGD보다 무려 8.73% 향상되었다.

옵티마이저는 학습과 관련된 중요한 하이퍼 매개변수다. [프로그램 7-3]의 실행 결과는 하이퍼 매개변수의 중요성을 단적으로 보여준다. 좋은 하이퍼 매개변숫값을 설정하는 요령은 7.7.3항에서 다룬다.

7.7.2 성능 시각화

텐서플로는 시각화에 쓸 수 있는 다양한 정보를 제공한다. 여기서는 SGD와 Adam의 성능을 비교할 목적으로 시각화를 이용한다. [프로그램 7-4]는 2개의 다층 퍼셉트론을 만들고 각각 SGD와 Adam 옵티마이저로 학습을 수행한다.

프로그램 7-4 다층 퍼셉트론으로 MNIST 인식하기(SGD와 Adam의 성능 그래프 비교)

```
01  import numpy as np
02  import tensorflow as tf
03  import tensorflow.keras.datasets as ds
04
05  from tensorflow.keras.models import Sequential
06  from tensorflow.keras.layers import Dense
07  from tensorflow.keras.optimizers import SGD, Adam
```

```
08
09  (x_train,y_train),(x_test,y_test)=ds.mnist.load_data()
10  x_train=x_train.reshape(60000,784)
11  x_test=x_test.reshape(10000,784)
12  x_train=x_train.astype(np.float32)/255.0
13  x_test=x_test.astype(np.float32)/255.0
14  y_train=tf.keras.utils.to_categorical(y_train,10)
15  y_test=tf.keras.utils.to_categorical(y_test,10)
16
17  mlp_sgd=Sequential()
18  mlp_sgd.add(Dense(units=512,activation='tanh',input_shape=(784,)))
19  mlp_sgd.add(Dense(units=10,activation='softmax'))
20
21  mlp_sgd.compile(loss='MSE',optimizer=SGD(learning_rate=0.01),metrics=['accuracy'])
22  hist_sgd=mlp_sgd.fit(x_train,y_train,batch_size=128,epochs=50,validation_
    data=(x_test,y_test),verbose=2)
23  print('SGD 정확률=',mlp_sgd.evaluate(x_test,y_test,verbose=0)[1]*100)
24
25  mlp_adam=Sequential()
26  mlp_adam.add(Dense(units=512,activation='tanh',input_shape=(784,)))
27  mlp_adam.add(Dense(units=10,activation='softmax'))
28
29  mlp_adam.compile(loss='MSE',optimizer=Adam(learning_rate=0.001),metrics
    =['accuracy'])
30  hist_adam=mlp_adam.fit(x_train,y_train,batch_size=128,epochs=50,validation_
    data=(x_test,y_test),verbose=2)
31  print('Adam 정확률=',mlp_adam.evaluate(x_test,y_test,verbose=0)[1]*100)
32
33  import matplotlib.pyplot as plt
34
35  plt.plot(hist_sgd.history['accuracy'],'r--')
36  plt.plot(hist_sgd.history['val_accuracy'],'r')
37  plt.plot(hist_adam.history['accuracy'],'b--')
38  plt.plot(hist_adam.history['val_accuracy'],'b')
39  plt.title('Comparison of SGD and Adam optimizers')
40  plt.ylim((0.7,1.0))
41  plt.xlabel('epochs')
42  plt.ylabel('accuracy')
43  plt.legend(['train_sgd','val_sgd','train_adam','val_adam'])
44  plt.grid()
45  plt.show()
```

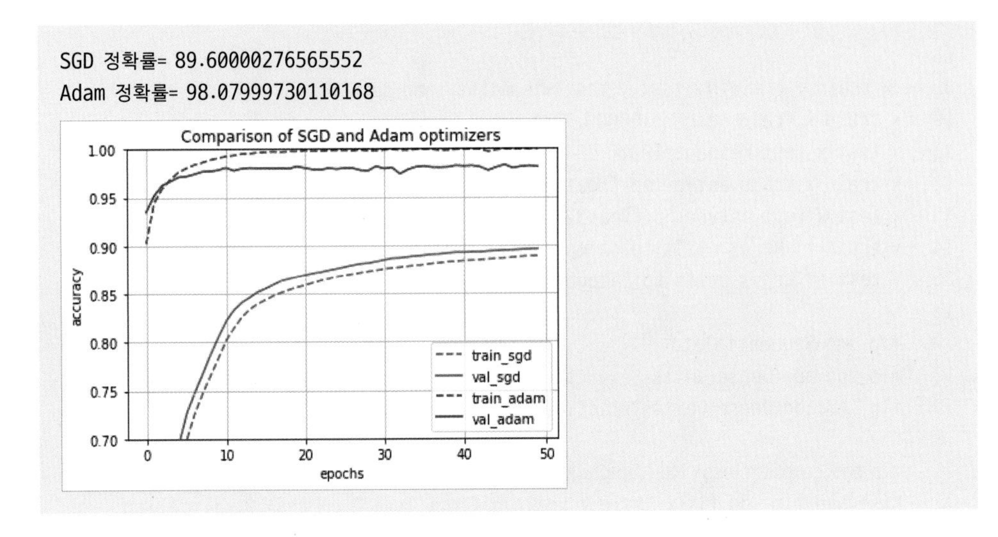

07행은 optimizers 모듈에서 SGD와 Adam 함수를 불러온다. 데이터를 준비하는 09~15행은 [프로그램 7-2]와 같다.

17~19행은 SGD를 적용할 다층 퍼셉트론을 만들어 mlp_sgd 객체에 저장한다. 21~22행은 SGD 옵티마이저로 mlp_sgd를 학습한다. 22행을 눈여겨 봐야 한다. fit 함수는 매 세대마다 손실 함숫값과 정확률을 측정하여 딕셔너리에 담아 반환하는데, 이 딕셔너리를 hist_sgd 객체에 저장한다. 25~31행은 Adam을 적용한다. 30행은 학습 결과를 hist_adam 객체에 저장한다.

33~45행은 hist_sgd와 hist_adam을 하나의 그래프에 그려 성능을 비교할 수 있게 한다. 33행은 그래프를 지원하는 matplotlib.pyplot 모듈을 불러온다. 그래프를 그리려면 hist_sgd 객체의 내용을 이해해야 한다. hist_sgd 객체에 history라는 멤버 변수가 있는데, print(hist_sgd.history)를 실행해보면 다음과 같은 딕셔너리임을 알 수 있다. 'loss', 'accuracy', 'val_loss', 'val_accuracy'의 네 요소는 훈련 집합에 대한 손실 함숫값과 정확률, 검증 집합에 대한 손실 함숫값과 정확률에 해당한다. 키마다 리스트가 값으로 주어지는데 22행에서 epochs=50으로 설정했기 때문에 리스트에 50개 요소가 들어있다.

```
{'loss':[0.09,…,0.02], 'accuracy':[0.14,…,0.88], 'val_loss': [0.08,…,0.01], 'val_
accuracy':[0.24,…,0.89]}
```

35행은 hist_sgd의 'accuracy'를 'r--' 옵션(빨간색 점선)으로 그리고, 36행은 'val_accuracy'를 'r' 옵션(빨간색 실선)으로 그린다. 37행은 hist_adam의 'accuracy'를 'b--' 옵션(파란색 점선)으로 그리고, 38행은 'val_accuracy'를 'b' 옵션(파란색 실선)으로 그린다. 39행은 그래프 제목을 달고, 40행은 y축의 범위를 지정한다. 이때 범위를 [0.7,1.0]으로 설정함으로써 좁은 범위를 확대하여 자세히 살필 수 있게 한다. 41~42행은 축 제목, 43행은 범례, 44행은 격자를 넣는다.

프로그램 실행 결과를 살펴보자. Adam은 98.08%, SGD는 89.6%를 달성하여 무려 8.48% 차이가 난다. 학습 곡선을 살펴보면 Adam이 SGD를 확실히 능가함을 확인할 수 있다. Adam은 훈련 집합에 대해 100% 가까운 성능을 달성했으며, 테스트 집합에 대해서는 10세대 근방에서 수렴하였다. SGD는 50세대에서도 수렴이 안 되어 세대 수를 늘리면 추가적인 성능 향상이 나타날 것이라고 예상할 수 있다.

[프로그램 7-4]는 실행할 때마다 조금씩 다른 결과를 얻는다. [알고리즘 7-1]의 1행에서 그 이유를 찾을 수 있다. 신경망의 학습은 가중치를 초기화할 때 난수를 사용하기 때문이다.

7.7.3 하이퍼 매개변수 다루기

하이퍼 매개변수는 신경망의 구조 또는 학습과 관련하여 사용자가 설정해야 하는 매개변수다. [프로그램 7-4]는 옵티마이저에 관련된 하이퍼 매개변수를 SGD(learning_rate=0.01)과 Adam(learning_rate=0.001)로 다르게 설정하고 어떤 값이 더 좋은지 비교하여 Adam이 월등히 좋다는 사실을 알아냈다. 이처럼 하이퍼 매개변수를 잘 설정해야 신경망이 높은 성능을 발휘한다. 하이퍼 매개변수의 최적값을 찾는 일을 하이퍼 매개변수 최적화라 한다.

하이퍼 매개변수 설정 요령

신경망의 하이퍼 매개변수는 생각보다 많다. [프로그램 7-4]에서 Dense 클래스에는 노드 개수를 정하는 units, 활성 함수를 정하는 activation이 있고, compile 함수에는 손실 함수를 나타내는 loss, 옵티마이저를 나타내는 optimizer 등이 있다. 사실은 이들보다 더 많은 하이퍼 매개변수가 있는데, 기본값을 사용할 의도로 생략한 것들이 더 많다. 예를 들어 케라스 공식 사이트를 보면, Dense 클래스의 API(https://keras.io/api/layers/core_layers/dense)는 다음과 같다. 하이퍼 매개변수가 10개나 되는데, [프로그램 7-4]의 18행에는 units와 activation

만 나타나고 나머지는 생략했다. 예를 들어 가중치 초기화 방식을 지정하는 kernel_initializer 매개변수는 생략했기 때문에 기본값인 'glorot_uniform'을 사용한다. [알고리즘 7-1]의 1행에 해당하는데, 이 초기화 방법은 [Glorot2010]에서 유래했다. 텐서플로는 좋은 성능이 입증된 여러 초기화 알고리즘을 구현하고 일반적으로 가장 우수한 알고리즘을 하이퍼 매개변수의 기본값으로 설정해두었다.

```
tf.keras.layers.Dense(units, activation=None, use_bias=True, kernel_initializer
                     ="glorot_uniform", bias_initializer="zeros",
                     kernel_regularizer=None, bias_regularizer=None,
                     activity_regularizer=None, kernel_constraint=None,
                     bias_constraint=None, **kwargs)
```

또 다른 예로 Adam 클래스의 API(https://keras.io/api/optimizers/adam)는 다음과 같다. 식 (7.22)의 학습률 ρ를 나타내는 learning_rate의 기본값은 0.001이다. 그 외에도 beta_1, beta_2, epsilon, amsgrad 매개변수가 있는데, 의미를 알기도 어렵고 적절한 값을 설정하는 일은 더욱 어렵다. 이들 매개변수에 대한 설명은 8.6.2항을 참조한다. 텐서플로는 여러 실험을 거쳐 두루 적용되는 값을 설정해두었으니 생략하여 기본값을 사용하는 방안이 좋다. 생략하면 코드도 깔끔하다.

```
tf.keras.optimizers.Adam(learning_rate=0.001, beta_1=0.9, beta_2=0.999,
                        epsilon=1e-07, amsgrad=False, name="Adam", **kwargs)
```

좋은 하이퍼 매개 변숫값을 찾는 일은 시간이 많이 걸린다. 예를 들어 Adam의 앞 4개 매개변수를 최적화하는 데 각각 10개 구간을 조사한다면 10^4가지 조합에 대해 성능 실험을 해야 한다. 학습에 10분이 걸린다면 10만 분(약 69일) 걸린다. 현실성이 없다.

하이퍼 매개변수 설정은 만능이 없다. 보통 다음과 같은 요령을 따른다.

① 텐서플로가 제공하는 기본값을 사용한다. 함수 호출에서 해당 매개변수를 생략하면 된다. 단, 어떤 매개변수가 있는지 알고 쓰는 것이 중요하기 때문에 공식 문서에서 클래스 또는 함수 선언을 확인하는 버릇을 들인다.

② 신뢰할 수 있는 논문이나 문서 또는 웹 사이트에서 제공하는 권고 사항을 따른다. 예를 들어 2012년에 출간된 『Neural Networks: Tricks of the Trade』는 여러 연구진의 경험

규칙을 모아둔 책이다[Montavon2012]. 좋은 논문은 실험 결과와 함께 실험할 때 사용한 하이퍼 매개변수를 꼼꼼히 제시한다.

③ 중요한 하이퍼 매개변수 1~3개에 대해 성능 실험을 통해 최적값을 스스로 설정한다. Dense 클래스에서 units는 기본값이 없다. 은닉층의 노드 개수는 데이터와 관련이 깊어 두루 통하는 값을 설정하기 어려운 탓이다. 종종 학습률은 성능에 큰 영향을 미친다. 예를 들어 이 둘 각각을 몇 개의 구간으로 나누고 모든 조합에 대해 성능을 측정하고 그중 최적을 선택한다. 구간을 나눌 때 0.1, 0.2, 0.3, …처럼 선형으로 나누거나 0.01, 0.001, 0.0001, …처럼 지수적으로 나눈다. 하이퍼 매개변수의 성질에 따라 선택하면 된다. 성능 측정은 통계적으로 신뢰도가 높은 [그림 7-7]의 교차 검증을 사용하는 것이 좋다.

깊은 다층 퍼셉트론으로 MNIST 인식

[프로그램 7-5]는 [그림 7-17]처럼 은닉층을 깊게 쌓은 깊은 다층 퍼셉트론을 프로그래밍한다. [프로그램 7-4]와 비교했을 때 음영으로 표시된 곳만 달라졌다.

프로그램 7-5 깊은 다층 퍼셉트론으로 MNIST 인식하기

```
01  import numpy as np
02  import tensorflow as tf
03  import tensorflow.keras.datasets as ds
04
05  from tensorflow.keras.models import Sequential
06  from tensorflow.keras.layers import Dense
07  from tensorflow.keras.optimizers import Adam
08
09  (x_train,y_train),(x_test,y_test)=ds.mnist.load_data()
10  x_train=x_train.reshape(60000,784)
11  x_test=x_test.reshape(10000,784)
12  x_train=x_train.astype(np.float32)/255.0
13  x_test=x_test.astype(np.float32)/255.0
14  y_train=tf.keras.utils.to_categorical(y_train,10)
15  y_test=tf.keras.utils.to_categorical(y_test,10)
16
17  dmlp=Sequential()
18  dmlp.add(Dense(units=1024,activation='relu',input_shape=(784,)))
19  dmlp.add(Dense(units=512,activation='relu'))
20  dmlp.add(Dense(units=512,activation='relu'))
21  dmlp.add(Dense(units=10,activation='softmax'))
```

```
22
23  dmlp.compile(loss='categorical_crossentropy',optimizer=Adam(learning_rate
    =0.0001),metrics=['accuracy'])
24  hist=dmlp.fit(x_train,y_train,batch_size=128,epochs=50,validation_data=(x_
    test,y_test),verbose=2)
25  print('정확률=', dmlp.evaluate(x_test,y_test,verbose=0)[1]*100)
26
27  dmlp.save('dmlp_trained.h5')
28
29  import matplotlib.pyplot as plt
30
31  plt.plot(hist.history['accuracy'])
32  plt.plot(hist.history['val_accuracy'])
33  plt.title('Accuracy graph')
34  plt.xlabel('epochs')
35  plt.ylabel('accuracy')
36  plt.legend(['train','test'])
37  plt.grid()
38  plt.show()
39
40  plt.plot(hist.history['loss'])
41  plt.plot(hist.history['val_loss'])
42  plt.title('Loss graph')
43  plt.xlabel('epochs')
44  plt.ylabel('loss')
45  plt.legend(['train','test'])
46  plt.grid()
47  plt.show()
```

```
정확률= 98.42000007629395
```

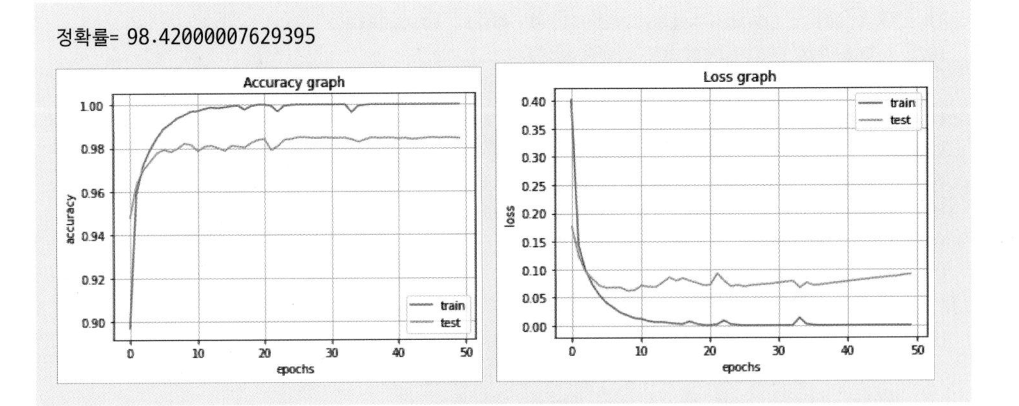

17~21행은 4개 층을 쌓아 [그림 7-17]의 깊은 다층 퍼셉트론을 만든다. 3개 은닉층의 노드 개수는 1024, 512, 512로 설정했다. activation 매개변수를 'relu'로 설정하여 ReLU를 활성 함수로 사용한다. 23행에서 loss='categorical_crossentropy'를 설정하여 손실 함수로 교차 엔트로피를 사용한다. 교차 엔트로피는 분류 문제에서 평균제곱오차보다 좋은 성능을 보인다고 알려져 있다. 옵티마이저는 Adam을 쓰는데 학습률을 0.0001로 설정하여 보다 천천히 학습이 일어나게 한다. 이들 하이퍼 매개변수는 앞서 설명한 세 번째 요령에 따라 설정했다.

[프로그램 7-5]에서 눈 여겨 볼 곳은 27행의 save 함수다. 이 함수는 fit로 학습을 마친 신경망 모델의 구조 정보와 가중치 값을 지정한 파일에 저장한다. [알고리즘 7-1]의 7행에 해당한다. 파일 포맷은 대용량의 과학 데이터를 계층적으로 저장할 때 주로 쓰는 h5다. 딥러닝에서는 학습에 시간이 많이 걸리기 때문에 학습을 마치면 save로 신경망 정보를 파일에 저장해두고 필요할 때 load_model 함수로 불러다 쓰곤 한다. 7.8절에서 우편번호 인식기라는 비전 에이전트를 만들 때 이 파일을 불러다 쓴다.

29~47행의 시각화 부분에서는 정확률 그래프(31~38행)와 손실 함수 그래프(40~47행)을 그린다. 프로그램 실행 결과를 보면, 98.42% 정확률을 얻어 [프로그램 7-4]의 다층 퍼셉트론보다 0.34% 향상되었다.

하이퍼 매개변수 설정 체험

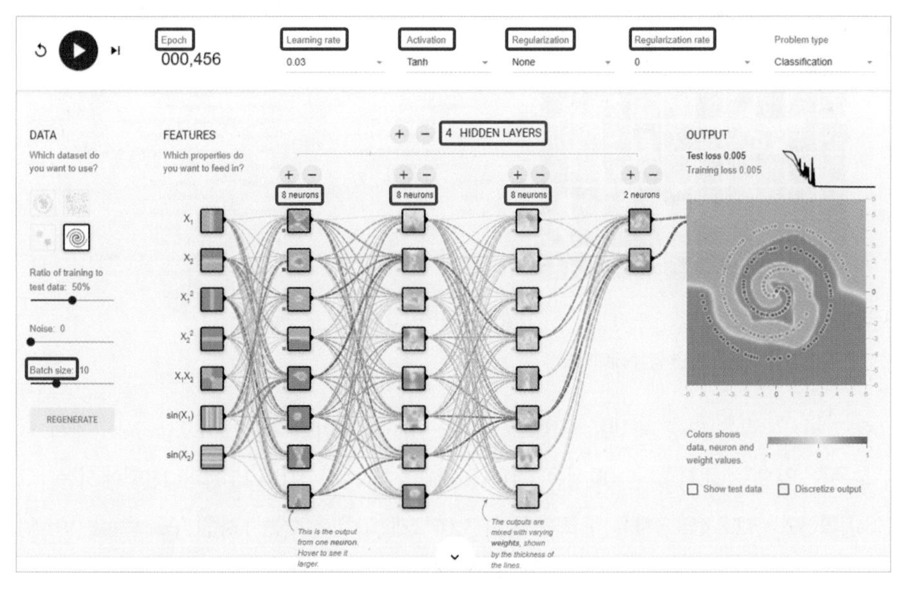

그림 7-22 하이퍼 매개변수 체험 사이트

[프로그램 7-4]와 [프로그램 7-5]를 통해 하이퍼 매개변수의 중요성을 깨달았을 것이다. 텐서플로는 [그림 7-22]처럼 하이퍼 매개변수에 따라 신경망 동작이 어떻게 변하는지 실시간으로 체험할 수 있는 사이트를 제공한다. 빨간색 박스는 신경망 구조와 관련된 하이퍼 매개변수다. 은닉층 개수와 은닉층마다 노드 개수를 조정할 수 있다. 파란색 박스는 학습과 관련된 하이퍼 매개변수다. 미니 배치 크기, 세대 수, 학습률, 활성 함수, 규제 종류를 조정할 수 있다. 이들 값을 이리저리 바꾸어 실험함으로써 하이퍼 매개변수에 대한 안목을 높이길 바란다.

7.7.4 자연 영상 인식

지금까지 사용한 MNIST 데이터셋은 자연 영상에 비해 변화가 훨씬 적다. [그림 7-23]은 자연 영상에서 장난감 축에 속하는 CIFAR-10과 CIFAR-100 데이터셋을 보여준다. CIFAR-10은 [그림 7-8(b)]와 [그림 7-19(b)]에서 살펴본 적이 있다. 부류는 10개고, 부류별로 32×32 RGB 영상이 6,000장씩 총 6만 장이 있다. 6만 장은 훈련 집합 5만 장과 테스트 집합 1만 장으로 분할되어 있다. CIFAR-100은 100부류며 부류별로 32×32 RGB 영상이 600장씩 총 6만 장이 있다. 100부류는 20개의 대부류로 구분된다. 깊은 다층 퍼셉트론은 CIFAR-10의 자연 영상을 인식할 수 있을까? 정확률은 어느 정도일까?

(a) CIFAR-10

Superclass	Classes
aquatic mammals	beaver, dolphin, otter, seal, whale
fish	aquarium fish, flatfish, ray, shark, trout
flowers	orchids, poppies, roses, sunflowers, tulips
food containers	bottles, bowls, cans, cups, plates
fruit and vegetables	apples, mushrooms, oranges, pears, sweet peppers
household electrical devices	clock, computer keyboard, lamp, telephone, television
household furniture	bed, chair, couch, table, wardrobe
insects	bee, beetle, butterfly, caterpillar, cockroach
large carnivores	bear, leopard, lion, tiger, wolf
large man-made outdoor things	bridge, castle, house, road, skyscraper
large natural outdoor scenes	cloud, forest, mountain, plain, sea
large omnivores and herbivores	camel, cattle, chimpanzee, elephant, kangaroo
medium-sized mammals	fox, porcupine, possum, raccoon, skunk
non-insect invertebrates	crab, lobster, snail, spider, worm
people	baby, boy, girl, man, woman
reptiles	crocodile, dinosaur, lizard, snake, turtle
small mammals	hamster, mouse, rabbit, shrew, squirrel
trees	maple, oak, palm, pine, willow
vehicles 1	bicycle, bus, motorcycle, pickup truck, train
vehicles 2	lawn-mower, rocket, streetcar, tank, tractor

(b) CIFAR-100

그림 7-23 인식 실험에 사용할 자연 영상 데이터셋

[프로그램 7-6]은 깊은 다층 퍼셉트론으로 CIFAR-10을 인식한다. [프로그램 7-5]에서 달라진 부분은 음영으로 표시했다. 09행은 CIFAR-10을 읽는다. 10~11행과 18행에서는 [그림 7-8(b)]의 32×32×3의 3차원 구조를 펼쳐 3,072개 요소를 갖는 1차원 구조로 바꾸어 입력한다.

프로그램 7-6 깊은 다층 퍼셉트론으로 CIFAR-10 인식하기

```
    01~07행은 [프로그램 7-5]와 같음
08  … …
09  (x_train,y_train),(x_test,y_test)=ds.cifar10.load_data()
10  x_train=x_train.reshape(50000,3072)
11  x_test=x_test.reshape(10000,3072)
12  x_train=x_train.astype(np.float32)/255.0
13  x_test=x_test.astype(np.float32)/255.0
14  y_train=tf.keras.utils.to_categorical(y_train,10)
15  y_test=tf.keras.utils.to_categorical(y_test,10)
16
17  dmlp=Sequential()
18  dmlp.add(Dense(units=1024,activation='relu',input_shape=(3072,)))
19  dmlp.add(Dense(units=512,activation='relu'))
20  dmlp.add(Dense(units=512,activation='relu'))
21  dmlp.add(Dense(units=10,activation='softmax'))
    …
    23~47행은 [프로그램 7-5]와 같으며 27행의 dmlp.save('dmlp_trained.h5')는 삭제
```

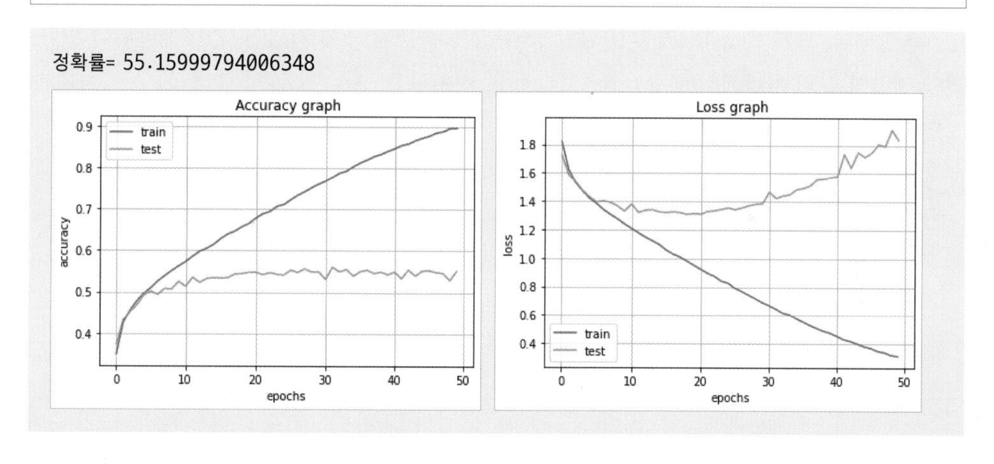

실행 결과를 살펴보자. 55.16% 정확률을 달성했다. 부류가 10개니 무작위로 분류하면 10% 정확률일 테니 의미가 없진 않지만 상당히 낮은 성능이다. 정확률 그래프를 보면 훈련 집합은 90%까지 치솟지만 테스트 집합은 55% 근방에서 수렴했다. 손실 함수 그래프를 보면, 훈련 집합은 꾸준히 떨어지지만 테스트 집합에 대해서는 20세대 이후에 오히려 증가하여 과잉 적합 현상이 나타났다.

과잉 적합

과잉 적합overfitting이란 학습 알고리즘이 훈련 집합에 과다하게 맞추다 보니 일반화generalization 능력을 상실하는 현상을 뜻한다. 일반화란 학습에 사용하지 않은 샘플 집합, 즉 테스트 집합에 대해 높은 성능을 유지하는 능력이다. [프로그램 7-6]의 깊은 다층 퍼셉트론은 CIFAR-10에서 훈련 집합에 대해 90% 정도를 달성했는데, 테스트 집합에 대해서는 55% 가량을 달성하여 35%나 차이가 나서 과잉 적합이 발생했다고 판단할 수 있다.

과잉 적합은 신경망 모델의 용량은 큰데 데이터셋 크기가 작은 경우에 주로 발생한다. 신경망 모델의 용량은 가중치 개수로 측정할 수 있는데, [프로그램 7-6]의 신경망에는 (3072+1)×1024+(1024+1)×512+(512+1)×512+(512+1)×10=3,939,338개의 가중치가 있다. 그에 비해 CIFAR-10의 훈련 집합은 샘플이 50,000개이므로 모델 용량이 데이터셋보다 훨씬 크다고 말할 수 있다. 그렇다고 모델의 용량을 줄이면 학습이 제대로 이루어지지 않거나 훈련 집합에 대한 성능까지 낮아질 수 있다. 딥러닝은 모델의 용량은 충분히 크게 설계하되 과잉 적합을 방지할 다양한 규제 기법을 적용하는 전략을 쓴다. 딥러닝에는 드롭아웃, 데이터 증강, 조기 멈춤, 배치 정규화, 가중치 감쇠 등과 같은 훌륭한 규제 기법이 많이 개발되어 있다. 과잉 적합과 규제 기법에 대해서는 8.6.3항에서 설명한다.

7.8 [비전 에이전트 5] 우편번호 인식기 v.1

6장에서 재미있는 비전 에이전트를 4개 만들어봤다. 여기서는 사람이 필기한 우편번호를 인식하는 다섯 번째 비전 에이전트를 만든다. 필기한 우편번호를 인식하려면 필기 숫자 인식기가 필요한데, 이를 대비하여 [프로그램 7-5]의 27행에서 학습된 신경망을 'dmlp_trained.h5' 파일에 저장해두었다. [프로그램 7-7]이 저장되어 있는 폴더에 이 파일이 없으면 프로그램이 실행되지 않는다.

먼저 [프로그램 7-7]의 실행 결과를 보고 사용자 인터페이스를 파악하자. 5개의 빨간색 박스는 마우스로 숫자를 써 넣는 곳이다. e는 박스를 지우고, s는 박스에서 숫자를 떼내어 명암 영상으로 표시하고, r은 인식을 하고, q는 끝내는 명령어다.

프로그램 7-7 우편번호 인식기 v.1(DMLP 버전) 구현하기

```
01  import numpy as np
02  import tensorflow as tf
03  import cv2 as cv
04  import matplotlib.pyplot as plt
05  import winsound
06
07  model=tf.keras.models.load_model('dmlp_trained.h5')
08
09  def reset():
10     global img
11
12     img=np.ones((200,520,3),dtype=np.uint8)*255
13     for i in range(5):
14        cv.rectangle(img,(10+i*100,50),(10+(i+1)*100,150),(0,0,255))
15     cv.putText(img,'e:erase s:show r:recognition q:quit',(10,40),cv.FONT_
       HERSHEY_SIMPLEX,0.8,(255,0,0),1)
16
17  def grab_numerals():
18     numerals=[]
```

```
19     for i in range(5):
20        roi=img[51:149,11+i*100:9+(i+1)*100,0]
21        roi=255-cv.resize(roi,(28,28),interpolation=cv.INTER_CUBIC)
22        numerals.append(roi)
23     numerals=np.array(numerals)
24     return numerals
25
26  def show():
27     numerals=grab_numerals()
28     plt.figure(figsize=(25,5))
29     for i in range(5):
30        plt.subplot(1,5,i+1)
31        plt.imshow(numerals[i],cmap='gray')
32        plt.xticks([]); plt.yticks([])
33     plt.show()
34
35  def recognition():
36     numerals=grab_numerals()
37     numerals=numerals.reshape(5,784)
38     numerals=numerals.astype(np.float32)/255.0
39     res=model.predict(numerals)              # 신경망 모델로 예측
40     class_id=np.argmax(res,axis=1)
41     for i in range(5):
42        cv.putText(img,str(class_id[i]),(50+i*100,180),cv.FONT_HERSHEY_
          SIMPLEX,1,(255,0,0),1)
43     winsound.Beep(1000,500)
44
45  BrushSiz=4
46  LColor=(0,0,0)
47
48  def writing(event,x,y,flags,param):
49     if event==cv.EVENT_LBUTTONDOWN:
50        cv.circle(img,(x,y),BrushSiz,LColor,-1)
51     elif event==cv.EVENT_MOUSEMOVE and flags==cv.EVENT_FLAG_LBUTTON:
52        cv.circle(img,(x,y),BrushSiz,LColor,-1)
53
54  reset()
55  cv.namedWindow('Writing')
56  cv.setMouseCallback('Writing',writing)
57
58  while(True):
59     cv.imshow('Writing',img)
```

```
60      key=cv.waitKey(1)
61      if key==ord('e'):
62         reset()
63      elif key==ord('s'):
64         show()
65      elif key==ord('r'):
66         recognition()
67      elif key==ord('q'):
68         break
69
70  cv.destroyAllWindows()
```

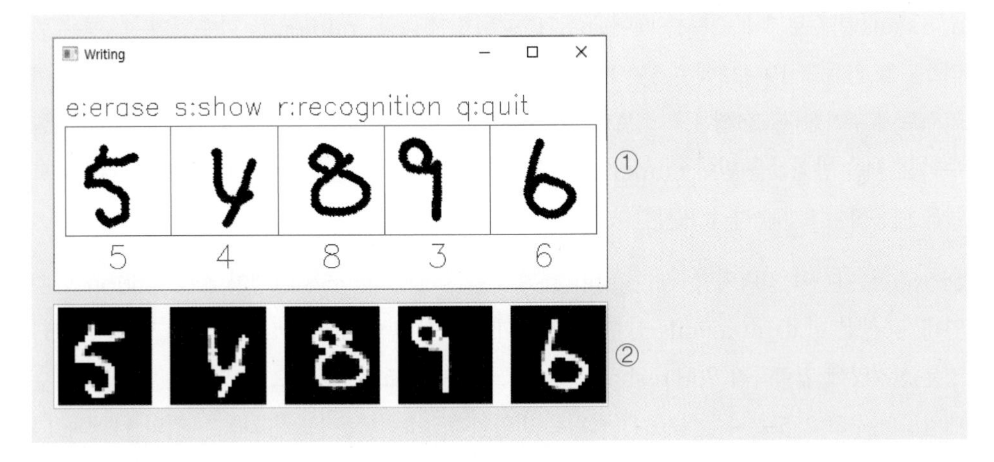

프로그램의 큰 그림을 살펴보자. 07행은 load_model 함수로 신경망 파일을 읽어 dmlp 객체에 저장한다. dmlp는 [프로그램 7-5]에서 학습하여 저장해두었던 98.42% 정확률을 보장하는 신경망 모델이 된다.

09~43행에 e 명령어를 처리하는 reset 함수, s 명령어를 처리하는 show 함수, r 명령어를 처리하는 recognition 함수가 있다. 48~52행의 writing은 마우스 콜백 함수다. 54~70행은 프로그램의 메인에 해당한다.

메인이 시작되는 54행은 reset 함수를 호출한다. 09~15행의 reset 함수는 img라는 영상을 만든다. 12행은 np.ones 함수로 200×520 크기의 3채널 컬러 영상을 저장할 배열을 만든다. 1로 초기화된 배열에 255를 곱해 255, 즉 모든 화소가 흰색인 배열을 만든다. 13~14행은 지정한 위치에 5개의 빨간색 박스를 그리고, 15행은 명령어를 나타내는 글씨를 써 넣는다.

10행은 img를 전역 변수로 선언하여 img를 다른 함수와 공유한다.

55행은 윈도우를 생성하고, 56행은 윈도우의 콜백 함수로 writing 함수를 등록한다. 48~52행의 writing 함수는 마우스 왼쪽 버튼을 클릭하거나 누른 채 이동하면 circle 함수로 BrushSiz 크기의 원을 검은색으로 그려 글씨를 쓴다.

58~68행은 무한 반복하며 사용자와 인터페이스한다. 59행은 imshow 함수로 img 영상을 표시하여 변경된 내용을 윈도우에 반영한다. 60행은 키보드 입력이 있으면 읽어서 key에 저장한다. 61~62행은 키가 e면 reset 함수를 호출한다. reset 함수는 앞에서 설명했다. 63~64행은 키가 s면 show 함수를 호출한다. 26~33행이 show 함수인데, 27행은 grab_numerals 함수로 5개 숫자를 떼어낸다. 17~24행이 grab_numerals 함수인데, 18행은 빈 리스트를 만들고 19~22행은 5번 반복하며 img에서 숫자를 떼내 28×28 크기로 변환하여 리스트에 추가한다. 23행은 리스트를 numpy 배열로 변환하고 24행은 반환한다. show 함수의 27행은 반환값을 받아 numerals 객체에 저장한다. 28~33행은 matplotlib.pyplot 모듈을 이용하여 5개 숫자를 표시한다.

65~66행은 r이 입력되면, recognition 함수를 호출한다. 35~43행이 recognition 함수인데, 36행은 grab_numerals 함수로부터 5개 숫자를 받아 numerals 객체에 저장한다. 37행은 신경망에 입력하기 위해 reshape 함수로 2차원 구조를 1차원으로 펼친다. 38행은 실수 배열로 바꾸고 255로 나누어 [0,1] 범위로 변환한다. 이 변환은 [프로그램 7-5]의 11행과 13행에 해당한다. 39행은 model.predict 함수로 예측을 수행하고 결과를 res 객체에 저장한다. res.shape으로 확인해보면, res는 5×10 배열이다. 이 배열은 5개 숫자 각각에 대해 10개 확률로 인식 결과를 표현한다. 40행은 최댓값을 가지는 인덱스를 찾아 class_id 객체에 저장한다. 40행이 하는 일은 식 (7.19)에 해당한다. 41~42행은 빨간색 박스 밑에 인식 결과를 표시하고 43행은 삑 소리로 주의를 끈다.

67~68행은 q가 입력되면 루프를 빠져나간다. 70행은 모든 윈도우를 닫는다.

실행 결과를 보면, 틀린 샘플이 보인다. 쓰고 인식하는 일을 반복해보면 상당히 많이 틀려 [프로그램 7-5]에서 측정한 98.42%에 크게 미치지 못한다는 사실을 알 수 있다. 미국 사람이 종이에 쓴 숫자를 스캐너로 수집한 MNIST와 화면에 마우스로 쓴 패턴이 달라 차이가 발생한다. 8장에서는 컨볼루션 신경망으로 정확률을 크게 향상한 버전2를 만든다.

01 k−겹 교차 검증에서 k를 늘리면 계산 시간과 성능에 대한 신뢰도가 어떤 영향을 받는지 설명하시오.

02 'OR 문제를 해결하는 퍼셉트론은 [그림 7−11(b)] 외에도 무수히 많다'는 주장이 맞는지 여부를 제시하고 답에 대한 이유를 설명하시오.

03 [예시 7−2]에서 데이터를 아래와 같이 바꾸면 AND 분류 문제가 된다.

$$\begin{matrix} \mathbf{x}^1 = (0,0) & \mathbf{x}^2 = (0,1) & \mathbf{x}^3 = (1,0) & \mathbf{x}^4 = (1,1) \\ y^1 = -1 & y^2 = -1 & y^3 = -1 & y^4 = 1 \end{matrix}$$

(1) AND 분류를 위한 퍼셉트론을 구상하고 [그림 7−11(a)~(c)]와 같이 제시하시오.

(2) 제시한 퍼셉트론이 샘플 4개를 모두 맞히는지 [예시 7−2]와 같이 확인하시오.

(3) [예시 7−3]과 같이 데이터셋을 행렬 표기로 처리하는 과정을 제시하시오.

04 [예시 7−4]에서 식 (7.13)을 (0,1) 이외의 샘플 3개에 적용하시오.

05 XOR 문제는 다음과 같이 공간 분할을 하는 다층 퍼셉트론으로 해결할 수도 있다.

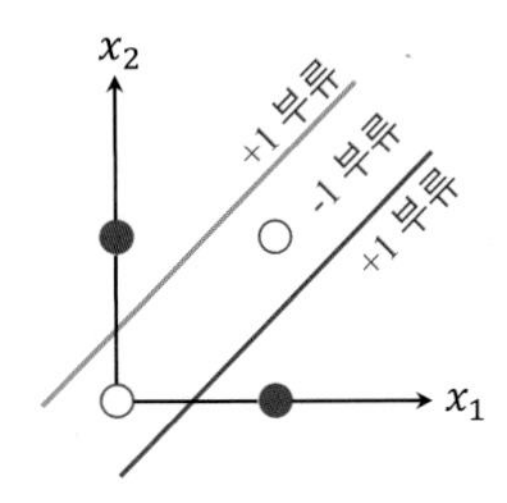

(1) 이 다층 퍼셉트론을 [그림 7−15(b)]와 같이 제시하시오.

(2) 이 다층 퍼셉트론의 연산을 [예시 7−4]와 같이 제시하시오. 식 (7.13)을 적용하는 경우와 식 (7.14)를 적용하는 경우를 모두 제시하시오.

06 [예시 7-5]에서는 ρ=1로 설정하고 두 번 반복하였다. ρ=0.1로 설정하고 세 번 반복하시오.

07 [그림 7-22]의 사이트에 접속한 다음 여러 종류의 하이퍼 매개변수를 바꾸며 실험하시오. 하이퍼 매개변수에 따라 결과가 어떻게 달라지는지 분석하시오.

08 [프로그램 7-3]을 학습률 0.1, 0.01, 0.001, 0.0001, 0.00001일 때 성능을 비교하는 프로그램으로 확장하시오.

(1) [프로그램 7-4]처럼 하나의 그래프에 여러 경우를 같이 그려 서로 비교할 수 있게 하시오. Adam 옵티마이저를 사용하고 세대 수는 epochs=100으로 설정하시오.

(2) 실험 결과를 분석하시오.

09 [프로그램 7-6]을 부류가 100개인 CIFAR-100 데이터셋에 적용하시오. 하이퍼 매개변수를 여러 조합으로 변형하여 정확률을 최대한 끌어올리고 그때 정확률과 하이퍼 매개 변숫값을 제시하시오.

10 [프로그램 7-7]은 확률이 가장 큰 1순위 부류만 보여준다. 2순위 부류를 괄호 속에 같이 보여주는 프로그램으로 확장하시오. 예를 들어, 39행의 예측 결과가 res=[0, 0, 0, 0, 0, 0.8, 0.15, 0, 0, 0.05]라면 5(6)과 같이 표시한다.

CHAPTER

컨볼루션 신경망

Preview

앞 장에서 공부한 다층 퍼셉트론은 인간 두뇌를 모방한 모델로 창안되어 컴퓨터 비전 발전에 공헌을 하였지만 한계도 뚜렷하다. 가장 큰 문제는 2차원 구조의 영상을 1차원으로 변환해야 입력이 가능하다는 점이다. 변환 과정에서 발생한 정보 손실은 성능 저하의 근본 원인이 된다.

인간은 2차원 영상에서 특징을 추출한다. [그림 8-1]은 모나리자 영상을 볼 때 여러 단계를 거쳐 특징을 추출하는 과정을 보여준다. 인간의 시각은 수용장receptive field이라는 작은 영역에서 특징을 추출한다. 이런 과학적 발견은 컨볼루션 신경망CNN; Convolutional Neural Network이라는 새로운 모델의 발상이 되었다. 컨볼루션 신경망은 딥러닝에서 가장 성공한 모델로 자리잡았다.

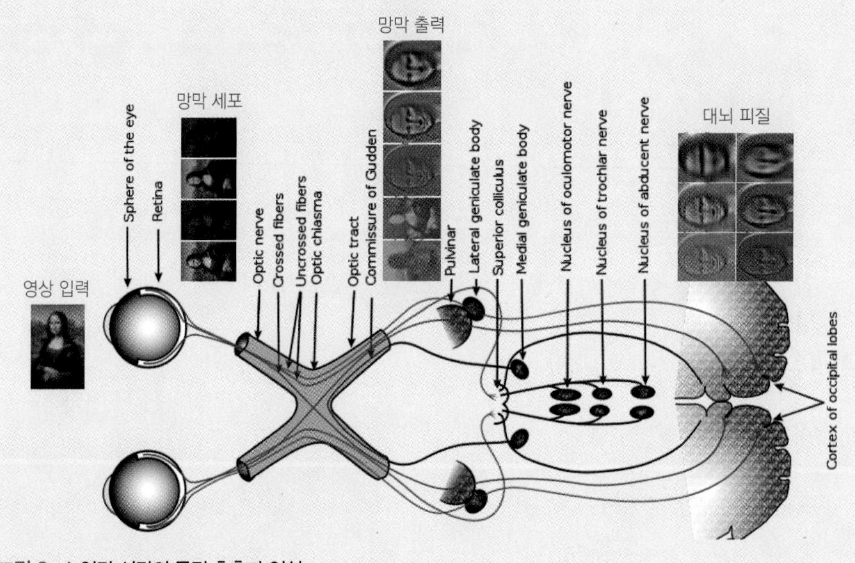

그림 8-1 인간 시각의 특징 추출과 인식

컨볼루션 신경망의 응용은 매우 다채롭다. 컴퓨터 비전에서는 분류, 검출, 분할, 추적 등의 물체 인식을 위해 활용된다. 음성 인식과 자연어 처리에도 활용되며, 비디오 게임 인공지능에서는 화면 장면을 분석하는 데 활용된다. 알파고는 19×19 바둑판의 형세를 분석하는 데 컨볼루션 신경망을 사용한다. 지금부터 컨볼루션 신경망의 세계로 성큼 발을 내딛어 보자.

8.1 발상과 전개

컨볼루션 신경망의 원리는 1980년에 네오코그니트론이라는 이름으로 발표되었고, 1998년에는 수표를 인식하는 실용 시스템 제작에 활용한 사례가 발표되었다. 하지만 큰 주목을 받지 못하다가 2012년 ILSVRC 대회의 자연 영상 인식에서 AlexNet이 우승을 차지하면서 널리 알려졌다. 이후 컨볼루션 신경망이 중심인 딥러닝 시대로 대전환한다.

발상

[그림 8-2(a)]는 삼각형이 있는 단순한 영상이다. 영상 A의 삼각형이 회전하고 이동한 영상 B에서도 삼각형을 검출할 수 있다. 하지만 다층 퍼셉트론에 입력하려고 [그림 8-2(b)]와 같이 1차원으로 펼치면 삼각형 모양은 사라진다. 다층 퍼셉트론은 화소의 연결성을 쓸 수 없어 개별 화소를 보고 분류하는 수밖에 없다. 다층 퍼셉트론이 MNIST나 CIFAR-10과 같은 장난감 데이터셋에서조차 정확도가 낮고 ImageNet이나 COCO와 같은 큰 데이터셋은 거의 인식하지 못하는 근본 원인이다. 깊은 다층 퍼셉트론을 사용한 [프로그램 7-6]은 CIFAR-10에 대해 55.16% 정확률을 얻는 데 그쳤다.

A

0	0	0	0
0	1	0	0
1	1	0	0
0	0	0	0

B

0	0	0	0
0	0	1	1
0	0	0	1
0	0	0	0

(a) 2차원 구조의 영상

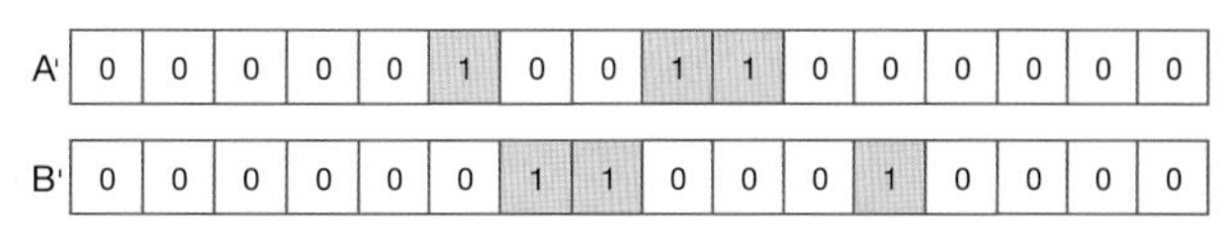

(b) 1차원 구조로 펼친 경우

그림 8-2 2차원 구조의 영상을 1차원으로 변환할 때 발생하는 정보 손실

[그림 7-17]의 깊은 다층 퍼셉트론은 완전연결FC; Fully Connected 구조의 층으로 구성된다. 256×256 컬러 영상을 입력하려면 입력층에 256×256×3=196,608개의 노드가 있어야 한다. 그런데 은닉층에 2,048개 노드가 있다면 그 층에만 4억 개 이상의 가중치가 있다. 매우 비현실적이다. 여태껏 프로그래밍 실습에서 데이터셋을 28×28의 MNIST, 32×32×3의 CIFAR-10의 작은 영상으로 국한한 이유다.

[그림 8-3(a)]는 인간의 망막retina이다. 그림에 작은 육각형으로 표시된 것은 망막에 아주 많은 광수용 세포photoreceptor cell이다. 노란색으로 표시한 주위 광수용 세포와 보라색으로 표시한 내부 광수용 세포가 모여 수용장receptive field이라는 뭉치를 형성한다. 수용장의 광수용 세포는 감지한 빛의 강도를 화학 신호로 바꾸어 수평 세포horizontal cell와 양극 세포bipolar cell에 전달한다. 수평 세포와 양극 세포는 신호를 모아 발화 여부를 결정한다. 수용장 하나는 영상의 특정 위치를 담당하며 망막에 분포한 수많은 수용장이 영상 전체를 처리한다.

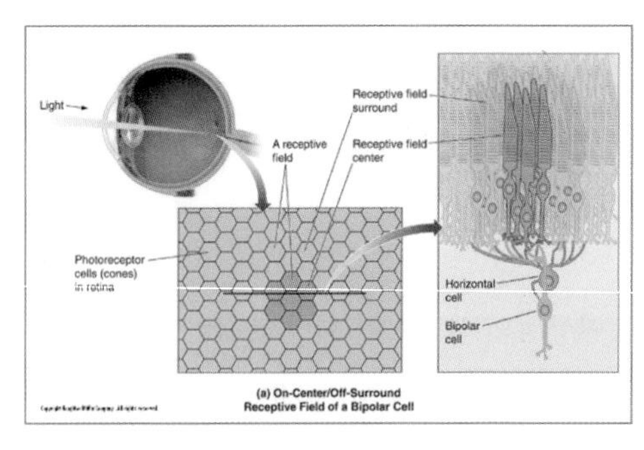

(a) 인간 시각의 수용장

(b) 네오코그니트론[Fukushima1980]

그림 8-3 인간의 수용장과 인공 신경망의 수용장

간략 역사

1980년에 후쿠시마Fukushima는 [그림 8-3(b)]의 네오코그니트론Neocognitron을 발표했다[Fukushima1980]. 그림에서 원으로 표시한 것이 수용장이며, 첫 번째 층은 대비contrast 특징을 추출하고 두 번째 층은 에지 특징을 추출하는 상황을 보여준다. 각 층에는 특징 맵feature map이 여러 장 배치되어 있다. 특징을 계층적으로 추출하다가 recognition layer라고 표시된 마지막 층에서 분류를 수행한다. 이런 혁신적인 생각을 발표했음에도 불구하고 네오코그니트론은 크게 주목받지 못했다.

1998년에 르쿤LeCun은 층이 5개인 LeNet-5라는 컨볼루션 신경망을 제안했다. LeNet-5를 구현하여 수표에 적힌 필기 문자를 인식하는 시스템을 개발한 것이다[LeCun1998]. 이 시스템은 미국에서 은행 수표 인식을 자동화하는 데 기여했다. 컨볼루션 신경망을 실제 응용에 성공적으로 적용한 첫 사례로서 의미가 크다. 페이페이Fei-Fei 교수는 2010년에 ImageNet이라는 놀라울 정도로 방대한 데이터셋을 구축했다[Deng2009]. 공식 홈페이지(https://www.image-net.org)에는 현재 총 1,400만 개 가량의 영상이 21,841개 부류로 레이블링되어 있는데, 이 중에 [그림 8-4(a)]에서 볼 수 있는 1000부류를 뽑아 2010년부터 ILSVRCImageNet Large Scale Visual Recognition Challenge 대회를 개최했다[Russakovsky2015]. 대회는 120만 장의 훈련 집합, 5만 장의 검증 집합, 15만 장의 테스트 집합을 제공한다. [그림 8-4(b)]는 고양이 부류에 속한 영상 일부를 보여주는데, 고양이의 품종과 자세에 심한 변화가 일어나는 것을 확인할 수 있다. 신경망이 예측한 1순위 부류가 정답과 같으면 1순위로 맞힌 것으로 간주하고 최고 5순위 부류에 정답이 있으면 5순위로 맞힌 것으로 간주한다. 대회에서는 1순위 오류율과 5순위 오류율로 등수를 정한다.

1000 synsets for Object classification/localization

n02119789: kit fox, Vulpes macrotis
n02100735: English setter
n02096294: Australian terrier
n02066245: grey whale, gray whale, devilfish, Eschrichtius gibbosus, Eschrichtius robustus
n02509815: lesser panda, red panda, panda, bear cat, cat bear, Ailurus fulgens
n02124075: Egyptian cat
n02417914: ibex, Capra ibex
n02123394: Persian cat
n02125311: cougar, puma, catamount, mountain lion, painter, panther, Felis concolor
n02423022: gazelle

(a) ILSVRC 대회의 1000부류 일부

(b) 고양이 부류에 속하는 영상의 일부

그림 8-4 ImageNet 데이터셋

대회 첫 해인 2010년에는 5순위 오류율 28.2%를 달성한 팀이 우승했는데, HOG와 LBP 등의 수작업 특징과 SVM 분류기를 사용했다. 2011년 우승한 팀은 5순위 오류율 25.8%를 얻어 전년에 비해 2.4% 향상된 결과를 보였다.

2012년에는 토론토 대학교의 힌턴Hinton 교수와 제자인 크리제브스키가 AlexNet이라는 컨볼루션 신경망을 사용해 15.3%라는 당시로서 경이로운 성능을 달성했다[Krizhevsky2012]. 전년에 비해 무려 10.5%만큼 오류율을 줄인 것이다. AlexNet은 컨볼루션 신경망의 가능성을 입증했다는 점에서 딥러닝 역사에서 높게 평가된다. 이후 컴퓨터 비전뿐 아니라 음성 인식과 자연어 처리 연구자 대부분이 고전적인 방법을 멀리 하고 컨볼루션 신경망의 길로 들어선다.

2014년에는 옥스퍼드 대학교의 VGGNet과 구글의 GoogLeNet이 각각 7.3%와 6.7%의 5순위 오류율을 달성했고, 2015년에는 마이크로소프트의 ResNet이 3.5%를 달성했다. 주최측은 성능이 한계에 도달했다고 판단해 영상 분류 대회의 막을 내리고 보다 어려운 검출과 분할 문제에 집중하고 있다.

컨볼루션 신경망의 층은 갈수록 깊어진다. 1998년의 LeNet-5는 5층에 불과했으나 2012년의 AlexNet은 8층, 2014년의 VGGNet과 GoogLeNet은 각각 19층과 22층, 2015년의 ResNet은 152층으로 점점 깊어진다. [그림 8-5]는 컨볼루션 신경망의 초기 발전 추세를 일목요연하게 보여준다.

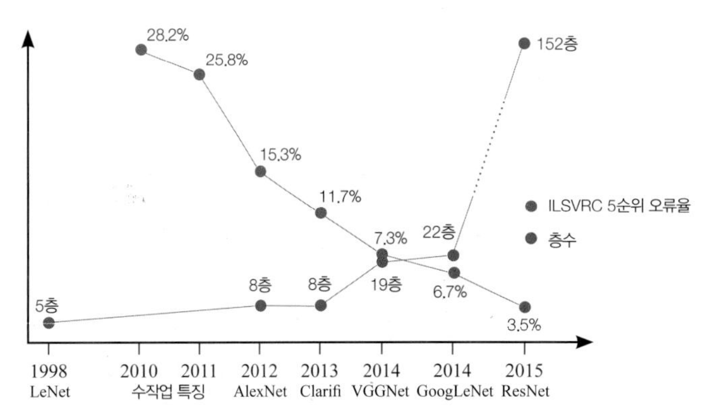

그림 8-5 컨볼루션 신경망의 초기 발전 추세[오일석2017]

컨볼루션 신경망 초기에는 주로 분류 문제를 푸는 데 집중했는데, 분류에서 상당한 성능을 달성한 후에는 검출과 분할, 추적 문제에 도전하고 있다. 2014년에는 물체 검출을 위한 RCNNRegions with CNN features이 등장했고, 이후 속도와 정확률을 개선한 fast RCNN, faster RCNN, mask RCNN으로 발전한다. 검출은 9.3절에서 상세하게 다룬다. 2014년에 굿펠로우Goodfellow는 GANGenerative Adversarial Network이라는 혁신적인 생성 모델을 발표했다. 분류나 검출과 같이 부류나 물체 위치를 알아내는 분별 모델discriminative model과 달리 생성 모델generative model은 학습한 영상과 비슷하지만 새로운 가짜 영상을 생성한다. 초기 GAN은 InfoGAN, cycleGAN, SAGAN, style GAN 등으로 발전한다. GAN은 13장에서 다룬다.

이와 같은 신경망의 구조 개선과 더불어 학습 알고리즘 또한 발전을 거듭한다. ReLU 활성 함수가 발견되고 다양한 변종이 개발되었다. 손실 함수로 교차 엔트로피와 여러 변종이 개발되어 널리 쓰이고 있다. 옵티마이저로는 표준에 해당하는 SGD를 넘어 모멘텀과 적응적 학습률을 적용한 Adam, RMSprop, AdaGrad 등이 널리 쓰이고, 드롭아웃과 배치 정규화, 데이터 증강과 같은 효과적인 규제 기법이 개발되었다. 이들 학습 알고리즘은 8.6절에서 설명한다.

딥러닝의 성공 요인

딥러닝은 컨볼루션 신경망을 중심으로 발전해왔다. [그림 8-5]에서 볼 수 있듯이 신경망은 점점 깊어지면서 성능이 향상되었다. 딥러닝이 성공한 데는 몇 가지 이유가 있다.

- 데이터셋이 커졌다. 신경망이 깊어지면 학습 알고리즘이 추정해야 하는 매개변수가 늘어나 작은 데이터셋으로는 학습이 잘 되지 않는다. 인터넷의 발달로 데이터셋 수집이 용이해졌고 획기적으로 방대한 데이터셋이 생겼다. ImageNet은 초기 발전에 가장 큰 공헌을 한 데이터셋이다.
- GPU의 병렬 처리로 학습 시간이 대폭 빨라졌다. 신경망이 깊어지고 데이터셋이 커지면 학습 시간이 길어진다. 게다가 적절한 하이퍼 매개변수를 찾으려면 학습을 반복해야 한다. GPU를 사용하면 학습 시간이 10~100배 빨라진다.
- 좋은 학습 알고리즘이 개발되었다. 활성 함수, 규제 기법, 손실 함수, 옵티마이저의 발전은 딥러닝 성공의 중요 요인 중 하나다.

8.2 컨볼루션 신경망의 구조

컨볼루션 신경망의 핵심은 3.4절에서 공부한 컨볼루션 연산이다. 컨볼루션을 적용한 4.1절의 [프로그램 4-1]의 실행 결과를 다시 살펴보면, 소벨 에지 필터는 수직 에지와 수평 에지라는 특징을 검출하여 특징 맵을 생성한다. 그런데 이 필터들은 어디에서 왔을까? 물체를 분류하거나 검출하는 데 최적인 필터일까? 데이터에 맞는 최적의 필터를 사용해야 하지 않을까? 이런 의문이 생긴다.

컨볼루션 신경망의 혁신적인 아이디어는 '최적의 필터를 학습으로 알아낸다'는 데에 있다. 지금부터 필터를 학습하는 컨볼루션층을 설계해보자.

8.2.1 컨볼루션층과 풀링층

표준 컨볼루션 연산을 신경망에 적용하려면 몇 가지 확장이 필요하다. 컬러 영상은 3차원 구조의 텐서이기 때문에 필터를 3차원으로 확장해야 한다. 또한 풍부한 특징을 추출할 수 있도록 충분히 많은 필터를 배치해야 한다. 튜토리얼 논문으로 [Dumoulin2016]을 추천한다.

컨볼루션층

[그림 8-6(a)]는 컨볼루션 신경망의 핵심 요소인 컨볼루션층convolution layer을 설명한다. 컨볼루션층은 입력 특징 맵feature map에 컨볼루션을 적용해서 얻은 특징 맵을 출력한다. 입력 특징 맵은 k개 채널로 구성되어 깊이가 k인 $m \times n$ 맵이다. 즉, $m \times n \times k$ 모양의 3차원 텐서다. 필터의 깊이는 입력 특징 맵과 같이 k고 크기는 $h \times h$다. h는 보통 3 또는 5를 사용한다. 필터는 하나의 바이어스 값을 추가로 가진다. [그림 8-6(a)]는 필터 왼쪽 위의 작은 사각형으로 바이어스를 표시한다. 따라서 필터는 kh^2+1 개의 가중치를 가진다. 필터는 깊이 방향으로는 이동하지 않고 좌우와 상하 방향으로 이동하며 곱의 합, 즉 로짓logit을 구하는 컨볼루션을 수행한다. 이때 로짓에 활성 함수를 적용한 결과를 출력 특징 맵에 쓴다. 컨볼루션층은 보통 ReLU 또는 ReLU의 변종을 활성 함수로 사용한다.

컨볼루션층은 필터를 여러 개 사용하여 풍부한 특징을 추출한다. [그림 8-6]에서는 필터 개수를 k' 로 표기했는데, 보통 16, 32, 64, 128, 256을 사용한다. 필터 하나가 특징 맵 하나를 생성하기 때문에 출력 특징 맵은 필터의 개수에 해당하는 k' 깊이의 $m' \times n'$ 맵, 즉 $m' \times n' \times k'$ 모양의 텐서가 된다. [그림 8-6(b)]는 필터를 빼고 그린 간결한 블록 표현이다.

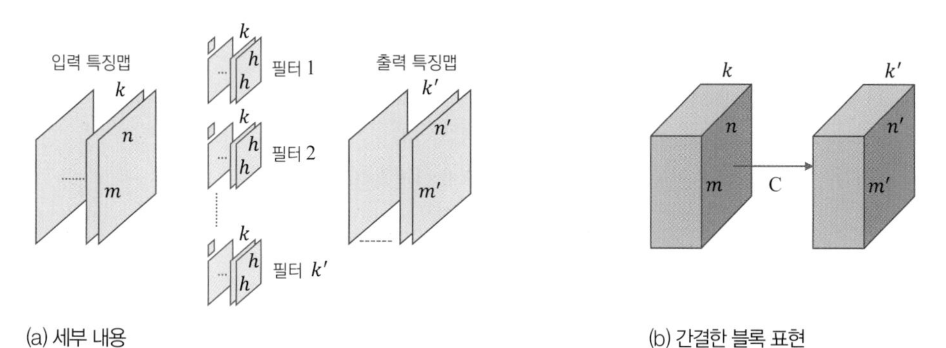

(a) 세부 내용 (b) 간결한 블록 표현

그림 8-6 컨볼루션층

컨볼루션층을 완성하려면 덧대기padding와 보폭stride을 추가로 지정해야 한다. 맵의 경계에 필터를 대면 일부 화소가 밖으로 나가기 때문에 적용할 수 없다. 그렇다고 경계를 제외하면 층이 깊어질수록 맵의 크기는 점점 작아진다. 이런 현상을 방지하려고 0 덧대기 또는 복사 덧대기를 적용한다. 0 덧대기는 경계 바깥에 0을 덧대고 복사 덧대기는 경계 화소의 값을 복사해 덧댄다. 보폭을 s로 설정하면 s 화소씩 건너 필터를 적용한다. 보폭은 출력 맵의 크기를 줄이는 효과가 있다. 보폭이 s면 $m \times n$ 맵이 $(m/s) \times (n/s)$로 줄어든다. [예시 8-1]을 통해 컨볼루션층의 연산을 확실히 이해하자.

[예시 8-1] 컨볼루션층의 연산

[그림 8-7(a)]는 5×5×3 입력 특징 맵에 3×3×3 필터를 2개 적용해 3×3×2 출력 특징 맵을 만드는 예다. 0 패딩을 적용했으며 보폭을 2로 설정해서 5×5 입력 특징 맵이 3×3 출력 특징 맵이 된다.

[그림 8-7(b)]는 컨볼루션 연산 과정을 구체적으로 예시한다. 맵과 필터의 형태는 스탠퍼드 대학교의 cs231n 웹 사이트에서 제공하는 애니메이션과 같게 하였다. https://cs231n.github.io/convolutional-networks에 접속해 cs231n의 애니메이션을 같이 보면 더 확실히 이해할 수 있다.

[그림 8-7(b)]는 5×5 입력 특징 맵의 (0,0) 화소에 필터를 적용하는 순간을 예시한다. 이곳에서 아래와 같이 곱의 합을 계산하여 출력 특징 맵의 (0,0) 위치에 −4를 기록한다.

여기에 ReLU 활성 함수를 적용하면 0이 된다. 이런 과정을 모든 화소에 적용하면 맨 오른쪽의 출력 특징 맵을 얻는다.

$$\underbrace{0\times1+0\times(-1)+0\times0+0\times1+2\times(-1)+2\times0+0\times(-1)+0\times1+0\times0+}_{\text{채널 }0}$$

$$\underbrace{0\times0+0\times0+0\times0+0\times(-1)+1\times1+0\times1+0\times1+1\times0+2\times(-1)+}_{\text{채널 }1}$$

$$\underbrace{0\times(-1)+0\times1+0\times(-1)+0\times1+0\times1+0\times1+0\times1+2\times0+2\times(-1)+}_{\text{채널 }2}\underbrace{1}_{\text{바이어스}}=-4$$

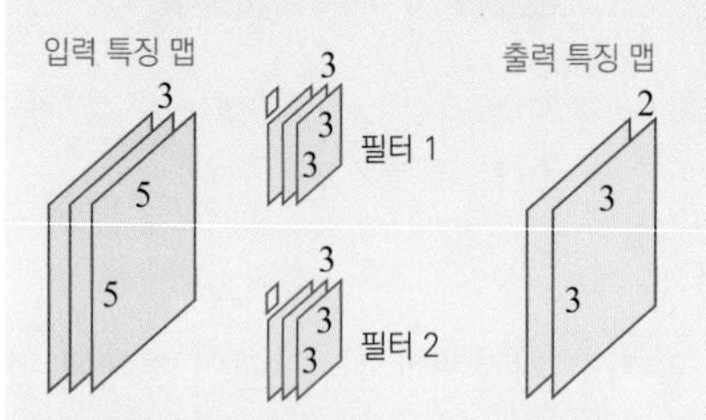

(a) 층의 구조

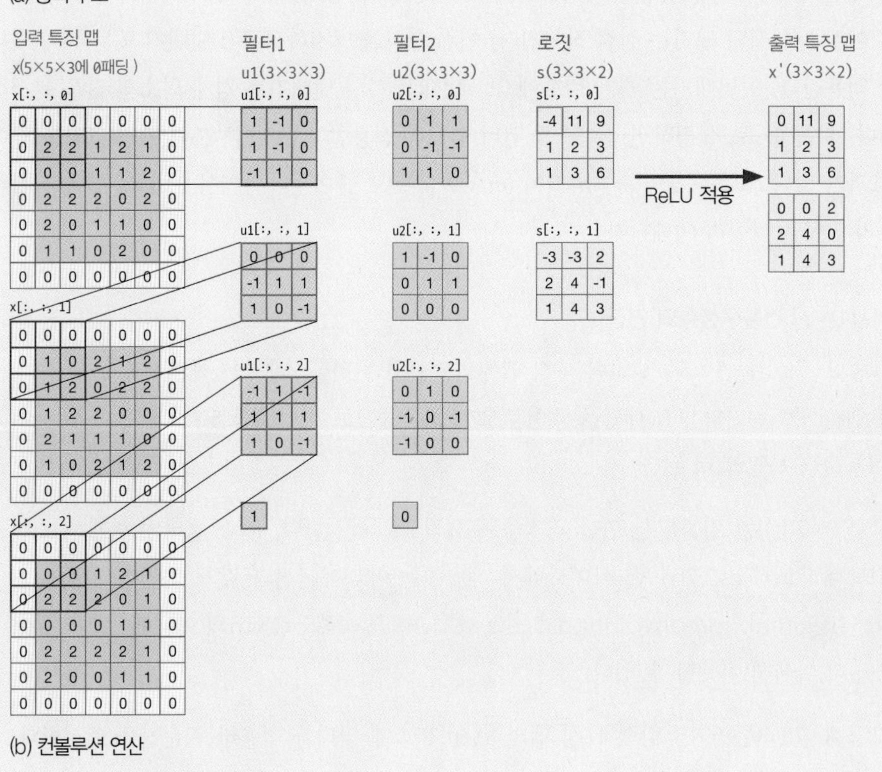

(b) 컨볼루션 연산

그림 8-7 컨볼루션층의 연산 사례

컨볼루션층에는 가중치 공유weight sharing와 부분 연결성partial connection이라는 바람직한 특성이 있다. 필터의 값이 가중치에 해당하는데, 입력 특징 맵의 모든 화소가 같은 필터를 사용하니 가중치를 공유하는 셈이다. 또한 필터는 해당 화소 주위로 국한하여 연산을 하는 부분 연결성을 만족한다. 이런 특성은 학습 알고리즘이 최적화해야 할 가중치 개수를 획기적으로 줄여준다. 컨볼루션층에는 k'개의 $h \times h \times k$ 필터가 있기 때문에 학습 알고리즘이 추정해야 할 가중치는 $k'(kh^2+1)$개다. 바이어스 노드 때문에 1을 더한다.

[예시 8-2] 컨볼루션층의 연산량

[그림 8-8]은 2개의 컨볼루션층을 쌓은 신경망이다. 첫 번째 층은 영상을 최초 입력하는 입력층에 해당한다. 입력 영상은 256×256 RGB 컬러 영상이기 때문에 첫 번째 컨볼루션층의 입력 특징 맵은 깊이가 3인 256×256 맵, 즉 256×256×3 텐서다. 0 덧대기를 하고 보폭을 2로 설정해서 맵의 크기가 반으로 줄어든다. 필터를 64개 사용하므로 출력 특징 맵은 128×128×64가 된다.

컨볼루션의 연산량을 산정해보자. 화소마다 3×3×3 필터를 적용해야 하므로 화소당 27+1=28번의 곱셈을 한다. 화소가 256×256개이고 보폭이 2이므로 128×128×28번의 곱셈이 이루어지는데, 필터가 64개이므로 총 곱셈 수는 128×128×28×64이다.

두 번째 컨볼루션층은 128×128×64 특징 맵을 입력으로 받는다. 5×5 필터를 사용하는데, 깊이가 64이기 때문에 필터의 모양은 5×5×64다. 필터를 128개 사용하기 때문에 출력 맵은 64×64×128 텐서가 된다.

두 번째 컨볼루션층의 연산량을 산정해보자. 화소마다 5×5×64 필터를 적용해야 하므로 화소당 1,601번의 곱셈을 한다. 화소가 128×128개이고 보폭이 2이므로 64×64×1601번의 곱셈이 이루어지는데, 필터가 128개이므로 총 곱셈 수는 64×64×1601×128이다.

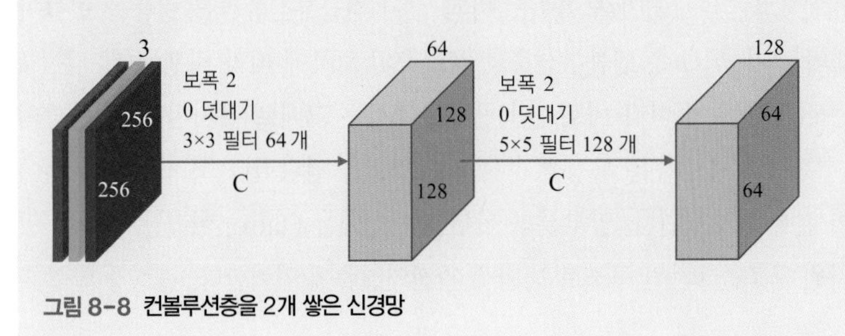

그림 8-8 컨볼루션층을 2개 쌓은 신경망

풀링층

보통 컨볼루션층 뒤에 풀링층pooling layer이 따른다. [그림 8-9]는 2×2 필터로 최대 풀링max pooling을 수행한다. 최대 풀링은 필터 안의 화소 중에서 최댓값을 취하는 연산이다. 보폭을 2로 설정했기 때문에 1개 화소를 건너 필터를 적용한다. 결국 특징 맵은 반으로 줄어든다. 평균 풀링average pooling은 필터 안에 있는 화솟값의 평균을 취한다. 보통 최대 풀링을 많이 사용한다.

2	3	3	3	2	2	3	0
3	7	6	6	7	5	4	0
3	7	7	7	7	5	4	3
3	6	7	7	7	5	4	3
3	6	7	7	6	6	4	3
3	6	6	6	4	4	4	3
3	3	4	4	4	2	2	2
3	3	2	2	2	2	2	2

7	6	7	4
7	7	7	4
6	7	6	4
3	4	4	2

그림 8-9 풀링층(2×2 필터로 최대 풀링 적용, 보폭=2)

특징 맵에는 인식에 불필요할 정도로 지나치게 상세한 내용이 많다. 풀링은 상세함을 줄이는 효과와 특징 맵의 크기를 줄여 신경망의 효율을 높이는 효과를 제공한다.

8.2.2 빌딩블록을 쌓아 만드는 컨볼루션 신경망

다층 퍼셉트론이 완전연결층을 구성 요소로 사용했듯이 컨볼루션 신경망은 컨볼루션층과 풀링층을 구성 요소로 사용한다.

빌딩블록 쌓기

보통 컨볼루션 신경망은 [그림 8-10]이 보여주는 바와 같이 컨볼루션층과 풀링층을 번갈아 쌓아 만든다. 특징 맵의 크기 $m \times n$은 컨볼루션층과 풀링층의 보폭에 따라 바뀌는데, 깊이 k는 컨볼루션층에서는 필터 개수에 따라 바뀌지만 풀링층에서는 그대로 유지된다. 신경망의 앞 부분에 있는 컨볼루션층과 풀링층은 특징을 추출하는 역할을 담당한다. 신경망 뒷부분에는 완전연결층을 쌓아 분류를 수행한다. 앞부분과 뒷부분 사이에는 Flatten이라는 연산이 있어 컨볼루션층의 다차원 구조를 1차원 구조로 변환해 완전연결층에 입력한다. 출력층에 부류 개수에 해당하는 만큼 노드를 배치한다.

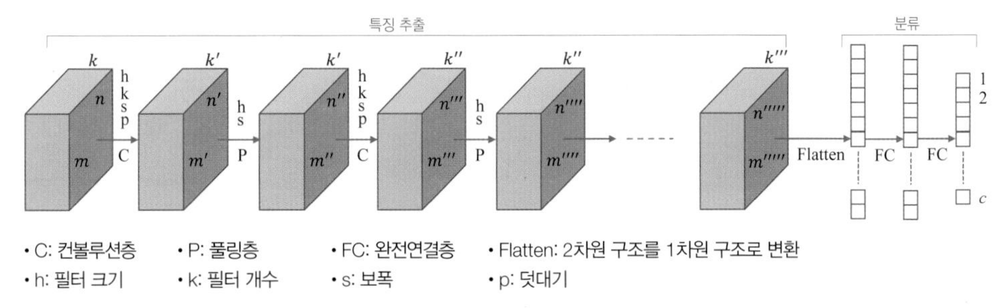

• C: 컨볼루션층 • P: 풀링층 • FC: 완전연결층 • Flatten: 2차원 구조를 1차원 구조로 변환
• h: 필터 크기 • k: 필터 개수 • s: 보폭 • p: 덧대기

그림 8-10 컨볼루션층과 풀링층을 번갈아 쌓아 만드는 컨볼루션 신경망의 전형적인 구조

LeNet-5 사례

[그림 8-11(a)]는 8.1절의 간략 역사에서 세계 최초로 실용화에 성공한 컨볼루션 신경망으로 소개한 LeNet-5의 구조다[LeCun1998]. Convolutions가 표시된 층이 컨볼루션층, Sub-sampling이 표시된 층이 풀링층, Full connection이 표시된 층이 완전연결층이다. 필기 숫자를 인식하려고 개발하였기 때문에 OUTPUT이라고 표시된 출력층에 10개 노드가 있다. 6@28×28 표기는 28×28 특징 맵이 여섯 장 있다는 뜻이다. 입력층에 있는 INPUT 32×32 표기는 입력층으로 32×32 맵이 들어간다는 뜻이다. LeNet-5는 MNIST의 28×28 맵의 상하좌우에 2화소씩 덧대기를 하여 32×32 맵을 입력한다. 숫자 맵은 명암이므로 입력 특징 맵의 깊이는 1이다.

[그림 8-11(b)]는 LeNet-5를 이 책의 표기에 맞추어 다시 그린 그림이다. 입력은 28×28×1 맵이다. 첫 번째 컨볼루션층은 5×5 필터를 6개 사용하고 보폭은 1이고 0덧대기를 적용한다. 결국 32×32 맵에 컨볼루션을 적용하여 28×28×6 특징 맵이 만들어지고 풀링층을 통과하면 14×14×6 특징 맵이 된다. 두 번째 컨볼루션층은 5×5 필터 16개를 쓰고 보폭은 1이고 덧대기를 적용하지 않는다. 10×10×16 특징 맵을 얻는데 풀링층을 통과하여 5×5×16 특징 맵이 된다. 세 번째 컨볼루션층에서 5×5 필터를 120개 적용하여 1×1×120 특징 맵을 얻는다. Flatten 연산을 통해 1차원 구조로 변환하여 완전연결층에 입력한다. 첫 번째 완전연결층의 특징 벡터는 84개 노드를 가진 은닉층을 통과하여 10개 노드를 가진 출력층에 도달한다.

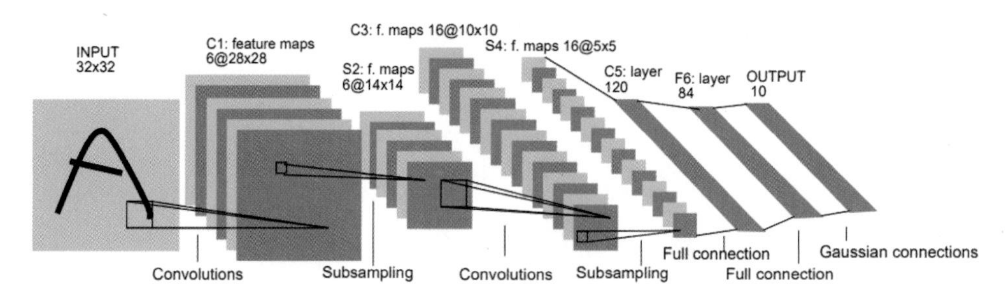

(a) [LeCun1998]의 그림

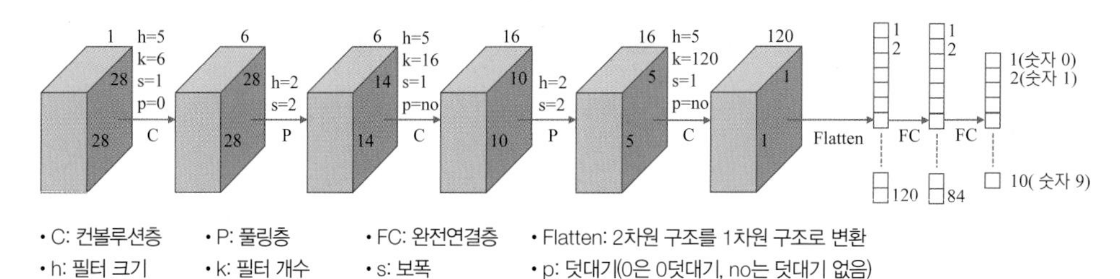

(b) [그림 8-10] 표기에 따른 그림

그림 8-11 LeNet-5의 구조

LeNet-5를 간략하게 줄이면 C-P-C-P-C-FC-FC 구조로 되어 있다고 표현할 수 있다. LeNet-5의 가중치 개수를 세어 보자. 가중치는 컨볼루션층과 완전연결층에만 있는데, 첫 번째 컨볼루션층은 $(5\times5\times1+1)\times6$, 두 번째 컨볼루션층은 $(5\times5\times6+1)\times16$, 세 번째 컨볼루션층은 $(5\times5\times16+1)\times120$, 첫 번째 완전연결층은 $(120+1)\times84$개, 두 번째 완전연결층은 $(84+1)\times10$개로서 총 61,706개다.

유연한 구조

컨볼루션 신경망은 컨볼루션층과 풀링층, 완전연결층을 쌓아 만들기 때문에 데이터에 따라 또는 풀어야 하는 문제에 따라 다양한 모양으로 조립할 수 있다는 장점이 있다. 예를 들어 풀링층을 모두 제거하고 컨볼루션층만 쌓은 신경망에서 비슷한 정확률을 얻은 연구 사례가 있다[Springenberg2014]. 이 신경망은 풀링층을 없애는 대신 컨볼루션층의 보폭을 늘렸다.

[그림 8-12(a)]은 오토인코더auto-encoder다. 오토인코더는 입력 영상을 그대로 출력으로 내놓는 컨볼루션 신경망이다. 이 신경망은 인코더와 디코더로 구성되는데, 인코더는 특징 맵을 점점 작게 하고 디코더는 다시 키워 원래 영상을 복원한다. 보통 인코더와 디코더는 대칭을 이루도록 설계한다. 신경망의 가운데 있는 층은 원래 영상보다 크기가 훨씬 축소된 특징 맵을

생성한다. 이 특징 맵은 디코더를 통해 원래 영상을 복원할 수 있을 정도의 핵심 정보를 모두 가지고 있다. 따라서 영상의 특징 추출기 또는 영상 압축기 등에 활용할 수 있다. 13.2절에서는 오토인코더를 생성 모델로 활용하는 사례를 설명한다.

[그림 8-12(b)]는 영상 분할을 위한 컨볼루션 신경망이다. [그림 8-10]에서 완전연결층을 제거하고 마지막 컨볼루션층에 레이블된 분할 맵을 배치하면 된다. 9.4절은 분할을 위한 신경망을 자세히 소개한다.

8.6절에서는 드롭아웃과 배치 정규화와 같은 규제 기법을 소개하는데, 이들에 해당하는 층을 사이사이에 적절하게 배치할 수 있다.

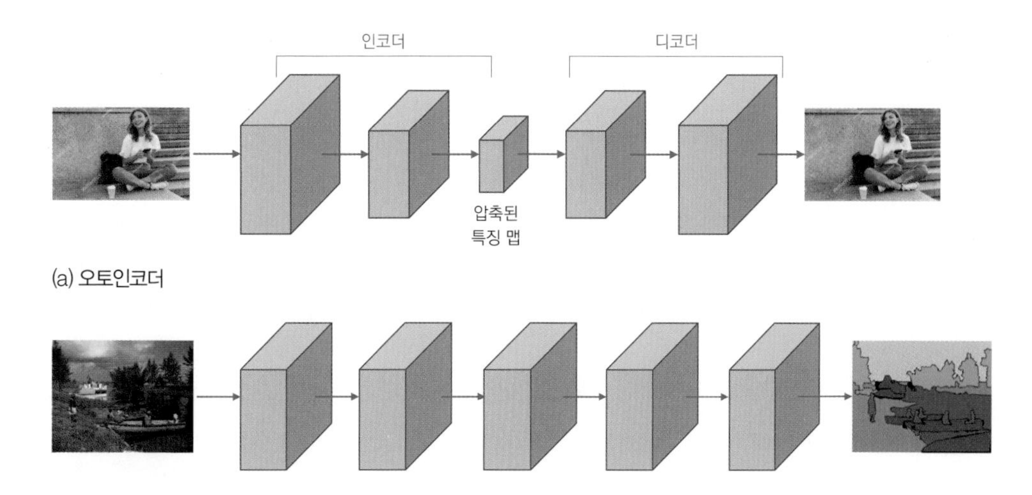

(a) 오토인코더

(b) 영상 분할을 위한 컨볼루션 신경망

그림 8-12 컨볼루션 신경망의 유연한 구조

8.3 컨볼루션 신경망의 학습

컨볼루션 신경망과 다층 퍼셉트론은 핵심 연산과 구조가 크게 다르기 때문에 학습 알고리즘이 다를 것 같지만 다행히 컨볼루션 신경망도 역전파 알고리즘을 사용한다.

컨볼루션 신경망을 위한 역전파 알고리즘

[그림 8-13]은 컨볼루션 신경망을 학습할 때 사용하는 역전파 알고리즘을 개념적으로 설명한다. 단계 ①의 전방 계산에서는 컨볼루션층과 풀링층, 완전연결층을 거쳐 출력 벡터 **o**를 출력한다. 단계 ②에서 손실 함수를 통해 **o**와 참값 벡터 **y**의 오류를 계산하고 단계 ③의 역전파 과정에서 오류를 줄이는 방향으로 가중치를 갱신한다. 이때 갱신되는 가중치는 컨볼루션층에 있는 필터 $\mathbf{U}^1$, $\mathbf{U}^2$, $\cdots$, $\mathbf{U}^{L-2}$와 완전연결층에 있는 $\mathbf{U}^{L-1}$과 $\mathbf{U}^L$이다. 풀링층은 단순히 최대를 취하기 때문에 가중치가 없다. [그림 8-13]에서 학습 대상이 되는 가중치를 빨간 색으로 표시하여 강조하였다.

7.6.2항에서 설명한 다층 퍼셉트론을 위한 역전파 알고리즘이 [그림 8-13]의 컨볼루션 신경망에 그대로 적용된다. 다시 말해 [알고리즘 7-2]가 그대로 적용된다. 단지 완전연결층과 계산이 다르기 때문에 계산식에 따라 미분만 다르게 수행하면 된다.

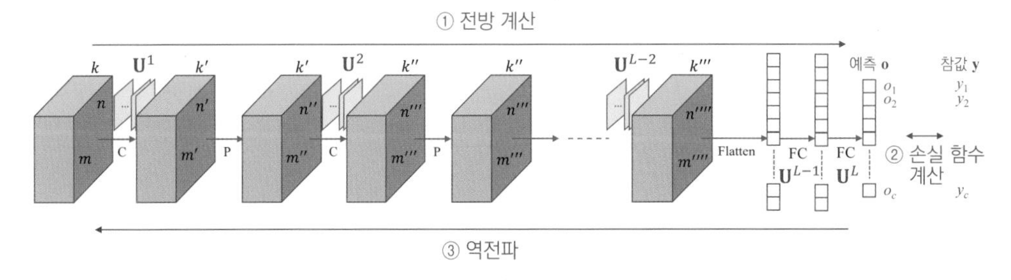

그림 8-13 컨볼루션 신경망을 학습하기 위한 역전파 알고리즘

특징 학습과 통째 학습

컨볼루션 신경망의 우수성은 특징 추출을 담당하는 필터를 학습한다는 데 있다. 학습 알고리

즘은 주어진 데이터셋을 인식하는 데 최적인 필터를 찾아낸다. 사람의 합리적 사고를 통해 그럴듯해 보이는 필터를 설계하고 데이터의 특성을 무시한 채 모든 데이터에 일괄 적용하는 고전적인 접근 방법에 비하면 획기적인 발상이 아닐 수 없다.

이런 특성에 따라 컨볼루션 신경망은 특징 학습feature learning을 한다고 표현한다. 예를 들어 [그림 8-14]는 CIFAR-10 데이터셋으로 학습한 첫 번째 컨볼루션층의 32개 필터를 보여준다.

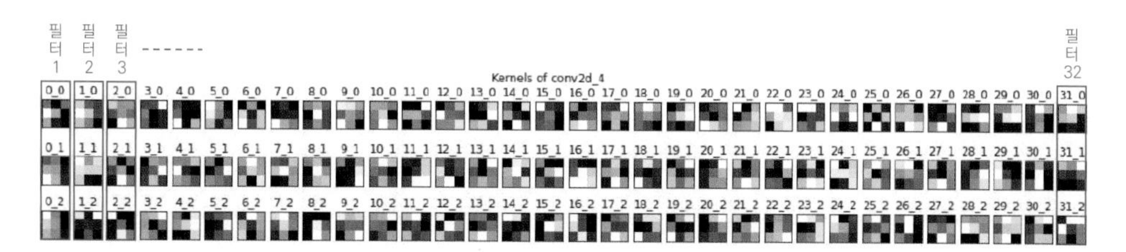

그림 8-14 CIFAR-10 데이터셋으로 학습한 컨볼루션 신경망의 최적 필터

특징 학습을 다른 관점에서 바라보면 통째 학습end-to-end learning이다. 고전적 컴퓨터 비전에서는 특징을 사람이 설계한 방법으로 추출했다. 4장의 LBP와 5장의 SIFT, 9장에서 다룰 HOG 등은 수작업 특징 중에 유명한 것들이다. [그림 8-15(a)]는 이러한 고전 패러다임을 설명한다. 수작업 특징으로 분류 모델을 학습한 다음 특징 추출 프로그램과 분류기 프로그램을 결합하여 인식기를 완성하는 패러다임이다. [그림 8-15(b)]의 딥러닝 패러다임에서는 [그림 8-13]이 설명하는 바와 같이 통합된 신경망에서 특징 학습과 분류기 학습을 통째로 진행한다.

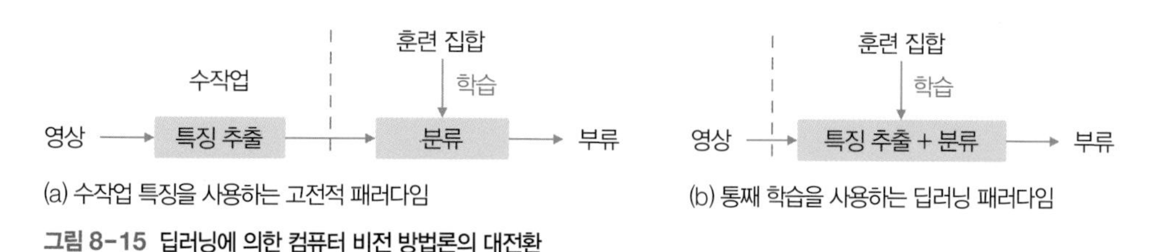

그림 8-15 딥러닝에 의한 컴퓨터 비전 방법론의 대전환

컨볼루션 신경망이 우수한 이유

컨볼루션 신경망은 다음과 같은 이유로 높은 성능을 보장한다.

① 데이터의 원래 구조를 유지한다. 다층 퍼셉트론은 영상을 모델에 맞춰 1차원 구조로 변환하여 입력하는 반면에 컨볼루션 신경망은 3차원 구조를 그대로 입력한다. 다층 퍼셉트론은 신발에 발을 맞추는 꼴인데 컨볼루션 신경망은 발에 신발을 맞춘다.

② 특징 학습을 통해 최적의 특징을 추출한다. 통째 학습이 가능해져 사람의 개입을 최소화하고 특징과 분류를 동시에 최적화한다.

③ 신경망의 깊이를 깊게 할 수 있다. 8.2.1항에서 설명한 바와 같이 컨볼루션층은 가중치 공유와 부분 연결성이라는 특성으로 인해 가중치가 적다. 따라서 층을 깊게 해도 무리 없이 학습이 이루어진다. 층을 깊게 하면 더욱 세밀한 계층 구조의 특징을 추출하기 때문에 인식 성능이 높아진다.

8.4 컨볼루션 신경망 구현

텐서플로로 컨볼루션 신경망을 구현하는 일은 생각보다 쉽다. 7장의 다층 퍼셉트론에 비해 확연하게 성능 향상이 될 것이라는 기대감을 가지고 즐거운 마음으로 실습을 시작하자. 1998년에 컨볼루션 신경망 역사에 한 획을 그은 [그림 8-11]의 LeNet-5를 재현하는 일부터 시작한다.

8.4.1 LeNet-5의 재현

[프로그램 8-1]은 [그림 8-11]의 LetNet-5를 최대한 같게 재현한다. 이 프로그램도 [그림 7-4]의 기계학습 과정을 따르기 때문에 7장의 프로그램과 구조가 비슷하다. 비슷한 구조를 명시적으로 나타내기 위해 [프로그램 7-2]처럼 [프로그램 8-1]에도 네 단계를 표시했다. 또한 [프로그램 7-2]와 달라진 부분을 음영으로 표시하여 신경망 프로그래밍에 빨리 익숙해지도록 했다.

06행은 컨볼루션층과 풀링층, Flatten 연산에 사용할 클래스를 불러온다. 07행은 SGD보다 뛰어난 Adam 옵티마이저를 불러온다. Adam의 원리에 대해서는 8.6.2항에서 설명한다.

09~15행은 MNIST 데이터셋을 읽고, 신경망에 입력할 형태로 변환한다. [프로그램 7-2]와 흡사한데, 1차원 구조로 펼칠 필요가 없어 약간 다르다. 09행에서 읽은 x_train을 x_train.shape으로 확인해보면, (60000,28,28)로서 입력 특징 맵이 28×28의 2차원 구조다. 10~11행은 28×28의 2차원 구조를 28×28×1의 3차원 구조로 변환한다. 28×28 맵 한 장뿐이지만 일반성을 유지하기 위해 맵의 장 수까지 포함하여 (28,28,1)로 만든다.

17~25행은 [그림 8-11(b)]의 LeNet-5 신경망 구조를 만든다. 17행은 Sequential 함수로 cnn 객체를 생성한다. 18행은 add 함수와 Conv2D를 이용하여 cnn 객체에 컨볼루션층을 추가한다. 첫 번째와 두 번째 인수인 6,(5,5)는 5×5 필터를 6개 사용하라고 지시하고, 세 번째 인수인 padding='same'은 0 패딩을 적용하라고 지시하며, 네 번째 인수는 ReLU 활성 함수를 사용하라고 지시한다. 마지막 인수인 input_shape=(28,28,1)은 신경망에 최초로 입력

되는 텐서 모양을 지정한다. 이는 10~11행에서 변환해 둔 텐서와 일치한다.

프로그램 8-1 LeNet-5로 MNIST 인식하기

```
01  import numpy as np
02  import tensorflow as tf
03  import tensorflow.keras.datasets as ds
04
05  from tensorflow.keras.models import Sequential
06  from tensorflow.keras.layers import Conv2D,MaxPooling2D,Flatten,Dropout,Dense
07  from tensorflow.keras.optimizers import Adam
08
09  (x_train,y_train),(x_test,y_test)=ds.mnist.load_data()
10  x_train=x_train.reshape(60000,28,28,1)
11  x_test=x_test.reshape(10000,28,28,1)
12  x_train=x_train.astype(np.float32)/255.0                       데이터 준비
13  x_test=x_test.astype(np.float32)/255.0
14  y_train=tf.keras.utils.to_categorical(y_train,10)
15  y_test=tf.keras.utils.to_categorical(y_test,10)
16
17  cnn=Sequential()
18  cnn.add(Conv2D(6,(5,5),padding='same',activation='relu',input_
    shape=(28,28,1)))
19  cnn.add(MaxPooling2D(pool_size=(2,2),strides=2))
20  cnn.add(Conv2D(16,(5,5),padding='valid',activation='relu'))    모델 선택
21  cnn.add(MaxPooling2D(pool_size=(2,2),strides=2))               (신경망 구조
22  cnn.add(Conv2D(120,(5,5),padding='valid',activation='relu'))   설계)
23  cnn.add(Flatten())
24  cnn.add(Dense(units=84,activation='relu'))
25  cnn.add(Dense(units=10,activation='softmax'))
26
27  cnn.compile(loss='categorical_crossentropy',optimizer=Adam
    (learning_rate=0.001),metrics=['accuracy'])                    학습
28  cnn.fit(x_train,y_train,batch_size=128,epochs=30,validation_
    data=(x_test,y_test),verbose=2) ①
29
30  res=cnn.evaluate(x_test,y_test,verbose=0)
31  print('정확률=',res[1]*100) ②                                   예측(성능 측정)
```

```
Epoch 1/30 ①
469/469 - 3s - loss: 0.2555 - accuracy: 0.9212 - val_loss: 0.0794 - val_accuracy:
0.9742 - 3s/epoch - 6ms/step
Epoch 2/30
469/469 - 2s - loss: 0.0671 - accuracy: 0.9786 - val_loss: 0.0536 - val_accuracy:
0.9826 - 2s/epoch - 4ms/step
…
Epoch 29/30
469/469 - 2s - loss: 0.0037 - accuracy: 0.9988 - val_loss: 0.0506 - val_accuracy:
0.9902 - 2s/epoch - 5ms/step
Epoch 30/30
469/469 - 2s - loss: 0.0059 - accuracy: 0.9981 - val_loss: 0.0430 - val_accuracy:
0.9910 - 2s/epoch - 5ms/step
정확률= 99.09999966621399 ②
```

19행은 풀링층을 추가한다. MaxPooling2D는 최대 풀링을 적용하는데 (2,2) 필터를 사용하며 보폭은 2다. 20행은 두 번째 컨볼루션층을 추가하는데, 인수 16,(5,5)는 5×5 필터를 16개 사용하라는 지시고 padding='valid'는 덧대기를 적용하지 말라는 지시다. 텐서플로가 앞층에서 흘러오는 텐서 모양을 알고 있으므로 두 번째 컨볼루션층부터는 input_shape 인수를 생략해도 된다. 21행은 최대 풀링을 추가하고 22행은 세 번째 컨볼루션층을 추가한다.

23행은 Flatten 연산을 통해 텐서를 1차원 구조로 변환하여 완전연결층에 입력한다. 24행과 25행은 완전연결층을 추가한다. 25행은 출력층에 해당하는데 출력 노드는 10개, 활성 함수로 softmax를 사용한다.

27행은 Adam 옵티마이저와 교차 엔트로피 손실 함수를 사용하고 학습 과정에서 정확률('accuracy')를 사용하여 성능을 조사하라고 지시한다. 28행은 x_train과 y_train을 훈련 집합으로 사용하여 실제 학습을 진행한다. 미니 배치 크기를 128로 하고 최대 30세대를 반복한다. 매 세대마다 validation 인수에 설정한 x_test와 y_test를 가지고 성능 평가를 하여 화면에 표시한다.

30행의 evaluate 함수는 x_test와 y_test를 테스트 집합으로 성능을 측정하여 res에 저장한다. 31행은 res[1]에 들어있는 정확률에 100을 곱해 퍼센트로 환산하여 출력한다.

실행 결과를 보면, 테스트 집합에 대한 정확률이 99.1%로 [프로그램 7-5]의 깊은 다층 퍼셉트론의 98.42%보다 0.68% 향상되었다. 수렴 특성을 살펴보면, 2세대만에 98.26%에 도달하여 깊은 다층 퍼셉트론의 최종 성능에 육박한다.

8.4.2 자연 영상 인식

[프로그램 7-6]의 깊은 다층 퍼셉트론은 CIFAR-10 자연 영상에 대해 55.16%의 낮은 정확률을 얻었다. 이제 컨볼루션 신경망으로 CIFAR-10 인식에 도전해보자. CIFAR-10에 대해서는 [그림 7-8(b)]와 [그림 7-23]을 참조한다.

[프로그램 8-2]는 컨볼루션 신경망으로 CIFAR-10을 인식한다.

TIP 데이터셋을 읽어오는 데 오류가 발생하면 다음 두 줄을 프로그램 맨 앞에 추가한다.

```
import ssl
ssl._create_default_https_context = ssl._create_unverified_context
```

09행은 CIFAR-10을 읽어온다. CIFAR-10 데이터셋은 이미 32×32×3 텐서로 표현되어 있어 reshape으로 텐서 모양을 변환할 필요가 없다. 텐서 모양을 확인하고 싶으면 09행 바로 뒤에서 print(x_train.shape)를 실행하면 되는데 (50000,32,32,3)이 출력된다.

15~27행은 컨볼루션 신경망을 설계한다. 15행은 cnn 객체를 생성하고 16~17행은 컨볼루션층을 연달아 2개 쌓는다. 18행은 풀링층을, 19행은 드롭아웃 층을 추가한다. 드롭아웃은 규제 기법으로 널리 쓰이는 연산인데 8.6.3항에서 소개한다. 여기까지 C-C-P-D 구조를 구축했다. 20~23행은 또 한 번 C-C-P-D 구조를 추가한다. 24행은 Flatten으로 특징 맵을 펼치고, 25~27행은 완전연결, 드롭아웃, 완전연결층을 추가한다. 결국 C-C-P-D-C-C-P-D-FC-D-FC 구조의 컨볼루션 신경망 구조가 완성되었다.

프로그램 8-2 컨볼루션 신경망으로 자연 영상 인식하기

```
01  import numpy as np
02  import tensorflow as tf
03  import tensorflow.keras.datasets as ds
04
05  from tensorflow.keras.models import Sequential
06  from tensorflow.keras.layers import Conv2D,MaxPooling2D,Flatten,Dense,Dropout
07  from tensorflow.keras.optimizers import Adam
08
09  (x_train,y_train),(x_test,y_test)=ds.cifar10.load_data()
10  x_train=x_train.astype(np.float32)/255.0
11  x_test=x_test.astype(np.float32)/255.0
12  y_train=tf.keras.utils.to_categorical(y_train,10)
```

```
13  y_test=tf.keras.utils.to_categorical(y_test,10)
14
15  cnn=Sequential()
16  cnn.add(Conv2D(32,(3,3),activation='relu',input_shape=(32,32,3)))
17  cnn.add(Conv2D(32,(3,3),activation='relu'))
18  cnn.add(MaxPooling2D(pool_size=(2,2)))
19  cnn.add(Dropout(0.25))
20  cnn.add(Conv2D(64,(3,3),activation='relu'))
21  cnn.add(Conv2D(64,(3,3),activation='relu'))
22  cnn.add(MaxPooling2D(pool_size=(2,2)))
23  cnn.add(Dropout(0.25))
24  cnn.add(Flatten())
25  cnn.add(Dense(units=512,activation='relu'))
26  cnn.add(Dropout(0.5))
27  cnn.add(Dense(units=10,activation='softmax'))
28
29  cnn.compile(loss='categorical_crossentropy',optimizer=Adam(learning_
    rate=0.001),metrics=['accuracy'])
30  hist=cnn.fit(x_train,y_train,batch_size=128,epochs=100,validation_data=(x_
    test,y_test),verbose=2) ①
31
32  res=cnn.evaluate(x_test,y_test,verbose=0)
33  print('정확률=',res[1]*100) ②
34
35  import matplotlib.pyplot as plt
36
37  plt.plot(hist.history['accuracy']) ③
38  plt.plot(hist.history['val_accuracy'])
39  plt.title('Accuracy graph')
40  plt.ylabel('Accuracy')
41  plt.xlabel('Epoch')
42  plt.legend(['Train','Validation'])
43  plt.grid()
44  plt.show()
45
46  plt.plot(hist.history['loss']) ④
47  plt.plot(hist.history['val_loss'])
48  plt.title('Loss graph')
49  plt.ylabel('Loss')
50  plt.xlabel('Epoch')
51  plt.legend(['Train','Validation'])
52  plt.grid()
53  plt.show()
```

```
Epoch 1/100 ①
391/391 - 3s - loss: 1.6325 - accuracy: 0.3974 - val_loss: 1.2854 - val_accuracy:
0.5411 - 3s/epoch - 9ms/step
Epoch 2/100
391/391 - 3s - loss: 1.2396 - accuracy: 0.5573 - val_loss: 1.0960 - val_accuracy:
0.6054 - 3s/epoch - 7ms/step
...
Epoch 100/100
391/391 - 3s - loss: 0.2350 - accuracy: 0.9168 - val_loss: 0.6647 - val_accuracy:
0.8140 - 3s/epoch - 7ms/step
정확률= 81.40000104904175 ②
```

③ ④

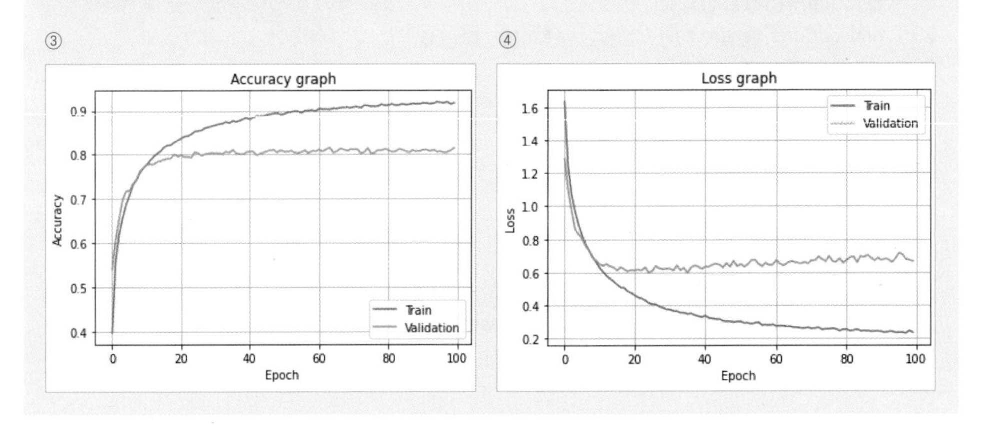

29~30행은 신경망을 학습하고 32~33행은 성능을 측정한다. 35~53행은 [프로그램 7-6]의 코드와 같은데 정확률과 손실 함수 추세를 그래프로 그린다.

프로그램 실행 결과를 살펴보자. 81.40%의 정확률을 얻어 깊은 다층 퍼셉트론을 이용한 [프로그램 7-6]의 55.16%에 비해 무려 26.24% 향상되었다. [프로그램 7-6]의 그래프에서 심한 과잉 적합이 나타났는데 컨볼루션 신경망에서는 과잉 적합이 상당히 누그러졌다.

8.4.3 텐서플로 프로그래밍

지금까지 텐서플로로 프로그래밍 실습을 여러 번 수행했다. 상당히 익숙해졌을 텐데, 이번 절에서는 텐서플로 프로그래밍 요령을 좀 더 체계적으로 설명한다. 텐서플로로 딥러닝 모델을 구축하려면 모델을 생성할 때 쓰는 models, 층을 쌓는 데 쓰는 layers, 손실 함수를 지정하는 데 쓰는 losses, 옵티마이저를 지정하는 데 쓰는 optimizers의 네 모듈을 이해해야 한다. [그림 8-16]은 케라스 공식 사이트가 제공하는 API 목록이다. 이곳에 자주 들락거리길 권유하는 목적으로 이 그림을 제시한다.

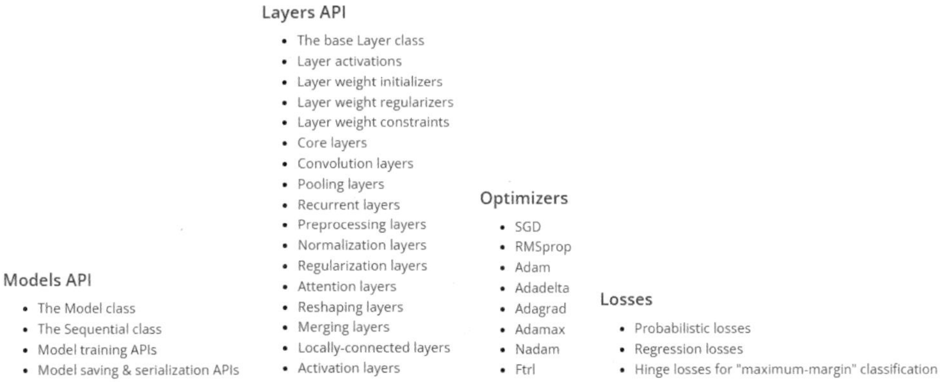

Layers API

- The base Layer class
- Layer activations
- Layer weight initializers
- Layer weight regularizers
- Layer weight constraints
- Core layers
- Convolution layers
- Pooling layers
- Recurrent layers
- Preprocessing layers
- Normalization layers
- Regularization layers
- Attention layers
- Reshaping layers
- Merging layers
- Locally-connected layers
- Activation layers

Optimizers

- SGD
- RMSprop
- Adam
- Adadelta
- Adagrad
- Adamax
- Nadam
- Ftrl

Models API

- The Model class
- The Sequential class
- Model training APIs
- Model saving & serialization APIs

Losses

- Probabilistic losses
- Regression losses
- Hinge losses for "maximum-margin" classification

그림 8-16 케라스에서 제공하는 models, layers, optimizers, losses 모듈의 API(https://keras.io/api)

models 모듈: Sequential과 Functional API

이 모듈은 모델을 생성할 때 쓴다. 한 갈래 텐서가 끝까지 흐르는 Sequential과 중간에 여러 갈래로 나뉠 수 있는 Function API의 두 종류 모델을 제공한다. 지금까지 Sequential 모델만 사용했고, 보통 Sequential이면 충분하다. 다음 코드는 Sequential 클래스로 C-C-FC 구조의 신경망을 만든다.

```
model=Sequential()
model.add(Conv2D(32,3,3), input_shape(32,32,3))
model.add(Conv2D(64,3,3))
model.add(Flatten())
model.add(Dense(10,activation='softmax')
```

이 신경망에서는 층을 흐르는 텐서 중간에 접근하기가 쉽지 않다. 사실 그럴 필요가 없는 경우가 대다수다. 하지만 특수한 경우에는 텐서에 접근하여 값을 읽거나 두 갈래로 나누어 서로 다른 처리를 할 필요가 있다. 이때 사용하는 모델이 Functional API다. 다음 코드는 앞의 코드를 Function API 방식으로 작성한 것이다. 입력 영상 input이 x1, x2, x3을 거쳐 output에 저장된다. 마지막 명령어는 입력으로 input과 출력으로 output을 사용하여 모델을 구성한다. 이 코드에서는 중간 텐서가 변수로 노출되므로 쉽게 접근하여 원하는 일을 수행할 수 있다.

```
input=Input(shape=(32,32,3))
x1=Conv2D(32,3,3)(input)
x2=Conv2D(64,3,3)(x1)
x3=Flatten()(x2)
output=Dense(10,activation='softmax')(x3)
model=Model(input,output)
```

layers 모듈: Dense, Conv2D, MaxPooling2D, Flatten, Dropout 등

layers 모듈은 신경망을 구성하는 다양한 종류의 층을 제공한다. 지금까지 사용했고 앞으로 자주 사용할 층으로는 완전연결층을 위한 Dense, 컨볼루션층을 위한 Conv2D, 최대 풀링을 위한 MaxPooling2D, 특징 맵을 1차원 구조로 펼치는 Flatten, 드롭아웃 규제 기법을 적용하는 Dropout 층 등이 있다. 이 외에도 [그림 8-16]이 보여주는 바와 같이 아주 많은 종류의 층이 있다.

[그림 8-6(a)]를 보면 필터가 3차원 구조다. 그런데 이름이 Conv2D인 이유는 컨볼루션 연산에서 필터가 깊이 방향으로는 이동하지 않고 수평과 수직 방향으로만 이동하기 때문이다. Conv3D 층도 있는데, Conv3D를 쌓으면 필터가 세 방향으로 이동한다. 이때는 필터의 깊이가 입력 텐서의 깊이보다 작아야 한다.

losses 모듈: MSE, categorical_crossentropy 등

식 (7.23)에서 정의하는 평균제곱오차MSE; Mean Squared Error는 가장 오래된 손실 함수다. 정보 이론에 기반한 교차 엔트로피cross entropy는 뒤늦게 개발되었는데, 평균제곱오차보다 성능이 뛰어나 이제 더 많이 쓰인다. 교차 엔트로피는 8.6.1항에서 설명한다. [그림 8-16]이 보여주는 Losses에 있는 메뉴를 누르면 많은 종류의 손실 함수를 확인할 수 있다.

optimizers 모듈: SGD, Adam, AdaGrad, RMSprop 등

optimizers 모듈은 8종류의 옵티마이저를 제공한다. SGD는 가장 기본적인 옵티마이저로 7.6.2항에서 소개했다. 다른 옵티마이저는 SGD의 변종인데, 모멘텀과 적응적 학습률을 여러 가지 형태로 적용해 성능 향상을 꾀한다. Adam이 가장 좋은 성능을 보인다는 보고가 여럿 있다. 하지만 모든 데이터에 대해 지배적인 옵티마이저가 없기 때문에, 먼저 Adam을 시도하여 기준 성능을 세운 다음 다른 옵티마이저와 비교하여 최적을 찾아내는 접근 방식을 권한다. 옵티마이저의 원리는 8.6.2항에서 설명한다.

8.5 [비전 에이전트 6] 우편번호 인식기 v.2

깊은 다층 퍼셉트론으로 만든 [프로그램 7-7]의 비전 에이전트 5로 만든 우편번호 인식기 v.1은 성능이 꽤 실망스러웠다. 컨볼루션 신경망으로 필기 숫자에 대한 정확률을 개선하여 버전 업그레이드를 시도해보자.

좋은 하이퍼 매개변수 설정으로 정확률 개선

[프로그램 8-3]의 목적은 비전 에이전트 5를 업그레이드하기 위해 높은 정확률의 필기 숫자 인식기를 확보하는 것이다. [프로그램 8-2]의 신경망 구조와 학습에 관련된 하이퍼 매개변수를 그대로 사용했다. LeNet-5보다 층이 더 깊고 Dropout 층이 추가되었다. 34행은 학습한 모델을 'cnn_v2.h5' 파일에 저장하여 비전 에이전트 5를 업그레이드하는 데 쓸 수 있게 준비한다.

프로그램 8-3 필기 숫자 인식기 성능 향상하기

```
   01~15행은 [프로그램 8-1]과 같음

17 cnn=Sequential()
18 cnn.add(Conv2D(32,(3,3),activation='relu',input_shape=(28,28,1)))
19 cnn.add(Conv2D(32,(3,3),activation='relu'))
20 cnn.add(MaxPooling2D(pool_size=(2,2)))
21 cnn.add(Dropout(0.25))
22 cnn.add(Conv2D(64,(3,3),activation='relu'))
23 cnn.add(Conv2D(64,(3,3),activation='relu'))
24 cnn.add(MaxPooling2D(pool_size=(2,2)))
25 cnn.add(Dropout(0.25))
26 cnn.add(Flatten())
27 cnn.add(Dense(units=512,activation='relu'))
28 cnn.add(Dropout(0.5))
29 cnn.add(Dense(units=10,activation='softmax'))
30
31 cnn.compile(loss='categorical_crossentropy',optimizer=Adam(learning_
   rate=0.001),metrics=['accuracy'])
32 hist=cnn.fit(x_train,y_train,batch_size=128,epochs=100,validation_data=(x_
   test,y_test),verbose=2)
```

```
33
34  cnn.save('cnn_v2.h5')
35
36  res=cnn.evaluate(x_test,y_test,verbose=0)
37  print('정확률=',res[1]*100) ①
```

```
...
Epoch 100/100
469/469 - 3s - loss: 0.0341 - accuracy: 0.9904 - val_loss: 0.0191 - val_accuracy:
0.9958 - 3s/epoch - 7ms/step
정확률= 99.58000183105469 ①
```

실행 결과를 보면 99.58%의 정확률을 달성했다. [프로그램 8-1]의 LeNet-5의 99.1%보다 0.48% 향상되었다.

비전 에이전트 버전업

[프로그램 7-7]의 우편번호 인식기 v.1을 컨볼루션 신경망 버전으로 업그레이드하려면 07행과 37행만 [프로그램 8-4]처럼 수정하면 된다. 07행은 [프로그램 8-3]의 34행이 저장해둔 모델 파일인 'cnn_v2.h5'를 읽어온다. 37행은 샘플의 텐서를 컨볼루션 신경망의 입력층에 맞추는 일을 한다.

프로그램 8-4 우편번호 인식기 v.2(CNN 버전)

```
    [프로그램 7-7]과 같음 (단 아래와 같이 7행에서 'dmlp_trained.h5'를 'cnn_v2.h5'로 바꾸고,
    37행에서 (5,784)을 (5,28,28,1)로 바꿈)

07  model=tf.keras.models.load_model('cnn_v2.h5')

37  numerals=numerals.reshape(5,28,28,1)
```

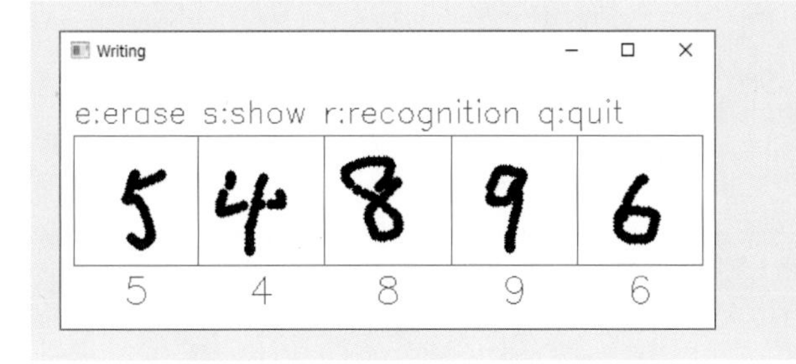

프로그램을 실행해보면, 버전 2가 버전 1보다 월등히 잘 인식하는 것을 확인할 수 있다. 비전 에이전트가 사용하는 인식기는 미국인이 종이에 쓴 필기체 숫자 데이터셋 MNIST로 학습하였는데, 한국인이 전자펜으로 화면에 쓴 필기 숫자 데이터셋을 수집하여 다시 학습하면 정확률을 더 높일 수 있다. 이 사례에서 볼 수 있는 것처럼 학습에 사용한 데이터와 실제 현장에서 발생한 데이터의 분포가 다른 상황을 데이터셋 시프트dataset shift라 부른다. 데이터셋 시프트가 발생하면 성능 저하가 나타난다.

데이터셋 시프트 문제 해결을 포함하여 여러 방법으로 성능을 높인 다음, 이 시스템을 우체국에 설치하면 근사한 우편번호 인식기가 되어 우체국의 업무 효율을 크게 높일 것이다.

8.6 딥러닝의 학습 알고리즘 향상

8.1절에서 딥러닝의 성공 요인으로 커진 데이터셋, 빨라진 학습 시간, 학습 알고리즘의 향상을 꼽았다. 이 중에서 학습 알고리즘의 향상에 대해 구체적으로 알아보자. 다양한 측면에서 많은 학습 기법이 제시되었는데, 여기서는 손실 함수, 옵티마이저, 규제로 구분하고 자주 사용되는 기법을 설명한다. 손실 함수로 categorical_crossentropy, 옵티마이저로 Adam, 규제로 Dropout은 앞의 프로그래밍에서 이미 사용했다. 이제 이들의 원리를 알아보자.

8.6.1 손실 함수

초기 신경망에서는 분류 문제를 풀기 위해 주로 식 (7.23)의 평균제곱오차, 즉 MSE를 사용했다. 딥러닝에서는 이후에 개발된 교차 엔트로피를 주로 사용한다. 물체 검출이나 분할, 추적과 같은 문제는 성능을 평가하는 척도가 달라 고유한 손실 함수를 사용하는데, 이들에 대해서는 9장에서 소개한다.

교차 엔트로피

교차 엔트로피cross entropy는 두 확률 분포가 얼마나 다른지 측정한다. 신경망의 경우 신경망이 예측한 벡터 $\mathbf{o}=(o_1, o_2, \cdots, o_c)$와 참값 벡터 $\mathbf{y}=(y_1, y_2, \cdots, y_c)$를 확률 분포로 간주하고 둘의 다른 정도를 측정한다. 식 (8.1)은 교차 엔트로피를 정의한다. c는 부류 개수다. 식 (8.1)은 한 샘플에 대한 교차 엔트로피인데, 손실 함수로 쓸 때는 미니 배치에 대해 평균하면 된다.

$$\text{교차 엔트로피: } e = -\sum_{i=1,c} y_i \log(o_i) \qquad (8.1)$$

[예시 8-3]은 간단한 예제 상황을 가지고 평균제곱오차와 교차 엔트로피가 작동하는 이유를 설명한다.

[예시 8-3] 평균제곱오차와 교차 엔트로피 손실 함수

[그림 8-17]은 c=5인 경우에 대해 예측 벡터 $\mathbf{o}$와 참값 벡터 $\mathbf{y}$를 예시한다. [그림 8-17(a)]는 $\mathbf{o}$가 $\mathbf{y}$에 근접해서 신경망이 맞힌 상황이고 [그림 8-17(b)]는 $\mathbf{o}$가 $\mathbf{y}$에서 벗어나 신경망이 틀린 상황이다. 미니 배치가 샘플 하나만 가진다고 가정하고 손실 함수를 계산해본다.

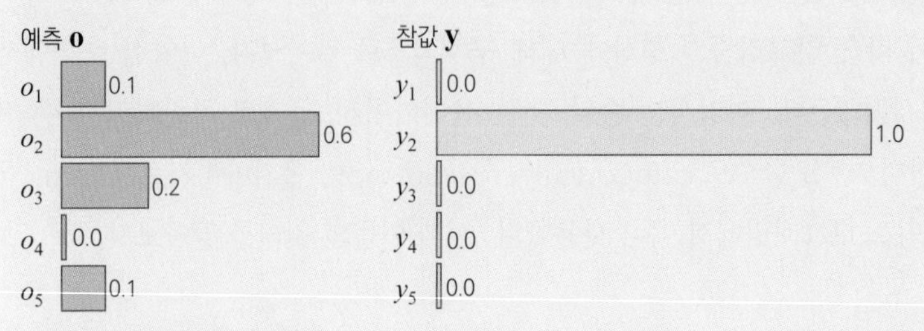

(a) 예측이 참값에 근접한 상황(①)

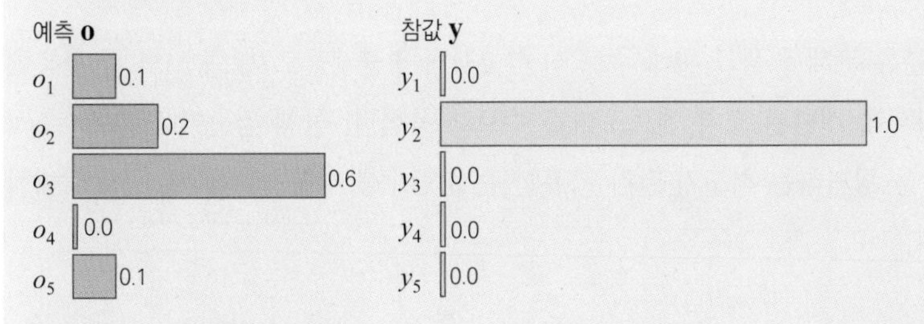

(b) 예측이 참값에서 벗어난 상황(②)

그림 8-17 손실 함수 계산

평균제곱오차

$$\begin{cases} \text{상황 ①: MSE} = (0.0-0.1)^2+(1.0-0.6)^2+(0.0-0.2)^2+(0.0-0.0)^2+(0.0-0.1)^2=0.22 \\ \text{상황 ②: MSE} = (0.0-0.1)^2+(1.0-0.2)^2+(0.0-0.6)^2+(0.0-0.0)^2+(0.0-0.1)^2=1.02 \end{cases}$$

교차 엔트로피

$$\begin{cases} \text{상황 ①: CE} = -\left(0.0\log(0.1)+1.0\log(0.6)+0.0\log(0.2)+0.0\log(0.0)+0.0\log(0.1)\right)=0.5108 \\ \text{상황 ②: CE} = -\left(0.0\log(0.1)+1.0\log(0.2)+0.0\log(0.6)+0.0\log(0.0)+0.0\log(0.1)\right)=1.609 \end{cases}$$

두 손실 함수 모두 잘 예측한 상황인 ①의 값이 더 낮은 것을 확인했다. 교차 엔트로피를 계산할 때 log(0.0)인 경우 값이 정의되지 않기 때문에 식 (8.1)을 구현할 때 $\log(o_i+\varepsilon)$을 계산해야 한다. ε은 10^{-7}과 같이 아주 작은 값이다.

시험에서 문제를 많이 틀릴수록 큰 벌점을 가하면 그만큼 공부할 동기 부여가 될 것이다. 신경망 학습에도 비슷한 원리가 적용된다. [그림 8-13]의 역전파 학습 알고리즘의 단계 ②에서 오류 계산을 하는 데 손실 함수를 사용한다. 이때 손실 함수의 값이 클수록 단계 ③에서 가중치를 갱신하는 양이 커져 학습이 원만하게 이루어진다. 평균제곱오차는 손실 함수의 값이 더 큰데 미분값이 더 작아 가중치 갱신이 더 작은 불공정한 상황이 발생하는 경우가 있다. 교차 엔트로피는 평균제곱오차의 불공정성 문제를 해결한다. 구체적인 상황을 살피려면 [오일석 2017(5.1절)]을 참조한다.

TIP http://neuralnetworksanddeeplearning.com/chap3.html에서는 평균제곱오차의 불공정한 상황을 애니메이션을 활용하여 설명한다.

Focal 손실 함수

Focal 손실 함수는 부류 불균형이 심한 경우에 주로 사용한다. 부류가 2개인 경우를 생각해 보자. 물체 분할은 물체와 배경을 구분하는 작업이기 때문에 이 경우에 해당한다. 화소는 다음 두 가지 경우 중 하나다. **o**=(물체일 확률, 배경일 확률)은 신경망이 출력한 예측 벡터고 **y**는 참값이다.

$$\text{참값이 물체인 화소: } \mathbf{o}=(p, 1-p),\ \mathbf{y}=(1, 0)$$

$$\text{참값이 배경인 화소: } \mathbf{o}=(p, 1-p),\ \mathbf{y}=(0, 1)$$

p_t를 식 (8.2)로 정의하면, 두 경우를 통틀어 교차 엔트로피를 간략하게 식 (8.3)으로 쓸 수 있다. [그림 8-18]의 파란색 곡선이 교차 엔트로피다.

$$p_t = \begin{cases} p, & \text{참값이 물체인 화소} \\ 1-p, & \text{참값이 배경인 화소} \end{cases} \qquad (8.2)$$

$$e = -\log(p_t) \qquad (8.3)$$

영역 분할은 보통 물체가 점유한 영역보다 배경 영역이 훨씬 넓기 때문에 부류 불균형이 심한 문제다. 손실 함수 계산은 모든 화소의 e를 평균하기 때문에 배경 화소만 분류를 잘 하면 물체 화소를 못하더라도 교차 엔트로피가 낮아지는 부작용이 발생한다. 이 부작용을 누그러뜨리는 한 가지 방법은 [그림 8-18]의 보라색 곡선처럼 p_t가 커지면 빠르게 0에 가깝게 만드는 것이다. 식 (8.4)의 Focal 손실 함수는 이런 조건을 만족한다. γ는 하이퍼 매개변수인데, 클수록 곡선이 0에 더욱 빠르게 가까워진다. [그림 8-18]은 γ를 0.5, 1, 2, 5로 변화시키며 곡선을 보여준다. γ=0은 교차 엔트로피와 같다. Focal 손실 함수는 물체 검출을 위한 RetinaNet을 제안한 논문에서 창안되었는데, γ=2에서 최고 성능을 얻었다고 보고하고 있다[Lin2017].

$$\text{Focal 손실:}\quad e = -(1-p_t)^{\gamma} \log(p_t) \qquad (8.4)$$

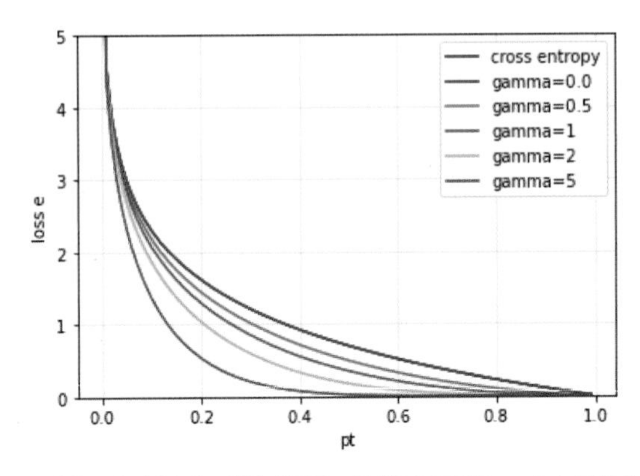

그림 8-18 부류가 2개인 경우의 교차 엔트로피와 Focal 손실 함수

8.6.2 옵티마이저

신경망 학습은 손실 함수의 최저점, 즉 오류가 최저인 점을 찾아가는 과정이다. 이 최적화 문제를 푸는 표준 알고리즘이 7.6.2항에서 설명한 스토캐스틱 경사하강법, 즉 SGD 옵티마이저다. 컴퓨터 비전이 사용하는 훈련 데이터는 잡음과 변화가 아주 심하므로 SGD는 종종 한계를 드러낸다. 딥러닝은 SGD의 한계를 모멘텀과 적응적 학습률이라는 아이디어로 극복한다.

모멘텀

물리학에서 모멘텀momentum은 이전 운동량을 현재에 반영할 때 쓴다. 모멘텀을 신경망 학습 알고리즘에 적용하면 성능 향상이 뚜렷이 나타난다. 식 (8.5)는 SGD에 모멘텀을 적용한다. 먼저 속도 **V**를 갱신하고 **V**로 가중치 **W**를 갱신한다. **V**는 운동량을 나타내는데, 처음 시작할 때는 0이다. α는 오래된 운동량의 영향력을 줄여주는 인자인데, α=0이면 기존 SGD와 같다.

$$\text{SGD:}\quad \mathbf{W} = \mathbf{W} - \rho\frac{\partial J}{\partial \mathbf{W}} \longrightarrow \text{모멘텀을 적용한 SGD:}\quad \left.\begin{array}{c} \mathbf{V} = \alpha\mathbf{V} - \rho\dfrac{\partial J}{\partial \mathbf{W}} \\ \mathbf{W} = \mathbf{W} + \mathbf{V} \end{array}\right\} \qquad (8.5)$$

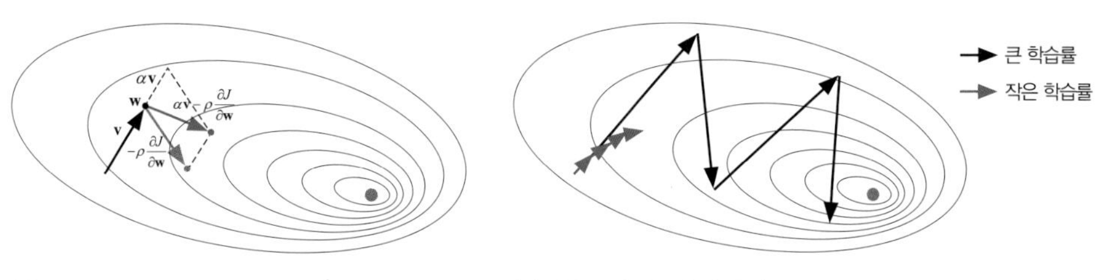

(a) 모멘텀 아이디어 (b) 학습률에 따른 수렴 특성

그림 8-19 딥러닝에서 사용하는 옵티마이저

[그림 8-19(a)]는 모멘텀에 대해 설명한다. 검은색 화살표는 이전 단계에서 누적된 속도 벡터 **V**다. 검은 점으로 표시한 **W**가 현재 점인데, SGD에서는 빨간색으로 표시한 그레이디언트 방향 $-\rho\frac{\partial J}{\partial \mathbf{W}}$를 따라 이동한 빨간색 점이 새로운 **W**다. 모멘텀을 적용한 SGD에서는 그레이디언트 방향과 속도 벡터를 더한 파란색으로 표시한 방향을 따라 이동한 파란색 점이 새로운 **W**다.

다음은 텐서플로의 SGD 클래스의 선언이다. momentum 매개변수는 식 (8.5)의 α에 해당한다. 기본값이 0.0이므로 momentum 매개변수를 생략하면 모멘텀을 적용하지 않는 고전적인 SGD를 사용하는 셈이다. [프로그램 7-2]가 이 경우인데, momentum을 0.1, 0.2, …, 0.9로 바꾸면서 성능을 측정해 모멘텀 효과를 분석하는 일은 연습문제로 남긴다.

```
tf.keras.optimizers.SGD(learning_rate=0.01, momentum=0.0, nesterov=False, name="SGD",
                        **kwargs)
```

적응적 학습률

식 (8.5)의 가중치 갱신 규칙은 고정된 학습률 ρ를 사용한다. 그레이디언트는 손실 함수가 작아지는 방향을 지시하지만, 얼만큼 이동해야 최소점에 도달하는지에 대한 정보는 없다. 따라서 0.01 또는 0.001과 같이 작은 학습률을 곱해 조금씩 보수적으로 이동한다. [그림 8-19(b)]는 학습률이 너무 클 때 최저점을 중심으로 왔다갔다하는 현상이 나타날 가능성과 너무 작을 때 학습 시간이 과다한 현상을 설명한다. 적응적 학습률adaptive learning rate에서는 세대와 그레이디언트에 따라 적응적으로 학습률을 정한다.

적응적 학습률을 적용한 옵티마이저에는 AdaGrad, RMSprop, Adam 등이 있다. 이들에 대한 구체적인 알고리즘은 [Ruder2016, 오일석2017(5.2절)]을 참조한다.

- **AdaGrad**: 이전 그레이디언트를 누적한 정보를 이용해 학습률을 적응적으로 결정한다.
- **RMSprop**: 이전 그레이디언트를 누적할 때 오래될수록 영향력을 줄여가는 정책으로 AdaGrad를 개선한다.
- **Adam**: RMSprop에 식 (8.5)의 모멘텀을 적용한다.

다음은 이 옵티마이저들의 API다(https://keras.io/api/optimizers). RMSprop의 rho는 오래된 그레이디언트의 영향력을 줄이는 매개변수다. 기본값 0.9를 사용하면 세대가 지나면서 0.9를 곱한 만큼씩 영향력이 떨어진다. Adam의 beta_1은 모멘텀에 관련된 매개변수고, beta_2는 RMSprop의 rho에 해당한다.

```
tf.keras.optimizers.Adagrad(learning_rate=0.001, initial_accumulator_value=0.1,
                            epsilon=1e-07, name="Adagrad", **kwargs)
tf.keras.optimizers.RMSprop(learning_rate=0.001, rho=0.9, momentum=0.0,
                            epsilon=1e-07, centered=False, name="RMSprop", **kwargs)
tf.keras.optimizers.Adam(learning_rate=0.001, beta_1=0.9, beta_2=0.999,
                         epsilon=1e-07, amsgrad=False, name="Adam", **kwargs)
```

8.6.3 규제

딥러닝은 층이 깊은 신경망을 사용하기 때문에 학습 알고리즘이 추정할 가중치가 아주 많다. 예를 들어 ResNet50은 컨볼루션층 48개, 최대 풀링층 1개, 평균 풀링층 1개를 가지며 가중치는 2,500만 개 가량이다. ILSVRC 대회가 제공하는 ImageNet 데이터셋은 1000부류에 속하는 120만 장의 방대한 훈련 집합으로 구성되는데, ResNet50의 2,500만 개 가중치를 추정하는 데는 부족하다고 말할 수 있다. 데이터 부족은 과잉 적합으로 나타날 수 있다. 딥러닝은 신경망 모델의 용량을 크게 유지하면서 여러 규제 기법을 적용해 과잉 적합을 방지하는 전략을 사용한다.

과잉 적합

[그림 8-20(a)]는 회귀 문제를 가지고 과소 적합과 과잉 적합 현상을 설명한다. 파란색 곡선은 샘플을 취득한 원래 곡선이고, 검은색 점은 샘플이다. 빨간색 곡선은 샘플을 훈련 집합으로 사용해 학습한 모델인데 왼쪽부터 1차원, 2차원, 3차원, 12차원 다항식 모델이다. 오른쪽

으로 갈수록 가중치 개수가 많아져 용량이 큰 모델이다. 딥러닝에 비유하면 오른쪽으로 갈수록 층이 깊어진다고 볼 수 있다. 1차원 모델은 데이터에 비해 용량이 너무 작아 모델링이 제대로 되지 못한다. 이런 현상을 과소 적합under-fitting이라 한다. 12차원 모델은 훈련 집합에 대해서는 거의 완벽하게 모델링하는데, 실제 함수와 너무 멀다. 따라서 훈련에 참여하지 않은 새로운 데이터에 대해 아주 낮은 성능을 보일 것이다. 다시 말해 일반화 능력이 아주 낮다. 이런 현상을 과잉 적합over-fitting이라 한다.

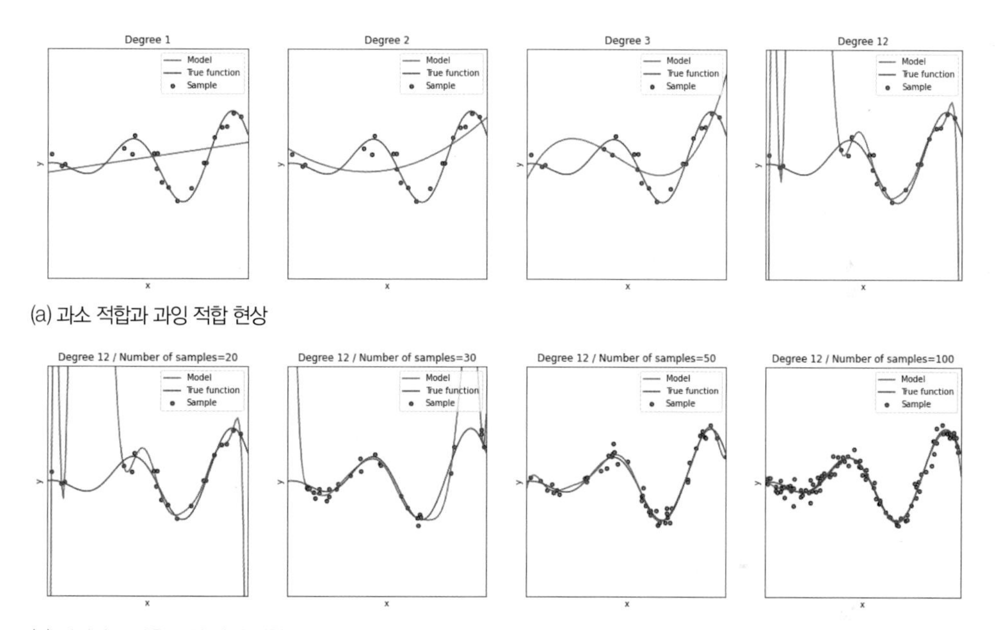

(a) 과소 적합과 과잉 적합 현상

(b) 데이터 증강을 통한 과잉 적합 방지

그림 8-20 과잉 적합 현상과 데이터 증강을 통한 방지

[그림 8-20(b)]는 데이터를 늘리면 과잉 적합 현상을 누그러뜨릴 수 있다는 사실을 보여준다. 용량이 큰 12차 다항식 모델을 그대로 사용하면서 훈련 집합 크기를 20에서 30, 50, 100으로 늘리면 과잉 적합이 점점 누그러져 100에서는 거의 사라진다.

데이터 증강

데이터를 늘리면 과잉 적합을 방지할 수 있다. 그런데 데이터 수집에는 많은 비용과 시간이 든다. 딥러닝에서는 주어진 훈련 집합을 조금씩 변형하여 인위적으로 늘리는 데이터 증강data augmentation 방법을 주로 사용한다. 영상에 약간의 이동, 회전, 크기, 명암 변환을 랜덤하게 적용하면 사실상 무한대로 증강할 수 있다. 데이터를 한꺼번에 증강하여 폴더에 저장한 다음 미니 배치 단위로 읽어 학습하는 오프라인 증강 방식과 필요할 때마다 새로운 미니 배치를 랜덤 증강으로 생성하는 온라인 증강 방식이 있는데, 주로 온라인 방식을 사용한다.

[프로그램 8-5]는 데이터 증강에 사용하는 ImageDataGenerator 함수 사용법과 실제 증강된 영상을 확인하는 프로그램이다.

프로그램 8-5 증강된 영상 확인하기

```
01  import tensorflow.keras.datasets as ds
02  from tensorflow.keras.preprocessing.image import ImageDataGenerator
03  import matplotlib.pyplot as plt
04
05  (x_train,y_train),(x_test,y_test)=ds.cifar10.load_data()
06  x_train=x_train.astype('float32'); x_train/=255
07  x_train=x_train[0:15,]; y_train=y_train[0:15,]   # 앞 15개에 대해서만 증대 적용
08  class_names=['airplane','automobile','bird','cat','deer','dog','flog','horse',
    'ship','truck']
09
10  plt.figure(figsize=(20,2))
11  plt.suptitle("First 15 images in the train set")
12  for i in range(15):
13     plt.subplot(1,15,i+1)
14     plt.imshow(x_train[i])
15     plt.xticks([]); plt.yticks([])
16     plt.title(class_names[int(y_train[i])])
17  plt.show()
18
19  batch_siz=4                                        # 한 번에 생성하는 양(미니 배치)
20  generator=ImageDataGenerator(rotation_range=20.0,width_shift_range=0.2,
    height_shift_range=0.2,horizontal_flip=True)
21  gen=generator.flow(x_train,y_train,batch_size=batch_siz)
22
23  for a in range(3):
24     img,label=gen.next()                            # 미니 배치만큼 생성
25     plt.figure(figsize=(8,2.4))
26     plt.suptitle("Generatior trial "+str(a+1))
27     for i in range(batch_siz):
28        plt.subplot(1,batch_siz,i+1)
29        plt.imshow(img[i])
30        plt.xticks([]); plt.yticks([])
31        plt.title(class_names[int(label[i])])
32     plt.show()
```

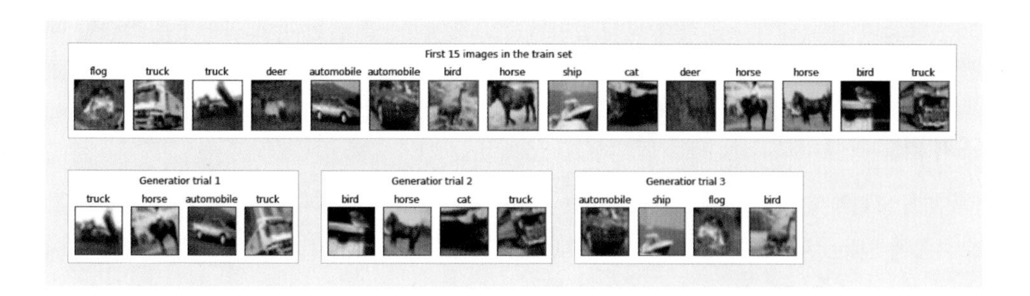

02행은 데이터 증강을 지원하는 ImageDataGenerator 클래스를 불러온다.

05행은 CIFAR-10을 읽고, 06행은 실수형으로 변환하고 범위를 [0,1]로 변환한다. 07행은 x_train의 50,000개 영상 중 앞의 15개만 취한다. 증강할 때 랜덤하게 샘플을 취하기 때문에 전체를 대상으로 하면 어떤 영상이 증강되었는지 확인하기 어려워 15개로 제한한다. 10~17행은 15개 영상을 디스플레이한다.

19행은 증강을 통해 한 번에 생성해낼 미니 배치 크기를 4로 지정한다. 단지 확인할 목적이라 작게 설정했다. 20행은 ImageDataGenerator로 generator 객체를 생성한다. 이때 변환 방식과 범위를 지정하는데, 회전은 -20~20도, 가로 방향 이동은 20% 이내, 세로 방향 이동은 20% 이내, 좌우 반전 시도로 설정했다. 21행은 x_train에서 증강하라고 지시하고 미니 배치 크기를 설정한다. 그리고 gen 객체를 생성한다.

23~32행은 세 번에 걸쳐 데이터를 생성한다. 24행의 gen.next 함수는 호출할 때마다 데이터를 증강해 생성하는 역할을 한다. 이렇게 생성한 영상과 참값을 img와 label에 저장한다. 25~32행은 증강된 영상 네 장을 디스플레이한다.

실행 결과를 보면, 세 번에 걸쳐 증강된 영상을 확인할 수 있다. ImageDataGenerator는 랜덤하게 샘플을 뽑고 주어진 범위 안에서 변환을 적용하기 때문에 실행할 때마다 다른 결과를 얻는다. 여러 번 실행하면서 영상이 어떻게 증강되는지 관찰하기 바란다.

드롭아웃

드롭아웃은 특징 맵을 구성하는 요소 중 일부를 랜덤 선택하여 0으로 설정하는 단순한 아이디어인데, 과잉 적합을 방지하는 데 매우 효과적이다[Srivastava2014]. 드롭아웃 비율 r은 0으로 만들 요소의 비율이다. 예를 들어 r=0.3으로 설정하면 30% 가량이 0이 된다. 특징 맵의 모든 요소의 합을 대략 유지하기 위해 살아남은 요소에 $\frac{1}{1-r}$을 곱한다. 드롭아웃은 학습할 때만 적용하고 예측할 때는 적용하지 않는다.

조기 멈춤

[그림 8-21]에서 CIFAR-10을 인식하는 [프로그램 8-2]의 성능 그래프를 다시 제시한다. 오른쪽에 있는 손실 함수 곡선을 보면, 훈련 집합은 계속 떨어지지만 검증 집합은 40세대 이후부터 조금씩 증가한다. 과잉 적합이 나타난다고 해석할 수 있다. 이런 상황에 조기 멈춤early stopping을 적용하면 효과적이다.

다음은 조기 멈춤에 사용하는 EarlyStopping 클래스의 선언이다. monitor 매개변수는 어떤 측정치를 기준으로 삼을 것인지 지정한다. 기본값은 'val_loss'인데, 검증 집합의 손실 함수([그림 8-21]의 오른쪽 그래프의 주황색 곡선)를 사용하라는 뜻이다. min_delta는 그것보다 작은 개선은 개선으로 여기지 말라는 뜻이다. patience는 그 값에 해당하는 세대 동안 개선이 없으면 지정한 세대에 도달하지 않았더라도 조기에 학습을 멈추라는 지시다. restore_best_weights가 False면 멈추는 순간의 가중치를 취하고, True면 가장 좋았던 세대의 가중치를 취한다.

```
tf.keras.callbacks.EarlyStopping(monitor="val_loss", min_delta=0, patience=0,
                                 verbose=0, mode="auto", baseline=None, restore_
                                 best_weights=False)
```

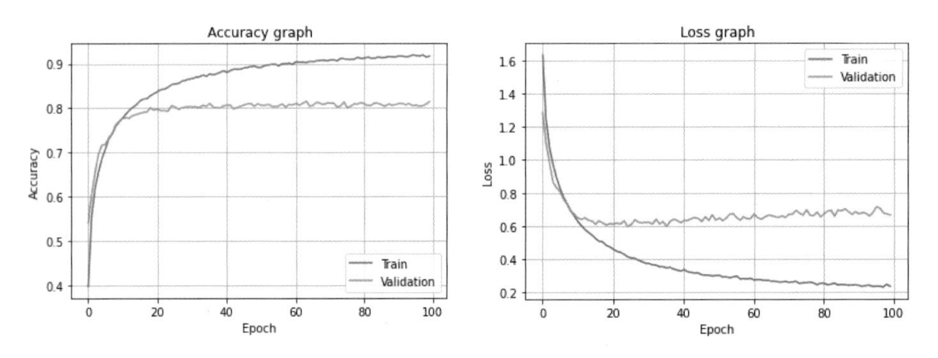

그림 8-21 [프로그램 8-2]의 성능 그래프(왼쪽은 정확률, 오른쪽은 손실 함수)

8.7 전이 학습

텐서플로로 많은 프로그래밍 실습을 했는데, 28×28 크기의 MNIST와 32×32 크기의 CIFAR-10이라는 장난감 데이터셋을 사용하는 한계를 벗어나지 못했다. 그 이유는 메모리와 계산 시간에서 찾을 수 있다. 예를 들어 ImageNet 영상은 보통 224×224로 축소하여 신경망에 입력하는데, 훈련 집합이 120만 장이므로 전체 메모리 용량은 224×224×3×120만으로 180 GB에 달한다. 보통 PC의 메인 메모리 용량이 8~16 GB이니 전체 데이터를 메인 메모리에 저장한 채 학습하는 일은 불가능하다. 따라서 폴더에 저장해두고 필요한 만큼씩 메인 메모리에 적재해 사용하는 방식으로 학습한다. 이런 방식으로 메모리 문제를 해결하더라도 학습 시간이 너무 긴 문제가 있다. 5만 장의 32×32 컬러 영상을 가진 CIFAR-10(0.15 GB)을 100세대까지 학습하는 데 PC에서 대략 120분이 걸린다. 바이트 기준으로 ImageNet 크기가 CIFAR-10의 1200배 가량이니, 거칠게 추산하면 ImageNet을 학습하는 데 100일이 걸릴 것이다. GPU를 사용해 100배 빨라진다 해도 하루가 걸린다. 게다가 좋은 하이퍼 매개변수를 찾으려면 학습을 수십 번 시도해야 하는 부담이 있다.

이런 문제를 해결하는 좋은 방안 중 하나는 전이 학습transfer learning이다. 전이 학습은 어떤 도메인의 데이터로 학습한 모델을 다른 도메인에 적용해 성능을 높이는 방법이다. 예를 들어 ImageNet 데이터셋으로 학습한 모델로 개의 품종을 인식하는 데 전이 학습을 하면 높은 성능을 쉽게 확보할 수 있다.

8.7.1 백본 모델

대용량 데이터로 미리 학습되어 있어 전이 학습에 활용할 수 있는 모델을 사전 학습 모델pre-trained model이라 한다. 사전 학습 모델을 특정 응용에 전이 학습하면 백본 모델backbone model로 사용했다고 표현한다. 예를 들어 DenseNet을 개의 품종을 인식하는 데 전이했다면, 개 품종 인식 프로그램이 DenseNet을 백본 모델로 사용했다고 말한다. [그림 8-22]는 텐서플로가 제공하는 사전 학습 모델의 일부를 보여준다. 모델을 저장하는 데 필요한 메모리 용량, 1순위와 5순위 정확률, 가중치 개수, 층의 깊이, 예측에 소요되는 시간에 대한 정보를 제공한다.

Model	Size (MB)	Top-1 Accuracy	Top-5 Accuracy	Parameters	Depth	Time (ms) per inference step (CPU)	Time (ms) per inference step (GPU)
Xception	88	79.0%	94.5%	22.9M	81	109.4	8.1
VGG16	528	71.3%	90.1%	138.4M	16	69.5	4.2
VGG19	549	71.3%	90.0%	143.7M	19	84.8	4.4
ResNet50	98	74.9%	92.1%	25.6M	107	58.2	4.6
ResNet50V2	98	76.0%	93.0%	25.6M	103	45.6	4.4
ResNet101	171	76.4%	92.8%	44.7M	209	89.6	5.2
ResNet101V2	171	77.2%	93.8%	44.7M	205	72.7	5.4
ResNet152	232	76.6%	93.1%	60.4M	311	127.4	6.5
ResNet152V2	232	78.0%	94.2%	60.4M	307	107.5	6.6
InceptionV3	92	77.9%	93.7%	23.9M	189	42.2	6.9
InceptionResNetV2	215	80.3%	95.3%	55.9M	449	130.2	10.0
MobileNet	16	70.4%	89.5%	4.3M	55	22.6	3.4
MobileNetV2	14	71.3%	90.1%	3.5M	105	25.9	3.8
DenseNet121	33	75.0%	92.3%	8.1M	242	77.1	5.4
DenseNet169	57	76.2%	93.2%	14.3M	338	96.4	6.3
DenseNet201	80	77.3%	93.6%	20.2M	402	127.2	6.7

그림 8-22 텐서플로에서 제공하는 사전 학습 모델의 일부(https://keras.io/api/applications)

이 모델들은 다양한 아이디어를 동원해 신경망을 깊게 만들었고 ImageNet 또는 COCO 데이터셋으로 학습했다. 현재 이들은 특징 추출, 분류, 검출, 분할, 추적 등의 다양한 문제에 널리 활용된다.

VGGNet과 GoogLeNet, ResNet 신경망에 대해 간략히 소개한다. 세 모델의 구조는 [그림 8-23]을 참고한다.

- **VGGNet** 옥스퍼드 대학교에서 만든 모델로 2014년 ILSVRC 대회에서 준우승을 차지했다. 3×3의 작은 마스크를 사용하고 대신 층의 깊이를 16으로 깊게 만들었다.
- **GoogLeNet** 구글에서 만든 모델로 2014년 ILSVRC 대회에서 우승했다. 컨볼루션층 안에 다층 퍼셉트론을 둔 네트워크 속의 네트워크NIN; Network in Network라는 아이디어를 적용했다. InceptionNet이라는 별명이 있다.
- **ResNet** 마이크로소프트에서 제작한 모델로 2015년 ILSVRC 대회에서 우승했다. 이전 층의 특징 맵을 현재 층의 결과에 더하는 지름길 연결shortcut connection이라는 아이디어를

사용한다. 지름길 연결을 건너뛰기 연결skip connection이라 부르기도 한다. [그림 8-23(c)]에서 빨간 화살표로 표시한 경로가 지름길 연결이다. 지름길로 도달한 특징 맵과 현재 특징 맵을 결합하는 방식으로 요소별 덧셈element-wise addition과 잇기concatenate가 있는데, ResNet은 요소별 덧셈을 사용한다. 요소별 덧셈을 사용하는 지름길 연결을 잔류 학습residual learning이라 부르는데, ResNet이라는 이름은 여기서 유래한다.

TIP 잇기를 사용하는 지름길 연결은 물체를 분할하는 [그림 9-36]의 U-net에서 찾아볼 수 있다.

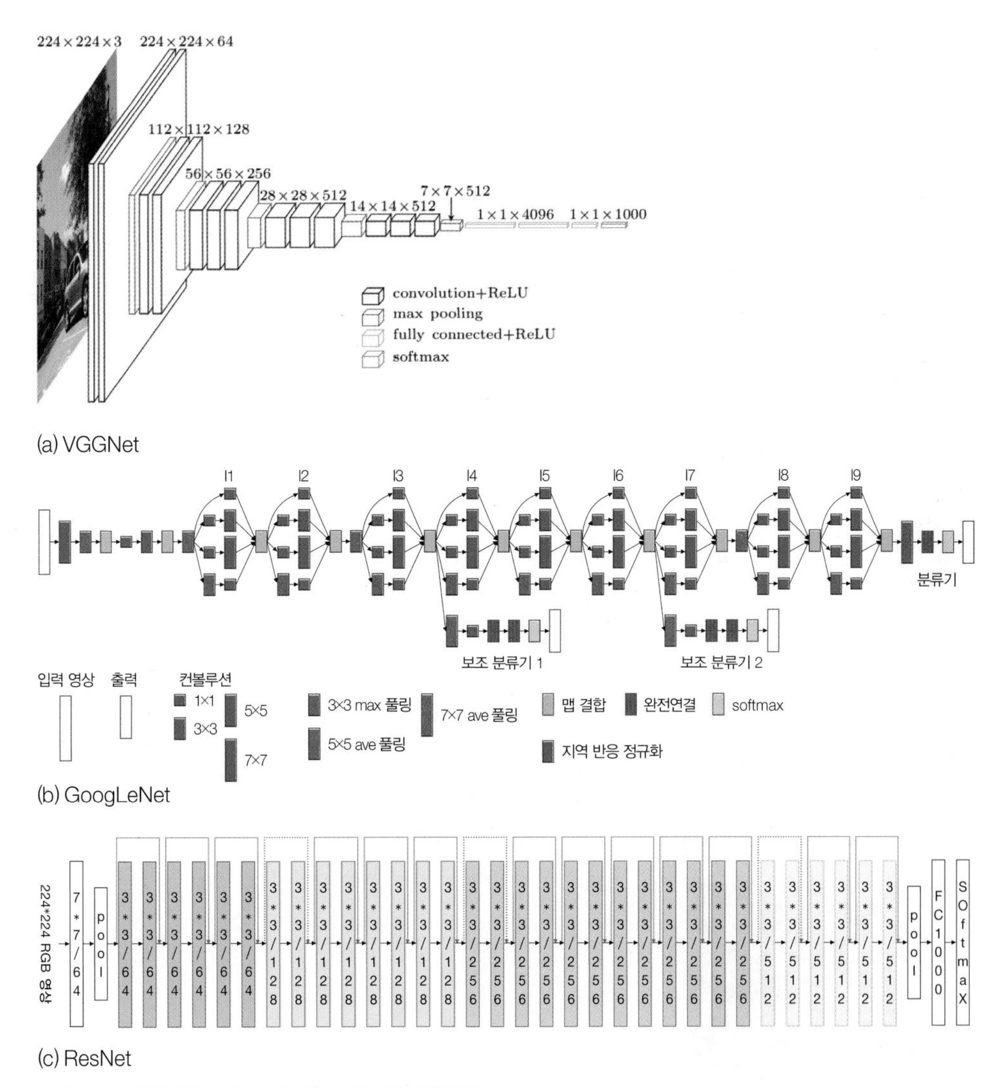

(a) VGGNet

(b) GoogLeNet

(c) ResNet

그림 8-23 VGGNet, GoogLeNet, ResNet의 구조

8.7.2 사전 학습 모델로 자연 영상 인식

텐서플로는 [그림 8-22]의 여러 사전 학습 모델을 제공하며 사용법도 쉽다. [프로그램 8-6]은 ResNet50을 백본 모델로 사용해 자연 영상을 인식하는 프로그램이다.

프로그램 8-6 ResNet50으로 자연 영상 인식하기

```
01  import cv2 as cv
02  import numpy as np
03  from tensorflow.keras.applications.resnet50 import ResNet50,preprocess_
    input,decode_predictions
04
05  model=ResNet50(weights='imagenet')
06
07  img=cv.imread('rabbit.jpg')
08  x=np.reshape(cv.resize(img,(224,224)),(1,224,224,3))
09  x=preprocess_input(x)
10
11  preds=model.predict(x)
12  top5=decode_predictions(preds,top=5)[0]
13  print('예측 결과:',top5)
14
15  for i in range(5):
16      cv.putText(img,top5[i][1]+':'+str(top5[i][2]),(10,20+i*20),cv.FONT_HERSHEY_
        SIMPLEX,0.5,(255,255,255),1)
17
18  cv.imshow('Recognition result',img)
19
20  cv.waitKey()
21  cv.destroyAllWindows()
```

```
예측 결과: [('n02325366', 'wood_rabbit', 0.74258107), ('n02326432', 'hare',
0.24038698), ('n02328150', 'Angora', 0.008831766), ('n01877812', 'wallaby',
0.0026911795), ('n02356798', 'fox_squirrel', 0.0012295933)]
```

03행은 resnet50 모듈에서 클래스와 함수를 불러온다. 05행은 ResNet50 클래스로 사전 학습 모델을 읽어 model 객체에 저장한다. weights='imagenet' 인수는 ImageNet으로 학습된 가중치를 읽어오라는 지시다. 이제 model 객체는 신경망 구조와 학습된 가중치 정보를 모두 가지기 때문에 바로 예측에 사용할 수 있다.

07~09행은 테스트 영상을 읽고 신경망에 입력할 수 있는 형태로 변환한다. 07행은 토끼 영상을 읽는다. 이때 실습 폴더에 'rabbit.jpg' 영상이 있어야 한다. 08행은 cv.resize로 ResNet50 모델의 입력 크기인 224×224로 변환하고 np.reshape 함수로 224×224×3 텐서를 1×224×224×3 텐서로 변환한다. predict 함수는 여러 장으로 구성된 미니 배치 단위로 입력을 받기 때문이다. 09행은 ResNet50 모델이 영상을 신경망에 입력하기 전에 수행하는 전처리를 적용한다.

11행은 predict 함수로 예측을 수행하고 결과를 preds에 저장한다. preds.shape으로 조사해보면, preds 객체는 1×1000 배열이다. ImageNet이 1000부류를 가지므로 신경망은 입력 영상에 대해 1,000개 부류에 대한 확률을 출력한다. 만일 한 장이 아니라 16장으로 구성된 미니 배치를 입력했다면 preds는 영상마다 1,000개 확률을 가진 16×1000 배열이 된다.

12행의 decode_predictions 함수의 top=5 인수는 1,000개 확률 중에 가장 큰 5개 확률을 취하고 그들의 부류 이름을 같이 제공할 것을 지시한다. 함수의 반환값은 미니 배치 입력을 고려하여 리스트 형식이다. 이 프로그램은 한 장만 입력했기 때문에 12행은 반환값에 [0]을 취해 top5 객체에 저장한다.

13행은 top5를 출력한다. 요소가 3개인 튜플을 5개 가진 리스트를 얻었다. 첫 번째 튜플이 1순위 부류인데 'wood_rabbit' 부류로 분류했고 확률은 74.26%다. 'n02325366'은 내부에서 사용하는 부류 정보다. 2순위는 24.04% 확률로 'hare' 부류로 분류했다. ResNet50은 입력 영상을 정확하게 인식했다.

15~18행은 영상에 인식 정보를 쓰고 윈도우에 디스플레이한다. 07행에서 영상을 바꾸면서 실험해보기 바란다.

8.7.3 사전 학습 모델로 견종 인식

사전 학습 모델의 기본 사용법을 익혔으니, 사전 학습 모델을 활용해 쓸모 있는 컴퓨터 비전 시스템을 제작해보자. 여기서 만들어 볼 것은 개의 품종을 인식하는 프로그램이다. 가장 먼저 할 일은 데이터셋을 확보하는 것인데 스탠퍼드 대학교에서 만들어 공개한 Stanford dogs 데이터셋을 다운로드해서 사용한다. [그림 8-24]는 이 데이터셋의 최고 성능SOTA; State of The Art을 보여준다. 2022년에 μ2Net 모델이 93.5% 정확률로 최고 성능을 달성했다[Gesmundo2022].

TIP PapersWithCode 사이트(https://paperswithcode.com)에서는 출판된 논문의 성능을 비교해 데이터셋에 대한 최고 성능을 그래프로 제시한다. Stanford dogs에 대한 SOTA는 https://paperswithcode.com/sota/fine-grained-image-classification-on-stanford-1에서 확인할 수 있다.

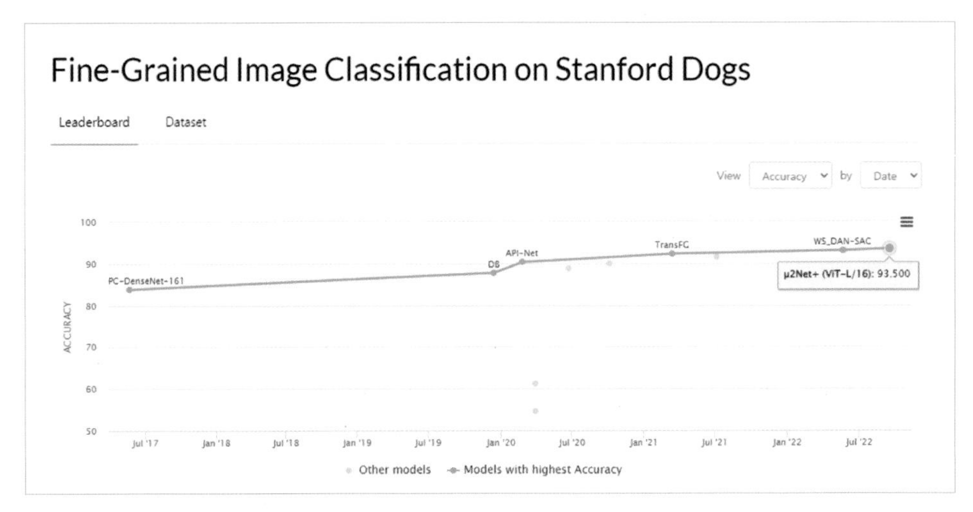

그림 8-24 Stanford dogs 데이터셋의 SOTA 성능

Stanford dogs 데이터셋 설치

Stanford dogs는 같은 부류에 속하는 영상이 심하게 달라 부류 내 변화intra-class variation가 크고 다른 부류 영상이 비슷한 경우가 많아 부류 간 변화inter-class variation가 작은 대표적인 미세 분류fine-grained classification 문제다. 이 데이터셋에는 부류(개의 품종)가 120개, 영상이 20,580장 있다. 텐서플로에서 기본으로 제공하지 않기 때문에 웹사이트에 접속해 다운로드해야 한다. 다음 절차에 따라 데이터를 준비한다.

1. 소스코드가 있는 폴더에 datasets/Stanford_dogs 폴더를 만든다.

2. http://vision.stanford.edu/aditya86/ImageNetDogs에 접속해 images.tar, annotations.tar, list.tar 파일을 1에서 만든 Stanford_dogs 폴더에 다운로드한다.

3. 세 파일의 압축을 해제하고 annotations, images, list 폴더를 확인한다.

4. images/images 폴더를 열어 'n02085620-Chihuahua'를 비롯한 120개 폴더가 있는지 확인한다. 폴더 이름 끝에 있는 Chihuahua는 개의 품종, 즉 부류 이름이다.

[그림 8-25]는 120개 폴더 중에서 앞의 6개 폴더에 있는 첫 번째 영상이다. 대부분 개를 중심에 놓고 찍은 영상이고 배경이 아주 다양함을 확인할 수 있다.

그림 8-25 Stanford dogs 데이터셋(왼쪽부터 Chihuahua, Japanese_spaniel, Maltese_dog, Pekinese, Shih-Tzu, Blenheim_spaniel)

미세 조정 방식의 전이 학습: 견종 인식하기

[프로그램 8-7]은 사전 학습된 DenseNet121 모델을 Stanford dogs 데이터셋으로 전이 학습한다.

프로그램 8-7 DenseNet121로 견종 인식하기

```
01  from tensorflow.keras.models import Sequential
02  from tensorflow.keras.layers import Flatten,Dense,Dropout,Rescaling
03  from tensorflow.keras.optimizers import Adam
04  from tensorflow.keras.applications.densenet import DenseNet121
05  from tensorflow.keras.utils import image_dataset_from_directory
06  import pathlib
07
08  data_path=pathlib.Path('datasets/stanford_dogs/images/images')
09
10  train_ds=image_dataset_from_directory(data_path,validation_split=0.2,subset
    ='training',seed=123,image_size=(224,224),batch_size=16) ①
11  test_ds=image_dataset_from_directory(data_path,validation_split=0.2,subset
    ='validation',seed=123,image_size=(224,224),batch_size=16)
12
13  base_model=DenseNet121(weights='imagenet',include_top=False,input_shape
    =(224,224,3))
14  cnn=Sequential()
15  cnn.add(Rescaling(1.0/255.0))
```

```
16  cnn.add(base_model)
17  cnn.add(Flatten())
18  cnn.add(Dense(1024,activation='relu'))
19  cnn.add(Dropout(0.75))
20  cnn.add(Dense(units=120,activation='softmax'))
21
22  cnn.compile(loss='sparse_categorical_crossentropy',optimizer=Adam(learning_
    rate=0.000001),metrics=['accuracy'])
23  hist=cnn.fit(train_ds,epochs=200,validation_data=test_ds,verbose=2) ②
24
25  print('정확률=',cnn.evaluate(test_ds,verbose=0)[1]*100) ③
26
27  cnn.save('cnn_for_stanford_dogs.h5')          # 미세 조정된 모델을 파일에 저장
28
29  import pickle
30  f=open('dog_species_names.txt','wb')
31  pickle.dump(train_ds.class_names,f)
32  f.close()
33
34  import matplotlib.pyplot as plt
35
36  plt.plot(hist.history['accuracy']) ④
37  plt.plot(hist.history['val_accuracy'])
38  plt.title('Accuracy graph')
39  plt.ylabel('Accuracy')
40  plt.xlabel('Epoch')
41  plt.legend(['Train','Validation'])
42  plt.grid()
43  plt.show()
44
45  plt.plot(hist.history['loss']) ⑤
46  plt.plot(hist.history['val_loss'])
47  plt.title('Loss graph')
48  plt.ylabel('Loss')
49  plt.xlabel('Epoch')
50  plt.legend(['Train','Validation'])
51  plt.grid()
52  plt.show()
```

```
Found 20580 files belonging to 120 classes. ①
Using 16464 files for training.
Found 20580 files belonging to 120 classes.
Using 4116 files for validation.

Epoch 1/200 ②
1029/1029 - 181s - loss: 6.5628 - accuracy: 0.0111 - val_loss: 4.6525 - val_accuracy:
0.0355 - 181s/epoch - 176ms/step
Epoch 2/200
1029/1029 - 172s - loss: 4.9830 - accuracy: 0.0214 - val_loss: 4.4681 - val_accuracy:
0.0717 - 172s/epoch - 168ms/step
Epoch 3/200
1029/1029 - 170s - loss: 4.6948 - accuracy: 0.0315 - val_loss: 4.3172 - val_accuracy:
0.1273 - 170s/epoch - 166ms/step
...
Epoch 199/200
1029/1029 - 167s - loss: 0.0360 - accuracy: 0.9907 - val_loss: 0.6933 - val_accuracy:
0.8258 - 167s/epoch - 163ms/step
Epoch 200/200
1029/1029 - 168s - loss: 0.0378 - accuracy: 0.9897 - val_loss: 0.6995 - val_accuracy:
0.8273 - 168s/epoch - 163ms/step

정확률= 82.72594809532166 ③
```

④

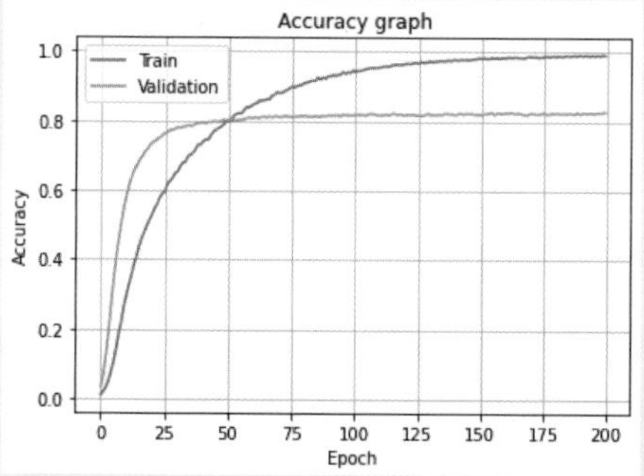

⑤

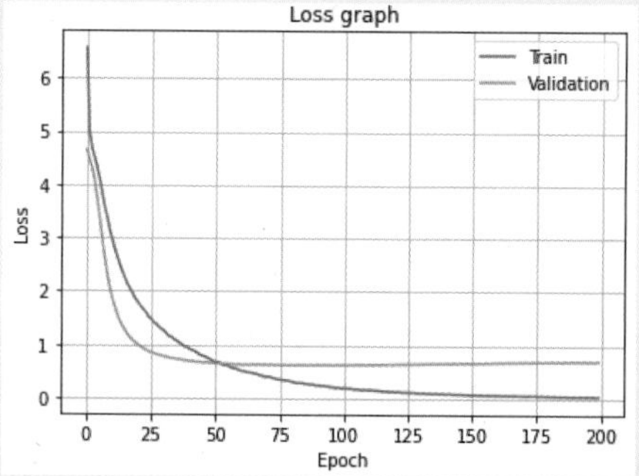

04행은 DenseNet121 모델을 불러온다. DenseNet121 모델과 Stanford dogs 데이터셋은 크기가 커서 한꺼번에 메인 메모리에 올려 학습할 수 없다. 따라서 필요할 때마다 폴더에서 영상을 읽어 메인 메모리에 적재해 사용해야 하는데, 05행은 이를 위해 폴더에서 영상을 읽는 데 쓰는 image_dataset_from_directory 함수를 불러온다. 06행은 폴더를 다루는 데 쓰는 pathlib 모듈을 불러온다.

08행은 Stanford dogs 데이터셋이 있는 폴더를 지정하는 data_path 객체를 만든다.

10행은 image_dataset_from_directory 함수로 훈련 데이터를 구성하여 train_ds 객체에 저장한다. 첫 번째 인수는 데이터가 저장되어 있는 폴더의 경로를 지정한다. 두 번째 인수인 validation_split=0.2는 훈련 집합과 검증 집합을 8:2로 분할하라고 지시하고, 세 번째 인수인 subset='training'은 훈련 집합을 취하라고 지시한다. 네 번째 인수인 seed=123은 다시 실행해도 같은 결과를 얻기 위해 난수 씨앗을 123으로 고정한다. 다섯 번째 인수인 image_size=(224,224)는 영상을 읽으면서 224×224 크기로 변환하고, 마지막 인수인 batch_size=16은 미니 배치 크기를 16으로 설정한다. 11행은 10행과 같은데 단지 세 번째 인수인 subset='validation'만 달라서 분할된 데이터셋에서 검증 집합을 취한다. 11행에서 seed 매개변수에 같은 값을 줌으로써 10행과 같은 분할이 일어나 10행의 train_ds와 11행의 test_ds가 배타적으로 분할되게 한다.

13~20행은 신경망 모델을 구성한다. 13행은 DenseNet121 클래스로 base_model 객체를 생성한다. weights='imagenet' 인수는 ImageNet 데이터셋으로 사전 학습된 가중치를 가져오라고 지시하고, include_top=False 인수는 모델의 뒤쪽에 있는 완전연결층을 포함시키지 말라고 지시하며, input_shape=(224,224,3) 인수는 신경망 입력이 224×224×3 텐서라고 알려준다. 14행은 Sequential 모델을 생성하여 cnn 객체에 저장한다. 15행은 입력 텐서를 255로 나누어 [0,1] 범위로 변환하는 층을 추가한다. 16행은 DenseNet121 모델을 저장한 base_model을 추가한다. 17행은 base_model이 출력한 텐서를 1차원으로 펼친다. 18행은 완전연결층을 쌓는다. 19행은 드롭아웃층을 추가한다. 20행의 완전연결층은 출력층에 해당하는데, Stanford dogs 데이터셋은 부류가 120개이므로 units=120으로 설정하고 활성 함수는 softmax로 설정한다.

이렇게 구축한 cnn 객체는 ImageNet으로 학습된 모델을 Stanford dogs 데이터로 전이 학습할 준비가 된 신경망이다. 이 신경망을 학습할 때 주의할 점이 있다. 이 신경망의 앞쪽에 배치된 base_model에 해당하는 층은 ImageNet으로 사전 학습된 상태고, 뒤에 새로 추가한 완전연결층은 학습되지 않은, 즉 난수를 설정한 상태다. 22~23행은 compile과 fit 함수로 학습을 실행한다. 22행은 교차 엔트로피 손실 함수를 쓰기 위해 loss='sparse_categorical_crossentropy'로 설정했다. sparse_categorical_crossentropy는 앞에서 사용했던 categorical_crossentropy와 동작이 같은데, 단지 부류 정보를 원핫 코드가 아니라 정수로 표현한 경우에 사용한다. optimizer=Adam(learning_rate=0.000001) 인수는 학습률을 기본값(0.001)보다 훨씬 작은 값으로 설정했다. 크게 설정하면 사전 학습된 앞 부분이 흐트러져 오히려 성능이 낮아지기 때문이다. 대신 fit 함수에서 epochs=200으로 설정하여 세대를 길게 진행한다. 25행은 11행에서 마련한 테스트 집합으로 정확률을 측정하고 출력한다.

지금까지 수행한 바와 같이, 사전 학습된 모델 뒤에 새로운 층을 붙여 신경망을 구성하고 학습률을 낮게 설정해 다시 학습하는 방식을 미세 조정fine-tuning이라 부른다.

Stanford dogs 데이터셋은 MNIST나 CIFAR-10과 같은 장난감 데이터셋과 달리 학습에 많은 시간이 소요된다. GPU를 설치한 PC에서 한 세대를 학습하는 데 170초 가량 걸려서 200세대로 설정한 [프로그램 8-7]은 9시간 30분 가량 걸렸다. 따라서 학습을 마치면 모델을 저장해 필요할 때 불러 쓸 수 있게 한다. 27행은 save 함수를 이용하여 모델을 저장한다. 이 모델 파일은 다음 절에서 견종을 인식하는 비전 에이전트를 제작하는 데 쓰인다.

29~32행은 개의 품종 이름을 'dog_species_names.txt'라는 파일에 저장해 나중에 쓸 수 있게 한다. 120 부류를 저장한 폴더 이름은 'n02085620-Chihuahua', 'n02085782-Japanese_spaniel', …와 같은데, 폴더 이름 뒷부분이 품종 이름이다. 10행의 image_dataset_from_directory 함수는 데이터를 구성하면서 폴더 이름을 객체의 class_names라는 멤버 변수에 저장한다. 31행은 이 멤버 변수 내용을 파일에 저장한다. 파일 저장은 pickle 모듈을 사용한다.

34~52행은 정확률과 손실 함수의 학습 곡선을 그린다.

프로그램 실행 결과 82.726%의 정확률을 얻었다. 학습 곡선이 매우 안정적으로 수렴함을 확인할 수 있는데, 이는 학습률을 작게 설정했기 때문이다.

8.8 [비전 에이전트 7] 견종 인식 프로그램

반려견과 함께 생활하는 사람이 크게 늘었다. 길을 가다 예쁜 강아지를 만나면 품종을 알고 싶어진다. [프로그램 8-7]에서 Stanford dogs 데이터셋으로 학습하고 저장해둔 딥러닝 모델은 강아지 품종을 인식할 수 있는 능력이 있다. [프로그램 8-8]은 이 모델에 GUI를 덧붙여 만든 것으로, 강아지 사진을 주면 품종을 인식하는 프로그램이다. 이 프로그램은 6장의 비전 에이전트와 비슷한 과정으로 만드는데, PyQt로 사용자 인터페이스를 만들었던 경험을 떠올리기 바란다.

09~10행은 [프로그램 8-7]에서 저장해 둔 신경망 모델과 파일에 저장되어 있는 품종 이름을 읽어 각각 cnn과 dog_species 객체에 저장한다.

프로그램의 실행 결과에서 사용자 인터페이스를 먼저 확인해보자. 〈강아지 사진 열기〉 버튼은 폴더에서 사진 영상을 선택해서 읽어온다. 〈품종 인식〉 버튼은 신경망 모델로 견종을 인식하고 출력한다. 〈나가기〉 버튼은 프로그램을 끝낸다.

프로그램 8-8 견종 인식 프로그램 구현하기

```
01  import cv2 as cv
02  import numpy as np
03  import tensorflow as tf
04  import winsound
05  import pickle
06  import sys
07  from PyQt5.QtWidgets import *
08
09  cnn=tf.keras.models.load_model('cnn_for_stanford_dogs.h5')    # 모델 읽기
10  dog_species=pickle.load(open('dog_species_names.txt','rb'))   # 견종 이름
11
12  class DogSpeciesRecognition(QMainWindow):
13      def __init__(self) :
14          super().__init__()
15          self.setWindowTitle('견종 인식')
```

```
16          self.setGeometry(200,200,700,100)
17
18          fileButton=QPushButton('강아지 사진 열기',self)
19          recognitionButton=QPushButton('품종 인식',self)
20          quitButton=QPushButton('나가기',self)
21
22          fileButton.setGeometry(10,10,100,30)
23          recognitionButton.setGeometry(110,10,100,30)
24          quitButton.setGeometry(510,10,100,30)
25
26          fileButton.clicked.connect(self.pictureOpenFunction)
27          recognitionButton.clicked.connect(self.recognitionFunction)
28          quitButton.clicked.connect(self.quitFunction)
29
30      def pictureOpenFunction(self):
31          fname=QFileDialog.getOpenFileName(self,'강아지 사진 읽기','./')
32          self.img=cv.imread(fname[0])
33          if self.img is None: sys.exit('파일을 찾을 수 없습니다.')
34
35          cv.imshow('Dog image',self.img)
36
37      def recognitionFunction(self):
38          x=np.reshape(cv.resize(self.img,(224,224)),(1,224,224,3))
39          res=cnn.predict(x)[0]    # 예측
40          top5=np.argsort(-res)[:5]
41          top5_dog_species_names=[dog_species[i] for i in top5]
42          for i in range(5):
43              prob='('+str(res[top5[i]])+')'
44              name=str(top5_dog_species_names[i]).split('-')[1]
45              cv.putText(self.img,prob+name,(10,100+i*30),cv.FONT_HERSHEY_
                SIMPLEX,0.7,(255,255,255),2)
46          cv.imshow('Dog image',self.img)
47          winsound.Beep(1000,500)
48
49      def quitFunction(self):
50          cv.destroyAllWindows()
51          self.close()
52
53  app=QApplication(sys.argv)
54  win=DogSpeciesRecognition()
55  win.show()
56  app.exec_()
```

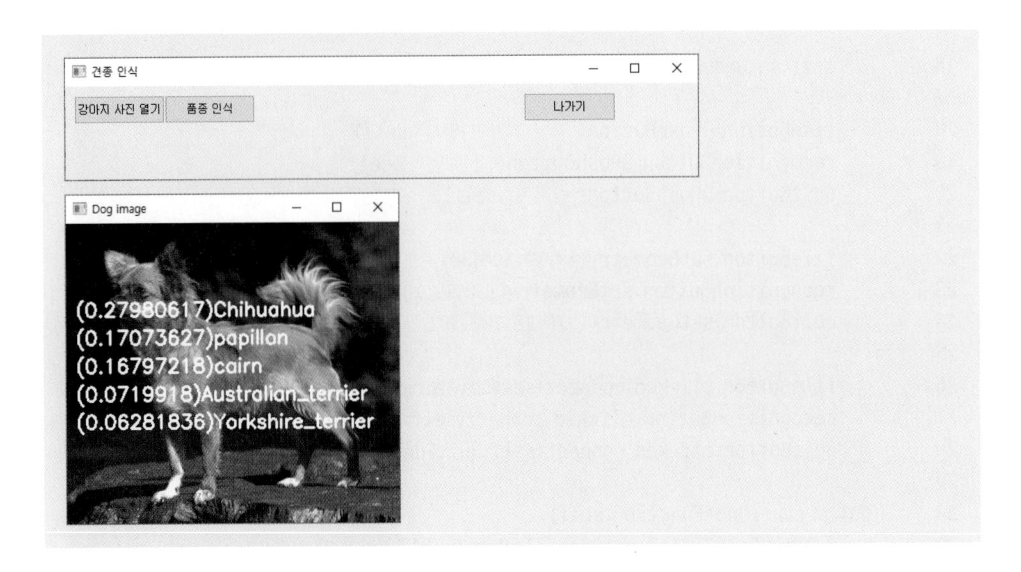

프로그램의 전체 구조를 살펴보자. 12~51행은 DogSpeciesRecognition 클래스를 선언하는데, 13~28행은 생성자 함수 __init__이고 30~51행은 3개 버튼에 해당하는 콜백 함수다. 53~56행은 프로그램의 메인에 해당한다.

13~28행의 __init__을 살펴보자. 15행은 윈도우의 제목 표시줄에 '견종 인식'이라고 쓰고 16행은 윈도우의 위치와 크기를 설정한다. 18~20행은 QPushButton 함수로 버튼 3개를 만들고, 22~24행은 버튼의 위치와 크기를 지정한다. 26~28행은 버튼이 클릭됐을 때 수행할 콜백 함수를 등록한다.

3개 버튼에 해당하는 콜백 함수를 하나씩 살펴보자. 30~35행은 〈강아지 사진 열기〉 버튼을 클릭하면 실행되는 pictureOpenFunction이다. 31~32행은 폴더에서 사진 파일을 브라우징하여 읽어와 img 객체에 저장하고, 35행은 img 객체에 담겨있는 영상을 윈도우에 디스플레이한다.

37~47행은 〈품종 인식〉 버튼을 클릭하면 실행되는 recognitionFunction이다. 38행은 img를 신경망에 입력할 준비를 한다. 먼저 cv.resize 함수로 224×224 크기로 변환하고 np.reshape 함수로 한 장의 영상을 담은 미니 배치 형태, 즉 1×224×224×3 텐서로 만든다. 39행은 cnn.predict 함수로 영상을 인식하고 결과를 res 객체에 저장한다. res는 120 부류에 대한 확률을 가진 배열이다. 40행은 배열을 정렬하고 확률이 가장 큰 5개 인덱스를 취한다. np.argsort 함수는 오름차순 정렬을 하므로 −res를 인수로 주어 정렬한다. 41행은 10행

에서 견종 이름을 저장해 둔 dog_species 객체를 이용해 인덱스를 견종 이름으로 변환한다. 42~45행은 영상에 품종 이름과 확률을 쓴다. 46~47행은 영상을 윈도우에 디스플레이하고 삑 소리를 낸다.

49~51행은 〈나가기〉 버튼을 클릭했을 때 실행되는 quitFunction이다. 모든 윈도우를 닫고 프로그램을 종료한다.

연습문제

01 5×5 필터를 128개를 사용하는 경우 바이어스까지 고려해 가중치 개수를 쓰시오.

02 [그림 8-7]에서 아래에 있는 필터 3, 즉 u3이 추가되어 3개가 되었다고 가정한다.

필터 3:

u3[:,:,0]

0	0	0
0	0	0
1	1	1

u3[:,:,1]

0	0	0
1	1	1
0	0	0

u3[:,:,2]

1	1	1
0	0	0
0	0	0

b3[:,:,0]

0.5

(1) 세 개의 필터 u1~u3으로 컨볼루션하는 과정을 [그림 8-7]과 같이 제시하시오.

(2) 세 개의 필터 u1~u3으로 컨볼루션하는 데 필요한 곱셈 회수를 제시하시오.

03 다음 연산을 적용해 얻는 텐서의 모양을 쓰시오.

(1) 256×256 컬러 영상에 3×3 필터 64개로 컨볼루션 적용. 패딩 없고 보폭은 1

(2) 256×256 컬러 영상에 3×3 필터 64개로 컨볼루션 적용. 패딩 있고 보폭은 1

(3) 256×256 컬러 영상에 3×3 필터 64개로 컨볼루션 적용. 패딩 없고 보폭은 2

(4) 224×224×128 특징 맵에 3×3 필터 64개로 컨볼루션 적용. 패딩 없고 보폭은 1

(5) 224×224×128 특징 맵에 2×2 필터로 풀링 적용. 패딩 없고 보폭은 2

04 [예시 8-2]에서 첫 번째 컨볼루션층을 보폭 1과 덧대기 없음, 두 번째 컨볼루션층을 보폭 1과 덧대기 없음으로 바꾸어 적용한다고 가정한다.

(1) [그림 8-8]을 새로 그리시오.

(2) 두 컨볼루션층의 곱셈 회수를 각각 제시하시오.

05 [프로그램 8-2]의 신경망 모델을 [그림 8-11(b)]처럼 그리시오.

06 [프로그램 8-2]의 27행 뒤에 cnn.summary()라는 행을 추가하면 아래와 같이 모델의 상세 내용을 출력할 수 있다.

```
Model: "sequential"
_________________________________________________________________
 Layer (type)                Output Shape              Param #
=================================================================
conv2d (Conv2D)              (None, 30, 30, 32)        896
conv2d_1 (Conv2D)            (None, 28, 28, 32)        9248
max_pooling2d (MaxPooling2D) (None, 14, 14, 32)        0
dropout (Dropout)            (None, 14, 14, 32)        0
conv2d_2 (Conv2D)            (None, 12, 12, 64)        18496
conv2d_3 (Conv2D)            (None, 10, 10, 64)        36928
....
....
=================================================================
Total params: 890,410
Trainable params: 890,410
Non-trainable params: 0
_________________________________________________________________
```

(1) cnn.summary 명령어가 출력하는 완벽한 표를 제시하시오.

(2) Layer, Output Shape, Param #라 표시된 각 열이 무엇을 뜻하는지 설명하시오.

(3) 앞의 세 행 conv2d, conv2d_1, max_pooling2d 각각에 대해 Output Shape이 (None,30,30,32), (None,28,28,32), (None,14,14,32)인 이유를 설명하시오.

(4) 앞의 세 행 conv2d, conv2d_1, max_pooling2d 각각에 대해 Param #가 896, 9248, 0인 이유를 설명하시오.

07 [프로그램 8-2]는 Sequential 방식으로 프로그래밍되어 있다. 이 프로그램을 Functional API 방식으로 바꾸어 프로그래밍하시오. 모델을 정의하는 15~27행만 쓰시오.

08 아래 두 가지 예측 결과에 대해 [예시 8-3]처럼 MSE와 CE 계산을 수행하시오. 두 손실 함수의 적절성을 수행 결과를 가지고 해석하시오.

경우 1: 예측 $\mathbf{o}$=(0.1,0.0,0.0,0.0,0.9,0.0)　참값 $\mathbf{y}$=(0.0,0.0,0.0,0.0,1.0,0.0)

경우 2: 예측 $\mathbf{o}$=(0.5,0.0,0.0,0.0,0.5,0.0)　참값 $\mathbf{y}$=(0.0,0.0,0.0,0.0,1.0,0.0)

09 7장에서 다층 퍼셉트론을 사용하는 [프로그램 7-2]는 momentum이 0.0인 SGD를 사용한다.

(1) momentum을 0.0, 0.1, 0.2, …, 0.9로 바꾸면서 성능을 측정하는 프로그램으로 확장하시오. 측정된 성능을 가로축이 모멘텀이고 세로축이 정확률인 그래프로 그리는 코드를 추가하시오.

(2) 실험 결과를 분석하시오.

CHAPTER

인식

Preview

[그림 9-1]에 있는 아이는 눈에 비친 영상을 해석해 자기 집 개를 알아보고 개의 위치와 움직임, 표정을 분석하면서 같이 논다. 컴퓨터 비전 용어로 설명하면 분류, 검출, 분할, 추적, 행동 분류 문제를 높은 수준으로 푼다. 개가 장난감 더미 속에 섞여 있거나, 소파 뒤에서 얼굴 일부만 내밀거나, 방이 갑자기 어두워져도 노는 데 지장이 없다. 아이의 인식 기능은 심한 혼재clutter와 가림occlusion에도 강인robust하고 조명 변환에 불변이다. 개가 무서운 표정을 지으면 순간 울음을 터트린다. 아이는 표정 인식에 능숙하다.

그림 9-1 뛰어난 인간의 비전

외진 골목에 설치된 CCTV 카메라가 자동으로 범죄 장면을 인식해 경찰서에 알림을 보내려면 물체의 부류를 알아내는 분류뿐 아니라 위치를 알아내는 검출, 영역을 알아내는 분할, 이동 궤적을 알아내는 추적, 행위를 알아내는 행동 분류 문제를 풀어야 한다. 인식recognition은 이런 기능을 모두 포함하는 넓은 의미의 단어다. 이 장에서는 인식 문제를 푸는 컴퓨터 비전 알고리즘을 설명한다. 뒤에서는 인식할 대상을 사람으로 한정한 사람 인식에 대해 소개한다.

7.1절에서 소개했듯이 고난도 인식 문제를 푸는 과업에서 고전적인 규칙 기반 방법론은 현대적인 딥러닝 방법론에 자리를 내주었다. 하지만 고전적인 방법은 새로운 방법을 더 잘 이해하는 데 도움이 되고 새로운 알고리즘 개발에 영감을 주기도 한다. 또는 둘을 결합해 더 높은 성능을 달성할 수도 있다.

이 장은 인식 문제의 고전 알고리즘을 간략히 소개한 다음 딥러닝 알고리즘을 상세히 소개하는 방식으로 진행된다. 대부분의 딥러닝 알고리즘은 8장에서 공부한 컨볼루션 신경망을 사용한다. 최근 등장해 컨볼루션 신경망을 넘어서고 있는 트랜스포머 모델은 11장에서 설명한다.

9.1 인식이란

5.5~5.6절에서는 RANSAC과 호모그래피를 이용해 특정 물체의 존재를 알아내는 알고리즘을 제시하고, 6.4절에서는 교통약자 표지판을 알아내는 비전 에이전트를 만들었다. 8.7절에서는 자연 영상을 분류하는 프로그램과 개의 품종을 분류하는 프로그램을 만들었다. 이처럼 영상에 있는 물체가 무엇인지 알아내는 분류 문제만 풀어도 되는 응용이 있다. 하지만 검출, 분할, 추적, 행동 분석까지 할 수 있어야 쓸모가 생기는 응용 분야가 많다.

9.1.1 인식의 세부 문제

사람과 달리 컴퓨터 비전은 인식 문제를 분류, 검출, 분할, 추적, 행동 분류의 세부 문제로 구분해 푼다. 세부 문제는 별도의 데이터셋과 성능 기준을 가지고 알고리즘을 개발한다. [그림 9-2]는 이 문제들을 예시한다.

(a) 분류

(b) 검출

(c) 분할

(d) 추적(0초, 3초, 6초 순간)

(e) 행동 분류

그림 9-2 인식을 여러 세부 문제로 나누는 컴퓨터 비전

분류는 영상에 있는 물체의 부류 정보를 알아내는 문제로, 내 차 또는 어린이 교통표지판과 같이 특정한 물체를 알아내는 사례 분류instance classification와 고양이나 자전거처럼 물체 부류를 알아내는 범주 분류categorical classification로 구분된다. 범주 분류는 보통 미리 정해진 물체 부류

에 대해 부류 확률 벡터를 출력한다. 예를 들어 COCO 데이터셋은 사람, 자전거, 자동차 등 80부류를 지정한다. [그림 9-2(a)]는 개의 품종을 분류하는 예를 보여준다.

검출은 영상에서 물체를 찾아 직사각형으로 위치를 표현하며 부류 확률(신뢰도)을 같이 출력한다. 이 직사각형을 바운딩 박스bounding box라고 하며 앞으로 줄여서 박스라 부른다. 보통 물체 종류는 미리 정해져 있다. [그림 9-2(b)]는 검출 사례를 보여준다.

분할은 물체가 점유하는 영역, 즉 화소 집합을 지정하고 부류 확률을 같이 출력한다. 보통 물체 종류는 미리 정해져 있다. 화소 각각에 대해 물체 부류를 지정하는 의미 분할semantic segmentation과 같은 부류에 속하는 물체가 여럿인 경우 서로 다른 번호를 부여하는 사례 분할instance segmentation이 있다. 영역을 알면 박스를 구할 수 있기 때문에 검출은 분할의 부분 문제다. [그림 9-2(c)]는 사람이 있는 영상을 분할한 예다.

추적은 비디오(동영상)에 나타난 물체의 이동 궤적을 표시하는 문제로, 첫 프레임에서 지정해 준 물체 하나를 추적하는 시각 물체 추적VOT; Visual Object Tracking과 여러 물체를 모두 추적하는 다중 물체 추적MOT; Multiple Object Tracking이 있다. [그림 9-2(d)]는 MOT 데이터셋의 예로, 도로에 나타난 물체를 추적한다.

행동 분류는 물체가 수행하는 행동의 종류를 알아내는 문제다. 현재는 사람의 행동을 미리 지정된 몇 가지 행위로 분류하는 수준이다. [그림 9-2(e)]는 HICO-DET 데이터셋의 예로 사람이 물체와 상호작용하는 행동의 부류를 알아내야 한다.

9.1.2 데이터셋과 방법론의 공진화

컴퓨터 비전은 데이터셋의 발전에 힘입어 혁신을 이루었다. 8장에서 사용한 MNIST와 CIFAR-10은 예전에는 꽤 어려운 데이터셋이었는데 지금은 딥러닝을 처음 공부할 때 초기 실험용으로 사용하는 장난감 데이터셋이 되었다. 이후에 아주 많은 종류의 도전적인 공개 데이터셋이 구축되었다.

데이터셋 소개 문헌

[그림 9-3]은 공개 데이터셋을 잘 정리한 네 가지 문헌이다.[그림 9-3(a)]는 Papers WithCode 사이트(https://paperswithcode.com/datasets?mod=images&page=1)로, 딥러닝 관련 논문과 소스코드, 데이터셋을 제공한다. 특히 데이터셋별로 SOTA 성능의 역사적 추세를 그래프로 제시하는데, 현재 기술 수준을 가늠하는 데 매우 유용하다. Images에 속한 데이터

셋만 1,737개다. [그림 9-3(b)]는 위키피디아에서 'list of datasets for machine learning research'로 검색한 페이지에서 영상 부분을 가져온 것이다. 여섯 그룹으로 구분되어 있고 그룹마다 수십 개의 데이터셋을 소개한다. [그림 9-3(c)]는 텐서플로가 기본으로 제공하는 데이터셋 목록(https://www.tensorflow.org/datasets/catalog/overview)으로, Image, Image classification, Object detection으로 구분되어 있다. [그림 9-3(d)]는 우리나라에서 구축한 데이터셋을 제공하는 AI 허브 사이트(https://aihub.or.kr)다. 현재 비전 분야에 패션, 안무, 반려견, 행동, 위성 등 36종이 있다.

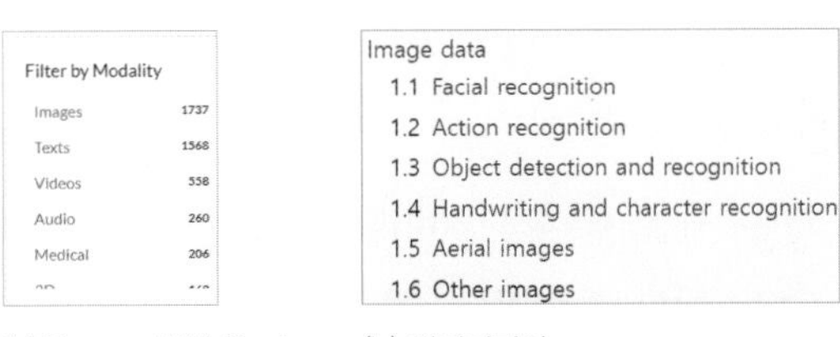

(a) PapersWithCode (b) 위키피디아

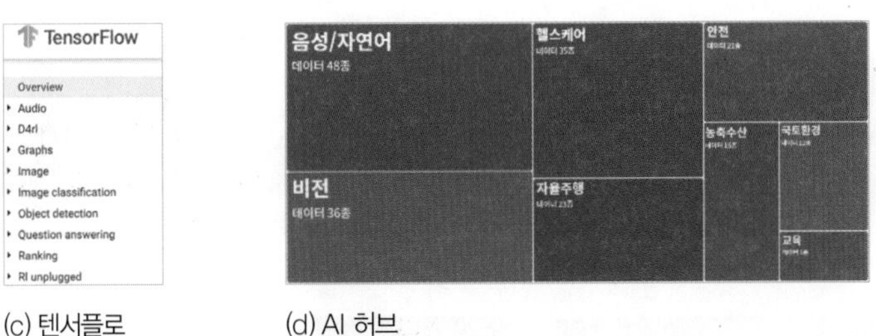

(c) 텐서플로 (d) AI 허브

그림 9-3 데이터셋을 소개하는 문헌

유명 데이터셋과 대회

도전적인 데이터셋은 자연스럽게 성능을 겨루는 대회로 이어진다. 대회를 통해 연구자들은 경쟁을 하면서 다른 한편으론 아이디어를 공유하며 컴퓨터 비전을 발전시켜왔다.

초창기 발전을 이끈 PASCAL VOC 데이터셋(http://host.robots.ox.ac.uk/pascal/VOC/voc2012/segexamples)에는 20부류에 대한 총 50만 장의 영상이 있다. 2005년의 1회 대회는 오토바이, 자전거, 사람, 자동차의 네 부류를 분류하는 문제로 시작했다[Everingham2010, Everingham2015]. 이후 20부류 분류로 확장되고 검출, 분할, 사람 몸의 구성품 검출 문제를 추가했다. [그림 9-4(a)]는 예제 영상이다. 2012년까지 이어진 PASCAL VOC 대회는 더 큰 데이터셋인 ImageNet에 자리를 내주고 종료했다.

ImageNet에는 WordNet의 분류 체계에 따라 21,841부류로 분류된 1,400만 장 가량의 영상이 있다[Deng2009]. 1백만 장 가량은 물체 검출을 위해 바운딩 박스로 레이블링이 되어 있다. ILSVRC 대회는 이중에서 1000부류를 뽑고 1백만 장의 훈련, 5만 장의 검증, 15만 장의 테스트 집합을 가지고 성능을 겨룬다[Russakovsky2015]. 홀수 연도에는 International Conference on Computer Vision(ICCV), 짝수 연도에는 European Conference on Computer Vision (ECCV)에서 개최된다. [그림 9-4(b)]는 예제 영상이다.

COCO 데이터셋(https://www.lvisdataset.org/explore)에는 80부류에 대한 33만 장의 영상이 있다[Lin2014]. 분할 정보가 제공되며 영상을 설명하는 문장을 다섯 명이 독립적으로 달았다. [그림 9-4(c)]는 분할된 영상과 설명문을 가진 예제 영상이다. 2015~2020년까지 대회가 열렸으며 2021년에는 규모를 키운 LVIS 대회로 발전했다.

Open Images는 구글이 2017년에 처음 공개했는데 현재 버전은 6이다[Kuznetsova2020]. 분류, 검출, 분할 정보가 레이블링되어 있고, 'woman is jumping', 'dog inside car'와 같은 레이블이 붙어있어 행동 분류에 활용할 수 있다.

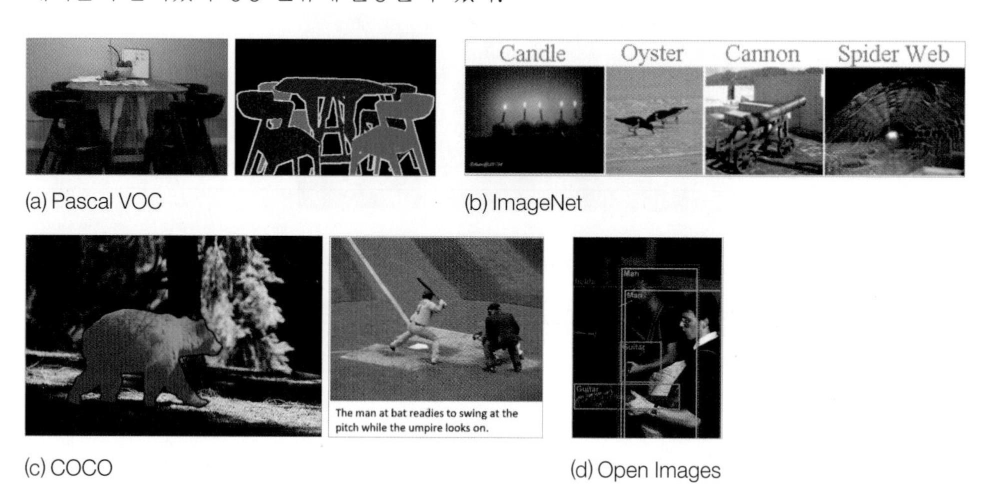

(a) Pascal VOC (b) ImageNet (c) COCO (d) Open Images

그림 9-4 도전적인 데이터셋의 영상 샘플

특정 분야를 겨냥한 데이터셋이 많은데, 여기서는 몇 가지만 소개한다. DeepFashion에는 80만 장 가량의 패션 관련 영상이 있다[Liu2016b]. 50개의 의상 부류와 패션 관련 다양한 부대 정보가 레이블링되어 있다. Food-101에는 101종류의 음식에 대한 10만 장 가량의 영상이 있다[Bossard2014]. CheXpert에는 환자 65,240명의 폐 엑스레이 사진 224,316장이 있다[Irvin2019]. 사진별로 의사가 진단한 내용이 텍스트 형태로 붙어 있다. [그림 9-5]는 이 데이터셋들의 예시이다. 의료 관련 데이터셋은 장기별로 구축되어 아주 많다[Li2021a].

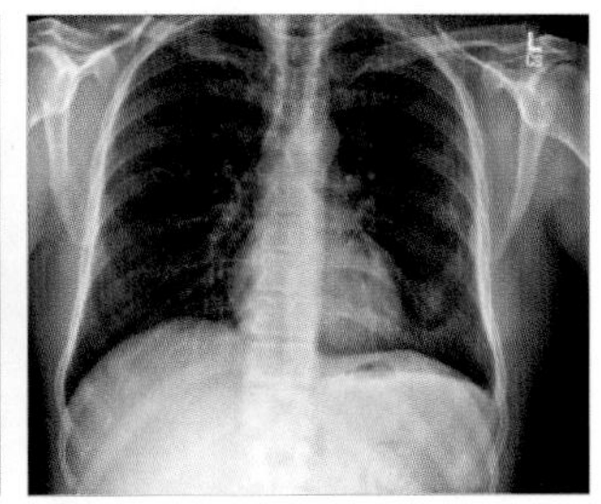

(a) DeepFashion[Liu2016b] (b) Food-101[Bossard2014] (c) CheXpert[Irvin2019]

그림 9-5 특수 분야의 데이터셋

대회는 합리적이고 공정한 성능 평가 척도metric로 치루어져야 한다. 분류는 전체 영상 중에서 맞힌 영상의 비율을 척도로 사용하고 검출이나 분할은 영역이 겹친 정도를 척도로 사용한다. 성능 척도는 세부 문제를 다루는 절에서 자세히 소개한다.

대회는 표준화된 척도와 척도를 계산하는 소프트웨어 모듈을 함께 제공해 공정성을 유지한다. 훈련 집합은 영상과 참값(레이블) 정보가 함께 공개된다. 테스트 집합은 영상만 공개하고 참값은 감춘다. 참가자는 훈련 집합으로 모델을 학습시킨다. 이때 별도의 검증 집합으로 하이퍼 매개변수 최적화를 수행해 최적의 모델을 만든다. 학습을 마친 모델에 테스트 집합을 입력해 참값을 예측하고 예측 결과를 담은 파일을 서버로 전송한다. 서버는 자동 채점 프로그램을 이용해 성능을 측정하고 순위를 매긴다.

최근에는 부류를 한정해 놓지 않고 수집하는 연구가 진행되고 있다. iNat가 여기에 해당하는데, 전 세계 시민이 동물과 식물에 대해 새로 발견한 품종을 사진과 함께 올린다(https://www.inaturalist.org). 2018년에 설립되어 현재 34만 4천 종에 대한 총 8,800만 장 이상의 영상이 수집되었다. 사용자가 영상을 올리면 분류 전문가가 확인하여 품종을 알려주고 레이블을 기록한다.

영상 레이블링

영상을 레이블링하는 일에는 많은 노동력이 필요하다. 분류는 부류만 지정하면 되니 비교적 쉽지만, 검출은 직사각형으로 물체의 위치를 지정해야 하므로 시간이 더 걸린다. 분할은 화소 수준에서 물체 위치를 지정하므로 훨씬 많은 시간이 필요하다. 무료로 쓸 수 있는 여러 가지 레이블링 도구가 있는데 [그림 9-6]은 LabelMe라는 도구이다.

TIP 위키피디아에서 'list of manual image annotation tools'를 검색하면 여러 도구를 살펴볼 수 있다.

대용량 데이터셋은 주로 인터넷에서 수많은 사람이 협력하는 크라우드소싱을 통해 레이블링한다[Su2012, Kovashka2016]. Mechanical Turk은 대표적인 크라우드소싱 사이트다.

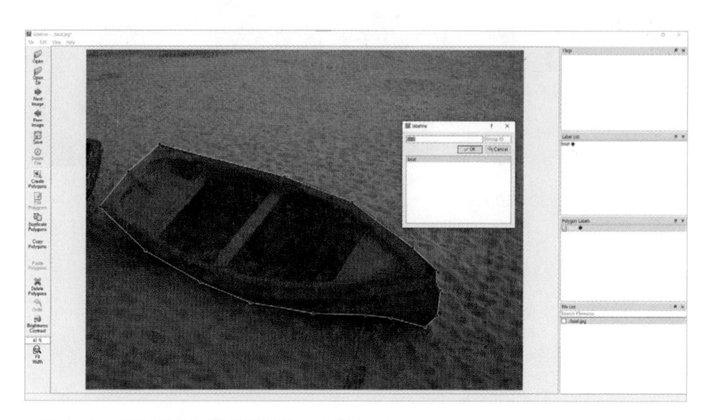

그림 9-6 데이터셋을 레이블링하는 도구인 LabelMe(http://labelme.csail.mit.edu)

9.1.3 사람과 컴퓨터 비전의 인식 과정 비교

사람과 컴퓨터 비전은 물체를 인식하는 방식이 크게 다르다. 사람은 검출을 따로 수행하지 않고 바로 분할을 수행한다. 컴퓨터 비전에서는 분할이 검출보다 어렵고 시간이 많이 걸리기 때문에 검출로 달성할 수 있는 응용을 위해 검출을 별도로 연구한다. 자율주행이 이런 응용에 해당한다.

사람은 분할과 분류, 추적, 행동 분류를 별도로 수행하지 않고 동시에 수행한다. 사람은 지식 표현이나 추론 등의 지능 요소를 통해 명확한 의도intention를 지니며, 의도에 따라 선택적 주의 집중selective attention을 발휘한다. 선택적 주의집중은 의도에 도움이 되는 부분만 세밀하게 분석하는 기능이다. 운전할 때는 운전이라는 의도를 가지고 도로를 주시하다가 목표 지점에 도달하면 주차라는 의도로 바뀌어 주차선에 집중해 주차하면서 옆 차와 접촉하지 않겠다는 세밀한 수준의 의도로 자연스럽게 전환된다. 다시 말해 사람의 의도는 거친 수준에서 세밀한 수준으로, 세밀한 수준에서 거친 수준으로 자연스럽게 전환되며, 전환에 틈새가 없고 노력이 들지 않는다. 또한 사람의 의도는 자신의 내부 상태에 따라 외부 환경과 밀접하게 상호작용하면서 수시로 변한다.

사람은 문맥context을 이용하는 데 능숙하다. [그림 9-7]에서 위에 있는 문장의 첫 번째와 두 번째 글자는 모양이 똑같다. 하지만 그것을 '지지' 또는 '거거'로 읽는 사람은 없을 것이다. 사람은 문맥을 활용하여 '거지'로 읽는다. 아래에 있는 문장의 두 번째와 세 번째 글자도 똑같은 모양인데, 이번에는 '꺼지지'로 읽는다. 사람은 영상의 특정 지역에 집중해서 알아낸 지역 정보와 영상 전체를 해석해서 알아낸 문맥 정보를 결합하여 최적의 의사결정을 한다.

사람은 정지 영상에서 최대한 많은 정보를 알아내는 동시에 연속된 영상에서 움직임을 분석해 상대의 행동을 정확하게 인식한다. 게다가 인식 결과를 활용해 상대가 마음 속에 품은 은밀한 의도까지 추론한다. 이런 수준은 컴퓨터 비전이 범접할 수 없다. 먼 미래에 고도의 지식 표현과 고도의 추론이 가능한 인공지능이 개발되고 컴퓨터 비전이 이들 기술과 밀접하게 결합해야 가능하다.

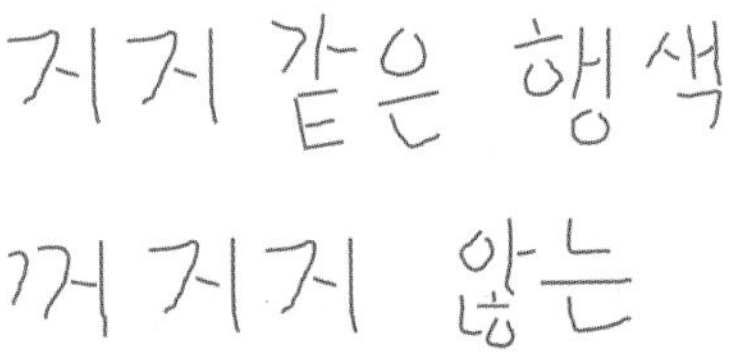

거지 같은 행색

꺼지지 않는

그림 9-7 인간은 인식할 때 문맥을 활발히 이용[오일석2014]

컴퓨터 비전은 인식을 여러 세부 문제로 나누고 독립적으로 해결한다. 심지어 세부 문제에서 대상 물체 또는 응용 과업에 따라 여러 다른 문제로 구분해 해결한다. 예를 들어 사과 따는 로봇을 제작하는 과업에서는 사과를 검출하는 문제를 다룬다. 카메라로 사과 나무 영상을 획득하고 [그림 9-6]과 같은 도구로 사과를 직사각형으로 레이블링하고 딥러닝 모델을 학습한다. 대상 물체가 포도로 바뀌면 다른 문제로 간주하고 같은 과정을 반복한다.

컴퓨터 비전은 의도가 없다. 과업이 달성해야 하는 목적이 의도를 대신하며, 단지 데이터 수집 단계에 의도를 반영하는 수준에 머물러 있다. 사과 따는 로봇을 제작하는 과업이라면 사과 검출이라는 목적이 의도가 되며, 데이터 수집 단계에서 사과를 박스로 레이블링하는 작업이 의도를 반영한다. 컴퓨터 비전은 의도가 없으니 자율적으로 선택적 주의집중을 할 수 없다. 딥러닝이 주의집중을 하는 방식은 정확률을 높이기 위해 영상의 서로 다른 영역에 다른 가중치를 주는 수준에 불과하다.

사람의 의도에 해당하는 무엇인가를 고안하고 컴퓨터 비전의 학습 과정에 반영하는 연구는 아직 시작되지 않았다. 이 주제는 컴퓨터 비전만으로는 해결할 수 없고 인공지능의 지식 표현, 추론, 계획 등의 연구 주제를 같이 고려해야 한다. 먼 훗날의 컴퓨터 비전 연구 주제다.

9.2 분류

분류는 7~8장에서 다루었고 프로그래밍 실습도 여러 번 수행했다. 여기서는 분류 알고리즘을 좀 더 체계적으로 소개한다. 9.2.1항에서는 분류를 사례 분류와 범주 분류로 구분하고 고전 알고리즘을 간략히 소개한다. 딥러닝을 활용한 현대적 해법은 7~8장에서 다루었으니 9.2.2절에서 간략히 보충한다.

9.2.1 고전 방법론

사례 분류instance classification는 내 차나 어린이 교통표지판과 같이 모양과 텍스처가 고정된 특정 물체를 찾는 문제다. 보통 모양이 변하지 않는 강체rigid object로 국한한다. 6.4절에서 만들어본 비전 에이전트 2의 교통약자 표지판 인식이 좋은 예제다. 범주 분류categorical classification는 코끼리나 자전거처럼 일반 부류에 속하는 물체를 알아내는 문제로 모양이 변하는 물체까지 포함한다. 예를 들어 자전거는 세발과 두발, 외발이 있고 코끼리는 걷거나 뛰거나 누워 있는 다양한 모양으로 나타난다.

사례 분류

사례 분류의 초기 연구는 물체를 구성하는 직선과 곡선을 분석하는 기하학적 방법이 주류였다. [그림 9-8]은 당시 연구를 정리한 [Mundy2006]에서 발췌한 그림이다. [그림 9-8(a)]는 물체를 직선의 집합으로 표현하고 물체 간의 관계를 추론하는 블록 세계blocks world다. [그림 9-8(b)]는 물체를 실린더 모양으로 표현하는 일반 실린더generalized cylinder 기법이다. [그림 9-8(c)]는 1980년대 미국방성이 주요 연구 프로젝트로 추진했던 항공 사진을 자동 분석하는 ACRONYM 시스템이다. [그림 9-8(d)]는 바라보는 시점에 따라 물체의 모양이 변하는 양상을 그래프로 표현하는 기법을 설명한다.

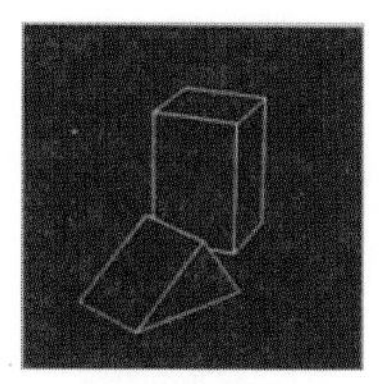

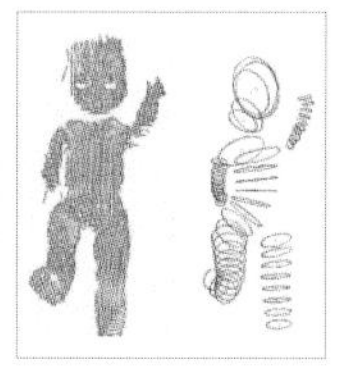

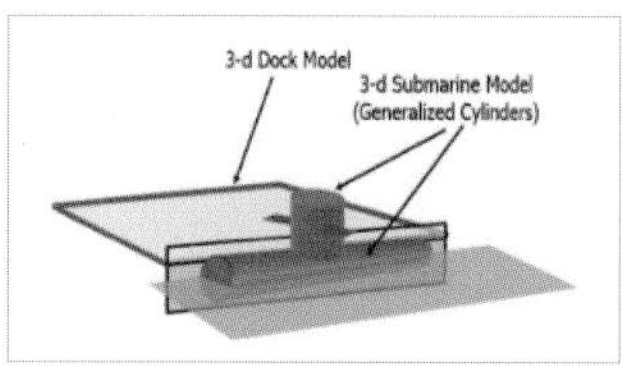

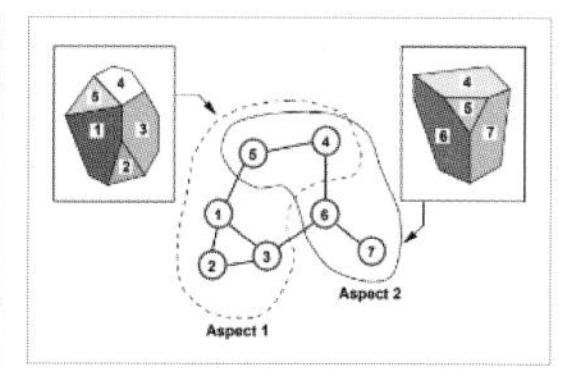

(a) 블록 세계 (b) 일반 실린더 (c) ACRONYM (d) 양상 그래프

그림 9-8 사례 분류를 해결하는 고전 기법[Mundy2006]

2000년대 들어 SIFT라는 혁신적인 특징 추출 알고리즘이 개발되었다. 또한 여러 물체가 혼재된 상황에서 이상치를 걸러낼 수 있는 RANSAC이라는 강인한 기법이 개발되었다. SIFT는 5.4절, RANSAC은 5.6.2항에서 설명했다. 이런 혁신적인 기법에 힘입어 사례 분류는 획기적으로 발전하고 다양한 실용 시스템이 등장했다. 6.4절에서 실습한 교통약자 표지판을 인식하는 비전 에이전트 2는 실용화 가능성을 보여준다.

범주 분류

범주 분류에서는 고양이, 사람, 자전거와 같은 물체가 영상에 있는지 알아내야 하는데, 부류 내 변화intra-class variation가 아주 심하다. 예를 들어 고양이는 색깔도 다양하고 품종에 따라 모양도 다르다. 또한 뛰는 고양이, 누워있는 고양이, 뒤태만 보이는 고양이가 가능하고 혼재clutter와 가림occlusion을 허용하므로 문제는 더욱 어려워진다. PASCAL VOC은 범주 분류의 성능을 겨루는 대회인데, 2005년에 시작되었으니 컨볼루션 신경망이 널리 활용되기 훨씬 이전에 도전이 시작된 셈이다. 해를 거듭하면서 성능이 꾸준히 향상되었지만 혁신은 없었다. [그림 9-9]는 당시 주류 방법인 부품 기반part-based 방법을 설명한다[Felzenszwalb2005]. 부품 기반 방법은 물체를 부품이라는 구성요소로 나눈 다음 부품 간의 연결과 기하학적 관계를 그래프로 표현한다. 당시 기법을 전반적으로 살피려면 [Everingham2015]를 참조한다.

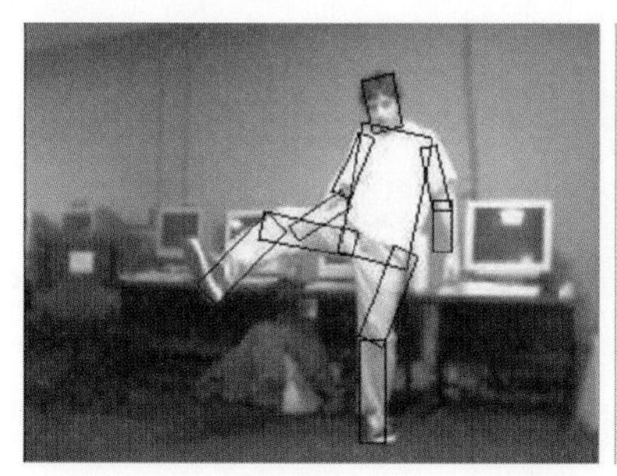

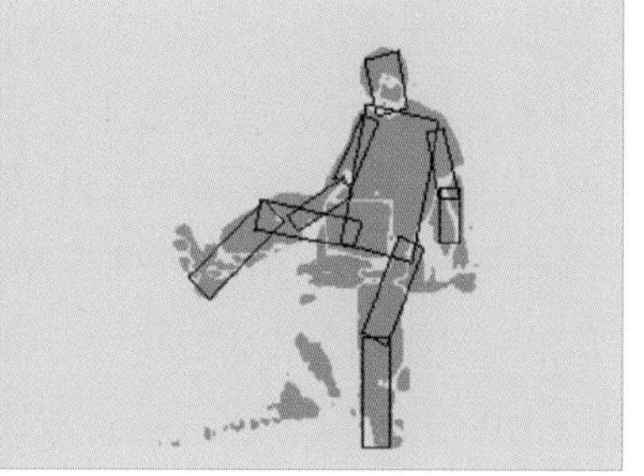

그림 9-9 부품 기반 방법[Felzenszwalb2005]

9.2.2 딥러닝 방법론

딥러닝에서는 사례 분류 문제는 이미 풀렸다고 간주하고 범주 분류에 공을 들인다. PASCAL VOC과 ILSVRC는 범주 분류를 다루는 대표적인 대회다. 부류 개수가 20개에 불과한 PASCAL VOC 대회에서는 고전 방법이 주를 이룬 반면, 1000부류로 크게 늘어난 ILSVRC 대회에서는 2012년 AlexNet이 우승한 이후 컨볼루션 신경망이 주류를 이룬다 [Krizhvsky2012].

[그림 9-10]은 PapersWithCode 사이트가 제공하는 ImageNet 성능 향상 추세다. 상단에 있는 View에서 1순위와 5순위 정확률을 선택할 수 있는데, 이 그림은 5순위 정확률이다. 2010년 중반까지는 [그림 8-5]와 겹치는데, 대회가 종료된 이후에도 꾸준한 성능 향상이 이루어졌다. 가장 최근에는 Florence 모델이 5순위 정확률 99.02%와 1순위 정확률 90.88%를 달성해 선두를 달리고 있다[Yuan2021].

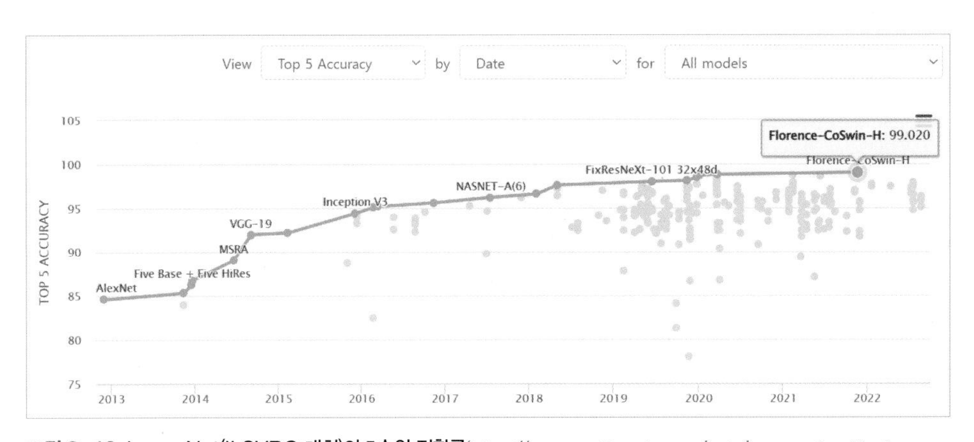

그림 9-10 ImageNet(ILSVRC 대회)의 5순위 정확률(https://paperswithcode.com/sota/image-classification-on-imagenet)

범주 분류의 특수한 문제로 미세 분류fine-grained classification가 있다. 예를 들면 개나 새의 품종을 알아내는 문제가 있다. [그림 9-11]의 첫째 행이 보여주는 바와 같이 Laysan Albatross라는 품종에 새끼와 어미, 날고 헤엄치는 동작 등의 다양한 영상이 있어 부류 내 변화within-class variation가 크다. 둘째 행은 서로 다른 품종에서 부류 간 변화between-class variation가 적어 아주 어렵다. 미세 분류를 위한 데이터셋으로는 Stanford dogs[Khosla2011], Stanford cars[Krause2013], CUB-200Caltech UCSD Birds 200[Welinder2010], iNat[Horn2018], Oxford 102 flower 등이 있다. 이 책은 [프로그램 8-7]에서 Stanford dogs 데이터셋에

ResNet을 이용한 전이 학습을 적용해 82%의 정확률을 달성했고, 이렇게 전이 학습한 모델을 사용해 [프로그램 8-8]에서 개 품종을 인식하는 데 쓸 수 있는 비전 에이전트 6을 작성하였다.

Laysan Albatross

Rusty Blackbird　Fish Crow　Brewer Blackbird　Shiny Cowbird

그림 9-11 부류 내 변화가 크고 부류 간 변화가 작은 미세 분류 문제(CUB-200 데이터셋)

설명 가능

인간은 의사결정의 이유를 설명하는 능력이 뛰어나다. 의사는 영상을 보면서 진단 결과를 환자에게 조목조목 설명한다. 딥러닝은 분류 성능에 획기적인 향상을 가져왔지만 분류 결과에 대한 이유를 설명하지 못하는 치명적인 한계를 안고 있다. [그림 9-12]는 설명 기능이 전혀 없는 모델, 시각화 수준의 설명이 가능한 모델, 문장 수준의 설명이 가능한 모델을 개념적으로 보여준다.

91.5% 확률로 붉은 날개 검은 새로 분류

하이라이트 영역을 보고 91.5% 확률로 붉은 날개 검은 새로 분류

노란 띠와 붉은 반점을 보고 91.5% 확률로 붉은 날개 검은 새로 분류

그림 9-12 딥러닝의 설명 수준(왼쪽부터 설명 없음, 시각화 수준 설명, 문장 수준 설명)

딥러닝에서 설명 기능을 확보하려는 많은 연구가 진행되고 있다. 대표적인 연구 결과로 CAM과 GradCAM이 있다. CAMClass Activation Map은 컨볼루션 신경망의 뒷부분에 있는 완전연결층을 전역평균풀링층GAP layer; Global Average Pooling layer으로 대치한 신경망에서만 작동하는 한

계가 있다[Zhou2016]. GradCAM은 CAM의 한계를 극복해 다양한 신경망 구조에 적용할 수 있는 기법이다[Selvaraju2016]. [그림 9-12]의 가운데 영상은 새의 품종을 분류하는 모델에 GradCAM을 적용해 모델이 어느 곳을 보고 붉은 날개 검은 새라는 품종으로 분류했는지 설명하는 예다. 11장에서 공부할 비전 트랜스포머는 설명 가능성에 새로운 길을 제시한다.

적대적 공격adversarial attack과 방어 전략

세게디는 딥러닝 모델이 기대를 벗어난 형태로 동작할 수 있음을 보여준다[Szegedy2013]. [그림 9-13(a)]는 '버스' 부류에 속하는 왼쪽 영상에 가운데 있는 잡음을 더해 오른쪽 영상을 만드는 과정이다. 사람의 육안으로는 왼쪽과 오른쪽 영상이 같지만 딥러닝 모델은 왼쪽 영상을 '버스'로 옳게 분류하고 오른쪽 영상을 '타조'로 틀리게 분류한다. 논문은 영상을 적절히 조작하면 모델을 속여 원하는 부류로 분류하게 만들 수 있다는 실험 결과를 제시한다. [그림 9-13(b)]는 교통 표지판 영상에 적절한 형태로 스티커를 붙이면 모델을 속일 수 있다는 또 다른 연구 결과다[Eykholt2018].

이런 연구 결과는 나쁜 목적으로 딥러닝 모델을 해킹했을 때의 위험성을 보여준다. 특히 자율주행이나 의료 장비와 같이 생명에 직결된 경우에는 더욱 치명적일 수 있다. 적대적 공격에 대한 기술적 취약성을 이해하고 이에 대응하기 위한 방어 전략 또한 활발하게 연구되고 있다[Goodfellow2018].

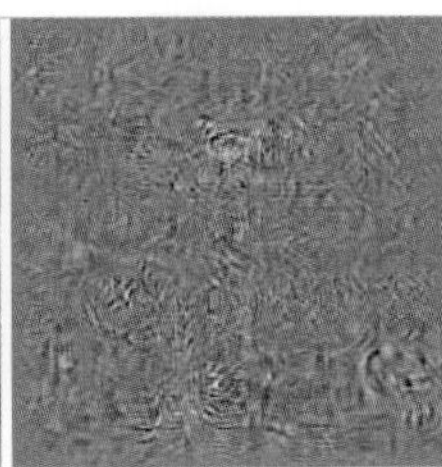
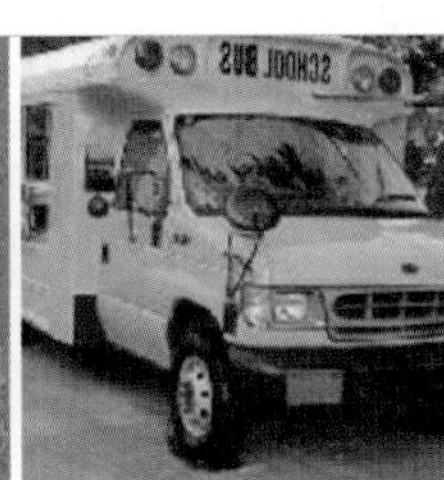

(a) 자연 영상 교란[Szegedy2013]

(b) 교통 표지판에 스티커 부착

그림 9-13 적대적 공격

9.3 검출

검출은 영상에서 여러 개의 물체를 찾아 위치와 함께 부류를 지정해야 하므로 분류에 비해 훨씬 어렵다. 분류와 마찬가지로 검출도 규칙 기반 방법론에서 딥러닝 방법론으로 대전환하면서 획기적인 성능 향상이 이루어졌다. 현재는 검출 소프트웨어를 자율주행차에 장착해 사용할 정도로 기술이 성숙했다. 기술 발전 과정을 잘 정리한 서베이 논문으로 [Zhao2019, Liu2018, Jiao2019, Zaidi2021]을 추천한다. 성능 측정 방법을 정리한 서베이 논문으로는 [Padilla2020]을 추천한다.

9.3.1 성능 척도

검출 모델은 입력 영상에 있는 물체를 바운딩 박스bounding box라는 직사각형으로 지정하는데, 박스마다 물체 부류와 신뢰도를 같이 출력한다. 검출 모델의 성능은 주로 mAPmean Average Precision로 측정한다. PASCAL VOC 대회에서 mAP를 적용하기 시작했는데, 현재는 단점을 보완한 COCO 대회의 mAP를 주로 사용한다. 여기서는 COCO의 mAP를 설명한다. mAP는 물체 부류 각각에 대해 AP를 계산하고 이들 AP를 모든 부류에 대해 평균하여 구한다. 다음은 AP 계산법이다.

사과 부류를 예로 들어 AP를 계산하는 방법을 소개한다. AP는 [그림 9-14]의 IoUIntersection over Union를 기반으로 계산한다. 빨간색 박스 B_{GT}는 사과로 레이블링된 참값이고 파란색 박스 $B_{predict}$는 모델이 사과로 예측한 것이다. 식 (9.1)은 IoU를 정의한다. 예를 들어 가로 빗금 친 합집합 면적이 70화소이고 세로 빗금 친 교집합 면적이 30화소라면 IoU는 30/70=0.4286이다.

$$\text{IoU} = \frac{area\left(B_{predict} \cap B_{GT}\right)}{area\left(B_{predict} \cup B_{GT}\right)} \qquad (9.1)$$

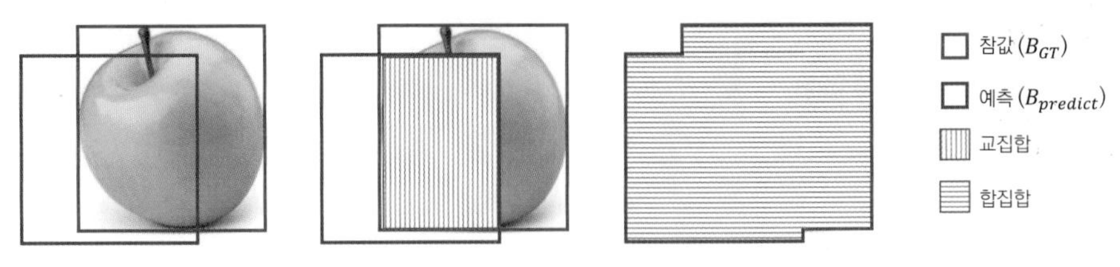

그림 9-14 IoU 계산

[그림 9-14]는 한 쌍의 박스를 대상으로 IoU를 계산하는데, 실제 상황에서는 [그림 9-15]와 같이 겹치는 박스가 여럿 나타나 복잡한 상황이 된다. 참값 하나가 여러 예측과 겹치거나 하나의 예측이 여러 참값과 겹치고 겹침이 없는 경우가 발생한다. AP는 이런 상황에서 계산한다. [그림 9-15]에는 참값이 ①~④, 모델의 예측이 ⓐ~ⓕ로 표시되어 있다. AP를 계산하려면 참 긍정, 거짓 긍정, 거짓 부정의 개수인 TP, FP, FN을 세야 하는데, 이를 위해서는 신뢰도 임곗값과 IoU 임곗값을 설정해야 한다. [그림 9-15(a)]는 두 임곗값을 0.6과 0.5로 설정한 상황이다.

AP 계산 알고리즘은 신뢰도 임곗값을 넘는 예측 박스만 선택해서 예측 목록을 만든다. 예측 목록에 있는 박스를 신뢰도로 정렬한 다음 값이 큰 박스부터 순서대로 처리한다. 현재 예측 박스가 IoU 임곗값을 넘으면 참 긍정TP; True Positive으로 판정하고, 그렇지 않으면 거짓 긍정FP; False Positive으로 판정한다. ⓑ처럼 2개 이상의 참값 박스와 겹치는 경우에는 IoU가 최대인 쌍을 사용한다. 참 긍정이 발생하면 쌍이 된 참값 박스를 참값 목록에서 제거해 이중으로 쌍을 맺는 일을 방지한다. 예측 목록에 있는 박스를 모두 처리했는데 쌍을 맺지 못한 채 남아있는 참값 박스는 모두 거짓 부정FN; False Negative으로 판정한다. 이렇게 판정한 참 긍정, 거짓 긍정, 거짓 부정의 개수를 각각 TP, FP, FN이라 하며, 식 (5.15)에 따라 정밀도는 $\frac{\text{TP}}{\text{TP}+\text{FP}}$, 재현율은 $\frac{\text{TP}}{\text{TP}+\text{FN}}$로 계산한다.

[예시 9-1] 정밀도와 재현율 계산

[그림 9-15(a)]는 ①~④로 표시된 참값 박스와 ⓐ~ⓕ로 표시된 예측 박스가 발생한 사례다. 예측 박스의 왼쪽 위에 붙어 있는 숫자가 신뢰도다. 신뢰도 임곗값은 0.6, IoU 임곗값은 0.5로 설정했다. 신뢰도 임곗값을 넘긴 예측 박스로 예측 목록 {ⓐ,ⓑ,ⓓ}를 만든다.

신뢰도로 정렬하면 ⓑ, ⓓ, ⓐ 순이므로 ⓑ를 먼저 처리한다. ⓑ는 ②, ③과 겹치는데, ②의 IoU가 0.86으로 더 크므로 ⓑ-②를 쌍으로 맺고 참 긍정으로 판정한다. ②는 참값 목록에서 제외한다. 이제 ⓓ를 처리한다. ⓓ는 ④와 IoU가 0.12인데, IoU 임곗값을 넘지 못하므로 ⓓ를 거짓 긍정으로 판정한다. 이제 ⓐ를 처리한다. ⓐ와 ①은 IoU 임곗값을 넘기므로 ⓐ-①을 쌍으로 맺고 참 긍정으로 판정한다. 예측 박스를 모두 처리했는데 쌍을 맺지 못한 채 남아있는 ③과 ④는 거짓 부정으로 판정한다. 정밀도와 재현율은 다음과 같다.

신뢰도 임곗값이 0.6일 때: TP=2, FP=1, FN=2
→ 정밀도=2/3=0.666, 재현율=2/4=0.5

신뢰도 임곗값을 0.5로 낮추면 [그림 9-15(b)]의 상황이 되고 정밀도와 재현율은 다음과 같다.

신뢰도 임곗값이 0.5일 때: TP=3, FP=2, FN=1
→ 정밀도=3/5=0.6, 재현율=3/4=0.75

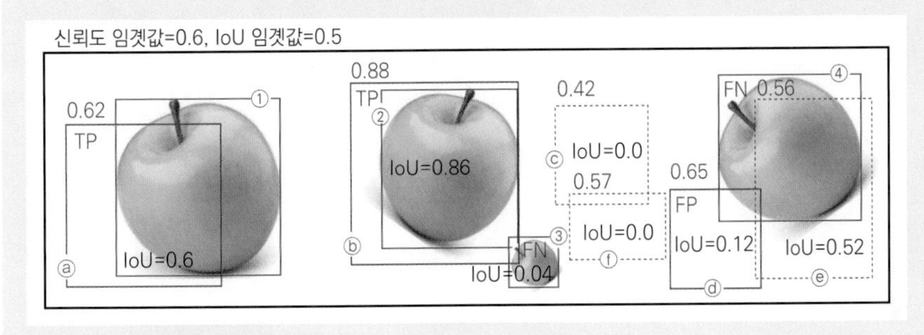

(a) 신뢰도 임곗값을 0.6으로 설정

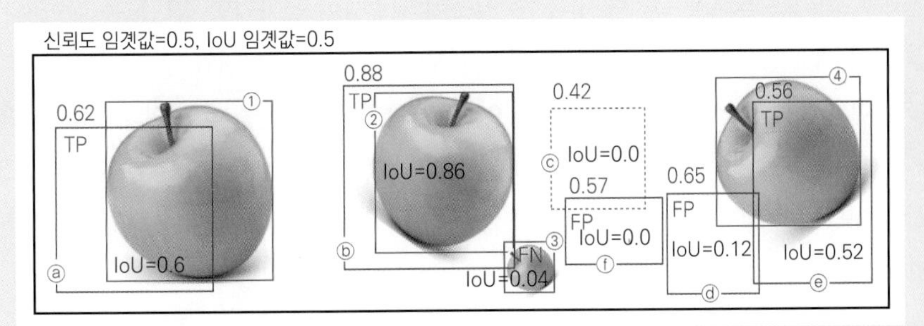

(b) 신뢰도 임곗값을 0.5로 설정

그림 9-15 TP, FP, FN 세기(IoU 임곗값=0.5)

신뢰도 임겟값을 0.0, 0.1, 0.2, …, 0.9, 1.0으로 증가시키면서 재현율과 정밀도를 측정하면 [표 9-1]이 된다.

표 9-1 신뢰도 임겟값에 따른 [그림 9-15] 상황의 재현율과 정밀도

신뢰도 임겟값	0.0	0.1	0.2	0.3	0.4	0.5	0.6	0.7	0.8	0.9	1.0
재현율	0.75	0.75	0.75	0.75	0.75	0.75	0.5	0.25	0.25	0.0	0.0
정밀도	0.5	0.5	0.5	0.5	0.5	0.6	0.666	1.0	1.0	–	–

가로축과 세로축에 재현율과 정밀도를 배치하고 [표 9-1]을 그래프로 그리면 [그림 9-16]의 정밀도-재현율 곡선precision-recall curve을 얻는다.

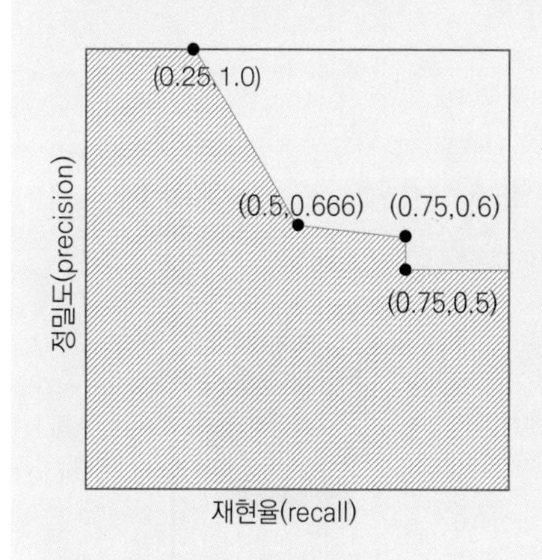

그림 9-16 정밀도-재현율 곡선

[그림 9-16]의 정밀도-재현율 곡선에서 볼 수 있듯이 재현율이 높아지면 정밀도는 낮아지는 경향이 있다. 이 예제는 영상 한 장으로 추정했기 때문에 점이 4개뿐이지만 많은 영상을 가지고 재현율과 정밀도를 측정하면 꽤 촘촘한 곡선이 된다. 정밀도-재현율 곡선 아래 빗금 친 영역의 면적이 AP다. AP는 [0,1] 범위인데 1에 가까울수록 좋다. 지금까지 한 부류로 국한하고 AP를 계산하는 방법을 설명했다. 부류별로 AP를 구한 다음 모든 부류에 대한 평균을 계산하면 mAP가 된다.

9.3.2 고전 방법

검출을 위한 초기 연구는 주로 사람 또는 사람의 얼굴에 국한해 진행되었다. PASCAL VOC

대회가 시작된 이후 여러 부류로 확장한 연구가 활성화되었다. 2005년 1회 대회에서는 {사람, 자전거, 자동차, 오토바이}의 4개 부류를 검출했고, 2006년 2회 대회에서는 {사람, 자전거, 자동차, 오토바이, 버스, 고양이, 소, 개, 말, 양}의 10개 부류로 확장되었으며, 2007년 3회 대회부터 {사람, 자전거, 자동차, 오토바이, 보트, 기차, 고양이, 소, 개, 말, 양, 새, 병, 의자, 식탁, 화분, 소파, TV/모니터}의 20부류로 확장되었다[Everingham2010].

[그림 9-17]은 고양이 검출을 예시하는데, 고양이가 나타나는 위치와 크기, 모양 변화가 아주 심하다. 이를 통해 검출 문제가 어렵다는 점을 이해할 수 있다. 검출은 물체의 위치를 찾는 일과 부류를 알아내는 일을 같이 해결해야 한다. 그런데 입력 영상의 어디에 어떤 물체가 있는지 한번에 알아내기 어렵다. 따라서 가능성이 있어 보이는 후보 영역을 많이 생성한 다음 후보 영역을 분류 알고리즘으로 걸러내는 두 단계 접근 방법을 주로 사용한다. 이 접근 방법을 제대로 구현하려면 후보 영역을 가급적 적게 생성하면서 실제 물체를 놓치지 않아야 하며, 후보 영역을 높은 정확률로 분류할 수 있어야 한다.

그림 9-17 물체의 위치와 크기, 모양의 다양성(Open Images V6)

성공적인 얼굴 검출 방법으로는 Viola 알고리즘이 유명하다[Viola2004]. Dalal은 HOG Histogram Of Gradients 특징을 제안하고 HOG를 통해 사람 검출로 확장했다. 이후 20부류의 물체를 검출할 수 있도록 추가로 확장해 PASCAL VOC 대회에서 우승했다[Dalal2005]. 여기서는 HOG 특징을 소개한다. HOG는 5.4절에서 소개한 SIFT와 쌍벽을 이룰 정도로 널리 쓰이는 특징이다.

[그림 9-18]은 후보 영역에서 HOG 특징을 추출하는 과정을 설명한다. 영상에 있는 빨간색 박스가 후보 영역이다. 먼저 후보 영역의 크기를 128×64로 변환한다. 이 영역을 8×8 크기로 나누면 16×8개의 타일이 생긴다. 각 타일에서 특징을 추출한다. [그림 9-18]은 녹색 타일에 대한 특징 추출 과정을 예시한다. 타일에 있는 64개의 화소에 각각 수평 방향과 수직 방향의 에지 연산자를 적용해 그레이디언트 방향을 계산하고 9개 구간으로 양자화한다. 그레이디언트 방향을 계산하는 방법은 식 (4.5)를 참조한다. 양자화된 그레이디언트 방향으로 히스토그램을 구하면 9차원 특징 벡터가 된다. 명암 변화에 둔감하게 하기 위해 특징 벡터를 정규화한다. 정규화 과정에서는 노란색으로 표시한 4개 타일의 특징 벡터를 이어 붙여 36차원의 벡터를 만든 다음 36개 요소의 제곱을 합하면 1이 되게 한다. 노란색 윈도우는 타일 하나씩 이동하므로 세로 방향으로 15번, 가로 방향으로 7번 이동한다. 결국 15×7×36=3780차원의 특징 벡터를 얻는다. 이 특징 벡터를 HOG 특징이라고 한다.

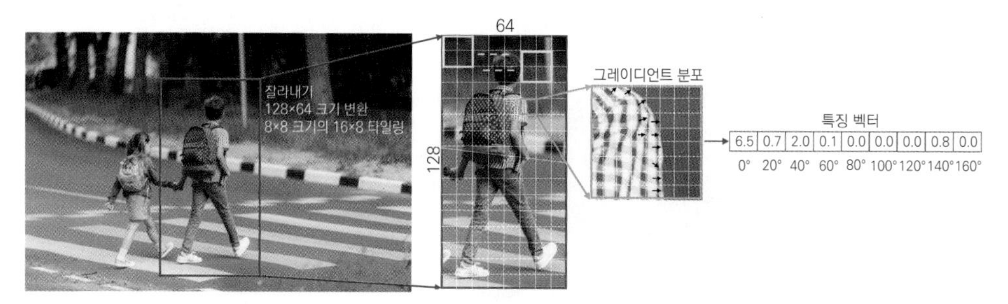

그림 9-18 HOG 특징 추출

후보 영역이 사람인지의 여부는 후보 영역에서 추출한 HOG 특징을 SVM에 입력해 알아낸다. SVM은 HOG 특징을 분류해 사람일 확률을 출력한다. SVM을 학습하려면 사람 영역과 사람 아닌 영역을 많이 모아 데이터셋을 구성해야 한다. 긍정에 해당하는 사람 영역은 사람이라고 레이블링된 박스를 잘라내어 모으고, 부정에 해당하는 사람 아닌 영역은 사람이 없는 영상에서 랜덤하게 부분 영상을 잘라내 모은다.

후보 영역을 생성할 때는 윈도우를 일정 간격으로 이동하는 슬라이딩 윈도우sliding window 방식을 주로 사용한다. 물체의 크기를 알 수 없기 때문에 입력 영상을 절반씩 줄여 여러 해상도의 영상을 만들고 각 영상에 슬라이딩 윈도우를 적용하거나 윈도우 크기를 점점 키우는 방식을 사용한다.

이후 등장한 DPMDeformable Part Model은 부품을 이용해 물체를 모델링하기 때문에 부품 기반 모델part-based model로 불리기도 한다[Felzenszwalb2010]. [그림 9-17]처럼 물체는 자세와 모양이 심하게 변한다. DPM은 이런 특성을 반영하기 위해 물체를 몇 개의 부품으로 모델링한다. [그림 9-19(a)]는 사람을 5개 부품으로 모델링하는데, 맨 왼쪽은 물체 전체, 가운데는 5개 부품, 오른쪽은 부품이 발생할 위치에 대한 확률 분포다. 특징으로는 HOG를 사용한다. 검출 모델은 학습으로 알아낸다. [그림 9-19(b)]는 이렇게 모델링한 DPM으로 사람을 검출한 사례다.

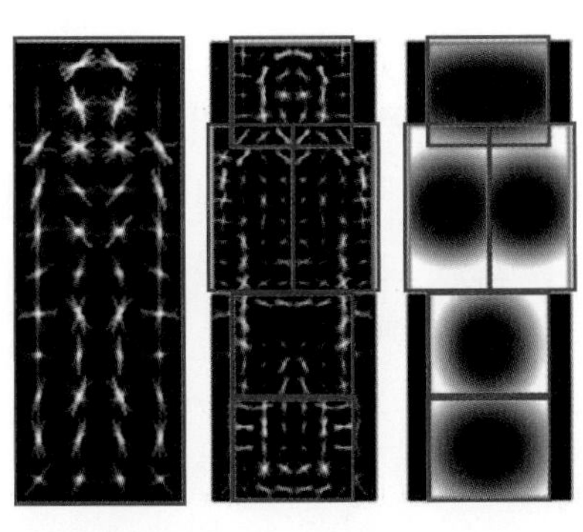

(a) 사람의 DPM

(b) 사람을 검출한 사례

그림 9-19 DPM으로 사람 검출[Felzenszwalb2010]

9.3.3 컨볼루션 신경망: RCNN 계열

ILSVRC 대회 초기에는 검출 부문에서 고전 방법론이 우승을 차지했는데, 2014년에는 컨볼루션 신경망을 사용한 RCNN이 우승했다. 이후 고전 방법은 자취를 감추고 검출에서 컨볼루션 신경망 시대가 열렸다.

RCNNRegions with CNN features은 후보 영역을 생성하는 단계와 후보 영역을 분류하는 단계로 구성된다[Girshick2014]. RCNN은 후보 영역을 영역 제안region proposal이라고 한다. 두 단계를 순차적으로 처리하므로 RCNN에 기반을 둔 방법을 두 단계 방법이라 부른다. 다른 접근 방법은 위치와 부류 정보를 묶어 참값을 만들고 신경망 모델이 참값을 알아내도록 학습한다. 이 방법은 한꺼번에 위치와 부류 정보를 알아내므로 한 단계 방법이라 부른다. 한 단계 방법에서는 YOLO라는 모델이 대표적이다. [그림 9-20]은 물체 검출을 위해 두 줄기로 발전하는 컨볼루션 신경망을 요약한 것이다.

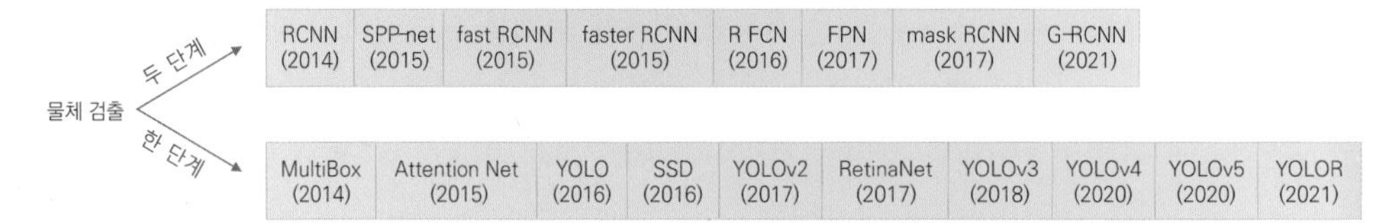

그림 9-20 물체 검출을 위한 컨볼루션 신경망의 발전(두 단계의 RCNN 계열과 한 단계의 YOLO 계열)

RCNN

[그림 9-21]은 영역 제안과 영역 분류의 두 단계를 거치는 RCNN의 처리 과정이다[Girshick 2014]. 영역 제안은 물체가 있을 가능성이 높은 영역을 찾는 단계인데, 당시에 다양한 방법이 있었다. RCNN은 그중 선택적 탐색selective search 알고리즘을 이용해 영상에서 2000여 개의 후보 영역을 생성한다. 선택적 탐색은 영상을 슈퍼 화소로 분할한 다음 군집화하는 과정으로 영역을 생성한다[Uijlings2013]. 이렇게 생성된 영역을 227×227 크기로 정규화하고 컨볼루션 신경망에 입력해 4096차원의 특징 벡터를 추출한다. 특징 벡터를 분류해 물체 부류를 알아내는 일은 SVM이 담당한다. SVM은 이진 분류기이므로 물체 부류마다 SVM을 학습한다. Pascal VOC의 경우 물체 부류가 20개이므로 21개 SVM이 각자 부류 확률을 계산해 [그림 9-21]의 맨 오른쪽에 있는 부류 확률 벡터를 출력한다. 21번째 SVM은 물체 아님 부류를 책임진다. 이렇게 2000여 개 후보 영역에 대해 위치와 부류 정보를 확보한 다음, 21번 부류를 버리고 나머지에 대해 후처리를 거쳐 위치와 부류를 최종 출력한다.

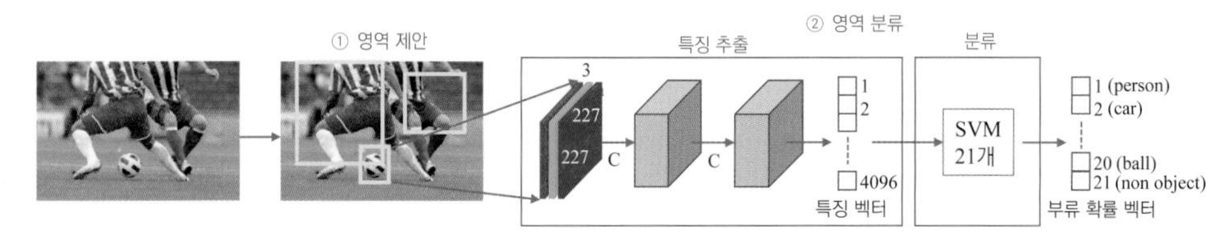

그림 9-21 RCNN의 처리 과정

RCNN은 물체 검출에 컨볼루션 신경망을 도입했다는 면에서 혁신적이다. 그러나 영역 제안을 위해 고전 방법을 사용하고 특징 추출은 컨볼루션 신경망을 사용하지만 분류는 SVM을 사용한다는 한계가 있다. 또한 영역마다 독립적으로 분류를 수행하므로 속도가 느리다는 결정적인 단점이 있다. 이에 RCNN의 한계를 극복하는 fast RCNN과 faster RCNN이 등장했다.

fast RCNN

[그림 9-22]는 fast RCNN의 처리 과정이다[Girshick2015]. 영역 제안 단계에서는 RCNN

과 마찬가지로 선택적 탐색을 이용하는데, 영역을 분류하는 단계에서 SVM을 신경망으로 대치한다. fast RCNN은 입력 영상을 컨볼루션층을 통과시켜 오렌지 색으로 표시한 Conv 특징 맵을 얻는다. Conv 특징 맵에서 후보 영역에 해당하는 곳을 ROIRegion Of Interest로 지정하는 ROI 투영을 수행한다. 그림에서 왼쪽 선수에 해당하는 ROI를 노란색으로 예시한다. ROI에 ROI 풀링층을 적용해 고정 크기 맵을 출력한다. 그림에서 녹색으로 표시한 7×7 맵이다. 이 특징 맵을 2개의 완전연결(FC)층을 통과시켜 4096차원의 ROI 특징 벡터로 변환한다. ROI 특징 벡터는 두 갈래로 나뉘어 한 줄기는 분류를 담당하는 FC층을 통과하여 부류 확률 벡터가 되고 다른 갈래는 회귀를 담당하는 FC층을 통과하여 부류별 박스 정보가 된다. 박스 정보는 위치 x와 y, 너비 w와 높이 h로 표현된다. 지금까지 설명한 ROI 투영 → ROI 특징 벡터 추출 → 분류와 회귀 과정을 모든 후보 영역에 적용한다. 물체 없음으로 판정된 후보 영역을 버리고 나머지를 후처리하여 박스 정보와 부류 정보를 최종 검출 결과로 출력한다.

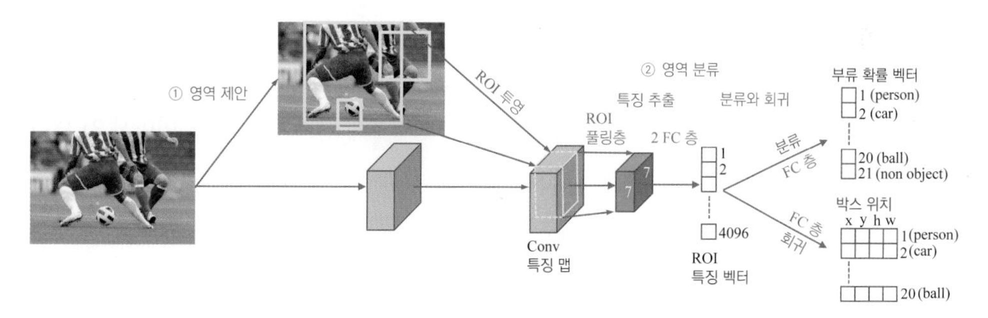

그림 9-22 fast RCNN의 구조

fast RCNN은 박스 정보를 알아내는 회귀와 부류를 알아내는 분류를 동시에 수행하는데, 하나의 손실 함수로 두 과업을 달성한다. 따라서 손실 함수는 $J = J_{classification} + \lambda J_{regression}$ 형식을 가지며 이를 다중 과업 손실 함수multi-task loss function라 부른다. λ는 두 과업의 비중을 결정하는 하이퍼 매개변수로서, 실험에서는 1로 설정했다. Conv 특징 맵을 추출하는 곳에 VGGNet이나 GoogLeNet과 같이 사전 학습된 모델을 배치하고 fast RCNN 전체를 미세 조정 방식으로 전이 학습한다.

fast RCNN은 RCNN을 상당히 개선했지만 영역 제안 단계는 여전히 고전 알고리즘인 선택적 탐색을 사용한다. 선택적 탐색 알고리즘은 한 장의 영상을 처리하는 데 CPU로 2초 가량 걸린다고 알려져 있다. 결국 영역 분류 단계는 RCNN에 비해 상당한 속도 개선을 했는데, 영역 제안이 실시간 처리를 방해하는 병목으로 남아 있다.

faster RCNN

faster RCNN은 영역 제안을 담당하는 모듈을 RPNRegion Proposal Network이라는 신경망으로 대치해 fast RCNN에 비해 속도와 정확률을 획기적으로 개선한다[Ren2015]. faster RCNN은 2015년 ILSVRC와 COCO 대회의 검출 부문에서 우승을 차지해 컨볼루션 신경망만으로 물체 검출을 수행하는 시대를 열었다.

[그림 9-23]은 faster RCNN의 구조다. [그림 9-22]의 fast RCNN에서 영역 제안을 담당하는 모듈을 RPN으로 대치한 구조다. faster RCNN은 사전 학습된 VGG16을 앞에 배치해 오렌지색으로 표시된 H×W 크기의 특징 맵을 추출한다. 영역 제안을 담당하는 RPN은 이 특징 맵의 각 화소에서 3×3 필터로 512차원의 특징 벡터를 추출한다. 이 특징 맵에 1×1 컨볼루션을 적용해 물체 여부를 나타내는 2개의 값과 또 다른 1×1 컨볼루션을 적용해 박스 정보를 나타내는 값 4개를 추출한다. 이 연산을 9번 적용해 크기와 가로세로 비율이 다른 박스 9개를 생성한다. faster RCNN은 이 박스를 앵커anchor라 부르는데, 여러 크기의 물체를 표현하는 앵커를 생성함으로써 다중 크기의 물체 검출 능력을 갖춘다. 결국 H×W개의 화소마다 앵커 9개가 생성되므로 총 H×W×9개의 앵커가 생성된다. 실험에서는 H×W=2400이어서 21,000개 가량의 앵커가 생성된다. 여기에 비최대억제를 적용해 2,000여 개의 앵커만 남긴다.

이 앵커들을 후보 영역으로 간주해 [그림 9-23] 신경망의 뒷부분에 있는 fast RCNN으로 입력한다. fast RCNN은 후보 영역 각각에 대해 ROI 투영 → ROI 특징 벡터 추출 → 분류와 회귀 과정을 적용한다. 물체 없음으로 판정된 후보 영역을 버리고 나머지를 후처리하여 박스 정보와 부류 정보를 최종 검출 결과로 출력한다.

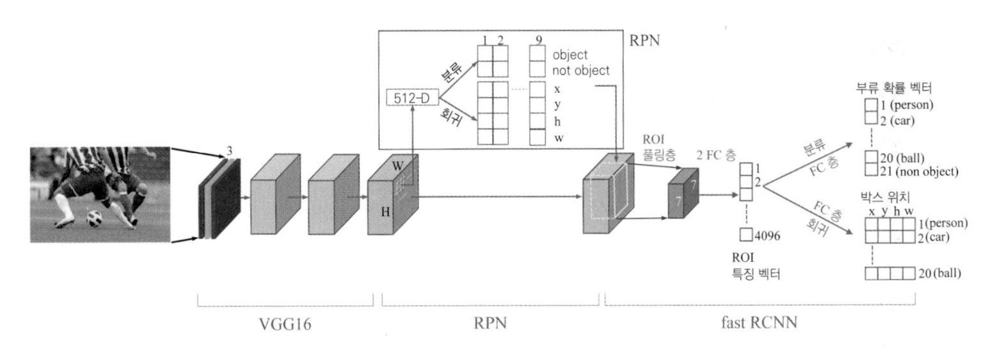

그림 9-23 faster RCNN의 구조

9.3.4 컨볼루션 신경망: YOLO 계열

YOLO는 RCNN 계열에 비해 정확도는 떨어지지만 속도가 월등히 빠른 장점이 있다. 2016년 최초 발표된 YOLO v1은 Titan X GPU에서 초당 45프레임을 처리한다[Redmon2016]. [그림 9-20]에서 소개했듯이 YOLO는 물체 위치와 부류 정보를 회귀를 통해 한꺼번에 알아내는 한 단계 처리 방식이다. YOLO라는 이름은 이런 특성을 반영한 You Only Look Once에서 유래한다.

최초 버전인 YOLO v1은 영상을 s×s 격자로 나눈다. 실제 구현에서는 [그림 9-24]의 노란색 선분처럼 s=7로 설정해 총 49개의 칸이 있다. 빨간색 박스는 데이터셋에 레이블링되어 있는 참값이다. 예제에는 사람 부류에 속하는 박스 2개와 공 부류에 속하는 박스 1개가 레이블링되어 있다.

[그림 9-24]는 검은색으로 표시한 칸을 예로 들어 90차원의 벡터로 표현한다. 빨간색 유니폼을 입은 왼쪽 선수를 표시한 빨간색 박스의 중심은 검은색 칸에 놓인다. 따라서 검은색으로 표시한 칸이 이 박스를 책임진다. 벡터는 90차원인데 앞의 5개 요소인 x1, y1, w1, h1, o1이 박스의 위치와 크기, 신뢰도를 표현한다. 박스의 위치와 크기는 영상 좌표계를 [0,1] 사이로 정규화하고 정규화 좌표를 중심으로 표현한다. x2, y2, w2, h2, o2는 또 다른 박스를 표현할 수 있어 한 칸은 박스를 2개까지 책임질 수 있다. p1, p2, ⋯, p80은 해당 박스가 어떤 물체 부류에 속하는지 나타내는 원핫 코드다. 이 예는 80부류를 가진 COCO 데이터셋을 가정한다. 칸이 7×7개 있기 때문에 신경망은 7×7×90 텐서를 출력한다. 초기 YOLO는 부류 개수가 20인 PASCAL VOC 데이터셋을 사용했기 때문에 출력 텐서는 7×7×30이었다.

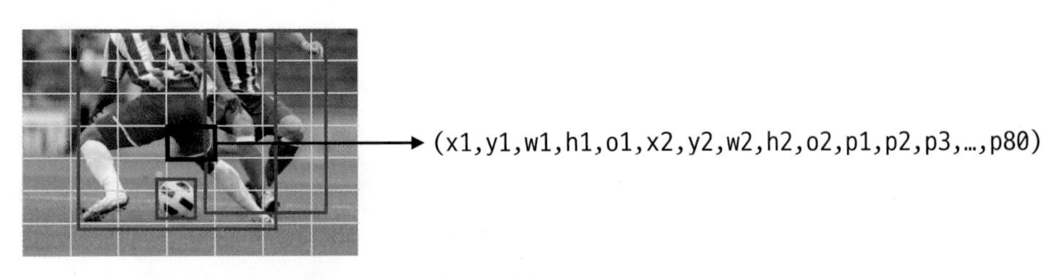

그림 9-24 YOLO가 물체의 위치와 부류를 표현하는 방식

YOLO 신경망은 RCNN 계열에 비해 상당히 단순하다. [그림 9-25]는 YOLO가 사용하는 컨볼루션 신경망의 구조다. 컨볼루션층 24개, 최대풀링층 4개, 완전연결층 2개로 구성된다. 영상은 448×448 크기로 변환되어 입력되며 출력은 7×7×90 텐서다.

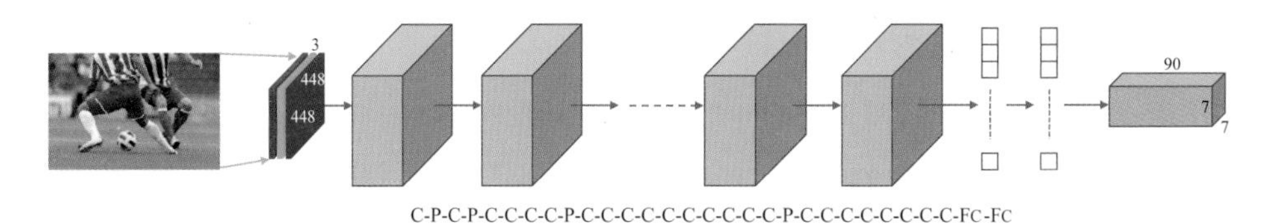

그림 9-25 YOLO가 사용하는 컨볼루션 신경망 구조

[그림 9-25]의 신경망은 영상을 입력으로 주고 7×7×90 텐서를 참값으로 주어 통째 학습한다. 참값 텐서에 실수로 표현되는 박스 정보와 원핫 코드로 표현되는 부류 정보가 섞여 있어 회귀와 분류가 동시에 일어난다. YOLO의 손실 함수는 5개의 항으로 구성된 조금 복잡한 식이다. 첫째 항과 둘째 항은 각 박스의 위치 오류와 크기 오류를 측정한다. 셋째 항은 물체가 있는데 없다고 했을 때의 오류, 넷째 항은 물체가 없는데 있다고 했을 때의 오류를 측정한다. 다섯째 항은 부류를 나타내는 원핫 코드의 오류를 측정한다.

[그림 9-20]에서 볼 수 있듯이 YOLO는 버전업 과정을 여러 번 거친다. YOLO v1은 작은 물체를 놓치는 경우가 많은데, [그림 9-26]의 YOLO v3은 여러 스케일을 표현해 다양한 크기의 물체를 검출하는 능력이 향상되었다[Redmon2018]. YOLO v1은 [그림 9-24]처럼 영상을 7×7 격자로 나누고, 각 칸은 물체 2개를 담당할 수 있도록 (물체1, 물체2, 부류)의 90차원 벡터로 표현한다. YOLO v3은 (물체, 부류)의 85차원 벡터를 추출하는 층을 신경망의 세 곳에 배치한다. yolo_82층에서는 14×14 격자로 나누어 14×14×85×3 텐서를 출력한다. 따라서 14×14의 각 요소는 박스를 3개까지 출력한다. yolo_94층은 28×28 격자로 나누어 28×28×85×3 텐서를 출력하고, yolo_106층은 56×56 격자로 나누어 56×56×85×3 텐서를 출력한다. 이 층들이 출력한 텐서를 물체 정보로 변환하면 다양한 크기의 물체를 검출할 수 있다.

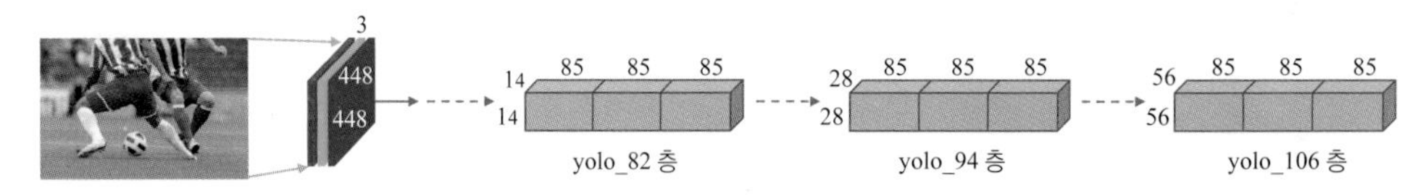

그림 9-26 다중 스케일 물체 검출을 수행하는 YOLO v3의 구조

9.3.5 프로그래밍 실습: YOLO v3으로 물체 검출

이 절에서는 YOLO v3를 이용해 물체를 검출하는 프로그래밍 실습을 한다. 여기에 제시하는 프로그램을 실행하려면 폴더에 'coco_names.txt', 'yolov3.weights', 'yolov3.cfg'의 3개 파일이 있어야 한다.

TIP 파일 준비

- yolov3.weights: https://pjreddie.com/darknet/yolo
- yolov3.cfg: https://github.com/pjreddie/darknet/tree/master/cfg
- coco_names.txt: https://github.com/pjreddie/darknet/blob/master/data/coco.names 화면에서 1~80행을 복사한 후 coco_names.txt 파일을 생성해 내용을 붙여 넣는다.
- 웹사이트 주소가 종종 바뀔 수 있으므로 이 책에서 예제소스로 제공하는 파일을 사용할 것을 권한다.

정지 영상에서 물체 검출

[프로그램 9-1]은 YOLO로 정지 영상에서 물체를 검출하는 프로그램이다. 먼저 프로그램의 전체 구조를 살핀다. 05~13행은 YOLO 모델을 구성하는 함수, 15~38행은 YOLO 모델로 img 영상에서 물체를 검출해 반환하는 함수다. 40~57행은 메인 프로그램에 해당한다.

프로그램 9-1 YOLO v3으로 정지 영상에서 물체 검출하기

```
01  import numpy as np
02  import cv2 as cv
03  import sys
04
05  def construct_yolo_v3():
06      f=open('coco_names.txt', 'r')
07      class_names=[line.strip() for line in f.readlines()]
08
09      model=cv.dnn.readNet('yolov3.weights','yolov3.cfg')
10      layer_names=model.getLayerNames()
11      out_layers=[layer_names[i-1] for i in model.getUnconnectedOutLayers()]
12
13      return model,out_layers,class_names
14
15  def yolo_detect(img,yolo_model,out_layers):
16      height,width=img.shape[0],img.shape[1]
17      test_img=cv.dnn.blobFromImage(img,1.0/256,(448,448),(0,0,0),swapRB=True)
```

```
18
19     yolo_model.setInput(test_img)
20     output3=yolo_model.forward(out_layers)
21
22     box,conf,id=[],[],[]                    # 박스, 신뢰도, 부류 번호
23     for output in output3:
24         for vec85 in output:
25             scores=vec85[5:]
26             class_id=np.argmax(scores)
27             confidence=scores[class_id]
28             if confidence>0.5:             # 신뢰도가 50% 이상인 경우만 취함
29                 centerx,centery=int(vec85[0]*width),int(vec85[1]*height)
30                 w,h=int(vec85[2]*width),int(vec85[3]*height)
31                 x,y=int(centerx-w/2),int(centery-h/2)
32                 box.append([x,y,x+w,y+h])
33                 conf.append(float(confidence))
34                 id.append(class_id)
35
36     ind=cv.dnn.NMSBoxes(box,conf,0.5,0.4)
37     objects=[box[i]+[conf[i]]+[id[i]] for i in range(len(box)) if i in ind]
38     return objects
39
40 model,out_layers,class_names=construct_yolo_v3()          # YOLO 모델 생성
41 colors=np.random.uniform(0,255,size=(len(class_names),3)) # 부류마다 색깔
42
43 img=cv.imread('soccer.jpg')
44 if img is None: sys.exit('파일이 없습니다.')
45
46 res=yolo_detect(img,model,out_layers)                     # YOLO 모델로 물체 검출
47
48 for i in range(len(res)):                                 # 검출된 물체를 영상에 표시
49     x1,y1,x2,y2,confidence,id=res[i]
50     text=str(class_names[id])+'%.3f'%confidence
51     cv.rectangle(img,(x1,y1),(x2,y2),colors[id],2)
52     cv.putText(img,text,(x1,y1+30),cv.FONT_HERSHEY_PLAIN,1.5,colors[id],2)
53
54 cv.imshow("Object detection by YOLO v.3",img)
55
56 cv.waitKey()
57 cv.destroyAllWindows()
```

05~13행의 construct_yolo_v3 함수를 살펴보자. 06~07행은 COCO 데이터셋의 부류 이름을 담고 있는 coco_names.txt 파일에서 부류 이름을 읽어 class_names에 저장한다. 09행은 YOLO v3 모델 정보를 파일에서 읽어 yolo_model 객체에 저장한다. yolov3.weights 파일에서는 신경망의 가중치 정보를 읽어오고 yolov3.cfg 파일에서는 신경망의 구조 정보를 가져온다. 10~11행은 getUnconnectedOutLayers 함수를 이용하여 [그림 9-26]에 있는 yolo_82, yolo_94, yolo_106 층을 알아내어 out_layers 객체에 저장한다. 13행은 모델, 층, 부류 이름을 담은 객체를 반환한다.

15~38행의 yolo_detect 함수를 살펴보자. 16행은 원본 영상인 img의 높이와 너비 정보를 height와 width에 저장한다. 17행은 OpenCV가 제공하는 blobFromImage 함수로 영상을 YOLO에 입력할 수 있는 형태로 변환해 test_img에 저장한다. 이 함수는 [0,255] 범위의 화솟값을 [0,1]로 변환하고 영상 크기를 448×448로 변환하며 BGR 순서를 RGB로 바꾼다. 원본 영상은 img에 남아있다. 19행은 test_img에 저장되어 있는 영상을 신경망에 입력한다. 20행은 신경망의 전방 계산을 수행하는데, out_layers가 출력한 텐서를 output3 객체에 저장한다. 이로 인해 output3 객체는 [그림 9-26]에 있는 14×14×85×3, 28×28×85×3, 56×56×85×3 텐서를 가지게 된다.

22~34행은 output3 객체로부터 물체 위치를 나타내는 박스 정보와 함께 물체 부류와 신뢰도 정보를 추출한다. 22행은 박스와 신뢰도, 부류 정보를 저장할 리스트를 생성한다. 23행은 세 개의 텐서를 각각 반복 처리하며 24행은 85차원 벡터를 반복 처리한다. 85차원 벡터는 (x, y, w, h, o, p1, p2, ⋯, p80)으로 표현되며 앞의 네 요소는 박스, o는 신뢰도, 뒤의 80개 요소는 부류 확률이다. 25~27행은 뒤의 80개 요소 값에서 최고 확률에 해당하는 부류를 알아

내 부류 번호는 class_id, 확률은 confidence에 저장한다. 28행은 confidence가 0.5보다 크지 않으면 버린다. 0.5보다 크면 29~31행에서 [0,1] 범위로 표현된 박스를 원래 영상 좌표계로 변환해 왼쪽 위의 위치를 x와 y, 너비와 높이를 w와 h에 저장한다. 32~34행은 박스와 신뢰도, 부류 정보를 리스트에 추가한다. 박스는 왼쪽 위와 오른쪽 아래 구석 좌표를 저장한다.

22~34행으로 검출한 박스들에는 상당한 중복성이 있다. [그림 9-24]로 설명하면 빨간색 유니폼 선수를 검출한 박스가 검은색 칸에만 나타나지 않고 그 주위에 여럿 나타나는 현상이다. 36행의 NMSBoxes 함수는 박스를 대상으로 비최대 억제를 적용해 중복성을 제거한다. 37행은 비최대 억제에서 살아남은 박스의 위치, 신뢰도, 부류 이름을 모아 objects 객체에 저장한다. 38행은 objects를 반환한다.

메인 프로그램이 시작되는 40행은 contruct_yolo_v3 함수로 YOLO 모델을 구성한다. 41행은 물체 부류를 고유한 색으로 표시하기 위해 컬러 목록을 만들어 colors 객체에 저장한다. 43행은 입력 영상을 읽어 img에 저장한다. 46행은 yolo_detect 함수로 원본 영상 img에서 물체를 검출해 res에 저장한다. 48~52행은 res에 있는 박스와 부류 이름, 신뢰도를 영상에 표시한다. 54행은 영상을 윈도우에 디스플레이한다.

프로그램 실행 결과를 보면, 왼쪽과 오른쪽 선수를 각각 100%와 94.4% 신뢰도의 person 부류로 제대로 검출했다. 또한 축구공을 99.9% 신뢰도로 sports ball 부류로 옳게 검출했다. [그림 9-27]은 [프로그램 9-1]을 다른 영상에 적용한 결과다. 왼쪽 영상의 경우 person, handbag, cup을 제대로 검출했다. cell phone은 놓쳤다. 가운데 영상에서는 말 두 마리를 제대로 찾았으며 집 옆에 있는 작은 사람까지 찾았다. 말을 타고 있는 두 사람 중 한 명은 놓쳤고 오른쪽 사람은 손에 들고 있는 막대까지 포함해 박스가 약간 부정확하다. 오른쪽 영상에서는 6개 우산을 제대로 검출했고 우산 밑에 앉아있는 사람도 찾았다. 맨 밑에 있는 사람을 지정하는 박스는 너무 크다.

그림 9-27 YOLO v3으로 물체를 검출하는 여러 사례

비디오에서 물체 검출

[프로그램 9-2]는 [프로그램 9-1]을 확장해 비디오에서 물체를 검출하는 프로그램이다.

프로그램 9-2　YOLO v3으로 비디오에서 물체 검출하기

```
    1~41행은 [프로그램 9-1]과 같음

43  cap=cv.VideoCapture(0,cv.CAP_DSHOW)
44  if not cap.isOpened(): sys.exit('카메라 연결 실패')
45
46  while True:
47      ret,frame=cap.read()
48      if not ret: sys.exit('프레임 획득에 실패하여 루프를 나갑니다.')
49
50      res=yolo_detect(frame,model,out_layers)
51
52      for i in range(len(res)):
53          x1,y1,x2,y2,confidence,id=res[i]
54          text=str(class_names[id])+'%.3f'%confidence
55          cv.rectangle(frame,(x1,y1),(x2,y2),colors[id],2)
56          cv.putText(frame,text,(x1,y1+30),cv.FONT_HERSHEY_PLAIN,1.5,colors[id],2)
57
58      cv.imshow("Object detection from video by YOLO v.3",frame)
59
60      key=cv.waitKey(1)
61      if key==ord('q'): break
62
63  cap.release()     # 카메라와 연결을 끊음
64  cv.destroyAllWindows()
```

01~41행은 [프로그램 9-1]과 같다. 43~64행은 웹 캠에서 비디오를 읽어 디스플레이하는 코드에 YOLO를 적용한다. 50행은 비디오에서 획득한 현재 프레임을 yolo_detect 함수에 입력해 물체를 검출하고 결과를 res에 저장한다. 52~56행은 검출한 물체 정보를 영상에 표시한다. 58행은 영상을 윈도우에 디스플레이한다.

프로그램 실행 결과를 보면, 사람, 책, 의자, 모니터, 마우스, 마이크로오븐을 제대로 검출했다. 의자의 경우 77.5% 확률로 검출했다. 비디오에 눈에 띌 정도의 지연이 발생한다.

비디오 처리량 측정하기

[프로그램 9-3]은 [프로그램 9-2]에 시간을 재는 기능을 추가하여 초당 몇 프레임을 처리하는지, 즉 비디오 처리량video throughput을 측정한다. [프로그램 9-2]에 추가한 코드는 회색 음영으로 표시해 구분하였다.

48행은 시작 시간을 start에 저장하고 63행은 처리한 프레임 수를 1만큼 증가한다. 68행은 끝난 시간을 end에 저장하고 69행은 비디오 처리량을 출력한다. 프로그램을 실행한 결과, 초당 2.74프레임을 처리함을 알 수 있다.

프로그램 9-3 YOLO v3의 비디오 처리량 측정하기

```
    1~41행은 [프로그램 9-1]과 같음

43  cap=cv.VideoCapture(0,cv.CAP_DSHOW)
44  if not cap.isOpened(): sys.exit('카메라 연결 실패')
45
46  import time
47
48  start=time.time()
49  n_frame=0
50  while True:
51     ret,frame=cap.read()
52     if not ret: sys.exit('프레임 획득에 실패하여 루프를 나갑니다.')
53
54     res=yolo_detect(frame,model,out_layers)
55
56     for i in range(len(res)):
57        x1,y1,x2,y2,confidence,id=res[i]
58        text=str(class_names[id])+'%.3f'%confidence
59        cv.rectangle(frame,(x1,y1),(x2,y2),colors[id],2)
```

```
60          cv.putText(frame,text,(x1,y1+30),cv.FONT_HERSHEY_PLAIN,1.5,colors[id],2)
61
62      cv.imshow("Object detection from video by YOLO v.3",frame)
63      n_frame+=1
64
65      key=cv.waitKey(1)
66      if key==ord('q'): break
67
68  end=time.time()
69  print('처리한 프레임 수=',n_frame,', 경과 시간=',end-start,'\n초당 프레임 수=',n_frame/
    (end-start))
70
71  cap.release()        # 카메라와 연결을 끊음
72  cv.destroyAllWindows()
```

```
처리한 프레임 수= 82, 경과 시간= 29.883725881576538
초당 프레임 수= 2.7439684169554437
```

9.4 분할

영상 분할을 위한 고전 알고리즘은 4장에서 이미 다뤘다. 배경이 단순한 경우를 위한 알고리즘, 슈퍼 화소 분할 알고리즘, 그래프를 사용하는 정규화 절단 알고리즘, 대화식으로 분할하는 능동 외곽선과 GrabCut 알고리즘을 소개했다. 6장에서는 GrabCut을 이용해 관심 물체를 정교하게 오려낼 수 있는 오림이라는 비전 에이전트([프로그램 6-3])를 만들었다. 이들 고전 알고리즘은 영역이 어떤 물체에 해당하는지 알아내지 못하는, 즉 의미를 전혀 모르는 분할이다. 고전 알고리즘은 딥러닝이 등장하면서 경쟁력을 상실했다.

딥러닝을 이용한 영상 분할은 [그림 9-28]이 설명하는 바와 같이 의미 분할semantic segmentation, 사례 분할instance segmentation, 총괄 분할panoptic segmentation로 구분할 수 있다. 물체는 자동차나 사람처럼 셀 수 있는 부류와 하늘이나 도로처럼 셀 수 없는 부류로 구분할 수 있다. 셀 수 있는 물체를 thing, 셀 수 없는 물체를 stuff로 구분해 부른다. [그림 9-28(b)]의 의미 분할은 모든 화소에 물체 부류를 할당한다. 이때 thing과 stuff 부류를 모두 포함하며 같은 부류의 thing 물체가 여러 개인 경우 구분하지 않고 같은 부류 번호를 할당한다. [그림 9-28(c)]의 사례 분할은 thing 물체만 분할하는데, 같은 부류의 물체가 여러 개면 고유한 번호를 할당해 구분해야 한다. 그림에서는 색으로 고유 번호를 표시한다.

의미 분할과 사례 분할을 다른 문제로 취급하던 기존 연구 방향을 틀어 하나의 문제로 보자고 제안한 논문이 발표되었다[Kirillov2019]. 이 논문에서는 통합된 문제를 총괄 분할이라고 지칭한다. 총괄 분할에서는 모든 화소에 thing과 stuff 물체 부류를 할당하는데, thing 물체는 고유 번호까지 할당해야 한다. [그림 9-28(d)]에서 모자와 사람은 thing, 모양이 심하게 변하는 벽과 건초는 stuff로 간주했다.

(a) 예제 영상

(b) 의미 분할

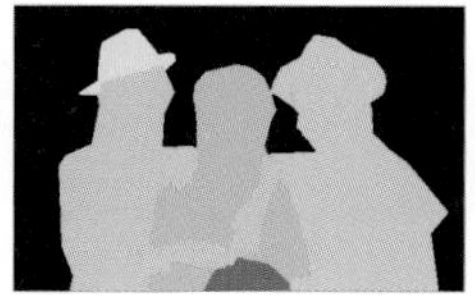

(c) 사례 분할

(d) 총괄 분할

그림 9-28 세 종류의 영상 분할 문제

고전 알고리즘은 4장에서 자세히 다루었으니 여기서는 생략한다. 9.4.1항에서는 분할 알고리즘이 사용하는 성능 척도를 소개하고, 9.4.2항에서는 딥러닝 기반 알고리즘을 설명한다. 딥러닝 기반 분할을 전체적으로 다룬 서베이 논문으로 [Minaee2021a]을 추천한다. 각각의 문제에 대한 서베이 논문으로 의미 분할은 [Garcia-Garcia2017], 사례 분할은 [Gu2022], 총괄 분할은 [Li2022b]를 추천한다.

9.4.1 성능 척도와 데이터셋

분류는 영상에 대해 하나의 부류 확률 벡터를 출력하면 되지만 분할은 화소별로 부류를 지정해야한다. 따라서 분할을 밀집 분류dense classification 문제라고 부른다. 이처럼 분할을 분류 문제로 볼 수 있어 정확률로 성능을 측정할 수 있다. 분할이 사용하는 정확률을 화소 정확률PA; Pixel Accuracy이라 하며 식 (9.2)로 측정한다. p_{ij}는 참값이 i인데, 모델이 j로 예측한 화소의 수다. C는 물체 부류의 개수인데, 1, 2, ⋯, C는 물체 부류를 나타내고 0은 배경을 나타내 총 C+1개 부류다. 식 (9.2)의 분모는 전체 화소 수고 분자는 맞힌 화소 수다.

$$\mathrm{PA} = \frac{\sum_{i=0,C} p_{ii}}{\sum_{i=0,C} \sum_{j=0,C} p_{ij}} \qquad (9.2)$$

부류별로 PA를 계산하고 결과를 평균한 식 (9.3)의 평균 화소 정확률MPA; Mean Pixel Accuracy을 척도로 사용할 수도 있다.

$$\mathrm{MPA} = \frac{1}{C+1} \sum_{i=0,C} \frac{p_{ii}}{\sum_{j=0,C} p_{ij}} \qquad (9.3)$$

또 다른 척도로 물체 검출에 사용했던 IoU를 분할에 맞게 고쳐 사용할 수 있다. 식 (9.4)는 IoU를 정의한다. 검출에서는 A와 B가 박스인데 여기서는 영역이다. IoU를 이용해 부류별로 APAverage Precision를 계산하고, AP를 모든 부류에 대해 평균하여 $\mathrm{mAP}_{\text{mean AP}}$를 계산하는 과정은 9.3.1항에서 검출에 사용한 알고리즘과 같다. A와 B가 영역이라는 점만 다르다. $|R|$은 영역 R의 화소 개수다.

$$\mathrm{IoU} = \frac{|A \cap B|}{|A \cup B|} \qquad (9.4)$$

또 다른 척도로 식 (9.5)의 Dice 계수Dice coefficient를 이용할 수도 있다. [예시 9-2]는 이들을 자세히 설명한다.

$$\text{Dice} = \frac{2|A \cap B|}{|A| + |B|} \qquad (9.5)$$

[예시 9-2] PA, MPA, IoU, Dice 계수 계산

[그림 9-29]는 C=2인 간단한 상황을 가지고 PA, MPA, IoU 계산을 설명한다. PA와 MPA는 다음과 같다.

$$\text{PA} = \frac{29}{36} = 0.8056, \ \text{MPA} = \frac{1}{3}\left(\frac{14}{15} + \frac{5}{7} + \frac{10}{14}\right) = 0.7873$$

2번 물체에 대해 참값 영역을 A, 예측 영역을 B라 하면 $A \cup B$와 $A \cap B$는 [그림 9-29(b)]와 같고 IoU와 Dice 계수는 다음과 같다.

$$\text{IoU} = \frac{10}{17} = 0.5882, \ \ \text{Dice} = \frac{2 \times 10}{14 + 13} = 0.7407$$

참값

0	0	0	0	0	0
0	2	2	2	0	0
2	2	2	2	1	0
2	2	2	1	1	0
0	2	2	1	1	0
0	2	2	1	1	0

예측값

0	0	0	0	0	0
0	2	2	2	2	0
0	2	2	1	2	0
0	2	2	1	1	0
0	2	2	1	1	0
0	0	2	2	1	0

(a) 참값과 예측값

$A \cup B$

	2	2	2	2	
2	2	2	2	2	
2	2	2			
	2	2			
	2	2	2		

$A \cap B$

	2	2	2		
	2	2			
	2	2			
	2	2			
		2			

(b) 영역 2의 IoU와 Dice 계수 계산 과정

그림 9-29 분할 성능을 측정하는 예시

분할에 쓰는 데이터셋에 대해서는 [Minaee2021a, 4절]을 참조한다. [그림 9-4]가 소개한 PASCAL VOC, ImageNet, COCO, OpenImages 데이터셋은 모두 분할을 위한 레이블을 포함하고 있다. 특수한 목적으로 개발된 데이터셋이 있는데, 도심 도로 장면을 분할하는 데 쓰는 Cityscapes, 유튜브 비디오를 분할하는 Youtube-Objects, 자율주행을 위한 KITTI 등이 대표적이다. LVIS는 COCO를 확장한 데이터셋인데, 사례 분할을 위한 레이블링이 잘

되어 있다[Gupta2019]. RGB에 D(깊이)를 더한 RGB-D 영상 데이터셋으로 NYU-Depth V2, SUN-3D, 2D-3D-S 등이 있다. RGB-D 영상의 의미 분할에 대해서는 3차원 비전을 다루는 12.3절에서 좀 더 상세히 설명한다. [그림 9-30]은 Cityscapes, LVIS, NYU-Depth V2의 예제 영상을 보여준다.

(a) Cityscapes(취리히) (b) LVIS (c) NYU-Depth V2

그림 9-30 분할에 쓰는 다양한 데이터셋

9.4.2 의미 분할을 위한 FCN

FCN은 의미 분할을 처음 시도한 성공적인 컨볼루션 신경망이다. 이후 다양한 아이디어로 개선된 뛰어난 성능의 모델이 여럿 등장한다. 이 절에서는 FCN의 원리를 설명하고 다음 절에서는 FCN을 개선한 모델을 소개한다.

FCN의 구조와 동작

초기 컨볼루션 신경망은 [그림 8-11(b)]와 같이 앞부분은 컨볼루션층, 뒷부분은 완전연결층으로 구성되어 주로 분류 문제를 푸는 데 쓰였다. FCNFully Convolutional Network은 이름이 뜻하듯이 완전연결층을 제거함으로써 컨볼루션층과 풀링층만으로 구성된다[Long2015].

[그림 9-31]은 FCN의 구조다. 입력은 $m \times n$ 컬러 영상이고 출력은 입력 영상과 크기가 같은 $m \times n$ 맵이 $C+1$ 장인 $m \times n \times (C+1)$ 텐서다. C는 부류 개수다. 예를 들어 COCO는 부류가 80개인데 background(0), person(1), bicycle(2), …, toothbrush(80)로 번호가 할당되어 있다. 출력 텐서의 0번 맵은 배경, 1번 맵은 사람, …, 80번 맵은 칫솔 부류를 책임진다. 출력층에서 (j,i) 위치의 $C+1$개 화소에 softmax를 적용해 한 화소는 $C+1$개 부류의 확률을 표현한다. 데이터셋의 레이블 정보를 가지고 참값을 만들어 학습에 사용하는데, 참값도 예측 텐서와 마찬가지로 $m \times n \times (C+1)$ 텐서로 표현한다. (j,i) 위치가 k번째 부류에 속하면 참값 텐서의 (j,i,k)만 1로 설정하고 나머지 $(j,i,0)$, …, $(j,i,k-1)$ $(j,i,k+1)$, …, (j,i,C)는 모두 0으로 설정한다.

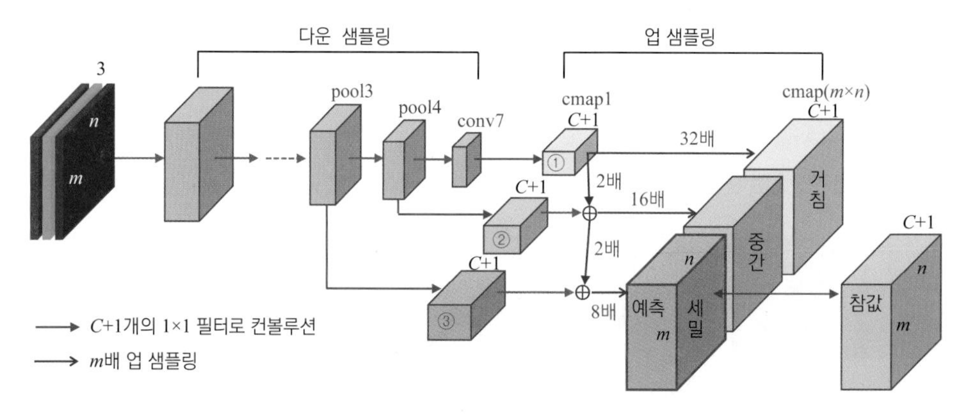

그림 9-31 FCN의 구조

[예시 9-3] FCN의 참값 텐서와 예측 텐서

[그림 9-32]는 [그림 9-29(a)]를 [그림 9-31]의 FCN에 맞추어 표현한 것이다. 참값 텐서에서 같은 위치의 모든 화소는 0~2번 맵 중 하나만 1을 가진다. 예측 텐서에서 같은 위치의 모든 화소는 0~2번 맵의 값을 더하여 1.0이 된다. 예측 텐서를 [그림 9-29(a)]의 맵으로 변환해 화면에 디스플레이할 수 있다. 예를 들어 (0, 0) 위치는 (0.8, 0.1, 0.1) 확률을 가지는데 0번 맵(부류 0)이 가장 크므로 0을 해당 위치에 기록한다.

0

1	1	1	1	1	1
1	0	0	0	1	1
0	0	0	0	0	1
0	0	0	0	0	1
1	0	0	0	0	1
1	0	0	0	0	1

1

0	0	0	0	0	0
0	0	0	0	0	0
0	0	0	0	1	0
0	0	0	1	1	0
0	0	0	1	1	0
0	0	0	1	1	0

2

0	0	0	0	0	0
0	1	1	1	0	0
1	1	1	1	0	0
1	1	1	0	0	0
0	1	1	0	0	0
0	1	1	0	0	0

(a) 참값 텐서

0

.8	.6	.7	.9	.9	.8
1	.1	.1	0	0	.8
1	.1	0	0	0	.5
.8	.1	0	0	.1	.7
.9	.1	0	0	0	.9
1	1	.1	0	.1	.9

1

.1	.1	.1	.1	.1	0
0	0	.1	0	.1	.1
0	0	0	.9	.1	.3
0	0	0	1	.9	.2
.1	.1	0	1	1	0
0	0	0	0	.9	0

2

.1	.3	.2	0	0	.2
0	.9	.8	1	.9	.1
0	.9	1	.1	.9	.2
.2	.9	1	0	0	.1
0	.8	1	0	0	.1
0	0	.9	1	0	.1

(b) 예측 텐서

그림 9-32 FCN의 참값 텐서와 예측 텐서

학습 알고리즘은 예측 텐서와 참값 텐서의 차이, 즉 오류를 줄이는 방향으로 가중치를 갱신한다. 학습을 마친 모델로 예측하는 단계에서 [그림 9-32(b)]의 예측 텐서를 얻으면 [예시 9-3]에서 설명한 바와 같이 화소별로 최댓값을 취해 [그림 9-29(a)]와 같은 예측 맵을 출력하면 된다.

[그림 9-31]의 FCN은 $m \times n \times 3$ 크기의 입력 영상을 다운 샘플링하여 점점 작게 만든다. 예를 들어 $16 \times 16 \times 256$의 작은 맵으로 축소한다. 다운 샘플링은 컨볼루션층과 풀링층의 보폭을 조절해 쉽게 달성할 수 있다. 그런데 16×16 맵을 다시 $m \times n$으로 키우는 업 샘플링 과정이 필요하다. 작은 영상을 어떻게 크게 만들 수 있을까?

전치 컨볼루션으로 업 샘플링

업 샘플링을 위해 쉽게 생각할 수 있는 방법은 [그림 3-22]의 양선형 보간법이다. 맵의 왼쪽 위에서 시작하여 0.5씩 증가시키며 (0.5,0.5),(0.5,1.0),(0.5,1.5),⋯ 위치에서 보간으로 화솟값을 추출하면 16×16 맵을 32×32 맵으로 키울 수 있다. 이런 과정을 필요한 만큼 반복하면 원래 크기인 $m \times n$을 복구할 수 있다. 그런데 이 방법을 채택하면 다운 샘플링은 학습으로 수행하고 업 샘플링은 고전 방법을 사용하는 꼴이다. 다운 샘플링을 위한 필터와 업 샘플링을 위한 필터를 모두 학습으로 알아내야 높은 성능을 기대할 수 있다. FCN은 전치 컨볼루션 transposed convolution으로 업 샘플링을 한다. 전치 컨볼루션을 업 컨볼루션upconvolution이라 부르기도 한다. 상세한 내용은 [Dumoulin2016]을 참조한다.

TIP 어떤 문헌은 전치 컨볼루션을 디컨볼루션(deconvolution)이라고 부르는데, 접두어 de는 떼어낸다는 뜻을 가지므로 적당한 용어가 아니다. 이 책에서는 디컨볼루션이라는 용어를 사용하지 않는다.

[그림 9-33]은 $m \times m$ 특징 맵을 $h \times h$ 필터로 컨볼루션하여 $m' \times m'$ 특징 맵을 출력한다. 너비와 높이를 같게 한 이유는 설명을 간편하게 하기 위해서다. 보폭을 s라 하고 덧대기 크기를 q라 하면 식 (9.6)에 따라 m'가 정해진다. [그림 9-33(a)]는 m=7이고 h=3, 보폭은 1(s=1), 덧대기 없음(q=0)인 경우다. 식 (9.6)에 따라 컨볼루션을 적용해 얻은 특징 맵은 5×5(m'=5)다. 때때로 나누기 결과가 정수가 아니어 버림을 적용해야 하는 경우가 발생한다. 예를 들어 m=8, h=3, s=2, q=1이라면 $m' = \left\lfloor \frac{8+2-3}{2} \right\rfloor + 1 = \lfloor 3.5 \rfloor + 1 = 4$가 된다.

$$m' = \left\lfloor \frac{m+2q-h}{s} \right\rfloor + 1 \qquad (9.6)$$

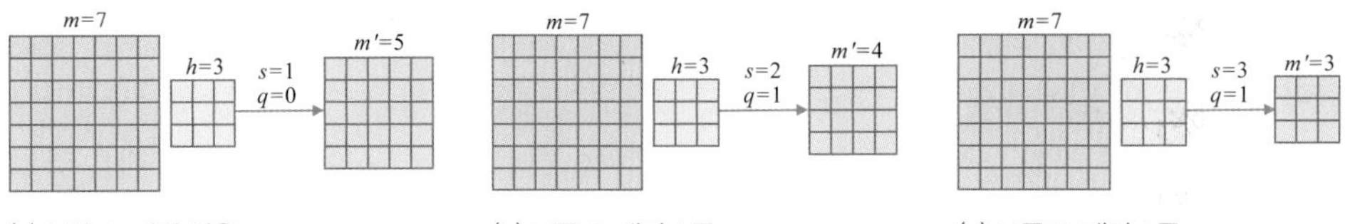

(a) 보폭 1, 패딩 없음 (b) 보폭 2, 패딩 1줄 (c) 보폭 3, 패딩 1줄

그림 9-33 컨볼루션에 따른 특징 맵의 크기 변화

[그림 9-33]은 $m \times m$ 특징 맵을 컨볼루션하여 $m' \times m'$ 특징 맵을 출력한다. 이제 역으로 $m' \times m'$ 특징 맵에 전치 컨볼루션을 적용해서 $m \times m$ 특징 맵으로 업 샘플링한다. 전치 컨볼루션은 아래와 같이 3단계를 거쳐 수행한다.

1. 행 사이에 $s'=s-1$개의 0 행을 삽입하고 열 사이에 $s'=s-1$개의 0 열을 삽입한다. 새로운 영상은 $(s(m'-1)+1) \times (s(m'-1)+1)$가 된다.
2. 새로운 영상에 $q'=h-q-1$만큼 0을 덧대기한다. 새로운 영상은 $(s(m'-1)+2h-2q-1) \times (s(m'-1)+2h-2q-1)$이 된다.
3. 새로운 영상에 보폭이 1인 컨볼루션을 적용한다.

세 단계를 거쳐 전치 컨볼루션을 수행하면 식 (9.7)에 따라 m이 정해진다. 식 (9.6)에서 나누어 떨어지는 경우에는 식 (9.7)은 원래 영상 크기 m을 정확히 복원하지만, 그렇지 않은 경우에는 1만큼 차이가 발생한다. 앞서 예시했던 $m=8$, $h=3$, $s=2$, $q=1$의 경우 식 (9.6)에 의해 $m'=4$가 되고 식 (9.7)로 복원하면 $m=7$이 된다.

$$m=(m'-1) \times s+h-2q \qquad (9.7)$$

전치 컨볼루션은 맵의 크기를 복원할 뿐 값을 복원해주지는 않는다. 컨볼루션을 위한 필터와 전치 컨볼루션을 위한 필터는 학습으로 알아내기 때문에 크기만 복원하면 된다.

[예시 9-4] 전치 컨볼루션

[그림 9-34(a)]는 [그림 9-33(a)]의 결과에 전치 컨볼루션을 적용한다. 5×5 특징 맵에 단계1을 적용하면 5×5 맵이 되고, 단계2를 적용하면 9×9 맵이 된다. 단계3에서 보폭 1로 컨볼루션을 수행하면 7×7 맵이 된다. [그림 9-34(b)]는 [그림 9-33(b)]의 결과에 전치 컨볼루션을 적용한다. 4×4 특징 맵에 단계1을 적용하면 7×7이 되고, 단계2에서 9×9가 된다. 단계3을 거치면 7×7이 된다.

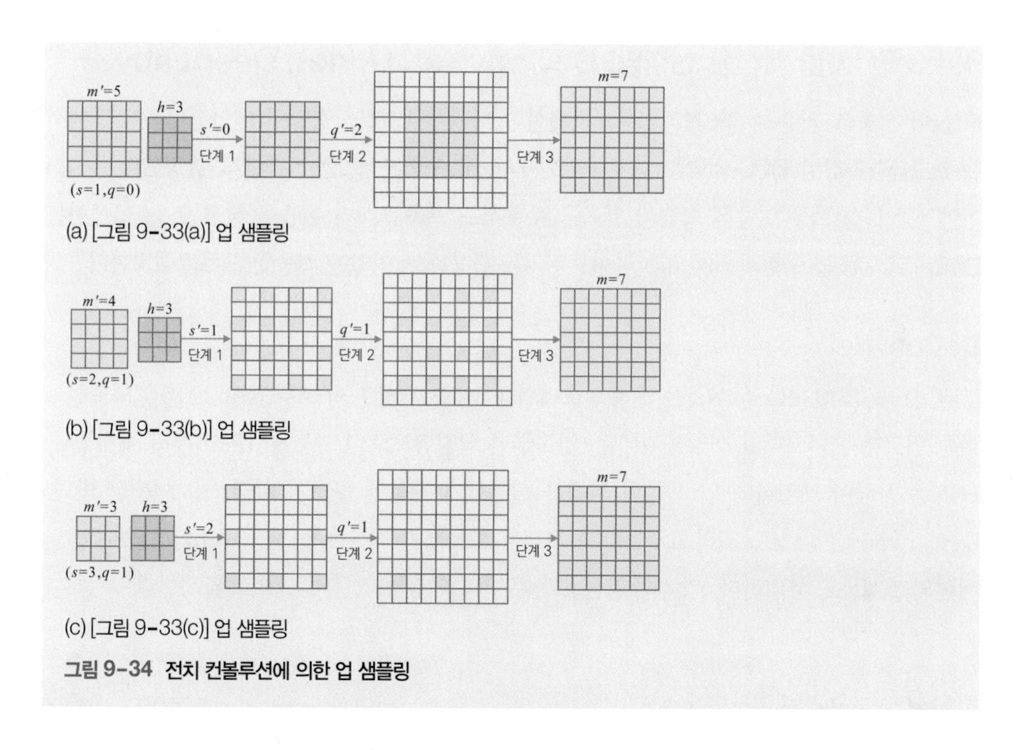

(a) [그림 9-33(a)] 업 샘플링

(b) [그림 9-33(b)] 업 샘플링

(c) [그림 9-33(c)] 업 샘플링

그림 9-34 전치 컨볼루션에 의한 업 샘플링

[그림 9-31]의 FCN은 꽤 복잡하다. 먼저 맨 위에서 일직선으로 흐르는 … → pool3 → pool4 → conv7 → cmap(①) → cmap ($m \times n$) 특징 맵에 주목하자. →로 표시한 연산은 컨볼루션층이 출력한 특징 맵에 1×1 필터를 (C+1)개 적용해 부류별로 분할 맵을 가진 텐서로 변환한다. →로 표시한 연산은 텐서를 32배 업 샘플링하여 원본 영상 크기의 $m \times n \times (C+1)$ 텐서를 만든다. 기본 원리만 생각하면 이렇게 얻은 '거침'이라고 표시된 $m \times n \times (C+1)$ 텐서를 해석해 분할을 완성할 수 있다. 하지만 다운 샘플링을 거듭하면 필터의 수용장이 커지므로 cmap(①)로 표시한 작은 크기(예를 들어 16×16)의 특징 맵은 전역 정보를 가진 반면에 세밀함이 부족하다. 반면에 앞쪽에 있는 특징 맵은 물체의 세밀한 정보를 갖지만 전역 정보가 부족하다. FCN은 여러 스케일의 특징 맵을 결합해 분할 성능을 최고로 유지하는 전략을 쓴다. [그림 9-31]의 신경망에 지름길 연결skip connection을 이용하여 두 번째 흐름과 세 번째 흐름을 추가한다. 두 번째 흐름은 ①로 표시한 cmap을 2배 업 샘플링하고 ②로 표시한 cmap과 더한 결과 맵을 16배 업 샘플링한다. 세 번째 흐름은 ①과 ②를 결합한 맵을 2배 업 샘플링하여 ③으로 표시한 맵과 더한 결과 맵을 8배 업 샘플링한다. 이렇게 얻은 cmap, 즉 그림에서 '세밀'이라고 표시한 $m \times n \times (C+1)$ 텐서를 최종 예측값으로 출력한다.

9.4.3 FCN을 개선한 신경망: DeConvNet, U-net, DeepLabv3+

FCN이 성공을 거둔 후 FCN의 성능을 개선한 다양한 변형 신경망이 제안된다. 이 절에서는 FCN을 확장한 DeConvNet과 U-net, DeepLabv3+ 모델을 간략히 설명한다. 9.4.4항에서는 U-net을 이용해 학습과 예측을 수행하는 프로그래밍 실습을 하고 9.4.5항에서는 DeepLabv3+를 구현한 pixellib 라이브러리를 활용해 재미있는 기능을 프로그래밍한다.

DeConvNet

[그림 9-35]의 DeConvNet은 오토인코더와 FCN을 결합한 구조다[Noh2015]. 오토인코더는 인코더와 디코더가 대칭을 이루는 컨볼루션 신경망으로, [그림 8-12(a)]에서 소개했다. FCN은 사람이 개입하여 업 샘플링 과정을 설계했기 때문에 구조가 복잡하고 어색한 반면, DeConvNet은 대칭 구조의 표준 오토인코더를 사용했기 때문에 신경망 구조와 학습이 훨씬 세련되고 성능도 우월하다. 업 샘플링은 [그림 9-34]의 전치 컨볼루션으로 달성한다.

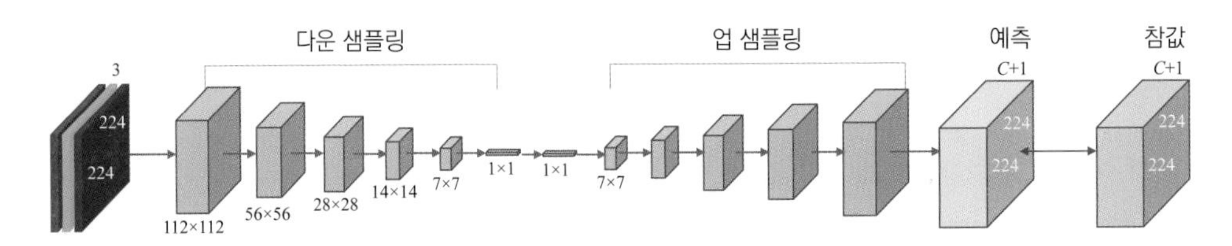

그림 9-35 DeConvNet의 구조

U-net

의료 영상처리 분야에서 가장 권위 있는 MICCAI_{Medical Image Computing and Computer Assisted Intervention} 학술대회에서 발표된 U-net은 의료 영상을 분할할 목적으로 개발되었다[Ronneberger2015]. 그리고 같은 해 ISBI 세포 추적 대회에서 우승을 차지했다.

[그림 9-36]은 U-net의 구조다. 여느 컨볼루션 신경망과 마찬가지로 → 표시한 컨볼루션층과 ↓ 표시한 풀링층을 통과한 특징 맵은 공간 해상도는 줄고 깊이는 늘어난다. 이런 과정을 네 번 반복하면 맨 아래에 있는 32×32×512 특징 맵이 된다. 이 과정은 [그림 9-35]에 있는 DeConvNet의 다운 샘플링 과정에 해당한다. 이제 DeConvNet의 업 샘플링처럼 전치 컨볼루션을 이용해 원래 영상 크기를 회복한다. U-net은 다운 샘플링과 업 샘플링 과정을 축소 경로contracting path와 확대 경로expansive path라 부른다. 이처럼 이름만 다를 뿐 둘은 매우 유사하다.

U-net의 새로운 점은 → 표시한 지름길 연결shortcut connection이다. 맨 위에 있는 지름길 연결의 경우 왼쪽에서 발생한 568×568×64 특징 맵의 중앙에서 392×392×64만큼 잘라내 오른쪽의 확대 경로로 전달한다. 오른쪽에서는 지름길 연결을 통해 전달받은 392×392×64 텐서와 밑에서 올라온 392×392×64 텐서를 이어 붙여 392×392×128 텐서를 만든다. 이 텐서를 컨볼루션층을 통과시켜 최종적으로 388×388×2 분할 맵을 출력한다. 분할 맵은 두 장인데 각각 물체 부류 확률과 배경 부류 확률을 가진다.

원래 U-net의 컨볼루션층은 3×3 필터를 사용하며 보폭을 1로 설정하고 패딩을 하지 않는다. 따라서 입력 영상을 예로 들면 572×572가 570×570, 568×568로 줄어든다. 풀링층은 2×2 필터를 사용하므로 맵의 크기가 반으로 줄어든다. 따라서 568×568 맵이 284×284가 된다. 원래 U-net은 의료 영상을 분할할 목적으로 개발되어 입력 영상이 572×572×1로서 명암 영상이다. 최종 출력은 물체(장기)와 배경을 책임지는 두 채널의 388×388×2 맵이다. 실제 구현에서는 다양한 변형을 활용할 수 있다. 예를 들어 채널이 3개인 컬러 영상을 입력하고 출력 맵이 여러 채널을 가지게 허용해 여러 부류의 물체를 분할할 수 있다.

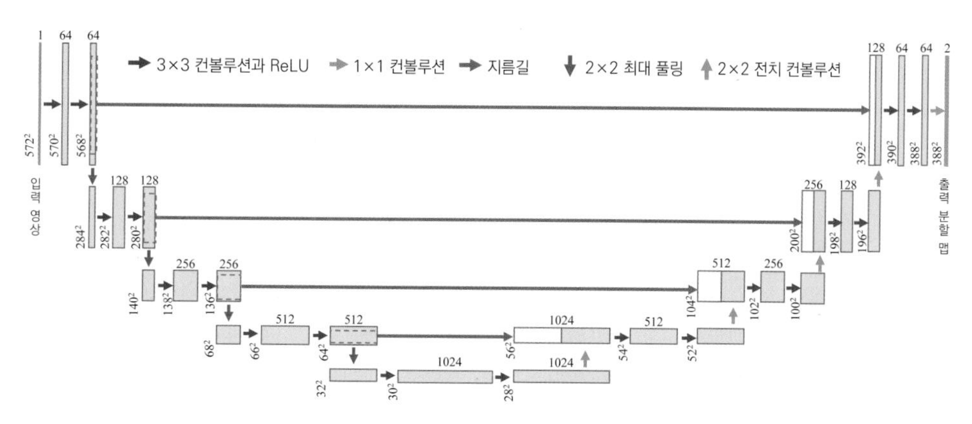

그림 9-36 U-net의 구조

DeepLabv3+

인코더-디코더 구조에 기반한 신경망은 인코더에서 원래 영상을 16~32배까지 축소한 다음 디코더에서 업 샘플링 연산을 이용해 원래 크기로 복원한다. 예를 들어 U-net은 572×572 영상을 32×32로 축소한 다음 388×388로 복원한다. 그런데 상당히 작게 축소했다가 복원하기 때문에 상세 내용을 잃어버릴 가능성이 높다. DeepLabv3+는 이런 단점을 [그림 9-37]이 설명하는 팽창 컨볼루션을 이용하여 누그러트린다[Chen2018].

팽창 컨볼루션dilated convolution 또는 atrous convolution은 팽창 계수 r을 가지는데 [그림 9-37(a)] 처럼 r=1인 경우는 보통 컨볼루션과 같다. [그림 9-37(b)]와 같이 r=2인 경우의 3×3 필터는 이웃 9개 화소를 조사하는 대신 한 화소를 건너 노란색으로 표시한 9개 화소를 조사한다. 따라서 더 넓은 수용장을 적용하는 셈이 된다. [그림 9-37(c)]는 팽창 계수 r=3인 경우다.

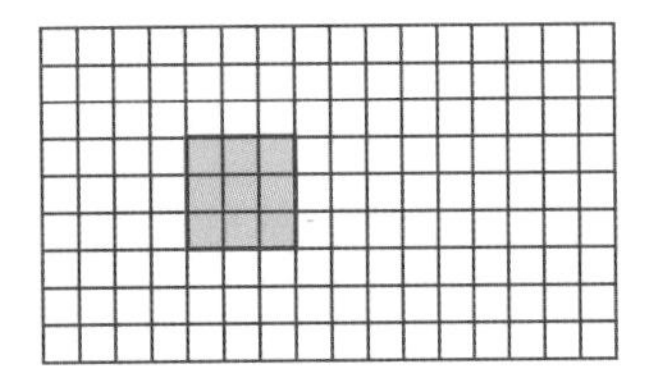

(a) 팽창 계수 r =1

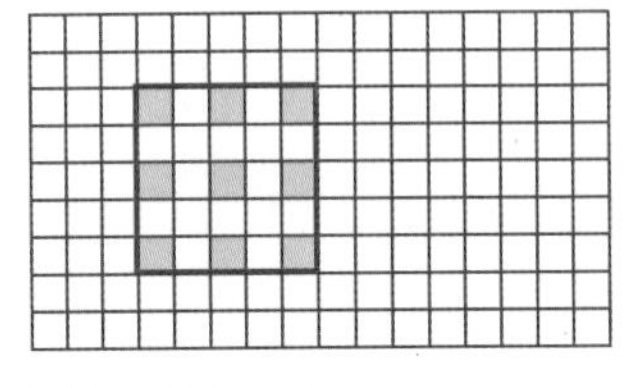

(b) 팽창 계수 r=2

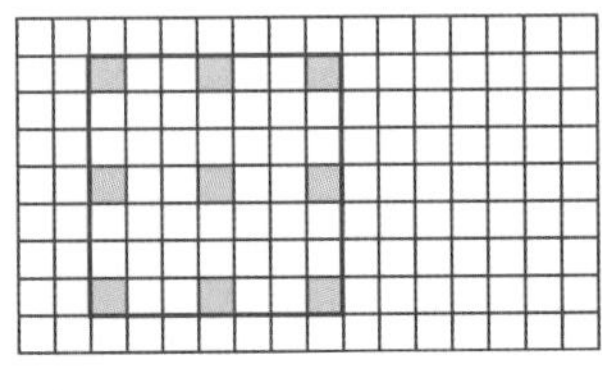

(c) 팽창 계수 r=3

그림 9-37 팽창 컨볼루션(3×3 필터)

[그림 9-38]은 기존 신경망과 팽창 컨볼루션을 사용하는 DeepLabv3+를 비교한다. [그림 9-38(a)]의 기존 신경망(예를 들어, [그림 9-35]의 DeConNet)은 컨볼루션층과 풀링층을 거치면서 특징 맵의 해상도가 점점 작아진다. 반면에 팽창 컨볼루션을 활용하는 [그림 9-38(b)]의 신경망은 세 번째 특징 맵부터 팽창 계수 r을 1, 2, 4, 8로 설정해 수용장을 늘리면서 특징 맵의 해상도는 유지한다. 보다 상세한 신경망 구조를 이해하려면 DeepLabv3을 제안한 [Chen2017a]와 DeepLabv3+로 확장한 [Chen2018]을 참조한다.

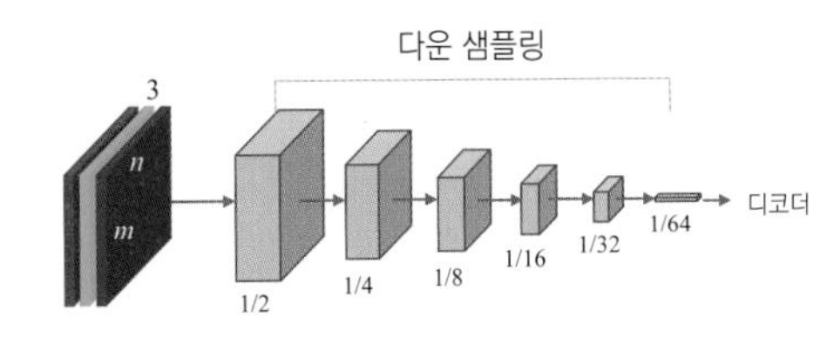

(a) 팽창 컨볼루션을 적용하지 않음

(b) 팽창 컨볼루션을 적용함(DeepLabv3+)

그림 9-38 팽창 컨볼루션 적용 여부에 따른 신경망 구조

9.4.4 프로그래밍 실습: U-net을 이용한 분할 학습

분할 학습을 실습하기 위해 Oxford IIIT Pet 데이터셋을 활용한다. 개와 고양이의 품종 37개가 포함되어 있는데 품종마다 200여 장씩 총 7,349장의 이미지가 있다. [그림 9-39]는 샘플 하나를 예시한다. 샘플마다 머리 검출을 위한 박스 레이블과 분할을 위한 레이블을 제공한다. 여기서는 분할 레이블을 사용한다. 분할 레이블은 배경(파란색), 물체(노란색), 경계(빨간색)의 세 값으로 구분되어 있다.

그림 9-39 Oxford IIIT Pet 데이터셋의 예제 영상과 레이블

TIP 데이터셋은 https://www.robots.ox.ac.uk/~vgg/data/pets에서 다운로드한다. 데이터셋에 대한 개략적인 설명은 웹 사이트에서 확인하기 바란다. 보다 상세한 내용은 해당 논문을 참조한다[Parkhi2012].

이 데이터셋은 텐서플로에서 기본으로 제공하지 않으므로 다음 절차에 따라 설치해야 한다.

1. 소스 코드가 있는 폴더에 datasets 폴더를 만들고(이미 있다면 이동하여), 그 밑에 oxford_pets 폴더를 만든다.
2. https://www.robots.ox.ac.uk/~vgg/data/pets에 접속해 images.tar.gz(영상 파일)과 annotations.tar.gz(레이블 파일)을 oxford_pets 폴더에 다운로드한다.
3. 두 파일의 압축을 해제하고 images와 annotations 폴더를 확인한다.
4. images/images 폴더로 이동해 Abyssinian_1.jpg와 같은 파일을 확인한다. Abyssinian은 품종 이름이고 _1은 해당 품종에 해당하는 영상의 일련 번호다. annotations/annotations/trimaps 폴더로 이동해 ._Abyssinian_1.png와 Abyssinian_1.png와 같은 파일을 확인한다. Abyssinian_1.png 파일이 실습에 사용할 분할 레이블이다.

[프로그램 9-4]는 Oxford IIIT Pet 데이터셋으로 U-net을 학습하고 예측을 수행하는 프로그램이다.

프로그램 9-4 Oxford pets 데이터셋으로 U-net 학습하기

```
01  from tensorflow import keras
02  import numpy as np
03  from tensorflow.keras.preprocessing.image import load_img
04  from tensorflow.keras import layers
05  import os
06  import random
07  import cv2 as cv
08
```

```
09  input_dir='./datasets/oxford_pets/images/images/'
10  target_dir='./datasets/oxford_pets/annotations/annotations/trimaps/'
11  img_siz=(160,160)                  # 모델에 입력되는 영상 크기
12  n_class=3                          # 분할 레이블 (1:물체, 2:배경, 3:경계)
13  batch_siz=32                       # 미니 배치 크기
14
15  img_paths=sorted([os.path.join(input_dir,f) for f in os.listdir(input_
    dir) if f.endswith('.jpg')])
16  label_paths=sorted([os.path.join(target_dir,f) for f in os.listdir(target_
    dir) if f.endswith('.png') and not f.startswith('.')])
17
18  class OxfordPets(keras.utils.Sequence):
19     def __init__(self, batch_size,img_size,img_paths,label_paths):
20        self.batch_size=batch_size
21        self.img_size=img_size
22        self.img_paths=img_paths
23        self.label_paths=label_paths
24
25     def __len__(self):
26        return len(self.label_paths)//self.batch_size
27
28     def __getitem__(self,idx):
29        i=idx*self.batch_size
30        batch_img_paths=self.img_paths[i:i+self.batch_size]
31        batch_label_paths=self.label_paths[i:i+self.batch_size]
32        x=np.zeros((self.batch_size,)+self.img_size+(3,),dtype="float32")
33        for j,path in enumerate(batch_img_paths):
34           img=load_img(path,target_size=self.img_size)
35           x[j]=img
36        y=np.zeros((self.batch_size,)+self.img_size+(1,),dtype="uint8")
37        for j,path in enumerate(batch_label_paths):
38           img=load_img(path,target_size=self.img_size,color_mode="grayscale")
39           y[j]=np.expand_dims(img,2)
40           y[j]-=1                   # 부류 번호를 1,2,3에서 0,1,2로 변환
41        return x,y
42
43  def make_model(img_size,num_classes):
44     inputs=keras.Input(shape=img_size+(3,))
45
46     # U-net의 다운 샘플링(축소 경로)
47     x=layers.Conv2D(32,3,strides=2,padding='same')(inputs)
48     x=layers.BatchNormalization()(x)
49     x=layers.Activation('relu')(x)
50     previous_block_activation=x       # 지름길 연결을 위해
```

```
51
52      for filters in [64,128,256]:
53          x=layers.Activation('relu')(x)
54          x=layers.SeparableConv2D(filters,3,padding='same')(x)
55          x=layers.BatchNormalization()(x)
56          x=layers.Activation('relu')(x)
57          x=layers.SeparableConv2D(filters,3,padding='same')(x)
58          x=layers.BatchNormalization()(x)
59          x=layers.MaxPooling2D(3,strides=2,padding='same')(x)
60          residual=layers.Conv2D(filters,1,strides=2,padding='same')(previous_
            block_activation)
61          x=layers.add([x,residual])          # 지름길 연결
62          previous_block_activation=x         # 지름길 연결을 위해
63
64      # U-net의 업 샘플링(확대 경로)
65      for filters in [256, 128, 64, 32]:
66          x=layers.Activation('relu')(x)
67          x=layers.Conv2DTranspose(filters,3,padding='same')(x)
68          x=layers.BatchNormalization()(x)
69          x=layers.Activation('relu')(x)
70          x=layers.Conv2DTranspose(filters,3,padding='same')(x)
71          x=layers.BatchNormalization()(x)
72          x=layers.UpSampling2D(2)(x)
73          residual=layers.UpSampling2D(2)(previous_block_activation)
74          residual=layers.Conv2D(filters,1,padding='same')(residual)
75          x=layers.add([x,residual])          # 지름길 연결
76          previous_block_activation=x         # 지름길 연결을 위해
77
78      outputs=layers.Conv2D(num_classes,3,activation='softmax',padding='same')(x)
79      model=keras.Model(inputs, outputs)      # 모델 생성
80      return model
81
82  model=make_model(img_siz,n_class)           # 모델 생성
83
84  random.Random(1).shuffle(img_paths)
85  random.Random(1).shuffle(label_paths)
86  test_samples=int(len(img_paths)*0.1)        # 10%를 테스트 집합으로 사용
87  train_img_paths=img_paths[:-test_samples]
88  train_label_paths=label_paths[:-test_samples]
89  test_img_paths=img_paths[-test_samples:]
90  test_label_paths=label_paths[-test_samples:]
91
```

```
92   train_gen=OxfordPets(batch_siz,img_siz,train_img_paths,train_label_paths)
                                                             # 훈련 집합
93   test_gen=OxfordPets(batch_siz,img_siz,test_img_paths,test_label_paths)
                                                             # 검증 집합
94
95   model.compile(optimizer='adam',loss='sparse_categorical_crossentropy',
     metrics=['accuracy'])
96   cb=[keras.callbacks.ModelCheckpoint('oxford_seg.h5',save_best_only=True)]
                                                             # 학습 결과 자동 저장
97   model.fit(train_gen,epochs=30,validation_data=test_gen,callbacks=cb)
98
99   preds=model.predict(test_gen)                           # 예측
100
101  cv.imshow('Sample image',cv.imread(test_img_paths[0])) # 0번 영상 디스플레이
102  cv.imshow('Segmentation label',cv.imread(test_label_paths[0])*64)
103  cv.imshow('Segmentation prediction',preds[0])          # 0번 영상 예측 결과 디스플레이
104
105  cv.waitKey()
106  cv.destroyAllWindows()
```

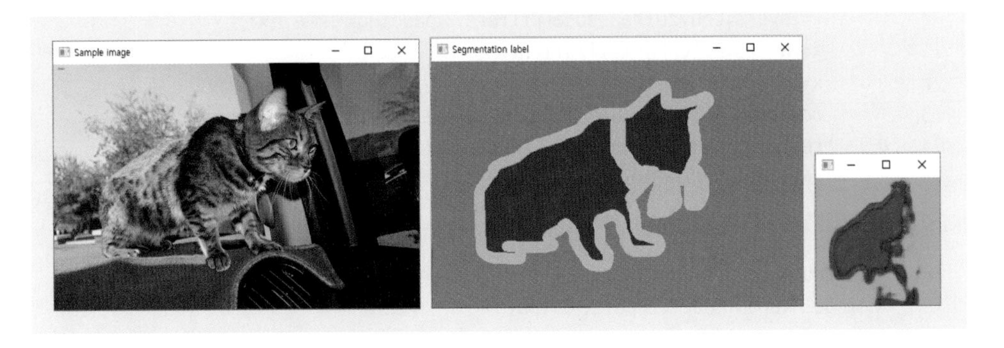

09~10행은 영상 폴더와 레이블 폴더의 경로를 지정한다. 입력 영상은 크기가 다양한데 11행은 160×160으로 크기를 정규화해 신경망에 입력하겠다는 선언이다. 12행은 분할 레이블이 3개 값으로 구성된다고 알리고 13행은 미니 배치 크기를 32로 설정한다.

TIP [프로그램 9-4]는 keras 사이트(https://keras.io/examples/vision/oxford_pets_image_segmentation)에서 제공하는 예제 프로그램이다. 이 프로그램은 [그림 9-36]에서 지름길 연결이 빠진 불완전한 버전이다. 완전한 버전으로 확장하는 일은 연습문제로 남겨둔다.

15행은 영상 폴더에서 영상 이름을 모은다. 16행은 레이블 폴더에서 영상 이름을 모으는데 ._으로 시작하는 영상을 배제한다.

18~41행은 학습과 예측에 사용할 데이터를 준비하는 OxfordPets 클래스를 선언한다.

19~23행의 __init__ 멤버 함수는 데이터셋을 준비하는 데 필요한 여러 가지 멤버 변숫값을 설정한다. 25~26행의 __len__ 멤버 함수는 미니 배치의 개수를 계산한다. 28~41행의 __getitem__ 멤버 함수는 학습을 수행하는 97행의 fit 함수가 원할 때마다 미니 배치를 만들어 제공하는 역할을 한다. 32~35행은 미니 배치만큼 입력 영상을 읽어와 x 객체에 저장하고 36~40행은 미니 배치만큼 레이블 영상을 읽어와 y 객체에 저장한다. 41행은 x와 y를 반환한다.

43~80행은 [그림 9-36]의 U-net에 기반한 모델을 만들어주는 make_model 함수다. 44행은 11행에서 설정한 정규 크기의 160×160×3 영상을 입력하는 층을 추가한다. 47~62행은 [그림 9-36]의 왼쪽 절반, 즉 축소 경로에 해당한다. 47~49행은 첫 컨볼루션층에 해당한다. 50행은 잔차 블록을 만들기 위해 특징 맵을 previsous_block_activation에 저장한다. 52행은 특징 맵의 크기를 줄이면서 깊이를 64, 128, 256으로 늘리기 위해 루프를 반복한다. 53~59행은 컨볼루션 두 번과 최대 풀링을 적용해 x에 저장한다. 60행은 이전 특징 맵에 컨볼루션을 적용해 x와 크기를 맞춘다. 61행은 두 특징 맵을 더하여 잔차 연결을 수행한다.

65~76행은 [그림 9-36]의 오른쪽 절반, 즉 확대 경로에 해당한다. 65행은 특징 맵의 크기를 키우면서 깊이를 256, 128, 64, 32로 줄이기 위해 루프를 반복한다. 66~72행은 전치 컨볼루션 두 번과 업 샘플링을 적용해 x에 저장한다. 73~74행은 이전 특징 맵에 업 샘플링과 컨볼루션을 적용해 x와 크기를 맞춘다. 75행은 두 특징 맵을 더하여 잔차 연결을 수행한다.

78행은 마지막 컨볼루션층을 쌓아 신경망을 완성한다. 이 층은 활성 함수를 softmax로 설정하고 출력 특징 맵의 채널 수를 3(num_classes)으로 설정한다. 79행은 입력을 44행의 inputs, 출력을 78행의 outputs으로 설정한 Model 함수를 통해 model 객체를 생성한다. 80행은 model 객체를 반환한다.

82~106행은 메인 함수에 해당한다. 82행은 make_model 함수로 신경망 모델을 만들어 model 객체에 저장한다. 84~90행은 데이터셋을 9:1 비율로 훈련 집합과 테스트 집합으로 분할한다. 84~85행은 분할하기 전에 영상의 순서를 섞고 92~93행은 OxfordPets 클래스로 훈련 집합과 테스트 집합을 구성한다.

95~97행은 compile과 fit 함수로 학습을 실행한다. 96행과 fit 함수의 callbacks 매개변수는 콜백 함수를 통해 학습 도중에 발생하는 가중치 값을 파일에 자동으로 저장한다. save_best_only=True 인수 때문에 학습 도중에 발생하는 가장 높은 성능의 가중치를 'oxford_ seg.h5' 파일에 저장한다. 콜백 기능으로 가중치를 자동 저장하는 기능은 이 프로그램에서 처음으로 선보이는데, 이전처럼 이 기능을 사용하지 않을 때는 96행과 fit 함수의 callbacks 인수를 제거하면 된다.

99행은 학습을 마친 후에 테스트 집합으로 예측을 수행한다. 101~103행은 테스트 집합의 첫 번째 영상과 참값 레이블, 예측 레이블을 디스플레이한다.

실행 결과에서 왼쪽은 입력 영상, 가운데는 참값, 오른쪽은 예측값이다. 입력 영상을 160×160으로 정규화해 신경망에 입력하고 신경망은 160×160 맵을 출력하므로 오른쪽 영상이 원본 영상보다 작다. 예측 분할 결과는 참값과 얼추 일치하는데, 세밀한 부분에서 다르다는 사실을 확인할 수 있다.

9.4.5 pixellib 라이브러리를 이용한 프로그래밍 실습

pixellib 라이브러리는 의미 분할과 사례 분할을 모두 지원한다. 의미 분할을 위해 DeepLabv3+를 구현했는데, 20부류를 지원하는 Pascal VOC 데이터셋으로 학습한 모델과 150부류를 지원하는 Ade20K 데이터셋으로 학습한 모델로 구분되어 있다.

TIP pixellib을 사용하려면 pip install pixellib으로 설치해야 한다. pixellib 라이브러리에 대한 공식 매뉴얼은 https://pixellib.readthedocs.io에 접속해 웹으로 살펴보거나 https://pixellib.readthedocs.io/_/downloads/en/latest/pdf에서 pdf 파일을 다운로드해서 살펴볼 수 있다. Ade20K 데이터셋의 내용을 살펴보려면 [Zhou2018]을 참조한다.

사례 분할은 mask RCNN으로 구현했고 COCO 데이터셋으로 학습하였다. 정지 영상을 처리하는 함수와 비디오를 처리하는 함수로 구분되어 있다. 분할 결과를 컬러 맵으로 표현할 수 있고 원래 영상에 덧붙여 표현할 수도 있으며, 화면에 표시하거나 파일에 저장할 수도 있다. 또 분할 속도를 조절할 수도 있다. pixellib 라이브러리는 이런 다양한 기능으로 인해 10행 이내의 짧은 코드로 멋진 프로그램을 작성할 수 있는 장점이 있다. 프로그래밍할 때는 공식 매뉴얼을 참조한다.

의미 분할 프로그래밍: 정지 영상

[프로그램 9-5]는 pixellib 라이브러리로 정지 영상을 의미 분할하는 프로그램이다. 이 프로그램을 실행하려면 먼저 모델 파일인 'deeplabv3_xception65_ade20k.h5'를 다운로드해 소스 프로그램이 있는 폴더에 저장해두어야 한다.

TIP 모델 파일은 https://github.com/ayoolaolafenwa/PixelLib/releases/download/1.3/deeplabv3_xception65_ade20k.h5에서 다운로드한다.

프로그램 9-5 **pixellib 라이브러리로 정지 영상을 의미 분할하기**

```
01  from pixellib.semantic import semantic_segmentation
02  import cv2 as cv
03
04  seg=semantic_segmentation()
05  seg.load_ade20k_model('deeplabv3_xception65_ade20k.h5')
06
07  img_fname='busy_street.jpg'
08  seg.segmentAsAde20k(img_fname,output_image_name='image_new.jpg')
09  info1,img_segmented1=seg.segmentAsAde20k(img_fname)
10  info2,img_segmented2=seg.segmentAsAde20k(img_fname,overlay=True)
11
12  cv.imshow('Image original',cv.imread(img_fname))
13  cv.imshow('Image segmention',img_segmented1)
14  cv.imshow('Image segmention overlayed›,img_segmented2)
15
16  cv.waitKey()
17  cv.destroyAllWindows()
```

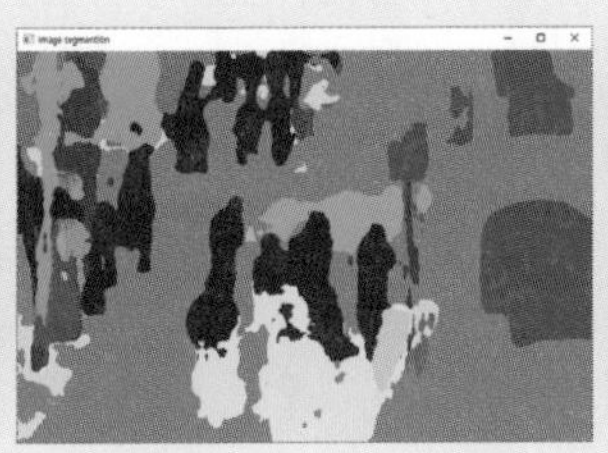

01행은 pixellib 라이브러리로부터 의미 분할에 쓸 semantic_segmentation 클래스를 불러온다. 04행은 semantic_segmentation 클래스로 seg 객체를 생성한다. 05행은 Ade20K 데이터셋으로 학습한 모델을 읽는다.

08~10행은 segmentAsAde20k 함수로 의미 분할을 수행한다. 이 세 행은 같은 일을 다양한 형태로 구사할 수 있음을 보여준다. 08행은 첫 번째 인수로 지정한 영상 파일을 분할해 두 번째 인수로 지정한 파일에 저장한다. 프로그램 실행을 마치고 폴더를 살펴보면 분할 결과를 가진 image_new.jpg 파일을 확인할 수 있다. 09행은 분할 결과를 반환받아 메타 정보는 info1, 분할된 영상은 img_segmented1에 저장한다. 10행은 09행과 비슷한데 overlay=true 인수를 추가함으로써 원래 영상에 분할 결과를 투명하게 겹쳐 표시한다.

12~14행은 원래 영상과 분할 결과 영상을 윈도우에 디스플레이한다. 첫 번째는 원래 영상, 두 번째는 09행으로 분할한 결과, 세 번째는 10행의 결과다.

프로그램 실행 결과를 살펴보면, 도로, 사람, 차, 자전거, 나무 등을 잘 분할했음을 알 수 있다. 자전거를 타는 사람 일부가 뒤엉켜 분할되었고 신호등과 표지판 영역에 오류가 있다.

분할 결과의 상세 내용을 살펴보려면 아래와 같이 09행이 저장한 info1 객체를 print 문으로 확인하면 된다. 분할된 물체를 부류 번호(class_ids), 부류 이름(class_names), 해당 부류를 칠한 컬러(class_colors), 점유 비율(ratios)로 표현함을 알 수 있다.

```
In[1]: print(info1)
{'class_ids': [7, 13, 21, 128, 5, 44, 10, 137, 12, 2, 18, 94, 116, 1, 139, 42, 41, 55, 81,
              101, 60, 14, 30],
'class_names': ['road', 'person', 'car', 'bicycle', 'tree', 'signboard', 'grass',
               'traffic', 'sidewalk', 'building', 'plant', 'pole', 'bag', 'wall',
               'ashcan', 'box', 'base', 'runway', 'bus', 'poster', 'stairway', 'earth',
               'field'],
'class_colors': [array([140, 140, 140]), array([150,   5,  61]), array([  0, 102, 200]), ... ...
'masks': array([[False, False, False, ..., False], ... ..., 'ratios': [49.06, 15.625, 8.61, ... ...]}
```

의미 분할 프로그래밍: 비디오

[프로그램 9-6]은 pixellib 라이브러리로 비디오를 의미 분할하는 프로그램이다.

프로그램 9-6 pixellib 라이브러리로 비디오를 의미 분할하기

```
01  from pixellib.semantic import semantic_segmentation
02  import cv2 as cv
03
04  cap=cv.VideoCapture(0)
05
06  seg_video=semantic_segmentation()
07  seg_video.load_ade20k_model('deeplabv3_xception65_ade20k.h5')
08
09  seg_video.process_camera_ade20k(cap,overlay=True,frames_per_second=2,output_
    video_name='output_video.mp4',show_frames=True,frame_name='Pixellib')
10
11  cap.release()
12  cv.destroyAllWindows()
```

04행은 OpenCV의 VideoCapture 함수를 사용해 웹 캠과 연결하고 결과를 cap 객체에 저장한다. 06~07행은 [프로그램 9-5]의 04~05행과 같다.

09행은 process_camera_ade20k 함수로 웹 캠을 통해 들어오는 비디오를 분할한다. 첫 번째 인수는 04행에서 연결한 cap이고 두 번째 인수는 원래 영상에 색상을 겹쳐서 분할 결과를 표시하라고 지시한다. 세 번째 인수는 초당 2프레임을 동영상에 저장하라고 지시하고, 네 번째 인수는 폴더에 저장할 mp4 파일 이름을 지정한다. 프로그램 실행을 마치면 폴더에 output_video.mp4 파일이 있다. 다섯 번째인 show_frame=True는 윈도우를 열어 분할 결과를 실시간으로 디스플레이하라는 지시고, 여섯 번째 인수는 윈도우 이름이다. process_camera_ade20k 함수는 키보드에서 q를 입력하면 마치도록 설정되어 있다.

사례 분할 프로그래밍: 정지 영상

[프로그램 9-7]은 pixellib 라이브러리를 활용하여 정지 영상을 사례 분할하는 프로그램이다.

01행은 사례 분할에 쓸 instance_segmentation 클래스를 불러온다. 04행은 instance_segmentation 클래스로 seg 객체를 생성하고 05행은 COCO 데이터셋으로 학습한 mask RCNN 모델을 읽는다. 실습 전에 소스 파일이 있는 폴더에 mask_rcnn_coco.h5 파일을 다운로드해두어야 한다.

TIP 파일 다운로드: https://github.com/ayoolaolafenwa/PixelLib/releases/download/1.2/mask_rcnn_coco.h5

08행은 segmentImage 함수로 사례 분할을 실행하고 결과를 info와 image_segmented 객체에 저장한다. info는 [프로그램 9-5]의 의미 분할과 조금 다른 정보를 담고 있다. 스스로 확인해보기 바란다. 두 번째 인수인 show_bboxes=True는 영역 각각에 박스를 씌우고 물체 확률을 표시하라는 지시다. 이 인수를 False로 설정하거나 생략하면 박스를 표시하지 않는다.

프로그램 9-7 **pixellib 라이브러리로 정지 영상을 사례 분할하기**

```
01  from pixellib.instance import instance_segmentation
02  import cv2 as cv
03
04  seg=instance_segmentation()
05  seg.load_model("mask_rcnn_coco.h5")
06
07  img_fname='busy_street.jpg'
08  info,img_segmented=seg.segmentImage(img_fname,show_bboxes=True)
09
10  cv.imshow('Image segmention overlayed',img_segmented)
11
12  cv.waitKey()
13  cv.destroyAllWindows()
```

프로그램 실행 결과를 살펴보면, 자동차를 서로 다른 색깔로 칠했다. 같은 부류의 물체가 여럿이면 고유 번호로 구별함을 알 수 있다. 자전거와 사람을 잘 구별했고 서로 겹쳐 있는 사람도 잘 구별함을 알 수 있다. pixellib은 관심 물체만 분할하는 기능도 제공하는데, 이에 대해서는 비디오를 다루는 [프로그램 9-8]에서 실습한다.

사례 분할 프로그래밍: 비디오

[프로그램 9-8]은 비디오를 사례 분할한다.

프로그램 9-8　pixellib 라이브러리로 비디오를 사례 분할하기

```
01  from pixellib.instance import instance_segmentation
02  import cv2 as cv
03
04  cap=cv.VideoCapture(0)
05
06  seg_video=instance_segmentation()
07  seg_video.load_model("mask_rcnn_coco.h5")
08
09  target_class=seg_video.select_target_classes(person=True,book=True)
10  seg_video.process_camera(cap,segment_target_classes=target_class,frames_per_
    second=2,show_frames=True,frame_name='Pixellib',show_bboxes=True)
11
12  cap.release()
13  cv.destroyAllWindows()
```

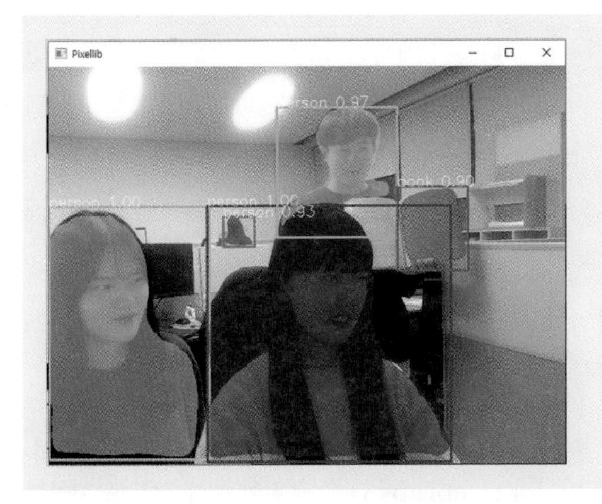

04행은 웹 캠과 연결한다. 사례 분할에서는 09행처럼 관심 부류를 지정할 수 있다. 09행은 관심 부류로 사람(person)과 책(book)을 지정했다. 인터넷에서 coco classes를 검색하면 COCO가 제공하는 부류 이름을 쉽게 알 수 있다. 10행은 process_camera 함수로 비디오를 사례 분할한다. 첫 번째 인수는 04행에서 웹 캠과 연결한 cap 객체고, 두 번째 인수는 09행에서 지정한 관심 부류다. 세 번째는 초당 프레임 수, 네 번째는 윈도우를 열어 실시간으로

분할 결과를 표시하라고 지시한다. [프로그램 9-6]과 달리 output_video_name 인수를 생략했는데, 이렇게 하면 폴더에 mp4 파일을 저장하지 않는다.

프로그램 실행 결과를 살펴보자. 여러 권의 책을 다른 색으로 표시했다. 사람과 책을 높은 확률로 분할했다.

프로그래밍 추상화 수준에 대한 토론

pixellib 라이브러리는 10여 행의 코드로 분할 결과를 얻을 수 있어 프로그래밍 추상화 수준이 아주 높다. 라이브러리 개발자는 사용자가 인수를 통해 다양한 기능을 자유자재로 활용할 수 있게 함수를 설계하였다. 이런 높은 추상화 수준은 상당한 장점이지만 상황에 따라 한계를 드러낸다.

pixellib은 80부류를 지원하는 COCO 데이터셋으로 학습한 mask RCNN 모델을 기반으로 제작되었다. 그런데 돼지의 행위를 분석해 질병을 예방하는 시스템을 만드는 경우에는 돼지 부류가 없어 난감하다. 과일 수확 로봇을 만든다면 80부류에 apple과 orange는 있지만 pear나 peach는 없다. 따라서 배나 복숭아를 수확하는 로봇 제작에 pixellib을 활용할 수 없다. mask RCNN은 사과 검출을 지원하지만 수확 환경에서 수집한 데이터로 학습하지 않았기 때문에 최대 성능을 기대할 수 없다. 따라서 익은 사과를 달고 있는 나무 사진으로 데이터셋을 새로 구축한 다음 mask RCNN을 다시 학습해야 성능을 최대로 끌어올릴 수 있다.

pixellib은 자체 데이터셋으로 학습하는 기능을 제공한다. 이 기능을 활용하면 내 데이터셋에 맞춘 분할 모델을 제작할 수 있다(https://pixellib.readthedocs.io/en/latest/custom_train.html). 다시 말해 추상화 수준을 낮추어 활용할 수 있다. 하지만 [프로그램 9-4]와 달리 신경망 구조나 하이퍼 매개변수를 자유자재로 조정하는 데는 한계가 있다.

신경망 구조와 하이퍼 매개변수를 자유자재로 조절하려면 U-net을 구현한 [프로그램 9-4]를 활용하면 된다. 텐서플로는 U-net뿐 아니라 DeepLabv3+를 구현한 예제 코드도 제공한다. 이들은 https://keras.io/examples/vision에서 다운로드할 수 있다.

9.5 [비전 에이전트 8] 배경을 내 맘대로 바꾸기

pixellib은 분할된 물체 영역만 남기고 나머지를 배경으로 간주하여 흐릿하게 만들거나 지정한 색으로 바꾸거나 명암을 조절하거나 지정한 배경 영상으로 바꾸는 기능을 제공한다. 이 기능을 이용해 배경을 내 맘대로 바꾸는 비전 에이전트를 제작해보자.

6장에서 만든 [프로그램 6-7]은 비디오에 엠보싱이나 카툰 같은 특수 효과를 적용하는 프로그램이다. 사용자 인터페이스의 골격을 살펴보면 조금 수정하여 재활용할 수 있다는 사실을 알 수 있다. [프로그램 9-9]는 pixellib을 활용해 배경을 바꾸는 프로그램이며 [프로그램 6-7]에서 수정된 부분은 음영으로 표시했다.

프로그램 9-9 pixellib 라이브러리를 활용해 내 맘대로 배경 바꾸기

```
01  import cv2 as cv
02  import numpy as np
03  from PyQt5.QtWidgets import *
04  import sys
05  from pixellib.tune_bg import alter_bg
06
07  class VideoSpecialEffect(QMainWindow):
08      def __init__(self):
09          super().__init__()
10          self.setWindowTitle('배경을 내 맘대로')
11          self.setGeometry(200,200,400,100)
12
13          videoButton=QPushButton('배경 내 맘대로 켜기',self)
14          self.pickCombo=QComboBox(self)
15          self.pickCombo.addItems(['원래 영상','흐릿(조금)','흐릿(중간)','흐릿(많이)',
            '빨강','녹색','파랑'])
16          quitButton=QPushButton('나가기',self)
17
18          videoButton.setGeometry(10,10,140,30)
19          self.pickCombo.setGeometry(150,10,110,30)
20          quitButton.setGeometry(280,10,100,30)
21
```

```
22        videoButton.clicked.connect(self.videoSpecialEffectFunction)
23        quitButton.clicked.connect(self.quitFunction)
24
25    def videoSpecialEffectFunction(self):
26        self.cap=cv.VideoCapture(0,cv.CAP_DSHOW)
27        if not self.cap.isOpened(): sys.exit('카메라 연결 실패')
28
29        while True:
30            ret,frame=self.cap.read()
31            if not ret: break
32
33            pick_effect=self.pickCombo.currentIndex()
34            if pick_effect==0:
35                special_img=frame
36            elif pick_effect==1:
37                special_img=change_bg.blur_frame(frame,low=True,detect='person')
38            elif pick_effect==2:
39                special_img=change_bg.blur_frame(frame,moderate=True,detect
                  ='person')
40            elif pick_effect==3:
41                special_img=change_bg.blur_frame(frame,extreme=True,detect
                  ='person')
42            elif pick_effect==4:
43                special_img=change_bg.color_frame(frame,colors=(255,0,0),detect
                  ='person')
44            elif pick_effect==5:
45                special_img=change_bg.color_frame(frame,colors=(0,255,0),detect
                  ='person')
46            elif pick_effect==6:
47                special_img=change_bg.color_frame(frame,colors=(0,0,255),detect
                  ='person')
48
49            cv.imshow('Special effect',special_img)
50            cv.waitKey(1)
51
52    def quitFunction(self):
53        self.cap.release()
54        cv.destroyAllWindows()
55        self.close()
56
57 change_bg=alter_bg(model_type="pb")
58 change_bg.load_pascalvoc_model('xception_pascalvoc.pb')
59
```

```
60  app=QApplication(sys.argv)
61  win=VideoSpecialEffect()
62  win.show()
63  app.exec_()
```

05행은 pixellib의 기능을 활용하기 위해 alter_bg 클래스를 불러온다.

10행과 13행은 윈도우와 버튼 이름을 지정하고 15행은 콤보박스의 메뉴를 지정한다. alter_bg 클래스에는 배경을 흐릿하게 만드는 기능이 있는데 세 단계(low, moderate, extreme)를 메뉴로 제공한다. 배경을 지정한 색으로 바꾸는 메뉴도 추가한다.

33행은 사용자가 콤보박스에서 선택한 메뉴 번호를 알아내고 34~47행은 7가지 경우를 처리한다. 이때 0은 원래 영상을 그대로 디스플레이하고 1~3은 배경을 흐릿하게 만드는 세 단계를 적용한다. 4~6은 빨간색, 초록색, 파란색으로 배경을 바꾼다. 이때 detect='person' 인수를 설정해 사람 이외는 모두 배경으로 간주한다.

메인 프로그램이 시작되는 57행은 alter_bg 클래스로 change_bg 객체를 만든다. 58행은 xception_pascalvoc.pb 파일을 읽어 물체를 분할하고 배경을 바꾸는 데 쓸 모델을 준비한다.

9.6 사람 인식

컴퓨터 비전이 인식하는 대상 중에 가장 중요하고 많은 관심을 받았으며 그만큼 많은 연구가 이루어진 대상은 사람이다. 사람을 자동으로 인식할 수 있으면 인증, 보안, 고객 분석, 엔터테인먼트, 스포츠, 수사, 범죄 예방, 휴머노이드 로봇 등 응용이 무궁무진하다. 이미 상용화된 시스템이 많은데 가장 널리 퍼진 응용은 스마트 기기에 로그인할 때 쓰는 지문 인식과 얼굴 인식이다. 이처럼 사람의 생리학적physiological 또는 행동학적behavioral 특성을 측정하고 유용한 응용에 활용하는 분야를 생체 인식biometrics이라 한다[Sundararajan2018]. [그림 9-40]은 아주 많은 생체 특성 중에 대표적인 8가지를 제시한다. 컴퓨터 비전 기술을 적용해야 하는 것은 주황색으로 표시했다. 이 절에서는 얼굴로 국한하고 얼굴과 성별, 나이 인식을 간략하게 소개한다.

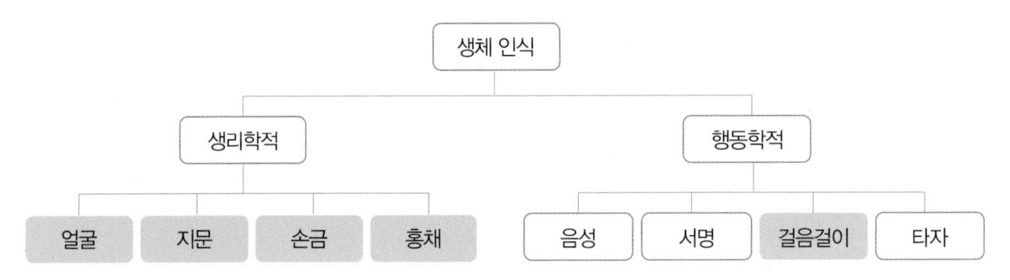

그림 9-40 생체 인식(주황색 표시는 컴퓨터 비전 기술을 사용해야 하는 특성)

TIP 이 책은 얼굴 표정 인식(facial expression recognition)은 다루지 않는데, 이에 관심이 있는 독자는 서베이 논문으로 [Li2022a]과 현재 최고 성능을 한 눈에 파악할 수 있는 PapersWithCode 사이트(https://paperswithcode.com/task/facial-expression-recognition)를 참고한다.

얼굴 인식

사람 인식 중에서 가장 많이 연구된 분야는 얼굴 인식이다. 얼굴 검출과 인식을 모두 다룬 서베이 논문으로 [Ranjan2018], 얼굴 검출을 위한 서베이 논문으로 [Minaee2021b], 얼굴 인식을 집중적으로 다룬 서베이 논문으로 [Wang2021b]를 추천한다.

얼굴 인식의 성공은 딥러닝 시대 훨씬 이전인 1991년에 있었다. 얼굴 영상에 주성분 분석PCA;

Principal Component Analysis을 적용해 차원을 줄인 다음 매칭 알고리즘을 적용해 얼굴 인식을 수행하는 고유 얼굴eigenface 기법이 발표되었다[Turk1991]. 고유 얼굴은 조명 변화가 적은 상황에서 정면을 향해 촬영한 얼굴에서만 높은 성능을 보이는 한계가 있어 출입문 인증 정도의 응용에 국한되지만, 당시에는 큰 진전으로 여겨졌다. 이후 SIFT나 LBP 등의 지역 특징을 이용하는 방법으로 발전했지만 여전히 제한된 환경에서 촬영된 얼굴 영상에서만 실용적인 수준의 성능을 얻을 수 있었다. 예를 들어 [그림 9-41(b)]의 LFW 데이터셋에서 95% 정확률까지 도달했으나 그 이상을 돌파하지는 못했다[Wang2021b].

(a) Yale face

(b) LFW

(c) MegaFace

(d) VGG face

그림 9-41 얼굴 데이터셋

TIP 각 데이터셋의 출처는 다음과 같다.

- **Yale**: http://vision.ucsd.edu/~iskwak/ExtYaleDatabase/Yale%20Face%20Database.htm
- **LFW**: http://vis-www.cs.umass.edu/lfw
- **MegaFace**: http://megaface.cs.washington.edu
- **VGG**: https://www.robots.ox.ac.uk/~vgg/data/vgg_face

2012년 ILSVRC 대회에서 우승한 AlexNet은 얼굴 인식에 컨볼루션 신경망을 적용하는 새로운 길을 열었다. 2014년에 발표된 DeepFace는 AlexNet을 백본으로 사용하여 전이 학습을 했는데 LFW 데이터셋에서 97.35% 정확률을 달성해 사람의 97.53%에 근접했다[Taigman2014]. 이후 VGGNet을 백본으로 사용한 VGGface, GoogLeNet을 백본으로 사용한 FaceNet, ResNet을 백본으로 사용한 SphereFace 등이 등장해 불과 3년만에 99.8% 정확률에 도달하며 사람 성능을 훌쩍 뛰어 넘었다.

얼굴 인식은 서로 다른 사람을 구별하는 문제라고 생각해서 단순히 9.2절의 분류 알고리즘을 적용하면 될 것이라 오해하기 쉽다. 하지만 일반적인 분류 문제는 부류가 '고양이', '자전거',

'사람'처럼 미리 정해져 있는데 얼굴 인식은 적용 현장이 정해지면 그곳을 드나드는 사람이 새로운 부류가 되므로 제로샷 학습zero-shot learning에 해당한다[Wang2019b]. 얼굴 인식에서는 특징 추출 단계와 매칭 단계를 별도 모듈로 구현함으로써 이 문제를 해결한다.

얼굴 인식은 응용에 따라 크게 얼굴 확인face verification과 얼굴 식별face identification로 구분한다. 얼굴 확인은 두 장의 얼굴 영상이 입력되면 동일인인지 확인하는 문제다. 공항에서 여권을 검사하거나 수험장에서 신분증을 검사하는 상황이 여기에 해당한다. 얼굴 식별은 입력 영상을 등록된 얼굴 영상과 매칭하여 누구인지 알아내는 문제다. 매칭 알고리즘은 두 영상의 유사도를 계산한 다음, 얼굴 확인에서는 유사도가 임계치를 넘으면 동일인으로 판정하고 얼굴 식별에서는 유사도가 가장 큰 부류로 분류한다.

특징 추출 단계는 주로 VGGNet, ResNet, GoogLeNet과 같은 사전 학습된 컨볼루션 신경망을 백본을 사용하여 전이 학습하여 해결한다. 서로 다른 사람의 얼굴은 미세하게 다르기 때문에 미세 분류 문제에 해당하는데, 새나 개 품종 분류와 같은 일반적인 미세 분류와 다른 점은 두 눈과 코와 입의 기하학적 배열이 일정하다는 사실이다. 얼굴 인식 연구에서는 이런 특성을 활용하여 정확률을 높이려고 손실 함수 개발이 활발히 이루어진다. 기본 전략은 같은 부류에 속하는 얼굴 영상의 유사도는 높게 유지하면서 다른 부류에서 발생한 영상의 유사도는 낮게 유지하는 것이다. 이런 전략에 따라 contrastive 손실 함수, triplet 손실 함수, center 손실 함수 등이 개발되었다[Wang2021b, Section 3.1].

현대적인 얼굴 인식은 [그림 9-42]와 같이 얼굴 획득 과정에 제약을 두지 않는 자연스런 상황에서 이루어진다. 얼굴 검출face detection 알고리즘으로 얼굴 영역을 오려내고 얼굴 정렬face alignment 알고리즘으로 두 눈, 코, 입, 귀 등의 위치를 알아낸다. 이후 현장 상황과 과업 목적에 따라 일대다 증강one-to-many augmentation 또는 다대일 정규화many-to-one normalization를 적용하여 얼굴 영상을 생성한다. CCTV에서 범인으로 추정되는 사람의 옆 얼굴을 가까스로 얻었는데 데이터베이스에 증명 사진만 있다면 증명 사진 얼굴을 다양한 방향으로 변환한 다음 각각의 변환 영상에 대해 특징 추출과 매칭을 시도해야 한다. 이것은 일대다 증강에 해당한다. 새로 산 스마트폰에 얼굴을 등록하여 자동 로그인 기능을 사용하는 경우에 사용자는 기꺼이 여러 방향의 얼굴 영상을 입력할 것이다. 이때는 여러 영상에서 한 장의 표준 얼굴 영상을 만들어 사용하는 다대일 정규화를 적용한다.

얼굴 검출	→	얼굴 정렬	→	얼굴 생성	→	특징 추출	→	매칭

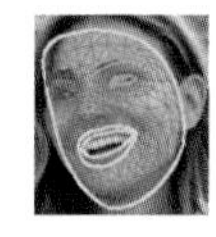

그림 9-42 현대적인 얼굴 인식의 처리 과정

[그림 9-41]에서 얼굴 인식에 사용되는 데이터셋을 몇 가지 소개한다. Yale 얼굴 데이터셋은 1990년대에 사용된 것으로, 정면 얼굴 영상만 담은 소규모 데이터셋이다. 10명의 사람에 대해 각각 9개 방향과 64가지 조명을 조합해 총 5,760장의 영상을 수집한 데이터셋이다. LFWLabeled Faces in the Wild는 웹에서 5,749명의 유명인 사진을 모아 구축했다[Huang2007]. 사람마다 영상 개수가 다른데, 두 장 이상인 사람이 1,680명으로 총 13,233장의 영상을 담고 있다. 보통 얼굴 식별보다는 얼굴 확인용으로 사용한다. MegaFace는 67만 명 이상에서 수집한 470만 장의 얼굴 영상을 담고 있다[Kemelmacher-Shlizerman2016]. VGGFace는 2,622명에 대해 260만 장의 영상을 담고 있다[Parkhi2015]. 이외에 MS-Celeb-1M, Casia, IMDB-face 등이 있는데 상세한 내용은 [Wang2021b]를 참조한다. 나이와 성별, 인종 인식에 사용되는 데이터셋은 뒤에서 소개한다.

얼굴 검출과 정렬, 인식은 한 장의 정지 영상에 적용할 수도 있지만 현재는 웹 캠이나 스마트폰 카메라, 실내 또는 실외에 설치된 CCTV 카메라에 입력되는 비디오를 대상으로 하는 경우가 점점 늘고 있다. 또한 자세나 몸 동작 인식으로 연구가 확장되고 있다. 10장의 동적 비전에서 비디오에서 사람을 인식하는 주제를 다룬다.

성별과 나이 추정

얼굴 인식을 넘어 성별과 나이를 자동으로 추정할 수 있으면 많은 곳에 활용할 수 있다. 예를 들어 매장에 설치된 CCTV로 고객의 성별과 나이에 따른 소비 취향을 분석하고 판매량을 늘리는 정책을 수립할 수 있다.

성별과 나이 추정에 쓸 데이터셋이 여러 종류 있다. MORPH II 데이터셋에는 나이가 16~77세인 사람의 얼굴 영상이 55,134장 있다. 한 사람이 나이가 들면서 찍은 여러 장(평균 네 장)의 영상이 있어서 나이에 따른 변화를 분석하는 데 활용할 수 있다. 인종과 성별 정보도 붙어 있다. IMDB-WIKI 데이터셋은 50만 장 이상의 연예인 사진을 성별, 나이 정보와 함께 제공한다. AFADAsian Face Age Dataset는 성별과 나이 정보를 가진 아시아인의 얼굴 영상을 16만 장

이상 담고 있다. UTKface 데이터셋은 나이가 0~116세인 사람에게서 수집한 나이, 성별, 인종 정보를 레이블링한 23,708장의 얼굴 영상을 담고 있다. 보다 많은 데이터셋을 살펴보려면 서베이 논문 [Angulu2018]을 참조한다.

TIP 각 데이터셋은 아래 사이트에서 다운로드할 수 있다.

- MORPH II: http://www.faceaginggroup.com
- IMDB-WIKI: https://data.vision.ee.ethz.ch/cvl/rrothe/imdb-wiki
- AFAD: https://afad-dataset.github.io
- UTK: https://susanqq.github.io/UTKFace

딥러닝 이전에는 다양한 수작업 특징을 사용하여 나이를 추정하는 알고리즘이 시도되었다 [Eidinger2014, Angulu2018]. 나이는 1세, 2세, 3세, …로 범주화되어 있어 분류classification 또는 회귀regression 알고리즘을 적용할 수 있다. 일반적인 분류의 경우 '코끼리'를 '자전거'와 '집'이라고 잘못 분류한 두 경우를 같이 취급하는데, 나이 추정에서 12세를 13세와 60세로 잘못 분류한 두 경우를 같이 취급하면 불합리하다. 12세를 13세로 분류한 경우에는 거의 맞혔다고 판단하는 것이 합리적이다. 이런 이유로 나이 추정은 주로 분류보다 회귀 알고리즘으로 해결한다.

나이 추정에 컨볼루션 신경망을 적용한 초기 논문인 [Levi2015]는 컨볼루션층 3개와 완전연결층 2개를 연결한 간단한 구조의 신경망을 사용한다. 컨볼루션 신경망이 고전 알고리즘보다 정확하게 나이를 추정한다는 사실을 밝힌다. 이 알고리즘은 출력층에 softmax 활성 함수를 사용해 나이 추정을 분류 문제로 해결하였다. 실험에서 0~2세, 4~6세, 8~13세, …의 8부류로 구분된 단순한 Audience 데이터셋을 사용했는데 이 때문에 분류 알고리즘으로 높은 정확률을 얻을 수 있었다.

나이는 출생 시점에서 시작해 연속적으로 증가하는 값인데, 편의상 1년 단위로 끊어서 표현한다. 병의 진행 단계를 1기, 2기, …로 구분하거나 고객 취향을 1(very poor), 2(poor), 3(fair), …로 구분하는 것도 비슷한 상황이다. 초기 논문 이후에는 이러한 나이의 성질을 반영해 나이 추정을 순서형 회귀ordinal regression 문제로 취급한다. 나이 추정을 순서형 회귀로 보고 문제를 푼 초창기 논문인 [Niu2016]과 [Chen2017b]는 둘 다 이진 분류기를 여러 개 만드는 방식을 사용한다. [그림 9-43(a)]는 출력층이 $K-1$개인 신경망을 사용하는 [Niu2016] 방식을 설명한다. 각 출력층은 나이가 k 이상인가라는 질문을 책임진다. [그림 9-43(b)]는 이진 분류를 담당하는 $K-1$개 신경망을 사용하는 [Chen2017b] 방식을 설명한다. 각 신경망은 나이가 k 이상인가라는 질문을 책임지는 이진 분류기다. 둘 다 테스트 샘플에 대해 예라고 답한 경우를 세어 나이로 출력한다. [그림 9-43(c)]는 입력 영상에 대해 나이 범위를 초기 추정한 다음 정제한다. 정제한 나이로 새로운 범위를 설정하고 다시 정제하는 과정을 반복해 정밀한 나이 추정을 시도한다[Shin2022].

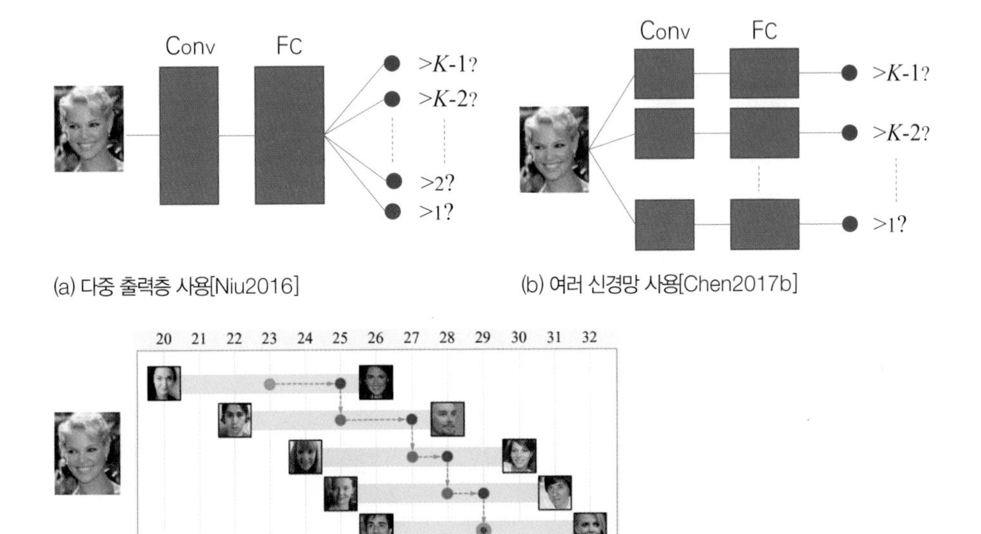

(a) 다중 출력층 사용[Niu2016]

(b) 여러 신경망 사용[Chen2017b]

(c) 이동 윈도우 회귀[Shin2022]

그림 9-43 나이 추정을 순서형 회귀로 해결

나이 추정의 성능을 측정하는 척도로는 평균절댓값오차MAE; Mean Absolute Error 또는 누적 점수CS; Cumulative Score를 사용한다. MAE는 예측값과 참값의 절댓값 차이를 평균한 것이고 CS는 오류 포용값이 l일 때 예측값과 참값의 절댓값 차이가 l 이하면 맞혔다고 간주하는 정확률이다. 예를 들어 참값이 24이고 l=2라면 예측값이 22, 23, 24, 25, 26에 포함되면 맞혔다고 간주한다.

성별 인식을 위한 데이터셋은 앞서 나이 추정에서 소개한 데이터셋과 많이 겹친다. 얼굴 영상에 대해 나이와 성별, 인종 등의 정보를 같이 레이블링했기 때문이다. 성별 인식은 나이와 달리 명확하게 분류 문제다. 딥러닝 이전의 성별 인식 연구를 살펴보려면 [Eidinger2014(II.A절)]을 참조한다.

성별과 나이 추정에 컨볼루션 신경망을 적용한 초창기 논문인 [Levi2015]는 Audience 데이터셋에 대해 성별 인식의 정확률 86.8%, 8구간으로 나뉜 나이의 정확률 50.7%를 보고했다. 이후 연구에서 꾸준한 성능 향상이 이루어졌는데, Hyperface 시스템은 CelebA 데이터셋에서 98%, LFWA 데이터셋에서 94%의 정확률을 얻었다[Ranjan2019]. 성별 인식은 비교적 단순한 이진 분류 문제라 다른 과업과 묶어 해결하거나 다른 얼굴 특징과 같이 인식을 시도하는 경우가 많다. 예를 들어 Hyperface 경우 얼굴 검출, 랜드마크 검출, 방향 추정, 성별 인식을 한꺼번에 처리한다[Ranjan2019]. Han은 성별과 나이, 인종을 나타내는 특징의 상관 관계와 이질성을 고려한 신경망 모델을 제안하고[Han2018], Roxo는 얼굴 영상과 전신 영상을 같이 고려한 방법을 제안한다[Roxo2022].

Liu는 Celeb-faces와 LFW 데이터셋에서 추출한 얼굴 영상에 성별뿐 아니라 큰 입, 대머리, 이중 턱, 곱슬 머리 등의 속성 40개를 레이블링한 CelebA와 LFWA 데이터셋을 구축했다[Liu2015](https://liuziwei7.github.io/projects/FaceAttributes.html). CelebA는 1만 명의 연예인에 대한 20개씩의 사진으로 20만 장의 얼굴 영상을 담고 있다. LFWA는 5,749명에 대해 총 13,233장의 영상을 담고 있다. 이들 40개 속성을 인식하는 연구도 활발히 이루어지고 있다[Kawai2022].

연습
문제

01 AI 허브(https://aihub.or.kr)에 접속해 컴퓨터 비전과 관련있는 데이터셋 중에 흥미를 끄는 하나를 선택한 후 다음을 수행하시오.

(1) 데이터셋의 내용을 반 쪽 가량으로 요약해 제시하시오.

(2) 데이터셋을 다운로드해 컴퓨터에 설치한 후 폴더 구조를 캡쳐하여 제시하시오.

hint 데이터셋 폴더로 이동한 후, 파일 경로 창에 cmd를 입력해 커맨드 창을 열고, 커맨드 창에서 tree 명령어를 실행하면 폴더의 트리 구조가 나타난다.

(3) 예제 영상을 10장 이상 레이블과 함께 제시하시오.

(4) 선택한 데이터셋과 관련한 독창적인 응용 시나리오를 구상하시오.

02 PapersWithCode 사이트가 제공하는 CUB-200 데이터셋에 대해 답하시오.

(1) 성능 그래프를 [그림 9-10]처럼 제시하시오.

hint https://paperswithcode.com/sota/fine-grained-image-classification-on-cub-200-1에 접속한다.

(2) 현재 SOTA인 논문의 초록을 제시하시오.

(3) 현재 SOTA인 논문의 핵심 아이디어를 이해하기 쉽게 요약해 제시하시오.

03 [Goodfellow2018] 논문은 'Defenses and Their Limitations' 절에서 적대적 공격에 대한 방어 전략을 모델 학습(model training), 입력 검증(input validation), 구조 변경(architectural change)의 세 가지 방법론으로 구분한다. 각 방법론을 이해하기 쉽게 요약해 제시하시오.

04 [표 9-1]에서 신뢰도 임곗값이 0.1일 때와 0.7일 때의 재현율과 정밀도 계산 과정을 쓰시오.

05 [예시 9-1]은 IoU 임곗값을 0.5로 설정했을 때의 계산 과정을 예시한다. IoU 임곗값을 0.55로 설정했을 때의 [표 9-1]과 [그림 9-16]을 제시하시오.

06 [그림 9-29]에 대해 답하시오.

(1) 영역 1의 $A \cup B$와 $A \cap B$를 제시하시오.

(2) 영역 1의 IoU와 Dice 계수를 계산하시오.

07 [프로그램 9-4]에 식 (9.3)의 MPA를 측정하는 함수를 추가하시오. 프로그램이 MPA를 출력하도록 확장하시오.

08 [프로그램 9-4]는 [그림 9-36]의 U-net에서 지름길 연결이 빠진 채 구현되었다.

(1) 지름길 연결을 추가한 프로그램으로 확장하시오.

(2) 이전 모델과 새로운 모델의 분할 성능을 예제 영상 5~6장을 가지고 정성적으로 비교하시오.

(3) 이전 모델과 새로운 모델의 분할 성능을 연습문제 **07**의 MPA 측정 코드를 가지고 정량적으로 비교하시오.

09 [프로그램 9-4]는 SeparableConv2D 층을 사용한다. 이 층의 목적과 원리를 설명하시오.

10 [그림 9-33]에서 m=9로 바뀌었을 때 3가지 경우의 그림을 제시하시오. 이들에 대한 전치 컨볼루션을 [그림 9-34]와 같이 제시하시오.

CHAPTER

10

동적 비전

Preview

사람의 시각은 동적이다. [그림 10-1]에서 아기의 눈에 입력되는 고양이 영상은 매우 동적이다. 아기는 연속 영상을 통해 물체가 취하는 무수히 많은 자세를 매 순간 학습한다. 사람의 비전이 심하게 변하는 환경에 강인한 근본 이유다.

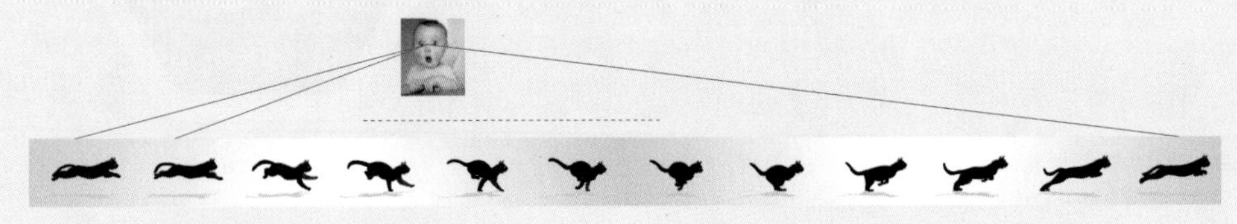

그림 10-1 사람의 동적 비전

전세계에 설치된 감시 카메라는 10억 대에 육박한다. 2019년 기준으로 분당 500시간 분량의 비디오가 유튜브에 업로드된다고 알려져 있다. 컴퓨터의 메모리 용량과 CPU와 GPU 성능이 획기적으로 개선된 덕에 이제 비디오는 일상이 되었다.

이 비디오 데이터를 자동으로 인식할 수 있다면 무궁무진하게 응용할 수 있다. 9장에서 다룬 분류, 검출, 분할 알고리즘은 비디오 처리의 시작점이다. 하지만 이들은 정지 영상을 독립적으로 처리하기 때문에 한계가 있다. 예를 들어 의심스러운 사람을 찾아 알리는 감시 시스템에서는 같은 사람의 동작을 연결해 시간별로 분석하고 행위를 인식할 수 있어야 한다. 추적 도중 다른 물체에 가려져 사라졌다가 다시 나타나도 같은 사람으로 인식할 수 있어야 한다.

비디오 인식을 위한 딥러닝 기법을 서베이한 최근 논문으로 [Sharma2021]을 추천한다. 비디오 인식의 응용 분야, 풀어야 하는 문제, 딥러닝 기법, 17종의 데이터셋, 향후 연구 주제를 체계적으로 설명한다. [Sreenu2019]는 감시 목적의 비디오 처리 연구를 서베이한다.

이 장에서는 물체의 모션 정보를 분석하는 알고리즘과 물체를 실시간으로 추적하는 알고리즘을 설명한 후 비디오에 나타난 사람을 인식하는 여러 방법을 설명한다. 그리고 MediaPipe 라이브러리로 얼굴과 손을 검출하고 사람의 자세를 추정하는 프로그래밍 실습을 한다.

10.1 모션 분석

비디오video는 [그림 10-2]와 같이 시간 순서에 따라 정지 영상을 나열한 구조로, 동영상 dynamic image이라 부르기도 한다. 보통 카메라는 초당 30장을 입력하는데 응용에 따라 수 초 내지 수 분에 한 장을 입력하는 느린 비디오도 있고 초당 수백 장을 입력하는 빠른 비디오도 있다. 비디오를 구성하는 영상 한 장을 프레임frame이라고 한다. 프레임은 2차원 공간에 정의되는데, 비디오는 시간 축이 추가되어 3차원 시공간spatio-temporal을 형성한다. 컬러 영상은 채널이 세 장이므로 $m \times n \times 3$ 텐서이고 T장의 프레임을 담은 비디오는 $m \times n \times 3 \times T$의 4차원 구조 텐서다.

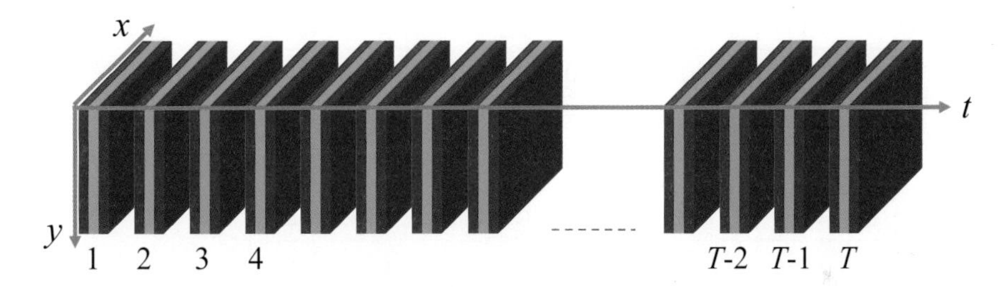

그림 10-2 3차원 공간에 표현되는 비디오

컴퓨터 비전의 문제가 대부분 그러하듯이 비디오를 분석하는 초창기 연구는 카메라와 조명, 배경이 고정된 단순한 상황을 가정했다. 배경이 고정된 상황에서는 식 (10.1)의 차영상 difference image을 분석해 쓸 만한 정보를 얻을 수 있다. 예를 들면 공장의 컨베이어 벨트 위를 지나가는 물체의 위치와 속도를 알아낼 수 있다. $f(j,i,t)$는 t 순간 프레임의 (j,i) 화솟값이다. $f(\ ,\ ,0)$은 배경만 두고 획득한 영상으로 기준 프레임 역할을 한다.

$$d(j,i,t) = |f(j,i,0) - f(j,i,t)|, 0 \le j < m, 0 \le i < n,\ 1 \le t \le T \tag{10.1}$$

이후로는 일반적인 비디오를 처리하는 연구로 발전했는데, 초창기에는 광류optical flow를 이용하는 접근 방법이 주류를 이루었다. 사람이 설계한 알고리즘을 사용하는 고전 시대를 거쳐 자연스럽게 딥러닝 시대로 전환되었다.

광류를 추정하는 고전 알고리즘과 딥러닝 알고리즘을 순서대로 설명한다.

10.1.1 모션 벡터와 광류

움직이는 물체는 연속 프레임에 명암 변화를 일으킨다. 따라서 명암 변화를 분석하면 역으로 물체의 모션 정보를 알아낼 수 있다. 화소별로 모션 벡터motion vector를 추정해 기록한 맵을 광류optical flow라고 한다. 광류 추정을 다룬 서베이 논문으로 [Zhai2021a]를 추천한다.

[그림 10-3]은 디지털 영상에서 모션 벡터를 추정하는 일에 애매한 점이 있다는 사실을 설명한다. 예시 영상에서 노란색으로 표시된 화소가 다음 순간에 어디로 이동했는지 확정하는 일은 어렵다. 물체가 이동과 회전, 크기 변환을 일으키고 환경이 조명 변화와 잡음을 복합적으로 발생시키기 때문이다.

t 순간

	0	1	2	3	4	5	6	7
0	0	0	0	0	0	0	0	0
1	0	1	0	0	0	2	0	0
2	0	0	0	0	0	0	0	0
3	0	0	0	5	0	0	0	0
4	0	0	0	6	6	0	0	0
5	0	0	0	5	6	6	0	0
6	0	0	0	5	5	6	5	0
7	0	0	0	0	0	0	0	0

t+1 순간

	0	1	2	3	4	5	6	7
0	0	0	0	0	0	0	0	0
1	0	0	0	0	0	0	1	0
2	0	2	0	1	0	0	0	0
3	0	0	0	0	7	0	0	0
4	0	0	0	0	6	5	0	0
5	0	0	0	1	7	6	6	0
6	0	0	0	0	6	6	5	6
7	0	0	0	0	0	0	0	0

그림 10-3 연속 영상에서 모션 벡터를 추정할 때 발생하는 애매함

광류 추정 방법

모션 벡터를 추정하는 알고리즘은 애매함을 해결하려고 연속한 두 영상에서 같은 물체는 같은 명암으로 나타난다는 밝기 항상성brightness constancy 조건을 가정한다. 두 영상의 시간 차이인 dt가 충분히 작다면 테일러 급수에 따라 식 (10.2)가 성립한다. 보통 비디오는 초당 30프레임이므로 dt=1/30초로서 충분히 작다고 간주한다.

$$f\left(y+dy, x+dy, t+dt\right) = f\left(y, x, t\right) + \frac{\partial f}{\partial y}dy + \frac{\partial f}{\partial x}dx + \frac{\partial f}{\partial t}dt + 2\text{차 이상의 합} \qquad (10.2)$$

dt가 작다는 가정에 따라 2차 이상을 무시한다. 밝기 항상성 가정을 적용하면 dt 동안 (dy, dx) 만큼 이동하여 형성된 $f(y+dy, x+dy, t+dt)$는 $f(y, x, t)$와 같다. 이런 가정에 따라 식 (10.2)를 식 (10.3)으로 바꿔 쓸 수 있다.

$$\frac{\partial f}{\partial y}\frac{dy}{dt}+\frac{\partial f}{\partial x}\frac{dy}{dt}+\frac{\partial f}{\partial t}=0 \qquad (10.3)$$

$\frac{dy}{dt}$와 $\frac{dx}{dt}$는 dt 동안 y와 x 방향으로 이동한 양으로 모션 벡터 $\mathbf{v}=(v, u)$에 해당한다. 이 사실에 따라 식 (10.4)가 성립한다.

$$\frac{\partial f}{\partial y}v+\frac{\partial f}{\partial x}u+\frac{\partial f}{\partial t}=0 \qquad (10.4)$$

식 (10.4)를 광류 조건식optical flow constraint equation이라 부르는데 대부분 광류 계산 알고리즘은 이 식을 사용한다. $\frac{\partial f}{\partial y}$와 $\frac{\partial f}{\partial x}$는 y와 x 방향의 명암 변화로서 에지 검출에 사용한 [그림 4-6]의 에지 연산자를 사용하여 계산하면 된다. [예시 10-1]을 통해 광류 조건식의 의미를 명확히 이해하자.

[예시 10-1] 광류 조건식

계산 편의상 $\frac{\partial f}{\partial y}$와 $\frac{\partial f}{\partial x}$는 바로 이웃에 있는 화소와 명암 차이로 계산한다. 실제로는 [그림 4-6]의 소벨 연산자처럼 더 큰 연산자를 사용한다.

$$\frac{\partial f}{\partial y}=f\ \ y+1,x,t\ -f\ \ y,x,t\ ,\ \frac{\partial f}{\partial x}=f(y,x+1,t)-f(y,x,t),\ \frac{\partial f}{\partial t}=f(y,x,t+1)f(y,x,t)$$

[그림 10-3]에서 노란색으로 표시된 (5,4) 위치의 화소에 위 식을 적용하면 다음과 같다.

$$\frac{\partial f}{\partial y}=f(6,4,t)-f(5,4,t)=-1,\ \frac{\partial f}{\partial x}=f(5,5,t)-f(5,4,t)=2,\ \frac{\partial f}{\partial t}=f(5,4,t+1)-f(5,4,t)=1$$

이들 값을 식 (10.4)의 광류 조건식에 대입하면 다음 식을 얻는다. 이 식을 풀면 노란색 점에서 모션 벡터를 얻는다. 그런데 식은 하나인데 변수는 2개이므로 유일한 해를 확정할 수 없다.

$$-v+2u+1=0$$

[예시 10-1]을 통해 광류 조건식은 해를 유일하게 확정하지 못한다는 사실을 알게 되었다. 단지 모션 벡터 $\mathbf{v}=(v,u)$가 만족해야 하는 조건식을 얻는다. 그런데 영상은 아주 많은 화소로 구성되기 때문에 이웃 화소와 관계를 고려하면 상당히 정확한 해를 구할 수 있다. 광류를 추정하는 알고리즘은 이런 아이디어를 사용한다.

Lucas-Kanade 알고리즘은 [그림 10-4(a)]가 설명하는 것처럼 어떤 화소는 이웃 화소와 유사한 모션 벡터를 가진다는 지역 조건을 추가로 사용한다[Lucas1984]. Horn-Schunck 알고리즘은 [그림 10-4(b)]의 광역 조건을 사용한다. 영상 전체에 걸쳐 모션 벡터는 서서히 변해야 한다는 조건이다[Horn1981]. 따라서 [그림 10-4(b)]의 오른쪽 광류보다 왼쪽 광류를 선호한다. 두 알고리즘 모두 식 (10-4)의 광류 조건식에 이들 조건을 추가로 적용하고 최적화 과정을 거쳐 광류 맵을 추정한다. 구체적인 수식 유도와 최적화 알고리즘은 [오일석 2014(10.2절)]을 참조한다.

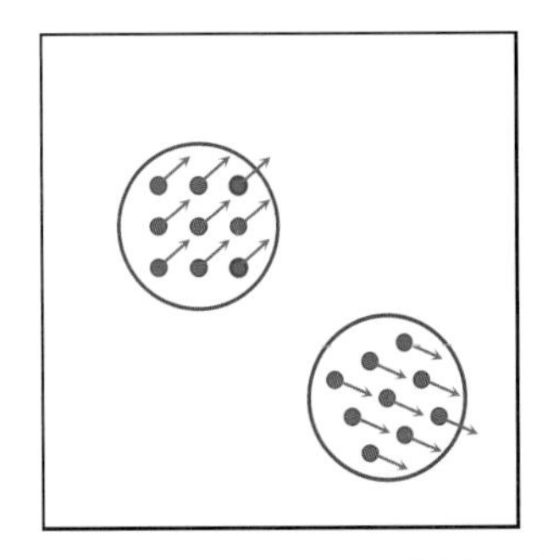
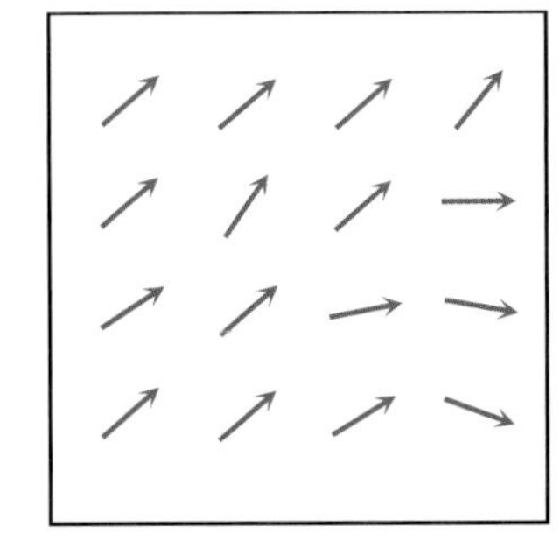
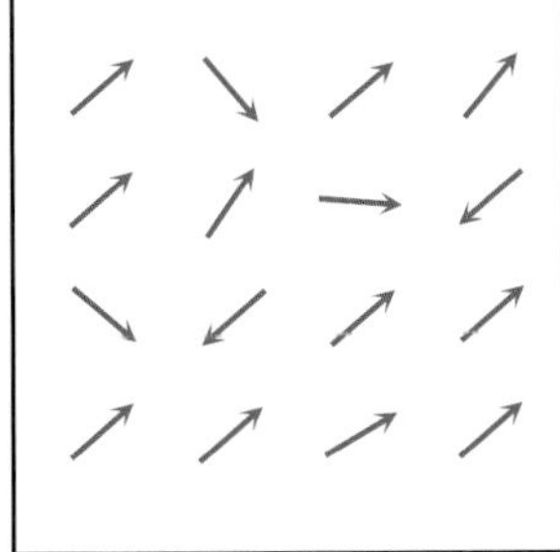

(a) Lucas-Kanade 알고리즘의 지역 조건 (b) Horn-Schunck 알고리즘의 광역 조건

그림 10-4 광류 추정 알고리즘이 사용하는 가정

이후 연구는 물체가 빠른 속도로 이동하여 연속 프레임에 큰 이동large displacement이 발생한 상황에서 정확하게 모션 벡터를 추정하는 방법을 찾아내는 데 주력한다[Brox2011].

Farneback 알고리즘으로 광류 추정

[프로그램 10-1]은 앞서 소개한 두 알고리즘을 개선한 Farneback 알고리즘을 구현한 OpenCV의 calcOpticalFlowFarneback 함수로 광류 맵을 추정한다[Farneback2003].

프로그램 10-1 Farneback 알고리즘으로 광류 추정하기

```
01  import numpy as np
02  import cv2 as cv
03  import sys
04
05  def draw_OpticalFlow(img,flow,step=16):
06      for y in range(step//2,frame.shape[0],step):
07          for x in range(step//2,frame.shape[1],step):
08              dx,dy=flow[y,x].astype(np.int)
09              if(dx*dx+dy*dy)>1:
10                  cv.line(img,(x,y),(x+dx,y+dy),(0,0,255),2) # 큰 모션 있는 곳은 빨간색
11              else:
12                  cv.line(img,(x,y),(x+dx,y+dy),(0,255,0),2)
13
14  cap=cv.VideoCapture(0,cv.CAP_DSHOW)     # 카메라와 연결 시도
15  if not cap.isOpened(): sys.exit('카메라 연결 실패')
16
17  prev=None
18
19  while(1):
20      ret,frame=cap.read()                # 비디오를 구성하는 프레임 획득
21      if not ret: sys('프레임 획득에 실패하여 루프를 나갑니다.')
22
23      if prev is None:                    # 첫 프레임이면 광류 계산 없이 prev만 설정
24          prev=cv.cvtColor(frame,cv.COLOR_BGR2GRAY)
25          continue
26
27      curr=cv.cvtColor(frame,cv.COLOR_BGR2GRAY)
28      flow=cv.calcOpticalFlowFarneback(prev,curr,None,0.5,3,15,3,5,1.2,0)
29
30      draw_OpticalFlow(frame,flow)
31      cv.imshow('Optical flow',frame)
32
33      prev=curr
34
35      key=cv.waitKey(1)                   # 1밀리초 동안 키보드 입력 기다림
36      if key==ord('q'):                   # 'q' 키가 들어오면 루프를 빠져나감
37          break
38
39  cap.release()                           # 카메라와 연결을 끊음
40  cv.destroyAllWindows()
```

05~12행은 광류 맵 flow를 원본 영상 img에 그리는 함수다. 광류 맵 flow는 img와 같은 크기고 화소마다 y와 x 방향의 이동량, 즉 모션 벡터를 가진다. 세 번째 매개변수 step은 step 만큼 건너 모션 벡터를 표시하라고 지시한다. 모든 화소에 표시하면 너무 밀집되어 확인이 어렵기 때문이다. 06~07행은 step 만큼씩 건너뛰며 화소에 접근한다. 08행은 해당 화소의 모션 벡터를 dx와 dy에 저장한다. 09~10행은 모션 벡터가 1보다 크면 빨간색으로 표시하고, 11~12행은 그렇지 않은 경우 파란색으로 표시한다.

14~40행은 메인 프로그램에 해당한다. 14~15행은 카메라와 연결을 시도한다. 17행은 시작 순간에는 이전 프레임이 없기 때문에 prev를 None으로 설정한다.

19~37행은 무한 루프를 반복하면서 비디오를 처리한다. 20~21행은 프레임을 획득하여 frame에 저장한다. 23~25행은 첫 프레임인 경우를 처리하는데 frame을 명암 영상으로 변환해 prev에 저장하고 다음 반복으로 넘어간다. 첫 프레임이 아니면 27행으로 가서 frame을 명암으로 변환하여 curr에 저장한다. 28행은 calcOpticalFlowFarneback 함수를 이용하여 연속한 두 프레임인 prev와 curr에서 광류 맵을 추출하여 flow 객체에 저장한다. 이때 7개 인수에 대한 설명은 https://docs.opencv.org/3.4/dc/d6b/group__video__track.html 을 참조한다.

30행은 광류 맵을 원본 영상에 그리는 함수를 호출하고 31행은 윈도우에 디스플레이한다. 33행은 현재 영상을 prev에 저장하여 이전 영상으로 전환한다. 35~37행은 사용자가 q를 누르면 루프를 탈출한다.

프로그램 실행 결과를 살펴보면 움직임이 일어난 곳에서 큰 모션 벡터가 발생했음을 확인할 수 있다.

희소 광류 추정을 이용한 KLT 추적

KLT 추적 알고리즘은 고전 추적 알고리즘 중에 가장 유명하다. KLT는 4장에서 다룬 지역 특징을 추적에 유리하도록 개조한 특징을 추출한 다음 이들 특징을 광류 정보를 이용하여 추적하는 방식으로 동작한다[Shi1994]. 지역 특징으로 추출된 점에서만 모션 벡터를 추정하기 때문에 희소 광류sparse optical flow라 부른다. 큰 이동까지 처리하기 위해 해상도를 줄여 만든 피라미드 영상을 사용하는데 원래 영상에서는 작은 이동을 추출하고 축소된 영상에서는 큰 이동을 추출한다. OpenCV는 이런 아이디어를 구현해 추적에 유리한 특징을 추출하는 goodFeaturesToTrack 함수와 특징 위치에서 광류를 계산하고 추적 정보를 계산하는 calcOpticalFlowPyrLK 함수를 제공한다. 구현에 관한 상세한 내용을 살펴보려면 [Bouguet2000]을 참조한다.

[프로그램 10-2]는 KLT 추적 알고리즘을 이용한 물체 추적 프로그램이다.

04행은 OpenCV가 제공하는 예시 비디오 파일을 열고 cap에 저장한다. 프로그램 실행 전에 소스 폴더에 'slow_traffic_small.mp4' 비디오 파일이 있어야 한다. 해당 파일은 이 책의 예제 소스로 제공하며 다른 예시 비디오인 'vtest.avi' 파일도 함께 제공하니 04행의 파일 이름을 수정하여 실행해보기 바란다.

06행과 07행은 각각 13행의 goodFeaturesToTrack 함수와 22행의 calcOpticalFlow PyrLK 함수에 쓸 인수를 지정한다. 이들 행을 삭제하고 함수에 인수를 직접 써넣어도 된다. 09행은 추적 경로를 색으로 구별하기 위해 난수로 100개의 색을 생성하여 color 객체에 저장한다. 11행은 cap 객체에서 프레임을 한 장 읽고, 12행은 명암 영상으로 변환하여 old_gray 객체에 저장한다. 13행은 goodFeaturesToTrack 함수로 특징점을 추출하여 p0에 저장한다. 이때 06행에서 지정한 인수를 적용한다. 15행은 추적 경로를 표시할 mask 영상을 생성한다.

17~39행은 비디오의 마지막 프레임까지 반복한다. 18행은 다음 프레임을 읽고 21행은 명암 영상으로 변환하여 new_gray에 저장한다. 22행은 calcOpticalFlowPyrLK 함수로 이전 프레임인 old_gray와 새로운 프레임인 new_gray에서 광류를 계산하고 새로운 특징점을 찾는다. 또한 이전 특징점인 p0와 새로 찾은 특징점을 매칭하여 성공 여부를 알아낸다. calcOpticalFlowPyrLK 함수는 새로 찾은 특징점과 매칭 성공 여부, 매칭 오류를 반환하는데, 이 정보를 각각 p1, match, err에 저장한다.

프로그램 10-2 **KLT 추적 알고리즘으로 물체 추적하기**

```
01  import numpy as np
02  import cv2 as cv
03
04  cap=cv.VideoCapture('slow_traffic_small.mp4')
05
06  feature_params=dict(maxCorners=100,qualityLevel=0.3,minDistance=7,blockSize=7)
07  lk_params=dict(winSize=(15,15),maxLevel=2,criteria=(cv.TERM_CRITERIA_EPS|cv.
    TERM_CRITERIA_COUNT,10,0.03))
08
09  color=np.random.randint(0,255,(100,3))
10
11  ret,old_frame=cap.read()                     # 첫 프레임
12  old_gray=cv.cvtColor(old_frame,cv.COLOR_BGR2GRAY)
13  p0=cv.goodFeaturesToTrack(old_gray,mask=None,**feature_params)
14
15  mask=np.zeros_like(old_frame)                # 물체의 이동 궤적을 그릴 영상
16
17  while(1):
18      ret,frame=cap.read()
19      if not ret: break
20
21      new_gray=cv.cvtColor(frame,cv.COLOR_BGR2GRAY)
22      p1,match,err=cv.calcOpticalFlowPyrLK(old_gray,new_gray,p0,None,**lk_
        params)                                  # 광류 계산
23
24      if p1 is not None:                       # 양호한 쌍 선택
25          good_new=p1[match==1]
26          good_old=p0[match==1]
27
28      for i in range(len(good_new)):           # 이동 궤적 그리기
29          a,b=int(good_new[i][0]),int(good_new[i][1])
30          c,d=int(good_old[i][0]),int(good_old[i][1])
31          mask=cv.line(mask,(a,b),(c,d),color[i].tolist(),2)
32          frame=cv.circle(frame,(a,b),5,color[i].tolist(),-1)
33
34      img=cv.add(frame,mask)
35      cv.imshow('LTK tracker',img)
36      cv.waitKey(30)
37
38      old_gray=new_gray.copy()                 # 이번 것이 이전 것이 됨
39      p0=good_new.reshape(-1,1,2)
40
41  cv.destroyAllWindows()
```

24~26행은 매칭에 성공한 특징점을 p1과 p0에서 뽑아 각각 good_new와 good_old에 저장하고 28~32행은 매칭된 특징점을 mask에는 선으로, frame에는 원으로 그려넣는다. 34행은 mask와 frame을 섞은 영상을 만들고 35행은 윈도우에 디스플레이한다. 36행은 30밀리초 동안 비디오 디스플레이를 지연하여 확인할 수 있게 한다. 38행은 현재 프레임을 이전 프레임으로 이전하고 39행은 현재 프레임에서 매칭이 일어난 특징점을 이전 특징점으로 이전한다. 이때 [[245.6 171.9] [314.5 115.3],…] 형식을 [[[245.6 171.9]] [[314.5 115.2]],…]로 변환하여 배열 형식을 맞추어준다.

10.1.2 딥러닝 기반 광류 추정

광류 추정도 컨볼루션 신경망을 사용하는 시대로 빠르게 전환된다. 딥러닝 시대의 광류 추정에 대한 서베이는 [Janai2021, 11장]을 참조한다. 이 논문은 자율주행의 역사, 센서, 데이터셋, 기술 등을 개괄하는데, 자율주행에서는 도로 위에 있는 물체의 모션을 분석하는 일이 중요하기 때문에 광류 추정을 위한 최신 기술을 추가로 소개하고 있다.

FlowNet은 광류 추정에 컨볼루션 신경망을 적용한 최초 논문이다[Dosovitskiy2015]. 이 논문의 아이디어는 단순하다. 9.4.2항과 9.4.3항에서 분할을 위해 사용했던 [그림 9-35]의 DeConvNet 같은 신경망을 광류에 적용하는 것이다. 그런데 광류에서는 입력이 t와 t+1 순간의 영상 두 장이다. FlowNet은 컬러 영상 두 장을 쌓은 384×512×6 텐서를 입력하는 단순한 신경망을 제안한다. 다운 샘플링 과정에서 384×512×6을 점점 줄여 6×8×1024 크기의 특징 맵을 만든 다음 업 샘플링 과정에서 점점 키워 136×320의 광류 맵을 출력한다. 또 다른 신경망을 제안하는데 384×512×3 영상 두 장을 별도의 컨볼루션층으로 다운 샘플링한 다음 2개의 특징 맵을 결합하여 업 샘플링한다.

광류는 매 화소마다 모션 벡터를 지정해야 하기에 참값을 만들기가 아주 어렵다. [그림 10-5(a)]는 자율주행차를 위해 제작한 KITTI 데이터셋이 제공하는 광류 데이터다. 차량에 설치된 여러 장치를 통해 광류의 참값을 자동으로 레이블링했다[Geiger2013]. [그림 10-5(b)]는 컴퓨터그래픽으로 제작한 애니메이션 영화 장면에 광류의 참값을 레이블링한 Sintel 데이터셋이다[Butler2012]. 컴퓨터그래픽 프로그램이 물체의 움직임에 대한 정보를 알고 있기 때문에 자동으로 레이블링이 가능하다. [그림 10-5(c)]는 FlowNet이 자체 제작한 Flying chairs라는 데이터셋인데 실제 영상에 의자를 인위적으로 추가한 다음 자동으로 광류를 계산해 레이블링하였다.

(a) KITTI 데이터셋

(b) Sintel 데이터셋

(c) Flying chairs 데이터셋

그림 10-5 광류 데이터셋[Dosovitskiy2015]

딥러닝으로 인해 영상 분할 알고리즘의 성능이 높아지자 분할 결과를 활용하여 광류 추정의 성능을 개선하려는 시도가 여럿 이루어진다. Sevilla-Lara는 입력 영상을 의미 분할한 다음 도로와 같이 평평하고 움직이지 않는 부류, 자동차처럼 스스로 움직이는 부류, 숲처럼 텍스처를 가지고 제자리에서 살랑살랑 움직이는 부류로 구분하고 서로 다른 수식으로 광류를 추정한 다음 결합하는 방법을 제안했다[Sevilla-Lara2016]. Bai는 자율주행 영상을 대상으로 알고리즘을 구상했는데 자동차는 가림이 발생하기 때문에 의미 분할 대신 서로 다른 자동차를 구분해주는 사례 분할을 적용했다[Bai2016]. [그림 10-6]은 사례 분할을 활용한 Bai 기법을 설명한다.

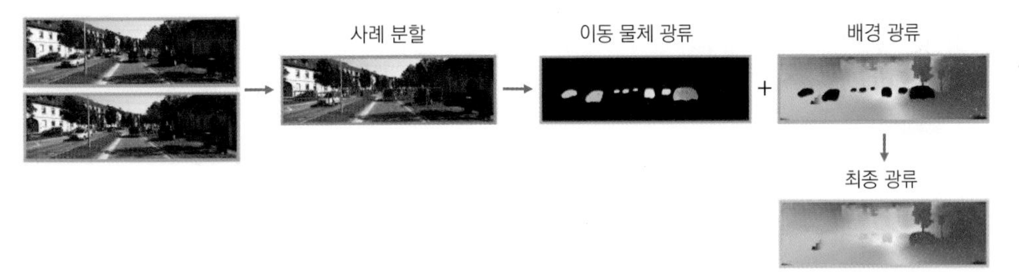

그림 10-6 사례 분할을 활용한 광류 추정[Bai2016]

딥러닝을 활용한 광류 추정은 이런 초기 연구를 넘어 다양한 신경망 구조와 다양한 정보를 융합하는 아이디어를 통해 빠르게 발전했다. Sintel 데이터셋에 대해 PapersWithCode 사이트가 파악한 SOTA 성능을 보이는 세 논문을 간략히 소개한다(https://paperswithcode.com/sota/optical-flow-estimation-on-sintel-clean). RAFT는 t 순간의 특징 맵 $I^{t}_{m\times n}$와 t+1 순간의 영상을 1, 2, 4, 8배로 줄인 특징 맵 $I^{t+1}_{m\times n}$, $I^{t+1}_{\frac{m}{2}\times\frac{n}{2}}$, $I^{t+1}_{\frac{m}{4}\times\frac{n}{4}}$, $I^{t+1}_{\frac{m}{8}\times\frac{n}{8}}$ 각각에 대해 화소별로 유사도를 계산한 비용 볼륨cost volume을 만든다[Teed2020]. $I^{t}_{m\times n}$와 $I^{t+1}_{m\times n}$의 비용 볼륨은 느리게 움직이는 물체의 모션 정보를 담고 있고 $I^{t}_{m\times n}$와 $I^{t+1}_{\frac{m}{8}\times\frac{n}{8}}$의 비용 볼륨은 빠른 물체의 모션 정보를 담고 있다. 이들 비용 볼륨을 순환 신경망에 입력하여 광류 맵을 추정한다.

RAFT에서 비용 볼륨은 t 순간 특징 맵의 화소 각각이 t+1 순간 영상의 어느 곳에 주목해야 하는지를 나타낸다. 주목attention은 특징 사이의 관련성을 분석하여 성능을 향상할 목적으로 컴퓨터 비전이 애용한다. 2017년에 『Attention is all you need』라는 논문을 통해 발표된 트랜스포머는 컨볼루션층을 전혀 사용하지 않은 채 주목만으로 높은 성능을 발휘한다[Vaswani2017]. 이후 컨볼루션 신경망 대신 트랜스포머를 이용하여 컴퓨터 비전 문제를 해결하려는 시도가 다양하게 이루어졌다. 트랜스포머를 이용한 컴퓨터 비전은 11장에서 자세하게 다룬다.

광류 추정에 트랜스포머를 적용한 최초 논문은 2021년에 발표됐다[Jiang2021a]. 이 논문은 물체가 영상 밖으로 나가거나 다른 물체에 잠시 가렸다가 나타나도 사람은 물체의 움직임을 정확히 예측한다는 점에 착안하여 주목을 활용하여, 가림이 발생한 부분의 모션 벡터를 안정적으로 알아낸다. FlowFormer는 RAFT가 사용했던 비용 볼륨을 트랜스포머에 적용하여 추가적인 성능 향상을 얻는다[Huang2022]. 컨볼루션 산경망이 사용해온 비용 볼륨을 트랜스포머와 결합한 점이 FlowFormer가 높은 성능을 얻은 비결이다.

10.2 추적

[프로그램 10-2]는 KLT 추적 알고리즘으로 물체를 추적하는 프로그램이다. KLT가 등장한 이후 뚜렷한 개선이 나타나지 않아 KLT는 지금도 고전 추적 알고리즘의 표준 노릇을 하고 있다. [프로그램 10-2]의 실행 결과에서 확인할 수 있듯이 KLT는 지역 특징을 추적하기 때문에 뚜렷하게 특징점이 나타나지 않는 물체를 추적하지 못한다. 게다가 지역 특징이 어떤 물체에 속하는지에 대한 정보가 전혀 없어 추적하는 물체가 무엇인지 알지 못한다. 심지어 추적하는 여러 점이 같은 물체에 속하는지에 대한 정보도 없다. 추적을 위한 고전 알고리즘이 널리 활용되지 못하는 근본 이유다.

물체 검출과 분할을 위해 9장에서 소개한 딥러닝 모델은 새로운 길을 열었다. 예를 들어 [프로그램 9-2]는 YOLO v3을 이용하여 비디오에서 물체를 안정적으로 검출하여 박스로 표시하고 물체 부류 정보까지 제공한다. [프로그램 9-8]은 mask RCNN 모델을 이용하여 겹쳐서 나타나는 사람 개개인을 구별해주는 사례 분할을 높은 성능으로 수행한다. 이들 검출이나 분할 결과를 잘 활용하면 박스나 영역 단위로 물체를 추적할 수 있으며 추적 대상이 어떤 물체인지 정확히 알 수 있다.

10.2.1 문제의 이해

얼핏 프레임마다 물체를 검출하고 같은 물체를 찾아 이어주면 모든 문제가 해결될 것이라 생각할 수 있다. 하지만 추적 문제는 그렇게 단순하지 않다. 응용 상황에 따라 다양한 세부 문제로 구분되어 있다.

추적에서는 물체가 사라졌다 다시 나타나는 상황이 종종 발생한다. 예를 들어 조명이 어두워지거나 다른 물체에 가리거나 카메라 시야를 벗어났다 다시 나타나는 경우가 많다. 또한 여러 카메라가 있는 경우 카메라의 시야를 벗어난 물체가 다른 카메라에 나타나는 경우가 있다. 이런 경우 끊긴 추적을 매칭하여 같은 물체로 이어주는 과정이 필요한데 이 과정을 재식별re-identification이라 부른다. 재식별이 필요 없는 응용도 있고 아주 중요한 응용도 있다.

물체 추적 문제는 추적할 물체의 개수에 따라 VOTVisual Object Tracking(시각 물체 추적)와 MOTMultiple Object Tracking(다중 물체 추적)로 나눈다. VOT는 첫 프레임에서 물체 하나를 지정하면 이후 프레임에서 그 물체를 추적하는 문제인데 2013년에 시작한 VOT 대회를 통해 발전해왔다[Kristan2021]. 초기에는 물체 사라짐이 짧게 일어난다고 가정하고 재식별이 필요 없는 데이터만 다루었는데 2018년부터 재식별이 필요한 장기 추적 부문을 추가했다. 초기에는 직사각형으로 물체를 지정했는데 2020년부터 화소 수준으로 지정한 영역을 추적하는 문제로 발전했다. MOT는 영상에 있는 여러 물체를 찾아야 하는데 첫 프레임에서 물체 위치를 지정해주지 않고 추적할 물체의 부류는 지정해준다. 2014년에 시작한 MOT 대회를 통해 발전하고 있다[Dendorfer2021]. [그림 10-7]은 VOT와 MOT 데이터셋의 예시 영상을 보여준다.

(a) VOT(iceskater2 비디오)

(b) MOT(MOT20-03 비디오의 457번째 프레임)

그림 10-7 VOT 대회와 MOT 대회가 제공하는 데이터셋

TIP 각 데이터셋의 공식 사이트는 https://votchallenge.net와 https://motchallenge.net이다.

추적 문제는 배치 방식과 온라인 방식으로 나눌 수 있다. 배치 방식은 t 순간을 처리할 때 미래에 해당하는 $t+1, t+2, \cdots, T$ 순간의 프레임을 활용할 수 있다. 이미 녹화된 경기를 분석해 선수의 장단점을 파악하는 응용이 배치 방식에 해당한다. 온라인 방식은 지난 순간의 프레임만 활용할 수 있다. 실시간 감시 시스템에서는 온라인 방식만 활용할 수 있다.

VOT와 MOT 대회는 한 대의 카메라에서 입력된 비디오로 한정하는데, 또 다른 문제로 다중 카메라 추적MCT; Multi-Camera Tracking이 있다. 다중 카메라 추적에서는 수초 내지 수분이 지난 후 다른 카메라에 나타나는 동일 물체를 찾아 이어주는 장기 재식별이 중요하다. 매장과 같이 비교적 좁은 영역에 설치된 여러 대의 카메라를 다루는 경우와 도로망처럼 넓은 지역에 설치된 여러 카메라를 분석하는 경우로 나눌 수 있다. AI City 대회는 도시 규모의 비디오 데이터셋을 가지고 성능을 겨룬다(https://www.aicitychallenge.org). 2021년의 5회 대회에서는 차량 개수 세기, 차량 재식별, 다중 목표 다중 카메라MTMC; Multi-Target Multi-Camera 환경에서 자동차 추적, 교통 이상 상황 검출, 자연어로 차량 검색의 다섯 부문이 열렸다[Naphade2021].

현재 연구는 주로 사람이나 자동차를 추적 대상으로 한다. 다른 종류의 물체를 추적해야 하는 응용 분야가 있는데, [그림 10-8]은 돼지와 세포 추적 사례를 보여준다. 돼지를 자동으로 추적할 수 있으면 돼지의 건강 상태 또는 임신 여부를 추정하여 수시로 알릴 수 있다[Zande2021]. 세포를 자동으로 추적하면 세포의 활동성과 소멸을 예측할 수 있다. 세포 추적은 ISBIInternational Symposium on Biomedical Imaging 학술대회가 2012년부터 개최한 Cell Tracking Challenge를 중심으로 발전하고 있다[Ulman2017].

(a) 돼지 추적(국립축산과학원 제공)

(b) 세포 추적

그림 10-8 동물과 세포 추적

10.2.2 MOT의 성능 척도

추적 알고리즘의 성능을 재는 척도는 앞 절에서 소개한 세부 문제에 따라 다르다. 여기서는 단일 카메라로 수집한 비디오에서 여러 물체를 검출해야 하는 MOT가 사용하는 척도를 설명한다.

추적을 위한 성능 척도는 프레임 간의 연관성까지 고려해야 하므로 검출이나 분할보다 복잡하다. 특히 여러 물체를 추적하는 경우 중간에 다른 물체로 교환되는 오류까지 고려해야 해서 더욱 복잡하다. MOT를 위한 여러 가지 척도가 있는데 주로 식 (10.5)의 MOTAMOT Accuracy를 사용한다. GT_t와 FN_t, FP_t, $IDSW_t$는 t 순간에서 참값과 거짓 부정, 거짓 긍정, 번호 교환 오류의 개수다.

$$\text{MOTA} = 1 - \frac{\sum_{t=1,T}\left(FN_t + FP_t + IDSW_t\right)}{\sum_{t=1,T} GT_t} \qquad (10.5)$$

MOTA를 측정하려면 모든 프레임에서 *FN*, *FP*, *IDSW*를 세야 한다. 이들 값은 매칭 알고리즘에 따라 정해지는데, 보통 [그림 9-14]가 설명하는 IoU가 임곗값을 넘으면 매칭되었다고 판정한다. 또한 이전 프레임의 박스를 현재 프레임의 박스에 할당하는 문제가 발생하는데 주로 헝가리안 알고리즘으로 해결한다. [예시 10-2]는 매칭과 할당이 일어났다고 가정하고 MOTA를 계산하는 과정을 설명한다. 이 예시는 물체가 잠시 사라졌다 다시 나타나는 경우를 제외했다. 이 경우를 포함한 구체적인 설명은 [Dendorfer2021, Appendix D]를 참조한다.

[예시 10-2] MOTA 계산

[그림 10-9]는 비디오의 길이 T=7인 경우다. 점선 궤적은 참값을 나타내는데, 1~6 순간을 지속하는 궤적 ①과 5~7 순간을 지속하는 궤적 ②가 있다. 회색 띠는 IoU 임곗값 0.5를 넘는 범위를 뜻한다. 추적 알고리즘은 빨간색, 파란색, 주황색의 궤적 3개를 찾았다.

순간 1에서는 IoU 0.5를 넘지 못해 매칭이 일어나지 않았다. 따라서 FN과 FP가 하나씩 발생한다. 순간 2에서는 매칭이 일어나 TP가 하나 발생한다. 순간 3에서는 모델이 2개를 예측했는데, 빨간색 궤적이 GT와 매칭되어 TP가 되고 파란색은 FP가 된다. 순간 4에서도 빨간색이 GT와 매칭되어 TP가 되고 파란색은 FP가 된다. 이때 주목할 점이 있는데, GT는 파란색과 더 가까운데 빨간색과 매칭되었다는 점이다. 이전 순간에 빨간색과 GT가 쌍이었기 때문에 성능 평가 프로그램이 이력을 고려해 이런 결정을 내린 것이다. 순간 5에서는 빨간색이 IoU 조건을 만족하지 못해 FP가 되고 파란색은 TP가 된다. 궤적 ① 입장에서는 다른 물체와 쌍이 맺어졌기 때문에 번호 교환, 즉 IDSW 오류가 발생한다. 순간 5에서 궤적 ②가 새로 등장해 TP 하나가 추가로 발생한다. 순간 6은 TP 2개가 발생한다. 순간 7은 TP 하나가 발생한다. 이런 분석에 따라 식 (10.5)의 MOTA를 계산하면 0.3333이다.

$$\text{MOTA} = 1 - \frac{(1+1+0)+(0+0+0)+(0+1+0)+(0+1+0)+(0+1+1)+(0+0+0)+(0+0+0)}{(1+1+1+1+2+2+1)} = 1 - \frac{6}{9} = 0.3333$$

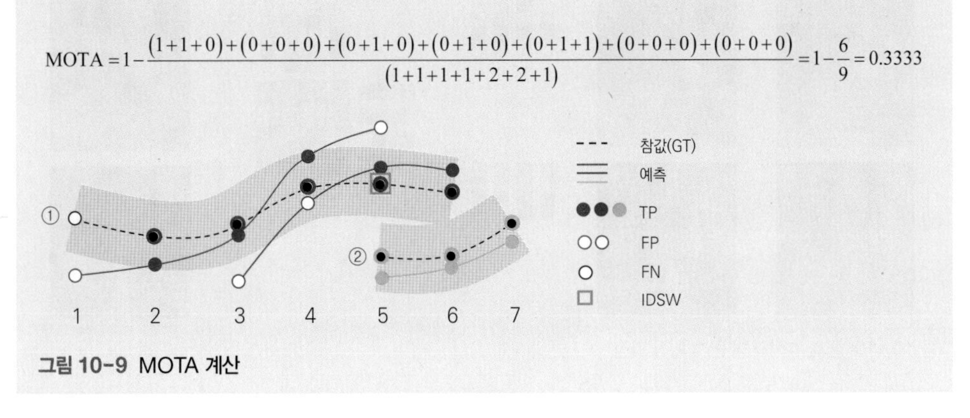

그림 10-9 MOTA 계산

MOTA는 쌍 맺기 성공률이 낮더라도 검출 성공률이 높으면 좋은 점수를 부여하는 경향이 있다. 이런 단점을 지적하고 쌍 맺기와 검출 성능을 균형 있게 고려한 HOTAHigher Order Tracking Accuracy를 제안한 논문이 있다[Luiten2021].

10.2.3 딥러닝 기반 추적

보통 딥러닝 기반 추적 알고리즘은 딥러닝 모델로 물체를 검출한 다음 이웃한 프레임에서 검출된 물체 집합을 매칭하여 쌍을 맺는 방식으로 동작한다.

일반적인 처리 절차

보통 딥러닝 기반 추적 알고리즘은 [그림 10-10]와 같이 네 단계의 처리 과정을 거친다 [Ciaparrone2020]. 첫 번째 단계에서는 현재 프레임에 물체 검출 알고리즘을 적용해 박스를 찾는다. 이때 검출 성능이 전체 추적 성능을 좌우하는데, 보통 높은 성능이 입증된 RCNN 계열 또는 YOLO 계열 방법을 활용한다. 두 번째 단계에서는 박스에서 특징을 추출한다. 단순히 박스의 위치 정보를 특징으로 쓰는 경우도 있고 컨볼루션 신경망으로 특징을 추출하는 경우도 있다. 세 번째 단계에서는 이전 프레임의 박스와 현재 프레임 박스의 거리 행렬을 구한다. 박스 위치를 특징으로 사용하는 경우는 박스의 IoU를 계산하고 1−IoU를 거리로 사용하며, 컨볼루션 신경망으로 특징을 추출한 경우는 특징 벡터 사이의 거리를 사용한다. 마지막 단계에서는 거리 행렬을 분석해 이전 프레임의 박스와 현재 프레임의 박스를 쌍으로 맺어 물체의 이동 궤적을 구성한다. 쌍을 맺는 일은 주로 헝가리안 알고리즘으로 해결한다.

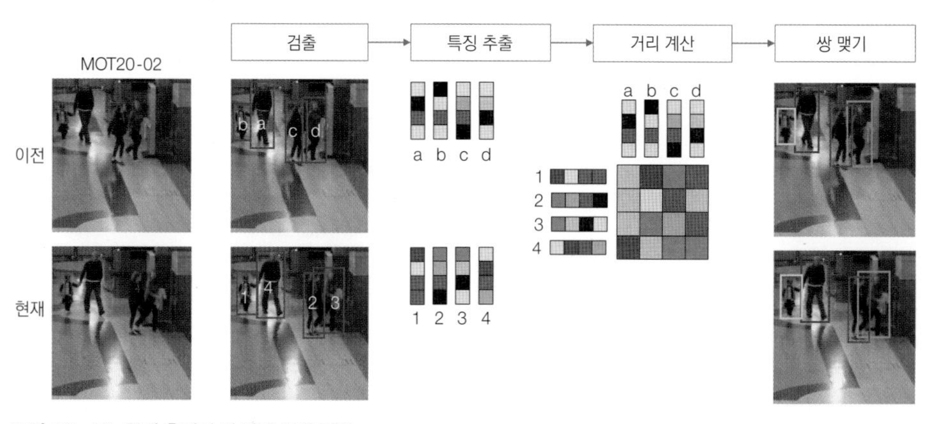

그림 10-10 물체 추적의 네 단계 처리 과정

[그림 10-10]은 단지 개념을 설명하는 용도에 불과하고 실제 구현에서는 다양한 변형이 시도된다. 예를 들어 대부분의 알고리즘이 이전 추적에서 쌓은 이력 정보를 활용하여 성능을 향상하는 전략을 쓴다. 또한 물체가 사라졌다 다시 나타나는 상황을 추가로 다룬다. MOT 문제의 복잡하고 다양한 상황을 다룬 서베이 논문으로 [Ciaparrone2020]을 추천한다. VOT와 MOT 공식 대회 결과를 요약한 논문으로 [Kristan2021]과 [Dendorfer2021]이 있다.

여기서는 단순한 연산을 활용하여 비교적 높은 정확률과 빠른 추적 시간을 달성한 SORT 알고리즘과 이를 개선한 DeepSORT 알고리즘을 소개한다.

SORT와 DeepSORT

SORTSimple Online and Real-time Tracking는 네 단계를 모두 단순한 알고리즘으로 처리하기 때문에 이해하기 쉽고 속도가 무척 빠르다[Bewley2016]. 첫 번째 단계인 물체 검출은 9.3.3항에서 소개한 faster RCNN으로 해결한다. SORT는 현재 순간 t의 프레임에 faster RCNN을 적용하여 물체를 검출한다. 추적 대상 물체를 사람으로 국한하기 때문에 사람에 해당하는 박스만 남기고 나머지는 모두 버린다. 이렇게 구한 박스를 $B_{detection}$에 담는다.

두 번째 특징 추출 단계에서는 이전 순간 $t-1$에서 결정해 놓은 목표물의 위치 정보와 이동 이력 정보를 사용한다. 식 (10.6)은 목표물의 정보를 표현한다. x와 y는 목표물의 중심 위치, s는 크기, r은 높이와 너비 비율이다. r은 고정된 값을 사용한다. $\dot{x}$와 $\dot{y}$, $\dot{s}$는 목표물이 이전에 이동했던 정보를 누적한 이력 정보다. 이렇게 표현된 $t-1$ 순간의 목표물 정보로 t 순간을 예측한다. 이때 SORT는 이동량을 나타내는 $\dot{x}$와 $\dot{y}$, $\dot{s}$를 각각 x와 y, s에 더하는 단순한 방법으로 t 순간의 박스를 예측한다. 이렇게 예측한 박스를 $B_{predict}$에 담는다.

$$\mathbf{b} = (x, y, s, r, \dot{x}, \dot{y}, \dot{s}) \quad (10.6)$$

세 번째 단계에서는 $B_{detection}$에 있는 박스와 $B_{predict}$에 있는 박스의 IoU를 계산하고 1에서 IoU를 빼서 거리로 변환한다. 이렇게 얻은 거리를 거리 행렬에 채운다. $B_{detection}$과 $B_{predict}$의 박스 개수가 다른 경우 부족한 쪽에 가상 박스를 채워 정방 행렬로 만든다. 가상 박스는 거리를 높게 설정해 실제 박스와 매칭이 일어나지 않게 한다. 네 번째 단계는 거리 행렬을 이용하여 매칭 쌍을 찾는다. 이때 헝가리안 알고리즘Hungarian algorithm을 적용하여 최적의 매칭 쌍을 찾는다. [예시 10-3]은 최적 쌍을 찾는 과정을 설명한다.

[예시 10-3] 헝가리안 알고리즘으로 최적의 매칭 쌍 구하기

헝가리안 알고리즘은 최소 비용이 되도록 작업자에게 과업을 할당하는 최적화 알고리즘이다. 예를 들어 1~3 작업자에 a~c 작업을 할당하는데 [그림 10-11(a)]의 비용 행렬이 주어졌다면 1-c, 2-a, 3-b 할당이 최적이다.

SORT에서는 행에 현재 프레임에 해당하는 $B_{detection}$, 열에 이전 프레임에서 예측된 $B_{predict}$을 배치한다. $B_{detection}$={1,2,3,4}가 있고, $B_{predict}$={a,b,c}가 있다고 가정한다. 박스 쌍의 IoU를 계산하고 1-IoU를 해당 요소에 기록하여 [그림 10-11(b)]의 거리 행렬을 얻었다고 가정한다. 4열에는 가상의 박스 d를 배치하였다. 이 행렬에 헝가리안 알고리즘을 적용하면 1-b, 2-d, 3-a, 4-c 쌍을 얻는데 2-d 쌍은 버린다.

TIP 헝가리안 알고리즘의 구체적인 동작 원리는 다음 문서를 참고한다.
https://web.archive.org/web/20120105112913/http://www.math.harvard.edu/archive/20_spring_05/handouts/assignment_overheads.pdf

	a	b	c
1	2	5	1
2	1	3	4
3	2	3	6

(a) 작업자에게 과업을 할당하는 문제

	a	b	c	d
1	0.9	0.2	0.7	1.0
2	0.7	0.4	0.8	1.0
3	0.1	0.3	1.0	1.0
4	1.0	0.7	0.3	1.0

(b) $B_{predict}$ 박스를 $B_{detection}$ 박스에 할당하는 문제

그림 10-11 헝가리안 알고리즘

SORT는 네 단계를 마친 다음 후처리를 수행하고 다음 프레임으로 넘어간다. 가장 중요한 후처리는 $B_{predict}$에 있는 목표물의 식 (10.6) 정보를 갱신하는 일이다. 이때 매칭이 일어난 목표물과 매칭에 실패한 목표물을 구별해서 처리한다. 매칭이 일어난 목표물은 쌍이 된 박스 정보로 x, y, s, r을 대치한다. 이동 이력 정보에 해당하는 $\dot{x}$, $\dot{y}$, $\dot{s}$는 칼만 필터를 사용하여 갱신한다. 칼만 필터Kalman filter는 잡음과 변형이 심한 시계열 데이터에서 이전 샘플의 분포를 감안해 현재 측정치를 보완하는 기법이다. 칼만 필터에 대한 구체적인 내용은 [김성필2019]를 참조한다. 매칭에 실패한 목표물은 $\dot{x}$와 $\dot{y}$, $\dot{s}$를 각각 x와 y, s에 더하여 x와 y, s를 갱신한다. $B_{detection}$에 있는 박스 중에 매칭에 실패한 것은 새로 등장한 목표물로 간주하여 식 (10.6) 정보를 생성한다. 이동 정보가 없기 때문에 $\dot{x}$와 $\dot{y}$, $\dot{s}$는 0으로 설정한다. 이렇게 생성한 박스를 $B_{predict}$에 추가한다.

SORT는 당시 최고 성능에 도달했지만 IDSW 오류가 많은 편이었는데 거리 행렬을 구할 때 박스의 IoU만 사용한 탓이 큰 것으로 분석되었다. 이듬해 발표된 DeepSORT는 박스의 IoU와 컨볼루션 신경망으로 구한 특징을 같이 사용하여 성능을 향상한다[Wojke2017].

지금까지는 물체를 박스로 지정하고 추적을 수행했는데 물체를 영역으로 지정하고 추적해야 해결되는 응용이 있다. 이 문제를 위한 서베이 논문으로 [Yao2020]을 추천한다.

10.2.4 프로그래밍 실습: SORT로 사람 추적

[프로그램 10-3]은 SORT를 구현한 프로그램이다. [그림 10-10]의 첫 단계인 물체 검출은 9.3.5항에서 실습한 YOLO v3을 사용한다. 연속된 프레임 사이에서 물체를 매칭하여 추적하는 단계는 SORT 논문에서 제공하는 sort.py 프로그램을 사용한다. sort.py는 소스 파일이 있는 폴더에 저장되어 있어야 한다.

TIP sort.py는 https://github.com/abewley/sort에서 다운로드할 수 있고 이 책의 예제 소스에서도 제공한다. sort를 사용하려면 pip install scikit-image와 pip install filterpy로 모듈을 설치해야 된다.

01~38행은 [프로그램 9-1]과 같다. 사전 학습된 YOLO v3을 읽어 모델을 구성하는 construct_yolo_v3 함수와 모델로 물체를 검출하는 yolo_detect 함수가 들어있다.

40행은 construct_yolo_v3 함수로 모델을 구성하고 model 객체에 저장한다. 41행은 추적하는 물체를 서로 다른 색으로 표시하기 위해 100개의 서로 다른 색을 만들어 colors에 저장한다.

43행은 sort.py 프로그램이 제공하는 Sort 클래스를 읽어오고 45행은 Sort 클래스로 sort 객체를 만든다. 47행은 웹 캠과 연결하고 51행은 웹 캠을 통해 비디오에서 프레임을 읽어 frame에 저장한다. 54행은 yolo_detect 함수로 frame에서 물체를 검출해 res에 저장한다. 55행은 검출한 물체 중에서 사람에 해당하는 것만 골라 persons에 저장한다. 57~58행은 검출된 사람이 없을 때를 처리하고 59~60행은 검출된 사람이 있을 때 검출 결과인 persons를 인수로 주어 update 함수를 호출한다. sort 객체의 멤버 함수인 update는 새로 검출된 persons 정보와 이전 이력 정보를 보고 객체 내부에 있는 추적 정보를 갱신한다. 그리고 현재 프레임의 물체를 반환한다. 60행은 반환된 물체 정보를 tracks 객체에 저장한다. 62~65행은 추적 물체의 번호에 따라 색을 달리하여 직사각형과 물체 번호를 표시한다. 67행은 추적 물체를 표시한 영상을 윈도우에 디스플레이한다.

프로그램 10-3 SORT로 사람 추적하기

```
    1~38행은 [프로그램 9-1]과 같음 (YOLO v3으로 물체를 검출하는 yolo_detect 함수 등)

40  model,out_layers,class_names=construct_yolo_v3()        # YOLO 모델 생성
41  colors=np.random.uniform(0,255,size=(100,3))            # 100개 색으로 트랙 구분
42
43  from sort import Sort
44
45  sort=Sort()
46
47  cap=cv.VideoCapture(0,cv.CAP_DSHOW)
48  if not cap.isOpened(): sys.exit('카메라 연결 실패')
49
50  while True:
51     ret,frame=cap.read()
52     if not ret: sys.exit('프레임 획득에 실패하여 루프를 나갑니다.')
53
54     res=yolo_detect(frame,model,out_layers)
55     persons=[res[i] for i in range(len(res)) if res[i][5]==0] # 부류 0은 사람
56
57     if len(persons)==0:
58        tracks=sort.update()
59     else:
60        tracks=sort.update(np.array(persons))
61
62     for i in range(len(tracks)):
63        x1,y1,x2,y2,track_id=tracks[i].astype(int)
64        cv.rectangle(frame,(x1,y1),(x2,y2),colors[track_id],2)
65        cv.putText(frame,str(track_id),(x1+10,y1+40),cv.FONT_HERSHEY_
          PLAIN,3,colors[track_id],2)
66
67     cv.imshow('Person tracking by SORT',frame)
68
69     key=cv.waitKey(1)
70     if key==ord('q'): break
71
72  cap.release()                                           # 카메라와 연결을 끊음
73  cv.destroyAllWindows()
```

프로그램을 실행하면 비디오에 나타난 사람의 추적 번호를 확인할 수 있다. 카메라 시야에서 벗어났다 다시 들어오면 다른 번호가 부여된다. SORT는 재식별을 하지 않기 때문에 이 경우 다른 물체로 간주한다.

10.3 MediaPipe를 이용해 비디오에서 사람 인식

9.6절에서는 사람 얼굴을 보고 누구인지 인식하고 나이와 성별을 알아내는 여러 알고리즘을 소개했다. [그림 9-42]가 보여주는 바와 같이 얼굴을 인식하려면 먼저 얼굴을 검출하고 정렬하는 전처리 단계를 적용해야 한다. 이 절에서는 얼굴 검출과 얼굴 정렬을 다룬다. 또한 손의 관절을 검출하는 문제를 다룬다.

얼굴 검출과 정렬을 구현한 코드가 아주 많은데 여기서는 MediaPipe에서 제공하는 솔루션을 활용한다. MediaPipe(https://mediapipe.dev)는 구글이 개발하여 제공하는 기계학습 개발 프레임워크로 여러 가지 유용한 비디오 처리 솔루션을 제공한다[Lugaresi2019]. 이 프레임워크는 비디오의 처리 절차를 그래프로 표현하고 프레임이 시간 순서에 따라 흐르도록 제어한다. 솔루션은 주로 C++ 언어로 개발했고 모바일 장치에서도 실시간 실행할 수 있도록 빠른 알고리즘을 설계하고 구현했다.

사용자는 MediaPipe가 제공하는 여러 가지 솔루션으로 응용 프로그램을 쉽게 개발할 수 있다. 교차 플랫폼cross-platform 기능을 제공하기 때문에 응용 프로그램을 서버, 데스크톱, 모바일 기기(안드로이드와 iOS) 등의 여러 플랫폼에서 실행할 수 있다. 솔루션을 사용하는 인터페이스 언어로는 파이썬과 자바 스크립트를 주로 사용한다. 현재 MediaPipe 프레임워크는 16개의 솔루션을 제공하는데 그중 파이썬 인터페이스가 가능한 것은 얼굴 검출face detection, 얼굴 그물망face mesh, 손hands, 셀피 분할selfie segmentation, 자세pose, 몸 전체holistic, 오브젝트론objectron의 7가지다.

10.3.1 얼굴 검출

MediaPipe가 제공하는 BlazeFace라는 얼굴 검출 방법을 간략히 설명하고 프로그래밍 실습을 제시한다. MediaPipe는 그래프를 이용하여 비디오의 입력과 출력을 일관성 있게 표현하고 제어한다. 서로 다른 과업인 얼굴 검출, 얼굴 그물망 검출, 손 검출, 자세 추정 등이 이러한 일관성 있는 틀 위에서 개발되었기 때문에 MediaPipe로 개발한 프로그램은 간결하고 통일

된 패턴을 가진다. BlazeFace의 원리를 간략히 살펴본 다음에 즐거운 마음으로 MediaPipe 프로그래밍을 시작한다.

원리

물체 검출을 위한 컨볼루션 신경망의 발전 과정을 요약한 [그림 9-20]을 다시 살펴보면, SSD는 한 단계 방법에 해당한다. SSD는 [그림 9-23]의 faster RCNN을 개조한 모델이다[Liu2016a]. 실험 결과 faster RCNN의 7FPSFrames Per Second(초당 프레임 처리 수)와 YOLO의 45FPS보다 빠른 59FPS를 달성하였고 검출 성능도 가장 우수하다.

BlazeFace는 SSD를 얼굴 검출에 맞게 개조했다[Bazarevsky2019]. 개조 과정에서 처리 속도를 중요하게 고려해 200~1000FPS를 보장할 수 있게 되었다. SSD는 입력 영상을 점점 줄여 16×16, 8×8, 4×4, 2×2 맵까지 만든다. 맵의 화소에 컨볼루션 연산을 적용함으로써 한 화소에서 크기와 가로세로 비율이 다른 2~6개의 박스를 예측한다. 그런데 얼굴은 가로세로 비율이 1에 가깝기 때문에 BlazeFace는 가로세로 비율을 1로 고정하고 크기만 다른 박스를 여럿 예측한다. 또한 아주 작은 얼굴은 나타나지 않는다고 가정하여 8×8까지만 줄임으로써 속도 향상을 이룬다. SSD는 예측된 박스가 여러 개 겹치는 문제를 비최대 억제로 해결하였는데 SSD는 겹친 박스 중에 신뢰도가 최대인 박스를 선택하는 반면에 BlazeFace는 여러 박스의 정보를 가중 평균함으로써 정확률을 향상한다. 실험 결과, 가중 평균에 의해 정확률이 10%만큼 향상되었고 얼굴 위치를 표시하는 박스가 불안정하게 흔들리는 현상이 줄었다고 보고한다.

BlazeFace는 신경망을 추가로 개조하여 얼굴을 표시하는 박스뿐 아니라 랜드마크 6개를 같이 출력한다. 랜드마크는 눈의 중심, 귀 구슬점ear tragion, 입 중심, 코 끝이다. 랜드마크를 이용해 얼굴의 특정 부위에 장식을 다는 증강 현실을 구현할 수 있다.

BlazeFace로 얼굴 검출

[프로그램 10-4]는 BlazeFace를 이용해 정지 영상에서 얼굴을 검출한다. 실습을 진행하기 전에 mediapipe 모듈을 설치하기 위해 아나콘다 프롬프트에서 다음 명령어를 입력한다.

```
(cv) C:/> pip install mediapipe
```

프로그램 10-4	BlazeFace로 얼굴 검출하기

```
01  import cv2 as cv
02  import mediapipe as mp
03
04  img=cv.imread('BSDS_376001.jpg')
05
06  mp_face_detection=mp.solutions.face_detection
07  mp_drawing=mp.solutions.drawing_utils
08
09  face_detection=mp_face_detection.FaceDetection(model_selection=1,min_
    detection_confidence=0.5)
10  res=face_detection.process(cv.cvtColor(img,cv.COLOR_BGR2RGB))
11
12  if not res.detections:
13      print('얼굴 검출에 실패했습니다. 다시 시도하세요.')
14  else:
15      for detection in res.detections:
16          mp_drawing.draw_detection(img,detection)
17      cv.imshow('Face detection by MediaPipe',img)
18
19  cv.waitKey()
20  cv.destroyAllWindows()
```

02행은 mediapipe 모듈을 불러온다. 04행은 OpenCV의 imread 함수로 영상을 읽는다. 06행은 mediapipe 모듈의 solutions에서 얼굴 검출을 담당하는 face_detection 모듈을 읽어 mp_face_detection 객체에 저장한다. 07행은 solutions에서 검출 결과를 그리는 데

사용하는 drawing_utils 모듈을 읽어 mp_drawing 객체에 저장한다.

09행은 mp_face_detection이 제공하는 FaceDetection 클래스로 얼굴 검출에 쓸 face_detection 객체를 생성한다. 이때 첫 번째 인수 model_selection은 0 또는 1로 설정할 수 있는데, 0은 카메라로부터 2미터 이내로 가깝게 있을 때 적합하고 1은 5미터 이내로 조금 멀리 있을 때 적합하다. 이 프로그램에서는 1로 설정해 먼 곳을 고려했다. 두 번째 인수 min_detection_confidence는 0~1 사이의 실수를 설정하는데, 검출 신뢰도가 설정한 값보다 큰 경우만 검출 성공으로 간주한다. 10행의 process 함수는 실제로 검출을 수행하고 결과를 res 객체에 저장한다. MediaPipe는 OpenCV와 달리 RGB 채널 순서를 사용하기 때문에 BGR로 표현된 img 영상을 RGB로 변환해 process 함수에 입력한다.

res 객체는 detections라는 리스트 변수를 가지는데, 여기에 검출한 얼굴 정보가 들어있다. print(res.detections)로 확인하면 다음과 같이 검출 신뢰도를 나타내는 score와 박스를 나타내는 relative_bounding_box, 6개의 relative_keypoints가 들어 있음을 알 수 있다. 이 프로그램을 실행하면 입력 영상에서 얼굴을 3개 검출했기 때문에 리스트에 다음과 같이 요소 3개가 들어있다.

```
In [1]: print(res.detections)
   [label_id: 0
     score: 0.8932861089706421
     location_data {
       format: RELATIVE_BOUNDING_BOX
       relative_bounding_box { xmin: 0.1996, ymin: 0.2552, width: 0.1337, height: 0.2004}
       relative_keypoints { x: 0.2414, y: 0.3165}
       relative_keypoints { x: 0.2967, y: 0.3340}
       … …
   label_id: 0
     score: 0.8440857529640198
       … …
   label_id: 0
     score: 0.813656747341156
       … …]
```

12~13행은 검출한 얼굴이 없으면 실패를 알린다. 14~17행은 얼굴이 있을 때를 처리하는 것으로 검출된 각각의 얼굴을 원본 영상에 표시하고 결과 영상을 윈도우에 디스플레이한다.

프로그램 실행 결과를 보면 세 소녀의 얼굴을 제대로 검출했다. 얼굴의 랜드마크 6개를 상당히 정확하게 검출했음을 확인할 수 있다. 04행에서 다른 영상을 사용해 여러 번 실험하여 성능을 가늠해보기 바란다.

비디오에서 얼굴 검출

[프로그램 10-5]는 [프로그램 10-4]의 비디오 버전이다. 07행까지는 [프로그램 10-4]와 비슷한 과정이다.

프로그램 10-5 비디오에서 얼굴 검출하기

```
01  import cv2 as cv
02  import mediapipe as mp
03
04  mp_face_detection=mp.solutions.face_detection
05  mp_drawing=mp.solutions.drawing_utils
06
07  face_detection=mp_face_detection.FaceDetection(model_selection=1,min_
    detection_confidence=0.5)
08
09  cap=cv.VideoCapture(0,cv.CAP_DSHOW)
10
11  while True:
12     ret,frame=cap.read()
13     if not ret:
14        print('프레임 획득에 실패하여 루프를 나갑니다.')
15        break
16
17     res=face_detection.process(cv.cvtColor(frame,cv.COLOR_BGR2RGB))
18
19     if res.detections:
20        for detection in res.detections:
21           mp_drawing.draw_detection(frame,detection)
22
23     cv.imshow('MediaPipe Face Detection from video',cv.flip(frame,1))
24     if cv.waitKey(5)==ord('q'):
25        break
26
27  cap.release()
28  cv.destroyAllWindows()
```

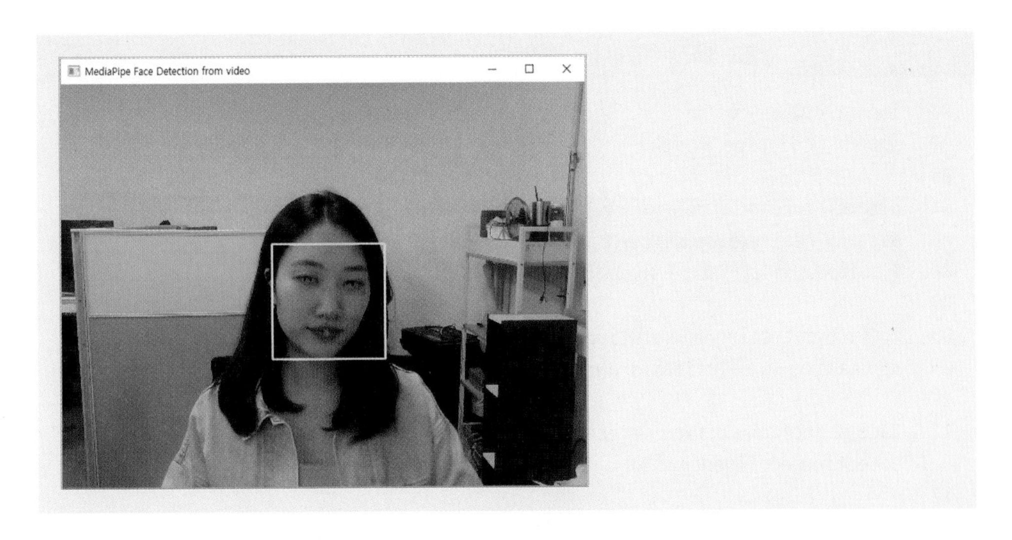

09행은 OpenCV를 이용해 웹 캠과 연결을 시도하고 12행은 웹 캠에서 프레임을 읽는다. 17행은 process 함수로 프레임에서 얼굴을 검출해 res 객체에 저장한다. 19~21행은 검출된 얼굴을 프레임에 표시한다. 23행은 윈도우에 얼굴 영상을 디스플레이하는데, flip 함수로 좌우 반전하여 거울에 비친 모양을 보여준다.

프로그램 실행 결과를 보면 비디오에서 얼굴을 제대로 검출했음을 확인할 수 있다. 끊김 없이 실시간으로 비디오를 처리할 수 있음도 확인할 수 있다.

얼굴을 장식하는 증강 현실

[프로그램 10-6]은 [프로그램 10-5]에 증강 현실 기능을 추가한 프로그램이다. 달라진 부분을 음영으로 처리하여 쉽게 구별할 수 있게 한다.

증강 현실AR; Augmented Reality은 카메라로 입력된 실제 영상에 가상의 물체를 혼합함으로써 현실감을 증대시키는 기술이다. 여기서는 BlazeFace가 검출한 6개의 얼굴 랜드마크에 장신구를 혼합하는 단순한 가상 현실을 구현한다. 실제 영상에 가상의 물체를 추가할 때 물체의 배경을 투명하게 처리하지 않으면 조각 영상을 붙인 듯한 느낌이 들어 현실감이 떨어진다. 영상을 혼합할 때 배경을 투명하게 하려면 RGB 채널 외에 투명도를 나타내는 알파 채널을 추가로 가진 png 파일을 주로 사용한다.

TIP [프로그램 10-6]에서 사용하는 dice.png 파일은 위키피디아의 portable network graphics 페이지에서 제공하는 주사위 영상이다. 이 책의 예제 소스로 제공한다.

프로그램 10-6 얼굴을 장식하는 증강 현실 구현하기

```
01  import cv2 as cv
02  import mediapipe as mp
03
04  dice=cv.imread('dice.png',cv.IMREAD_UNCHANGED) # 증강 현실에 쓸 장신구
05  dice=cv.resize(dice,dsize=(0,0),fx=0.1,fy=0.1)
06  w,h=dice.shape[1],dice.shape[0]
07
08  mp_face_detection=mp.solutions.face_detection
09  mp_drawing=mp.solutions.drawing_utils
10
11  face_detection=mp_face_detection.FaceDetection(model_selection=1,min_
    detection_confidence=0.5)
12
13  cap=cv.VideoCapture(0,cv.CAP_DSHOW)
14
15  while True:
16      ret,frame=cap.read()
17      if not ret:
18          print('프레임 획득에 실패하여 루프를 나갑니다.')
19          break
20
21      res=face_detection.process(cv.cvtColor(frame,cv.COLOR_BGR2RGB))
22
23      if res.detections:
24          for det in res.detections:
25              p=mp_face_detection.get_key_point(det,mp_face_detection.
                FaceKeyPoint.RIGHT_EYE)
26              x1,x2=int(p.x*frame.shape[1]-w//2),int(p.x*frame.shape[1]+w//2)
27              y1,y2=int(p.y*frame.shape[0]-h//2),int(p.y*frame.shape[0]+h//2)
28              if x1>0 and y1>0 and x2<frame.shape[1] and y2<frame.shape[0]:
29                  alpha=dice[:,:,3:]/255 # 투명도를 나타내는 알파값
30                  frame[y1:y2,x1:x2]=frame[y1:y2,x1:x2]*(1-alpha)+dice[:,:,:3]*alpha
31
32      cv.imshow('MediaPipe Face AR',cv.flip(frame,1))
33      if cv.waitKey(5)==ord('q'):
34          break
35
36  cap.release()
37  cv.destroyAllWindows()
```

04~06행은 장신구로 사용할 영상을 준비한다. 04행에서 imread 함수로 dice.png 파일을 읽는데, cv.IMREAD_UNCHANGED를 인수로 주어 알파 채널을 포함해 4개 채널을 모두 읽어오라고 지시한다. 05행은 영상을 10%로 축소하고 06행은 너비와 높이를 w와 h에 저장한다.

25~30행은 검출된 얼굴에 장신구를 달고 윈도우에 디스플레이한다. 25행은 get_key_point 함수를 이용해 검출된 얼굴 정보를 담고 있는 det에서 오른쪽 눈 위치를 꺼내 p 객체에 저장한다. 6개의 랜드마크 이름을 알려면 다음과 같이 dir(mp_face_detection.FaceKeyPoint)을 실행하면 된다.

```
In [7]: dir(mp_face_detection.FaceKeyPoint)
    ['LEFT_EAR_TRAGION', 'LEFT_EYE', 'MOUTH_CENTER', 'NOSE_TIP', 'RIGHT_EAR_TRAGION',
    'RIGHT_EYE', …]
```

26~27행은 오른쪽 눈을 중심으로 장신구를 배치하기 위해 필요한 장신구 영상의 왼쪽 위와 오른쪽 아래 좌표를 계산한다. 28행은 장신구 영상이 원본 영상 안에 머무는지 확인한다. 영상 안에 있다면 29~30행은 원본 영상의 해당 위치에 장신구 영상을 혼합한다. 장신구를 나타내는 png 영상에서 0~2번 채널은 RGB를 나타내고 3번은 투명도를 나타내는 알파 채널이다. 따라서 알파 채널은 dice[:,:,3:]인데 29행은 [0,255] 범위를 255로 나누어 [0,1] 사이로

변환해 alpha에 저장한다. 30행은 원본 영상 frame에 (1−alpha)를 곱하고 장신구 영상인 dice에 alpha를 곱한 뒤 둘을 더함으로써 혼합한다.

프로그램을 실행하면, 오른쪽 눈에 주사위 장신구가 증강되어 있다. 32행의 flip으로 인해 거울 영상으로 보인다. 얼굴을 빠르게 움직여도 지연없이 비디오가 자연스럽게 디스플레이되는 것을 확인할 수 있다. MediaPipe는 얼굴 영상을 빠르게 처리할 수 있도록 설계 및 구현되어 있기 때문이다. 증강 현실 또는 다른 재미있는 응용 프로그램을 제작할 때 속도는 생각 이상으로 중요하다.

10.3.2 얼굴 그물망 검출

얼굴 영상을 인식하거나 얼굴에 정교하게 증강 현실을 적용하는 등의 응용에서는 [그림 9−42]가 보여주는 바와 같이 얼굴 검출face detection과 얼굴 정렬face alignment을 먼저 수행해야 한다. 얼굴 검출은 앞 절에서 설명했고 여기서는 얼굴에서 랜드마크를 검출하는 얼굴 정렬을 다룬다. 얼굴 정렬을 위한 최근 기술을 살펴볼 수 있는 논문으로 [Jin2017, Huang2021]을 추천한다. 여기서는 MediaPipe가 제공하는 FaceMesh 솔루션을 활용한다.

원리

FaceMesh는 [그림 10−12]가 보여주는 468개의 랜드마크를 검출한다[Kartynnik2019]. 눈과 입, 코에 더욱 조밀하게 랜드마크를 배치해 매끄러운 얼굴 그물망을 얻을 수 있는데, 랜드마크는 3차원 좌표로 표현된다. 눈과 입을 보다 정확하게 추정하라고 지정하면 주목attention 알고리즘을 적용해 보다 정확한 추정을 시도한다[Grishchenko2020].

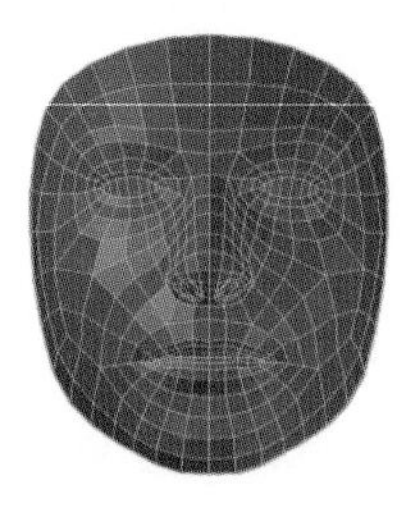

그림 10−12 FaceMesh가 사용하는 468개의 얼굴 랜드마크[Kartynnik2019]

FaceMesh는 첫 프레임에 BlazeFace를 적용해 얼굴을 검출한다. 이후에는 이전 프레임에서 검출한 랜드마크와 모션 정보를 활용해 얼굴을 추적함으로써 처리 시간을 획기적으로 줄인다. 매 프레임에서 예측한 곳에 실제 얼굴이 있는지 신뢰도를 계산하는데, 신뢰도가 임곗값보다 낮으면 BlazeFace를 다시 적용한다. 얼굴 추적은 1유로 필터one Euro filter를 활용해 빠른 속도를 유지한다.

FaceMesh는 3차원 그물망을 추정하려고 3차원 랜드마크 데이터셋으로 학습한다. 학습에는 모바일 기기로 자연 환경에서 찍은 3만 장의 얼굴 영상을 사용한다. 랜드마크가 3차원 점이므로 레이블링 작업이 아주 까다로워서 특별한 레이블링 도구를 만들어 사용했다. 이 도구는 얼굴 영상이 입력되면 3차원 표준 그물망 모델로 랜드마크의 초기 좌표를 계산해 얼굴 영상에 그린다. 레이블링하는 사람은 정제 과정을 통해 정확한 3차원 랜드마크 좌표를 확정한다.

FaceMesh로 얼굴 그물망 검출

[프로그램 10-7]은 FaceMesh를 이용해 비디오에 나타난 얼굴에서 그물망을 검출하는 프로그램이다. 구조는 [프로그램 10-5]와 비슷하다. 단지 얼굴을 검출하는 FaceDetection 함수가 그물망을 검출하는 FaceMesh 함수로 대치된 정도다.

04행은 mediapipe 모듈의 solutions에서 얼굴 그물망 검출을 담당하는 face_mesh 모듈을 읽어 mp_mesh 객체에 저장한다. 05행은 검출 결과를 그리는 데 쓰는 drawing_utils 모듈을 읽어 mp_drawing에 저장하고, 06행은 그리는 유형을 지정하는 데 쓰는 drawing_styles 모듈을 읽어 mp_styles에 저장한다. 08행은 mp_mesh가 제공하는 FaceMesh 클래스로 얼굴 그물망 검출에 쓸 mesh 객체를 생성한다. 인수를 살펴보면 max_num_faces=2는 얼굴을 2개까지 처리하라고 지시하고, refine_landmarks=True는 눈과 입에 있는 랜드마크를 더 정교하게 검출하라고 지시하고, min_detection_confidence=0.5는 얼굴 검출 신뢰도가 0.5 이상일 때 성공으로 간주하라고 지시한다. 마지막 인수 min_tracking_confidence=0.5는 랜드마크 추적 신뢰도가 0.5보다 작으면 실패로 간주하고 새로 얼굴 검출을 수행하라고 지시한다.

18행의 process 함수는 실제 그물망 검출을 수행하고 결과를 res에 저장한다. 20행은 검출된 얼굴이 있는지 확인하고, 21행은 검출된 얼굴 각각에 대해 그물망을 그리는 일을 반복한다. 22행은 그물망을 그리고, 23행은 얼굴 경계와 눈, 눈썹을 그리고, 24행은 눈동자를 그린다.

프로그램 10-7 FaceMesh로 얼굴 그물망 검출하기

```
01  import cv2 as cv
02  import mediapipe as mp
03
04  mp_mesh=mp.solutions.face_mesh
05  mp_drawing=mp.solutions.drawing_utils
06  mp_styles=mp.solutions.drawing_styles
07
08  mesh=mp_mesh.FaceMesh(max_num_faces=2,refine_landmarks=True,min_detection_
    confidence=0.5,min_tracking_confidence=0.5)
09
10  cap=cv.VideoCapture(0,cv.CAP_DSHOW)
11
12  while True:
13      ret,frame=cap.read()
14      if not ret:
15        print('프레임 획득에 실패하여 루프를 나갑니다.')
16        break
17
18      res=mesh.process(cv.cvtColor(frame,cv.COLOR_BGR2RGB))
19
20      if res.multi_face_landmarks:
21          for landmarks in res.multi_face_landmarks:
22              mp_drawing.draw_landmarks(image=frame,landmark_
                list=landmarks,connections=mp_mesh.FACEMESH_TESSELATION,landmark_
                drawing_spec=None,connection_drawing_spec=mp_styles.get_default_
                face_mesh_tesselation_style())
23              mp_drawing.draw_landmarks(image=frame,landmark_
                list=landmarks,connections=mp_mesh.FACEMESH_CONTOURS,landmark_
                drawing_spec=None,connection_drawing_spec=mp_styles.get_default_
                face_mesh_contours_style())
24              mp_drawing.draw_landmarks(image=frame,landmark_
                list=landmarks,connections=mp_mesh.FACEMESH_IRISES,landmark_
                drawing_spec=None,connection_drawing_spec=mp_styles.get_default_
                face_mesh_iris_connections_style())
25
26      cv.imshow('MediaPipe Face Mesh',cv.flip(frame,1))       # 좌우 반전
27      if cv.waitKey(5)==ord('q'):
28        break
29
30  cap.release()
31  cv.destroyAllWindows()
```

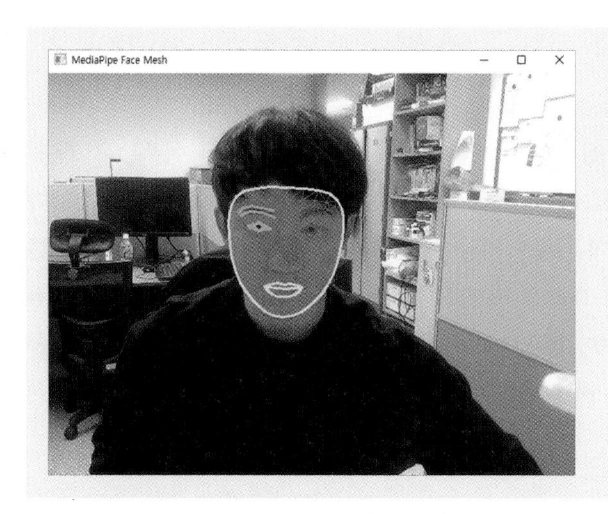

검출한 그물망을 그리는 역할을 하는 22~24행을 변형하면 [그림 10-13]과 같이 다양한 형태의 그물망을 그릴 수 있다. [그림 10-13(a)]는 22~24행에서 24행만 남기고 실행한 결과이고, [그림 10-13(b)]는 23행만 남긴 뒤 23행을 다음과 같이 고쳐서 실행한 결과다.

```
mp_drawing.draw_landmarks(image=frame,landmark_list=landmarks,connections=mp_mesh.
FACEMESH_CONTOURS,landmark_drawing_spec=mp_drawing.DrawingSpec(thickness=1,circle_
radius=1))
```

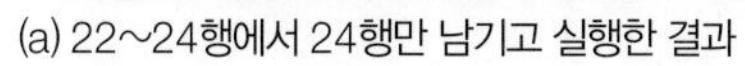

(a) 22~24행에서 24행만 남기고 실행한 결과 (b) 23행만 남긴 뒤 수정 후 실행한 결과

그림 10-13 다양한 얼굴 그물망을 적용하기 위해 [프로그램 10-7]의 22~24행을 변형한 경우

10.3.3 손 랜드마크 검출

손 랜드마크를 검출하는 BlazeHand 솔루션은 손을 검출하는 BlazePalm 모듈과 랜드마크를 검출하고 추적하는 모듈로 구성된다. 랜드마크는 [그림 10-14]가 보여주는 21개다. BlazePalm은 얼굴을 검출하는 BlazeFace와 마찬가지로 SSD 모델을 개조하여 사용했다 [Zhang2020]. 계산 시간을 절약하기 위해 프레임마다 손 검출을 적용하지 않고 모션 정보를 이용해 이전 프레임에서 검출한 랜드마크를 현재 프레임에서 예측하는 방법을 사용한다. 검출한 랜드마크의 신뢰도가 임곗값보다 낮으면 BlazePalm을 다시 적용하여 손을 새로 검출한다. 얼굴 그물망과 마찬가지로 손 랜드마크도 3차원 좌표로 표현한다. 보다 자세한 내용은 [Zhang2020]을 참조한다.

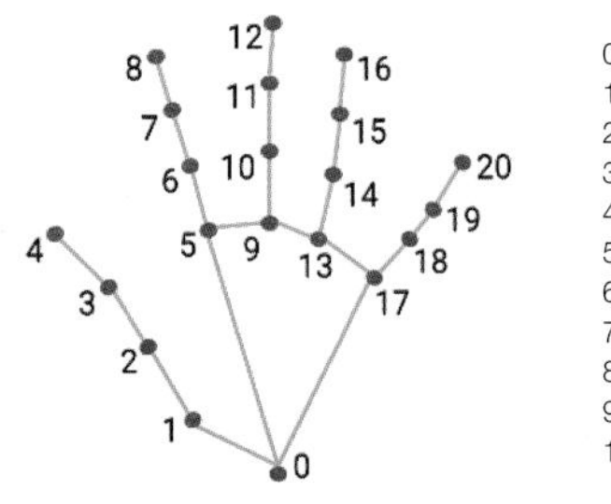

0. WRIST
1. THUMB_CMC
2. THUMB_MCP
3. THUMB_IP
4. THUMB_TIP
5. INDEX_FINGER_MCP
6. INDEX_FINGER_PIP
7. INDEX_FINGER_DIP
8. INDEX_FINGER_TIP
9. MIDDLE_FINGER_MCP
10. MIDDLE_FINGER_PIP
11. MIDDLE_FINGER_DIP
12. MIDDLE_FINGER_TIP
13. RING_FINGER_MCP
14. RING_FINGER_PIP
15. RING_FINGER_DIP
16. RING_FINGER_TIP
17. PINKY_MCP
18. PINKY_PIP
19. PINKY_DIP
20. PINKY_TIP

그림 10-14 손을 위한 21개의 랜드마크[Zhang2020]

손 랜드마크 검출 실습

[프로그램 10-8]은 BlazeHand를 이용해 비디오에 나타난 손의 랜드마크를 검출하는 프로그램이다. [프로그램 10-5]와 [프로그램 10-7]과 구조가 비슷하다.

04행은 mediapipe 모듈의 solutions에서 손 검출을 담당하는 hands 모듈을 읽어 mp_hand 객체에 저장한다. 08행은 mp_hand가 제공하는 Hands 클래스로 손 랜드마크 검출에 쓸 hand 객체를 생성한다. 두 번째 인수 static_image_mode=False는 입력을 비디오로 간주하고 첫 프레임에 손 검출을 담당하는 BlazeHand를 적용하고 이후에는 추적을 사용하라고 지시한다. True로 설정하면 매 프레임에 BlazeHand를 적용하기 때문에 정확도가 높아지는 대신 시간은 더 걸린다. 나머지 인수에 대한 설명은 [프로그램 10-7]의 08행과 비슷하다.

18행의 process 함수는 실제 손 랜드마크 검출을 수행하고 결과를 res에 저장한다. 20행은 검출된 손이 있는지 확인하고, 21행은 검출된 손 각각에 대해 그물망을 그리는 일을 반복한다. 22행은 손 랜드마크를 그린다.

프로그램 10-8 **손 랜드마크 검출하기**

```
01  import cv2 as cv
02  import mediapipe as mp
03
04  mp_hand=mp.solutions.hands
05  mp_drawing=mp.solutions.drawing_utils
06  mp_styles=mp.solutions.drawing_styles
07
08  hand=mp_hand.Hands(max_num_hands=2,static_image_mode=False,min_detection_
    confidence=0.5,min_tracking_confidence=0.5)
09
10  cap=cv.VideoCapture(0,cv.CAP_DSHOW)
11
12  while True:
13     ret,frame=cap.read()
14     if not ret:
15       print('프레임 획득에 실패하여 루프를 나갑니다.')
16       break
17
18     res=hand.process(cv.cvtColor(frame,cv.COLOR_BGR2RGB))
19
20     if res.multi_hand_landmarks:
21        for landmarks in res.multi_hand_landmarks:
22           mp_drawing.draw_landmarks(frame,landmarks,mp_hand.HAND_
             CONNECTIONS,mp_styles.get_default_hand_landmarks_style(),mp_styles.
             get_default_hand_connections_style())
23
24     cv.imshow('MediaPipe Hands',cv.flip(frame,1))   # 좌우반전
25     if cv.waitKey(5)==ord('q'):
26       break
27
28  cap.release()
29  cv.destroyAllWindows()
```

MediaPipe Hands

10.4 자세 추정과 행동 분류

앞 절에서는 사람의 얼굴에 집중했는데, 전신을 분석하는 기능이 필요한 응용이 많다. 예를 들어 보행자의 자세를 추정하거나 행동을 인식할 수 있으면 자율주행차의 성능을 높일 수 있다. 또한 CCTV에 나타난 사람의 자세 추정과 행동 분류가 가능하다면 범죄를 예방하는 데 활용할 수 있다. 이와 같이 응용 분야는 무궁무진하다.

보통 자세 추정한 결과를 가지고 행동 분류를 수행한다. 이 수행 순서에 따라 10.4.1항에서 자세 추정을 설명하고 10.4.3항에서 행동 분류를 설명한다. 10.4.2항에서는 MediaPipe가 제공하는 BlazePose 솔루션을 이용한 프로그래밍 실습을 수행한다. 자세 추정을 위한 서베이 논문으로 [Chen2020b, Zheng2022]를, 자세 추정과 행동 분류를 같이 다룬 서베이 논문으로 [Song2021]을 추천한다. 행동 분류에 대한 논문으로는 [Zhu2020, Kong2022]를 추천한다.

TIP 많은 문헌이 행동 분류(action classification)보다 행동 인식(action recognition)이라는 용어를 선호한다. 그런데 실제로는 입력 영상을 몇 가지 미리 지정된 행동 부류로 분류하는 정도에 그치기 때문에 이 책에서는 분류라는 용어를 사용한다. 9장 도입부에서 설명한 바와 같이 인식은 분류, 검출, 분할, 추적 등을 모두 포함하는 넓은 범주의 용어로 사용한다.

10.4.1 자세 추정

자세 추정pose estimation은 정지 영상 또는 비디오를 분석해 전신에 있는 관절joint 위치를 알아내는 일이다. 자세 추정에서는 관절을 랜드마크 또는 키포인트라 부른다. 높은 성능의 자세 추정은 아주 많은 응용에 활용할 수 있다. 자세 정보는 행동 분류와 행동 예측, 행동 추적을 높은 성능으로 달성할 수 있는 토대가 된다. 무용이나 스포츠 분야에서 선수의 자세 교정에 쓸 수 있고 환자의 재활을 돕거나 낙상을 예방하는 데 활용할 수 있고 증강 현실과 가상 현실에 응용할 수 있으며 애니메이션과 영화, 게임의 엔터테인먼트 제작 등에 응용할 수 있다. 이상 행동을 알아내 범죄 예방에 활용할 수도 있다.

인체 모델

자세를 표현하려면 인체 모델이 있어야 하는데, 골격 표현법skeleton representation과 부피 표현법volumetric representation을 주로 사용한다. 골격 표현은 랜드마크의 연결 관계를 그래프로 표현한다. 랜드마크의 개수에 따라 여러 종류가 있는데 [그림 10-15(a)]는 33개 랜드마크를 사용하는 BlazePose의 골격 표현을 보여준다. 골격 표현은 랜드마크를 2차원 좌표와 3차원 좌표로 표현하는 경우로 구분할 수 있다. 반면에 부피 표현법은 기본적으로 3차원 좌표를 사용한다. [그림 10-15(b)]는 부피 표현법에서 가장 널리 쓰이는 SMPLSkinned Multi-Person Linear model을 보여준다[Loper2015]. 원래 인체를 렌더링할 목적으로 컴퓨터그래픽스 분야에서 개발되었는데, 컴퓨터 비전이 자세 추정을 위해 빌려 쓴다. SMPL은 인체를 3차원 랜드마크와 3차원 부피로 표현한다. 최근에는 SMPL의 단점을 개선한 STAR 모델이 나와 있다[Osman2020]. 이 책에서는 2차원 골격 표현법으로 한정해 설명한다. 3차원 자세 추정에 대한 내용은 [Zheng2022, 4절]을 참조한다.

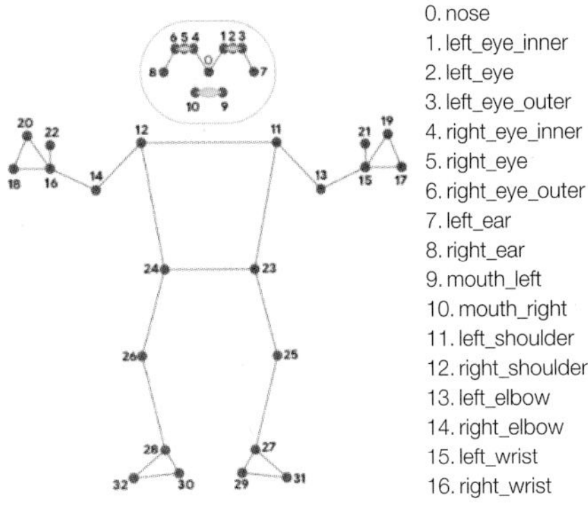

0. nose
1. left_eye_inner
2. left_eye
3. left_eye_outer
4. right_eye_inner
5. right_eye
6. right_eye_outer
7. left_ear
8. right_ear
9. mouth_left
10. mouth_right
11. left_shoulder
12. right_shoulder
13. left_elbow
14. right_elbow
15. left_wrist
16. right_wrist
17. left_pinky
18. right_pinky
19. left_index
20. right_index
21. left_thumb
22. right_thumb
23. left_hip
24. right_hip
25. left_knee
26. right_knee
27. left_ankle
28. right_ankle
29. left_heel
30. right_heel
31. left_foot_index
32. right_foot_index

(a) BlazePose의 골격 표현[Bazarevsky2020]

(b) SMPL 부피 표현[Loper2015]

그림 10-15 인체 모델

정지 영상에서 자세 추정

딥러닝 시대 이전에도 자세 추정에 대한 연구는 활발히 이어졌다. 인체의 구성요소를 검출하기 위해 [그림 9-18]의 HOG를 주로 사용했고 [그림 9-19]의 부품 모델part-based model로 인체를 표현했다[Felzenszwalb2010]. 수작업 특징과 결합한 부품 모델은 깨끗한 배경을 가정한 상황에서나 동작하는 정도였다.

딥러닝은 자세 추정에 새로운 길을 열었다. DeepPose는 딥러닝을 자세 추정에 처음 적용한 모델이다[Toshev2014]. DeepPose는 220×220×3 영상을 입력으로 받아 컨볼루션층 5개를 통해 13×13×192 특징 맵으로 변환하고 2개의 완전연결층을 거쳐 $2k$개의 실수를 출력한다. k는 랜드마크 개수고 랜드마크는 (x, y) 좌표로 표현된다. 따라서 DeepPose는 [그림 9-22]의 fast RCNN과 마찬가지로 회귀를 수행하는 셈이다. DeepPose는 전체 영상을 보고 좌표를 예측하기 때문에 가림이 발생한 관절의 위치까지 예측한다. 하지만 정확률이 떨어지기 때문에 추정한 관절 위치에서 패치를 잘라내 세밀하게 위치를 조정하는 후처리 단계를 밟는다. 실험은 상반신의 10개 관절을 레이블링한 FLICFrames Labeled In Cinema 데이터셋과 전신의 14개 관절을 레이블링한 스포츠 관련 데이터셋인 LSPLeeds SPorts로 수행한다.

랜드마크를 검출하는 또 다른 방법으로 열지도 회귀heatmap regression가 있다. DeepPose는 i번째 랜드마크를 (x_i, y_i)로 표현하고 신경망이 좌푯값 자체를 예측하는 반면, 열지도에서는 (x_i, y_i) 위치에 가우시안을 씌운 맵을 예측한다. 좌푯값을 예측하는 좌표 회귀에서는 출력층이 $2k$개의 실수를 출력하는데, 열지도 회귀에서는 k개의 2차원 맵을 출력한다. 열지도 회귀를 사용한 대표적인 신경망으로 [그림 10-16]의 SHGStacked HourGlass가 있다[Newell2016]. SHG는 모래시계 모양의 신경망을 여러 개 쌓아 만드는 것으로 모래시계 하나는 인코더와 디코더를 붙여 만든 [그림 9-35]의 신경망과 비슷한 구조다. 단지 출력이 랜드마크 위치에 가우시안을 씌운 맵이라는 점이 다르다.

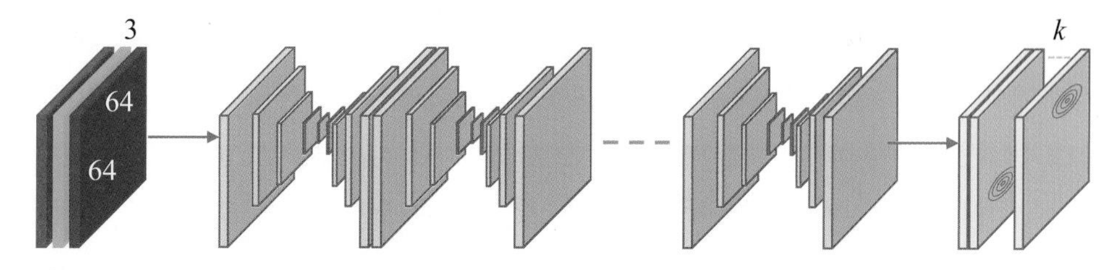

그림 10-16 열지도 회귀 기법을 사용하는 SHG 모델

앞서 소개한 딥러닝 모델에서는 영상에 한 사람만 나타나는 상황을 가정하고 그런 조건을 만족하는 데이터셋으로 실험을 수행했다. 하지만 광장에서 이상 행동을 보이는 사람을 찾아 범죄를 예방하는 시스템을 만들려면 다수가 나타난 영상에서 여러 사람의 자세를 추정할 수 있어야 한다.

다수의 사람을 대상으로 자세를 추정하는 접근 방법에는 하향식top-down과 상향식bottom-up이 있다. 하향식 방법은 faster RCNN과 같은 모델을 사용해 사람을 검출한 다음에 사람 부분을 패치로 잘라내고 각각의 패치에 [그림 10-16]과 같은 모델을 적용해 자세를 추정한다. 하향식 방법을 구현한 대표적 모델은 AlphaPose[Fang2017]와 CrowdPose[Li2019b], HRNet[Sun2019]다. 상향식 방법에서는 랜드마크를 모두 검출한 다음에 랜드마크를 결합하여 사람별로 자세를 추정한다. 상향식 방법을 구현한 대표적 모델은 OpenPose[Cao2017]다. [그림 10-17]은 AlphaPose와 OpenPose의 실험 결과를 보여준다.

(a) AlphaPose[Fang2017]의 실험 결과

(b) OpenPose[Cao2017]의 실험 결과

그림 10-17 다수 사람의 자세 추정

비디오에서 자세 추정

비디오는 정지 영상, 즉 프레임이 시간 순서로 흐르는 구조다. 따라서 프레임을 독립적으로 취급해 앞서 소개한 자세 추정 모델을 적용하면 비디오의 자세 추정 결과를 얻을 수 있다. 하지만 각 프레임에서 발생한 위치 오류로 인해 자세가 심하게 흔들리는 현상이 발생할 수 있는데, 사람의 동작은 매끄럽게 변한다는 사실을 잘 이용하면 일관성 있는 자세 추정이 가능하다. 또한 가림이 발생하거나 흐릿하거나 특이한 동작으로 인해 랜드마크가 보이지 않는 경우에 다른 프레임의 랜드마크를 참조하여 안 보이는 랜드마크의 위치를 추론할 수 있다.

이웃 프레임을 고려하는 접근 방법은 다양한데, 여기서는 광류를 사용하는 방법과 순환 신경망 방법을 간략히 소개한다. 광류를 컨볼루션 신경망에 적용해 자세 추정을 시도한 초창기 논문으로 [Jain2014]를 들 수 있다. 이 논문에서는 컨볼루션 신경망에 RGB 영상과 광류 맵을 결합한 텐서를 입력한다. 해상도를 반으로 줄인 맵을 같이 사용해 추가로 성능 개선을 시도한다[Jain2014]. Pfister는 이웃한 여러 장의 프레임에서 랜드마크 위치를 표현한 열지도를 예측한 다음에 광류를 이용해 이웃 프레임의 랜드마크 열지도를 현재 프레임에 맞게 변환하고 변환된 열지도를 결합하는 방법을 사용해 자세 추정의 정확률을 개선했다[Pfister2015]. Song은 광류를 사용해 $t-1$, t, $t+1$ 순간의 랜드마크 위치를 정교하게 추출한 다음에 이들을 같이 고려하여 t 순간의 자세를 정제하는 아이디어를 제안했다[Song2017]. 순환 신경망과 순환 신경망을 개선한 LSTM 모델은 시계열 데이터를 모델링하는 데 적합한 딥러닝 모델이다. 이들에 대해서는 11.2절에서 설명한다. 비디오는 시계열 데이터이므로 비디오에서 자세를 추정하는 문제를 LSTM으로 해결하려는 시도는 자연스럽다. Luo는 t 순간의 프레임에서 추출한 특징 맵을 $t-1$ 순간에서 들어온 정보와 결합해 LSTM층에 입력한다. 이 특징 맵은 LSTM 층과 컨볼루션층을 통과하여 t 순간의 자세를 예측하며 이 예측 결과는 다음 순간으로 전달된다[Luo2018].

자세 추적pose tracking은 하나의 프레임에서 여러 명을 구분하고 개개인의 자세를 추정한 다음에 이후 프레임에서 자세 단위로 사람을 추적해야 한다. 박스 단위로 사람을 표시했던 [그림 10-7(b)]의 MOT 문제가 골격 단위로 표시한 사람을 추적하는 문제로 확장된 셈이다. [그림 10-18]은 자세 추적에 널리 쓰이는 PoseTrack 데이터셋의 예시 비디오를 보여준다(https://posetrack.net). PoseTrack 데이터셋을 자세히 기술한 논문으로 [Andriluka2018]을 추천한다. 자세 추적을 위한 딥러닝 모델을 제안하고 PoseTrack 데이터셋으로 실험한 논문으로 [Xiao2018]과 [Ning2019], [Sun2019]를 추천한다.

그림 10-18 자세 추적을 위한 PoseTrack 데이터셋의 예시 비디오(세 프레임 건너 표시)

데이터셋과 성능 척도

자세 추정에 쓰는 데이터셋이 많은데 [Zheng2022, 5절]에 체계적으로 정리되어 있다. 초창기 데이터셋에는 FLICFrames Labeled In Cinema과 LSPLeeds SPorts가 있다. FLIC은 영화에서 5,003장의 정지 영상을 추출하고 상반신에 10개 랜드마크를 레이블링했다. 다섯 명이 같은 영상을 중복으로 레이블링하고 5개의 중앙값을 참값으로 취해 사람의 레이블링 오류를 최소화했다[Sapp2013]. LSP는 운동 장면을 찍은 정지 영상 2,000장을 14개 랜드마크로 레이블링했다.

TIP 참고 링크

- FLIC: https://bensapp.github.io/flic-dataset.html
- LSP: http://sam.johnson.io/research/lsp.html
- MPII: http://human-pose.mpi-inf.mpg.de
- COCO: https://cocodataset.org/#keypoints-2020
- CrowdPose: https://github.com/Jeff-sjtu/CrowdPose
- PoseTrack: https://posetrack.net

이후 대용량 데이터셋이 나오는데 MPIIMaxPlanck Institute for Informatics와 COCO가 대표적이다. MPII는 유튜브 비디오에서 수집한 정지 영상을 16개 랜드마크로 레이블링했다. 한 사람만 있는 데이터와 여러 사람이 있는 데이터로 구분되어 있는데, 25,000장 가량의 영상에서 4만 명 넘는 사람을 레이블링했다[Andriluka2014]. COCO는 [그림 9-4]에서 분류, 검출, 분할을 위한 데이터셋으로 소개한 적이 있는데 자세 추정을 위한 데이터셋도 제공한다. 20만 장 이상의 영상에서 25만 명 이상을 17개 랜드마크로 레이블링했다. 또한 군중을 대상으로 자세를 추정하는 데 쓰는 CrowdPose 데이터셋이 있고, 비디오에서 자세를 추적하는 데 쓰는 PoseTrack 데이터셋 등이 있다. PoseTrack은 [그림 10-18]에서 예시했다.

데이터셋은 최소 10개 넘는 랜드마크로 자세를 표현하는데, 일부 랜드마크만 보이거나 다른 사람과 엉켜 있는 경우가 많아 성능을 측정하는 일은 꽤 까다롭다. 초창기에 주로 사용한 PCPPercentage of Correct Parts는 관절과 관절을 잇는 구성품limb을 제대로 찾은 비율로 성능을 측정했다. [그림 10-19]에서 빨간 점이 참값 랜드마크인데, 모델이 예측한 랜드마크가 점선으로 표시한 원 안에 있으면 구성품을 제대로 찾았다고 판단한다. 점선 원의 중심은 참값 랜드마크이고 반지름은 구성품 길이의 0.5다. 이 척도를 PCP@0.5로 표기하는데 원의 반지름을 0.1, 0.2, …로 바꾸면 PCP@0.1, PCP@0.2, ...가 된다. 이렇게 임곗값을 바꾸며 측정한 성능을 그래프로 그리면 PCP 곡선이 된다. 구성품이 영상에 짧게 나타난 경우에는 랜드마크를 정확히 검출하는 일이 어려운데 PCP는 이때 너무 큰 벌점을 주는 경향이 있어 지금은 PCP를 잘 사용하지 않는다. 현재는 랜드마크별로 제대로 찾았는지 측정하는 척도를 주로 사용한다. 오류 임곗값으로 머리 구성품 길이의 0.5 이내에 있는지 측정하는 PCKh@0.5 또는 몸통 직경의 0.2 이내에 있는지 측정하는 PCK@0.2를 주로 사용한다.

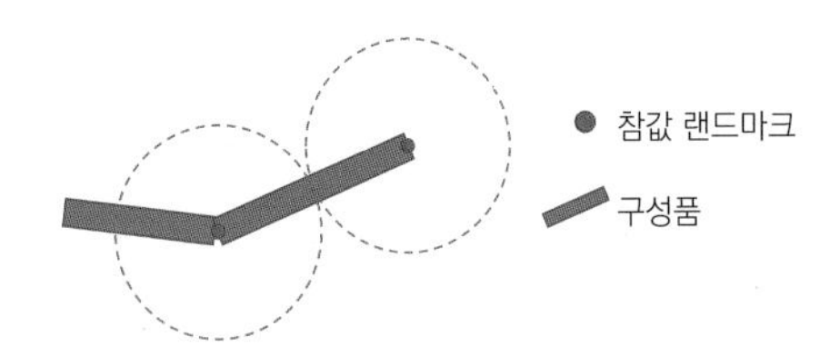

그림 10-19 자세 추정의 성능 척도로 사용되는 PCP@0.5

자세 추정의 성능 척도로 9.3.1항에서 물체 검출에 사용했던 APAverage Precision와 mAPmean AP를 사용할 수 있다. 물체 검출에서는 예측 박스와 참값 박스의 겹치는 비율인 IoU의 임곗값을 변화시키며 [그림 9-16]의 그래프를 구하고 그래프로부터 AP를 계산한다. 그런데 랜드마크는 IoU를 측정할 수 없기 때문에 IoU를 대신할 기준이 필요하여 OKSObject Keypoint Similarity를 사용한다. 자세 추정에서는 예측 랜드마크와 참값 랜드마크 사이의 OKS를 계산하고 임곗값을 변화시키며 정밀도와 재현률을 구해 그래프를 구성한 다음 AP를 측정한다. 관절별로 AP를 계산하고 모든 관절의 AP를 평균하면 mAP가 된다.

TIP OKS에 대한 자세한 내용은 COCO 성능 평가 사이트(https://cocodataset.org/#keypoints-eval)를 참조한다.

10.4.2 BlazePose를 이용한 자세 추정

MediaPipe는 자세 추정을 해주는 BlazePose 솔루션을 제공한다. BlazePose는 [그림 10-15(a)]가 보여주는 33개 랜드마크로 자세를 표현한다[Bazarevsky2020]. 깊이 정보를 얼추 추정하여 랜드마크를 3차원 좌표로 표현한다. 17개 랜드마크로 레이블링한 COCO 데이터셋보다 많은 랜드마크를 검출하기 때문에 요가나 운동 자세 분석, 수화 인식과 같은 응용에 쉽게 활용할 수 있는 장점이 있다.

입력 영상이 들어오면 몸에 해당하는 ROI를 검출해 자세 추정 신경망 모델에 입력한다. 랜드마크를 검출하는 접근 방법에는 랜드마크 좌표 자체를 예측하는 좌표 회귀와 [그림 10-16]과 같이 랜드마크에 가우시안을 씌운 열지도를 사용하는 열지도 회귀가 있다. 기존 신경망이 둘 중 하나를 사용하는데, BlazePose는 둘을 모두 써서 성능을 높인다[Bazarevsky2020]. 학습할 때는 열지도 출력에 대해 손실 함수를 계산함으로써 학습 성능을 높인다. 학습을 마치고 추론하는 과정에서는 열지도 출력 부분을 떼내고 33×3 텐서 출력을 취한다. 이 텐서는 33개 랜드마크에 대해 (x,y) 좌표와 보이는지 여부를 표시하는 값으로 구성된다.

아주 다양한 자세가 있기 때문에 몸 전체를 포함하는 ROI를 직접 찾는 일은 어렵다. BlazePose는 먼저 BlazeFace로 얼굴을 찾은 다음 어깨 중심 2개와 엉덩이 중심 2개를 잇는 선을 기준으로 전신 ROI를 검출하는 간접 방법을 사용한다. 빠른 속도를 확보하려고 ROI를 검출하는 일은 첫 프레임에만 적용하고 이후 프레임에서는 이전 프레임에서 알아낸 랜드마크를 활용해 예측한다. 만일 예측한 ROI에 사람이 없다고 판단되면 다시 ROI 검출을 적용한다.

[프로그램 10-9]는 BlazePose를 이용해 비디오에 나타난 사람의 자세를 추정하는 프로그램이다. [프로그램 10-5], [프로그램 10-7], [프로그램 10-8]과 구조가 비슷하다.

04행은 mediapipe 모듈의 solutions에서 자세 추정을 담당하는 pose 모듈을 읽어 mp_pose 객체에 저장한다. 08행은 mp_pose가 제공하는 Pose 클래스로 랜드마크 검출에 쓸

pose 객체를 생성한다. 첫 번째 인수 static_image_mode=False는 입력을 비디오로 간주하고 첫 프레임에 ROI 검출을 적용하고 이후에는 추적을 사용하라고 지시한다. 두 번째 인수 enable_segmentation=True는 전경과 배경을 분할하라고 지시한다. 이렇게 설정하면 배경을 흐릿하게 만드는 등의 응용에 쓸 수 있다. 나머지 인수에 대한 설명은 [프로그램 10-7]의 08행과 비슷하다.

프로그램 10-9 BlazePose를 이용한 자세 추정하기

```
01  import cv2 as cv
02  import mediapipe as mp
03
04  mp_pose=mp.solutions.pose
05  mp_drawing=mp.solutions.drawing_utils
06  mp_styles=mp.solutions.drawing_styles
07
08  pose=mp_pose.Pose(static_image_mode=False,enable_segmentation=True,min_
    detection_confidence=0.5,min_tracking_confidence=0.5)
09
10  cap=cv.VideoCapture(0,cv.CAP_DSHOW)
11
12  while True:
13     ret,frame=cap.read()
14     if not ret:
15       print('프레임 획득에 실패하여 루프를 나갑니다.')
16       break
17
18     res=pose.process(cv.cvtColor(frame,cv.COLOR_BGR2RGB))
19
20     mp_drawing.draw_landmarks(frame,res.pose_landmarks,mp_pose.POSE_
       CONNECTIONS,landmark_drawing_spec=mp_styles.get_default_pose_landmarks_
       style())
21
22     cv.imshow('MediaPipe pose›,cv.flip(frame,1)) # 좌우 반전
23     if cv.waitKey(5)==ord('q'):
24       mp_drawing.plot_landmarks(res.pose_world_landmarks,mp_pose.POSE_
         CONNECTIONS)
25       break
26
27  cap.release()
28  cv.destroyAllWindows()
```

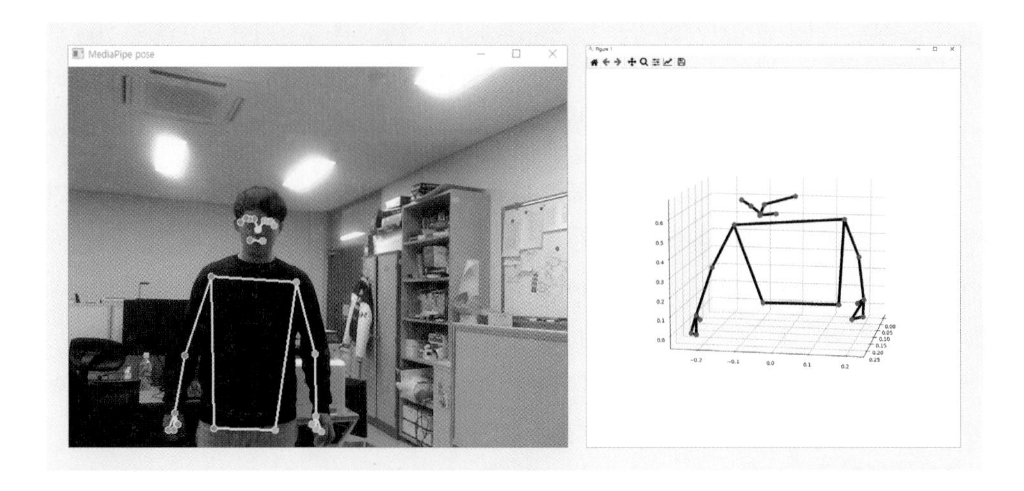

18행의 process 함수는 실제 자세 추정을 수행하고 결과를 res에 저장한다. 20행은 자세를 원본 영상에 겹쳐 보여준다. 21행은 3차원 공간에 자세를 보여준다. print 문으로 res를 출력해보면, 랜드마크가 (x, y, z) 좌표를 가지고 있다는 사실을 알 수 있다.

10.4.3 행동 분류

사람은 다른 사람의 행동을 정확히 인식한다. 인식 결과를 이전에 취득한 사전 지식과 현재 상황과 결합해 상대의 의도를 능숙하게 추론한다. 사람이 행동 분류action classification를 넘어 행동 이해action understanding를 어떻게 수행하는지 밝히는 일은 심리학에서 중요한 연구 주제다 [Blake2007].

컴퓨터 비전은 아직 행동 이해까지 나아가지 못했다. 현재 연구는 정지 영상 또는 비디오를 분석해 미리 정해진 몇 가지 행동으로 분류하는 일에 집중하고 있다. 행동 분류와 행동 예측을 위한 최신 서베이 논문으로 [Kong2022]를 추천한다.

[그림 10-20]은 행동 분류에 널리 사용되는 Kinetics 데이터셋[Carreira2017]과 HAA500 데이터셋을 소개한다[Chung2021]. [그림 10-20(a)]의 Kinetics는 3개의 비디오를 예시하는데, 각각 '자전거 타기', '덩크 슛', '살사 춤'이라는 행동이 참값으로 레이블링되어 있다. 다시 말해 맨 위 비디오가 입력으로 들어오면 모델은 '자전거 타기'라는 부류로 분류해야 한다. Kinetics의 행동 부류는 '자전거 타기'와 같은 person 행동, '악수하기'와 같은 person-

person 행동, '선물 풀어보기'와 같은 person-object 행동으로 구분되어 있으며 총 700 부류가 있다. 이렇게 레이블링된 비디오가 65만 개 가량 있다. 유튜브 비디오에서 해당 행동이 나타나는 부분을 10초 분량으로 잘라내 수집했다.

[그림 10-20(b)]의 HAA500은 500부류로 레이블링되어 있다. 스포츠 행동이 212개, 악기 연주가 51개, 게임과 취미 활동이 82개, 일상 생활이 155개다. 유튜브에서 수집한 59만 개 가량의 비디오가 들어있다. HAA는 더 이상 쪼갤 수 없는 원자 수준의 행동 부류atomic action class를 레이블링했다는 점에서 독특하다. 예를 들어 다른 데이터셋은 '악기를 연주하다'라는 부류가 있는데 악기 종류에 따라 행동이 다르기 때문에 HAA500은 [그림 10-20(b)]에서 볼 수 있듯이 '그랜드 피아노를 연주하다'와 같은 부류로 레이블링되어 있다.

(a) Kinetics 데이터셋

(b) HAA500 데이터셋

그림 10-20 행동 분류를 위한 데이터셋

TIP 참고 링크

- **Kinetics**: https://deepmind.com/research/open-source/kinetics
- **HAA500**: https://www.cse.ust.hk/haa

비디오는 [그림 10-2]에서 보는 바와 같이 시간축이 추가되어 3차원 공간, 즉 spatio-temporal 공간을 형성한다. 따라서 가장 자연스런 방법은 3차원 필터를 사용해 3차원 컨볼루션을 수행하는 것이다. [그림 10-21]은 지금까지 사용해온 2차원 컨볼루션을 행동 분류를 위해 사용하는 3차원 컨볼루션과 비교한다. 왼쪽은 지금까지 사용해온 2차원 컨볼루션이다. $m \times n \times k$의 3차원 특징 맵에 $3 \times 3 \times k$의 3차원 필터를 적용하지만 k라고 표시된 깊이 방향으로 필터가 움직이지 않기 때문에 2차원 컨볼루션이라고 부른다. [그림 10-21]의 오른쪽은 3차원 컨볼루션이다. $3 \times 3 \times 3$의 필터가 세 방향으로 이동한다. Tran은 3차원 컨볼루션을 사용해 행동 분류를 수행했다[Tran2015].

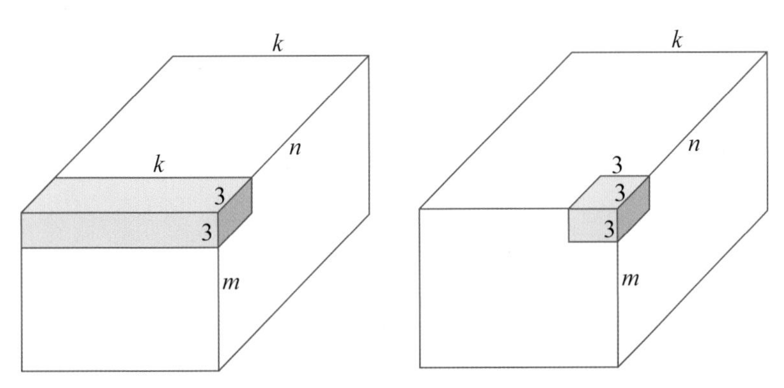

그림 10-21 2D 컨볼루션(왼쪽)과 3D 컨볼루션(오른쪽)

3차원 컨볼루션은 비디오를 처리하는 자연스런 연산인데, 실제로는 다른 방법에 밀린다. Donahue는 2차원 컨볼루션을 사용해 프레임별로 특징을 추출하고, 시계열 데이터를 처리하는 LSTM 모델로 특징을 결합하는 방법을 제안했다[Donahue2015].

비디오는 한 장의 프레임에서 추출한 특징 맵과 인접한 여러 프레임에서 추출한 광류의 두 종류 특징이 있다. Simonyan은 두 흐름으로 부류 확률 벡터를 추정한 다음에 두 확률 벡터를 결합해 최종 부류를 결정하는 딥러닝 모델을 제안했다[Simonyan2014]. 첫 번째 흐름은 현재 프레임을 처리하고 두 번째 흐름은 광류를 처리한다. 이 연구를 이어받아 두 흐름을 어느 시점에 어떤 방식으로 결합해야 좋은 성능을 얻을 수 있을지 연구한 논문이 있다[Feichtenhofer2016]. 이 논문은 마지막 컨볼루션층에서 결합해야 좋은 성능을 얻는다는 사실을 밝힌다. Carreira는 두 흐름의 접근 방법에 3차원 컨볼루션을 적용하는 아이디어를 제안했다[Carreira2017]. Wang은 비디오를 몇 개 구간으로 나눈 다음에 각 구간에서 두 흐름의 컨볼루션을 수행하고 각 구간에서 얻은 특징 맵을 최대 풀링 같은 단순한 연산으로 결합한다[Wang2019a].

행동 분류는 아주 어려운 문제로 아직 사람 성능에 미치지 못한다. 비디오의 일부를 보여주면 이후 행동을 예측하는 행동 예측action prediction 문제는 행동 분류보다 어렵다. [Kong2022]는 행동 분류뿐 아니라 행동 예측까지 포함해 현재 연구 결과를 잘 정리하고 있다. 중요한 미래 연구 주제도 소개한다.

연습문제

01 [그림 10-3]에서 $(y,x) = (6,3)$ 화소에 대해 [예시 10-1]의 과정에 따라 광류 조건식을 유도하시오.

02 추적 성능을 측정하는 식 (10.5)의 MOTA에서 깜박 잊고 번호 교환 오류를 반영하지 않았다고 가정한다.

(1) 이 경우의 척도를 fool_MOTA라 할 때 fool_MOTA를 위한 식을 제시하시오.

(2) [그림 10-9]에 대한 fool_MOTA를 계산하시오.

(3) fool_MOTA를 사용했을 때 어떤 부정적인 효과가 발생하는지 설명하시오.

03 [그림 10-9]에서 순간 1의 빨간색 예측이 회색 띠 안에 있다고 가정한다.

(1) [그림 10-9]를 새로 그리시오.

(2) [예시 10-2]처럼 MOTA를 계산하는 식을 제시하시오.

04 [그림 10-11(b)]에서 2가 a, b, c와 0.7, 0.4, 0.05의 거리를 가진다고 가정한다(1,3,4는 원래와 같음).

(1) [그림 10-11(b)]를 새로 그리시오.

(2) 헝가리안 알고리즘을 적용했을 때 매칭 쌍을 제시하시오.

05 딥마인드가 제공하는 kinetics 데이터셋 사이트(https://www.deepmind.com/open-source/kinetics)에 접속해 다음을 수행하시오.

(1) kinetics 700 데이터셋의 내용을 반 쪽 가량으로 요약하여 제시하시오.

(2) 데이터셋을 다운로드하면 excel 파일을 얻는데, 비디오 샘플마다 행동 부류와 유튜브 주소, 시작과 끝 시간이 기록되어 있다. 예시 비디오 10장 이상을 레이블과 함께 제시하시오. 하나의 비디오에 대해 캡쳐 영상 한 장을 제시하면 된다.

(3) 이 데이터셋에 대해 독창적인 응용 시나리오를 제시하시오.

06 PapersWithCode 사이트가 제공하는 kinetics 700 데이터셋에 대해 답하시오.

(1) 성능 그래프를 [그림 9-10]처럼 제시하시오.

hint https://paperswithcode.com/sota/action-classification-on-kinetics-700에 접속한다.

(2) 현재 SOTA인 논문의 초록을 제시하시오.

(3) 현재 SOTA인 논문의 핵심 아이디어를 이해하기 쉽게 요약하여 제시하시오.

07 웹 캠 앞에 여러 사람을 등장시킨 상황에서 [프로그램 10-3]을 실행하고 모든 사람을 제대로 추적하는지 평가하시오. 가림을 발생시킨 후 가렸던 사람이 다시 나타났을 때 같은 사람으로 추적하는지 확인하시오.

08 현대에는 개인 정보 보호가 중요하다. [프로그램 10-7]을 이용해 비디오에 나타난 얼굴을 흐릿하게 처리해 알아볼 수 없게 확장하고 [프로그램 6-7]을 활용해 '비디오 얼굴 보호'라는 비전 에이전트를 작성하시오. 흐릿한 정도를 몇 단계로 선택할 수 있게 제작하시오.

09 2차원 컨볼루션과 3차원 컨볼루션을 비교하는 [그림 10-21]에 대해 답하시오.

(1) 2차원 컨볼루션과 3차원 컨볼루션의 곱셈 회수를 비교하면? ① 같다, ② 2차원이 많다, ③ 3차원이 많다.

(2) $m \times n \times k$가 $64 \times 64 \times 128$이라고 가정하고 두 가지 컨볼루션의 곱셈 회수를 세어 (1)의 답을 증명하시오. 필터의 크기 $h \times w$는 3×3이다.

10 행동과 관련한 서베이 논문 [Kong2022]은 매우 도전적인 문제인 행동 예측action prediction을 다룬다. 논문에서는 행동 예측을 early action classification, action anticipation, intention prediction으로 구분해 설명한다. 각각에 대해 간단히 요약해 설명하고 응용 시나리오를 하나씩 제시하시오.

CHAPTER 11

비전 트랜스포머

Preview

인간은 영상을 인식할 때 의도intention에 따라 특정한 곳에 주목attention한다. [그림 11-1]은 질문에 따라 주목하는 곳이 달라지는 인간의 시각을 설명한다. 외부에서 질문이 입력되면 마음 속에 의도가 형성되고 의도에 따라 주목할 곳을 결정한다. 질문에 따라 인간이 어디에 주목하는지 알아내는 장치를 만들고 주목 맵을 측정하여 공개한 연구[Das2016], 뇌가 어떻게 주목을 달성하는지 밝힌 연구[Corbetta2002] 등이 있다.

그림 11-1 인간의 주목

VQAVisual Question Answering 시스템은 [그림 11-1]의 질문에 답을 하는 컴퓨터 비전이다. VQA가 잘 작동하려면 인간의 주목에 해당하는 능력을 갖추어야 한다. 컴퓨터 비전은 VQA뿐 아니라 분류, 검출, 분할, 추적의 성능을 향상하려고 주목 알고리즘을 개발하고 적용하는 노력을 한다. 최근에는 주목 요소만으로 구성된 트랜스포머 모델이 컨볼루션 신경망의 성능을 능가하고 있다.

이 장에서는 컴퓨터 비전에서 주목 알고리즘이 어떻게 발전해왔는지 간략히 소개하고 현재 최고 성능을 갈아치우고 있는 트랜스포머에 대해 자세히 설명한다. 트랜스포머는 자연어 처리 분야에서 개발되었기 때문에 자연어 처리 관점에서 트랜스포머의 원리를 소개한 다음에 컴퓨터 비전에 어떻게 적용하는지 설명한다.

트랜스포머의 원리와 전개 과정을 잘 정리한 서베이 논문으로 [Lin2021, Tay2022]를, 트랜스포머를 컴퓨터 비전에 적용한 연구를 잘 정리한 서베이 논문으로 [Khan2022, Han2022]를 추천한다.

11.1 주목

주목attention은 딥러닝 이전에도 컴퓨터 비전의 중요한 연구 주제였다. 원시적인 형태의 특징 선택에서 시작해 딥러닝의 주목으로 발전해온 과정을 간략히 설명한다. 일반적인 주목의 발전 과정을 잘 정리한 서베이 논문으로 [Correia2021]을 추전한다. 컴퓨터 비전에 적용된 주목의 발전 과정을 잘 정리한 서베이 논문으로는 [Guo2022]를 추천한다.

11.1.1 고전 주목 알고리즘

보통 특징 선택을 주목의 일종이라고 보지는 않지만 성능 향상에 도움이 되는 특징만 골라 사용하는 원리를 주목에 비유할 수 있다. 따라서 이 책은 특징 선택에서 출발한다.

특징 선택

특징 선택feature selection은 쓸모가 많은 특징은 남기고 나머지는 제거하는 작업이다[Oh2004]. [그림 11-2]는 특징이 4개고 불량과 정상으로 구분하는 아주 단순한 분류 문제를 보여준다. 특징 x_1과 x_4는 두 부류의 분포가 상당히 겹쳐서 분별력이 약하고 x_2와 x_3은 분별력이 강하다. 따라서 특징을 2개만 선택한다면 x_2와 x_3을 취한다.

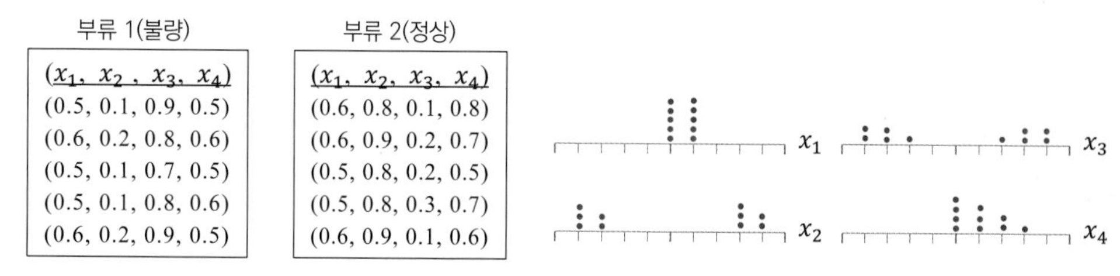

부류 1(불량)

(x_1, x_2, x_3, x_4)
(0.5, 0.1, 0.9, 0.5)
(0.6, 0.2, 0.8, 0.6)
(0.5, 0.1, 0.7, 0.5)
(0.5, 0.1, 0.8, 0.6)
(0.6, 0.2, 0.9, 0.5)

부류 2(정상)

(x_1, x_2, x_3, x_4)
(0.6, 0.8, 0.1, 0.8)
(0.6, 0.9, 0.2, 0.7)
(0.5, 0.8, 0.2, 0.5)
(0.5, 0.8, 0.3, 0.7)
(0.6, 0.9, 0.1, 0.6)

그림 11-2 원시적인 형태의 주목인 특징 선택

특징 선택은 분별력이 높은 특징에 주목한다고 해석할 수 있다. 주목 여부는 0(선택 안 함)과 1(선택함)로 표현하며 모든 샘플이 같은 선택을 공유한다. 따라서 매우 원시적인 주목이다.

돌출 맵

영상 인식을 위한 고전 방법에서는 특징을 사람이 설계했듯이 주목을 위한 고전 방법에서도 사람이 특징을 설계한다. Itti는 컬러 대비, 명암 대비, 방향 대비 맵을 결합해 돌출 맵saliency map을 구성하는 방법을 제안한다[Itti1998]. [그림 11-3]은 이 방법을 예시한다. Judd는 사람 눈이 바라보는 곳을 추적하는 장치를 사용해 주목 맵 데이터셋을 구축하고 주목 모델을 학습하는 방법을 제안했다[Judd2009].

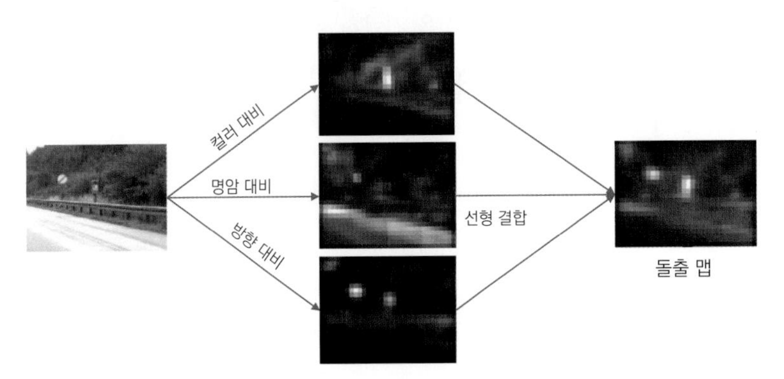

그림 11-3 돌출 맵[Itti1998]

돌출 맵은 주목해야 할 정도를 실수로 표현하고 입력 영상의 내용에 따라 주목할 곳을 결정하기 때문에 특징 선택에 비해 크게 개선되었지만 여전히 한계를 안고 있다. 주목할 특징을 사람이 설계하고 모든 데이터셋에 공통의 수작업 특징을 적용한다는 점이 한계의 근본 원인이다.

11.1.2 딥러닝의 주목

딥러닝의 성능을 향상하려고 다양한 주목 알고리즘이 개발되었다. [그림 11-4]는 크게 공헌한 논문을 연대기로 나열한 것이다.

컴퓨터 비전에서 주목의 발전 과정

2014년에 발표된 RAMRecurrent Attention Model은 딥러닝에 최초로 주목을 적용한 논문으로 평가된다[Mnih2014]. RAM은 순환 신경망을 이용해 입력 영상에서 주목할 곳을 순차적으로 알아내는 방법을 제안한다. 2015년에 발표된 STNSpatial Transformer Network은 특징 맵에 이동과 크기, 회전 변환을 적용해 주목할 곳을 정한다[Jaderberg2015]. 변환 행렬은 학습으로 알아낸다.

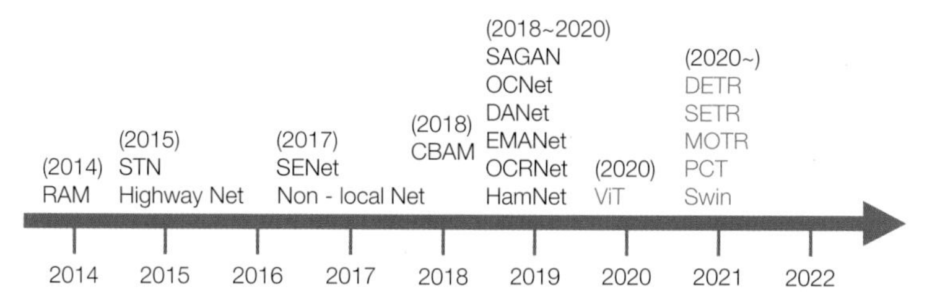

그림 11-4 컴퓨터 비전에서 주목의 발전 과정(파란색은 트랜스포머 기반)[Guo2022]

2017년에 발표된 SENet(Squeeze-and-Excite Network)은 특징 맵의 어떤 채널에 주목할지 알아낸다[Hu2018]. [그림 11-5]는 SENet의 동작 원리를 설명한다. 주목이 없는 원래 신경망은 $m \times n \times k$ 특징 맵에 컨볼루션을 적용해 $\mathbf{X}$로 표기된 $m' \times n' \times k'$ 특징 맵을 만들어 다음 층에 전달한다. SENet은 Squeeze와 Excite, Scale 연산을 추가로 적용해 $\mathbf{X}$를 $\mathbf{X}'$로 변환하여 다음 층에 전달한다. $\mathbf{X}'$는 더 중요한 채널이 강조된 특징 맵이다.

Squeeze 단계는 전역 평균 풀링(GAP; Global Average Pooling)을 적용한다. 전역 평균 풀링은 $m' \times n'$ 맵의 평균, 즉 각 채널에 대해 화소 평균을 계산해 $\mathbf{z}$ 벡터의 해당 요소에 기록한다. $\mathbf{z}$는 k'개 요소를 가진 벡터가 된다. Excite 단계는 2개의 완전연결층을 통해 $\mathbf{z}$를 적당한 크기로 줄인 다음 원래 크기의 $\mathbf{s}$ 벡터로 복원한다. 줄이는 층에는 $\mathbf{U}_1$, 늘이는 층에는 $\mathbf{U}_2$ 가중치가 있다. 이들 가중치는 학습으로 알아낸다. Scale 단계에서는 $\mathbf{s}$를 채널별로 중요한 정도를 나타내는 벡터로 간주한다. 예를 들어 2번 요소가 0.2고 3번 요소가 0.4라면 3번 채널이 2번 채널보다 두 배 더 중요하다고 여긴다. 이런 가정에 따라 $\mathbf{X}$의 각 채널에 $\mathbf{s}$의 해당 요소를 곱해 $\mathbf{X}'$를 만든다. 결국 $\mathbf{X}'$는 더 중요한 채널은 값이 커지고 덜 중요한 채널은 작아진다.

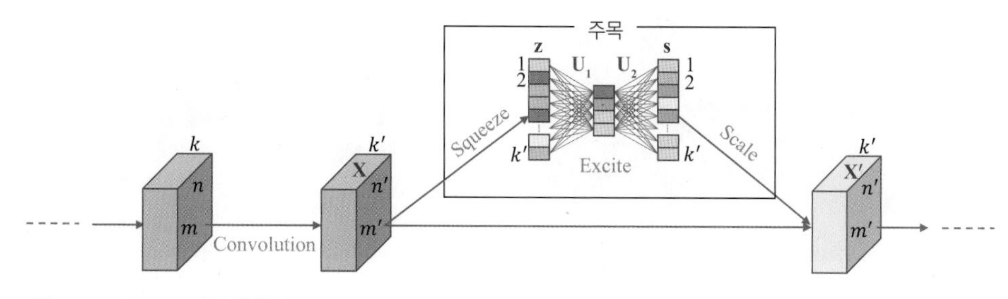

그림 11-5 SENet의 동작 원리

SENet은 분류, 검출, 분할, 추적 등의 신경망에 두루 적용할 수 있다. 예를 들어 분할을 위한 신경망을 학습하는 경우 Squeeze-Excite-Scale층은 분할 데이터셋에 맞게 학습이 된다. 다시 말해 데이터셋의 의도에 따라 주목이 적용된다. 사람이 설계한 고전적인 돌출 맵보다 성능이 좋은 이유다.

SENet은 채널에 중요도를 부여하는데, 영상의 공간 위치 또는 비디오의 시간축에 중요도를 부여하는 방식도 사용된다[Guo2022]. 또는 이들을 조합하여 성능 향상을 꾀하기도 한다. 예를 들어 CBAMConvolutional Block Attention Module은 채널과 공간 위치 모두에 주목을 적용한다 [Woo2018].

자기 주목

지금까지 설명한 주목은 영상의 중요한 부분에 더 큰 가중치를 줘서 성능을 개선하는 아이디어다. 예를 들어 [그림 11-6(a)]는 중요할수록 a~e에 진한 색을 칠해 주목을 설명한다. a~c는 큰 가중치, d~e는 낮은 가중치를 가진다. 컨볼루션층을 흐르는 특징 맵에 주목 가중치를 적용해 특징을 강조하거나 약화시켜 성능 향상을 꾀한다.

[그림 11-6(b)]는 새로운 방식의 주목인 자기 주목self-attention을 개념적으로 설명한다. 자기 주목에서는 영상을 구성하는 요소 상호 간에 주목을 결정한다. 그림은 프리스비가 다른 위치에 주목하는 정도를 선의 굵기로 표현한다. 프리스비에 해당하는 영역은 프리스비를 잡으려는 개에 많이 주목하고 하늘에는 별로 주목하지 않는다.

(a) 주목

(b) 자기 주목

그림 11-6 주목과 자기 주목

Non-local 신경망은 자기 주목을 컴퓨터 비전에 처음 도입한 모델이다[Wang2018]. 이 신경망은 식 (11.1)로 자기 주목을 계산한다. 출력 특징 맵 $\mathbf{y}$는 입력 특징 맵 $\mathbf{x}$와 같은 크기다. $\mathbf{y}$의 i 위치의 값 $\mathbf{y}_i$는 $\mathbf{x}$의 모든 위치의 값인 $g(\mathbf{x}_j)$의 가중치 합이다. 가중치 $a(\mathbf{x}_i, \mathbf{x}_j)$는 $\mathbf{x}_i$가 $\mathbf{x}_j$에 얼마나 주목해야 하는지 나타내는 값이다. [그림 11-6(b)]에서 빨간색 선분의 굵기가 가중치에 해당한다. $a(\mathbf{x}_i, \mathbf{x}_j)$는 주로 내적dot product과 같이 $\mathbf{x}_i$와 $\mathbf{x}_j$의 유사도를 측정해주는 함수를 사용한다. 식 (11.1)은 모든 화소 쌍에 대해 계산해야 하므로 입력 영상 자체에 적용하면 계산량이 너무 많다. 보통 컨볼루션층을 여러 번 거쳐 7×7처럼 작아진 특징 맵에 적용한다.

$$\mathbf{y}_i = \frac{1}{C(\mathbf{x})} \sum_{\text{모든 } j} a(\mathbf{x}_i, \mathbf{x}_j) g(\mathbf{x}_j) \qquad (11.1)$$

2017년에는 자연어 처리 분야에서 트랜스포머transformer라는 혁신적인 모델이 등장한다. 트랜스포머의 힘은 자기 주목에서 나온다. 트랜스포머에 대해서는 11.3절에서 자세히 설명한다. 2020년 이후에는 트랜스포머를 컴퓨터 비전에 적용해 성능 향상을 얻은 연구 결과가 속속 발표된다. [그림 11-4]에서 파란색으로 표시한 것이 트랜스포머 모델이다. 분류를 위한 비전 트랜스포머(ViT), 검출을 위한 DETR, 분할을 위한 SETR, 추적을 위한 MOTR 등의 트랜스포머 모델이 컨볼루션 신경망의 성능을 뛰어넘는다. 최근에는 같은 구조의 트랜스포머로 분류, 검출, 분할, 추적 문제를 푸는 추세인데 Swin 트랜스포머가 이 경우에 해당한다[Liu2019a]. 우선 트랜스포머 이전에 자연어 처리를 위해 널리 사용된 순환 신경망과 주목을 살펴본다.

11.2 순환 신경망과 주목

자연어 문장은 단어가 나타나는 순서가 중요하기 때문에 시간 개념을 고려해야 한다. 문장은 샘플마다 길이가 다른 특성이 있다. 단어 3개로 구성된 짧은 문장도 있고 50개로 구성된 긴 문장도 있다. 지금까지 다룬 신경망은 고정 크기의 입력을 받는 한계가 있기 때문에 가변 길이를 자유자재로 다룰 수 있는 새로운 신경망 모델이 필요하다. 순환 신경망이 새로운 길을 열었다.

11.2.1 순환 신경망 기초

입력 데이터의 성질이 다르기 때문에 완전히 다른 신경망을 설계해야 할 것 같지만 다행히 [그림 7-16]의 다층 퍼셉트론을 조금 개조해 [그림 11-7(a)]의 순환 신경망을 만들면 된다.

구조와 동작

순환 신경망RNN; Recurrent Neural Network의 새로운 점은 은닉 노드끼리 에지를 가진다는 것뿐이다. [그림 7-16]의 다층 퍼셉트론이 입력층-은닉층 사이에 $\mathbf{U}^1$, 은닉층-출력층 사이에 $\mathbf{U}^2$라는 가중치를 가진 반면 순환 신경망은 여기에 은닉층-은닉층 사이의 가중치 $\mathbf{U}^3$이 추가되어 가중치 집합이 $\{\mathbf{U}^1, \mathbf{U}^2, \mathbf{U}^3\}$이다. [그림 11-7(b)]는 순환 신경망을 축약한 그림이다.

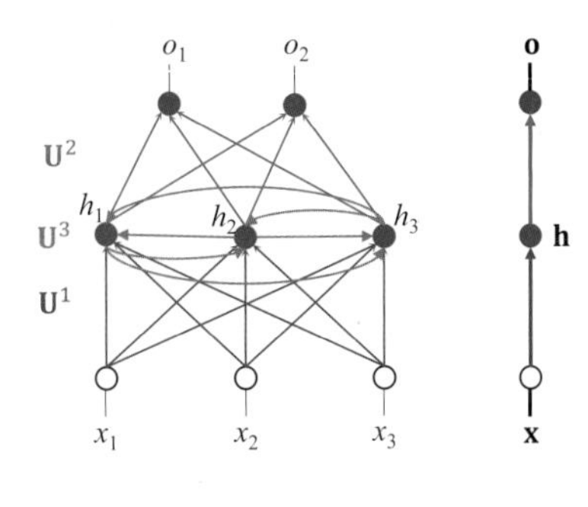

(a) 순환 신경망의 구조 (b) 순환 신경망(축약 표현) (c) 시간축으로 펼침

그림 11-7 순환 신경망

은닉층에 에지를 추가한 순환 신경망이 어떻게 문장을 처리할 수 있을까? 식 (11.2)는 문장을 표현한다. 문장 샘플 $\mathbf{o}$는 1, 2, 3, … 순간에 단어가 있고 길이는 T다. i 순간의 단어 $\mathbf{x}^i$는 벡터다.

$$\mathbf{o}=(\mathbf{x}^1,\mathbf{x}^2,\mathbf{x}^3,\cdots,\mathbf{x}^T) \qquad (11.2)$$

예를 들어 $\mathbf{o}$가 '저게 저절로 붉어질 리 없다'라는 문장이라면 T=5다. 단어를 3차원 임베딩 벡터embedding vector로 표현한다고 가정하고 '저게'=(0.1,0.79,0.6), '저절로'=(0.7,0.2,0.69), … 라면 $\mathbf{o}$는 아래와 같다. [그림 11-7(c)]는 예시 문장이 시간에 따라 입력되는 상황을 순환 신경망 아래에 표시한다. 실제로는 단어 자체가 아니라 임베딩 벡터가 입력된다. 실제 상황에서는 임베딩 벡터 $\mathbf{x}^i$의 차원은 256 또는 512다.

$$\mathbf{o}=(\text{'저게','저절로','붉어질','리','없다'})=((0.1,0.79,0.6),(0.7,0.2,0.69),\cdots\cdots)$$

TIP 단어 임베딩은 단어의 의미를 반영한다. 예를 들어 '오늘', '내일', '오월', '작년'은 때를 나타내기 때문에 임베딩 공간에서 가까운 곳에 위치한다. 또한 '대한민국'과 '서울'을 잇는 벡터는 '중국'과 '북경'을 잇는 벡터와 대략 평행이다. 단어 임베딩을 구현한 모델로는 word2vec, GloVe, ELMO 등이 있다.

[그림 11-7(c)]에서 순간 3을 살펴보면 아래와 왼쪽에서 $\mathbf{x}^3$과 $\mathbf{h}^2$가 입력되고, $\mathbf{h}^3$이 생성되고, $\mathbf{o}^3$이 출력된다. 일반적으로 순간 i에서 $\mathbf{x}^i$와 $\mathbf{h}^{i-1}$이 입력되고 $\mathbf{h}^i$가 생성되고 $\mathbf{o}^i$가 출력된다. 식 (11.3)은 순환 신경망의 순간 i의 동작을 정의한다. 입력 $\mathbf{x}^i$에 $\mathbf{U}^1$을 곱한 결과와 입력 $\mathbf{h}^{i-1}$에 $\mathbf{U}^3$을 곱한 결과를 더하고 활성 함수 τ_1을 적용해 순간 i의 은닉 벡터 $\mathbf{h}^i$를 생성한다. $\mathbf{h}^i$에 $\mathbf{U}^2$를 곱하고 활성 함수 τ_2를 적용해 $\mathbf{o}^i$를 출력한다.

$$\left.\begin{aligned}\mathbf{h}^i &= \tau_1\left(\mathbf{U}^3\mathbf{h}^{i-1}+\mathbf{U}^1\mathbf{x}^i\right)\\ \mathbf{o}^i &= \tau_2\left(\mathbf{U}^2\mathbf{h}^i\right)\end{aligned}\right\} \qquad (11.3)$$

식 (11.3)이 어떻게 시간 정보를 처리하는지 생각해보자. 순간 1에 첫 번째 단어 $\mathbf{x}^1$이 입력되면 식 (11.3)은 첫 번째 단어에 대한 정보를 가진 은닉 상태 $\mathbf{h}^1$을 만든다. 순간 2에서는 두 번째 단어 $\mathbf{x}^2$와 은닉 상태 $\mathbf{h}^1$을 가지고 $\mathbf{h}^2$를 만든다. 이때 $\mathbf{h}^1$은 첫 번째 단어에 대한 정보를 가지고 있기 때문에 두 번째 단어는 첫 번째 단어와 상호작용을 한다. 순간 3에서는 세 번째 단어 $\mathbf{x}^3$과 은닉 상태 $\mathbf{h}^2$를 가지고 $\mathbf{h}^3$을 만든다. 이때 $\mathbf{h}^2$는 첫 번째 단어와 두 번째 단어에 대한 정보를 가지고 있기 때문에 세 번째 단어는 이전 두 단어와 상호작용을 한다. 일반적으로 순간 i의 단어는 그 이전에 발생한 $i-1$개 단어와 상호작용을 한다.

장거리 의존과 LSTM

순환 신경망은 시간을 처리할 수 있는 능력을 갖추었지만 길이가 긴 샘플에서 한계를 보인다. $\mathbf{h}^i$에는 1, 2, ⋯, i 순간에 발생한 단어의 정보가 혼합되어 있는데 오래된 단어의 정보는 희미할 수밖에 없기 때문이다. 종종 앞쪽 단어와 멀리 뒤에 있는 단어가 밀접하게 상호작용해야 하는데 이를 장거리 의존long-range dependency이라 부른다. 긴 문장에서 장거리 의존을 제대로 처리하지 못하는 문제가 발생한다.

LSTMLong Short-Term Memory은 순환 신경망을 개조해 장거리 의존을 처리하는 능력을 강화한다. [그림 11-8]의 LSTM은 신경망 곳곳에 입력과 출력을 열거나 막을 수 있는 게이트를 두어 선별적으로 기억하는 기능을 확보한다. 그림에서는 열고 닫은 상태만 표시했는데 실제로는 실숫값을 사용해 여닫는 정도를 조절한다. 여닫는 정도는 학습으로 알아낸 가중치에 따라 결정된다.

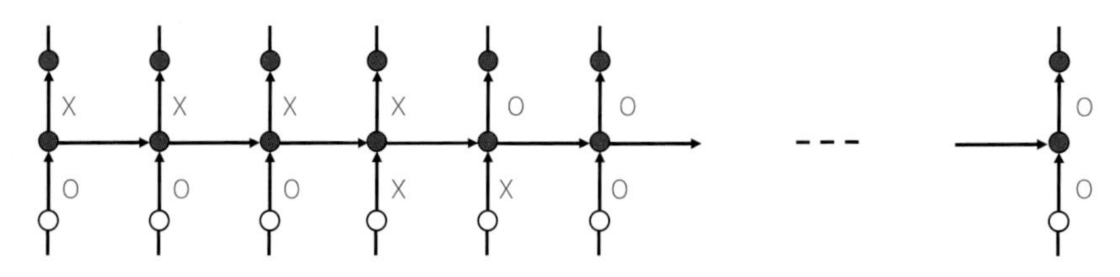

그림 11-8 LSTM은 게이트를 이용해 장거리 의존을 처리하는 능력을 강화함

서츠케버의 seq2seq 모델

2014년에 자연어 처리 분야에서 seq2seq라는 획기적인 모델이 발표되었다[Sutskever2014]. 이 모델의 혁신성은 가변 길이의 문장을 가변 길이의 문장으로 변환할 수 있다는 사실에 있다. 예를 들어 한국어를 영어로 번역하는 경우 한글 문장과 영어 문장의 길이가 달라 seq2seq 모델이 필요하다. [그림 11-9]는 인코더와 디코더로 구성된 seq2seq 모델이다. 학습할 때는 [그림 11-9(a)]처럼 디코더의 입력 부분과 출력 부분에 참값을 배치한다. 다시 말해 정답에 해당하는 출력을 알려주는 교사 강요teacher forcing 방식을 사용한다. 하지만 추론(예측) 단계에서는 정답을 모르기 때문에 [그림 11-9(b)]처럼 자기 회귀auto-regressive 방식으로 동작한다. 자기 회귀에서는 순간 1에서 〈SOS〉가 입력되면 출력 $\mathbf{o}^1$을 보고 첫번째 단어 $\mathbf{y}^1$을 출력하고, 순간 2에서 $\mathbf{y}^1$이 입력되면 출력 $\mathbf{o}^2$를 보고 두번째 단어 $\mathbf{y}^2$를 출력한다. 다시 말해 이전 순간에 출력된 단어를 보고 현재 단어를 출력하는 일을 반복하다가 문장 끝을 나타내는 〈EOS〉가 발

생하면 멈춘다. 식 (11.4)는 자기 회귀 방식의 동작을 정의한다. 단지 $\mathbf{h}$로 표기하던 상태가 $\mathbf{g}$로 바뀌었고 자기 회귀에 따라 $\mathbf{x}$가 $\mathbf{y}$로 바뀌었다.

$$\left.\begin{aligned} \mathbf{g}^i &= \tau_1\left(\mathbf{U}^3\mathbf{g}^{i-1} + \mathbf{U}^1\mathbf{y}^{i-1}\right) \\ \mathbf{o}^i &= \tau_2\left(\mathbf{U}^2\mathbf{g}^i\right) \end{aligned}\right\} \quad (11.4)$$

이 모델은 언어 번역에 큰 공헌을 했지만 분명한 한계를 보인다. 가장 큰 문제는 인코더의 마지막 은닉 상태만 디코더로 전달한다는 점이다. [그림 11-9]의 경우 $\mathbf{h}^5$만 디코더로 전달된다. 따라서 인코더는 마지막 은닉 상태에 모든 정보를 압축해야 하는 부담이 있고 디코더는 풍부한 정보가 인코더의 모든 순간에 있음에도 불구하고 마지막 상태만 보고 문장을 생성해야 하는 부담이 있다. 이후 여러 연구자들이 주목을 활용해 seq2seq 모델의 한계를 극복했다. 이들 모델을 살펴보기 전에 query-key-value로 주목을 계산하는 방법을 먼저 살펴본다.

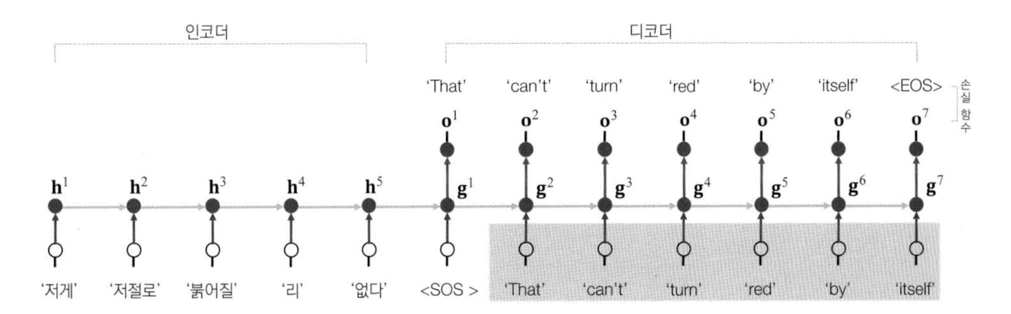

(a) 학습 단계(교사 강요)

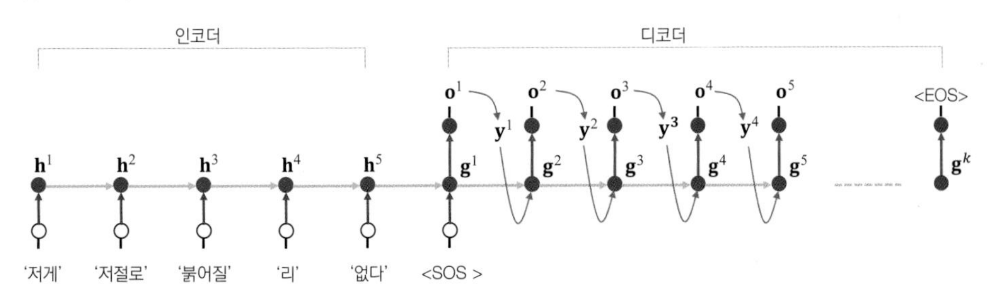

(b) 추론 단계(자기 회귀)

그림 11-9 언어 번역을 하는 seq2seq 모델

11.2.2 query-key-value로 계산하는 주목

주목을 계산하는 방법은 여러 가지인데, 최근에는 query가 key와 유사한 정도를 측정하고

유사성 정보를 가중치로 사용해 value를 가중하여 합하는 방법을 주로 사용한다. 이 장의 핵심인 트랜스포머가 이 방법을 사용하니 [예시 11-1]을 통해 확실히 이해하고 넘어가자.

TIP non-local 신경망이 사용했던 식 (11.1)도 비슷한 방식이다. $a(\mathbf{x}_i,\mathbf{x}_j)$의 $\mathbf{x}_i$와 $\mathbf{x}_j$가 query와 key에 해당하고 $g(\mathbf{x}_j)$가 value에 해당한다.

[예시 11-1] query-key-value로 주목 계산하기

[그림 11-10]에서 query $\mathbf{q}$는 (0.990,0.099,0.099)다. key와 value는 4개씩 있다. query $\mathbf{q}$와 i번째 key $\mathbf{k}_i$의 유사도 s_i는 벡터의 내적 $\mathbf{qk}_i^{\mathrm{T}}$로 계산한다고 가정한다. 유사도 벡터 $\mathbf{s}=(s_1,s_2,s_3,s_4)$에 softmax를 적용하면 주목 벡터 $\mathbf{a}$는 (0.1895, 0.1843, 0.4419, 0.1843)이 된다. 이제 $\mathbf{a}$를 가중치로 사용해 아래와 같이 value의 가중 합을 구한다.

$$\mathbf{c}=0.1895\times(1\ 2\ 5)+0.1843\times(1\ 1\ 5)+0.4419\times(3\ 2\ 4)+0.1843\times(6\ 1\ 2)$$
$$=(2.8053\ 1.6314\ 4.0052)$$

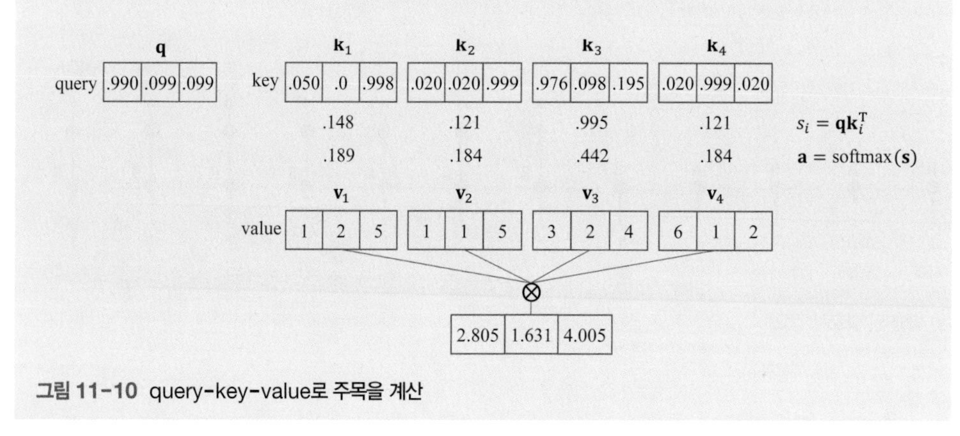

그림 11-10 query-key-value로 주목을 계산

행렬을 사용하면 [그림 11-10]의 계산 과정을 간결하게 표현할 수 있다. query와 key, value를 행렬로 표현하면 아래와 같다. $\mathbf{q}$는 1×3, $\mathbf{K}$는 4×3, $\mathbf{V}$는 4×3 행렬이다.

$$\mathbf{q}=\begin{pmatrix}0.990 & 0.099 & 0.099\end{pmatrix},\quad \mathbf{K}=\begin{pmatrix}0.050 & 0.000 & 0.998\\ 0.020 & 0.020 & 0.999\\ 0.976 & 0.098 & 0.195\\ 0.020 & 0.999 & 0.020\end{pmatrix},\quad \mathbf{V}=\begin{pmatrix}1 & 2 & 5\\ 1 & 1 & 5\\ 3 & 2 & 4\\ 6 & 1 & 2\end{pmatrix}$$

query와 key 사이의 벡터 $\mathbf{a}$를 다음과 같이 구한다. $\mathbf{a}$를 주목 벡터attention vector라 부른다.

$$\mathbf{a} = \text{softmax}\left(\mathbf{q}\mathbf{K}^{\mathrm{T}}\right) = \text{softmax}\left(\begin{pmatrix} 0.990 & 0.099 & 0.099 \end{pmatrix}\begin{pmatrix} 0.050 & 0.020 & 0.976 & 0.020 \\ 0.000 & 0.020 & 0.098 & 0.999 \\ 0.998 & 0.999 & 0.195 & 0.020 \end{pmatrix}\right)$$

$$= \begin{pmatrix} 0.189 & 0.184 & 0.442 & 0.184 \end{pmatrix}$$

주목 벡터 $\mathbf{a}$를 가중치로 사용한 value의 가중 합 $\mathbf{c}$를 아래와 같이 계산한다. $\mathbf{c}$를 문맥 벡터 context vector라 부른다.

$$\mathbf{c} = \text{softmax}\left(\mathbf{q}\mathbf{K}^{\mathrm{T}}\right)\mathbf{V} = \mathbf{a}\mathbf{V} = \begin{pmatrix} 0.189 & 0.184 & 0.442 & 0.184 \end{pmatrix}\begin{pmatrix} 1 & 2 & 5 \\ 1 & 1 & 5 \\ 3 & 2 & 4 \\ 6 & 1 & 2 \end{pmatrix}$$

$$= \begin{pmatrix} 2.805 & 1.631 & 4.005 \end{pmatrix}$$

이 행렬 계산을 일반화하면 매우 간결한 식 (11.5)가 된다. 벡터의 차원을 d라 하면 $\mathbf{q}$는 $1 \times d$ 행렬이고 $\mathbf{K}$와 $\mathbf{V}$는 $n \times d$ 행렬이다. n은 key와 value가 가진 벡터의 개수다.

$$\mathbf{c} = \text{softmax}(\mathbf{q}\mathbf{K}^{\mathrm{T}})\mathbf{V} \qquad (11.5)$$

11.2.3항은 seq2seq 모델에 주목을 적용하고 11.3절은 트랜스포머의 자기 주목으로 확장한다. 이들 모두 식 (11.5)를 기반으로 주목을 계산하기 때문에 여기서 확실히 이해하고 넘어가야 한다. 이 식을 확실히 이해했다면 남은 일은 무엇을 query로, 무엇을 key로, 무엇을 value로 할지 결정하는 것뿐이다.

11.2.3 주목을 반영한 seq2seq 모델

[그림 11-9]의 seq2seq 모델에서는 입력 문장의 모든 정보를 인코더의 마지막 은닉 상태 $\mathbf{h}^5$에 쥐어짜 넣어야 하는 부담이 있다. 바다나우는 식 (11.5)의 주목을 활용해 디코더가 인코더의 모든 상태 $\mathbf{h}^1, \mathbf{h}^2, \cdots, \mathbf{h}^5$에 접근할 수 있게 허용함으로써 성능을 향상한다 [Bahdanau2015].

바다나우 주목

[그림 11-9]의 경우에 디코더는 순간 6에서 인코더의 순간 2의 '저절로'에 주목해야 'itself'라는 단어를 제대로 생성할 수 있다. 디코더가 순간 6에서 (0.01,0.9,0.02,0.03,0.04)와 같이 두

번째 요소의 값이 큰 주목 벡터 **a**를 생성하면 인코더의 두 번째 단어 '저절로'에 더 주목할 수 있어 번역 성능을 크게 향상할 수 있다. [예시 11-2]를 통해 이 상황에서 query, key, value가 무엇이 되어야 이런 의도를 만족할지 생각해보자.

[예시 11-2] seq2seq 모델에 식 (11.5)의 주목 적용

'저게 저절로 붉어질 리 없다'의 다섯 단어가 [그림 11-11(a)]의 인코더에서 5개의 은닉 상태 $\mathbf{h}^1,\mathbf{h}^2,\cdots,\mathbf{h}^5$를 생성했다. 현재 디코더의 순간 6에 있다고 가정하면 이전 순간 5에서 $\mathbf{g}^5$를 받는다. $\mathbf{g}^5$와 $\mathbf{h}^1\sim\mathbf{h}^5$가 다음과 같다고 가정한다.

$\mathbf{g}^5=(0.2,0.9,0.0)$

$\mathbf{h}^1=(0.1,0.0,0.8)$ $\mathbf{h}^2=(0.1,0.9,0.0)$ $\mathbf{h}^3=(0.0,0.1,0.8)$ $\mathbf{h}^4=(0.2,0.1,0.6)$ $\mathbf{h}^5=(0.9,0.0,0.1)$

이때 $\mathbf{g}^5$가 query이고, $\mathbf{h}^1,\mathbf{h}^2,\cdots,\mathbf{h}^5$가 key와 value다. 이러한 결정을 행렬로 표현하면 다음과 같다.

$$\mathbf{q}=\begin{pmatrix}0.2 & 0.9 & 0.0\end{pmatrix},\ \mathbf{K}=\begin{pmatrix}0.1 & 0.0 & 0.8\\0.1 & 0.9 & 0.0\\0.0 & 0.1 & 0.8\\0.2 & 0.1 & 0.6\\0.9 & 0.0 & 0.1\end{pmatrix},\ \mathbf{V}=\begin{pmatrix}0.1 & 0.0 & 0.8\\0.1 & 0.9 & 0.0\\0.0 & 0.1 & 0.8\\0.2 & 0.1 & 0.6\\0.9 & 0.0 & 0.1\end{pmatrix}$$

이제 식 (11.5)를 적용할 수 있다. softmax의 결과인 (0.151,0.340,0.162,0.169,0.178) 벡터가 주목 벡터 **a**다. 두 번째 요소의 값이 상대적으로 커서 두 번째 단어 '저절로'가 생성한 은닉 벡터 $\mathbf{h}^2$에 더 주목할 수 있게 되었음을 알 수 있다.

$$\mathbf{c}=\text{softmax}\left(\mathbf{q}\mathbf{K}^{\mathrm{T}}\right)\mathbf{V}=\text{softmax}\left(\begin{pmatrix}0.2 & 0.9 & 0.0\end{pmatrix}\begin{pmatrix}0.1 & 0.1 & 0.0 & 0.2 & 0.9\\0.0 & 0.9 & 0.1 & 0.1 & 0.0\\0.8 & 0.0 & 0.8 & 0.6 & 0.1\end{pmatrix}\right)\begin{pmatrix}0.1 & 0.0 & 0.8\\0.1 & 0.9 & 0.0\\0.0 & 0.1 & 0.8\\0.2 & 0.1 & 0.6\\0.9 & 0.0 & 0.1\end{pmatrix}$$

$$=\begin{pmatrix}0.151 & 0.340 & 0.162 & 0.169 & 0.178\end{pmatrix}\begin{pmatrix}0.1 & 0.0 & 0.8\\0.1 & 0.9 & 0.0\\0.0 & 0.1 & 0.8\\0.2 & 0.1 & 0.6\\0.9 & 0.0 & 0.1\end{pmatrix}$$

$$=\begin{pmatrix}0.243 & 0.339 & 0.370\end{pmatrix}$$

[그림 11-11(b)]는 [그림 11-11(a)]를 일반화한 모델이다. 디코더의 순간 i를 살펴보자. 이곳 입력은 이전 순간의 상태 $\mathbf{g}^{i-1}$, 이전 순간에 디코더가 출력한 $\mathbf{y}^{i-1}$, 순간 i를 위한 문맥 벡터 $\mathbf{c}^i$다. 식 (11.4)는 [그림 11-9(b)]의 seq2seq 모델의 동작을 나타내는데, 이 식에 [그림 11-11(b)]의 바다나우 주목을 반영하려면 무엇이 달라져야 할까?

단지 주목을 표현하는 문맥 벡터 $\mathbf{c}^i$를 추가해 식 (11.6)으로 확장하면 된다. 주목을 적용하는 신경망 모델은 $\mathbf{c}^i$를 위해 $\mathbf{U}^4$라는 가중치를 추가로 사용한다. 학습 알고리즘은 가중치 $\mathbf{U}^4$를 추가로 알아내야 한다. 식 (11.6)은 [그림 11-11(b)]에 있는 신경망의 동작을 표현한다.

$$\left.\begin{aligned} \mathbf{g}^i &= \tau_1\left(\mathbf{U}^3\mathbf{g}^{i-1} + \mathbf{U}^1\mathbf{y}^{i-1} + \mathbf{U}^4\mathbf{c}^i\right) \\ \mathbf{o}^i &= \tau_2\left(\mathbf{U}^2\mathbf{g}^i\right) \end{aligned}\right\} \qquad (11.6)$$

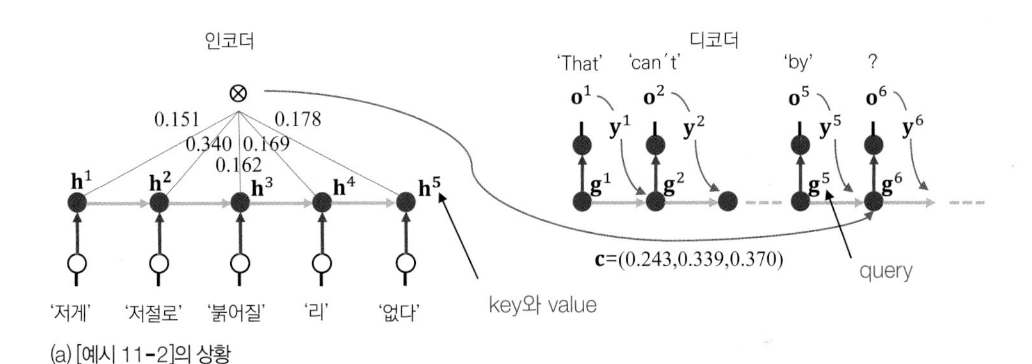

(a) [예시 11-2]의 상황

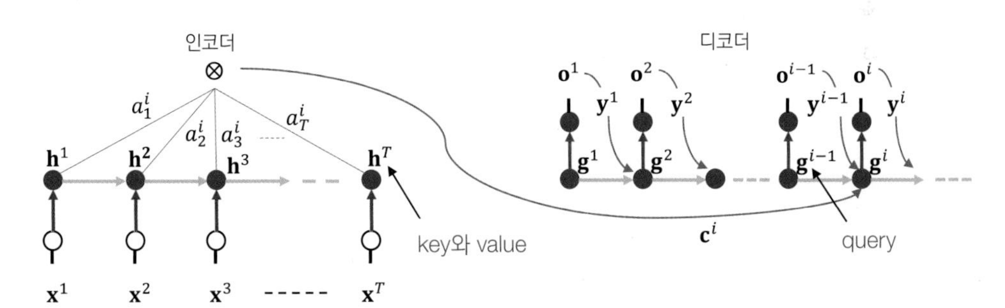

(b) 일반적인 구조

그림 11-11 바다나우 주목을 반영한 seq2seq 모델

11.3 트랜스포머

구글 연구진은 2017년에 『Attention is all you need』라는 색다른 제목의 논문을 발표했다 [Vaswani2017]. 바다나우를 포함해 이전 연구자들은 순환 신경망과 컨볼루션 신경망의 성능을 향상하려고 이들에 여러 방식으로 주목을 추가했는데 이 논문은 순환 신경망과 컨볼루션 신경망의 구성요소를 모두 없애고 주목만으로 신경망을 구현한다. 이 혁신적인 모델을 트랜스포머transformer라 부른다.

11.3.1 기본 구조

먼저 논문에 제시된 [그림 11-12]를 가지고 트랜스포머의 전반적인 구조를 살펴본다. 그런 다음 인코더와 디코더의 동작을 상세히 설명한다.

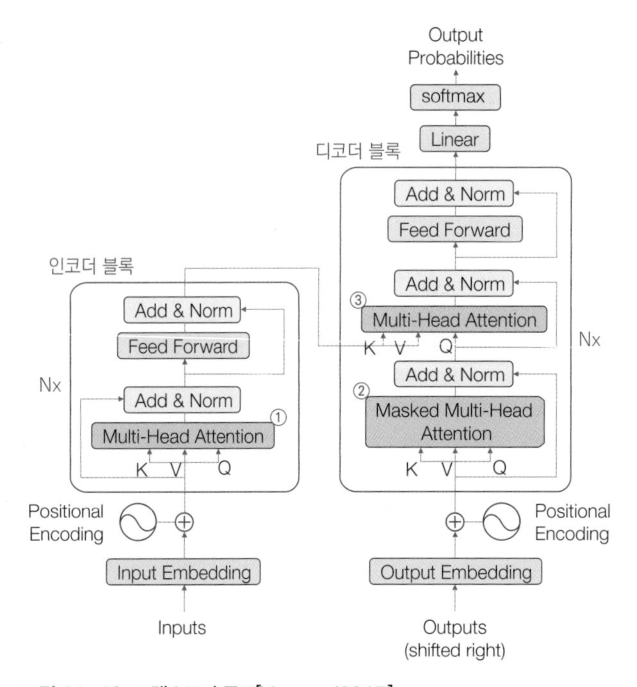

그림 11-12 트랜스포머 구조[Vaswani2017]

트랜스포머는 인코더와 디코더로 구성된다. 한국어를 영어로 번역하도록 학습한다면 인코더에 한국어 문장이 입력되고 디코더에 영어 문장이 입력된다. 인코더에서 Inputs라고 표시된 곳을 보면 순차적으로 입력하는 구조가 사라졌다. 트랜스포머는 모든 단어를 한꺼번에 입력한다. 단어는 단어 임베딩을 통해 d_{model} 차원의 임베딩 벡터로 표현되는데 논문에서는 d_{model}=512를 사용했다. 단어의 위치 정보를 보완하려고 위치 인코딩positional encoding을 통해 임베딩 벡터에 위치 정보를 더한다. 이처럼 모든 단어를 한꺼번에 입력하는 방식은 자기 주목을 가능하게 한다. 게다가 병렬 처리 가능성을 높여 학습 시간을 줄여주는 부가적인 효과를 제공한다.

인코더에 오렌지색으로 표시한 MHAMulti-Head Attention층과 하늘색으로 표시한 FFFeed Forward층이 있다. MHA층은 자기 주목을 수행한다. 이름이 뜻하듯이 h개 헤드가 독립적으로 자기 주목을 수행하고 결과를 결합한다. 헤드를 여러 개 쓰는 이유는 성능을 높이려는 데 있다. 실험에서는 8개의 헤드를 사용했다. MHA층의 출력은 FF층의 입력이 된다. FF층은 [그림 7-16]의 완전연결층이다. MHA층과 FF층 모두 Add&Norm을 적용하는데, Add는 지름길 연결, Norm은 층 정규화layer normalization 연산이다. 인코더 옆에 Nx 표시가 있는데 인코더 블록이 N개 연결되어 있다는 뜻이다. 논문에서는 N=6을 사용한다.

이제 오른쪽에 있는 디코더를 살펴보자. 인코더와 마찬가지로 단어 임베딩과 위치 인코딩을 통해 변환된 단어들이 한꺼번에 입력된다. 디코더에는 ②~③ 표시한 2개의 MHA층과 하늘색으로 표시한 FF층이 있다. 디코더도 층의 출력에 Add&Norm을 적용한다. 출력층은 softmax를 통해 확률 벡터를 출력한다. 이런 디코더 블록이 N개 연결되어 있다.

①~③으로 표시된 3개의 MHA층은 주목을 담당하는 핵심 구성요소다. 인코더에 배치된 ①은 입력 문장을 구성하는 단어 사이의 주목을 처리한다. 같은 문장을 구성하는 단어끼리 주목한다는 뜻에서 자기 주목self-attention이라고 한다. 디코더에 있는 ②는 출력 문장을 구성하는 단어끼리 주목을 처리하므로 역시 자기 주목이다. ②를 Masked MHA라 표기했는데 언어 번역을 학습할 때 출력 문장을 처리하는 디코더는 순간 i에서 1, 2, ⋯, i−1만 관찰해야 하므로 마스크를 사용해 i+1, i+2, ⋯ 순간을 감추어야 한다. ③은 인코더가 처리한 입력 문장과 디코더가 처리하고 있는 출력 문장 사이의 주목을 다루기 때문에 자기 주목이 아니다. 이때 인코더의 상태 벡터는 key와 value가 되고 디코더의 상태는 query로 작용한다. 이렇게 인코더와 디코더는 ③의 MHA를 통해 정보를 교환한다.

순환 신경망은 한 번에 한 단어씩 순차적으로 입력하기 때문에 순간 i를 마쳐야 그 결과를 가지고 다음 순간 i+1로 넘어갈 수 있다. 따라서 병렬 처리에 병목이 생긴다. 트랜스포머는 위치 정보를 추가한 단어들을 한꺼번에 처리하기 때문에 병렬 처리가 가능하다. 순환 신경망은 [그림 11−11(b)]에서 볼 수 있듯이 인코더와 디코더 사이에만 주목이 적용된다. 다시 말해 순환 신경망에는 자기 주목이 없다. '영희가 파란색 신호등을 보고 길을 건너기 시작했는데 그게 금방 노란색으로 변했다'라는 문장에서 '그게'는 '신호등'을 뜻한다. 이때 자기 주목을 통해 '그게'가 '신호등'에 주목하게 한다면 제대로 번역할 가능성이 높아진다. 자기 주목은 모델이 문장을 이해하는 데 매우 효과적이다. ①과 ② 표시한 MHA층의 자기 주목은 트랜스포머의 핵심 아이디어다.

11.3.2 인코더의 동작

[그림 11−12]의 트랜스포머에서 인코더의 동작을 구체적으로 살펴본다.

단어 임베딩과 위치 인코딩

인코더는 입력 문장을 구성하는 단어를 단어 임베딩 과정을 거쳐 d_{model} 차원의 벡터로 변환한다. 논문에서는 d_{model}=512로 설정했다. 모든 단어를 한꺼번에 입력하기 위해 문장을 [그림 11−13]과 같이 $T \times d_{model}$ 크기의 **S** 행렬로 표현한다. T는 단어의 개수다.

행렬 **S**의 모든 행이 동시에 처리되기 때문에 그대로 입력하면 신경망은 순서 정보를 받지 못하는 셈이 된다. 이런 정보 손실을 보완할 목적으로 [그림 11−13]과 같이 위치 정보를 표현한 행렬 **P**를 **S** 행렬에 더해 **X** 행렬을 만들고 **X**를 신경망에 입력한다. 이 과정을 위치 인코딩 positional encoding이라고 한다. 식 (11.7)은 위치 인코딩을 수행한다. 세 행렬은 모두 $T \times d_{model}$ 크기다.

$$\mathbf{X} = \mathbf{S} + \mathbf{P} \qquad (11.7)$$

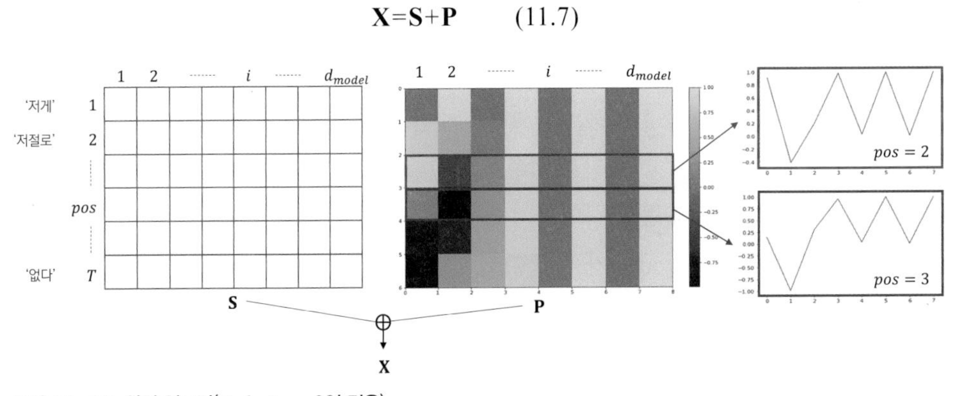

그림 11−13 위치 인코딩(T=6, d_{model}=8인 경우)

위치 행렬 **P**를 만드는 방법에는 여러 가지가 있는데 트랜스포머는 식 (11.8)에 있는 sin과 cos 함수를 사용한다. $p_{pos,2i}$는 **P** 행렬의 pos 행의 $2i$ 열의 값이다. i는 정수이므로 0, 2, 4, …의 짝수 위치는 sin으로 1, 3, 5, …의 홀수 위치는 cos으로 값을 계산한다. [그림 11-13]은 T=6, d_{model}=8인 경우에 대해 **P**를 색으로 보여준다. 맨 오른쪽은 pos가 2와 3일 때의 값을 그래프로 보여준다. [그림 11-14]는 T=10, d_{model}=64인 경우의 **P**를 보여준다.

$$p_{pos,2i} = \sin\left(\frac{pos}{10000^{2i/d_{model}}}\right)$$
$$p_{pos,2i+1} = \cos\left(\frac{pos}{10000^{2i/d_{model}}}\right) \quad (11.8)$$

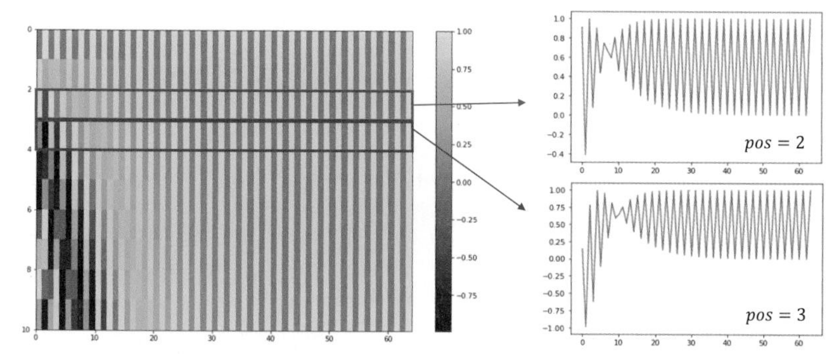

그림 11-14 위치 인코딩에 쓰는 행렬(T=10, d_{model}=64인 경우)

자기 주목

자기 주목은 식 (11.7)로 만든 **X** 행렬을 가지고 [그림 11-12]의 ①로 표시한 MHA가 수행한다. 자기 주목을 이해하려면 먼저 두 가지를 확실히 알아야 한다. 첫째, 자기 주목은 식 (11.5)를 기반으로 동작하기 때문에 [예시 11-1]과 [예시 11-2]를 통해 식 (11.5)를 확실히 이해해야 한다. 둘째, 자기 주목은 입력 문장이 자기 자신에 주목하는 과정이므로 query와 key, value 모두 입력 문장을 표현한 **X** 행렬이다. 이때 query의 확장이 필요하다. [그림 11-11]의 바다나우 주목에서는 순간 i가 주목할 곳을 찾기 때문에 query는 하나의 벡터 **q**로 표현했다. 하지만 자기 주목에서는 T개의 단어 각각이 query다. 따라서 자기 주목에서는 query가 T개의 행을 가진 행렬 **Q**가 된다. query가 벡터인 경우를 위한 식 (11.5)를 query가 T개의 행을 가진 행렬 **Q**로 확장하면 식 (11.9)가 된다. **Q**,**K**,**V**는 모두 $T \times d_{model}$ 크기의 행렬이고 식의 결과인 **C**도 $T \times d_{model}$ 행렬이다. [그림 11-10]에서 **a**와 **c**를 주목 벡터와 문맥 벡터라 불렀듯이, $\mathbf{A}=\text{softmax}(\mathbf{QK}^\text{T})$와 $\mathbf{C}$를 주목 행렬과 문맥 행렬이라 부른다.

$$\mathbf{C}=\text{softmax}(\mathbf{QK}^\text{T})\mathbf{V} \qquad (11.9)$$

자기 주목을 구현하는 가장 단순한 방법은 **Q**, **K**, **V**를 모두 **X**로 설정하고 식 (11.9)를 적용하는 것이다. 트랜스포머는 이런 단순한 방법을 쓰지 않는다. 대신 query와 key, value가 각자 가중치 행렬 $\mathbf{W}^\text{Q}$와 $\mathbf{W}^\text{k}$, $\mathbf{W}^\text{V}$를 가지고 **X**를 변환해 사용한다. 식 (11.10)은 트랜스포머가 자기 주목을 수행하는 과정이다. $\mathbf{QK}^\text{T}$는 $\sqrt{d_{key}}$로 나누어 정규화한다.

$$\left.\begin{array}{l} \mathbf{C}=\text{softmax}\left(\dfrac{\mathbf{QK}^\text{T}}{\sqrt{d_{key}}}\right)\mathbf{V} \\ \text{이때} \;\; \mathbf{Q}=\mathbf{XW}^\text{Q},\;\; \mathbf{K}=\mathbf{XW}^\text{K},\;\; \mathbf{V}=\mathbf{XW}^\text{V} \end{array}\right\} \qquad (11.10)$$

식 (11.10)에서 **X**는 $T\times d_{model}$ 행렬이다. query와 key를 변환하는 $\mathbf{W}^\text{Q}$와 $\mathbf{W}^\text{k}$는 $d_{model}\times d_{key}$ 행렬이고 value를 변환하는 $\mathbf{W}^\text{V}$는 $d_{model}\times d_{value}$ 행렬이다. 따라서 **Q**와 **K**는 $T\times d_{key}$고 **V**는 $T\times d_{value}$다. 보통 d_{key}와 d_{value}는 d_{model}보다 작게 설정하는데, 논문의 실험에서는 d_{key}와 d_{value} 모두 $\frac{d_{model}}{h}=64$로 설정했다. d_{model}은 임베딩 벡터의 크기로 512고 h는 헤드의 개수로 8이다. 변환을 수행하는 가중치 행렬 $\mathbf{W}^\text{Q}$, $\mathbf{W}^\text{k}$, $\mathbf{W}^\text{V}$는 모두 학습으로 알아낸다.

[예시 11-3] 자기 주목

'저게 저절로 붉어질 리 없다'라는 문장이 [그림 11-12]의 트랜스포머 인코더에 입력되었고 단어 임베딩과 식 (11.7)의 위치 인코딩을 거쳐 아래와 같은 **X** 행렬을 얻었다고 가정한다. 편의상 $d_{model}=4$라고 가정한다. $T=5$, $d_{model}=4$이므로 **X**는 5×4 행렬이다.

$$\mathbf{X}=\begin{pmatrix} 0.0 & 0.6 & 0.3 & 0.0 \\ 0.1 & 0.9 & 0.0 & 0.0 \\ 0.0 & 0.1 & 0.8 & 0.1 \\ 0.3 & 0.0 & 0.6 & 0.0 \\ 0.0 & 0.1 & 0.0 & 0.9 \end{pmatrix}$$

헤드가 2개, 즉 $h=2$라고 가정한다. 따라서 $d_{key}=d_{value}=\dfrac{d_{model}}{h}=2$다. 학습 알고리즘이 알아낸 $\mathbf{W}^\text{Q}$, $\mathbf{W}^\text{k}$, $\mathbf{W}^\text{V}$가 다음과 같다고 가정하자.

$$\mathbf{W}^{Q}=\begin{pmatrix}1&0\\1&0\\0&1\\0&3\end{pmatrix},\ \mathbf{W}^{K}=\begin{pmatrix}0&1\\1&0\\1&0\\0&2\end{pmatrix},\ \mathbf{W}^{V}=\begin{pmatrix}1&2\\0&1\\1&0\\0&0\end{pmatrix}$$

식 (11.10)에 따라 **Q**, **K**, **V** 행렬은 다음과 같다.

$$\mathbf{Q}=\begin{pmatrix}0.6&0.3\\1.0&0.0\\0.1&1.1\\0.3&0.6\\0.1&2.7\end{pmatrix},\ \mathbf{K}=\begin{pmatrix}0.9&0.0\\0.9&0.1\\0.9&0.2\\0.6&0.3\\0.1&1.8\end{pmatrix},\ \mathbf{V}=\begin{pmatrix}0.3&0.6\\0.1&1.1\\0.8&0.1\\0.9&0.6\\0.0&0.1\end{pmatrix}$$

$\mathbf{QK}^{T}$와 $\text{softmax}\left(\frac{\mathbf{QK}^{T}}{\sqrt{d_{key}}}\right)$는 다음과 같다. softmax는 행별로 적용한다.

$$\mathbf{QK}^{T}=\begin{pmatrix}0.54&0.57&0.60&0.45&0.60\\0.90&0.90&0.90&0.60&0.10\\0.09&0.20&0.31&0.39&1.99\\0.27&0.33&0.39&0.36&1.11\\0.09&0.36&0.63&0.87&4.87\end{pmatrix},\ \text{softmax}\left(\frac{\mathbf{QK}^{T}}{\sqrt{d_{key}}}\right)=\begin{pmatrix}0.1982&0.2024&0.2067&0.1859&0.2067\\0.2285&0.2285&0.2285&0.1848&0.1298\\0.1202&0.1299&0.1405&0.1486&0.4607\\0.1664&0.1736&0.1812&0.1774&0.3014\\0.0288&0.0348&0.0421&0.0499&0.8444\end{pmatrix}$$

$\mathbf{C}=\text{softmax}\left(\frac{\mathbf{QK}^{T}}{\sqrt{d}}\right)\mathbf{V}$는 다음과 같다.

$$\mathbf{C}=\begin{pmatrix}0.4124&0.4945\\0.4405&0.5351\\0.2952&0.3644\\0.3718&0.4455\\0.0907&0.1741\end{pmatrix}$$

[예시 11-3]에서 구한 $\text{softmax}\left(\frac{\mathbf{QK}^{T}}{\sqrt{d}}\right)$ 행렬은 행마다 주목 벡터를 담고 있다. 이 행렬의 의미를 생각해보자. 이 행렬의 i번째 행은 i번째 단어가 다른 단어에 주목할 정보를 제공한다. 예를 들어 i=3이라면 세 번째 행이 (0.1202,0.1299,0.1405,0.1486,0.4607)이므로 세 번째 단어 '붉어질'은 첫 번째 단어 '저게'에는 0.1202, 두 번째 단어 '저절로'에는 0.1299, …만큼 주목한다. 이런 방식으로 모든 단어가 다른 단어에 주목할 정보를 가진다.

Multi-head 주목

[그림 11-12]에서 ①로 표시한 MHA에는 여러 개의 헤드가 있다. 각 헤드는 고유한 변환 행렬 $\mathbf{W}^{Q}$, $\mathbf{W}^{K}$, $\mathbf{W}^{V}$를 가지고 식 (11.10)의 자기 주목을 독립적으로 수행해 상호 보완한다. 논문의 실험에서는 h=8개의 헤드를 사용한다. 트랜스포머는 이렇게 여러 개의 헤드로 자기 주목을 수행한 결과를 결합해 성능 향상을 꾀하는 전략을 쓴다.

헤드마다 고유한 변환 행렬이 있으므로 i번째 헤드의 행렬을 $\mathbf{W}_i^{Q}, \mathbf{W}_i^{K}, \mathbf{W}_i^{V}$와 같이 표기한다. 식 (11.10)의 자기 주목을 헤드가 여러 개인 MHA로 확장하는 일은 쉽다. 식 (11.11)은 MHA의 동작을 정의한다.

$$\left.\begin{aligned} &\mathbf{C} = \text{Concatenate}\left(\mathbf{C}_1, \mathbf{C}_2, \cdots, \mathbf{C}_h\right)\mathbf{W}^{O} \\ &\mathbf{C}_i = \text{softmax}\left(\frac{\mathbf{Q}_i\mathbf{K}_i^{T}}{\sqrt{d_{key}}}\right)\mathbf{V}_i \\ &\text{이때 } \mathbf{Q}_i = \mathbf{X}\mathbf{W}_i^{Q},\ \mathbf{K}_i = \mathbf{X}\mathbf{W}_i^{K}, \mathbf{V}_i = \mathbf{X}\mathbf{W}_i^{V} \text{이고, } i = 1, 2, \cdots, h \end{aligned}\right\} \qquad (11.11)$$

식 (11.11)은 복잡해 보이지만 [예시 11-3]을 통해 식 (11.10)을 제대로 이해했다면 쉽게 이해할 수 있다. 두 번째와 세 번째 행은 단지 $i=1,2,\cdots,h$에 대해 식 (11.10)을 반복한다. 식 (11.10)처럼 $\mathbf{Q}_i$와 $\mathbf{K}_i$는 $T \times d_{key}$고 $\mathbf{V}_i$는 $T \times d_{value}$ 행렬이므로 $\mathbf{C}_i$는 $T \times d_{value}$ 행렬이 된다. $\mathbf{W}^{O}$는 $d_{model} \times d_{model}$ 행렬로서 학습이 알아내야 하는 가중치를 가진다.

식 (11.11)에서 첫 번째 행의 Concatenate$(\mathbf{C}_1, \mathbf{C}_2, \cdots, \mathbf{C}_h)$는 $T \times d_{value}$ 크기의 $\mathbf{C}_1, \mathbf{C}_2, \cdots, \mathbf{C}_h$를 행으로 이어 붙여 $T \times (d_{value}h)$ 행렬을 만든다. 앞에서 $d_{value} = \frac{d_{model}}{h}$로 설정했기 때문에 Concatenate$(\mathbf{C}_1, \mathbf{C}_2, \cdots, \mathbf{C}_h)$는 $T \times d_{model}$ 행렬이 된다. 여기에 $d_{model} \times d_{model}$ 크기의 $\mathbf{W}^{O}$를 곱해 $T \times d_{model}$ 크기의 $\mathbf{C}$ 행렬을 만든다. 입력 $\mathbf{X}$가 $T \times d_{model}$ 행렬인데 출력 $\mathbf{C}$가 $T \times d_{model}$ 행렬이므로 식 (11.11)은 같은 크기의 행렬을 유지한다.

[예시 11-4] multi-head 주목

h=2로 설정해 헤드가 2개라고 가정한다. 첫 번째 헤드의 $\mathbf{W}_1^{Q}, \mathbf{W}_1^{K}, \mathbf{W}_1^{V}$는 [예시 11-3]과 같아 다음의 $\mathbf{C}_1$을 얻었다고 가정한다. 두 번째 헤드의 $\mathbf{W}_2^{Q}, \mathbf{W}_2^{K}, \mathbf{W}_2^{V}$로 계산한 결과인 $\mathbf{C}_2$가 다음과 같다고 가정하자. 둘을 Concatenate한 결과는 오른쪽과 같다.

$$\mathbf{C}_1 = \begin{pmatrix} 0.4124 & 0.4945 \\ 0.4405 & 0.5351 \\ 0.2952 & 0.3644 \\ 0.3718 & 0.4455 \\ 0.0907 & 0.1741 \end{pmatrix},\ \mathbf{C}_2 = \begin{pmatrix} 0.3735 & 0.2168 \\ 0.2987 & 0.1578 \\ 0.5436 & 0.4045 \\ 0.5548 & 0.3964 \\ 0.5436 & 0.4045 \end{pmatrix} \rightarrow \text{Concatenate}(\mathbf{C}_1, \mathbf{C}_2) = \begin{pmatrix} 0.4124 & 0.4945 & 0.3735 & 0.2168 \\ 0.4405 & 0.5351 & 0.2987 & 0.1578 \\ 0.2952 & 0.3644 & 0.5436 & 0.4045 \\ 0.3718 & 0.4455 & 0.5548 & 0.3964 \\ 0.0907 & 0.1741 & 0.5436 & 0.4045 \end{pmatrix}$$

$\mathbf{W}^O$가 아래와 같이 4×4 행렬이라 가정하고 Concatenate($\mathbf{C}_1, \mathbf{C}_2$)에 $\mathbf{W}^O$를 곱하면 최종 출력 $\mathbf{C}$를 얻는다.

$$\mathbf{C} = \begin{pmatrix} 0.4124 & 0.4945 & 0.3735 & 0.2168 \\ 0.4405 & 0.5351 & 0.2987 & 0.1578 \\ 0.2952 & 0.3644 & 0.5436 & 0.4045 \\ 0.3718 & 0.4455 & 0.5548 & 0.3964 \\ 0.0907 & 0.1741 & 0.5436 & 0.4045 \end{pmatrix} \begin{pmatrix} 0.1 & 0.3 & 0.5 & 0.2 \\ 0.1 & 0.1 & 0.0 & 0.2 \\ 0.2 & 0.1 & 0.6 & 0.3 \\ 0.5 & 0.3 & 0.1 & 0.0 \end{pmatrix} = \begin{pmatrix} 0.2738 & 0.2756 & 0.4520 & 0.2934 \\ 0.2362 & 0.2629 & 0.4152 & 0.2847 \\ 0.3769 & 0.3007 & 0.5142 & 0.2950 \\ 0.3909 & 0.3305 & 0.5584 & 0.3299 \\ 0.3374 & 0.2203 & 0.4120 & 0.2160 \end{pmatrix}$$

MHA층을 통해 구한 $\mathbf{C}$ 행렬은 [그림 11-12]에 노란색으로 표시된 Add&Norm층을 통과한다. 이 층은 식 (11.12)로 지름길 연결(Add)과 층 정규화(Norm)를 수행한다. 지름길 연결은 MHA층의 출력 특징 맵 $\mathbf{C}$와 층에 입력되었던 특징 맵 $\mathbf{X}$를 더해주는 연산이다. [그림 11-15]는 층 정규화layer normalization와 배치 정규화batch normalization를 설명한다. 트랜스포머는 층 정규화를 적용하는데, 층 정규화는 미니 배치를 구성하는 샘플별로 특징 맵의 평균이 0, 표준편차가 1이 되도록 정규화한다[Wu2018]. 식 (11.12)의 출력 행렬 $\mathbf{X}'$는 $T \times d_{model}$ 크기를 유지한다. $\mathbf{X}'$는 [그림 11-12]의 FF층으로 입력된다.

$$\mathbf{X}' = \text{Norm}(\mathbf{X} + \mathbf{C}) = \text{Norm}(\mathbf{X} + \text{MHA}(\mathbf{X})) \qquad (11.12)$$

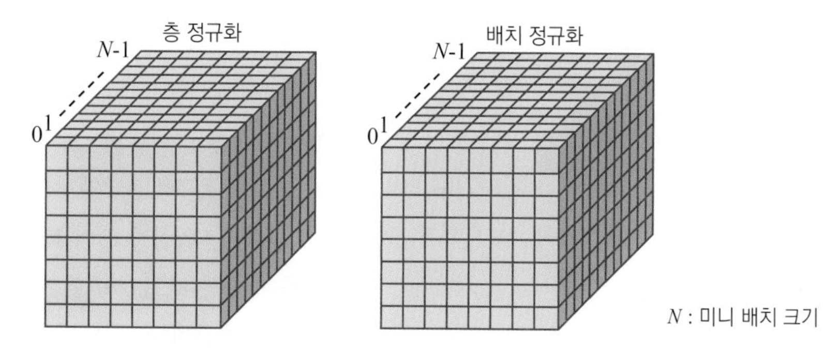

그림 11-15 신경망의 정규화(층 정규화와 배치 정규화)

위치별 FF층

[그림 11-12]에 Feed Forward라고 표시된 위치별 FF층position-wise FeedForward layer은 MHA층의 식 (11.12)가 출력한 $\mathbf{X}'$를 입력으로 받아 $\mathbf{X}''$를 출력한다. $\mathbf{X}'$와 $\mathbf{X}''$는 모두 인코더의 최초 입력 $\mathbf{X}$와 같이 $T\times d_{model}$ 행렬이다. 이처럼 트랜스포머는 신경망을 흐르는 텐서의 모양을 유지해 행렬 연산이 원활히 이루어지도록 설계되어 있다. 식 (11.13)은 FF층의 연산을 정의한다. 이 층은 [그림 7-16]의 다층 퍼셉트론과 같다. $\mathbf{X}'\mathbf{W}_1+\mathbf{b}_1$은 첫 번째 완전연결층의 연산이다. $\mathbf{X}'$는 $T\times d_{model}$ 크기이고, $\mathbf{W}_1$은 $d_{model}\times d_{ff}$ 크기인데 실험에서는 d_{ff}=2048로 설정했다. $\mathbf{b}_1$은 바이어스다.

$$\mathbf{X}'' = \text{FFN}\left(\mathbf{X}'\right) = \text{ReLU}\left(\mathbf{X}'\mathbf{W}_1+\mathbf{b}_1\right)\mathbf{W}_2+\mathbf{b}_2 \qquad (11.13)$$

여기서 생각해볼 점이 있다. [그림 7-16]의 완전연결층은 벡터와 벡터를 연결하는데 여기서는 $T\times d_{model}$ 크기의 행렬과 d_{ff} 차원의 벡터를 연결한다. 트랜스포머는 $\mathbf{X}'$의 행 각각을 벡터로 간주해 d_{model} 차원의 벡터와 d_{ff} 차원의 벡터를 연결해 연산을 수행한다. 이런 연산을 T개의 모든 행, 즉 모든 위치에 대해 반복한다. 신경망이 문장을 처리한다면 단어별로 처리하는 셈이다. 위치별 FF층이라고 부르는 이유다. 식 (11.13)의 행렬 곱셈 $\mathbf{X}'\mathbf{W}_1$은 이 일을 해준다. 이렇게 얻은 $T\times d_{ff}$ 행렬에 ReLU 활성 함수를 적용한다. 결과 행렬은 d_{model}개의 노드를 가진 완전연결층을 다시 통과한다. 이 과정은 식 (11.13)에서 $d_{ff}\times d_{model}$ 크기의 가중치 행렬 $\mathbf{W}_2$의 곱셈으로 이루어진다.

학습이 알아내야 할 가중치

인코더에 있는 가중치를 살펴봄으로써 인코더의 학습에 대해 생각해보자. 식 (11.7)의 위치 인코딩에서 $\mathbf{P}$를 학습으로 알아낼 수도 있는데 원래 트랜스포머는 식 (11.8)로 $\mathbf{P}$를 구하기 때문에 가중치가 없다.

이제 MHA층의 가중치 개수를 따져보자. 트랜스포머 논문이 실험에 사용한 하이퍼 매개변수는 d_{model}=512고 헤드를 8개 사용해 h=8이다. 따라서 $d_{key}=d_{value}$=64다. MHA층에 있는 가중치 집합은 $\mathbf{W}_1^Q, \mathbf{W}_1^K, \mathbf{W}_1^V, \cdots, \mathbf{W}_h^Q, \mathbf{W}_h^K, \mathbf{W}_h^V, \mathbf{W}^O$로서 총 $3h+1$개다. 위첨자 Q와 K가 붙은 행렬은 $d_{model}\times d_{key}$, V가 붙은 행렬은 $d_{model}\times d_{value}$, O가 붙은 행렬은 $d_{model}\times d_{model}$ 크기다. 따라서 학습 알고리즘이 알아내야 하는, ①이 표시된 MHA층의 가중치는 512×64×24+512×512=1,048,576개다.

FF층은 가중치 집합으로 $\mathbf{W}_1$과 $\mathbf{W}_2$를 가진다. $\mathbf{W}_1$과 $\mathbf{W}_2$는 각각 $d_{model} \times d_{ff}$와 $d_{ff} \times d_{model}$ 개의 가중치를 가지는데 실험에서 $d_{model}=512$, $d_{ff}=2048$을 사용하므로 FF층은 $512 \times (2048+1)+2048 \times (512+1)=2,099,712$개의 가중치를 가진다.

그런데 [그림 11-12]의 인코더에서 Nx 표시는 인코더 블록을 N개 쌓는다는 뜻이다. 실험에서 $N=6$을 사용했다. 따라서 인코더에 있는 가중치의 총 개수는 $6 \times (1,048,576+2,099,712) =18,889,728$이다.

11.3.3 디코더의 동작

디코더는 인코더와 비슷하게 동작하는데 몇 가지 다른 점이 있다. 여기서는 다른 점을 중심으로 설명한다.

Masked MHA층

[그림 11-12]의 디코더에 ②로 표시된 Masked MHA층이 있다. 이 층은 행렬 일부를 마스크로 가린다는 점을 빼면 모든 과정이 인코더에 ①로 표시된 MHA층과 같다. 다시 말해 인코더와 마찬가지로 식 (11.11), 식 (11.12), 식 (11.13)을 통해 연산이 이루어진다.

언어 번역이란 입력 문장 '저게 저절로 붉어질 리 없다'가 들어오면 출력 문장 'That can't turn red by itself'를 알아내는 일이다. 추론(예측) 단계에서는 입력 문장은 알고 있지만 출력 문장은 모른 채 동작해야 한다. 따라서 [그림 11-9(b)]처럼 순간 1에서 〈SOS〉를 입력하면 모델은 'That'을 예측하고 순간 2에서는 'That'을 보고 'can't'를 예측하고 순간 3에서는 'can't'를 보고 'turn'을 예측하는 일을 재귀적으로 수행하는 자기 회귀 방식을 적용해야 한다.

학습 단계는 추론 단계와 상황이 다르다. 추론 단계는 출력 문장을 모른 채 동작해야 하지만 학습 단계는 입력 문장과 출력 문장이 모두 주어진다. 학습 단계도 추론 단계처럼 자기 회귀 방식을 쓸 수 있는데 실제로는 교사 강요teacher forcing 방식을 주로 사용한다. 자기 회귀로 예측하는 경우에 예를 들어 'That' 다음에 'is'로 잘못 예측했다면 이후 단어는 계속 틀릴 가능성이 높기 때문이다. 교사 강요에서는 출력 문장에 문장 시작과 끝을 뜻하는 〈SOS〉와 〈EOS〉를 덧붙여 '〈SOS〉 That can't turn red by itself 〈EOS〉'를 디코더에 한꺼번에 입력한다. 학습 단계에서 교사 강요를 쓰면 학습은 교사 강요, 추론은 자기 회귀를 사용하는 차이로 인해 문제가 생길 수 있다. 하지만 학습 단계에서 자기 회귀를 사용할 때 학습이 잘 안 되는 문제가 두 방식의 차이로 생기는 문제보다 심각하기 때문에 실제로는 교사 강요를 사용한다.

트랜스포머도 교사 강요로 학습을 수행하는데 추론 단계의 자기 회귀를 모방하려고 마스킹을 적용한다. 식 (11.11)에서 $\frac{\mathbf{Q}_i\mathbf{K}_i^{\mathrm{T}}}{\sqrt{d_{key}}}$를 계산하면 $T\times T$ 행렬을 얻는다. 이 행렬은 T개 단어가 각각 다른 단어에 주목해야 할 정보를 담고 있다. Masked MHA층은 이 행렬의 대각선 위쪽에 있는 모든 요소에 -0.1^9처럼 무한대에 가까운 음수를 설정한다. 이렇게 마스킹된 행렬에 softmax를 취하면 〈SOS〉는 자신에만 주목하고 첫 번째 단어 'That'은 〈SOS〉와 자신인 'That'에만 주목하고 두 번째 단어 'can't'는 〈SOS〉, 'That', 'can't'에만 주목하고 마지막 단어 'itself'는 모든 단어에 주목하게 된다.

[예시 11-5] Masked MHA층의 연산

출력 문장 '〈SOS〉 That can't turn red by itself 〈EOS〉'가 디코더에 입력되었다고 가정한다. $T=8$이다. 식 (11.10)에서 $\mathbf{QK}^{\mathrm{T}}$를 계산한 결과 아래와 같고 –는 -0.1^9이고 $d_{key}=2$라 가정한다.

$$\mathbf{QK}^{\mathrm{T}}=\begin{pmatrix} .05 & .60 & .10 & .10 & .03 & .10 & .10 & .00 \\ .10 & .06 & .21 & .01 & .10 & .10 & .30 & .00 \\ .10 & .10 & .03 & .33 & .01 & .01 & .01 & .00 \\ .05 & .20 & .02 & .02 & .50 & .01 & .10 & .00 \\ .05 & .10 & .01 & .40 & .04 & .10 & .11 & .00 \\ .01 & .01 & .01 & .10 & .06 & .10 & .40 & .00 \\ .02 & .60 & .01 & .20 & .10 & .20 & .05 & .30 \\ .00 & .00 & .00 & .00 & .00 & .01 & .20 & .10 \end{pmatrix},\ \text{masking}\left(\mathbf{QK}^{\mathrm{T}}\right)=\begin{pmatrix} .05 & - & - & - & - & - & - & - \\ .10 & .06 & - & - & - & - & - & - \\ .10 & .10 & .03 & - & - & - & - & - \\ .05 & .20 & .02 & .02 & - & - & - & - \\ .05 & .10 & .01 & .40 & .04 & - & - & - \\ .01 & .01 & .01 & .10 & .06 & .10 & - & - \\ .02 & .60 & .01 & .20 & .10 & .20 & .05 & - \\ .00 & .00 & .00 & .00 & .00 & .01 & .20 & .10 \end{pmatrix}$$

$\text{softmax}\left(\frac{\text{masking}\left(\mathbf{QK}^{\mathrm{T}}\right)}{\sqrt{d_{key}}}\right)$는 다음과 같다.

$$\text{softmax}\left(\frac{\text{masking}\left(\mathbf{QK}^{\mathrm{T}}\right)}{\sqrt{d_{key}}}\right)=\begin{pmatrix} 1.000 & .000 & .000 & .000 & .000 & .000 & .000 & .000 \\ .507 & .493 & .000 & .000 & .000 & .000 & .000 & .000 \\ .339 & .339 & .322 & .000 & .000 & .000 & .000 & .000 \\ .246 & .273 & .241 & .241 & .000 & .000 & .000 & .000 \\ .189 & .196 & .184 & .242 & .188 & .000 & .000 & .000 \\ .162 & .162 & .162 & .173 & .168 & .173 & .000 & .000 \\ .127 & .192 & .126 & .145 & .135 & .145 & .130 & .000 \\ .121 & .121 & .121 & .121 & .121 & .122 & .140 & .130 \end{pmatrix}$$

softmax를 취한 행렬은 단어끼리 주목하는 정도를 나타내는데, 앞에서 설명한 바와 같이 i번째 단어는 그 이전에 발생한 단어에 대해서만 주목할 수 있게 되었다.

인코더와 연결된 MHA층

[그림 11-12]의 디코더에 ③으로 표시된 MHA층은 인코더와 디코더가 상호작용하는 곳이다. 인코더에 ①로 표시된 MHA층은 입력 문장 내의 단어끼리 주목을 처리하는 자기 주목이고 디코더에 ②로 표시된 MHA층은 출력 문장 내의 단어끼리 주목을 처리하는 자기 주목이다. 반면에 ③으로 표시된 MHA층은 디코더로 입력된 문장의 단어가 인코더로 입력된 문장의 단어에 주목할 정보를 처리한다. 이 점만 빼고 모든 연산은 ①과 ②로 표시된 MHA층과 같다.

식 (11.11)은 자기 주목을 처리하므로 같은 문장에서 구한 행렬 **X**만 있다. 따라서 query와 key, value를 계산하는 데 모두 **X**를 사용했다. 그런데 ③으로 표시된 MHA층에는 인코더에서 온 **X**와 디코더에서 온 **X**가 있다. 이들을 구별하기 위해 $\mathbf{X}_{\text{enc}}$와 $\mathbf{X}_{\text{dec}}$라 표기하자. ③으로 표시된 MHA층에서 query는 $\mathbf{X}_{\text{dec}}$를 사용하고 key와 value는 $\mathbf{X}_{\text{enc}}$를 사용한다. 이렇게 설정하면 언어 번역에서 출력 문장의 정보를 가진 query가 입력 문장의 정보를 가진 key와 value에 주목하는 정도를 계산할 수 있다. 이런 점을 반영해 식 (11.11)을 식 (11.14)로 바꿔 쓸 수 있다.

$$\left.\begin{aligned} &\mathbf{C} = \text{Concatenate}\left(\mathbf{C}_1, \mathbf{C}_2, \cdots, \mathbf{C}_h\right)\mathbf{W}^{\text{O}} \\ &\mathbf{C}_i = \text{softmax}\left(\frac{\mathbf{Q}_i\mathbf{K}_i^{\text{T}}}{\sqrt{d_{key}}}\right)\mathbf{V}_i \\ &\text{이때 } \mathbf{Q}_i = \mathbf{X}_{\text{dec}}\mathbf{W}_i^{\text{Q}},\ \mathbf{K}_i = \mathbf{X}_{\text{enc}}\mathbf{W}_i^{\text{K}},\ \mathbf{V}_i = \mathbf{X}_{\text{enc}}\mathbf{W}_i^{\text{V}} \text{이고, } i = 1, 2, \cdots, h \end{aligned}\right\} \quad (11.14)$$

③으로 표시된 MHA층의 출력 행렬은 [그림 11-12]가 보여주는 바와 같이 Add&Norm층, 완전연결층, Add&Norm층을 거친다. 이렇게 만들어진 행렬이 [그림 11-12]에서 Linear와 softmax로 구성된 출력층으로 전달된다.

학습이 알아내야 할 가중치

디코더에 있는 MHA층 2개의 가중치 개수는 인코더의 MHA층과 같다. 따라서 2×1,048,576=2,097,152개다. 디코더의 FF층 가중치 개수는 인코더의 FF층과 같기 때문에 2,099,712개다. 그런데 디코더도 N=6개의 블록을 쌓아 만들기 때문에 인코더에 있는 가중치의 총 개수는 6×(2,097,152+2,099,712)=25,181,184다.

11.3.4 전체 동작

지금까지 [그림 11-12]의 트랜스포머를 구성하는 구성요소에 대해 구조와 동작을 자세히 설명했다. 여기에 몇 가지 부연 설명을 더해야 트랜스포머를 완성할 수 있다.

[그림 11-12]의 트랜스포머 구조를 보면 인코더와 디코더에 Nx가 표시되어 있다. 인코더와 디코더를 블록으로 간주해 각각 N개씩 쌓아 연결한 구조라는 뜻이다. 논문은 N=6을 사용했다. [그림 11-16]은 N개의 인코더 블록과 N개의 디코더 블록으로 구성된 트랜스포머를 보여준다. 1번 인코더 블록으로 입력된 $T \times d_{model}$ 크기의 텐서는 MHA층과 FF층을 거쳐 같은 $T \times d_{model}$ 크기의 텐서로 변환된다. 변환된 텐서는 똑같은 방식을 거쳐 2번, 3번, …, N번 인코더 블록을 거쳐 $T \times d_{model}$ 크기의 텐서로 변환된다. 이 텐서는 1~N번 디코더 블록의 MHA층에 입력되어 디코더의 주목을 처리하는 데 쓰인다.

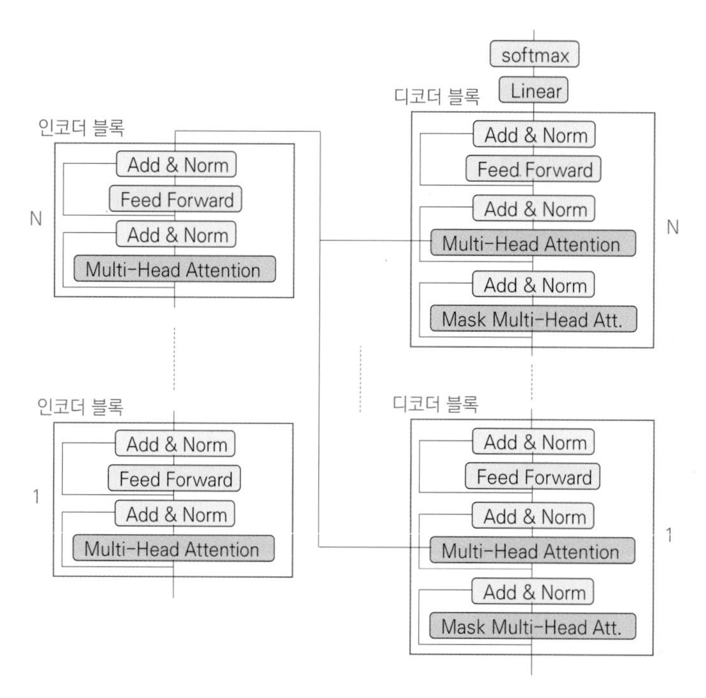

그림 11-16 다중 인코더 블록과 다중 디코더 블록으로 구성된 트랜스포머

마지막 디코더 블록에서 나온 행렬은 Linear와 softmax로 구성된 출력층을 통과한다. Linear는 FF층에서 사용한 완전연결층과 같다. softmax를 통과한 확률 벡터는 단어로 변환되어 최종 출력된다.

11.4 비전 트랜스포머

오랫동안 컨볼루션 신경망은 컴퓨터 비전에서 가장 성공한 모델로 군림했다. 2017년 트랜스포머가 발표된 이후 컨볼루션 신경망에 트랜스포머를 접목하려는 여러 시도가 재빠르게 이루어졌다[Wang2018, Ramachandran2019, Bello2019]. 초기에는 컨볼루션 신경망을 백본으로 두고 트랜스포머로 추출한 자기 주목 정보를 보조로 사용하는 방식을 사용했다. [그림 11-17]은 그중 [Bello2019]가 제안한 주목 증강 컨볼루션 신경망attention augmented convolutional network의 구조를 보여준다. 기존 컨볼루션 신경망은 컨볼루션 연산을 통해 하늘색으로 표시된 특징 맵을 만들어 다음 층으로 전달하는데, 자기 주목으로 증강한 신경망에서는 컨볼루션으로 만든 특징 맵과 트랜스포머의 MHA로 만든 특징 맵을 결합해 다음 층에 넘긴다. 가중치 개수를 늘려가며 실험한 결과 기존 ResNet이나 [그림 11-5]의 SENet보다 우수한 성능을 얻었다.

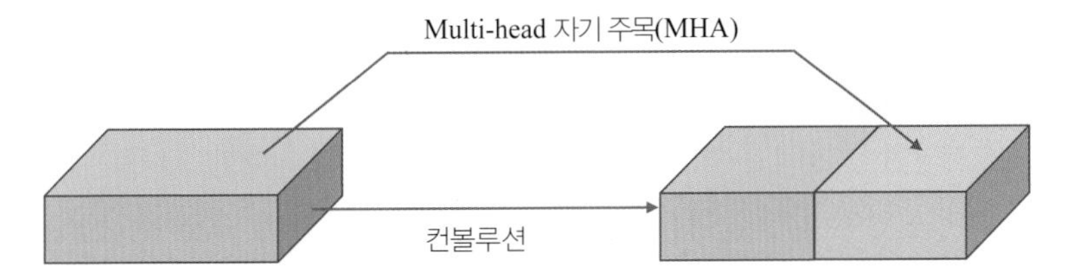

그림 11-17 컨볼루션 신경망이 백본이고 트랜스포머가 보조하는 방식

2020년에는 컨볼루션 신경망에 트랜스포머를 어정쩡하게 결합하는 형태를 벗어나려는 시도가 다양하게 이루어졌다. 새로운 방식에서는 트랜스포머가 백본이고 컨볼루션 신경망이 보조하거나 또는 컨볼루션을 아예 들어내고 주목으로만 구성된 트랜스포머 방식을 사용한다. 트랜스포머가 주도하는 이런 모델은 분류, 검출, 분할, 추적, 자세 추정 등의 컴퓨터 비전 문제에서 큰 성공을 거두었다. 대표적인 성공 사례는 분류를 위한 ViT[Dosovitskiy2021], 검출을 위한 DETR[Carion2020], 분할을 위한 SETR[Zheng2021], 추적을 위한 MOTR과 TransTrack, TrackFormer[Zeng2021, Sun2021, Meinhardt2021] 등이다. 최근에는 한 모델이 분류, 검출, 분할, 추적 문제를 모두 해결하는 방식으로 진화했는데, 스윈 트랜스포머Swin transformer가 대표적이다[Liu2021a].

컴퓨터 비전에 트랜스포머를 적용하는 연구의 폭과 너비가 빠르게 확대되자 연구 결과를 잘 정리한 서베이 논문이 발표되었다. 최신 서베이 논문으로 [Han2022, Khan2022]를 추천한다. 이들은 컴퓨터 비전에 적용된 트랜스포머 모델을 통칭해 비전 트랜스포머vision transformer라 부른다.

11.4.1 분류를 위한 트랜스포머

영상 분류는 영상이 주어지면 어떤 부류에 속하는지 맞히는 문제로서 컴퓨터 비전 초창기부터 가장 기본적인 문제로 여겨져 왔다. 이 책에서는 장난감 자연 영상으로 여겨지는 CIFAR-10 데이터셋을 분류하는 컨볼루션 신경망을 [프로그램 8-2], 사전 학습된 ResNet50으로 224×224의 중간 해상도의 자연 영상을 분류하는 컨볼루션 신경망을 [프로그램 8-6], 개의 품종을 분류하는 컨볼루션 신경망을 [프로그램 8-8]로 실습했다. 모든 실험에서 대체적으로 만족스런 정확률을 얻었다.

이런 분류 문제에 트랜스포머를 적용하면 성능 향상을 얻을 수 있을지 궁금할 수밖에 없다. ViT라는 비전 트랜스포머를 통해 이 질문에 답을 얻을 수 있다[Dosovitskiy2021].

ViT

ViT는 트랜스포머가 컴퓨터 비전의 기본 문제인 분류 문제를 얼마나 잘 푸는지 확인할 목적으로 [Vaswani2017]이 제안한 [그림 11-12]의 원래 트랜스포머 구조를 최대한 그대로 따라 실험한다. 원래 트랜스포머는 언어 번역을 위해 개발되었기 때문에 문장을 입력 받아 문장을 출력하는 구조, 즉 인코더는 입력 문장을 처리하고 디코더는 출력 문장을 처리하는 구조를 가진다. 문장은 단어가 순서대로 배열된 1차원 구조의 데이터인데 영상은 화소가 2차원 구조로 배열된 데이터이기 때문에 트랜스포머의 구조를 적절히 변경해야 한다.

영상 분류에서는 영상을 입력 받아 부류 확률 벡터를 출력하면 된다. 따라서 인코더와 디코더를 가진 [그림 11-12]에서 인코더만 있으면 된다. 인코더는 디코더로 텐서를 전달하는 대신 자신이 추출한 특징 맵을 부류 확률 벡터로 변환해 출력층을 통해 출력하면 된다. [그림 11-18(b)]는 ViT의 구조를 보여준다. 전체 동작은 뒤에서 설명하기로 하고 우선 영상을 어떻게 인코더에 입력할지에 대해 살펴보자.

[그림 11-18(a)]는 트랜스포머의 인코더에 입력할 수 있는 형태로 영상을 변환하는 과정을 설명한다. 단계 ①은 입력 영상을 $p \times p$개의 패치로 나눈다. 단계 ②는 p^2개의 패치를 일렬로

이어 붙인다. 입력된 컬러 영상의 크기가 $h\times w\times 3$이라면 ①과 ②를 통해 $p^2\times\left(\frac{h}{p}\times\frac{w}{p}\times 3\right)$으로 변환된다. 단계 ③은 $\frac{h}{p}\times\frac{w}{p}\times 3$의 패치에 있는 화소를 일렬로 이어 붙여 $\frac{3hw}{p^2}$차원의 벡터로 만든다. 또한 이 벡터를 임베딩층을 통해 d_{model} 차원으로 변환한다. 이렇게 얻은 d_{model} 차원의 벡터를 행에 쌓으면 $p^2\times d_{model}$ 크기의 행렬이 된다. $p^2=T$라 하면 [그림 11-12]의 원래 트랜스포머처럼 $T\times d_{model}$ 행렬 **S**가 된다. 단계 ④는 위치 인코딩 행렬 **P**를 만들어 식 (11.7)을 적용해 행렬 **X**를 만든다. [그림 11-18(a)]에서 'Embedded patches **X**'라 표시된 행렬이다. 이제 원래 트랜스포머의 입력과 같은 형태가 되었다.

[그림 11-18(a)]는 Embedded patches **X**를 만드는 과정을 $32\times32\times3$의 CIFAR-10 영상을 가지고 설명한다. $p=4$로 설정해 $32\times32\times3$ 텐서를 $16\times8\times8\times3$ 텐서로 변환한다. $8\times8\times3$ 크기의 패치를 192차원의 벡터로 만들고 임베딩층을 통해 $d_{model}=64$차원으로 변환한다. 결국 16×64 행렬 **S**가 된다. 여기에 위치 인코딩 행렬 **P**를 더해 트랜스포머 인코더에 입력할 행렬 **X**를 만든다.

이렇게 하여 트랜스포머에 입력할 $T\times d_{model}$ 행렬 **X**를 얻었는데 T개의 행이 어떤 의미를 갖는지 생각해보자. 자연어 처리에서는 문장을 구성하는 T개의 단어가 행을 구성하는데 ViT 비전 트랜스포머에서는 T개의 패치가 행을 이룬다. 단어끼리 자기 주목을 계산하듯이 ViT에서는 패치끼리 자기 주목을 계산한다. ViT는 [그림 11-6]의 시나리오를 반영한다. [그림 11-6]은 개념적인 설명이라 패치를 임의로 그렸지만, ViT에서는 영상을 등간격으로 나누어 패치를 만든 차이가 있다.

(a) 인코더 입력 텐서 준비 과정 (b) 신경망 구조

그림 11-18 영상 분류를 위한 ViT 비전 트랜스포머

[그림 11-18(b)]는 ViT 비전 트랜스포머의 구조다. [그림 11-12]에 있는 원래 트랜스포머에서 인코더만 있는 구조다. 원래 트랜스포머는 MHA 결과에 지름길 연결(Add)과 층 정규화(Norm)를 적용했는데 여기서는 층 정규화 결과가 MHA에 입력되고 지름길 연결은 이후에 적용된다. 원래 트랜스포머와 마찬가지로 *N*개의 인코더 블록이 반복되고 마지막 *N*번째 인코더 블록에 출력층이 붙는다. *N*번째, 즉 마지막 인코더 블록의 출력은 $T \times d\_model$ 행렬인데 행을 이어 붙여 1차원 벡터로 변환해 Feed Forward 표시된 완전연결층에 입력한다. 3개의 완전연결층을 통과시킨 다음 마지막에 softmax를 적용해 부류 확률 벡터를 출력한다.

지금까지 설명한 비전 트랜스포머는 부류 확률 벡터를 출력하면 되기 때문에 컴퓨터 비전이 사용하는 트랜스포머 중에서 가장 단순한 편이다. 검출 문제의 경우 출력이 가변 개수의 박스이기 때문에 인코더와 디코더를 모두 사용해야 하며 적절한 출력 형태를 고안하고 손실 함수를 설계해야 한다. 여기서 분류를 위한 비전 트랜스포머를 제대로 이해해야 보다 복잡한 문제를 푸는 트랜스포머로 확장할 수 있다. CIFAR-10을 인식하는 비전 트랜스포머를 실습해 이해의 깊이를 더한다.

ViT 프로그래밍 실습 1

[프로그램 11-1]은 [그림 11-18]의 ViT 비전 트랜스포머를 구현한 프로그램이다. 데이터셋으로 CIFAR-10을 사용한다. 텐서플로 공식 사이트에서 제공하는 예시 프로그램(https://keras.io/examples/vision/image_classification_with_vision_transformer)을 이 책의 방식으로 수정한 코드다. 하이퍼 매개변수는 가급적 원래 트랜스포머와 같게 유지했다.

프로그램 11-1 CIFAR-10을 분류하는 비전 트랜스포머 구현하기

```
01  import tensorflow as tf
02  from tensorflow import keras
03  from tensorflow.keras import layers
04  from tensorflow.keras.losses import SparseCategoricalCrossentropy
05  from tensorflow.keras.optimizers import Adam
06
07  (x_train,y_train),(x_test,y_test)=keras.datasets.cifar10.load_data()
08
09  n_class=10                                                  # 부류 수
10  img_siz=(32,32,3)                                           # 영상의 크기
11
12  patch_siz=4                                                 # 패치 크기
13  p2=(img_siz[0]//patch_siz)**2                               # 패치 개수
```

```
14  d_model=64                                                  # 임베딩 벡터 차원
15  h=8                                                         # 헤드 개수
16  N=6                                                         # 인코더 블록의 개수
17
18  class Patches(layers.Layer):
19     def __init__(self, patch_size):
20        super(Patches, self).__init__()
21        self.p_siz=patch_size
22
23     def call(self, img):
24        batch_size=tf.shape(img)[0]
25        patches=tf.image.extract_patches(images=img,sizes=[1,self.p_siz,self.p_
          siz,1],strides=[1,self.p_siz,self.p_siz,1],rates=[1,1,1,1],padding="
          VALID")
26        patch_dims=patches.shape[-1]
27        patches=tf.reshape(patches,[batch_size,-1,patch_dims])
28        return patches
29
30  class PatchEncoder(layers.Layer):
31     def __init__(self,p2,d_model):                           # p2: 패치 개수
32        super(PatchEncoder,self).__init__()
33        self.p2=p2
34        self.projection=layers.Dense(units=d_model)
35        self.position_embedding=layers.Embedding(input_dim=p2,output_dim=d_
          model)
36
37     def call(self,patch):
38        positions=tf.range(start=0,limit=self.p2,delta=1)
39        encoded=self.projection(patch)+self.position_embedding(positions)
40        return encoded
41
42  def create_vit_classifier():
43     input=layers.Input(shape=(img_siz))
44     nor=layers.Normalization()(input)
45
46     patches=Patches(patch_siz)(nor)                          # 패치 생성
47     x=PatchEncoder(p2,d_model)(patches)                      # 패치 인코딩
48
49     for _ in range(N):                                       # 다중 인코더 블록
50        x1=layers.LayerNormalization(epsilon=1e-6)(x)         # 층 정규화
51        x2=layers.MultiHeadAttention(num_heads=h,key_dim=d_model//h,dropout
          =0.1)(x1,x1)                                          # MHA
52        x3=layers.Add()([x2,x])                               # 지름길 연결
```

```
53          x4=layers.LayerNormalization(epsilon=1e-6)(x3)           # 층 정규화
54          x5=layers.Dense(d_model*2,activation=tf.nn.gelu)(x4)
55          x6=layers.Dropout(0.1)(x5)
56          x7=layers.Dense(d_model,activation=tf.nn.gelu)(x6)
57          x8=layers.Dropout(0.1)(x7)
58          x=layers.Add()([x8,x3])                                  # 지름길 연결
59
60      x=layers.LayerNormalization(epsilon=1e-6)(x)
61      x=layers.Flatten()(x)
62      x=layers.Dropout(0.5)(x)
63      x=layers.Dense(2048,activation=tf.nn.gelu)(x)
64      x=layers.Dropout(0.5)(x)
65      x=layers.Dense(1024,activation=tf.nn.gelu)(x)
66      x=layers.Dropout(0.5)(x)
67      output=layers.Dense(n_class,activation='softmax')(x)
68
69      model=keras.Model(inputs=input,outputs=output)
70      return model
71
72  model=create_vit_classifier()
73  model.layers[1].adapt(x_train)
74
75  model.compile(optimizer=Adam(),loss=SparseCategoricalCrossentropy(from_logits
    =True),metrics=['accuracy'])
76  hist=model.fit(x_train,y_train,batch_size=128,epochs=100,validation_data=(x_
    test,y_test),verbose=1)
77
78  res=model.evaluate(x_test,y_test,verbose=0)
79  print('정확률=',res[1]*100)
80
81  import matplotlib.pyplot as plt
82
83  plt.plot(hist.history['accuracy'])
84  plt.plot(hist.history['val_accuracy'])
85  plt.title('Accuracy graph')
86  plt.ylabel('Accuracy')
87  plt.xlabel('Epoch')
88  plt.legend(['Train','Validation'])
89  plt.grid()
90  plt.show()
91
92  plt.plot(hist.history['loss'])
93  plt.plot(hist.history['val_loss'])
```

```
94  plt.title('Loss graph')
95  plt.ylabel('Loss')
96  plt.xlabel('Epoch')
97  plt.legend(['Train','Validation'])
98  plt.grid()
99  plt.show()
```

```
Epoch 1/100
391/391 - 30s - loss: 1.8080 - accuracy: 0.3693 - val_loss: 1.3451 - val_accuracy:
0.5064 - 30s/epoch - 77ms/step
Epoch 2/100
391/391 - 25s - loss: 1.4014 - accuracy: 0.4966 - val_loss: 1.1915 - val_accuracy:
0.5708 - 25s/epoch - 64ms/step
Epoch 3/100
391/391 - 26s - loss: 1.2445 - accuracy: 0.5565 - val_loss: 1.1240 - val_accuracy:
0.5914 - 26s/epoch - 67ms/step
…
Epoch 99/100
391/391 - 25s - loss: 0.0864 - accuracy: 0.9726 - val_loss: 0.9296 - val_accuracy:
0.7903 - 25s/epoch - 64ms/step
Epoch 100/100
391/391 - 25s - loss: 0.0896 - accuracy: 0.9725 - val_loss: 0.8569 - val_accuracy:
0.7918 - 25s/epoch - 64ms/step
정확률= 79.18000221252441
```

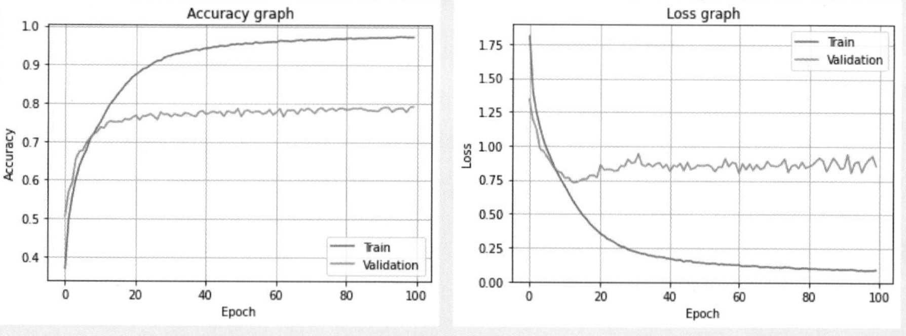

07행은 CIFAR-10 데이터셋을 불러오고 09행과 10행은 부류 개수와 영상 크기를 설정한다.

12행은 패치 크기를 4×4로 설정하고 13행은 패치의 개수를 계산해 p2에 저장한다. p2는 [그림 11-18(a)]에서 p^2, 즉 T에 해당한다. 영상 크기가 32×32인데 패치 크기가 4×4이므로 p2=64다. [그림 11-18(a)]의 예는 패치 크기를 8×8로 설정해 p2=16개의 패치가 생성되었는데 실제 실험을 해보면 12행처럼 패치 크기를 4×4로 설정할 때 정확률이 더 높다. 14행은 d_model을 64로 설정한다. 15행과 16행은 [그림 11-12]의 원래 트랜스포머와 마찬가지로 헤드 개수 h=8, 인코더 블록의 개수 N=6으로 설정한다.

18~28행은 원래 영상 img를 받아(23행), img를 p2개 패치로 잘라서 만든 patches를 반환하는(28행) 클래스다. [그림 11-18(a)]의 ①~② 단계를 수행한다. 30~40행은 패치 화소를 1차원으로 이어 붙이고 위치 인코딩을 적용하는 클래스다. [그림 11-18(a)]의 ③~④ 단계에 해당한다. 34행은 d_model 차원으로 변환하고 35행은 위치 인코딩 벡터를 만들고 39행은 둘을 더하는 연산, 즉 [그림 11-18(a)]에서 ⊕를 수행한다.

42~70행의 create_vit_classifier 함수는 model을 생성해 반환한다. 이 함수는 [그림 11-18(b)]의 신경망 구조를 구현한다. 43행은 신경망에 입력되는 영상을 (32,32,3) 텐서로 지정한다. 44행은 Normalization층을 이용해 [0,255] 범위로 표현된 화소가 평균 0.0과 표준편차 1.0의 분포를 이루도록 정규화한다. 73행은 학습이 시작되기 전에 이 층을 미리 수행해 신경망 내부에 정규화 정보를 저장한다. 73행에 대해서는 메인 프로그램을 설명하는 곳에서 다시 언급한다. 46~47행은 Patches 클래스와 PatchEncoder 클래스를 이용해 입력 영상을 트랜스포머의 입력 형태로 변환한다. 이들을 수행하면 x 객체가 만들어지는데 x는 [그림 11-18(a)]에서 Embedded patches라 표시한 $T \times d_{model}$ 행렬 $\mathbf{X}$다.

49~58행은 for 문을 N번 반복해 인코더 블록을 N개 쌓는다. 50행은 [그림 11-18(b)]에서 Norm 표시된 층을 쌓는다. 이 층은 x를 입력으로 받고 출력을 x1 객체에 저장한다. 51행은 [그림 11-18(b)]에서 MHA 표시된 층을 쌓는다. 이때 사용된 MultiHeadAttention 함수는 트랜스포머를 구현하는 데 핵심이기 때문에 인수를 자세히 살펴보자(https://www.tensorflow.org/api_docs/python/tf/keras/layers/MultiHeadAttention). 첫 번째 인수 num_heads는 헤드 개수, 두 번째 인수 key_dim은 key의 차원을 설정한다. 식 (11.11)에 있는 $\mathbf{K}_i$의 크기 $T \times d_{key}$에서 d_{key}에 해당한다. 식 (11.11)에서 $d_{value} = \frac{d_{model}}{h}$로 설정한 것과 마찬가지로 key=d_model//h로 설정했다. 세 번째 인수는 드롭아웃 비율이다. 뒤쪽 괄호 (x1, x1)은 입력을 지정한다. 이 괄호의 첫 번째 인수는 query인데 x1로 설정해 x1을 query로 사용한다. 두 번째 인수는 value인데 x1로 설정했다. 세 번째 인수는 key인데 생략했기 때문에 두 번째 인수와 같은 값을 사용한다. 결국 query와 value, key 모두 x1이므로 자기 주목을 수행한다. 52행은 [그림 11-18(b)]에 Add 표시한 지름길 연결, 53행은 Norm 표시한 층

을 쌓는다. 54~57행은 완전연결층을 2개 쌓는다. 은닉 노드 개수는 각각 d_model*2와 d_model로 설정한다. 58행은 52행의 출력인 x3과 57행의 출력인 x8을 Add하는 지름길 연결을 쌓는다. 58행의 결과를 x 객체에 저장하는데, 다음 반복을 시작하는 50행에서 x를 다음 인코더 블록에 입력하기 위해서다.

49~58행을 반복해 인코더 블록을 N번 통과한 x 행렬은 60~67행이 구현하는 출력층을 통과해 부류 확률 벡터를 출력한다. 60행은 층 정규화를 적용하고 61행은 Flatten 함수로 텐서를 1차원 구조로 바꾸고 62행은 드롭아웃을 적용한다. 63~66행은 완전연결층을 3개 쌓는다. 67행은 softmax를 적용한 결과를 output 객체에 저장한다. 69행은 43행이 만들어둔 input을 최초 입력, 67행이 만들어둔 output을 최종 출력으로 설정한 신경망 모델을 만들어 model 객체에 저장한다. 70행은 model 객체를 반환한다.

이제 메인 프로그램에 해당하는 72~99행을 살펴보자. 72행은 create_vit_classifier 함수로 모델을 만들어 model 객체에 저장한다. 73행은 44행이 쌓은 Normalization층의 adapt 멤버 함수를 호출해 x_train 데이터에 정규화를 수행한다. 정규화를 수행한 결과는 신경망 내부에 기록된다(https://www.tensorflow.org/api_docs/python/tf/keras/layers/Normalization). 73행은 Normalization층을 layer[1]로 지정했는데 Normalization 층이 1번 층이라는 사실은 아래와 같이 model.summary 또는 type 명령어로 확인할 수 있다. input_1이 0번, normalization이 1번, patches가 2번, …층이다.

```
In [1]: model.summary()
   Model: "model"
   ____________________________________________________________________________________________
    Layer (type)                       Output Shape        Param #   Connected to
   ============================================================================================
    input_1 (InputLayer)               [(None, 32, 32, 3)] 0         []
    normalization (Normalization)      (None, 32, 32, 3)   7         ['input_1[0][0]']
    patches (Patches)                  (None, None, 48)    0         ['normalization[0][0]']
    patch_encoder (PatchEncoder)       (None, 64, 64)      7232      ['patches[0][0]']
    layer_normalization (LayerNorm     (None, 64, 64)      128       ['patch_encoder[0][0]']
    alization)
   …
In [2]: type(model.layers[1])
   Out[3]: keras.layers.preprocessing.normalization.Normalization
```

75행은 compile 함수로 학습할 준비를 한다. Adam 옵티마이저를 사용하고 레이블이 원핫 코드가 아닌 정수이므로 손실 함수로 SparseCategoricalCrossentropy를 사용한다. 이때 from_logits 인수를 True로 주어야 한다. 76행은 fit 함수로 학습을 수행한다. 78~79행은 evaluate 함수로 정확률을 측정한다. 81~99행은 학습 그래프를 그린다.

프로그램 실행 결과를 살펴보자. 100세대 후의 정확률은 79.18%다. 컨볼루션 신경망을 사용한 [프로그램 8-2]가 81.40%이었으니 컨볼루션 신경망에 비해 2.22% 낮은 정확률이다. ViT를 제안한 [Dosovitskiy2021]에 따르면 작은 데이터셋에 속하는 ImageNet에서는 트랜스포머가 열등한데, 더 큰 데이터셋인 JFT-300M을 사용하면 트랜스포머가 우월하다. [프로그램 11-1]은 훨씬 작은 데이터셋을 사용했으니 비슷한 현상이 나타났다고 볼 수 있다.

ViT 프로그래밍 실습 2

텐서플로 사이트가 제공하는 ViT 프로그램에는 32×32 영상을 72×72 크기로 확대하고 데이터를 증강하는 과정이 들어있다. [프로그램 11-1]은 이 과정을 뺀 코드인데, [프로그램 11-2]는 이 기능을 추가해 성능 향상이 이루어지는지 확인한다.

프로그램 11-2 CIFAR-10을 분류하는 비전 트랜스포머: 영상 확대와 데이터 증강으로 성능 향상하기

```
    01~08행은 [프로그램 11-1]과 같음

09  n_class=10                                  # 부류 수
10  img_siz=(32,32,3)
11  img_expanded_siz=(72,72,3)
12
13  patch_siz=6                                 # 패치 크기
14  p2=(img_expanded_siz[0]//patch_siz)**2      # 패치 개수
15  d_model=64                                  # 임베딩 벡터 차원
16  h=8                                         # 헤드 개수
17  N=6                                         # 인코더 블록의 개수

    18~42행은 [프로그램 11-1]의 17~41행과 같음

43  def create_vit_classifier():
44      input=layers.Input(shape=(img_siz))
45      nor=layers.Normalization()(input)
46      exp=layers.Resizing(img_expanded_siz[0],img_expanded_siz[1])(nor)
47
48      x=layers.RandomFlip('horizontal')(exp)
49      x=layers.RandomRotation(factor=0.02)(x)
50      x=layers.RandomZoom(height_factor=0.2, width_factor=0.2)(x)
```

```
51
52        patches=Patches(patch_siz)(x)               # 패치 생성
53        x=PatchEncoder(p2,d_model)(patches)         # 패치 인코딩

    이후는 [프로그램 11-1]의 48~99행과 같음
```

```
Epoch 1/100
391/391 - 63s - loss: 1.9473 - accuracy: 0.3414 - val_loss: 1.3933 - val_accuracy:
0.4899 - 63s/epoch - 161ms/step
Epoch 2/100
391/391 - 57s - loss: 1.4903 - accuracy: 0.4645 - val_loss: 1.2458 - val_accuracy:
0.5622 - 57s/epoch - 147ms/step
...
Epoch 100/100
391/391 - 58s - loss: 0.2170 - accuracy: 0.9268 - val_loss: 0.5090 - val_accuracy:
0.8511 - 58s/epoch - 147ms/step
정확률= 85.11000275611877
```

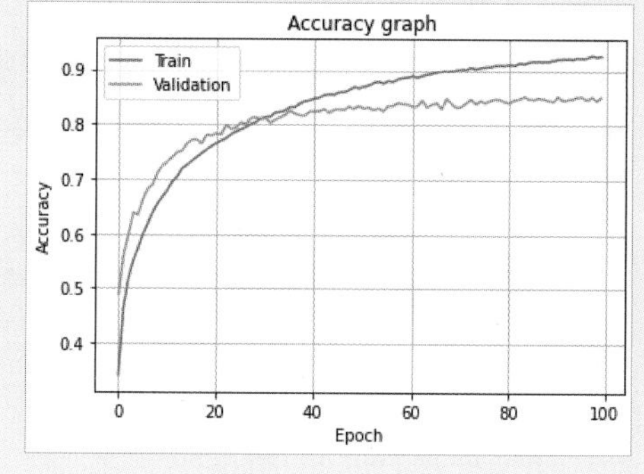

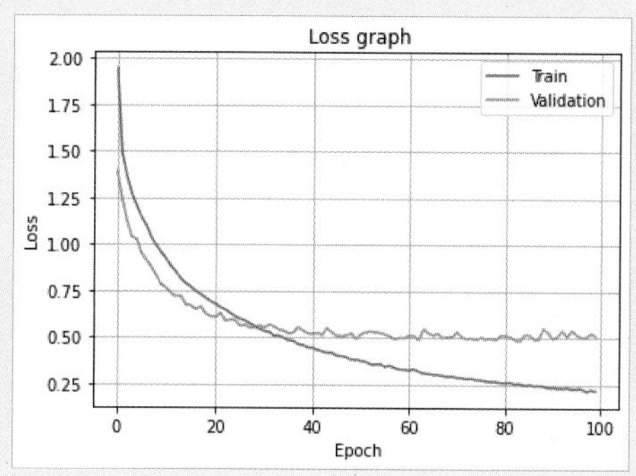

11행은 확대된 영상의 크기를 72×72×3으로 설정한다. 13행은 패치 크기를 6×6으로 설정하고 14행은 패치 개수를 계산해 p2에 저장한다.

43행에서 시작하는 create_vit_classifier 함수를 살펴보자. 44~45행은 [프로그램 11-1]과 같이 Input과 Normalization을 적용한다. 46행은 입력 영상을 72×72 크기로 확대하는 Resizing을 적용한다. 48~50행은 데이터 증강을 수행한다. 48행은 좌우 반전을 적용하고 49행은 $-0.02\times2\pi\sim0.02\times2\pi$ 범위에서 랜덤하게 회전을 적용하고 50행은 수평과 수직 방향으로 20%만큼 랜덤하게 줌아웃을 수행한다. 52행은 이렇게 증강된 영상을 입력 받는다. 나머지 부분은 [프로그램 11-1]과 같다.

프로그램 실행 결과를 살펴보면, 85.11%의 정확률을 얻어 [프로그램 11-1]에 비해 무려 5.93% 향상되었다.

11.4.2 검출과 분할을 위한 트랜스포머

9.3절은 검출을 위한 성능 척도를 통해 검출 문제를 설명했으며 RCNN 계열 모델과 YOLO 계열 모델을 상세히 설명했다. 검출 문제를 간략히 상기한 다음에 어떻게 트랜스포머에 적용할지 구상해보자.

발상

영상에서 물체를 검출하는 신경망은 여러 개의 박스를 예측해야 하기 때문에 집합 예측 모델이다. 모델의 예측과 정답에 해당하는 레이블이 모두 박스 집합이기 때문에 헝가리안 알고리즘으로 최적의 매칭 쌍을 알아내 손실 함수를 계산한다. 고전 알고리즘과 딥러닝 방법 모두 후보 영역을 충분히 많이 생성한 다음 후보 영역 각각에 대해 어떤 물체인지 분류하는 접근 방법을 사용한다. 물체를 놓치지 않기 위해 후보 영역을 촘촘히 생성하기 때문에 한 물체에 여러 개의 박스가 중복 검출되는 현상이 나타난다. 중복을 해소하려고 보통 비최대 억제라는 후처리를 적용한다.

트랜스포머를 사용하면 후보 영역을 생성하는 중간 단계 없이 박스 집합을 직접 예측할 수 있을까? 중복 현상이 아예 일어나지 않게 할 수 있을까? 컨볼루션 신경망에 기반한 faster RCNN이나 YOLO보다 좋은 성능을 얻을 수 있을까?

컨볼루션 신경망은 유연하여 [그림 9-23]의 faster RCNN과 [그림 9-26]의 YOLO v3의 구조를 자유자재로 설계할 수 있었다. 하지만 [그림 11-12]의 트랜스포머는 $T \times d_{model}$ 크기의 텐서가 여러 인코더 블록과 여러 디코더 블록을 흐르면서 연산이 이루어지기 때문에 컨볼루션 신경망에 비해 구조를 개조할 수 있는 여지가 적다. 따라서 트랜스포머의 원래 구조를 유지하면서 박스 집합을 예측할 수 있게 개조해야 한다. 물체 검출을 위한 트랜스포머는 영상을 입력으로 받아 박스 집합을 출력해야 하므로 인코더와 디코더를 모두 사용한다. 디코더에 붙은 출력층은 $T \times d_{model}$ 텐서를 박스 집합으로 변환하는 일을 해야 한다. 손실 함수는 트랜스포머가 예측한 박스 집합과 레이블 박스 집합이 일치하는 정도를 측정하는 능력을 갖추어야 한다. 박스는 직사각형을 표현하는 4개 값과 물체 부류를 나타내는 부류 확률 벡터로 표현된다.

DETR

faster RCNN과 같은 컨볼루션 신경망은 박스 집합을 바로 예측하기 어렵기 때문에 영역 후보를 생성한 다음 영역을 분류하는 우회 방법을 쓴다. 다시 말해 원래 문제를 대리 문제로 바꾸고 대리 문제를 푸는 셈이다. Carion은 트랜스포머를 이용해 바로 집합 예측을 하는 DETRDEtection TRansformer이라는 새로운 모델을 제안한다[Carion2020]. DETR은 후보 영역을 생성하는 단계가 없고 비최대 억제라는 후처리 단계가 없다. 따라서 통째 학습이 가능하다.

[그림 11-19]는 DETR의 구조다. DETR은 ①~③으로 표시한 세 모듈로 구성된다. 모듈 ①은 컨볼루션 신경망으로 특징을 추출한다. $m \times n \times 3$의 컬러 영상이 들어오면 ResNet을 거쳐 $h \times w \times C$ 특징 맵으로 변환한다. 실험에서는 $C=2048$이고 $h=\frac{m}{32}$, $w=\frac{n}{32}$이다. 이 텐서에 1×1 컨볼루션을 적용해 채널의 개수를 C에서 d_{model}로 줄여 $h \times w \times d_{model}$ 텐서로 변환한다. $h \times w$에 있는 화소를 Flatten으로 이어 붙여 행에 배치하면 $hw \times d_{model}$ 행렬을 얻는다. [그림 11-19]는 hw를 T로 표기한다. 이렇게 하면 트랜스포머에 입력할 $T \times d_{model}$ 행렬을 얻는다. 이 행렬의 각 행은 $\frac{1}{32} \times \frac{1}{32}$로 축소된 영상의 화소에 해당한다. 자기 주목을 계산할 때 행이 query로 참여하기 때문에 축소된 화소끼리 주목 정보를 추출하는 셈이다. 축소된 화소를 패치로 간주할 수 있기 때문에 DETR은 [그림 11-6]의 자기 주목을 반영한다고 볼 수 있다.

모듈 ②는 인코더와 디코더로 구성된 트랜스포머다. 모듈 ①에서 입력된 $T \times d_{model}$ 행렬에 위치 인코딩을 적용해 인코더 블록1에 입력한다. 인코더 블록1, 인코더 블록2, …, 인코더 블록 M을 통해 변환된 행렬은 디코더의 MHA에 입력되어 key와 value 역할을 한다. 이제 디코더를 살펴보자. [그림 11-12]의 원래 트랜스포머에서는 디코더가 자기 회귀 방식으로 작동한다. 다시 말해 순간 1에 문장의 시작을 의미하는 〈SOS〉 기호를 주면 첫 번째 단어가 생성된다. 순간 2에서는 〈SOS〉와 생성된 첫 번째 단어를 주면 두 번째 단어가 생성된다. 순간 3에서는 〈SOS〉와 첫 번째와 두 번째 단어를 입력으로 준다. 이런 자기 회귀를 물체 검출에 적용할 수 있을까? 문장은 단어가 순서를 이루지만 물체 박스는 순서가 없어 집합으로 표현해야만 한다. 따라서 디코더에 자기 회귀를 적용할 수 없다.

[그림 11-19]의 디코더 입력을 보면 object queries라고 표시된 K개의 벡터가 있다. $K \times d_{model}$ 크기의 행렬이 입력된다는 뜻이다. K는 검출 가능한 물체의 최대 개수인데 미리 설정해 놓는다. 디코더에 붙어있는 출력층은 물체가 아닌 경우 $\varnothing$을 출력할 수 있어 가변 개수의 물체

를 검출할 수 있다. 그림의 예시에서는 2개의 박스와 3개의 ∅을 출력했다. 디코더의 최초 입력인 object queries는 박스에 대한 아무런 정보가 없기 때문에 위치 인코딩, 즉 식 (11.7)의 **P**를 가지고 출발한다. DETR은 학습을 통해 알아낸 **P**를 사용한다.

이제 모듈 ③에 대해 생각해보자. 모듈 ③은 디코더 블록이 출력한 짙은 녹색 표시의 $K \times d_{model}$ 행렬의 각 행을 완전연결층(FF)에 통과시켜 박스 정보로 변환한다. 이렇게 모델이 예측한 박스 집합을 $\hat{y}$로 표기한다. 정답에 해당하는 참값 박스 집합을 y로 표기한다. y에 ∅ 박스를 추가해 $\hat{y}$처럼 K개 박스를 가지게 한다. $\hat{y}$과 y에 [예시 10-3]의 헝가리안 알고리즘을 적용해 최적 매칭 쌍을 구한다. 매칭된 참값 박스 i와 예측 박스 j 쌍을 이용해 식 (11.15)로 손실 함수를 정의한다. 첫 번째 항은 부류를 맞혔는지 측정한다. $\hat{p}_j(c_i)$는 예측 부류 확률 벡터에서 참값 부류에 해당하는 확률이다. 두 번째와 세 번째 항은 물체 위치를 얼마나 정확하게 맞혔는지 측정한다. 직사각형의 일치 정도를 측정하는 IoU(두 번째 항)와 L1 거리(세 번째 항)를 결합해서 계산한다.

$$J(y,\hat{y}) = \sum_{(i,j)\in \text{매칭 쌍}} \left(-\log \hat{p}_j(c_i) + \lambda_1 \text{IoU}\left(b_i, \hat{b}_j\right) + \lambda_2 \left\| b_i - \hat{b}_j \right\|_1 \right) \qquad (11.15)$$

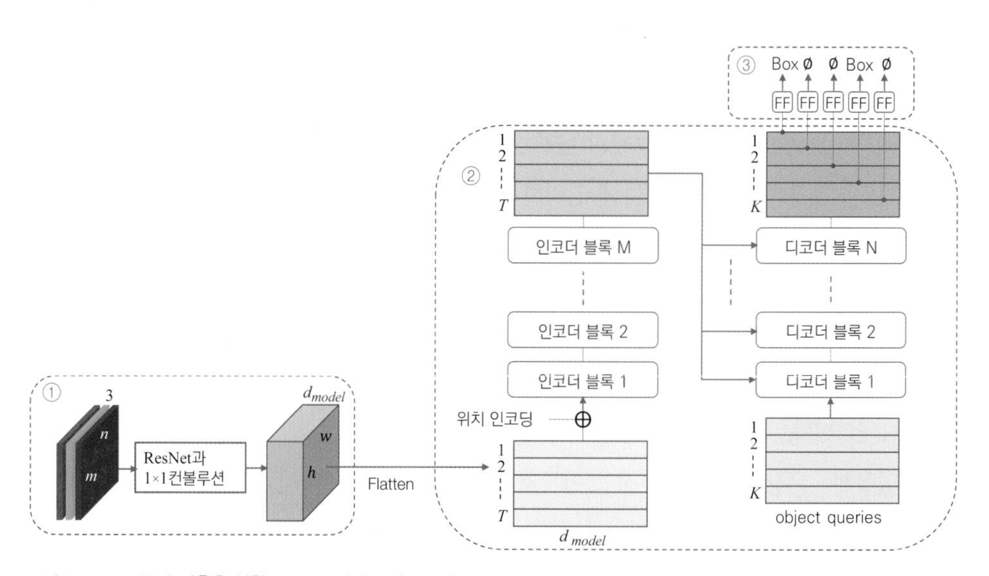

그림 11-19 물체 검출을 위한 DETR 비전 트랜스포머

[그림 11-20]은 DETR의 자기 주목 행렬을 시각화한 것이다. 자기 주목 행렬이란 식 (11.11)에 있는 $\text{softmax}\left(\frac{\mathbf{Q}_i \mathbf{K}_i^{\text{T}}}{\sqrt{d_{key}}}\right)$를 뜻한다. 이 행렬은 영상을 구성하는 여러 개의 query 벡터가 상호

주목하는 정도를 표현한다. DETR에서는 [그림 11-19]의 모듈 ①이 $m \times n$ 크기의 원래 영상을 $h \times w$로 축소하고 축소된 특징 맵에서 화소 각각을 query 벡터로 취하기 때문에 자기 주목 행렬은 축소된 화소, 즉 패치가 상호 주목하는 정도를 측정한다. [그림 11-20(a)]는 이런 성질을 이용해 인코더의 자기 주목 행렬을 시각화한 결과다. 네 점을 예로 들어 주목 정보를 보여주는데, 물체를 구분하는 역할을 제대로 수행하고 있다는 사실을 확인할 수 있다. [그림 11-20(b)]는 출력층이 검출한 박스를 예로 들어 그에 해당하는 자기 주목 행렬을 시각화한 결과다. 모든 박스가 직사각형 경계에 주목하고 있다는 사실을 확인할 수 있다. 예를 들어 주황색 표시한 새끼 코끼리의 경우 코와 발, 등, 꼬리에 주목하고 있다. 이 사실을 바탕으로 디코더의 역할을 추론해보면 디코더는 박스를 제대로 알아내려고 자기 주목 행렬을 통해 물체의 상하좌우 경계에 주목한다고 말할 수 있다.

(a) 인코더의 자기 주목 행렬을 시각화

(b) 디코더의 자기 주목 행렬을 시각화

그림 11-20 DETR이 주목하는 곳[Carion2020]

분할을 위한 비전 트랜스포머

DETR은 물체를 검출할 목적으로 개발되었는데, 트랜스포머의 특성으로 인해 분할을 할 수 있도록 쉽게 확장할 수 있다. [그림 11-19]의 모듈 ③은 출력 행렬을 해석해 박스 정보로 변환하는 검출 용도의 헤드다. 검출 헤드를 떼내고 분할 헤드를 붙이면 분할 용도의 DETR로 변신한다[Carion2020]. 분할 헤드는 축소된 해상도를 원래 해상도로 복구하려고 업 샘플링을 위한 컨볼루션층을 포함한다.

SETRSEgmentation TRansformer은 $m \times n \times 3$의 컬러 영상을 ViT에서처럼 패치로 나누고 임베딩 과정을 거쳐 $\left(\frac{m}{16}\frac{n}{16}\right) \times d_{model}$ 크기의 행렬로 변환해 트랜스포머 인코더에 입력한다[Zheng2021]. 여러 개의 인코더 블록을 거쳐 나온 $\left(\frac{m}{16}\frac{n}{16}\right) \times d_{model}$ 크기의 행렬을 특징 맵으로 받아 디코더에 입력한다. 디코더는 [그림 9-35]처럼 업 샘플링을 위한 여러 단계의 컨볼루션층을 쌓아 만든다. 피라미드 형태로 컨볼루션층을 쌓은 디코더도 제안한다. 요약하면 SETR에서 인코더는 트랜스포머를 사용하고 디코더는 컨볼루션 신경망을 사용하는 구조다.

11.4.3 백본 트랜스포머

컨볼루션 신경망으로 전이 학습transfer learning을 할 수 있다는 점은 딥러닝의 큰 장점이다. [그림 8-23]은 전이 학습에 널리 쓰이는 VGGNet, GoogLeNet, ResNet 등의 백본 모델을 보여준다. [프로그램 8-7]은 DenseNet121을 백본으로 사용해 개의 품종을 인식하는 프로그램이다. 트랜스포머도 전이 학습을 위한 백본으로 쓸 수 있을까? 자연어 처리에서는 방대한 분량의 문장 데이터셋으로 학습한 BERT와 GPT라는 트랜스포머 모델이 있다. 이들을 백본으로 사용해 언어 번역, 챗봇, 질의응답, 문서 요약 등을 포함해 수십 가지 응용 문제에 성공적으로 전이 학습한다. 지역 정보를 추출하는 컨볼루션 연산에 의존하는 컨볼루션 신경망에 비해 자기 주목에 의존하는 트랜스포머가 전이 학습에 훨씬 유리하다는 이론적인 근거와 실험적 입증이 많이 발표되었다. 그렇다면 백본으로 쓸 수 있는 비전 트랜스포머를 제작할 수 있을까? 2021년 ICCV에서 Marr상을 수상한 스윈 트랜스포머는 이 질문에 긍정적인 답을 제시한다.

스윈 트랜스포머Swin transformer는 분류, 검출, 분할, 추적 등에 두루 사용할 수 있는 백본 비전 트랜스포머를 목표로 설계되었다[Liu2021a].

TIP 보다 높은 해상도를 처리할 수 있게 확장된 스윈 트랜스포머 버전 [Liu2021b]가 나와 있다.

백본이 되려면 영상의 특성을 충분히 반영한 구조를 설계하는 일이 핵심이다. 원래 트랜스포머는 문장을 처리할 목적으로 설계되었는데 문장과 영상은 근본 특성이 크게 다르다. 문장을 구성하는 단어는 스케일 변화가 없는데 영상을 구성하는 물체는 아주 다양한 크기로 나타나 스케일 변화가 심하다. 한 문장을 구성하는 단어는 수십 개에 불과한데 영상을 구성하는 화소는 수만~수백만 개다. 또한 문장은 띄어쓰기를 통해 단어가 분할되어 있는데 영상을 구성하는 물체는 물체끼리 또는 물체와 배경이 심하게 섞여있다. 백본이 되려면 영상의 이런 특성을 잘 반영해야 한다.

계층적 특징 맵과 이동 윈도우

스윈 트랜스포머는 계층적 특징 맵과 이동 윈도우shifted window라는 두 가지 핵심 아이디어를 사용해 영상의 특성을 트랜스포머에 반영한다. [그림 11-21(a)]는 계층적 특징 맵을 사용해 물체의 스케일 변화에 대응하는 방법을 설명한다. 빨간색 테두리는 윈도우를 나타내는데 모든 윈도우는 $M \times M$ 개의 패치로 구성된다. 이 예에서 $M=4$다. 맨 아래의 첫 번째 층은 패치를 작게 하여 윈도우가 4×4=16개 있다. 가운데 있는 두 번째 층은 패치의 크기가 두 배로 커져서 2×2=4개 윈도우가 있고 맨 위의 세 번째 층은 윈도우가 하나다. 이렇게 작은 패치부터 큰 패치로 구분해 처리하면 여러 크기의 물체를 분류하거나 검출하거나 분할할 수 있다. [그림 11-21(b)]는 모든 층이 같은 크기의 패치를 사용하는 [그림 11-18]의 ViT의 구조다. ViT는 영상을 분류하는 데 쓸 수 있지만 다양한 크기의 물체를 검출하거나 분할하는 데 한계가 있다.

계층적 특징 맵은 계산 효율에도 크게 도움이 된다. 단일 해상도를 사용하는 [그림 11-21(b)]의 ViT가 224×224 영상을 16×16 크기의 패치 14×14=196개로 나눈다고 가정하자. 이 경우 행의 개수 $T=196$인 행렬이 입력되는데 MHA는 T개 행(패치)끼리 자기 주목을 계산하기 때문에 T^2번의 연산을 수행한다. 실제 연산은 식 (11.11)에서 $\mathbf{Q}_i \mathbf{K}_i^{\mathrm{T}}$의 행렬 곱으로 이루어진다. $\mathbf{Q}_i$와 $\mathbf{K}_i$가 $T \times d_{key}$ 행렬이므로 $T^2 \times d_{key}$만큼 곱셈이 수행된다. 다중 해상도를 사용하는 [그림 11-21(a)]에서는 윈도우별로 자기 주목을 적용한다. 윈도우는 $M \times M$개의 패치로 구성되므로 한 윈도우는 $M^2 \times d_{key}$만큼 곱셈을 수행한다. 스윈 트랜스포머의 실제 실험에서는 $M=7$로 고정했기 때문에 ViT에 비해 (196×196)/(7×7×윈도우 개수)배 빠르게 계산한다. [그림 11-21(a)]의 맨 아래층에서는 윈도우가 16개이므로 49배 빠르다.

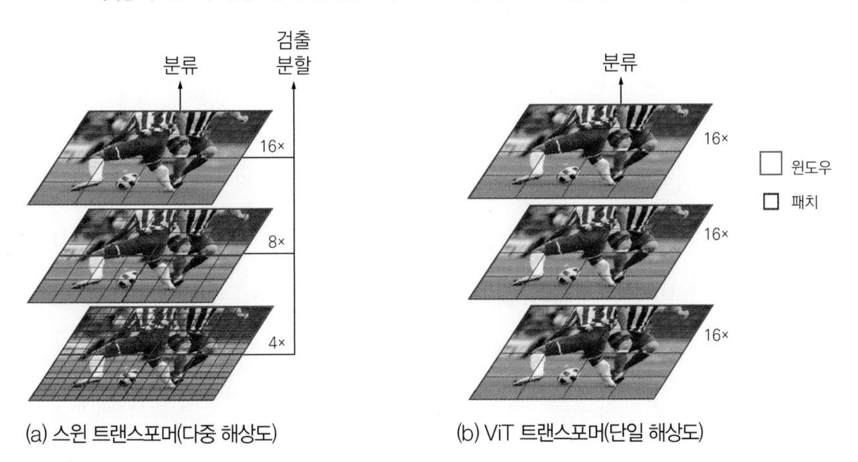

그림 11-21 트랜스포머가 스케일 변화에 대처하는 방법[Liu2021a]

[그림 11-22]는 스윈 트랜스포머의 또 다른 핵심 아이디어인 이동 윈도우shifted window를 보여준다. 스윈이란 이름은 Shifted WINdow에서 유래한다. l번째 층에서는 이전처럼 윈도우를 나누는데, 그 다음 l+1번째 층에서는 윈도우를 절반 크기만큼 수평과 수직 방향으로 이동해 나눈다. 이동 윈도우를 사용하면 윈도우끼리 연결성이 강화되어 성능 향상이 나타난다.

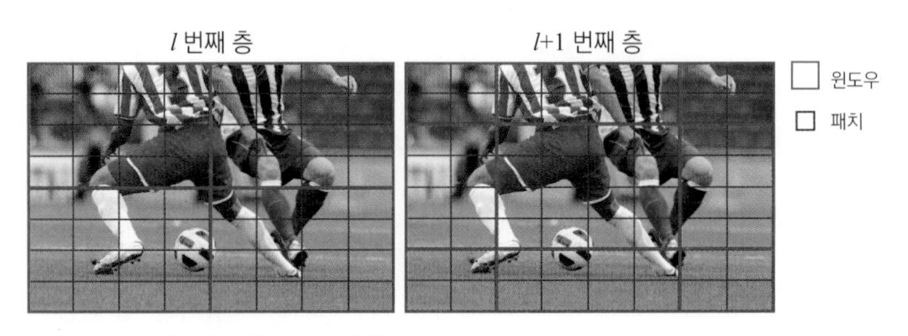

그림 11-22 이동 윈도우[Liu2021(a)]

스윈 트랜스포머의 구조

[그림 11-23(a)]는 스윈 트랜스포머의 구조다. 왼쪽에서 오른쪽 방향으로 흐르는 단계 1~4는 [그림 11-21(a)]에서 아래에서 위로 진행하며 패치는 커지고 윈도우 개수는 작아지는 방향에 해당한다. 예를 들어 $m \times n$=448×448 영상이 입력되고 C=96으로 설정했다면 단계 1의 입력 텐서는 112×112×48이고 출력 텐서는 112×112×96이다. 단계 2는 112×112×96 텐서를 받아 56×56×192텐서를 출력한다. 단계 3은 56×56×192 텐서를 받아 28×28×384 텐서를 출력한다. 단계 4는 28×28×384 텐서를 받아 14×14×768 텐서를 출력한다.

[그림 11-23(a)]는 이런 텐서 변환을 어떻게 수행하는지 설명한다. $m \times n \times 3$ 영상이 입력되면 [그림 11-21(a)]의 맨 아래층처럼 4×4 크기의 패치로 분할한다. $\frac{m}{4} \times \frac{n}{4}$개의 패치를 얻고 패치 하나는 4×4×3=48개 값을 가지므로 $\frac{m}{4} \times \frac{n}{4} \times 48$ 텐서가 된다.

단계 1은 이 텐서에 선형 임베딩을 적용한다. 선형 임베딩은 $\frac{m}{4} \times \frac{n}{4} \times 48$에 1×1 컨볼루션을 C번 적용해 $\frac{m}{4} \times \frac{n}{4} \times C$ 텐서로 변환한다. 실험에서는 C=96으로 설정했다. 이웃한 $M \times M$개 패치를 묶어 윈도우를 구성하면 $\frac{mn}{16M^2}$개의 윈도우를 얻는다. 실험에서는 M=7을 사용했다. 각 윈도우는 M^2=49개 패치를 행에 배치한 49×C 행렬로 표현되어 노란색 표시된 스윈 트랜스포머 블록을 통과한다. 이때 각 윈도우는 독립적으로 처리된다. 결과적으로 단계 1은 $\frac{m}{4} \times \frac{n}{4} \times C$ 텐서를 출력한다.

단계 2는 단계 1로부터 $\frac{m}{4} \times \frac{n}{4} \times C$ 텐서를 받아 패치 합치기를 적용한다. 패치 합치기는 [그림 11-21(a)]의 맨 아래층에서 그 위층으로 진행하는 과정에 해당하는데, 단순히 이웃한 4개 패치를 하나의 패치로 합친다. 결과적으로 패치 크기는 4×4에서 8×8이 되고 윈도우는 $\frac{mn}{16M^2}$ 개에서 $\frac{mn}{64M^2}$ 개로 줄어든다. 같은 과정을 단계 3과 단계 4에 대해 적용하면 최종적으로 $\frac{m}{32} \times \frac{n}{32} \times 8C$ 텐서를 얻는다. 이 특징 맵에 분류를 위한 헤드를 붙이면 분류기가 되고 검출을 위한 헤드를 붙이면 검출기가 되고 분할을 위한 헤드를 붙이면 분할기가 된다. 이런 방식으로 스윈 트랜스포머는 백본 모델로 작용한다.

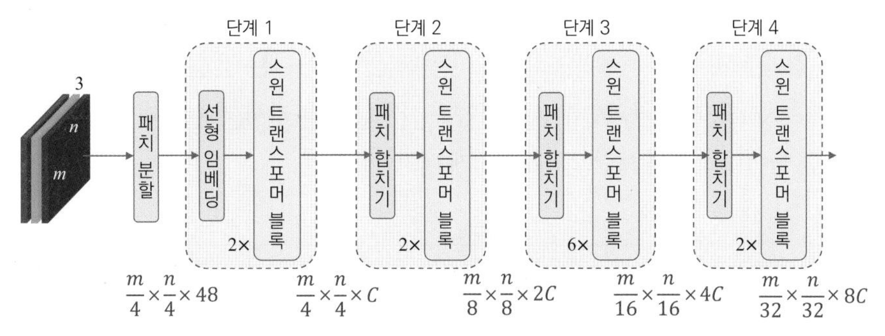

(a) 전체 구조

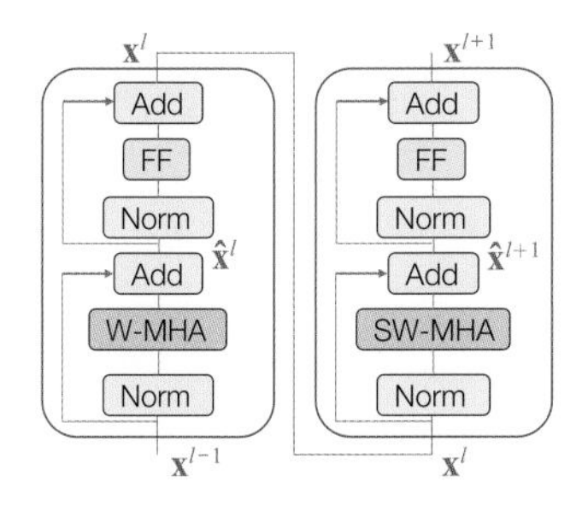

(b) 스윈 트랜스포머 블록

그림 11-23 스윈 트랜스포머의 구조

이제 단계 1~4에 노란색 표시된 스윈 트랜스포머 블록의 동작을 [그림 11-23(b)]를 통해 살펴보자. 그림은 인코더 블록을 2개 쌓은 상황이다. 현재 블록 l은 $l-1$번째 블록에서 $\mathbf{x}^{l-1}$ 텐서를 받아 층 정규화 Norm을 적용하고 W-MHSA층으로 자기 주목을 적용한다. 이후 Add와 Norm, 완전연결(FF), Add를 적용해 $\mathbf{x}^l$을 출력한다. $l+1$번째 블록은 $\mathbf{x}^l$을 입력으로 받아 같은 과정을 거쳐 $\mathbf{x}^{l+1}$ 텐서를 출력한다. l번째 블록과 $l+1$번째 블록의 자기 주목을 W-MHA와

SW-MHA로 표기했는데 W-MHA는 [그림 11-22]의 왼쪽과 같이 윈도우를 분할하는 반면 SW-MHA는 오른쪽과 같이 이동 윈도우로 분할한다. 단계 1, 2, 4는 2개의 블록을 쌓는 반면 단계 3은 6개의 블록을 쌓는다.

스윈 트랜스포머는 컴퓨터 비전을 위한 백본 모델로 개발되었다. [그림 11-24]는 이런 사실을 설명한다. 예를 들어 [그림 11-18(b)]처럼 FF와 softmax로 구성된 분류 헤드를 붙이면 분류 모델이 되고 [그림 11-19]처럼 여러 FF로 구성된 검출 헤드를 붙이면 검출 모델이 된다. 백본으로 활용하는 또 다른 방법은 컨볼루션 신경망을 트랜스포머로 대치하는 것이다. 예를 들어 [그림 9-23]의 faster RCNN을 개조한 mask RCNN에서 ResNet-50 백본을 스윈 트랜스포머로 대치한다. 논문은 실제로 이렇게 대치한 결과 AP가 46.3%에서 50.5%로 향상되었다는 실험 결과를 제시한다. 스윈 트랜스포머는 백본으로 쓰이는 컨볼루션 신경망 모델인 VGGNet, ResNet 등과 호환되도록 텐서 모양을 설정했다. 따라서 기존 딥러닝 모델에서 컨볼루션 백본을 들어내고 스윈 트랜스포머로 쉽게 대치할 수 있다.

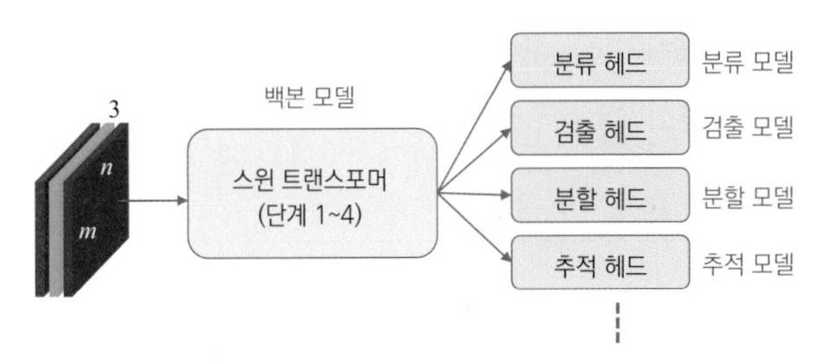

그림 11-24 백본 모델로서 스윈 트랜스포머

11.4.4 자율지도 학습

트랜스포머가 발표된 직후에 대용량 문서 데이터셋으로 사전 학습된 BERTBidirectional Encoder Representations from Transformer[Devlin2018]와 GPT-3Generative Pre-Trained transformer-3 [Brown2020]이 등장한다. 이들 사전 학습 모델은 다양한 자연어 처리 응용에 성공적으로 활용되어 자연어 처리에서 없어서는 안될 백본 모델로 자리잡는다. 이런 성공을 떠받치는 토대는 트랜스포머의 확장성scalability이다. 확장성은 모델의 크기와 데이터셋의 크기가 커져도 원만하게 학습이 이루어지고 성능이 향상되는 특성을 뜻한다. GPT-3은 1750억(175Giga) 개의 가중치를 가지는 거대한 모델이다. 최근에 발표된 Switch 트랜스포머는 1.6조(1.6Tera) 개의 가중치를 가지도록 확장되었다[Fedus2022].

자연어 처리를 위한 MLM

이런 거대한 모델을 학습하려면 거대한 데이터셋이 있어야 하는데, 사람이 레이블링할 수 있는 양에는 한계가 있어 지도 학습supervised learning은 불가능하다. 대안은 레이블링이 안 된 데이터로 자율지도 학습self-supervised learning을 하는 것이다. 자연어 처리에서는 문장을 구성하는 단어 일부를 랜덤하게 선택해 가린 다음 모델이 알아내게 학습하는 마스크 언어 모델MLM; Masked Language Model을 주로 사용한다. 예를 들어, 입력으로 "저게 ___ 붉어질 __ 없다"를 주면 모델은 "저게 저절로 붉어질 리 없다"를 예측해야 한다. 보통 15% 비율로 단어를 가린다. 학습 알고리즘이 스스로 단어를 가린 다음에 그것을 레이블로 사용해 모델을 학습하기 때문에 자율지도라 부른다. 이외에도 같은 문서에서 연속된 두 문장을 뽑아 만든 쌍과 서로 다른 문서에서 뽑아 만든 쌍을 구별하도록 학습하는 다음 문장 예측NSP; Next Sentence Prediction 기법 등이 있다. 자연어 처리가 사용하는 이런 다양한 자율지도 학습을 컴퓨터 비전이 활용할 수 있을까?

영상은 여러 면에서 문장과 다르다. 영상은 이웃 화소끼리 높은 상관관계를 띠는 지역성이 강하다. 문장을 구성하는 단어에는 의미가 있지만 영상을 구성하는 화소에는 의미가 없다. 단어는 이산 단위지만 화소는 연속값을 갖는다. 이런 차이를 극복하고 자율지도 학습을 영상에 적용하는 연구 결과가 많이 발표되어 있다.

컴퓨터 비전을 위한 MIM

컴퓨터 비전의 자율지도 학습에는 영상을 패치로 나누고 섞어 직소 퍼즐jigsaw puzzle로 만든 다음 모델이 바로잡게 학습하는 기법, 명암 영상으로 바꾼 다음 컬러로 복원하도록 학습하는 방법 등 다양하다[Khan2022, 2.2절]. 여기서는 가장 널리 쓰이는 마스크 영상 모델링MIM; Masked Image Modeling 기법을 설명한다. MIM은 MLM과 비슷하게 영상의 일부를 가린 다음 모델이 알아내도록 학습하는 기법이다. 어디를 어떻게 가릴 지에 따라 여러 방식으로 구현할 수 있다. MIM으로 구현되어 널리 쓰이는 사전 학습 모델로 iGPT[Chen2020a]와 BEiT[Bao2021]을 들 수 있다. 여기서는 이들보다 훨씬 간단한 simMIM을 설명한다.

[그림 11-25(a)]는 simMIM의 동작을 보여준다. 마스킹 단계에서는 영상을 패치로 나눈 다음 랜덤하게 패치를 선택해 가린다[Xie2022]. 자연어 처리에서는 보통 15% 비율로 단어를 가렸는데 영상에서는 훨씬 큰 비율을 가려야 한다는 사실을 실험으로 알아낸다. 예를 들어

8×8 패치로 잘랐을 때 80% 가량 가려야 제대로 작동한다. 영상은 문장보다 중복성이 많기 때문이다. [그림 11-25(b)]는 가림 예를 보여준다.

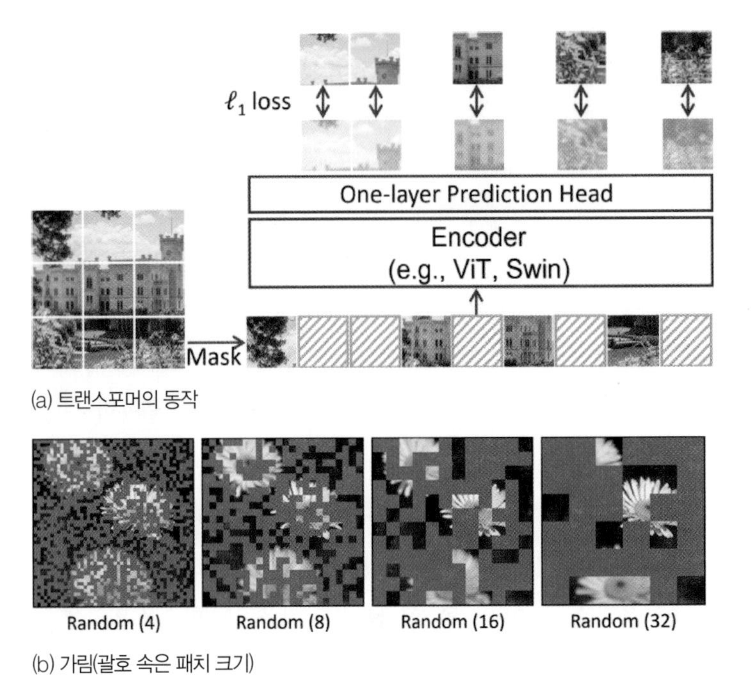

(a) 트랜스포머의 동작

(b) 가림(괄호 속은 패치 크기)

그림 11-25 simMIM을 이용한 자율 학습[Xie2022]

인코더로는 ViT의 인코더 또는 스윈 트랜스포머의 인코더를 사용한다. 인코더가 출력한 특징 맵을 원래 패치로 복원하는 층이 있어야 한다. 이때 신중하게 고려할 사항이 있다. 예를 들어 스윈 트랜스포머의 인코더를 사용하는 경우에 [그림 11-23(a)]에 따르면 해상도가 32배로 줄어든 특징 맵이 출력된다. 따라서 원본 영상 크기로 복원하는 층이 추가되어야 한다. 이전에는 주로 [그림 9-33]의 업 샘플링 과정을 적용한다. 하지만 simMIM은 가장 단순한 형태에 속하는 [그림 11-25(a)]에서 'One-layer Prediction Head' 표시된 선형 임베딩층을 사용한다. 선형 임베딩층은 1×1 컨볼루션을 3072=32×32×3번 적용해 $\frac{m}{32}\times\frac{n}{32}\times 8C$ 특징 맵을 $m\times n\times 3$ 크기의 원본 영상으로 변환한다. 이 단계에서 단순한 1×1 컨볼루션을 사용해서 높은 성능을 얻을 수 있다는 사실을 알아낸 점이 simMIM의 가장 큰 공헌이다. 손실 함수는 가린 패치에 대해 예측 영상과 참값 영상의 화소 간의 L1 거리를 측정한다.

11.5 비전 트랜스포머 프로그래밍 실습

허깅페이스Hugging Face는 인공지능 전문 기업인데 자연어 처리와 컴퓨터 비전에 관련된 최신 기술을 모아 공개하는 일을 활발히 수행하고 있다. 특히 최신 트랜스포머 모델을 일정한 틀에 맞추어 제공한다(https://huggingface.co/docs/transformers/index). 컴퓨터 비전과 자연어 처리를 같은 틀 위에서 설계했기 때문에 비슷한 방식으로 프로그래밍할 수 있는 장점이 있다. 사전 학습된 모델을 읽어와 새로운 영상에 대해 추론하는 일, 사전 학습된 모델을 백본으로 사용해 자신의 데이터에 미세 조정하는 일, 완성한 모델을 허깅페이스에 올리는 일 등을 쉽게 할 수 있다. 앞서 공부한 영상 분류를 위한 ViT(11.4.1항, 510쪽), 검출과 분할을 위한 DETR(11.4.2항, 521쪽), 백본으로 활용되는 스윈 트랜스포머(11.4.3항, 524쪽)를 제공한다. 여기서는 ViT와 DETR을 이용한 프로그래밍 실습, 그리고 컴퓨터 비전과 자연어 처리를 융합한 CLIP을 이용한 프로그래밍 실습을 수행한다.

11.5.1 ViT 프로그래밍 실습: 영상 분류

[프로그램 11-1]에서는 ViT 모델을 구성하고 CIFAR-10 데이터셋으로 학습하는 실습을 수행했다. CIFAR-10 영상은 32×32로 작은데, [프로그램 11-3]에서는 사전 학습된 ViT 모델을 가져와 보다 큰 영상을 분류하는 실습을 수행한다. 이 프로그램을 실행하려면 다음 명령어를 사용해 허깅페이스가 제공하는 transformers 모듈을 설치해야 한다.

```
(cv) C:/> pip install transformers
```

프로그램 11-3 허깅페이스의 ViT를 이용한 영상 분류하기

```
01  from transformers import ViTFeatureExtractor, TFViTForImageClassification
02  from PIL import Image
03
04  img=[Image.open('BSDS_242078.jpg'),Image.open('BSDS_361010.jpg'),Image.
    open('BSDS_376001.jpg')]
05
```

```
06  feature_extractor=ViTFeatureExtractor.from_pretrained('google/vit-base-
    patch16-224')
07  model=TFViTForImageClassification.from_pretrained('google/vit-base-
    patch16-224')
08
09  inputs=feature_extractor(img,return_tensors='tf')
10  res=model(**inputs)
11
12  import tensorflow as tf
13  import matplotlib.pyplot as plt
14
15  for i in range(res.logits.shape[0]):
16     plt.imshow(img[i]); plt.xticks([]); plt.yticks([]); plt.show()
17     predicted_label=int(tf.math.argmax(res.logits[i],axis=-1))
18     prob=float(tf.nn.softmax(res.logits[i])[predicted_label]*100.0)
19     print(i,'번째 영상의 1순위 부류: ',model.config.id2label[predicted_label],prob)
```

```
0번째 영상의 1순위 부류: umbrella 98.8782730102539
1번째 영상의 1순위 부류: croquet ball 4.9370503425598145
2번째 영상의 1순위 부류: hay 24.97460174560547
```

01행은 transformers 모듈에서 ViT를 사용하기 위해 필요한 클래스 2개를 불러온다. 허깅페이스는 컴퓨터 비전과 자연어 처리를 포괄해 모든 과업에 대해 같은 프로그래밍 틀을 유지하려고 전처리를 담당하는 클래스와 모델 구성을 위한 클래스를 구분한다. 전처리 클래스는 최초 입력을 모델이 요구하는 형태로 변환하는 일을 담당한다. ViT에서는 ViTFeatureExtractor 클래스가 전처리, TFViTForImageClassification 클래스가 모델 구성 임무를 맡는다.

04행은 테스트에 쓸 영상을 읽어온다. 영상 세 장을 읽어 img 리스트에 담는다. 06~10행은 모델을 읽어오고 테스트 영상에 대해 추론하는 과정이다. 06행은 전처리를 담당하는 ViT-FeatureExtractor 클래스의 from_pretrained 함수로 모델 파일을 읽어와 전처리에 해당하는 부분을 feature_extractor 객체에 저장한다. ViT 모델 파일인 'vit-base-patch16-224'에서 16은 패치 크기, 224는 입력 영상의 크기다. 07행은 모델 구성을 담당하는 TFViT-ForImageClassification 클래스의 from_pretrained 함수로 모델 파일을 읽어와 모델 구성에 해당하는 부분을 model 객체에 저장한다. 이제 사전 학습된 ViT 모델이 완성되었다.

09행은 04행에서 읽어 img에 저장해둔 테스트 영상을 feature_extractor 함수로 전처리하여 inputs 객체에 저장한다. 첫 번째 인수는 입력 영상인데 한 장 또는 여러 장의 영상을 리스트에 담아 입력할 수 있다. 10행은 inputs를 model 객체에 입력해 분류를 수행하고 결과를 res에 저장한다.

12~19행은 모델이 예측한 res를 해석하고 출력한다. res 객체의 logits 멤버 변수를 res.logits.shape 명령어로 확인해보면 [3,1000]의 2차원 배열임을 알 수 있다. 세 장의 영상 각각에 대해 1000부류에 대한 신경망 출력값을 담고 있다는 뜻이다. 만일 inputs가 다섯 장을 가졌다면 res는 [5,1000] 배열이 된다. 15행은 16~19행을 반복해 각각의 영상을 처리한다. 16행은 영상을 디스플레이한다. 17행은 i번째 영상에 대한 부류 확률 벡터인 res.logits[i]에서 가장 큰 값을 가진 부류 번호를 알아낸다. 허깅페이스는 softmax를 적용하기 이전의 신경망 출력값을 logits에 저장한다. 따라서 18행은 softmax를 적용해 부류 확률 벡터로 변환하고 부류 확률값을 prob에 저장한다. 19행은 부류 번호를 부류 이름으로 바꾸어 출력한다.

프로그램 실행 결과를 보면, 영상 세 장을 각각 umbrella(우산), croquet ball(크로켓볼), hay(건초)라고 제대로 분류했음을 알 수 있다. 첫 번째 영상은 98.87%의 높은 신뢰도를 보인 반면 두 번째 영상은 4.94%의 낮은 신뢰도로 분류했다.

11.5.2 DETR 프로그래밍 실습: 물체 검출

[프로그램 11-4]는 사전 학습된 DETR 모델을 가져와 물체를 검출하고 분할하는 프로그램이다. DETR은 파이토치에서 구현되어 텐서플로에서 수행할 수 없다. 따라서 [프로그램 11-4]를 실행하려면 다음 명령어를 통해 파이토치 관련 모듈과 timm 모듈을 설치해야 한다.

```
(cv) C:/> pip install torch torchvision torchaudio
(cv) C:/> pip install timm
```

TIP [프로그램 11-4]를 실행했을 때 오류가 발생하면 다음 명령어로 ipywidgets 모듈을 설치한다.
pip install ipywidgets==7.6.5

여러 과업을 같은 틀에서 프로그래밍할 수 있게 한다는 허깅페이스의 설계 철학으로 인해 [프로그램 11-4]는 [프로그램 11-3]과 매우 비슷하다.

프로그램 11-4 허깅페이스의 DETR을 이용해 물체 검출하기

```
01  from transformers import DetrFeatureExtractor, DetrForObjectDetection
02  from PIL import Image
03
04  img=Image.open('BSDS_361010.jpg')
05
06  feature_extractor=DetrFeatureExtractor.from_pretrained('facebook/detr-
    resnet-50')
07  model=DetrForObjectDetection.from_pretrained('facebook/detr-resnet-50')
08
09  inputs=feature_extractor(img,return_tensors='pt')
10  res=model(**inputs)
11
12  import numpy as np
13  import cv2 as cv
14
15  colors=np.random.uniform(0,255,size=(100,3))    # 100개 색으로 트랙 구분
16  im=cv.cvtColor(np.array(img),cv.COLOR_BGR2RGB)
17  for i in range(res.logits.shape[1]):
18     predicted_label=res.logits[0,i].argmax(-1).item()
19     if predicted_label!=91:
20        name=model.config.id2label[predicted_label]
21        prob='{:.2f}'.format(float(res.logits[0,i].softmax(dim=0)[predicted_
          label]))
22        cx,cy=int(481*res.pred_boxes[0,i,0]),int(321*res.pred_boxes[0,i,1])
23        w,h=int(481*res.pred_boxes[0,i,2]),int(321*res.pred_boxes[0,i,3])
24        cv.rectangle(im,(cx-w//2,cy-h//2),(cx+w//2,cy+h//2),colors[predicted_
          label],2)
25        cv.putText(im,name+str(prob),(cx-w//2,cy-h//2-5),cv.FONT_HERSHEY_
          SIMPLEX,0.6,colors[predicted_label],1)
26
27  cv.imshow('DETR',im)
28  cv.waitKey()
29  cv.destroyAllWindows()
```

01행은 transformers 모듈에서 DETR을 사용하는 데 필요한 클래스 2개를 불러온다. DETR에서는 DetrFeatureExtractor 클래스가 전처리, DetrForObjectDetection 클래스가 모델 구성을 맡는다.

04행은 테스트에 쓸 영상을 읽어온다. 06~10행은 모델을 읽어오고 테스트 영상으로 추론하는 과정으로, 모델 파일만 다를 뿐 [프로그램 11-3]과 같다. 모델 파일은 'facebook/detr-resnet-50'이다.

12~29행은 모델이 예측한 결과인 res를 해석하고 출력한다. res 객체의 logits과 pred_boxes 멤버 변수를 res.logits.shape과 res.pred_boxes.shape 명령어로 확인해보면 각각 [1,100,92]와 [1,100,4]의 3차원 배열임을 알 수 있다. 맨 앞은 입력 영상이 한 장이라 1이다. 두 번째 100은 최대 100개 박스까지 검출한다는 뜻이다. [그림 11-19]에서 K=100인 셈이다. logits는 검출한 박스의 부류 정보인데, COCO 데이터의 90부류에 대한 부류 확률을 가진다. 0은 사용하지 않고, 1은 'person', 2는 'bicycle', …, 91은 '물체 없음'에 해당한다. pred_boxes는 박스의 위치 정보로 중심과 너비와 폭을 4개의 값으로 표현한다.

15행은 물체를 부류에 따라 구분할 색을 난수로 생성한다. 16행은 박스를 그려 넣을 영상을 만들고, 17행은 최대 물체 수만큼 반복한다. 18행은 최댓값을 갖는 부류를 알아낸다. 19~25행은 물체인 경우에 박스와 함께 부류 이름과 신뢰도(확률)를 출력한다.

프로그램 실행 결과를 보면 공, 사람, 말을 잘 찾았다. 말에 탄 사람은 이중으로 찾았고 집 옆에 있는 작은 사람까지 찾았다. 허깅페이스가 제공하는 DETR은 COCO 데이터셋으로 학습했는데, COCO는 집이나 나무, 잔디를 stuff로 취급하기 때문에 부류 목록에 없다.

11.5.3 CLIP 프로그래밍 실습: 멀티 모달

트랜스포머는 영상과 자연어처럼 특성이 서로 다른 데이터, 즉 멀티 모달multi-modal 데이터를 모델링하는 능력이 뛰어나다. CLIP은 이런 강점을 활용해 사전 학습된 모델이다.

CLIP: 영상과 자연어를 같이 모델링한 멀티 모달 모델

웹에는 자연어로 설명문이 붙은 영상이 무수히 많다. 예를 들어 [그림 11-26]은 설명문이 붙은 고양이 사진을 위키피디아에서 가져왔다. 이런 자연어 문장을 레이블로 사용할 수 있다면 사람의 노력 없이 지금보다 수백~수만 배 큰 데이터셋을 구성할 수 있다. 그런데 정형화되지 않은 자연어 문장과 정형화된 영상을 같이 사용한 학습이 가능할까? CLIP은 이 질문에 긍정적인 답을 한다.

그림 11-26 자연어 문장을 레이블로 갖는 데이터셋 - 왼쪽은 'an odd eyed Arabian Mau cat', 오른쪽은 'The whiskers of a cat are highly sensitive to touch'

CLIPContrastive Language-Image Pre-training은 [그림 11-26]과 같은 (image,text) 샘플을 웹에서 4억 장 가량 모아 학습에 사용한다[Radford2021]. n개의 (image,text) 샘플을 가진 미니 배치에서 모든 image와 모든 text를 쌍으로 맺으면 n^2개 쌍이 생성되는데 n^2-n개는 틀린 쌍이고 n개는 옳은 쌍이다. 영상 인코더와 텍스트 인코더를 동시에 학습해 멀티 모달 임베딩 공간을 구성하는데, 옳은 쌍의 코사인 유사도는 최대화하고 틀린 쌍의 코사인 유사도는 최소화하도록 대조 학습contrastive learning을 적용한다.

TIP 대조 학습은 긍정 쌍은 거리를 좁히고 부정 쌍은 멀리 띄우는 학습 알고리즘이다[Jaiswal2021].

ResNet50은 사람이 정교하게 레이블링한 ImageNet으로 지도 학습했다. 그런데 ImageNet 분류 문제를 놓고 CLIP과 ResNet50이 겨룬 결과 CLIP이 1.9%만큼 우월한 성능을 보였다. 27개 데이터셋에서 실험한 결과 16개 데이터셋에서 CLIP이 우월했다. 이 실험 결과는 다양한 과업에 전이 학습을 하는 것에 CLIP이 더 유리하다는 사실을 입증한다.

사람의 뉴런 각각은 멀티 모달을 사용해 특정한 사람, 특정한 표정, 특정한 장소에 반응한다는 뇌 과학 분야의 연구 결과가 있다[Quiroga2005]. 이 연구 결과를 CLIP의 인공 신경망에 적용한 논문이 Distill에 발표된다[Goh2021]. 예를 들어 CLIP의 RN50_4x 모델의 244번 뉴런은 스파이더맨에 관련된 사진과 코믹 캐릭터, 텍스트, 글자에 반응한다는 사실을 밝혀냈다.

TIP Distill은 웹의 동적 애니메이션 기능을 활용해 이해하기 쉬운 형태로 논문을 발표하는 사이트다(https://distill.pub).

[프로그램 11-5]는 사전 학습된 CLIP 모델을 이용해 입력 영상에 대해 자연어 설명문의 적합성을 평가하는 프로그램이다.

01행은 transformers 모듈에서 CLIP을 사용하는 데 필요한 클래스 2개를 불러온다. CLIP에서는 CLIPProcessor 클래스가 전처리, CLIPModel 클래스가 모델 구성을 맡는다. 04행은 테스트에 쓸 영상을 읽어오고 06~07행은 모델을 읽어온다. 09행은 여러 설명 문장을 captions 리스트에 저장한다. 10~11행은 모델로 추론한다.

13~14행은 테스트 영상을 출력하고, 16~19행은 모델이 예측한 결과인 res를 해석하고 출력한다. 이때 16~17행은 logits를 확률로 변환하고, 18~19행은 설명 문장마다 확률을 출력한다.

프로그램 11-5 허깅페이스의 CLIP을 이용해 영상 설명하기

```
01  from transformers import CLIPProcessor, CLIPModel
02  from PIL import Image
03
04  img=Image.open('BSDS_361010.jpg')
05
06  processor=CLIPProcessor.from_pretrained('openai/clip-vit-base-patch32')
07  model=CLIPModel.from_pretrained('openai/clip-vit-base-patch32')
08
09  captions=['Two horses are running on grass', 'Students are eating', 'Croquet
    playing on horses', 'Golf playing on horses']
10  inputs=processor(text=captions,images=img,return_tensors='pt',padding=True)
11  res=model(**inputs)
12
13  import matplotlib.pyplot as plt
14  plt.imshow(img); plt.xticks([]); plt.yticks([]); plt.show()
15
16  logits=res.logits_per_image
17  probs=logits.softmax(dim=1)
18  for i in range(len(captions)):
19     print(captions[i],': ','{:.2f}'.format(float(probs[0,i]*100.0)))
```

```
Two horses are running on grass :  8.44
Students are eating :  0.00
Croquet playing on horses :  57.76
Golf playing on horses :  33.80
```

프로그램 실행 결과, 'Croquet playing on horses'가 57.76%로 가장 높은 확률을 얻었고 약간 빗나간 'Golf playing on horses'는 그보다 낮은 33.80%를 얻었다. 내용과 전혀 상관 없는 'Students are eating'은 0%다. 얕은 의미를 서술한 'Two horses are running on grass'는 8.44%로 낮은 확률을 얻었다.

11.6 트랜스포머의 특성

컨볼루션 신경망으로 대표되는 딥러닝이 인공지능에 혁신을 촉발한 것처럼 트랜스포머를 중심으로 딥러닝이 또 다른 혁신을 일으키고 있다. 트랜스포머는 여러 과업에서 컨볼루션 신경망의 성능을 능가할 뿐만 아니라 전이 학습의 폭과 깊이를 놀라울 정도로 확장하고 있다. 이런 현상에 토대 모델foundation model이라는 이름을 붙여 새로운 조류를 설명하려는 연구 그룹이 생기고 있다[Bommasani2021]. 이 절에서는 트랜스포머의 특성을 컨볼루션 신경망, 순환 신경망과 비교해 설명한다. 그리고 토대 모델을 소개한다.

장거리 의존

컨볼루션 신경망에서는 화소들이 컨볼루션 연산을 통해 이웃 화소와 정보를 교환한다. 주로 3×3이나 5×5의 작은 필터를 사용하기 때문에 영상 내에서 멀리 떨어져 있는 물체끼리 상호작용하려면 층이 깊어야 한다. [그림 11-27]은 3×3 필터를 사용하는 경우에 10만큼 떨어진 화소는 네 층을 거쳐야 비로소 상호작용이 일어나는 사실을 보인다. [그림 11-6]에서는 프리스비와 개의 상호작용이 핵심인데, 상당한 깊이의 층을 거쳐야 상호작용이 일어난다.

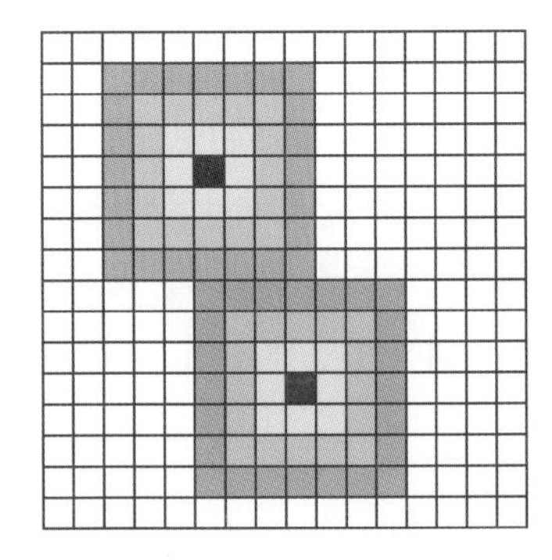

그림 11-27 컨볼루션 연산을 통한 장거리 의존

순환 신경망은 시간축을 따라 상호작용이 일어난다. "우리는 ___에서 배불리 먹고 실컷 놀다 배를 마을로 날랐다"라는 문장에서 빈 곳이 강일 때와 농장일 때 배라는 단어의 뜻이 달라지는데 네 단어를 거쳐야만 빈 곳과 '배' 사이에 상호작용이 일어난다. 컨볼루션 신경망과 순환 신경망은 모두 깊은 층을 통해 상호작용을 일으키는데 층이 깊어짐에 따라 여러 요소 사이에서 발생한 정보가 혼합되어 중요한 정보가 흐릿해진다.

트랜스포머는 시작부터 끝까지 자기 주목을 이용해 명시적으로 장거리 의존long-range dependency을 처리한다. [그림 11-28]은 '배를'이 '강에서'에 많이 주목하여 먹는 배와 타는 배를 구분하는 상황을 예시한다. 이런 원리를 영상에 적용하면 [그림 11-6(b)]의 예시가 된다. 비전 트랜스포머는 자기 주목을 통해 개를 나타내는 패치가 프리스비를 나타내는 패치에 많이 주목하게 함으로써 '개가 사람을 공격하는' 영상으로 보지 않고 '개가 프리스비를 잡으려는 찰나'라는 영상으로 이해한다.

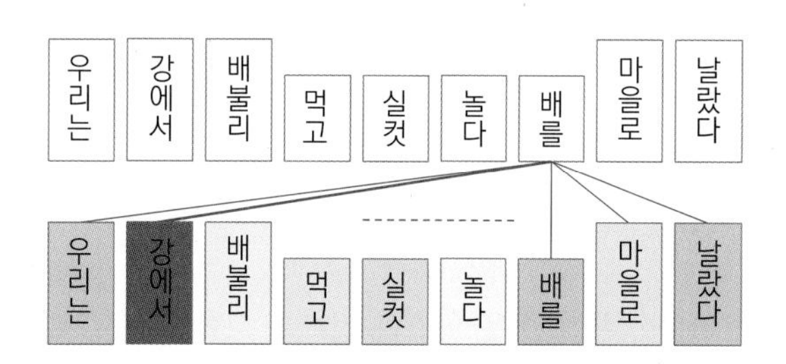

그림 11-28 트랜스포머는 자기 주목을 통해 장거리 의존을 표현

컨볼루션 신경망과 순환 신경망은 어느 순간 이웃 요소끼리만 교류하는 지역성을 벗어나지 못한 반면에 트랜스포머는 입력 신호 전체를 한꺼번에 표현한 자기 주목 행렬을 통해 전역 정보를 처리한다. 트랜스포머는 전역 정보를 명시적으로 표현하고 처리함과 동시에 지역 정보 추출에도 능숙하다는 사실을 입증한 연구 결과가 있다[Cordonnier2020]. [그림 11-29]는 16개 헤드를 가진 인코더 블록을 6개 쌓은 트랜스포머에서 가운데 있는 화소를 query로 사용해 각 헤드가 어디에 주목하는지 표시한 그림이다. 왼쪽의 얕은 층에서는 query 근처에 주목해 지역 정보를 추출하는 반면, 오른쪽의 깊은 층으로 갈수록 먼 곳까지 주목하는 현상을 확인할 수 있다. 특히 Layer 6에서는 헤드마다 주목하는 곳을 달리하여 영상 전체를 살피는 바람직한 현상이 나타난다.

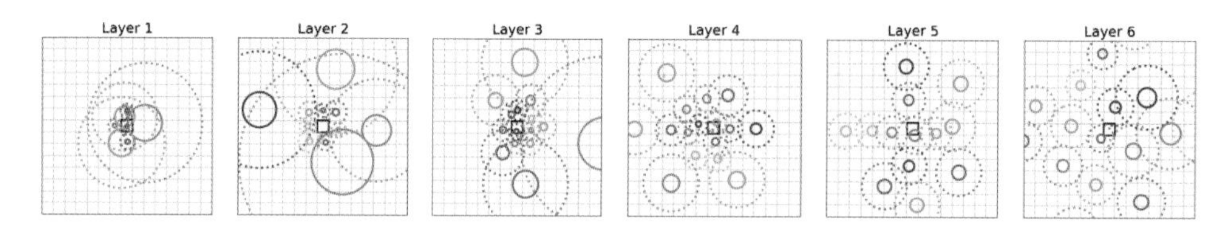

그림 11-29 지역 정보와 전역 정보를 모두 능숙하게 처리하는 트랜스포머[Cordonnier2020]

확장성

트랜스포머는 모델의 크기와 데이터셋의 크기 측면에서 확장성scalability이 뛰어나다. [그림 11-12]의 원래 트랜스포머가 4000만(40Mega) 개를 조금 넘는 가중치(매개변수)를 가졌는데 불과 3년만에 GPT-3은 1750억(175Giga) 개를 가지며 이후 1.6조(1.6Tera) 개 매개변수를 가진 Switch 트랜스포머가 발표된다[Fedus2022]. GPT-4는 더욱 커질 것이라는 전망이 있다. 자연어 처리를 위한 트랜스포머에서 모델 크기, 데이터셋 크기, 학습에 투입한 계산 자원 사이의 관계를 체계적으로 실험 분석한 연구가 있다[Kaplan2020]. 이 실험은 큰 모델을 사용하는 것이 유리하다는 근거를 제시한다.

자연어 처리의 이런 분석이 컴퓨터 비전에 그대로 적용될까? 자연어 처리와 달리 컴퓨터 비전은 자율지도 학습보다 지도 학습에 의존하는 경향이 커서 사람이 레이블링한 데이터셋 크기에 영향을 더 받는다. 이런 차이를 인식하고 Zhai는 5백만~20억 개의 가중치를 가진 트랜스포머를 3천만~30억 장의 영상을 담은 데이터셋으로 확장하는 실험을 수행한다[Zhai2021b]. 비전 트랜스포머의 모델 크기는 인코더 블록의 개수를 늘리거나 패치 크기를 줄이거나 패치 인코딩 차원 d_{model}을 늘리거나 헤드의 개수를 늘리는 방법으로 키울 수 있다. 실험 결과로 모델 크기와 데이터셋 크기, 계산 시간을 같이 늘리면 확실하게 성능 향상이 나타나는 현상을 확인한다. 또한 모델 크기가 병목으로 작용한다는 사실을 밝힌다. 다시 말해 모델 크기가 작으면 데이터셋을 확장하거나 학습 시간을 늘려도 성능 향상에 한계점이 있다.

설명 가능

사람은 의사결정에 대한 이유를 설명하는 능력이 뛰어나다. 의사는 MRI를 보면서 환자에게 진단과 처방에 대한 이유를 설명한다. 인공지능도 영상 인식 결과에 대해 설명할 수 있어야 믿고 쓸 수 있다. 2017년에 DARPA가 설명가능 인공지능XAI; eXplainable AI에 대한 연구 필요성을 발표했다[Gunning2017]. 컴퓨터 비전에서는 컨볼루션 신경망에 적용할 수 있는 CAM과 GradCAM이라는 기법이 개발되었다[Selvaraju2016]. 이들에 대한 원리와 프로그래밍에 대해서는 [오일석2021, 12장]을 참조한다.

트랜스포머는 영상을 구성하는 요소끼리 자기 주목을 명시적으로 표현하기 때문에 설명 가능을 구현하기에 훨씬 유리하다. [그림 11-20]은 DETR이 박스를 지정하는 데 물체 경계에 주의를 집중한다는 사실을 보여준다. [그림 11-30]은 미세 분류를 수행하는 TransFG라는 트랜스포머 모델이 CUB-200-2011 데이터셋에 있는 새와 Stanford dogs 데이터셋에 있는 개의 어디를 보고 품종을 분류하는지 설명하는 사례다[He2021]. 미세 분류에서는 서로 다른 품종인데 전체 모양이 아주 비슷해서 부리나 코끝처럼 특정한 곳에 집중해야 구별할 수 있는 경우가 많다. [그림 11-30]은 트랜스포머가 그런 기능을 잘 수행함을 보여준다.

그림 11-30 미세 분류에서 트랜스포머의 설명 가능[He2021]

멀티 모달

모든 기계학습 모델에는 귀납 편향inductive bias이 있다. 귀납 편향은 기계학습 모델이 학습 단계에서 보지 않았던 새로운 샘플을 옳게 추론하기 위해 사용하는 가정이다. 이웃 화소는 비슷한 특성을 가진다는 지역성locality과 물체가 이동하면 이동 위치에서 같은 특징이 추출된다는 이동 등변translation-equivariant은 컨볼루션 신경망이 사용하는 대표적인 귀납 편향이다. 컨볼루션 신경망의 귀납 편향은 강한 편이라 이를 만족하지 못하는 자연어 문장과 같이 다른 모달리티 데이터에 적용하는 일은 부자연스런 결과를 낳는다. 순환 신경망은 시간축에 관련된 강한 귀납 편향을 가진다.

이들 모델에 비해 트랜스포머의 귀납 편향은 약한 편이다. 트랜스포머가 가장 중요하게 활용하는 자기 주목은 영상과 문장을 포함해 대부분 신호에 나타나기 때문이다. 약한 귀납 편향은 트랜스포머를 여러 가지 입력 형태, 즉 멀티 모달 데이터에 적용할 여지를 열어준다.

사람은 멀티 모달multi-modal을 능숙하게 처리하고 유용하게 이용한다. 친구가 하는 말을 들으면서 얼굴 표정을 살펴 속마음을 가늠하는 일은 다반사다. 인공지능도 멀티 모달 연구를 활발히 진행한다. 의사가 기록한 진단 문장과 검사 장비로 얻은 수치 데이터, 영상 장비로 촬영한 CT 영상을 결합해 인식 성능을 높이는 의료 인공지능이 좋은 예다. 11.5.3항에서 학습 원리를 설명하고 프로그래밍 실습을 수행해본 CLIP은 영상과 자연어의 멀티 모달리티를 학습한 대표적인 성공 사례다. 자연어 문장을 주면 내용에 맞게 그림을 생성하는 DALL-E는 또 다른 성공 사례다[Ramesh2021]. DALL-E에 대해서는 13장에서 다시 설명한다. Dou는 비전과 자연어 처리에 두루 사용할 수 있는 사전 학습 모델로 METER를 제시한다[Dou2021]. METER는 트랜스포머로만 구성되고 통째 학습으로 제작한 사전 학습 모델이다. 비디오 질의

응답VQA; Video Question Answering같이 비전과 자연어를 동시에 처리하는 여러 응용에서 백본으로 활용할 수 있다.

토대 모델

스탠퍼드 대학교의 인간중심 인공지능 연구소Stanford Institute of Human-centered Artificial Intelligence에서는 2021년에 토대 모델foundation model이라는 개념을 소개하는 논문을 발표했다[Bommasani2021]. 토대 모델은 전이 학습을 통해 컴퓨터 비전과 자연어 처리, 음성 분석 등의 넓은 범주의 응용을 지원할 수 있어야 하는데, 논문은 구체적인 사례로 BERT와 GPT-3(11.4.4항), CLIP(11.5.3항)을 제시한다. 건축물의 토대, 즉 주춧돌은 그 자체로 완성된 건축물이 아니지만 그 위에 다양한 형태의 집을 올릴 수 있는 가능성을 제공한다. 마찬가지로 토대 모델은 그 자체로 응용이 완성되지 않았지만 전이 학습을 통해 다양한 과업에 적용할 수 있어야 하는 만큼, 기초가 튼튼하고 다양한 응용 헤드를 붙일 수 있는 유연함을 갖추어야 한다.

토대 모델이라는 개념이 탄생한 배경에는 트랜스포머가 있다. 귀납 편향이 강해 응용이 한정된 컨볼루션 신경망이나 순환 신경망과 달리 트랜스포머는 귀납 편향이 약해 멀티 모달 데이터에 두루 적용할 수 있다. 게다가 확장성이 뛰어나고 성능이 우월한 점이 가세하여 토대 모델로서 자격이 충분하다. 최근에는 컴퓨터 비전 분야에 쓸 수 있는 Florence라는 토대 모델이 발표되었다[Yuan2021]. 또한 아타리 게임, 영상 설명, 챗봇, 로봇 제어 등 604개의 서로 다른 과업을 같은 가중치를 가진 트랜스포머 모델로 수행하는 Gato라는 신경망도 발표되었다[Reed2022].

01 query와 key, value가 아래와 같다.

$\mathbf{q}=(1,0,0,1)$

$\mathbf{k}_1=(0,0.2,0.3,0)$, $\mathbf{k}_2=(0.3,0,0,0.5)$, $\mathbf{k}_3=(0,0.2,0,0.9)$

$\mathbf{v}_1=(1,1,1,0)$, $\mathbf{v}_2=(3,1,1,5)$, $\mathbf{v}_3=(0,0,0,9)$

(1) [그림 11-10]과 같은 형태로 주목 벡터 **a**와 문맥 벡터 **c**를 계산하시오.

(2) 식 (11.5)처럼 행렬 계산으로 바꾸어 쓰시오.

hint softmax 계산은 scipy.special.softmax 함수를 사용한다.

02 query와 key, value가 아래와 같다.

$\mathbf{q}_1=(1,0,0,1)$, $\mathbf{q}_2=(0,1,0,1)$

$\mathbf{k}_1=(0,0.2,0.3,0)$, $\mathbf{k}_2=(0.3,0,0,0.5)$, $\mathbf{k}_3=(0,0.2,0,0.9)$

$\mathbf{v}_1=(1,1,1,0)$, $\mathbf{v}_2=(3,1,1,5)$, $\mathbf{v}_3=(0,0,0,9)$

(1) query와 key, value를 행렬로 표현한 **Q**, **K**, **V**를 쓰시오.

(2) 주목 행렬 **A**와 문맥 행렬 **C**를 계산하는 과정을 쓰시오.

03 $d_{model}=512$이고 헤드의 개수 $h=16$, 입력 문장의 단어 수 $T=9$라 가정한다. 식 (11.11)에 대해 답하시오.

(1) **X** 행렬의 크기를 쓰시오.

(2) i번째 헤드의 $\mathbf{W}_i^{\mathrm{Q}}, \mathbf{W}_i^{\mathrm{K}}, \mathbf{W}_i^{\mathrm{V}}, \mathbf{Q}_i, \mathbf{K}_i, \mathbf{V}_i, \mathbf{C}_i$ 행렬의 크기를 쓰시오.

(3) $\mathbf{W}^{\mathrm{O}}$, **C** 행렬의 크기를 쓰시오.

04 [그림 11-23]의 스윈 트랜스포머에 224×224×3 크기의 영상이 입력되었다. $C=48$로 설정했을 때, 단계 1~4에서 출력되는 텐서의 크기를 각각 쓰시오.

05 아래 파이썬 코드는 [예시 11-3]의 자기 주목을 계산하는 함수다.

```
import numpy as np
import scipy.special as sp

def self_attention(X,Wq,Wk,Wv,d_key):          # 자기 주목(단일 헤드)
    Q=np.matmul(X,Wq)
    K=np.matmul(X,Wk)
    V=np.matmul(X,Wv)

    QK=np.matmul(Q,np.transpose(K))
    a=sp.softmax(QK/np.sqrt(d_key),axis=1)     # 주목 벡터
    c=np.matmul(a,V)                           # 문맥 벡터

    return Q,K,V,a,c
```

(1) [예시 11-3]에서 사용한 $\mathbf{W}^Q$, $\mathbf{W}^k$, $\mathbf{W}^V$를 1번 헤드의 가중치로 간주하면 $\mathbf{W}_1^Q$, $\mathbf{W}_1^K$ $\mathbf{W}_1^V$로 표기할 수 있다. 2번 헤드의 가중치가 아래와 같다고 했을 때 $\mathbf{W}_2^Q$, $\mathbf{W}_2^K$, $\mathbf{W}_2^V$로 [예시 11-3]의 계산 과정을 수행하시오. self_attention 함수를 활용하시오.

$$\mathbf{W}_2^Q = \begin{pmatrix} 0 & 1 \\ 0 & 3 \\ 1 & 0 \\ 1 & 0 \end{pmatrix},\ \mathbf{W}_2^K = \begin{pmatrix} 1 & 0 \\ 1 & 2 \\ 1 & 0 \\ 0 & 1 \end{pmatrix},\ \mathbf{W}_2^V = \begin{pmatrix} 1 & 1 \\ 0 & 0 \\ 1 & 1 \\ 1 & 0 \end{pmatrix}$$

(2) (1)의 $\mathbf{W}_1^Q$, $\mathbf{W}_1^K$, $\mathbf{W}_1^V$, $\mathbf{W}_2^Q$, $\mathbf{W}_2^K$, $\mathbf{W}_2^V$로 [예시 11-4]를 수행하려고 한다. 이를 위해 앞에 제시한 코드에 메인 프로그램에 해당하는 코드를 추가하시오.

(3) (2)의 프로그램을 실행하여 [예시 11-4]의 결과와 같은지 확인하시오.

06 [그림 11-18]의 ViT에 224×224×3 크기의 영상이 입력되었고 패치 크기를 14×14로 설정했다고 가정한다.

(1) 패치의 개수를 구하시오.

(2) 임베딩층이 d_{model}을 512로 설정했을 때, Embedded patch **X**의 크기를 구하시오.

(3) 자기 주목 행렬의 크기를 구하시오.

07 [프로그램 11-2]는 [프로그램 11-1]에 두 가지 확장, 즉 영상 크기를 두 배로 키운 것과 데이터 증강을 추가했다. 이들에 대해 제거 조사를 수행하시오.

hint 제거 조사ablation study는 여러 확장이 있을 때, 각각의 확장을 빼고 성능을 평가함으로써 그 확장이 성능 향상에 얼마나 기여하는지 조사하는 기법이다.

08 10.3.1항은 SSD라는 일반적인 물체 검출 모델을 개조하여 얼굴 검출에 특화된 BlazeFace 모델을 제작한 원리를 설명한다.

(1) BlazeFace의 귀납 편향은 SSD의 귀납 편향보다 강한가? 답과 함께 이유를 설명하시오.

(2) 귀납 편향이 달라져서 얻은 것은 무엇이고 잃은 것은 무엇인지 설명하시오.

09 Gato를 제안한 논문 [Reed2022]를 읽고 답하시오.

(1) Gato가 기존 신경망과 다른 점이 무엇인지 핵심을 쓰시오.

(2) 일부 사람은 Gato가 인공일반지능AGI; Artificial General Intelligence에 근접했다고 주장하는데, MIT Technology Review는 이를 반박하는 기사(https://www.technologyreview.com/2022/05/23/1052627/deepmind-gato-ai-model-hype)를 게시했다. 각각의 주장이 제시하는 근거를 설명하시오.

(3) 상반된 두 주장에 대한 자신의 견해를 제시하시오.

CHAPTER

12

3차원 비전

Preview

사람은 영상을 3차원으로 해석하는 데 능숙하다. [그림 12-1(a)]의 왼쪽 그림은 방이라고 해석하기 애매하다. 하지만 바닥에 개가 누워있고 벽에 창문이 달린 오른쪽 그림을 보면 애매함이 순식간에 사라진다. 창문과 개가 그곳에 있으려면 선분 3개는 방의 구석을 나타낼 수밖에 없다는 추론이 일어난 것이다. 사람은 무의식적으로 매순간 시각 추론을 수행한다. [그림 12-1(b)]에서는 음영shade과 그림자를 보고 법선 벡터normal vector를 알아내고 3차원 형상을 추론한다.

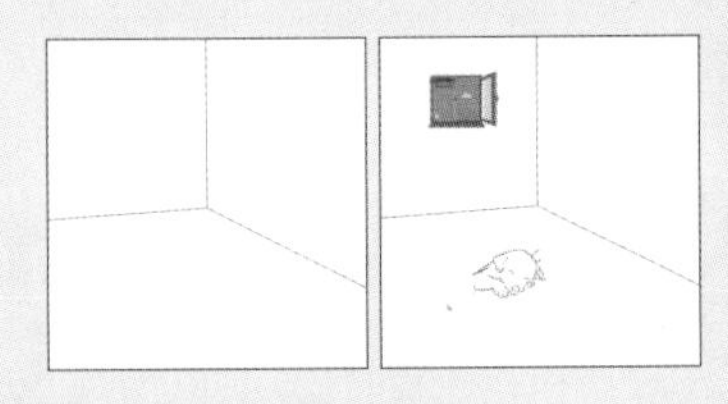

(a) 선 도형을 3차원으로 해석

(b) 물체 형상을 추론

그림 12-1 인간의 3차원 비전

지금까지 다룬 분류, 검출, 분할, 추적 알고리즘은 화소로 꽉 찬 2차원 영상 공간을 분석해 의사결정을 한다. 예를 들어 분할을 담당하는 신경망 모델은 오로지 화소를 어떤 부류에 배정해야 손실 함숫값을 낮출 수 있을 것인지에만 신경을 쓴다. 최종 결정에서도, 중간에 발생하는 특징 맵에서도 3차원에 대한 정보는 전혀 없다.

3차원 정보가 없어도 되는 응용이 많지만 3차원 정보 없이는 동작할 수 없는 응용과 3차원 정보가 성능 향상에 크게 도움이 되는 응용도 그에 못지 않게 많다. 자율주행차가 가속을 할지 감속을 할지 결정하려면 앞에 있는 물체까지의 거리를 알아내야 한다. 불이 난 건물에 진입해 사람을 구출하는 로봇은 [그림 12-1(a)]를 보고 개와 창문을 인식하는 일을 넘어 바닥 영역은 수평 방향이고 벽 영역은 수직 방향이라는 사실을 알아내야 한다.

이 장에서는 3차원 비전을 다룬다. 3차원 기하에 대한 기초 원리와 3차원 좌표계 사이의 관계를 규명하는 캘리브레이션(12.1절), 물체까지 거리를 측정하는 깊이 카메라의 원리(12.2절), RGB-D 영상을 이용한 인식 알고리즘(12.3절), 3차원 점의 집합으로 표현된 점 구름 영상의 인식(12.4절)을 제시한다.

12.1 3차원 기하와 캘리브레이션

이 절에서는 [그림 3-19]에서 다룬 2차원 기하 변환을 3차원으로 확장한다. 그리고 카메라와 로봇 등의 장치 사이에서 3차원 기하 관계를 규명하는 캘리브레이션을 설명한다.

12.1.1 3차원 기하 변환

[그림 12-2(a)]는 3.5.1항에서 2차원 기하 변환을 설명할 때 제시한 [그림 3-20]을 그대로 가져온 것이다. 여기서는 이를 바탕으로 [그림 12-2(b)]의 3차원 기하 변환으로 확장한다.

TIP 참고: https://learnopencv.com/geometry-of-image-formation

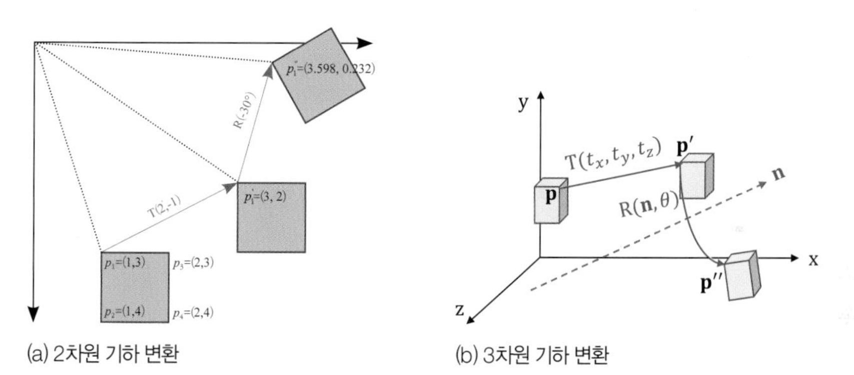

(a) 2차원 기하 변환

(b) 3차원 기하 변환

그림 12-2 기하 변환

예시에서는 3차원 점 $\mathbf{p}=(x,y,z)$를 x,y,z축 방향으로 t_x,t_y,t_z만큼 이동한 다음, 축 $\mathbf{n}$을 중심으로 θ만큼 회전한다. 식 (12.1)은 이동과 회전을 위한 변환 행렬이다.

$$\mathrm{T}\left(t_x,t_y,t_z\right)=\begin{pmatrix}1&0&0&t_x\\0&1&0&t_y\\0&0&1&t_z\\0&0&0&1\end{pmatrix},\quad \mathrm{R}\left(\mathbf{n},\theta\right)=\begin{pmatrix}r_1&r_2&r_3&0\\r_4&r_5&r_6&0\\r_7&r_8&r_9&0\\0&0&0&1\end{pmatrix} \qquad (12.1)$$

2차원과 마찬가지로 여러 단계의 변환을 하려면 변환 행렬을 미리 곱해 하나의 변환 행렬을 만들고 3차원 점에 곱하면 된다. 식 (12.1)에서 회전을 위한 행렬에 회전각 대신 $r_1 \sim r_9$로 표시했는데, 3차원에서는 회전을 위한 식을 유도하는 일이 꽤 까다롭기 때문이다. [그림 12-2(b)]는 회전축과 각도를 지정해 회전 변환을 표현하고 있는데 쿼터니언quaternion으로 표현하는 방법도 있다. 구체적인 내용은 [Szeliski2022, 2.1.3항]을 참조한다.

사실 식 (12.1)은 컴퓨터 비전보다 3차원 물체를 모델링하고 렌더링하는 컴퓨터그래픽스에서 더 많이 사용한다. 컴퓨터 비전에서는 3차원 공간 상에서 물체를 기하 변환하는 일보다 어떤 좌표계 상의 점을 다른 좌표계의 점으로 변환하는 일에 관심이 더 많다. 이 일을 하려면 캘리브레이션calibration이 필요하다.

12.1.2 영상 생성 기하

[그림 3-2]는 3차원 세계가 2차원 영상 평면에 투영되는 과정, 즉 영상 생성image formation을 위한 기하를 단순하게 표현한 핀홀 카메라 모델이다. 이 모델에 좌표를 표시하고 3차원 점이 어떤 과정을 거쳐 2차원 영상 평면의 점으로 변환되는지 수식으로 표현할 필요가 있다.

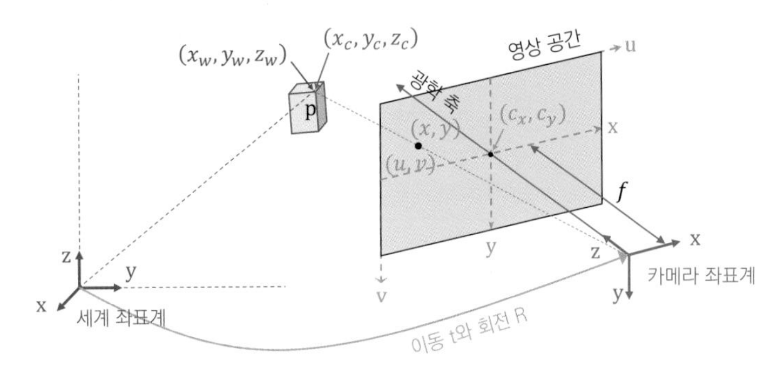

그림 12-3 영상 생성 기하

세계 좌표계와 카메라 좌표계

[그림 12-3]에는 3개의 좌표계가 있다. 파란색으로 표시한 3차원 세계 좌표계world coordinate system, 빨간색으로 표시한 3차원 카메라 좌표계camera coordinate system, 카메라에 붙어 있는, 주황색으로 표시된 영상 평면을 나타내는 2차원 영상 좌표계다. 세계 좌표계는 응용에 따라 로봇이나 이동체 등이 될 수 있는데, 여기서는 방의 구석점이라고 상상한다. 방 바닥에 x축과 y축이 있고 위쪽 방향이 z축이다. 카메라에서는 영상 공간이 카메라 좌표계의 뒤쪽에 있는데

수식 전개에서는 편의상 그림처럼 앞쪽에 배치한다. 3차원 물체의 점 **p**는 세계 좌표계를 기준으로 (x_w, y_w, z_w), 카메라 좌표계를 기준으로 (x_c, y_c, z_c)로 표기한다. 영상 좌표계에 투영된 2차원 점은 (u, v)로 표기한다.

초록색으로 표시한 물체 상의 점 **p**에 대해 생각해보자. 정교한 장치를 사용해 방 구석, 즉 세계 좌표계를 기준으로 (x_w, y_w, z_w)의 실제 좌표를 구했다고 가정한다. 좌푯값은 mm 단위로 측정해 얻었다고 가정한다. 카메라 좌표계를 기준으로 하면 이 좌푯값은 달라진다. 카메라를 방 구석에 놓고 광학 축을 천장 쪽을 바라보게 설치하면 세계 좌표계와 카메라 좌표계가 일치하여 좌푯값이 같겠지만 그런 경우는 없다. 카메라는 세계 좌표계를 기준으로 이동하고 회전한 채로 영상을 획득한다. [그림 12-3]에서 주황색 선은 카메라의 이동과 회전을 나타낸다. 식 (12.1)에 따라 이동을 $\mathbf{t} = (t_x, t_y, t_z)$로 표현한다. 회전은 $r_1 \sim r_9$의 9개 값으로 표현하는데 실제로는 3개 값이면 된다. 3차원 회전에서는 3개 값을 명시적으로 표현하는 일이 까다롭기 때문에 3×3 행렬로 표현한다.

이제 세계 좌표계의 (x_w, y_w, z_w)를 카메라 좌표계의 (x_c, y_c, z_c)로 변환하는 방법이 필요하다. 식 (12.2)는 이 일을 한다. 회전과 이동이 작용한다는 사실을 명시하려고 3×4 행렬을 종종 $(\mathbf{R}|\mathbf{t})$로 표기한다. $(\mathbf{R}|\mathbf{t})$ 행렬은 카메라가 외부 세계와 상호작용하는 기하 관계를 표현하기 때문에 외부 행렬extrinsic matrix이라 부른다.

$$\begin{pmatrix} x_c \\ y_c \\ z_c \end{pmatrix} = \begin{pmatrix} r_1 & r_2 & r_3 & t_x \\ r_4 & r_5 & r_6 & t_y \\ r_7 & r_8 & r_9 & t_z \end{pmatrix} \begin{pmatrix} x_w \\ y_w \\ z_w \\ 1 \end{pmatrix} = (\mathbf{R}|\mathbf{t}) \begin{pmatrix} x_w \\ y_w \\ z_w \\ 1 \end{pmatrix} \qquad (12.2)$$

영상 좌표계

이제 카메라 내부를 살펴보자. 3차원 점 (x_c, y_c, z_c)는 영상 공간의 (u, v) 점으로 투영된다. 영상 평면의 좌표계는 광학축이 지나가는 점이 원점인, 하늘색으로 표시한 $x-y$ 좌표계와 왼쪽 위 구석이 원점인, 초록색으로 표시한 $u-v$ 좌표계가 있다. (u, v)는 $u-v$ 좌표계를 기준으로 한 좌표이고 (x, y)는 $x-y$ 좌표계를 기준으로 한 좌표다. [그림 12-3]에서는 혼란을 없애려고 하늘색과 초록색을 이용해 둘을 구분한다. f는 카메라 좌표계에서 영상 평면까지 거리로 초점 거리focal length라 부른다. 삼각비에 따라 식 (12.3)이 성립한다.

$$x = \frac{fx_c}{z_c} \text{와 } y = \frac{fy_c}{z_c} \qquad (12.3)$$

식 (12.3)을 행렬 식으로 쓰면 식 (12.4)가 된다. x', y', z'는 동차 좌표를 구성하는 요소인데, 이들을 z'로 나누어 세 번째 요소를 1로 만들면 식 (12.3)을 얻는다.

$$\begin{pmatrix} x' \\ y' \\ z' \end{pmatrix} = \begin{pmatrix} f & 0 & 0 \\ 0 & f & 0 \\ 0 & 0 & 1 \end{pmatrix} \begin{pmatrix} x_c \\ y_c \\ z_c \end{pmatrix} \qquad (12.4)$$

식 (12.4)는 x와 y 방향으로 정사각형 모양의 화소를 가정했는데, 카메라에 따라 둘이 다를 수 있기 때문에 일반성 확보를 위해 두 방향의 초점 거리를 f_x와 f_y로 구분하자. 하늘색 표시한 $x-y$ 좌표계의 원점은 (0,0)이지만 $u-v$ 좌표계를 기준으로 하면 (c_x, c_y)다. 또한 x와 y축이 약간 기울 수 있어 γ를 반영한다. 식 (12.5)는 이런 사항을 모두 반영한다. 문헌에 따라 기울임이 없다고 가정하고 γ=0으로 설정하기도 한다. **K**는 카메라의 내부 동작을 표현한다는 뜻에서 내부 행렬intrinsic matrix이라 부른다.

$$\begin{pmatrix} u' \\ v' \\ w' \end{pmatrix} = \begin{pmatrix} f_x & \gamma & c_x \\ 0 & f_y & c_y \\ 0 & 0 & 1 \end{pmatrix} \begin{pmatrix} x_c \\ y_c \\ z_c \end{pmatrix} = \mathbf{K} \begin{pmatrix} x_c \\ y_c \\ z_c \end{pmatrix} \qquad (12.5)$$

식 (12.6)은 식 (12.5)의 동차 좌표를 보통 좌표로 변환한다.

$$u = \frac{u'}{w'} \text{와 } v = \frac{v'}{w'} \qquad (12.6)$$

식 (12.7)은 지금까지 한 일 전체를 정리한다. 적절한 도구를 활용해 세계 좌표계를 기준으로 측정한 (x_w, y_w, z_w)는 카메라의 외부 행렬 $(\mathbf{R}|\mathbf{t})$를 통해 카메라 좌표계의 좌표 (x_c, y_c, z_c)로 변환되고, 다시 K를 통해 영상 평면의 동차 좌표 (u', v', w')로 변환되고 식 (12.6)을 통해 (u,v)가 된다. 이제 세계 좌표계를 기준으로 물체의 좌표를 알면 식 (12.7)을 이용해 영상 공간에 투영될 점의 좌표를 계산할 수 있다. 그런데 내부 행렬 **K**와 외부 행렬 $(\mathbf{R}|\mathbf{t})$는 어떻게 알아낼까? 이 일을 카메라 캘리브레이션이 해준다.

$$\begin{pmatrix} u' \\ v' \\ w' \end{pmatrix} = \begin{pmatrix} f_x & \gamma & c_x \\ 0 & f_y & c_y \\ 0 & 0 & 1 \end{pmatrix} \begin{pmatrix} x_c \\ y_c \\ z_c \end{pmatrix} = \begin{pmatrix} f_x & \gamma & c_x \\ 0 & f_y & c_y \\ 0 & 0 & 1 \end{pmatrix} \begin{pmatrix} r_1 & r_2 & r_3 & t_x \\ r_4 & r_5 & r_6 & t_y \\ r_7 & r_8 & r_9 & t_z \end{pmatrix} \begin{pmatrix} x_w \\ y_w \\ z_w \\ 1 \end{pmatrix} = \mathbf{K}(\mathbf{R}|\mathbf{t}) \begin{pmatrix} x_w \\ y_w \\ z_w \\ 1 \end{pmatrix} = \mathbf{P} \begin{pmatrix} x_w \\ y_w \\ z_w \\ 1 \end{pmatrix} \qquad (12.7)$$

12.1.3 카메라 캘리브레이션

카메라는 3차원 세계를 2차원으로 투영해 영상을 획득한다. 컴퓨터 비전으로 영상을 인식해 정보를 알아내면 외부 세계와 상호작용해 유용한 일을 수행해야 한다. 예를 들어 검출한 물체의 위치 정보에 따라 로봇을 구동해 물체를 원하는 곳으로 옮길 수 있어야 한다. 이러한 과업에서 중요한 일은 카메라가 외부 세계와 어떤 기하학적 관계를 가지는지 알아내는 것이다. 이 기하학적 관계의 추정은 캘리브레이션을 통해 이루어진다(https://learnopencv.com/camera-calibration-using-opencv). 다시 말해 캘리브레이션은 식 (12.7)에서 외부 행렬 ($\mathbf{R}|\mathbf{t}$)와 내부 행렬 $\mathbf{K}$를 알아내는 일이다. 내부 행렬을 알아내는 일을 내부 카메라 캘리브레이션intrinsic camera calibration, 외부 행렬을 알아내는 일을 외부 카메라 캘리브레이션extrinsic camera calibration이라 한다.

카메라 캘리브레이션은 1970년대부터 중요한 연구 주제로 여겨져 아주 많은 방법이 개발되었다. 크게 나누어 보면 격자 패턴을 사용해 대응점을 쉽게 찾는 방법, 소실점과 같은 물체의 기하 특성을 활용하는 방법, 카메라 위치를 고정하고 일정 각도만큼씩 카메라를 회전하면서 획득한 영상을 분석하는 방법 등이 있고 최근에는 딥러닝을 활용한 방법이 나와 있다[Szeliski2022, 11.1절].

Zhang 방법

영상을 획득하는 상황을 제어할 수 있다면 [그림 12-4]와 같은 격자 패턴을 사용하는 방법이 가장 정확하고 편하다. 이 방법의 표준 역할을 하는 논문은 [Zhang2000]이다. OpenCV는 이 논문이 제시한 알고리즘을 구현해 findChessboardCorners 함수, cornerSubPix 함수, calibrateCamera 함수를 제공한다. Zhang 방법은 다음 단계를 따른다.

1. 격자 패턴을 프린트해 벽이나 칠판같이 평평한 곳에 붙인다. 격자를 구성하는 칸의 길이를 정확히 알아야 한다. 예를 들어 한 칸의 너비와 높이를 30mm가 되게 프린트한다. 종이 왼쪽 위에 세계 좌표계가 있다고 가정하고 3차원 점을 수집한다.

2. 카메라 또는 칠판을 이동하면서 여러 장의 영상을 획득한다.

3. findChessboardCorners 함수를 이용해 영상에서 격자의 교차점을 검출하여 단계 1에서 수집한 3차원 점과의 2차원 대응점을 수집한다. 필요하면 cornerSubPix 함수를 이용해 교차점을 보정해준다.

4. calibrateCamera 함수를 이용해 내부 행렬의 5개 매개변수와 외부 행렬의 6개 매개변수를 구한다.

[그림 12-4(a)]는 단계 1이 사용하는 격자 패턴의 사례다. 단계 1에서 생각해볼 점이 있다. [그림 12-3]에서는 방의 구석을 세계 좌표계로 상상하고 이를 기준으로 3차원 점의 좌표를 측정한다고 가정했다. 그런데 방에 물체를 놓고 물체 상의 점의 좌표를 자로 측정하는 일은 특별한 장치가 없으면 매우 까다롭고 몇 cm 정도 오류가 발생한다. 다행히 카메라의 내부 행렬 **K**의 매개변수를 알아내는 데는 세계 좌표계가 어디에 있는지와 무관하므로 종이의 왼쪽 위 구석에 세계 좌표계가 있다고 가정해도 된다. 이때 종이의 가로 방향과 세로 방향을 각각 x축과 y축이라 가정하고 종이에 수직인 방향을 z축으로 간주한다. 그러면 격자를 구성하는 칸의 길이를 알고 있기 때문에 격자 교차점의 3차원 좌표를 정할 수 있다. 모든 교차점은 z=0이다. Zhang 방법을 구현한 단계 4의 calibrateCamera 함수는 바로 이어 설명하는 렌즈 왜곡까지 처리한다.

렌즈 왜곡 바로잡기

[그림 12-3]은 영상 투영 과정을 표현한 단순한 핀홀 카메라 모델이다. 그런데 카메라 내부에 있는 렌즈는 [그림 12-4(a)]와 같이 직선이 휘어지는 왜곡을 발생시킨다. calibrateCamera 함수는 두 단계를 거쳐 캘리브레이션을 수행하는데, 첫 번째 단계에서는 3차원 점과 2차원 점의 대응점 집합을 가지고 방정식을 풀어 내부 행렬과 외부 행렬을 정한다. 두 번째 단계에서는 최대 우도 추정을 이용해 해를 개선하는데 이 단계에서 렌즈 왜곡을 반영한다.

(a) 영상 획득(단계 1)

(b) 교차점 추출(단계 3)

(c) 카메라 매개변수 계산(렌즈 왜곡 복원 포함)

그림 12-4 카메라 캘리브레이션(https://docs.opencv.org/4.x/dc/dbb/tutorial_py_calibration.html)

12.1.4 손눈 캘리브레이션

앞 절에서는 세계 좌표계가 방의 구석 또는 격자 패턴을 인쇄한 종이의 구석점에 있다고 상상하고 카메라 캘리브레이션을 수행했다. 캘리브레이션 결과는 내부 행렬 **K**와 외부 행렬 (**R**|**t**)인데 세계 좌표계를 가상으로 설정했기 때문에 외부 행렬은 별 쓸모가 없다. 이 절에서는 카메라가 로봇과 같은 다른 장치와 상호작용하는 상황을 다루는데, 세계 좌표계와 외부 행렬이 모두 중요하다.

다양한 상황

[그림 12-5]의 왼쪽 그림에서는 세계 좌표계가 로봇에 붙어 있다. 카메라가 검출한 물체를 로봇이 잡으려면 외부 행렬을 알아야만 한다. 이때는 두 단계를 거쳐 카메라 캘리브레이션을 수행한다. 먼저 12.1.3항의 Zhang 방법을 사용해 외부 행렬 (**R**|**t**)를 알아낸다. 내부 행렬은 카메라 위치에 무관하므로 고정된다. 이제 내부 행렬 **K**를 알아내야 하는데, 로봇 눈에 해당하는 카메라가 로봇 손과 협동하는 데 필요한 일이라는 뜻에서 손눈 캘리브레이션hand-eye calibration이라 부른다. [그림 12-5]의 왼쪽은 로봇 좌표계가 세계 좌표계 역할을 하는 경우인데 오른쪽처럼 세계 좌표계를 따로 생각할 수도 있다. 예를 들어 수레 위에 얹혀있는 로봇의 경우 수레의 구석을 세계 좌표계로 설정하고 로봇은 별도의 좌표계를 갖는다. 이때는 세계 좌표계와 로봇 좌표계의 캘리브레이션과 로봇 좌표계와 카메라 좌표계의 캘리브레이션을 별도로 수행하면 된다.

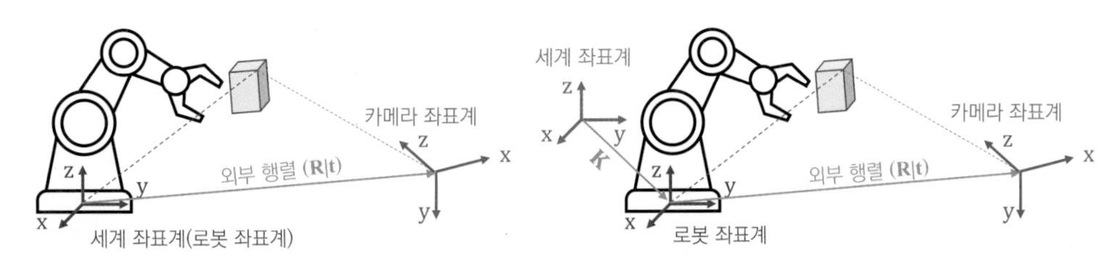

그림 12-5 손눈 캘리브레이션

손눈 캘리브레이션을 위한 다양한 접근 방법이 있다. 12.1.3항의 카메라 캘리브레이션처럼 격자 패턴을 사용하는 방법이 정확해 가장 많이 사용된다. 상세한 내용은 서베이 논문 [Enebuse2021]을 참조한다.

영상 좌표를 로봇 좌표로 변환

[그림 12-5]의 왼쪽 상황에서 손눈 캘리브레이션을 완성하면 식 (12.7)을 이용해 로봇 좌표계의 3차원 점 (x_w, y_w, z_w)를 영상 공간의 좌표 (u, v)로 변환할 수 있다. 그런데 로봇이 작업할 때는 컴퓨터 비전이 알아낸 영상 공간의 좌표 (u, v)에 해당하는 3차원 점 (x_w, y_w, z_w)로 로봇 손을 이동해서 물체를 잡아야 하기 때문에 역방향으로 식 (12.7)을 적용해야 한다.

[그림 12-3]을 보면 (u, v)를 따라 그은 빨간색 점선이 있는데 이 선분에 있는 모든 점은 (u, v)로 투영되므로 하나의 3차원 점 (x_w, y_w, z_w)로 확정할 수 없다. 로봇이 물체를 잡을 수 있는 한 가지 방법은 손을 벌리고 빨간색 점선을 따라 이동하다가 손에 무엇인지 들어오면 거기서 멈추고 손을 오므려 물체를 잡는 어색한 방법밖에 없다. 또는 점선 방향으로 레이저를 쏘고 돌아오는 시간을 측정해 거리를 알아내는 방법이 있는데 적지 않은 추가 비용이 들 것이다.

이때 다음 절에서 공부할 깊이 카메라를 사용하면 문제를 해결할 수 있다. RGB-D 카메라는 컬러 영상 RGB와 거리를 표현한 깊이 영상 D를 동시에 제공한다. RGB 영상을 분석해 (u, v)를 알아내고 깊이 영상 D에서 거리 d를 읽는다. 이들 정보를 이용하면 (x_c, y_c, z_c)를 확정할 수 있다. [그림 12-6]은 (u, v)와 d를 이용해 (x_c, y_c, z_c)를 계산하는 과정을 설명한다. 식 (12.8)은 계산 식이다.

$$x_c = \frac{ud}{f},\ y_c = \frac{vd}{f},\ z_c = d \qquad (12.8)$$

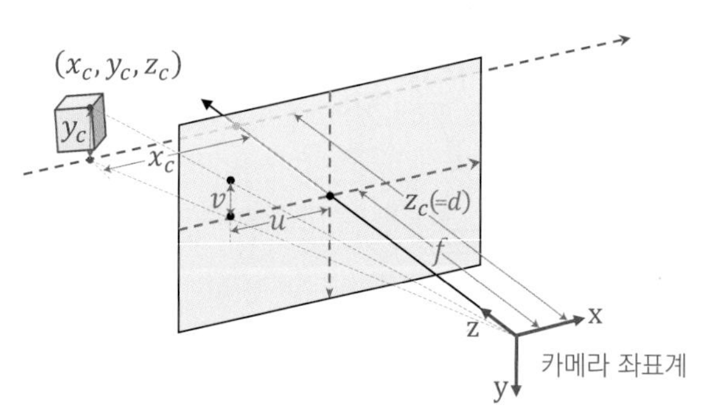

그림 12-6 2차원 영상 좌표를 3차원 좌표로 변환

식 (12.8)로 카메라 좌표계의 (x_c, y_c, z_c)를 알아낸 다음에 식 (12.2)에 대입해 행렬 연산을 통해 로봇 좌표계의 3차원 점 (x_w, y_w, z_w)를 알아낸다. 로봇은 동역학으로 모터의 회전각을 알아내 (x_w, y_w, z_w)로 손을 이동해 물체를 잡는다.

12.2 깊이 추정

RGB 영상은 값싸게 얻을 수 있고 효과적이지만 조명에 취약한 단점이 있다. 자율주행차가 RGB 카메라만 쓴다면 밤에는 성능이 떨어질 수밖에 없고 강한 하이라이트가 발생하면 순간 보행자 인식에 실패해 큰 사고로 이어질 수 있다. 물체까지 거리를 기록한 영상을 같이 사용하면 조명과 무관하게 일정한 성능을 유지할 수 있는 길이 열릴 것이다. 또한 3차원 공간에서 로봇과 협업하려면 거리 정보는 필수적이다. 컴퓨터 비전에서는 카메라에서 물체까지의 거리를 깊이depth라고 한다. 깊이를 측정하는 카메라는 깊이 카메라, 깊이를 기록한 영상은 깊이 영상이라고 한다. 이 절은 깊이 영상을 얻는 방법을 설명한다.

12.2.1 스테레오

사람은 두 눈을 사용해 거리를 측정하는 뛰어난 스테레오 기능을 가지고 있다. 컴퓨터 비전에서도 비슷한 원리를 이용해 거리를 측정하는 스테레오 카메라를 사용한다. 스테레오 카메라를 만드는 원리를 알아본다.

깊이 추정을 위한 기하 공식

[그림 12-7(a)]는 투영 기하로부터 수식을 유도하기 위해 x축만 남긴 그림이다. 삼각형의 닮은비를 이용하면 쉽게 식 (12.9)를 유도할 수 있다. 깊이 카메라가 알아내야 할 값은 광학 중심에서 물체까지 거리를 나타내는 z_w다. 이 식을 이용하면 쉽게 z_w를 구할 수 있을 것으로 보인다. 하지만 영상 평면의 좌표인 x_i와 카메라의 초점거리 f는 알 수 있지만 3차원 점의 좌표인 x_w는 알 수 없다. 사실 2차원 영상만 가지고는 x_w를 확정할 수 없다. 다시 말해 파란색 선분 위에 있는 모든 점이 $\mathbf{p}_i$에 투영될 수 있으므로 $\mathbf{p}_i$로 z_w를 확정할 수 없다.

$$z_w = \frac{x_w f}{x_i} \qquad (12.9)$$

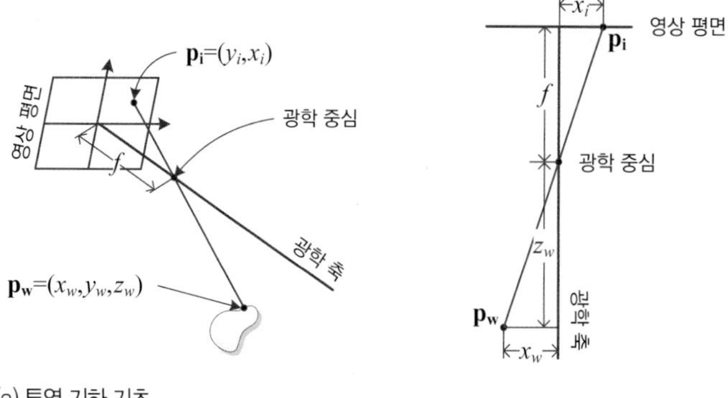

(a) 투영 기하 기초

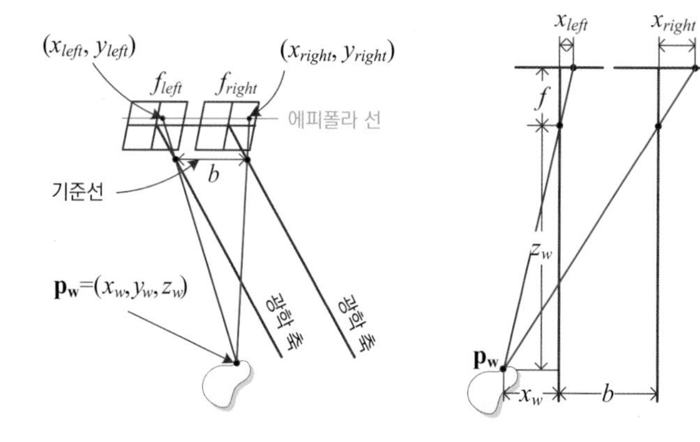

(b) 스테레오 비전의 기하

그림 12-7 투영 기하와 스테레오 비전

사람의 눈이 두 개여서 거리를 가늠할 수 있듯이 [그림 12-7(b)]처럼 카메라를 두 대 사용하면 거리를 확정할 수 있다. 이런 방식으로 거리를 알아내는 기술을 스테레오 비전stereo vision이라 한다. 보통 두 카메라의 x축이 일치해 광학축이 평행을 이룬다고 가정한다. 두 카메라의 원점 사이의 거리를 b로 표기한다. 이제 식 (12.10)에 있는 방정식 2개를 얻는다.

$$z_w = \frac{x_w f}{x_{left}} \text{와 } z_w = \frac{(b + x_w) f}{x_{right}} \qquad (12.10)$$

식 (12.10)에 있는 두 식을 정리하면 식 (12.11)을 얻는다. 이제 두 영상에 맺힌 점의 좌표 x_{left}와 x_{right}, 스테레오 카메라의 고유한 값인 b와 f를 알면 물체까지 거리 z_w를 계산할 수 있다. b와 f는 카메라 제조사의 매뉴얼에서 얻거나 12.1.3항의 카메라 캘리브레이션을 통해 알아낸다. 식에서 $x_{right} - x_{left}$를 p로 표기했는데 p는 변위disparity라 부른다.

$$z_w = \frac{bf}{x_{right} - x_{left}} = \frac{bf}{p} \qquad (12.11)$$

대응점 찾기와 에피폴라 기하

식 (12.11)에서 x_{left}와 x_{right}는 어디서 왔을까? [그림 12-8]은 왼쪽의 첫 번째와 두 번째 영상에서 서로 대응되는 두 점을 표시하는데, x_{left}와 x_{right}는 대응점의 x 좌표다. 대응점은 5.4절의 SIFT 특징을 이용해 찾을 수 있다. [그림 5-12]와 [프로그램 5-4]의 실행 결과는 대응점을 찾은 실제 사례를 보여준다.

그림 12-8 대응점 찾기를 통해 복원한 밀집 깊이 맵(Middleberry 데이터셋)

스테레오에서는 문제가 그렇게 단순하지 않다. 5.6절에서는 거짓 긍정, 즉 틀린 대응점이 발생해도 RANSAC을 사용해 이상치를 걸러내는 방안이 있었는데, 스테레오에서는 틀린 대응점에 식 (12.11)을 적용하면 엉뚱한 깊잇값이 되어버린다. 게다가 SIFT가 검출된 몇몇 화소에 대해서만 깊이를 계산하면 희소 깊이 영상sparse depth image이 된다. 스테레오 카메라는 [그림 12-8]의 오른쪽과 같이 모든 화소가 값을 가지는 밀집 깊이 영상dense depth map을 생성해야 한다.

스테레오 비전에서는 대응점을 찾을 때 에피폴라 기하epipolar geometry라는 매우 유용한 조건이 있다. [그림 12-7(b)] 왼쪽 영상의 점 (x_{left}, y_{left})에 대응하는 오른쪽 영상의 점 (x_{right}, y_{right})는 반드시 에피폴라 선분이라 부르는 초록색 선분 위에 나타난다. 따라서 대응점을 찾을 때 영상 전체가 아니라 초록색 선분만 살펴보면 된다. 식 (12.12)는 이런 사실을 수식으로 표현한다. 이제 대응점 찾기 문제가 변위 p를 정하는 문제로 단순화되었다.

$$\left.\begin{aligned} y_{right} &= y_{left} \\ x_{right} &= x_{left} + p \end{aligned}\right\} \qquad (12.12)$$

지금까지 두 카메라의 x축이 일치한다는 조건에 따라 식을 유도했는데, 일반적인 상황에서는 식 (12.12)가 성립하지 않는다. 일반적인 상황에서는 임의 방향을 가진 에피폴라 선분을 따라 대응점을 탐색해야 한다. 이런 상황에서 실제로는 에피폴라 선분이 x축에 일치하도록 영상을 모핑 변환한 후 변환된 영상의 수평 방향에서 대응점을 찾는 전략을 사용한다. 모핑 과정을 조정rectification이라 부른다. 또 다른 방법으로 평면 훑기plane sweep도 있다[Szeliski2022, 12.1절].

밀집 깊이 영상 획득

[알고리즘 12-1]은 밀집 깊이 영상을 얻는 알고리즘이다. 3행에서 대응점을 찾으려면 에피폴라 선분에 있는 점에 대해 식 (12.13)의 제곱차의 합SSD; Sum of Squared Difference을 계산하고 최소가 되는 점을 찾으면 된다. $\mathbf{p}$와 $\mathbf{q}$는 왼쪽 영상과 오른쪽 영상의 점이고 $\mathbf{p}_n$과 $\mathbf{q}_n$은 $\mathbf{p}$와 $\mathbf{q}$를 중심으로 하는 패치를 구성하는 화소다. 다시 말해 식 (12.13)은 $\mathbf{p}$와 $\mathbf{q}$에서 잘라낸 패치가 얼마나 비슷한지 측정한다.

$$\text{SSD}(\mathbf{p},\mathbf{q}) = \sum_{\mathbf{p}_n \in patch(\mathbf{p}), \mathbf{q}_n \in patch(\mathbf{q})} \left\| I(\mathbf{p}_n) - I(\mathbf{q}_n) \right\|_2^2 \qquad (12.13)$$

[알고리즘 12-1]의 3행에서는 $\mathbf{p}=(x_{left}, y_{left})$로 두고, 에피폴라 선분에 있는 I_{right}의 화소를 $\mathbf{q}$로 두고 SSD를 계산한 다음 최소 SSD를 갖는 점을 대응점 (x_{right}, y_{right})로 정하면 된다. 이제 밀집 깊이 영상을 구하는 알고리즘을 확보했는데, [알고리즘 12-1]은 매우 순진한 방법이다. 왜냐하면 SSD가 최소인 점이 항상 옳은 대응점이 되면 좋겠지만 영상은 그렇게 단순하지 않다. 그런데 영상의 깊이는 물체 경계를 빼고 매끄럽게 변하는 특성이 있다. 고전 알고리즘은 이런 특성을 이용해 이웃 화소와 정보를 교환하면서 깊이 영상을 만드는 최적화 전략을 쓴다. SGMSemi-Global Matching은 최적화 알고리즘 중에 가장 널리 쓰인다[Hirschmuller2008]. 이후 다양한 알고리즘이 개발되었는데 구체적인 내용은 서베이 논문 [Scharstein2002, Brown2003] 또는 [오일석2014, 11.2절]을 참조한다.

[알고리즘 12-1] 스테레오 비전에서 밀집 깊이 영상 추정

입력: 왼쪽 영상 I_{left}와 오른쪽 영상 I_{right}

출력: 밀집 깊이 영상 Z

1. for 모든 화소 (x, y)에 대해
2. $x_{left}=x$, $y_{left}=y$
3. I_{left}의 (x_{left}, y_{left})에 대응하는 I_{right}의 (x_{right}, y_{right})를 에피폴라 선분에서 찾는다.
4. 식 (12.11)로 깊이 z_w를 계산해 $Z(x, y)$에 기록한다.

딥러닝은 스테레오 비전에서도 혁신을 일으킨다. 원래 영상에서 잘라낸 패치에서 유사도를 계산하는 대신에 컨볼루션 신경망이 추출한 특징에서 유사도를 계산하는 전략을 사용할 수 있다. MC-CNN은 이 전략을 쓰는 대표적인 모델이다[Zbontar2016]. [그림 12-9]가 보여주는 바와 같이 MC-CNN은 샴 신경망Siamese network을 사용해 특징을 추출하고 완전연결층 또는 1×1 컨볼루션층을 사용해 [0,1] 범위의 유사도를 출력한다.

TIP 샴 신경망은 몸이 붙은 샴 쌍둥이에서 영감을 얻은 신경망으로 2개의 부분 신경망이 가중치를 공유한다[Nandy2020].

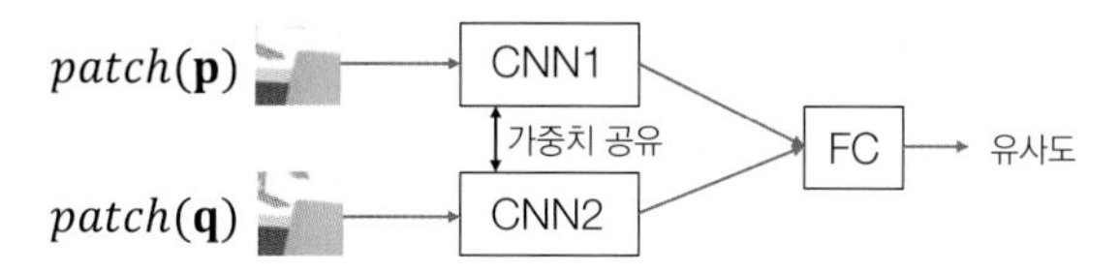

그림 12-9 MC-CNN이 대응점을 찾기 위해 사용하는 샴 신경망

MC-CNN은 [알고리즘 12-1]의 3행이 하는 일을 단순하게 컨볼루션 신경망으로 대치한 셈이다. 그런데 컨볼루션 신경망은 9.4절에서 소개한 바와 같이 의미 분할을 잘 한다. [그림 9-31]의 FCN, [그림 9-35]의 DeCovNet, [그림 9-36]의 U-net이 대표적인 모델이다. 이들 분할 모델은 물체 영역에 고유 번호를 부여한 밀집 맵을 레이블로 활용해 학습한다. 이 점을 감안하면 레이블을 분할 맵에서 깊이 맵으로 바꾸어 학습하면 깊이 영상을 출력하는 신경망을 통째 학습end-to-end learning으로 구현할 수 있다. 이러한 아이디어를 구현한 논문이 아주 많은데 DISPNet-C는 최초로 성공한 논문이다[Mayer2016]. 이 논문은 깊이 정보뿐만 아니라 광류까지 추정하며 비디오에 적용해 장면 흐름scene flow까지 추정한다.

모델을 학습하는데 사용할 수 있는 깊이 데이터셋이 여럿 공개되어 있는데 깊이 정보를 레이블링하는 일은 매우 어려워서 충분히 많은 데이터를 확보하는 일은 여전히 어렵다. 이런 점을 감안해 비지도 학습으로 깊이를 추정하는 신경망이 제안되었다[Zhou2017]. 딥러닝을 이용한 깊이 추정 방법을 보다 자세하게 공부하려면 서베이 논문 [Poggi2021]을 참조한다.

단안 깊이 추정

사람은 [그림 12-1(a)]를 보면 개가 창문보다 가까이 있다는 사실을 알아내고 [그림 12-1(b)]를 보면 팔이 얼굴보다 가깝다는 사실을 알아챈다. 한 장의 영상에 깊이 정보가 들어있다는 증거다. 그렇다면 한 장의 컬러 영상만 보고 깊이 영상을 출력하는 신경망 모델을 만들 수 있을까? 단안 깊이 추정monocular depth estimation은 한 장의 컬러 또는 명암 영상으로

부터 깊이 영상을 추정하는 문제로 활발히 연구되고 있다. 컨볼루션 신경망을 사용한 초창기 연구로 [Eigen2014]를, 자율 학습을 이용한 연구로 [Godard2019]를, 서베이 논문으로 [Bhoi2019, Zhao2020]을, 트랜스포머를 적용한 연구로 [Ranftl2021, Li2022c]를 추천한다. [그림 12-10]은 허깅페이스가 제공하는 단안 깊이 추정 서비스를 이용한 결과다.

그림 12-10 허깅페이스의 단안 깊이 추정 서비스(https://huggingface.co/spaces/keras-io/Monocular-Depth-Estimation)

12.2.2 능동 센서

스테레오 기법은 장면에서 들어오는 빛을 두 대의 카메라가 받아서 거리를 계산한다. 이런 수동적인 방법을 벗어나 보다 능동적으로 거리를 측정하는 방법이 여럿 있다. 이들은 거리 측정에 유리한 신호를 장면에 발사하고 물체가 반사하는 신호를 되받아서 거리를 계산한다. 무엇을 쏘는지에 따라 [그림 12-11]의 구조 광structured light과 비행 거리TOF; Time Of Flight 방식으로 구별할 수 있다.

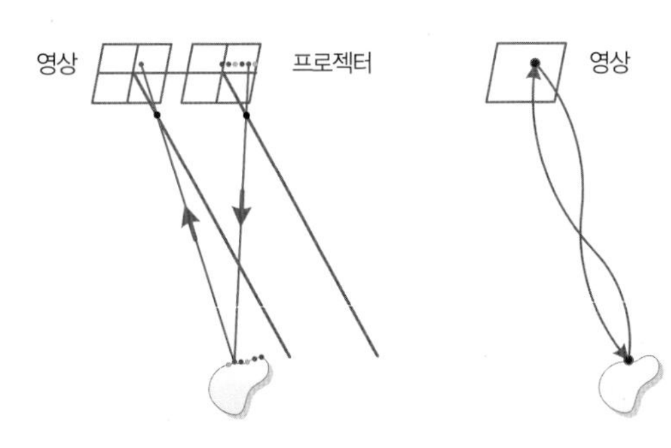

(a) 구조 광 (b) TOF(비행 거리)

그림 12-11 능동 센서의 원리

[그림 12-11(a)]는 구조 광의 원리를 설명하는데, 이는 앞 절에서 설명한 스테레오의 원리와 흡사하다. 단지 [그림 12-12]와 같이 잘 설계된 무늬를 쏘아 대응점을 보다 쉽고 정확하게 찾아내는 차이가 있다. 보다 상세한 내용은 [Geng2011]을 참조한다.

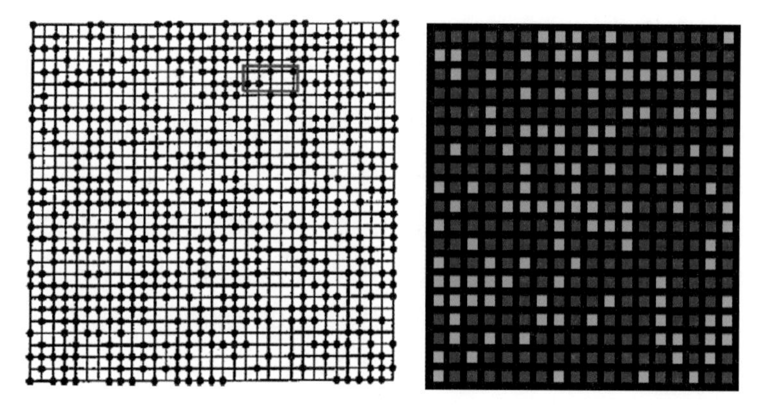

그림 12-12 구조 광 기법이 사용하는 독특한 무늬[Geng2011]

[그림 12-11(b)]의 TOF 기법은 빛 또는 소리 신호를 발사하고 물체에서 반사되어 돌아오는 시간을 측정해 거리를 계산한다. 식 (12.14)는 빛을 사용하는 경우에 TOF가 깊이를 계산하는 공식이다. c는 빛의 속도, t는 돌아올 때까지 걸린 시간, z는 깊이다. 왕복하기 때문에 2로 나눈다.

$$z = \frac{ct}{2} \qquad (12.14)$$

TOF를 실제 구현할 때는 근적외선NIR; Near InfRared, 초음파ultrasound, 레이저laser 빛을 주로 사용하는데, 사용하는 빛의 종류와 쏘는 방식, 반사된 빛을 받는 방식 등에 따라 다양한 기법이 있다. 라이다LiDAR; Light Detection And Ranging는 레이저를 사용하는 TOF인데 독특한 구현 방식으로 라이다 카메라와 TOF 카메라를 구별해 부른다. TOF 카메라는 밀집 깊이 영상을 생성하는 반면에 라이다 카메라는 점 구름point cloud 영상을 생성한다.

12.2.3 상용 깊이 카메라

1960년에 발명된 레이저laser는 퍼지지 않고 멀리 갈 수 있는 독특한 특성의 가느다란 빛이다. 이 기술을 활용한 제품 중에서 현대인에게 가장 익숙한 것은 레이저 포인터다. 1961년에 레이저를 쏘고 돌아오는 시간을 측정해 거리를 재는 라이다가 등장한다. 이후 응용에 따라 다양한 형태의 라이다가 제작된다. 최근에는 자율주행차에 널리 쓰이고 있으며 애플이 소형화에 성공해 아이패드 프로에 장착했다.

구조 광을 사용하는 가장 성공한 제품으로 2010년에 마이크로소프트가 출시한 키넥트kinect를 꼽을 수 있다. 키넥트는 아무 장치도 부착하지 않은 사람의 동작을 인식할 수 있으며 Xbox라는 게임기와 연동해 작동한다. 출시 60일 만에 8백만 대를 팔아 흥행에 크게 성공한 키넥트는 RGB 영상과 함께 480×640 깊이 영상을 30FPS 속도로 측정할 수 있는 RGB-D 카메라다. 구조 광 무늬는 적외선을 쏘아 사람 눈에는 보이지 않는다. 당시 깊이 카메라는 수백~수천만 원이었는데 키넥트는 불과 20여만 원이었다. 키넥트는 값싼 고성능 깊이 카메라 시대를 열었다고 평가된다. 하지만 키넥트는 초기의 인기를 유지하지 못하고 2017년에 생산을 중단했다. 마이크로소프트는 2019년에 애저 키넥트Azure Kinect라는 399달러의 새로운 제품을 출시했다. 애저 키넥트는 구조 광 기법 대신 TOF 방식을 사용한다. 애저 클라우드가 제공하는 컴퓨터 비전 서비스와 연동해 사용할 수 있는데, 게임 용도로 개발된 깊이 카메라가 인공지능 용도로 발전한 셈이다.

표 12-1 상용 깊이 카메라(방식마다 대표적인 상용 제품 하나씩 제시)

카메라 모델	방식과 특성	
애저 키넥트(Azure Kinect)	• 방식: TOF • 깊이 범위: 250~5460mm • 깊이 해상도: 640×576 또는 1024×1204	• RGB 해상도: 4096×3072 • 크기: 103×125.4×39[†] • 프레임 속도: 30FPS
Zivid Two	• 방식: 구조 광 • 깊이 범위: 300~1200mm • 깊이 해상도: 1944×1200	• RGB 해상도: 1944×1200 • 크기: 169×122×56[†] • 프레임 속도: 13FPS
리얼센스 435i(인텔)	• 방식: 스테레오 • 깊이 범위: 105~10000mm • 깊이 해상도: 1280×720	• RGB 해상도: 1920×1080 • 크기: 99×25×25[†] • 프레임 속도: 30FPS
벨로다인 퍽(Velodyne Puck)	• 방식: 라이다 • 채널 수: 16 • 각 해상도: 수직 2도, 수평 0.1~0.4도 • 정확도: +/- 3cm	• 깊이 범위: 100m • 점 구름: 초당 30만 개 점 측정 • 크기: 103.3mm(지름) × 71.7mm(높이)

[†] mm(너비) x mm(길이) x mm(높이)

[표 12-1]은 깊이를 측정하는 방식마다 대표적인 상용 카메라를 하나씩 제시한다. 깊이 영상을 생성하는 방식(스테레오, 구조 광, TOF, 라이다), 해상도, 깊이 범위, 제조사, 가격 정보를 알 수 있다.

TIP [표 12-1]의 내용은 https://rosindustrial.org/3d-camera-survey를 참조했다.

라이다는 레이저의 특성으로 인해 다른 방식에 비해 보다 정밀한 거리를 제공하는 것이 장점이다. 하지만 보통 360도 회전하며 점 구름을 생성하는데, 각 해상도에 한계가 있어 희소한 점 구름을 생성한다. 특히 수직 각 해상도가 더 낮다. 벨로다인 퍽의 경우 수직 각 해상도는 2도, 수평 각 해상도는 0.1~0.4도다.

RGB-D 영상에서 깊이에 해당하는 D 채널은 RGB 채널보다 잡음이 심한 편이다. 게다가 너무 가깝거나 먼 물체, 표면에 하이라이트가 발생한 물체, 너무 얇은 물체 등은 깊이를 제대로 측정하지 못한다. [그림 12-13]의 영상은 창문 영역에서 깊이 측정에 실패한 예이다. 이런 영역의 깊이를 메우는 전처리 알고리즘이 있다. Zhang은 RGB 영상에서 물체 표면의 법선 벡터normal vector와 물체 경계를 검출한 다음 이들 정보를 이용해 깊이 영상의 빈 곳을 채우는 알고리즘을 제안했다[Zhang2018]. 깊이 영상의 전처리에 대한 상세한 내용은 서베이 논문 [Hu2022]를 참조한다.

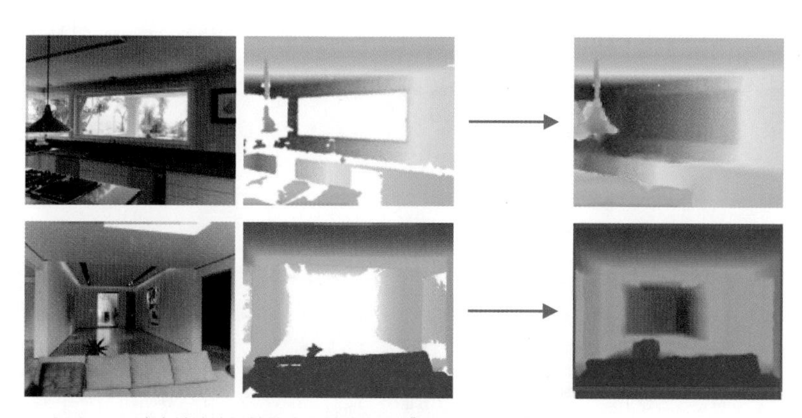

그림 12-13 깊이 영상의 불완전성과 전처리 결과[Zhang2018]

12.3 RGB-D 영상 인식

딥러닝이 개발되기 이전에도 RGB 영상으로 사람의 자세와 행위를 인식하는 일에 도전했지만 사실상 불가능했다. 실험실에 천을 드리워 깨끗한 배경을 만들고 사람이 그 앞에 서면 제한된 자세 몇 가지를 인식하는 정도가 고작이었다.

TIP 사람의 자세와 행위 인식에 관한 이 시대의 연구를 서베이한 논문으로 [Moeslund2006]을 추천한다.

당시 사람 동작을 정확히 인식할 필요성은 컴퓨터그래픽스 분야였는데 몸 곳곳에 부착된 센서가 전달하는 신호를 받아 3차원 좌표를 인식하는 값비싼 모션 캡처motion capture 장비를 주로 사용하였다. 이 장비는 영화 산업 발전에 크게 기여한다. 당시에도 깊이 영상을 측정하는 카메라가 있었지만 느릴 뿐 아니라 정확도가 낮고 비쌌다. 라이다는 정확하지만 희소한 깊이 영상, 즉 점 구름 영상을 생성하며 매우 고가였다.

이런 상황에서 12.2.3항에서 소개한 480×640 깊이 영상을 초당 30장 획득해주는 20만 원대의 키넥트는 대단한 혁신이었다[Han2013]. Shotton은 키넥트로 획득한 RGB-D 영상을 분석해 사람 자세를 실시간으로 인식하는 알고리즘을 제시한다[Shotton2011]. 이제 몸에 센서를 부착하지 않아도 동작을 인식할 수 있게 되었다. [그림 12-14]는 이런 상황을 설명한다.

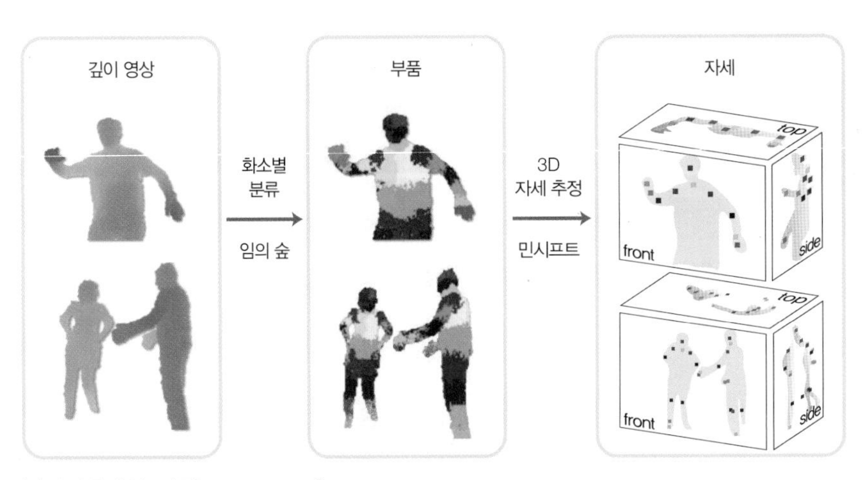

(a) 자세 추정 알고리즘[Shotton2011]

(b) 게임에 응용

그림 12-14 키넥트의 깊이 영상을 이용한 사람의 자세 추정과 행동 인식

2012년 AlexNet이 발표된 이후 빠른 속도로 발전한 딥러닝은 RGB 영상만으로 자연 영상을 인식하고 사람의 자세와 행동을 인식하는 시대를 열었다. 이 책에서는 9장과 10장에서 인식 모델을 설명했고 프로그래밍 실습을 제시했다. 예를 들어 10.3절에서는 MediaPipe 라이브러리를 이용해 얼굴과 얼굴 메시, 손 랜드마크를 검출하는 프로그래밍 실습과 자세를 추정하는 프로그래밍 실습을 수행했다. 그렇다고 RGB-D에서 D의 필요성이 없어졌다고 생각하면 안 된다. D는 두 가지 측면에서 컴퓨터 비전에 쓸모가 있는데, 첫 번째는 RGB와 D를 융합해 인식 성능을 높이는 것이고 두 번째는 로봇 주행에 필수적인 SLAM과 같은 새로운 응용을 창출하는 것이다. 둘을 차례로 살펴본다.

RGB와 D를 융합하여 인식 성능 향상

RGB-D에서 RGB는 물체 외관appearance에 대한 정보를 가졌고 D는 물체 형상shape에 대한 정보를 가졌기 때문에 상호 약점을 보완할 수 있다. 이런 이유로 RGB-D의 융합은 분류, 검출, 분할, 자세 추정 등에 널리 활용된다. 영상을 분류하는 초창기 연구는 주로 RGB와 D를 별도의 신경망으로 처리한 후 적절한 시점에 특징 맵을 결합하는 접근 방법을 사용한다. Eitel은 RGB 채널과 D 채널을 별도의 컨볼루션층에 통과시켜 특징 맵을 추출한 다음 맨 뒤의 층에서 결합하는 늦은 결합 방식을 제안했다[Eitel2015]. 두 특징 맵을 어느 시점에 어떻게 결합하는 것이 좋을지 평가한 논문이 있다[Sanchez-Riera2016]. RGB-D 융합을 영상 분류에 적용한 연구에 대한 상세한 내용은 서베이 논문 [Ioannidou2017]을 참조한다.

검출 문제에 RGB-D를 활용한 연구가 여럿 있다. 여기서는 스마트폰에 장착된 RGB-D 카메라를 이용해 SODSalient Object Detection 문제를 푼 논문 [Fan2021]을 소개한다. SOD는 영상에서 가장 두드러진 물체를 검출하는 문제인데, 스마트폰으로 사진을 찍을 때 두드러진 사람이 최대한 잘 나오게 카메라를 조정하는 재미있는 응용이 있다. 이 논문은 스마트폰으로 찍은 RGB-D 사람 영상 데이터셋을 제공하며 새로 제시한 D3Net과 기존 32개 논문의 성능을 비교한다. D3Net의 가장 두드러진 아이디어는 깊이 영상을 처리한 결과를 평가하고 점수가 일정 이상일 때만 RGB와 결합을 시도하는 것이다.

RGB와 D를 융합하여 의미 분할의 성능을 높인 연구가 많다. [그림 12-15]는 의미 분할에 쓰이는 RGB-D 데이터셋으로 9.4.1항에서 간략히 소개한 적이 있다. 왼쪽부터 NYU-Depth V2(2012년 공개, 1,449장 레이블링), SUN RGB-D(2015년 공개, 10,335장 레이블링), 2D-3D-S(2017년 공개, 70,496장 레이블링)이다. SUN RGB-D는 물체의 3차원 정보까지 레이블링되어 있어 3차원 공간 추론에 활용할 수 있다. 보다 많은 데이터셋을 살펴보려면 RGB-D 의미 분할에 대한 서베이 논문 [Wang2021a]를 참조한다.

(a) NYU-Depth V2

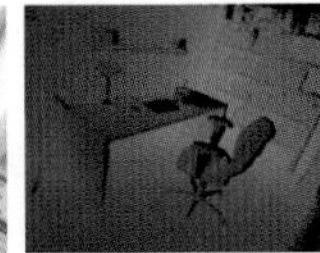
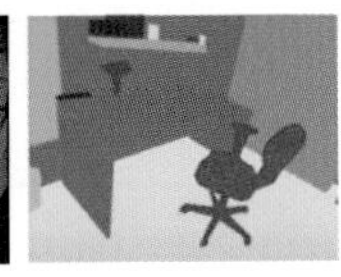
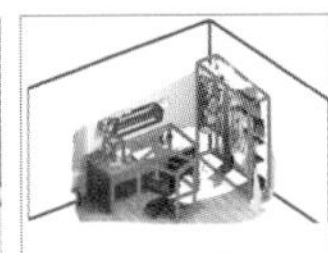

(b) SUN RGB-D

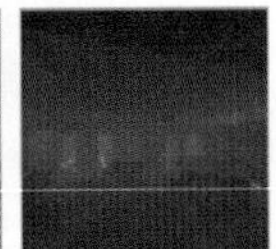

(c) 2D-3D-S

그림 12-15 의미 분할에 쓰이는 RGB-D 데이터셋

RGB-D 영상을 의미 분할하기 위해 쉽게 생각할 수 있는 접근 방법은 RGB 채널과 D 채널을 별도의 신경망에 넣어 특징 맵을 추출한 다음 적절한 순간에 융합하는 것이다. 자칫 그냥 적당히 결합하면 좋은 성능을 얻을 것으로 생각할 수 있는데 RGB와 D는 상당히 다른 성질을 지니며 특히 D 채널은 [그림 12-13]이 보여주는 바와 같이 불완전한 특성이 있어 신중하게 결합해야 좋은 성능을 얻을 수 있다. RDFNet은 지름길 연결을 활용해 RGB와 D에서 추출된 특징을 결합하는 방법을 제안한다[Park2017]. MMFMulti-Modal Feature fusion 블록은 두 특징 맵의 중요도를 고려해 결합하고 Refine 블록은 결합된 맵을 정제한다. [그림 12-16(a)]의 채널 교환 신경망은 특징 맵을 구성하는 RGB 채널과 D 채널을 점수화하고 점수가 낮은 채널을 다른 채널로 대치하는 방법으로 성능을 개선한다[Wang2020].

D를 이용해 컨볼루션 연산을 다시 정의하는 또 다른 접근 방법이 있다[Chen2019]. 기존 컨볼루션은 모든 화소가 같은 비중으로 계산에 참여하는데, 재정의된 컨볼루션에서는 D에 따라 [그림 12-16(b)]처럼 먼 거리의 화소는 가중치를 낮추어 수용장을 작게 만드는 효과를 꾀한다. 또 다른 접근 방법으로 주목을 사용하는 기법과 순환 신경망을 사용하는 기법 등이 있다. 보다 상세한 내용은 서베이 논문 [Wang2021a]를 참조한다.

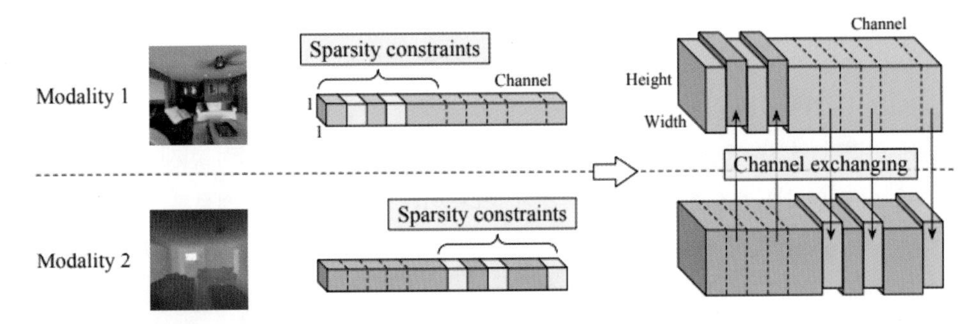

(a) 채널 교환 신경망[Wang2020]

(b) 3차원 컨볼루션[Chen2019]

그림 12-16 RGB-D 의미 분할을 위한 아이디어

사람 행동을 인식하는 데 RGB-D를 적용한 연구가 많다. 서베이 논문으로 [Liu2019, Shaikh2021]을 추천한다.

SLAM

자신이 낯선 건물의 복도에 있고 그곳에서 어떤 임무를 수행해야 한다고 상상해보자. 가장 먼저 할 일은 이리저리 돌아다니면서 3차원 지도를 파악하는 것이다. 이때 부분적으로 파악된 지도에서 자신이 어디에 있는지 실시간으로 알 수 있어야 지도를 완성해나갈 수 있다. 이처럼 자신의 위치를 부분 지도 속에서 인식하며 동시에 지도를 완성해나가는 일을 SLAMSimultaneous Localization And Mapping이라고 한다. SLAM에서 mapping은 3차원 모델이고 localization은 위치와 방향, 즉 자세다. 사람은 복도를 빠르게 왕복하면서 쉽게 SLAM 문제를 해결한다. 하지만 로봇에게는 mapping과 localization 둘 다 미완성인 상태에서 둘을 동시에 완성해야 하므로 매우 어려운 문제다. SLAM 문제에 대해서는 1980년대 초부터 로봇 연구자를 중심으로 활발히 연구가 진행된다. [Durrant-Whyte2006, Bailey2006]은 초심자에게 매우 인기 있는 튜토리얼 논문이다.

사람이 아주 쉽게 SLAM을 수행한다고 컴퓨터 비전도 쉽게 할 것이라고 생각하면 큰 오산이다. RGB-D 카메라를 장착한 로봇이 문을 열고 복도에 진입했다고 상상해보자. 로봇은 그 순간에 입력된 영상을 해석해 다음 이동할 위치를 결정해야 한다. 이처럼 현재 영상을 해석해 다음 이동 위치를 결정하는 일을 반복해야 한다. 이때 영상에서 얻은 정보를 이용해 3차원 지도를 동시에 작성해야 하며 미완성 지도 속에서 자신의 위치를 정확하게 파악해야 한다. 위치를 결정하는 알고리즘에 작은 오류가 있어도 오류가 누적되기 때문에 조금 지나면 건물 바깥쪽같이 엉뚱한 곳에 있다고 오판하기 십상이다. 따라서 오류를 보정하는 과정이 필요하다. SLAM을 성공적으로 마치면 이후에는 지도를 가지고 자유자재로 이동할 수 있고 경로 계획path planning을 통해 특수한 임무를 수행할 수 있다.

그림 12-17 자율주행차가 SLAM으로 작성한 교차로의 3차원 지도(©Daniel L. Lu, CC BY 4.0)

예전 SLAM 연구는 주로 잘 꾸며진 실내 상황에서 수행했는데 이제는 자율주행차와 드론, 실내 로봇, 야외 활동 로봇을 대상으로 연구가 진행된다. [그림 12-17]은 자율주행차가 SLAM 기법으로 작성한 교차로의 3차원 지도다. 우리 주위에서 볼 수 있는 주요 응용으로 증강 현실과 청소 로봇을 들 수 있다. 청소 로봇의 경우 SLAM을 장착한 로봇이 그렇지 않은 로봇에 비해 훨씬 뛰어난 성능을 발휘한다. RGB와 RGB-D를 모두 포함해 SLAM을 서베이한 논문으로 [Barros2022]를 추천한다. RGB-D에 초점을 맞추어 서베이한 논문으로 [Zhang2021]을 추천한다.

12.4 점 구름 인식

스테레오 카메라와 TOF 카메라는 모든 화소가 값을 가지는 밀집 깊이 영상을 생성하는 반면, 라이다는 레이저가 다다를 수 있는 곳의 깊이만 측정한 희소 깊이 영상을 생성한다. 희소 깊이 영상은 점의 집합으로 영상을 표현하는데 이 영상을 점 구름point cloud이라 부른다. 점 구름 영상은 2차원 배열과 다른 독특한 특성이 있기 때문에 기존과 다른 인식 알고리즘이 필요하다. 점 구름을 인식하는 논문을 서베이한 논문으로 [Guo2021b]를, 자율주행에 초점을 맞춘 서베이 논문으로 [Li2021b]를 추천한다. 데이터를 이해하는 일부터 시작하자.

12.4.1 데이터의 이해

[그림 3-5]는 여러 종류의 영상을 보여준다. [그림 3-5(f)]의 점 구름을 제외하면 모두 같은 간격으로 배치된 화소가 격자를 이루는 구조다. 반면에 점 구름은 점이 밀집된 곳도 있고 희소한 곳도 있고 아예 없는 곳도 있다. 따라서 점 구름 영상은 식 (12.15)처럼 3차원 좌표로 점을 표현한다. n은 점의 개수다. 점이 특별한 성질을 가지는 경우 α_i에 값을 표시하는데 보통 경우에는 α_i를 생략한다. 점은 1~n까지 번호가 매겨져 있지만 순서를 바꾸어도 같은 영상이다. 따라서 점 구름은 순열 불변permutation-invariant이라고 말한다.

$$I_{point\_cloud} = \{(x_i, y_i, z_i, \alpha_i) \mid 1 \le i \le n\} \qquad (12.15)$$

[프로그램 12-1]은 프린스턴 대학교에서 제공하는 ModelNet 데이터셋에서 점 집합을 생성하는 프로그램이다. ModelNet 데이터셋에는 욕조, 침대, 의자 등 10개 부류의 물체가 있다. 이 데이터셋에 대한 세부 내용은 [Wu2015]를 참조한다. 이 프로그램을 실행하려면 다음 명령어로 trimesh 모듈을 설치해야 한다.

```
(cv) C:/> pip install trimesh
```

프로그램 12-1 ModelNet 데이터셋에서 점 구름을 생성하고 디스플레이하기

```
01  import os
02  import trimesh
03  import tensorflow as tf
04  import matplotlib.pyplot as plt
05
06  classes=['bathtub','bed','chair','desk','dresser','monitor','night_stand',
    'sofa','table','toilet']
07
08  path='http://3dvision.princeton.edu/projects/2014/3DShapeNets/ModelNet10.zip'
09  data_dir=tf.keras.utils.get_file('modelnet.zip',path,extract=True)
10  data_dir=os.path.join(os.path.dirname(data_dir),'ModelNet10')
11
12  fig=plt.figure(figsize=(50,5))
13  for i in range(len(classes)):
14     mesh=trimesh.load(os.path.join(data_dir,classes[i]+'/train/'+classes[i]
       +'_0001.off'))
15
16     points=mesh.sample(4096)
17
18     ax=fig.add_subplot(1,10,i+1,projection='3d')
19     ax.set_title(classes[i],fontsize=30)
20     ax.scatter(points[:,0],points[:,1],points[:,2],s=1,c='g')
```

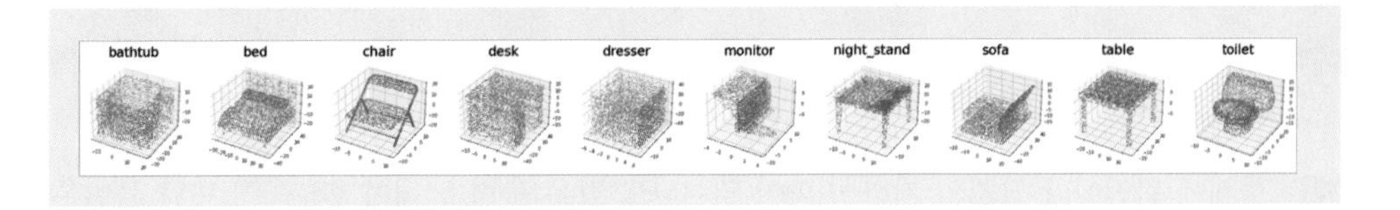

06행은 10부류의 이름이고 08행은 데이터셋을 제공하는 사이트의 주소다. 09행의 get_file 함수는 사이트에 접속해 데이터셋을 다운로드하고 폴더에 저장한다. 09행을 수행하면 [User 폴더]/.keras/datasets 폴더 밑에 ModelNet10 폴더가 만들어진다. 이 폴더 밑에 10개 부류에 해당하는 폴더가 있고 각 부류는 train과 test 폴더로 나뉘고 그 밑에 샘플이 저장된다. 샘플 파일은 off라는 확장자를 가지는데, off object file format는 3차원 CAD 모델을 표현하는 표준 방식이다.

12~20행은 부류 각각에 대해 train 폴더의 첫 번째 샘플을 읽고 디스플레이한다. 14행은 샘플을 읽어 mesh 객체에 저장한다. 16행은 mesh에서 4,096개의 점을 샘플링하여 식 (12.15)로 표현되는 점 구름 영상을 생성한다. 18~20행은 점 구름을 3차원 산포도 그래프로 그린다.

12.4.2 인식 모델

점 구름 영상에서 분류나 분할 등을 수행하는 모델이 많이 개발되어 있다. 초창기에는 불규칙한 점 구름 영상을 규칙적으로 배열된 구조로 바꾸고 새로운 구조에 컨볼루션을 적용하는 방식을 사용했다. 예를 들어 VoxNet은 점 구름 영상을 복셀voxel로 구성된 3차원 영상으로 변환하고 3차원 컨볼루션을 적용한다[Maturana2015]. 탄젠트 컨볼루션은 어떤 점의 곡면에 접하는 평면, 즉 탄젠트 평면으로 이웃 점을 투영하는 방법을 사용해 규칙적인 구조로 변환하고 2차원 컨볼루션을 적용한다[Tatarchenko2018]. 이후에는 점 구름을 집합으로 둔 채 처리하는 방식이 주류를 이룬다. 이 방식에서는 컨볼루션층을 사용한 경우와 트랜스포머를 사용하는 경우로 나눌 수 있다. 트랜스포머 모델로는 Point 트랜스포머 [Zhao2021]과 PCTPoint Cloud Transformer [Guo2021a]가 유명하다. 보다 자세한 내용은 서베이 논문 [Guo2021b, Li2021b]를 참조한다.

여기서는 컨볼루션을 사용해 집합을 처리하는 모델이고 텐서플로 사이트가 예제 프로그램을 제공하는 PointNet을 자세히 설명한다. PointNet은 분류와 분할을 수행할 수 있다.

PointNet

[그림 12-18]은 점 구름 데이터의 세 가지 성질을 반영한 PointNet의 구조다[Qi2017]. 첫 번째 성질은 순열 불변이다. 순열 불변은 점의 순서를 바꿔 입력해도 같은 출력을 내는 성질이다. 순열 불변은 max pool 표시된 최대 풀링으로 달성한다. 두 번째는 집합에서 이웃 점을 찾아 물체의 지역 구조local structure를 파악할 수 있어야 한다. 이 일은 mlp가 담당한다. 세 번째는 물체에 회전이나 크기의 기하 변환이 일어나도 같은 출력을 내야 한다. 이 변환 불변은 input transform과 feature transform이라 표시된 곳에 있는 T-Net이 담당한다.

[그림 12-18]의 PointNet 구조와 동작을 자세히 살펴보자. 먼저 하늘색 배경으로 나타낸 Classification Network 부분을 설명한다. ① 표시된 입력은 식 (12.15)의 n개 점이다. 점은 (x,y,z)를 가지므로 $n\times3$ 텐서다. input transform 블록을 거쳐 ②의 $n\times3$ 텐서로 변환된다. mlp 표시된 곳에서는 3차원 벡터로 표현된 n개의 점 각각에 64개 은닉 노드를 가진 완전연결층을 두 번 적용해 ③의 $n\times64$ 텐서로 변환한다. 이때 n개의 mlp는 가중치를 공유한다. 이어 feature transform 블록을 거쳐 ④의 $n\times64$ 텐서로 변환한다. 다시 64, 128, 1024개 은닉 노드를 가진 완전연결층 3개를 연달아 적용해 ⑤의 $n\times1024$ 텐서로 변환한다. 여기까지는 텐서 크기에 점의 개수 n이 있어 입력 영상에 따라 텐서 크기가 다르다.

PointNet은 앞에서 얻은 텐서에 max pool 표시된 최대 풀링을 적용한다. 앞서 말한 바와 같이 최대 풀링은 신경망이 순열 불변으로 동작하게 한다. 논문에서는 순열 불변을 달성하는 또 다른 방법으로 점을 정렬해 입력하는 방법과 RNN을 이용하는 방법을 비교 실험했는데 최대 풀링에 비해 성능이 훨씬 떨어진다. 예를 들어 정렬하는 경우에 한두 점의 좌표가 조금만 변해도 순서가 크게 달라질 수 있어 적절하지 않다. PointNet은 ⑤의 $n \times 1024$ 텐서에 n 방향으로 최대 풀링을 적용해 ⑥의 1024차원 벡터로 변환한다. 이 벡터는 512와 256개 은닉 노드를 가진 완전연결층을 지나고 마지막으로 k개 출력 노드를 가진 완전연결층과 softmax 활성 함수를 거쳐 k차원의 부류 확률 벡터를 출력한다. k는 부류 개수다.

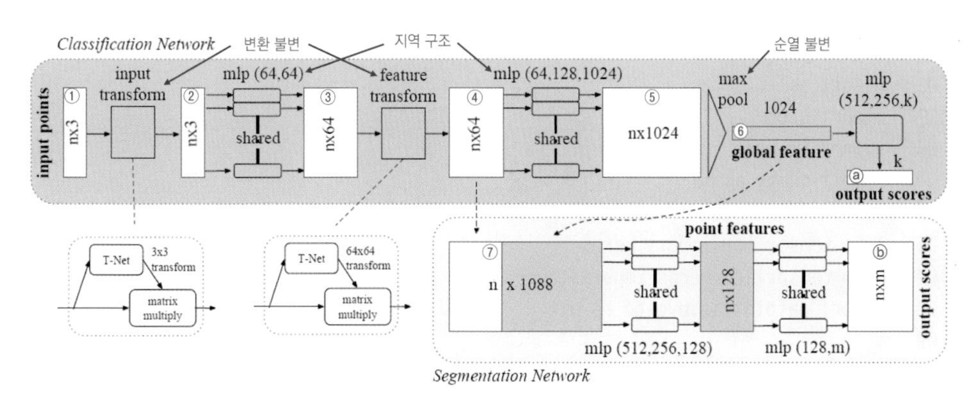

그림 12-18 PointNet의 구조와 동작[Qi2017]

[그림 12-18]에 input transform과 feature transform이라 표시한 곳이 있다. 이곳에서 STNSpatial Transformer Network을 개조한 T-Net을 적용한다. STN은 신경망 내부에 특징 맵의 회전이나 크기 변환을 담당하는 모듈을 추가해 이런 공간 변형에 둔감해진다[Jaderberg2015]. T-Net은 점 구름 영상에서 추출한 특징 맵이 공간 변형에 둔감하게 만들어준다.

이제 [그림 12-18]에서 노란색 배경으로 나타낸 Segmentation Network, 즉 의미 분할하는 신경망을 살펴본다. 이 신경망은 하늘색 배경으로 나타낸 Classification Network의 특징 맵을 가져다 사용한다. 이때 영상의 세밀한 구조를 표현한 ④의 $n \times 64$ 텐서와 ⑥의 $n \times 1024$ 텐서를 결합한 $n \times 1088$ 텐서를 사용한다. 1088차원 벡터로 표현된 n개의 점 각각에 512, 256, 128개 은닉 노드를 가진 완전연결층 세 개를 연달아 적용해 $n \times 128$ 텐서로 변환한다. 이때 n개의 mlp는 가중치를 공유한다. 이렇게 얻은 텐서를 다시 128개 은닉 노드를 가진 완전연결층에 통과시켜 $n \times 128$ 텐서로 변환한다. 마지막에는 n개의 점 각각에 m개 노드를 가진 완전연결층과 softmax 활성 함수를 적용해 $n \times m$ 텐서를 출력한다. m은 의미 분할의 부류 개수다. 결국 의미 분할을 위한 신경망은 n개의 점 각각에 대해 m개 부류를 위한 부류 확률 벡터를 출력한다.

PointNet: 분류 프로그래밍

[프로그램 12-2]는 PointNet을 구현한다. 실험은 [프로그램 12-1]에서 다루었던 ModelNet 데이터셋으로 수행한다. PointNet은 분류와 분할을 수행할 수 있는데 여기서는 분류만 구현한다.

프로그램 12-2 PointNet을 이용해 점 구름 영상 분류하기

```
01  import os
02  import glob
03  import trimesh
04  import numpy as np
05  import tensorflow as tf
06  from tensorflow import keras
07  from tensorflow.keras import layers
08  import matplotlib.pyplot as plt
09
10  classes=['bathtub','bed','chair','desk','dresser','monitor','night_stand',
    'sofa','table','toilet']
11
12  path="http://3dvision.princeton.edu/projects/2014/3DShapeNets/ModelNet10.zip"
13  data_dir=tf.keras.utils.get_file('modelnet.zip',path,extract=True)
14  data_dir=os.path.join(os.path.dirname(data_dir),'ModelNet10')
15
16  def parse_dataset(num_points=2048):
17     train_points,train_labels=[],[]
18     test_points,test_labels=[],[]
19
20     for i in range(len(classes)):
21        folder=os.path.join(data_dir,classes[i])
22        print('데이터 읽기: 부류 {}'.format(os.path.basename(folder)))
23        train_files=glob.glob(os.path.join(folder,'train/*'))
24        test_files=glob.glob(os.path.join(folder,'test/*'))
25
26        for f in train_files:
27           train_points.append(trimesh.load(f).sample(num_points))
28           train_labels.append(i)
```

```
29          for f in test_files:
30             test_points.append(trimesh.load(f).sample(num_points))
31             test_labels.append(i)
32       return(np.array(train_points),np.array(test_points),np.array(train_
         labels),np.array(test_labels))
33
34    NUM_POINTS=2048              # 샘플 영상의 점의 개수
35    NUM_CLASSES=10               # 부류 개수
36    batch_siz=32
37
38    x_train,x_test,y_train,y_test=parse_dataset(NUM_POINTS)
39
40    def conv_bn(x,filters):      # 컨볼루션층과 배치 정규화
41       x=layers.Conv1D(filters,kernel_size=1,padding='valid')(x)
42       x=layers.BatchNormalization(momentum=0.0)(x)
43       return layers.Activation('relu')(x)
44
45    def dense_bn(x,filters):     # 완전연결층과 배치 정규화
46       x=layers.Dense(filters)(x)
47       x=layers.BatchNormalization(momentum=0.0)(x)
48       return layers.Activation('relu')(x)
49
50    class OrthogonalRegularizer(keras.regularizers.Regularizer):
51       def __init__(self,num_features,l2reg=0.001):
52          self.num_features=num_features
53          self.l2reg=l2reg
54          self.eye=tf.eye(num_features)
55
56       def __call__(self,x):
57          x=tf.reshape(x,(-1,self.num_features,self.num_features))
58          xxt=tf.tensordot(x,x,axes=(2,2))
59          xxt=tf.reshape(xxt,(-1,self.num_features,self.num_features))
60          return tf.reduce_sum(self.l2reg*tf.square(xxt-self.eye))
61
62    def tnet(inputs,num_features): # T-Net
63       bias=keras.initializers.Constant(np.eye(num_features).flatten())
64       reg=OrthogonalRegularizer(num_features)
65
66       x=conv_bn(inputs,32)
67       x=conv_bn(x,64)
68       x=conv_bn(x,512)
69       x=layers.GlobalMaxPooling1D()(x)
70       x=dense_bn(x,256)
```

```
71      x=dense_bn(x,128)
72      x=layers.Dense(num_features*num_features,kernel_initializer='zeros',bias_
        initializer=bias,activity_regularizer=reg)(x)
73
74      feat_T=layers.Reshape((num_features, num_features))(x)
75      return layers.Dot(axes=(2,1))([inputs,feat_T])
                                        # 특징 맵에 어파인 변환(3*3행렬) 적용
76
77  inputs=keras.Input(shape=(NUM_POINTS,3)) # PointNet의 입력
78  x=tnet(inputs,3)                    # PointNet 구축 (특징 맵은 논문의 반절로 설정)
79  x=conv_bn(x,32)
80  x=conv_bn(x,32)
81  x=tnet(x,32)
82  x=conv_bn(x,32)
83  x=conv_bn(x,64)
84  x=conv_bn(x,512)
85  x=layers.GlobalMaxPooling1D()(x)
86  x=dense_bn(x,256)
87  x=layers.Dropout(0.3)(x)
88  x=dense_bn(x,128)
89  x=layers.Dropout(0.3)(x)
90  outputs=layers.Dense(NUM_CLASSES,activation='softmax')(x) # PointNet 출력
91
92  model=keras.Model(inputs=inputs,outputs=outputs,name='pointnet')
93
94  model.compile(loss='sparse_categorical_crossentropy',optimizer=keras.
    optimizers.Adam(learning_rate=0.001),metrics=["sparse_categorical_accuracy"])
95  model.fit(x_train,y_train,epochs=20,validation_data=(x_test,y_test))
96
97  chosen=np.random.randint(0,len(x_test),8)
98  points=x_test[chosen]               # 랜덤하게 뽑은 8개 샘플을 예측해봄
99  labels=y_test[chosen]
100
101 preds=model.predict(points)
102 preds=tf.math.argmax(preds,-1)
103
104 fig=plt.figure(figsize=(15,4))      # 예측 결과를 시각화
105 for i in range(8):
106     ax=fig.add_subplot(2,4,i+1,projection='3d')
107     ax.scatter(points[i,:,0],points[i,:,1],points[i,:,2],s=1,c='g')
108     ax.set_title('pred:{:}, GT:{:}'.format(classes[preds[i].numpy()],classes
        [labels[i]]),fontsize=16)
109     ax.set_axis_off()
```

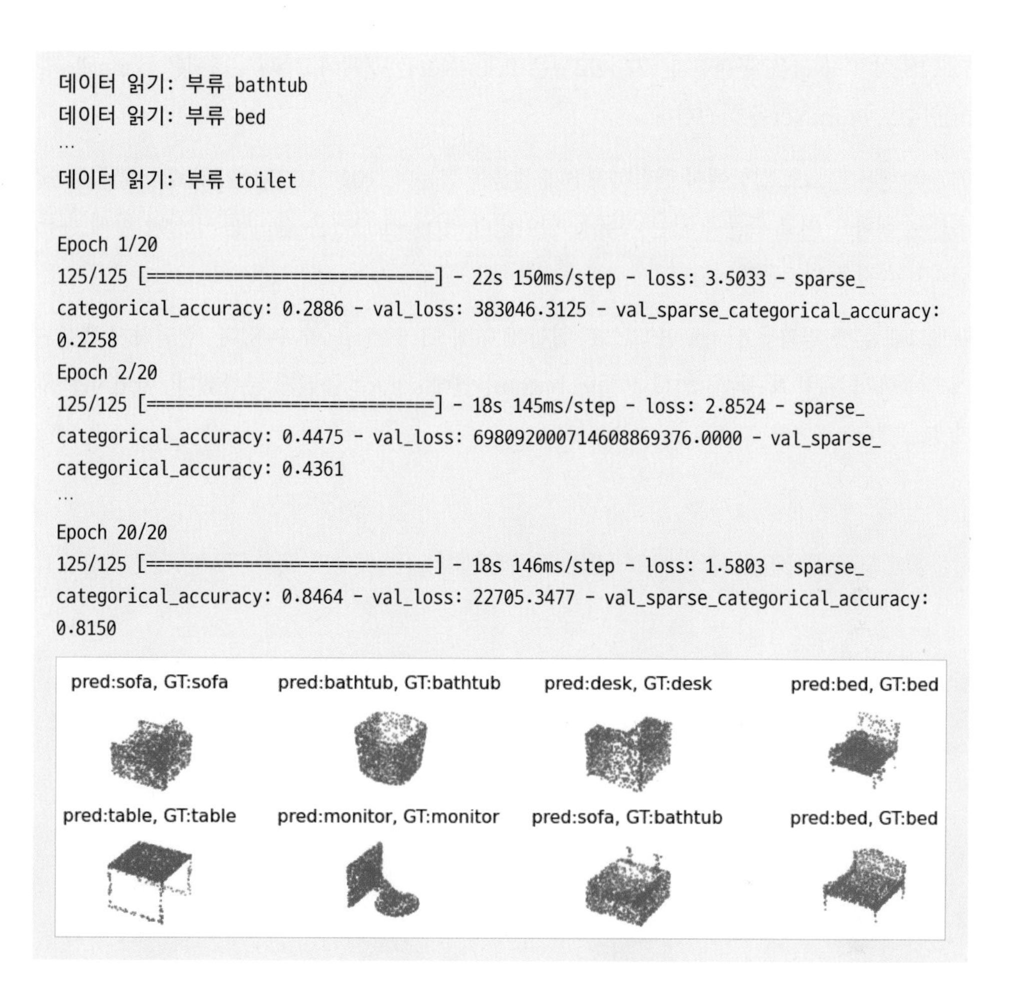

```
데이터 읽기: 부류 bathtub
데이터 읽기: 부류 bed
...
데이터 읽기: 부류 toilet

Epoch 1/20
125/125 [==============================] - 22s 150ms/step - loss: 3.5033 - sparse_
categorical_accuracy: 0.2886 - val_loss: 383046.3125 - val_sparse_categorical_accuracy:
0.2258
Epoch 2/20
125/125 [==============================] - 18s 145ms/step - loss: 2.8524 - sparse_
categorical_accuracy: 0.4475 - val_loss: 698092000714608869376.0000 - val_sparse_
categorical_accuracy: 0.4361
...
Epoch 20/20
125/125 [==============================] - 18s 146ms/step - loss: 1.5803 - sparse_
categorical_accuracy: 0.8464 - val_loss: 22705.3477 - val_sparse_categorical_accuracy:
0.8150
```


10행은 ModelNet 데이터셋의 부류 이름을 지정하고 12~14행은 데이터셋을 인터넷에서 다운로드해 폴더에 설치하는 코드로 [프로그램 12-1]과 같다. 16~32행은 폴더에 설치된 10개 부류의 train과 test 폴더 밑에 있는 파일을 읽어오는 parse_dataset 함수다. 32행은 훈련 집합(train_points와 train_labels)과 테스트 집합(test_points와 test_labels)을 반환한다. 34~36행은 샘플의 점 개수(NUM_POINTS), 부류 개수(NUM_CLASSES), 미니 배치 크기(batch_siz)를 지정한다. 38행은 parse_dataset 함수로 데이터를 읽는다.

40~92행은 PointNet을 만든다. 40~43행은 컨볼루션층과 배치 정규화, ReLU 활성 함수를 연달아 적용하는 함수고 45~48행은 완전연결층과 배치 정규화, ReLU 활성 함수를 연달아 적용하는 함수다. 50~60행은 규제를 적용하는 클래스다. 62~75행의 tnet 함수는 [그림

12-18]의 T-Net을 구현한다. 77~92행은 PointNet을 구축하고 94~95행은 compile과 fit 함수로 PointNet을 학습한다.

97~99행은 테스트 집합에서 랜덤하게 8개 샘플을 뽑는다. 101~102행은 predict 함수로 예측을 수행하고 최고 확률을 갖는 부류를 알아낸다. 104~109행은 점 구름 영상과 함께 분류 결과와 참값을 디스플레이한다.

프로그램 실행 결과를 살펴보면 테스트 집합에 대해 81.5%임을 알 수 있다. 랜덤하게 뽑힌 8개 샘플에서 두 번째 줄 세 번째 샘플이 bathtub인데 sofa로 틀리게 분류했다. 나머지는 옳게 분류했다.

01 [그림 12-2(b)]의 **p** 점이 (0.5,1.2,1.3)이라 가정한다.

(1) x 방향으로 3.0, y 방향으로 −0.5, z 방향으로 0.3만큼 이동하는 변환 행렬을 쓰시오.

(2) (1)의 변환 행렬을 **p** 점에 적용하는 과정을 쓰시오.

02 여러 대의 로봇이 같은 공간에서 협업하는 상황을 상상해보자. [그림 12-5]의 두 가지 손눈 캘리브레이션 방식 중에 어느 것을 사용해야 하는지 설명하시오.

03 [그림 12-10]은 허깅페이스(https://huggingface.co/spaces/keras-io/Monocular-Depth-Estimation)에서 단안 깊이 추정을 수행한 결과를 예시한다.

(1) 다섯 장 이상의 사진을 선택한 다음 허깅페이스에 입력해 깊이 영상을 받아 제시하시오.

(2) 성능에 대한 의견을 제시하시오.

04 애저 키넥트의 공식 사이트(https://azure.microsoft.com/en-us/products/kinect-dk/#overview)를 참조해 애저 키넥트에 대한 조사 보고서를 작성하시오. 특히 농업 분야와 환경 분야 중에서 하나를 선택해 그 분야의 미래 지향적인 활용 방안을 포함하시오.

05 컴퓨터 비전의 역사를 간략히 소개하는 [표 1-1]은 자율주행차 역사에서 중요 사건인 2004년의 제1회 그랜드 챌린지를 소개한다. WIRED 잡지는 챌린지에 참여한 중요 인물과 대담한 기사(https://www.wired.com/story/darpa-grand-challenge-2004-oral-history)를 통해 당시 상황을 생생하게 전달한다. 기사를 읽고 1000글자 가량의 에세이를 작성하시오.

06 Ai 타임스의 기사 「자율주행차의 '눈', 라이다 vs. 레이더… 승자는?」(http://www.aitimes.com/news/articleView.html?idxno=136692)는 자율주행차가 3차원 정보를 획득하는 두 가지 방식의 장단점을 비교한다. 향후에 라이다 승, 레이더 승, 무승부로 공존 중에 어느 방향이 될지 추가 자료 조사를 하고 자신의 견해를 포함한 보고서를 작성하시오.

07 [프로그램 12-1]은 부류별로 맨 앞에 배치된 샘플 1개만 보여준다. 부류별로 앞에 배치된 샘플 7개를 디스플레이하도록 확장하시오.

08 [프로그램 12-1]은 16행에서 4096개의 점만 랜덤 샘플링하여 보여준다. 각 샘플이 점의 개수를 512, 1024, 2048, 4096, 8192개로 바꾸어가며 5개 영상을 그리도록 확장하시오.

09 [프로그램 12-2]가 테스트 집합에 대해 혼동 행렬과 정확률을 출력하도록 확장하시오.

CHAPTER

13

생성 비전

Preview

사람은 그림이나 음악, 글을 생성하는 데 뛰어나다. 유아기 아이에게 연필과 도화지를 쥐어주면 강아지, 나무, 자전거, 꽃 등을 그린다. 아이 머리 속 깊은 곳에 있는 생성 능력이 외부 자극에 의해 발현되는 현상이다. 컴퓨터 비전도 생성 능력을 학습할 수 있을까?

지금까지는 딥러닝을 분류, 검출, 분할, 추적, 자세 추정 등의 영상 인식 과업을 해결하는 용도로 사용했다. 이들 과업에서는 서로 다른 물체를 분별하는 일이 핵심이기 때문에 이런 딥러닝 모델을 분별 모델discriminative model이라 부른다. 외부 자극에 따라 영상을 생성하는 일은 분별 모델과 정반대 과정이다. 영상을 생성하는 모델을 생성 모델generative model이라 부른다.

그림 13-1 DALL·E가 생성한 영상(https://huggingface.co/spaces/dalle-mini/dalle-mini에 'A girl is running with two dogs along the river'를 입력하여 얻은 영상)

컴퓨터 비전은 분별 모델을 중심으로 발전해왔다. 미약하게 GMM이나 HMM, 볼츠만 머신 등을 활용한 생성 모델이 연구되어 왔으나 사람 얼굴이나 자연 영상을 생성하는 수준은 넘볼 수 없는 상황이었다. 2014년 굿펠로우가 생성 적대 신경망GAN; Generative Adversarial Network을 발표한 이후에 획기적인 발전이 이루어진다[Goodfellow2014]. 이제 진짜 얼굴과 GAN이 생성한 가짜 얼굴을 구별하기 어려운 수준에 올라섰다. 트랜스포머는 언어와 영상을 융합해 또 다른 획기적 진전을 이루어낸다. [그림 13-1]은 자연어 문장을 입력하면 그에 걸맞은 영상을 생성하는 DALL·E라는 모델이 생성한 그림이다. 신기한 생성 모델 세계로 들어가보자.

딥러닝 이전과 이후를 모두 서베이한 논문으로 [Harshvardhan2020]을, 딥러닝을 이용한 기법을 서베이한 논문으로 [Bond-Taylor2022]를 추천한다.

13.1 생성 모델 기초

이 절은 단순한 상황을 가정하고 생성 모델의 개념과 기초 수식을 소개한다. 이렇게 다진 기초 지식은 실제 데이터를 다루는 상황으로 확장하는 데 지렛대 역할을 해줄 것이다. 이 절에서 다루는 확률, 가우시안의 평균 벡터와 공분산 행렬, 최대 우도 등에 대한 기초는 부록 C를 참조한다.

13.1.1 생성 모델이란?

생성 모델을 가장 단순하게 표현하면 식 (13.1)이다. $\mathbf{x}$가 발생할 확률 분포probability distribution $p(\mathbf{x})$를 알면 새로운 샘플을 생성할 수 있다. 확률 이론에서는 $\mathbf{x}$를 랜덤 벡터random vector라 부르는데, 컴퓨터 비전에서는 $\mathbf{x}$가 영상 또는 영상에서 추출한 특징 벡터에 해당한다. 생성 모델은 레이블 없이 $\mathbf{x}$만 가지고 확률 분포를 추정하므로 비지도 학습에 속한다.

$$\text{생성 모델: } p(\mathbf{x}) \qquad (13.1)$$

식 (13.1)을 이해하기 위해 장난감 세상에서 출발한다.

장난감 세상의 생성 모델

주사위에는 $\{1,2,3,4,5,6\}$의 6개 눈이 있고 모든 눈의 확률은 $\frac{1}{6}$이다. 주사위 눈을 x라 표기하면 $p(x=1)=\frac{1}{6}$, $p(x=2)=\frac{1}{6}$, $\cdots$, $p(x=6)=\frac{1}{6}$을 알고 있으므로, 즉 $p(x)$를 완벽히 알고 있으므로 프로그램으로 주사위 눈을 생성하여 주사위 게임 등에 활용할 수 있다. [예시 13-1]의 찌그러진 주사위를 통해 데이터 기반 생성 모델을 제작해보자.

[예시 13-1] 데이터에 기반한 생성 모델

6개 면의 면적이 같지 않은 찌그러진 주사위가 있다고 가정한다. 이제 6개 눈이 나올 확률을 실험을 통해 추정하는 수밖에 없다. 주사위를 10번 던져 다음과 같은 데이터를 얻었다고 가정한다.

$$X = \{5,3,5,5,2,4,1,6,3,1\}$$

데이터로부터 확률 분포 $p(x)$를 추정하면 다음과 같다. 이제 $p(x)$를 가지고 x를 생성하여 주사위 게임을 만들 수 있다.

$$p(x) = \begin{cases} p(x=1) = 0.2 \\ p(x=2) = 0.1 \\ p(x=3) = 0.2 \\ p(x=4) = 0.1 \\ p(x=5) = 0.3 \\ p(x=6) = 0.1 \end{cases}$$

[예시 13-1]은 특징이 1개고 1~6 사이의 정수만 가질 수 있는 이산 변수인 상황이다. 이제 [예시 13-2]를 통해 특징이 2개인 상황으로 확장해보자.

[예시 13-2] 특징 벡터가 2차원인 경우의 생성 모델

특징 벡터가 2차원이고 각 특징은 0 또는 1 값을 가진다고 가정하자. 샘플링 실험을 통해 아래 데이터를 얻었다고 한다.

$$X=\{(0,0),(1,1),(0,0),(1,1),(1,1),(1,0),(0,1),(1,0),(1,0),(1,1)\}$$

데이터로부터 확률 분포 $p(\mathbf{x})$를 추정하면 다음과 같다.

$$p(\mathbf{x}) = \begin{cases} p((0,0)) = 0.2 \\ p((0,1)) = 0.1 \\ p((1,0)) = 0.3 \\ p((1,1)) = 0.4 \end{cases}$$

[그림 13-2(a)]는 확률 분포를 막대 그래프로 표현한다. $p(\mathbf{x})$를 샘플링하는 한 가지 방법은 [그림 13-2(b)]처럼 네 가지 경우에 구간을 배정하고 난수가 속하는 값을 취하는 것이다. 예를 들어 0~1 사이의 난수가 0.58이면 (1,0), 0.12면 (0,0)을 생성한다.

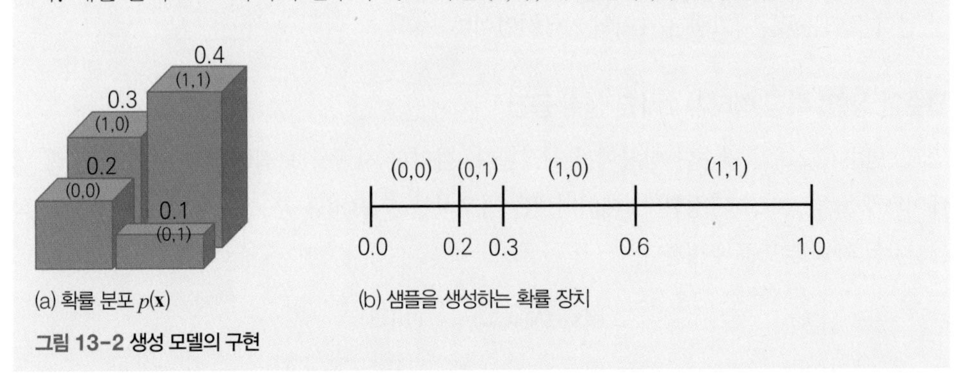

(a) 확률 분포 $p(\mathbf{x})$ (b) 샘플을 생성하는 확률 장치

그림 13-2 생성 모델의 구현

두 예시는 단순하지만 데이터로부터 확률 분포 $p(\mathbf{x})$를 추정하면 $p(\mathbf{x})$가 생성 모델로 작용한다는 원리를 설명한다. 데이터를 만들어내는 진짜 확률 분포를 p_{data}, 주어진 데이터로부터 추정한 확률 분포를 p_{model}이라 표기한다. 보통 p_{data}는 알 수 없고, 단지 데이터에서 근사 추정한 p_{model}만 알 수 있다. 두 예시에서 구한 확률 분포 $p(\mathbf{x})$는 p_{model}에 해당한다. 확률 이론에 따르면 데이터의 크기가 커지면 p_{model}은 p_{data}에 점점 가까워진다. 두 예시는 특징 개수가 적고 특징이 몇 개의 이산값만 가지므로 쉽게 확률 분포를 계산하여 배열로 표현할 수 있다. 이런 경우를 다룸 가능tractable이라 말한다.

확률 분포를 추정하는 문제에서 다룸 가능은 여기까지다. 실제 데이터에서는 특징 벡터의 차원이 매우 크며, 특징은 아주 많은 값이 가능하다. 예를 들어, 딥러닝에서 장난감 데이터로 취급되는 MNIST의 경우 특징 벡터 $\mathbf{x}$는 784차원이며 특징이 가질 수 있는 값은 [0,255] 사이의 정수다. 따라서 [그림 13-2(a)]처럼 배열로 확률 분포를 표현하는 경우 256^{784}개의 요소가 필요하여 다룸 불가능intractable하다. 더욱이 특징이 실수인 경우에는 배열 표현이 아예 불가능하다.

생성 모델에 대한 연구는 다룸 가능을 벗어나지 않으면서 가능한 한 p_{model}이 p_{data}에 가깝도록 모델링하는 기법을 찾는 일이다. 이 일을 수학으로 표현하면 식 (13.2)가 된다.

$$p_{model}(\mathbf{x}) \cong p_{data}(\mathbf{x}) \qquad (13.2)$$

13.1.2 가우시안 혼합 모델

이제 앞 절의 단순함에서 벗어나 실제 데이터를 위한 생성 모델을 구상해보자. 가장 쉬운 방법은 다룸 가능한 함수를 이용하여 확률 분포를 추정하는 것이다. 이런 종류의 함수 중에 가장 널리 쓰이는 것은 [그림 3-18]의 가우시안이다.

단순한 상황: 특징 벡터가 2차원 실수 공간

먼저, 변수가 2개인 단순한 상황에서 시작한다. 다양한 사람을 모집해 키와 몸무게를 잰 뒤 데이터셋을 얻었다고 가정한다. 데이터셋은 가우시안 분포(정규 분포)를 한다고 가정하고 식 (13.3)의 확률 분포를 추정한다.

$$p(\mathbf{x})=N(\boldsymbol{\mu},\boldsymbol{\Sigma}) \qquad (13.3)$$

[프로그램 13-1]은 numpy 모듈을 이용하여 생성 모델을 제작한다. 단순한 프로그램이지만 훈련 집합을 구성하는 단계, 생성 모델을 학습하는 단계, 학습된 모델로 새로운 샘플을 생성하는 단계, 샘플을 출력하는 단계로 구성된다.

프로그램 13-1 (키, 몸무게)를 생성하는 생성 모델 제작하기

```
01  import numpy as np
02
03  X=np.array([[169,70],[172,68],[175,78],[163,58],[180,80],[159,76],[158,52],[173,69],
    [180,75],[155,50],[187,90],[170,66]])
04
05  m=np.mean(X,axis=0)                                    # 모델 학습
06  cv=np.cov(X,rowvar=False)
07
08  gen=np.random.multivariate_normal(m,cv,5)              # 샘플 생성
09
10  print(gen)
```

```
[[169.42576244 62.94325219], [161.14723842 61.16595917], [175.42762252
68.32468183], [170.42014907 62.96828809], [191.10965807  92.38479145]]
```

03행은 데이터셋을 X에 저장한다. 05~06행은 식 (13.3)의 가우시안의 평균 $\boldsymbol{\mu}$와 공분산 행렬 $\boldsymbol{\Sigma}$를 계산한다. 평균 m은 요소 2개를 가진 벡터이고 공분산 행렬 cv는 2×2 행렬이다. 공분산 행렬은 두 변수 사이의 상관 관계를 표현한다. 08행은 학습된 가우시안 모델로 (키, 몸무

게)를 5개 생성한다. 실행 결과를 보면, 그럴싸한 샘플이 생성되었음을 알 수 있다.

이 프로그램을 숫자 영상에 적용할 수 있을까? [프로그램 13-2]는 [프로그램 13-1]에서 데이터셋만 MNIST로 바꾼 것이다.

프로그램 13-2 MNIST를 가우시안 모델링하고 샘플 생성하기

```
01  import numpy as np
02  from tensorflow.keras.datasets import mnist
03
04  (x_train,y_train),(x_test,y_test)=mnist.load_data() # 데이터셋 구성
05  X=x_train[np.isin(y_train,[0])]                     # 0부류만 추출
06  X=X.reshape((X.shape[0],28*28))
07
08  m=np.mean(X,axis=0)                                 # 모델 학습
09  cv=np.cov(X,rowvar=False)
10
11  gen=np.random.multivariate_normal(m,cv,5)           # 샘플 생성
12
13  import matplotlib.pyplot as plt
14
15  plt.figure(figsize=(10,4))                          # 샘플 그리기
16  for i in range(5):
17     plt.subplot(1,5,i+1)
18     plt.imshow(gen[i].reshape((28,28)),cmap='gray'); plt.xticks([]); plt.
       yticks([])
```

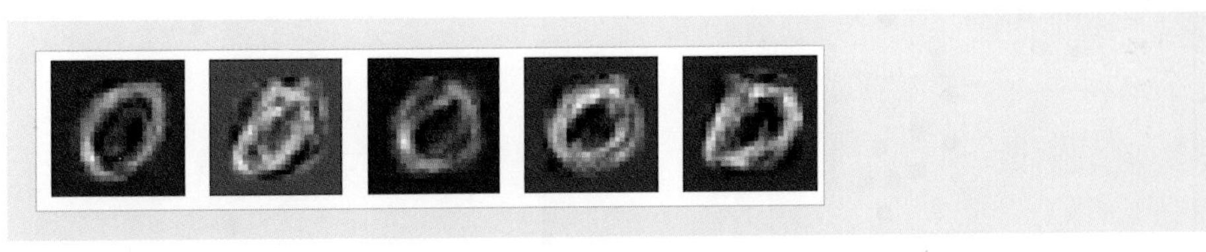

04행은 MNIST를 읽고 05행은 부류 0만 추출하고 06행은 2차원 구조를 1차원으로 변환한다. 모델을 학습하는 08~09행과 학습된 모델로 새로운 샘플을 생성하는 11행은 [프로그램 13-1]과 같다. 평균 m은 784차원의 벡터이고 공분산 행렬 cv는 784×784 행렬이다. 13~18행은 생성된 샘플을 2차원 구조로 바꾸고 그린다.

프로그램 실행 결과를 보면 숫자 부류를 인식할 정도는 되지만 잡음이 심한 낮은 품질의 샘플이 생성된 것을 확인할 수 있다.

가우시안 혼합 모델(GMM)

[프로그램 13-2]는 부류를 0으로 제한했지만 제대로 된 생성 모델은 다양한 부류를 다룰 수 있어야 한다. 사람 얼굴을 생성하는 경우에 성별, 인종, 머리 모양과 수염, 안경과 장신구 등의 변화를 수용할 수 있어야 한다. 숫자에서 10개 부류를 한꺼번에 모델링하려면 [프로그램 13-2]처럼 하나의 가우시안으로는 불가능하다. 게다가 같은 부류라도 획의 두께나 기울기 등이 변하기 때문에 하나의 가우시안은 한계가 있다.

[그림 13-3(a)]는 가상의 데이터 분포를 예시한다. 3개 모드가 있는데 [그림 13-3(b)]는 모드를 찾아 각각을 가우시안으로 표현하는 가우시안 혼합 모델GMM; Gaussian Mixture Model을 개념적으로 보여준다. 식 (13.4)는 GMM 모델을 표현한다. 평균 $\boldsymbol{\mu}$, 공분산 행렬 $\boldsymbol{\Sigma}$인 가우시안을 k개 혼합하는 방식이다. k는 사람이 설정해야 하는 하이퍼 매개변수인데 [그림 13-3(b)]에서 k=3이다. π_i는 i번째 가우시안의 가중치다. 연한 노란색으로 표시한 가우시안이 가장 많은 샘플을 가지므로 π_3이 가장 크다. GMM은 k개의 $\boldsymbol{\mu}$, $\boldsymbol{\Sigma}$, π를 알아내야 한다. 보통 EMExpectation Maximization 알고리즘으로 GMM을 구하는데, 구체적인 내용은 [오일석2008, 3.4절]을 참조한다.

$$p(\mathbf{x}) = \sum_{i=1,k} \pi_i N(\boldsymbol{\mu}_i, \boldsymbol{\Sigma}_i) \qquad (13.4)$$

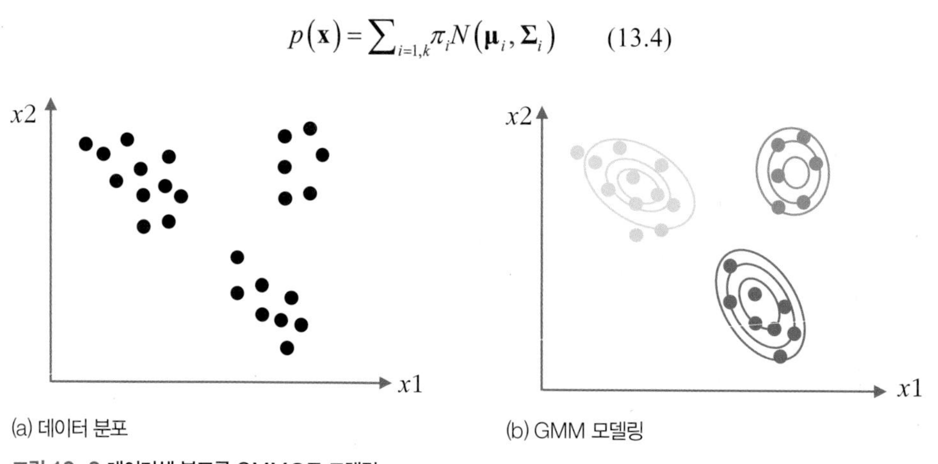

(a) 데이터 분포

(b) GMM 모델링

그림 13-3 데이터셋 분포를 GMM으로 모델링

[그림 13-3]은 가상의 데이터를 보여주는데, 기울기와 굵기가 다른 샘플이 군집 3개를 형성한다고 비유할 수 있다. 그림에서는 2차원 특징 공간으로 축소해 그렸는데 MNIST 샘플은 784차원이다.

[프로그램 13-3]은 부류를 0으로 제한하고 GMM으로 모델링한다. 이 실습을 위해서는 다음

명령어를 통해 scikit-learn 패키지를 설치해야 한다.

```
(cv) C:/> pip install scikit-learn
```

프로그램 13-3 MNIST를 GMM으로 모델링하고 샘플 생성하기

```
01  import numpy as np
02  from tensorflow.keras.datasets import mnist
03  from sklearn.mixture import GaussianMixture
04
05  (x_train,y_train),(x_test,y_test)=mnist.load_data()
06  X=x_train[np.isin(y_train,[0])]
07  X=X.reshape((X.shape[0],28*28))
08
09  k=8                                    # 식 (13.4)의 가우시안 개수 k를 8로 설정
10
11  gm=GaussianMixture(n_components=k).fit(X)
12
13  gen=gm.sample(n_samples=10)
14
15  import matplotlib.pyplot as plt
16
17  plt.figure(figsize=(20,4))             # 학습된 가우시안 8개의 평균을 그림
18  for i in range(k):
19     plt.subplot(1,10,i+1)
20     plt.imshow(gm.means_[i].reshape((28,28)),cmap='gray'); plt.xticks([]); plt.
       yticks([])
21  plt.show()
22
23  plt.figure(figsize=(20,4))             # 생성된 샘플 10개를 그리기
24  for i in range(10):
25     plt.subplot(1,10,i+1)
26     plt.imshow(gen[0][i].reshape((28,28)),cmap='gray'); plt.xticks([]); plt.
       yticks([])
```

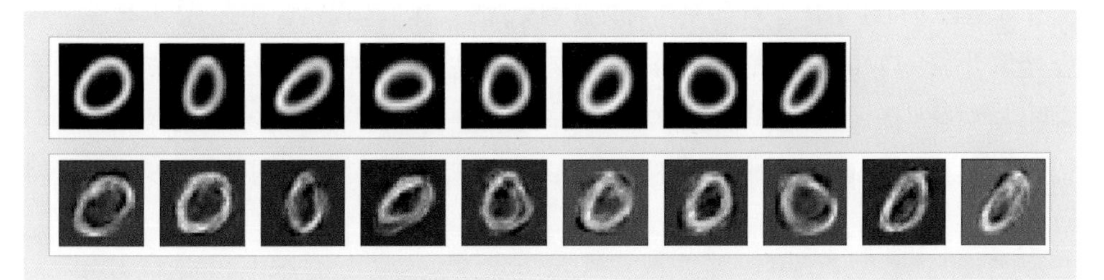

05~07행은 [프로그램 13-2]와 같이 부류 0을 추출한다. 09행은 식 (13.4)에서 가우시안의 개수 k를 8로 설정한다. 11행은 sklearn 모듈이 제공하는 GaussianMixture 함수로 GMM을 학습한다. n_components=k는 가우시안의 개수를 설정한다. 13행은 학습된 GMM으로 새로운 샘플 10개를 생성한다. 17~21행은 가우시안 8개의 평균을 영상으로 변환해서 그린다. 23~26행은 GMM으로 생성한 샘플 10개를 그린다.

프로그램 실행 결과를 살펴보자. GMM을 구성하는 가우시안 8개는 여러 굵기와 여러 기울임을 잘 대표한다고 볼 수 있다. GMM으로 생성한 샘플은 가우시안 하나로 모델링하는 [프로그램 13-2]보다 나은 품질을 보인다. 하지만 생성된 가짜 샘플은 진짜와 쉽게 구별할 수 있을 정도로 조악하다.

가우시안 혼합 모델의 한계

사람의 키와 몸무게 데이터를 사용한 [프로그램 13-1]에 대해 생각해보자. 갓난아기의 키는 대략 50cm이기 때문에 0~50 구간의 확률은 0에 가깝고 50 근방에서 치솟고 이후 완만한 상승 곡선을 그릴 것이다. 또한 가우시안과 달리 평균을 중심으로 대칭 모양을 형성하지 않는다. 가우시안 혼합 모델의 가정은 실제 데이터를 너무 단순화한다. [프로그램 13-3]이 생성한 샘플이 조악한 이유다.

가우시안 혼합 모델은 데이터가 얼추 가우시안 분포를 한다는 가정을 통해 다룸 가능성을 확보하지만, 가우시안에 기반한 p_{model}이 진짜 확률 분포 p_{data}와 차이가 커서 생성 모델로서 한계가 있다.

13.1.3 최대 우도

개선된 방법을 찾아 나서기 전에, 이들 방법이 풀어야 하는 문제를 정의한다. 이 문제는 최대 우도라는 최적화 문제로 정의할 수 있다.

생성 모델은 n개의 샘플을 가진 데이터셋 $X=\{\mathbf{x}^1, \mathbf{x}^2, \cdots, \mathbf{x}^n\}$으로 학습한다. 생성 모델의 학습 알고리즘은 데이터 X를 발생할 가능성이 가장 높은 매개변수 θ를 추정하는 방식으로 동작한다. 이를 식으로 쓰면 식 (13.5)다. [프로그램 13-3]의 경우 06행이 X다. 식 (13.4)의 $\{(\pi_1, \boldsymbol{\mu}_1, \boldsymbol{\Sigma}_1), \cdots, (\pi_k, \boldsymbol{\mu}_k, \boldsymbol{\Sigma}_k)\}$가 θ다. 신경망으로 생성 모델을 구축하는 경우 신경망의 가중치가 θ다.

$$\hat{\theta} = \underset{\theta}{\text{argmax}}\ p_\theta(X) \qquad (13.5)$$

$p_\theta(X)$를 우도likelihood라 부르고, 식 (13.5)를 푸는 학습 알고리즘을 최대 우도법maximum likelihood method이라 부른다. [그림 13-4]는 단순한 예시를 가지고 최대 우도법을 설명한다. 보라색 점은 데이터셋인데, 매개변수 θ_1을 가진 빨간색 가우시안과 매개변수 θ_2를 가진 파란색 가우시안으로 모델링되었다. 이 경우 $p_{\theta_1}(X) > p_{\theta_2}(X)$이기 때문에 θ_1이 더 좋은 모델이다. 다른 말로 표현하면 θ_1이 θ_2보다 데이터셋 X를 더 잘 설명한다. 식 (13.5)의 최대 우도법은 가장 좋은 매개변수 $\hat{\theta}$을 찾는다.

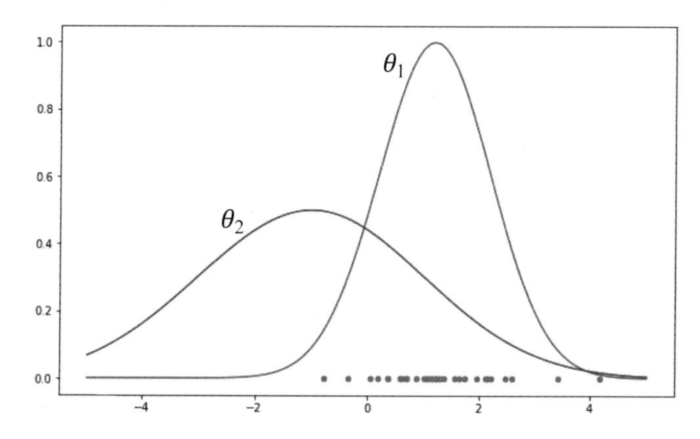

그림 13-4 최대 우도

식 (13.5)에서 X를 구성하는 n개의 샘플은 독립적으로 샘플링되었으므로 우도 $p_\theta(X)$를 식 (13.6)으로 쓸 수 있다.

$$p_\theta(X) = \prod_{i=1}^{n} p_\theta(\mathbf{x}^i) = p_\theta(\mathbf{x}^1)p_\theta(\mathbf{x}^2)\cdots p_\theta(\mathbf{x}^n) \qquad (13.6)$$

보통 n은 매우 크기 때문에 식 (13.6)은 아주 작아져 수치 오류가 발생할 위험이 있다. log 함수는 곱셈을 덧셈으로 바꾸기 때문에 보통 log 함수를 적용한 식 (13.7)의 로그 우도log likelihood를 대신 사용한다. 식 (13.5)의 최대 우도법은 최댓값 자체가 아니라 최댓값을 갖는 인덱스를 찾기 때문에 단조 증가 함수인 log를 적용한 다음 argmax를 취해도 같은 결과를 얻기 때문이다.

$$\hat{\theta} = \underset{\theta}{\text{argmax}} \sum_{i=1}^{n} \log p_\theta(\mathbf{x}^i) \qquad (13.7)$$

13.1.4 고전 생성 모델

고전 생성 모델로 은닉 마르코프 모델과 제한 볼츠만 머신을 간략히 소개한다. 제한 볼츠만 머신은 초창기에 딥러닝의 초석을 닦은 역사적인 모델로 평가된다. 지금은 더 좋은 딥러닝 모델이 많이 나와있어 사용되지 않는다.

은닉 마르코프 모델

딥러닝 이전의 생성 모델로 은닉 마르코프 모델HMM; Hidden Markov Model이 있다[Rabiner89]. [그림 13-5(a)]는 HMM의 단순한 버전인 마르코프 모델을 보여준다. {비,해}는 날씨를 나타내는 상태 집합이며 {산책,쇼핑,청소}는 행위를 나타내는 관측 집합이다. 어떤 사람이 날씨에 따라 취하는 일과를 오랫동안 관찰한 데이터를 이용하여 모델링한 마르코프 모델이다. 예를 들어 비 올 때 산책할 확률은 0.1이다. 오늘 해가 떴는데 내일 비 올 확률은 0.4이다. 마르코프 모델은 분별 모델과 생성 모델로 활용할 수 있다. 생성 모델로 활용하려면, 시작 상태에서 출발하여 확률 분포에 따라 다음 상태로 이동한다. 새로운 상태에서 확률 분포에 따라 행위를 관측하고 기록한다. 이와 같이 상태 전이와 행위 관측을 반복하면 행위 열을 생성할 수 있다. 학습 알고리즘은 식 (13.7)의 최대 우도에 기반하여 동작한다. 구체적인 내용은 [오일석2008, 7장]을 참고한다.

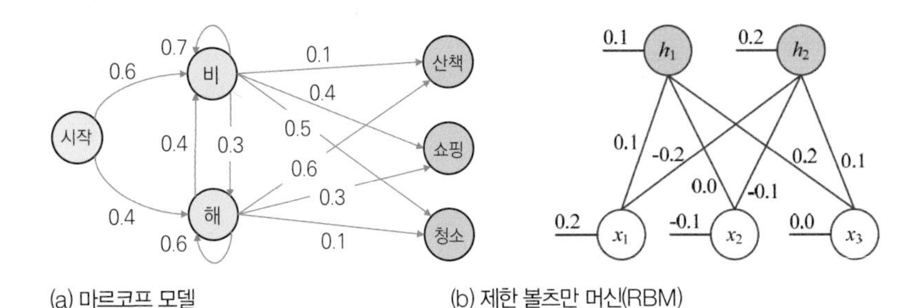

(a) 마르코프 모델 (b) 제한 볼츠만 머신(RBM)

그림 13-5 마르코프 모델과 제한 볼츠만 머신

제한 볼츠만 머신

신경망은 근사 추정에 뛰어나기 때문에 자연스럽게 신경망과 최대 우도를 결합하는 아이디어가 탄생했다. 제한 볼츠만 머신RBM; Restricted Boltzmann Machine은 초기 시도다[Hinton2002]. [그림 13-5(b)]는 3차원 특징 벡터 $\mathbf{x}$를 2차원 잠복 공간의 벡터 $\mathbf{h}$로 변환하는 RBM의 사례다. 얼핏 다층 퍼셉트론과 같다고 여길 수 있는데, RBM은 에너지를 기반으로 하기 때문에 동작이 크게 다르다. **x**와 **h**의 값이 정해지면 정해진 공식에 따라 에너지 $energy(\mathbf{x},\mathbf{h})$가 결정된다. 식 (13.8)은 에너지에 따라 **x**와 **h**가 발생할 결합 확률을 계산하는 식이다. Z는 발생 가능한 모든 **x**와 **h**의 $\exp(-energy(\mathbf{x},\mathbf{h}))$를 더한 값으로서 식 (13.8)을 확률로 만들어준다. Z를 분할 함수partition function, 식 (13.8)을 깁스 확률 분포Gibbs probability distribution라 부른다. 깁스 확률 분포 $p(\mathbf{x},\mathbf{h})$는 **x**와 **h**의 결합 확률인데, 식 (13.9)를 이용하여 **x**가 발생할 확률 $p(\mathbf{x})$로 변환할 수 있다.

$$p(\mathbf{x},\mathbf{h}) = \frac{1}{Z}\exp\left(-energy(\mathbf{x},\mathbf{h})\right) \qquad (13.8)$$

$$p(\mathbf{x}) = \sum_{\mathbf{h}} p(\mathbf{x},\mathbf{h}) = \sum_{\mathbf{h}} \frac{1}{Z}\exp\left(-energy(\mathbf{x},\mathbf{h})\right) \qquad (13.9)$$

식 (13.1)에 따르면 식 (13.9)로 $p(\mathbf{x})$를 구했다는 말은 생성 모델을 완성했다는 뜻이다. 그런데 식 (13.9)는 다룸 불가능하다. 예를 들어 **h**가 32차원이고 **h**의 요소가 0과 1의 두 가지 값만 가진다 해도 2^{32}가지에 대해 $energy(\mathbf{x},\mathbf{h})$를 계산해야 한다. **x**와 **h**를 결합한 모든 경우에 대해 $energy(\mathbf{x},\mathbf{h})$를 계산해야 얻을 수 있는 분할 함수 Z의 계산은 더욱 어렵다. RBM은 이런 다룸 불가능을 회피하기 위해 샘플링을 사용한다. RBM은 **x**가 주어지면 **h**를 샘플링하고 **h**가 주어지면 **x**를 샘플링하는 능력이 있다. 이렇게 샘플링된 벡터를 가지고 가중치를 개선해나가는 학습 알고리즘을 대조 발산contrastive divergence 알고리즘이라고 한다[Hinton2002]. 힌튼은 RBM을 깊이 쌓은 신경망을 만들어 생성 모델 제작에 성공했다[Hinton2006].

13.2 오토인코더를 이용한 생성 모델

오토인코더는 입력 영상을 그대로 출력으로 내놓는 컨볼루션 신경망으로 [그림 8-12(a)]에서 간단히 소개한 적이 있다. 인코더는 특징 맵을 점점 작게 하여 잠복 공간latent space으로 축소하고 디코더는 잠복 공간을 키워 원래 영상을 복원한다. 가운데 층은 원래 영상보다 크기가 훨씬 축소된 특징 맵을 생성하는데, 이 특징 맵은 디코더를 통해 원래 영상을 복원할 수 있을 정도로 핵심 정보를 거의 다 가지고 있다. 따라서 영상의 특징 추출기 또는 영상 압축기 등에 활용할 수 있다. 여기서는 생성 모델로 활용한다.

13.2.1 오토인코더

학습은 [그림 13-6]의 인코더와 디코더를 모두 사용하여 수행한다. 학습을 마치면 인코더를 떼어내고 디코더만 가지고 샘플을 생성한다. 이때 잠복 공간에서 한 점을 랜덤 발생시킨 다음, 이 점을 디코더를 통과시켜 새로운 샘플 영상을 생성한다.

[프로그램 13-4]는 오토인코더로 MNIST를 모델링하고 가짜 샘플을 생성하는 프로그램이다.

프로그램 13-4 MNIST를 오토인코더로 모델링하고 샘플 생성하기

```
01  import numpy as np
02  from tensorflow.keras.datasets import mnist
03  from tensorflow.keras.layers import Input,Dense,Flatten,Reshape,Conv2D,Conv2
    DTranspose
04  from tensorflow.keras.models import Model
05
06  (x_train,y_train),(x_test,y_test)=mnist.load_data()
                                                  # MNIST를 읽고 신경망에 입력할 준비
07  x_train=x_train.astype('float32')/255.
08  x_test=x_test.astype('float32')/255.
09  x_train=np.reshape(x_train,(len(x_train),28,28,1))
10  x_test=np.reshape(x_test,(len(x_test),28,28,1))
11
12  zdim=32                                       # 잠복 공간의 차원
```

```
13
14  encoder_input=Input(shape=(28,28,1))         # 인코더
15  x=Conv2D(32,(3,3),activation='relu',padding='same',strides=(1,1))(encoder_
    input)
16  x=Conv2D(64,(3,3),activation='relu',padding='same',strides=(2,2))(x)
17  x=Conv2D(64,(3,3),activation='relu',padding='same',strides=(2,2))(x)
18  x=Conv2D(64,(3,3),activation='relu',padding='same',strides=(1,1))(x)
19  x=Flatten()(x)
20  encoder_output=Dense(zdim)(x)
21  model_encoder=Model(encoder_input,encoder_output)
22
23  decoder_input=Input(shape=(zdim,))           # 디코더
24  x=Dense(3136)(decoder_input)
25  x=Reshape((7,7,64))(x)
26  x=Conv2DTranspose(64,(3,3),activation='relu',padding='same',strides=(1,1))(x)
27  x=Conv2DTranspose(64,(3,3),activation='relu',padding='same',strides=(2,2))(x)
28  x=Conv2DTranspose(32,(3,3),activation='relu',padding='same',strides=(2,2))(x)
29  x=Conv2DTranspose(1,(3,3),activation='relu',padding='same',strides=(1,1))(x)
30  decoder_output=x
31  model_decoder=Model(decoder_input,decoder_output)
32
33  model_input=encoder_input              # 인코더와 디코더를 결합하여 오토인코더 모델 구축
34  model_output=model_decoder(encoder_output)
35  model=Model(model_input,model_output)
36
37  model.compile(optimizer='Adam',loss='mse')  # 오토인코더 학습
38  model.fit(x_train,x_train,epochs=50,batch_size=128,shuffle=True,validation_
    data=(x_test,x_test))
39
40  import matplotlib.pyplot as plt
41
42  i=np.random.randint(x_test.shape[0])         # 테스트 집합에서 임의로 두 샘플 선택
43  j=np.random.randint(x_test.shape[0])
44  x=np.array((x_test[i],x_test[j]))
45  z=model_encoder.predict(x)
46
47  zz=np.zeros((11,zdim))                       # 두 샘플 사이에서 등간격 점을 만듦
48  alpha=[0.0,0.1,0.2,0.3,0.4,0.5,0.6,0.7,0.8,0.9,1.0]
49  for i in range(11):
50      zz[i]=(1.0-alpha[i])*z[0]+alpha[i]*z[1]
51
52  gen=model_decoder.predict(zz)                # 등간격 점에서 가짜 샘플 생성
```

```
53
54  plt.figure(figsize=(20,4))
55  for i in range(11):
56      plt.subplot(1,11,i+1)
57      plt.imshow(gen[i].reshape(28,28),cmap='gray'); plt.xticks([]); plt.yticks([])
58      plt.title(str(alpha[i]))
```

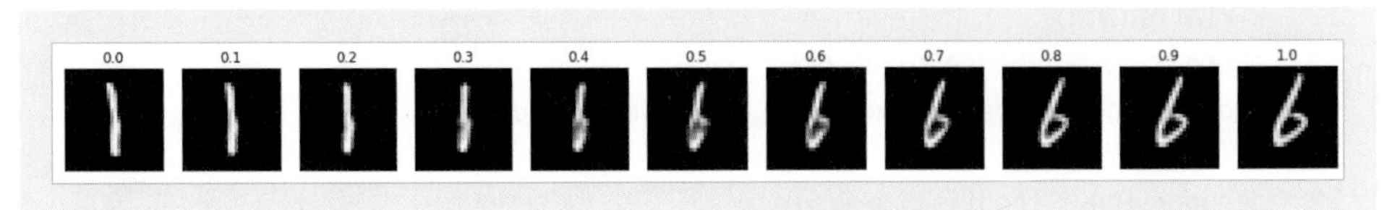

06~10행은 MNIST를 읽고 신경망에 입력할 수 있는 형태로 변환한다. 12행의 zdim은 잠복 공간의 크기다.

14~35행은 오토인코더를 만들어 model 객체에 저장한다. 14~21행은 인코더 부분인데 16~17행은 stride 인수를 (2,2)로 설정해 맵의 크기를 절반씩 줄인다. 23~31행은 디코더 부분인데 27~28행은 업 샘플링을 수행하는 Conv2DTranspose 함수의 stride 인수를 (2,2)로 설정해 맵의 크기를 두 배씩 늘린다(업 샘플링에 대해서는 9.4.2항을 참조한다). 33~35행은 인코더와 디코더를 연결해 하나의 모델을 구성하고 model 객체에 저장한다. [그림 13-6]은 이렇게 구성한 오토인코더 모델을 보여준다. 노란색으로 표시한 32차원의 벡터가 잠복 공간에 해당한다.

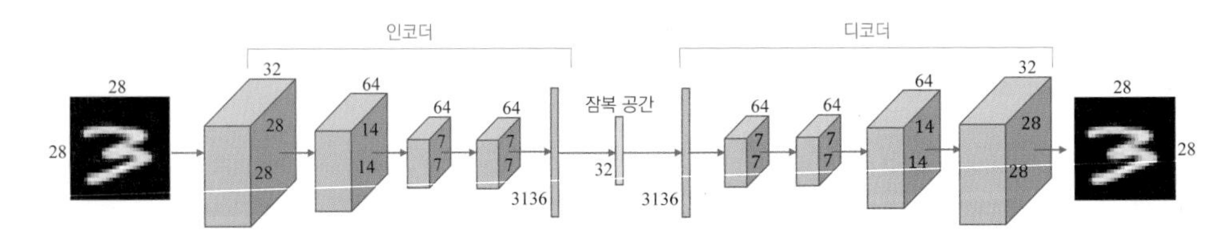

그림 13-6 생성 모델로서 오토인코더

37~38행은 compile과 fit 함수를 이용해 모델을 학습한다. 40~58행은 학습된 오토인코더를 생성 모델로 활용해 가짜 샘플을 생성하는 실험을 수행한다. 42~44행은 테스트 집합 x_test에서 임의로 샘플을 2개 뽑아 x에 저장한다. [그림 13-7]의 파란색 테두리 샘플이 x_test에서 뽑힌 진짜 샘플이다. 45행은 model_encoder.predict 함수를 이용해 x를 인코더에 통과시켜 잠복 공간의 벡터 z로 변환한다. 47~50행은 두 샘플에 해당하는 점을 잇는 직선 상에

서 등간격으로 11개 점을 생성해 zz 객체에 저장한다. 양 끝점이 진짜 샘플에 해당한다. 52행은 model_decoder.predict 함수를 이용해 zz에 있는 11개 점을 디코더에 통과시켜 샘플을 생성한다. 54~58행은 생성된 샘플을 그린다.

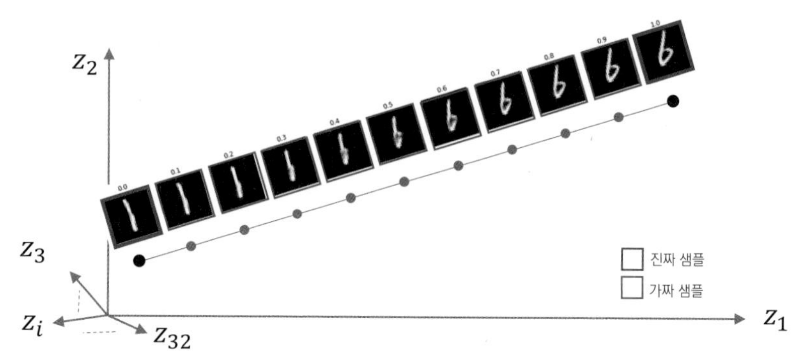

그림 13-7 두 개의 진짜 샘플 사이에서 가짜 샘플 생성

[그림 13-7]은 프로그램이 생성한 샘플을 잠복 공간에서 보여준다. 가짜에 해당하는 샘플 9개는 점점 숫자 1 모양에서 숫자 6 모양으로 변하는 현상을 확인할 수 있다. 두 샘플을 잇는 직선 상에 중간 모양의 샘플이 무수히 분포한다는 사실을 알 수 있다.

오토인코더는 10개 부류를 모두 모델링할 수 있을 정도로 성능이 개선되었다. 하지만 글씨같이 인공적인 패턴에 국한해야 쓸 만한 샘플을 생성할 수 있다. 사람의 얼굴이나 자연 영상 같이 변화가 더욱 심한 샘플을 생성하려면 어떻게 해야 할까?

13.2.2 변이 추론

13.6절에서 소개하는 DALL·E나 Imagen같은 뛰어난 언어-비전 생성 모델은 변이 오토인코더(13.2.3항) 또는 확산 모델(13.4절)을 이용한다. 변이 오토인코더와 확산 모델은 복잡한 확률 분포를 추정해야 하는데, 이 과정을 위해 변이 추론variational inference을 활용한다. 변이 추론을 위한 튜토리얼 논문으로 [Blei2016]을 추천한다.

식 (13.1)에 따르면 확률 분포 $p(\mathbf{x})$를 알면 완벽한 생성 모델을 가진 셈이다. 하지만 우리가 가진 것은 $p(\mathbf{x})$가 아니라 $p(\mathbf{x})$에서 샘플링한 데이터셋 $X=\{\mathbf{x}^1, \mathbf{x}^2, \cdots, \mathbf{x}^n\}$뿐이다. 게다가 $p(\mathbf{x})$는 너무 복잡하여 직접 표현할 수도 추론할 수도 학습할 수도 없다. 따라서 잠복 공간latent space $\mathbf{z}$를 도입하여 문제 해결의 실마리를 찾는다. 이제 잠복 공간에서 정의된 확률 $p(\mathbf{z})$에 따라 $\mathbf{z}$를

샘플링하고 조건부 확률 $p(\mathbf{x}|\mathbf{z})$에 따라 $\mathbf{x}$를 샘플링하여 데이터셋을 얻었다고 가정한다. 변이 추론에서는 역 방향의 확률 분포 $p(\mathbf{z}|\mathbf{x})$를 구하는 일을 추론inference이라 부른다. 식 (13.10)의 베이즈 정리Bayes' theorem는 추론을 위한 수식을 제공한다. $p(\mathbf{z}|\mathbf{x})$를 사후 확률posterior probability, $p(\mathbf{x}|\mathbf{z})$를 우도likelihood, $p(\mathbf{z})$를 사전 확률prior probability이라 부른다. 앞에서 $p(\mathbf{x})$의 계산은 불가능하다고, 즉 다룸 불가능이라고 설명했다. 따라서 사후 확률 $p(\mathbf{z}|\mathbf{x})$도 다룸 불가능이다.

$$p(\mathbf{z}|\mathbf{x}) = \frac{p(\mathbf{x}|\mathbf{z})p(\mathbf{z})}{p(\mathbf{x})} = \frac{p(\mathbf{x},\mathbf{z})}{p(\mathbf{x})} \qquad (13.10)$$

사후 확률 분포 $p(\mathbf{z}|\mathbf{x})$를 정확히 알아내는 일, 즉 정확한 추론은 불가능하기 때문에 근사치 추정을 사용한다. 근사치 추정을 위해 주로 사용하는 방법으로 마르코프 체인 몬테카를로MCMC; Markov Chain Monte Carlo 샘플링과 변이 추론이 있다. MCMC 샘플링은 여러 단계를 걸쳐 샘플링하는 일을 반복하여 얻은 데이터셋을 가지고 확률 분포를 구한다. 따라서 정확성은 뛰어나지만 시간이 많이 걸려 대용량 데이터셋을 사용하는 딥러닝에서는 잘 쓰지 않는다. 대안은 대용량 데이터셋으로 확장이 가능한 변이 추론이다.

변이 추론에서는 확률 분포의 집합 Q을 가정한 다음, Q에 속하는 확률 분포 중에서 참 확률 $p(\mathbf{z}|\mathbf{x})$에 가장 가까운 확률 분포 $\hat{q}$을 찾는 최적화 방법을 사용한다. 식 (13.11)은 최적화 방법을 정의한다. $\mathrm{KL}(a \| b)$는 확률 분포 a가 b와 다른 정도를 측정해주는 쿨백-라이블러 발산Kullback-Leibler divergence이다. 변이 추론에서는 문제의 성질에 따라 적절한 가정을 통해 확률 분포의 집합 Q를 잘 설정해야 한다. Q는 $p(\mathbf{z}|\mathbf{x})$를 잘 표현할 수 있도록 충분히 유연해야 하며 최적화 문제를 풀 수 있도록 충분히 단순해야 한다. 예를 들어 $\mathbf{z}$를 구성하는 개별 변수가 서로 독립이라고 가정하고 Q를 설정하면 변수별로 확률을 계산할 수 있어 최적화가 쉬워진다. 이런 가정을 사용하는 경우를 민필드 추론mean-field inference이라고 한다. 또는 가우시안 함수를 혼합한 확률 분포를 가정하면 13.1.2항의 가우시안 혼합 추론이 된다. 보통 Q에 속한 확률 분포는 매개변수 θ로 표현된다. 예를 들어 가우시안 혼합의 경우 식 (13.4)에 있는 k개의 $\boldsymbol{\mu}$, $\boldsymbol{\Sigma}$, π가 θ를 형성한다. 식 (13.11)를 통해 $\hat{q}(\mathbf{z})$를 추정하고 나면, 이후에는 $\hat{q}(\mathbf{z})$가 $p(\mathbf{z}|\mathbf{x})$의 대리 역할을 한다.

$$\hat{q}(\mathbf{z}) = \underset{q \in Q}{\operatorname{argmin}} \, \mathrm{KL}\left(q(\mathbf{z}) \| p(\mathbf{z}|\mathbf{x})\right) \qquad (13.11)$$

이제부터 식 (13.11)의 최적화 문제를 어떻게 풀 지에 대해 생각한다. 잊지 말아야 할 사실은 식 (13.11)에 있는 $p(\mathbf{z}|\mathbf{x})$를 계산하려면 식 (13.10)에 따라 $p(\mathbf{x})$를 계산해야 하는데 $p(\mathbf{x})$는 다룸 불가능하다는 사실이다. 어떻게든 $p(\mathbf{x})$를 분리해내고 무시할 수 있는 상황을 만들어야 한다. 변이 추론은 식 (13.11)의 $\text{KL}(q(\mathbf{z}) \| p(\mathbf{z}|\mathbf{x}))$에서 출발하여 식 (13.12)의 수식 전개를 통해 ELBOEvidence Lower BOund를 유도한다. 이렇게 하면 $\text{KL}(q(\mathbf{z}) \| p(\mathbf{z}|\mathbf{x}))$를 최소화하는 문제가 ELBO를 최대화하는 문제로 변신한다. 다룸 불가능한 $p(\mathbf{x})$를 분리해 무시하고 다룸 가능한 항만 사용하는 전략을 사용한 셈이다.

$$\left.\begin{aligned} \text{KL}\big(q(\mathbf{z}) \| p(\mathbf{z}|\mathbf{x})\big) &= \mathbb{E}\big(\log q(\mathbf{z})\big) - \mathbb{E}\big(\log p(\mathbf{z}|\mathbf{x})\big) \\ &= \mathbb{E}\big(\log q(\mathbf{z})\big) - \mathbb{E}\big(\log p(\mathbf{z},\mathbf{x})\big) + \log p(\mathbf{x}) \\ &= -\underbrace{\Big(\mathbb{E}\big(\log p(\mathbf{z},\mathbf{x})\big) - \mathbb{E}\big(\log q(\mathbf{z})\big)\Big)}_{\text{ELBO}(q)} + \log p(\mathbf{x}) \end{aligned}\right\} \qquad (13.12)$$

식 (13.12)를 식 (13.13)으로 바꿔 쓸 수 있다. 식 (13.7)의 최대 로그 우도에 따르면 식 (13.13)을 직관적으로 해석할 수 있다. $p(\mathbf{x})$는 $p_\theta(\mathbf{x})$에서 θ가 생략된 형태다. 최대 우도에 따르면 $\log p(\mathbf{x})$를 최대화하는 θ를 찾아야 하는데, KL은 항상 0보다 크기 때문에 이 일은 $\text{ELBO}(q)$를 최대화하는 일로 대치할 수 있다. 이제부터 ELBO를 최대화하는 일에 집중하면 된다.

$$\log p(\mathbf{x}) = \text{ELBO}(q) + \text{KL}\big(q(\mathbf{z}) \| p(\mathbf{z}|\mathbf{x})\big) \qquad (13.13)$$

ELBO를 식 (13.14)와 같이 다시 쓸 수 있다. 첫 번째 행의 $p(\mathbf{z},\mathbf{x})$에 식 (13.10)을 대입하면 두번째 행이 되고, 두 번째 행의 $\mathbb{E}(\log p(\mathbf{z})) - \mathbb{E}(\log q(\mathbf{z}))$를 쿨백-라이블러 발산으로 바꿔 쓰면 세 번째 행이 된다. 식 (13.14)의 의미를 생각해보자. 첫째 항은 주어진 데이터셋 X를 얼마나 높은 확률로 발생할지, 즉 X를 얼마나 잘 설명하는지를 반영한다. 둘째 항은 대리 확률 분포 q가 참 확률 분포 p에 근접한 정도로 볼 수 있다. 따라서 직관적으로 해석해보면, ELBO를 최대화하는 일은 데이터셋의 우도를 최대화하면서 대리 확률 분포가 참 확률 분포에 가급적 가깝게 만든다. 두 가지 중요한 조건을 균형 있게 잘 반영한다고 볼 수 있다.

$$
\left.\begin{aligned}
\text{ELBO}(q) &= \mathbb{E}\left(\log p(\mathbf{z},\mathbf{x})\right) - \mathbb{E}\left(\log q(\mathbf{z})\right)\\
&= \mathbb{E}\left(\log p(\mathbf{x}\,|\,\mathbf{z})\right) + \mathbb{E}\left(\log p(\mathbf{z})\right) - \mathbb{E}\left(\log q(\mathbf{z})\right)\\
&= \underbrace{\mathbb{E}\left(\log p(\mathbf{x}\,|\,\mathbf{z})\right)}_{\text{데이터셋 관련 항}} - \underbrace{\text{KL}\left(q(\mathbf{z})\,\|\,p(\mathbf{z})\right)}_{\text{대리자 } q\text{가 참 } p\text{에 근접한 정도}}
\end{aligned}\right\} \quad (13.14)
$$

13.2.3 변이 오토인코더

[프로그램 13-4]의 오토인코더([그림 13-6])가 형성하는 잠복 공간 $\mathbf{z}$에 대해 생각해보자. 학습 알고리즘은 잠복 공간이 어떤 형태든 상관없이 손실 함수를 최소화하는 데만, 즉 원래 영상을 복원하는 데만 신경을 쓰기 때문에 잠복 공간은 좋은 구조를 형성하지 못할 수 있다. 극단적인 예를 들자면, 훈련 집합에 있는 모든 샘플을 직선 상의 점으로 변환해서 손실 함수를 최소화할 수 있다면 학습 알고리즘은 그렇게 해도 무방하다. 이 경우 직선을 벗어난 점을 디코더에 입력하면 의미 없는 영상이 생성될 것이다. 오토인코더를 생성 모델로 간주하지 않는 이유다.

오토인코더가 생성 모델로 변신한 대표적 사례로 변이 오토인코더VAE; Variational AutoEncoder를 들 수 있다. 변이 오토인코더는 잠복 공간이 가우시안 확률 분포를 이루도록 규제함으로써 생성 모델로 발돋움한다[Kingma2013]. 변이 오토인코더는 딥러닝에 기반한 생성 모델 세계에 확률 이론을 도입했다는 데 큰 의미가 있다. 변이 오토인코더에 대한 튜토리얼 자료로 스탠퍼드 대학교의 강의 노트를 추천한다[Li2019a].

구조와 동작

[그림 13-8(a)]는 [그림 13-6]의 오토인코더를 간략화한 그림이다. 오토인코더는 같은 영상을 다시 입력하면 같은 점으로 매핑하기 때문에 결정론적인 신경망이다. [그림 13-8(b)]는 변이 오토인코더다. 인코더는 $\mathbf{x}$를 한 점 $\mathbf{z}$로 매핑하는 대신 확률 분포 $p(\mathbf{z}|\mathbf{x})$를 추정한다. $p(\mathbf{z}|\mathbf{x})$로부터 한 점 $\mathbf{z}$를 샘플링하면 디코더는 $\mathbf{z}$를 $\mathbf{x}$로 복원한다. 변이 오토인코더에 같은 영상을 다시 입력하면 같은 확률 분포가 나오지만, 샘플링 과정에서 다른 $\mathbf{z}$가 발생하기 때문에 디코더로 복원한 $\mathbf{x}'$는 예전 입력 때와 다를 수 있다. 디코더가 형성하는 확률 분포를 $p(\mathbf{x}|\mathbf{z})$라고 쓴다. 인코더가 형성하는 $p(\mathbf{z}|\mathbf{x})$와 디코더가 형성하는 $p(\mathbf{x}|\mathbf{z})$를 개입시켜 변이 오토인코더는 확률 모델이 된다. 변이 오토인코더에서는 가중치 ϕ를 가진 인코더가 $q_\phi(\mathbf{z}|\mathbf{x})$를 추정

하고 가중치 θ를 가진 디코더가 $p_\theta(\mathbf{x}|\mathbf{z})$를 추정한다. $q_\phi(\mathbf{z}|\mathbf{x})$는 참 확률 분포 $p(\mathbf{z}|\mathbf{x})$를 대리한다. 이제부터 최적의 가중치 $\hat{\phi}$과 $\hat{\theta}$을 알아내는 학습 알고리즘을 고안해야 한다. 미분이 가능하다면 SGD 또는 Adam 옵티마이저로 최적화하면 되기 때문에 남은 일은 손실 함수를 유도하는 것이다.

손실 함수는 13.2.2항의 ELBO를 사용한다. 변이 오토인코더를 위한 ELBO를 유도하면 식 (13.15)가 된다. 변이 추론의 식 (13.13)에 해당하는데, 다른 점은 데이터셋에 속한 한 샘플 $\mathbf{x}^i$에 대해 쓴 것과 신경망을 구성하는 가중치 θ와 ϕ를 명시적으로 나타낸 것이다. 유도 과정은 [Kingma2013]이나 [Li2019a]를 참조한다.

$$\log p_\theta\left(\mathbf{x}^i\right) = \underbrace{\mathbb{E}_{\mathbf{z}\sim q_\phi(\mathbf{z}|\mathbf{x}^i)}\left(\log p_\theta(\mathbf{x}^i|\mathbf{z})\right) - \mathrm{KL}\left(q_\phi(\mathbf{z}|\mathbf{x}^i) \| p_\theta(\mathbf{z})\right)}_{\text{ELBO } L\left(\theta,\phi,\mathbf{x}^i\right)} + \mathrm{KL}\left(q_\phi(\mathbf{z}|\mathbf{x}^i) \| p_\theta(\mathbf{z}|\mathbf{x}^i)\right) \tag{13.15}$$

식 (13.15)를 구성하는 첫 번째 항 ELBO는 다룸 가능이지만 두 번째 항은 다룸 불가능이다. 따라서 로그 우도 $\log p_\theta(\mathbf{x}^i)$를 최대화하는 일을 ELBO를 최대화하는 일로 대치한다. 음수 ELBO를 손실 함수로 정의하면 식 (13.16)의 최소화 문제가 된다. 이제 옵티마이저는 이 최적화 문제를 풀면 된다.

$$\hat{\theta},\hat{\phi} = \underset{\theta,\phi}{\mathrm{argmin}} - L\left(\theta,\phi,X\right) = \underset{\theta,\phi}{\mathrm{argmin}}\left(-\mathbb{E}_{\mathbf{z}\sim q_\phi(\mathbf{z}|\mathbf{x}^i)}\left(\log p_\theta(\mathbf{x}^i|\mathbf{z})\right) + \mathrm{KL}\left(q_\phi(\mathbf{z}|\mathbf{x}^i) \| p_\theta(\mathbf{z})\right)\right) \tag{13.16}$$

변이 오토인코더에서는 식 (13.16)의 최적화 문제를 단순화하기 위해 잠복 공간의 사전 확률 $p(\mathbf{z})$가 표준 가우시안 분포를 한다고 가정한다. 즉 $p(\mathbf{z})=N(\mathbf{0},\mathbf{I})$다. 이에 따라 인코더는 평균 벡터 $\boldsymbol{\mu}$와 공분산 행렬 $\boldsymbol{\Sigma}$를 추정하면 된다. $\boldsymbol{\Sigma}$는 대각선 요소만 0이 아닌 행렬이라고 가정할 수 있으므로 대각선 요소로 구성된 $\boldsymbol{\sigma}$로 표현한다. $\boldsymbol{\mu}$와 $\boldsymbol{\sigma}$는 잠복 공간의 벡터 $\mathbf{z}$와 차원이 같은 벡터다. [그림 13-8(b)]는 이런 사실을 설명한다.

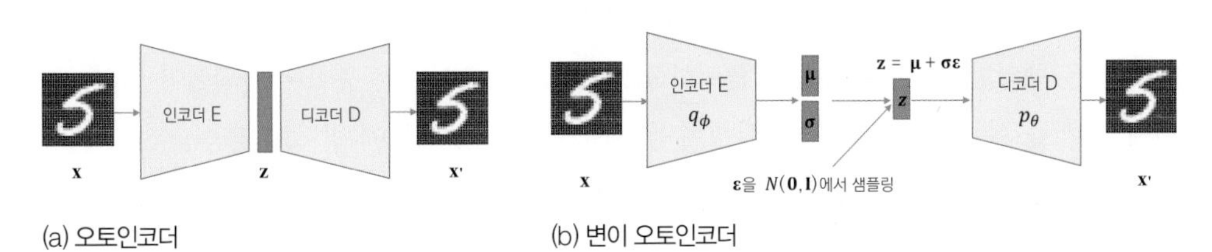

(a) 오토인코더

(b) 변이 오토인코더

그림 13-8 오토인코더와 변이 오토인코더

변이 오토인코더의 동작은 두 단계를 거친다. 입력 영상 $\mathbf{x}$가 들어오면 인코더는 $\boldsymbol{\mu}$와 $\boldsymbol{\sigma}$를 계산한 다음 확률 분포 $N(\boldsymbol{\mu},\boldsymbol{\sigma})$에서 $\mathbf{z}$를 샘플링한다. 디코더는 $\mathbf{z}$를 가지고 복원한 영상 $\mathbf{x}'$를 출력한다. 이 과정을 반영한 ELBO는 얼핏 폐쇄 형식closed form의 수식으로 보이지만 잘 생각해 보면 그렇지 않다. $\mathbf{x}$가 인코더를 통해 확률 분포로 변환되는 데까지는 신경망을 통하니까 폐쇄 형식이지만, 확률 분포 $N(\boldsymbol{\mu},\boldsymbol{\sigma})$에서 $\mathbf{z}$를 샘플링하는 단계는 난수가 개입하기 때문에 더 이상 폐쇄 형식이 아니다. 결국 역전파 알고리즘을 위해 미분을 수행하는데 까다로운 문제가 발생한다. 변이 오토인코더는 또다른 가정을 추가하여 폐쇄 형식을 유지한다. 이 가정은 [그림 13-8(b)]에서 볼 수 있는 바와 같이, $N(\boldsymbol{\mu},\boldsymbol{\sigma})$에서 $\mathbf{z}$를 직접 샘플링하는 대신 $N(\mathbf{0},\mathbf{I})$에서 $\boldsymbol{\varepsilon}$을 샘플링하고 $\boldsymbol{\mu}+\boldsymbol{\sigma\varepsilon}$ 계산을 통해 $\mathbf{z}$를 계산한다. $\boldsymbol{\sigma\varepsilon}$은 요소별 곱이다. 이런 재매개변수화reparametrization를 통해 미분이 가능해진다.

식 (13.17)은 식 (13.16)의 음수 ELBO 손실 함수를 코딩할 수 있는 형태로 다시 쓴다. 데이터셋에 관련한 첫째 항은 교차 엔트로피 $\mathrm{H}(q,p)$의 정의, $\mathrm{H}(q,p)=-\mathbb{E}_q \log p$에 따라 교차 엔트로피로 계산한다. $\mathbf{x}^{i'}$는 인코더에 $\mathbf{x}^i$가 입력되었을 때 디코더의 출력으로서, 교차 엔트로피는 둘이 얼마나 비슷한지 측정해준다. 앞에서 $p_\theta(\mathbf{z})=N(\mathbf{0},\mathbf{I})$를 가정했으므로 두 번째 항은 $\mathrm{KL}(q_\phi(\mathbf{z}|\mathbf{x}^i)\,\|\,N(\mathbf{0},\mathbf{I}))$로 쓸 수 있다. $\boldsymbol{\mu}=(\mu_1,\mu_2,\cdots,\mu_k)$와 $\boldsymbol{\sigma}=(\sigma_1,\sigma_2,\cdots,\sigma_k)$라면 둘째 행처럼 바꿔 쓸 수 있다. 코딩할 때는 둘째 행을 사용한다.

$$\left.\begin{aligned}\text{음수 ELBO} &= -L(\theta,\phi,\mathbf{x}^i) = \underbrace{-\mathbb{E}_{\mathbf{z}\sim q_\phi(\mathbf{z}|\mathbf{x}^i)}\left(\log p_\theta(\mathbf{x}^i|\mathbf{z})\right)}_{\text{데이터셋 관련 항(복원 항)}} + \underbrace{\mathrm{KL}\left(q_\phi(\mathbf{z}|\mathbf{x}^i)\,\|\,p_\theta(\mathbf{z})\right)}_{\text{대리자 }q\text{가 참 }p\text{에 근접한 정도(규제 항)}} \\ &= \mathrm{CrossEntropy}(\mathbf{x}^i,\mathbf{x}^{i'}) + \frac{1}{2}\sum_{j=1,k}\left(\mu_j^2+\sigma_j^2-\log(\sigma_j^2)-1\right)\end{aligned}\right\} \quad (13.17)$$

MNIST로 변이 오토인코더 학습

[그림 13-8(b)]에 있는 변이 오토인코더를 구현하려면 몇 가지 고려할 사항이 있다. 첫 번째, 인코더의 뒷부분을 $\boldsymbol{\mu}$를 추정하는 갈래와 $\boldsymbol{\sigma}$를 추정하는 갈래로 나누어야 한다. 둘 모두 $\mathbf{z}$와 차원이 같은 벡터다. 두 번째, $\boldsymbol{\varepsilon}$을 샘플링하고 $\mathbf{z}=\boldsymbol{\mu}+\boldsymbol{\sigma\varepsilon}$을 계산하는 층이 추가되어야 한다. 세 번째, 텐서플로는 식 (13.17)의 손실 함수를 제공하지 않기 때문에 별도로 맞춤형 손실 함수를 구현해야 한다. [프로그램 13-5]는 이런 사항을 반영한 프로그램이다.

프로그램 13-5 MNIST를 변이 오토인코더로 모델링하고 샘플 생성하기

```
01  import numpy as np
02  from tensorflow.keras.datasets import mnist
03  from tensorflow.keras.layers import Input,Dense,Flatten,Reshape,Conv2D,Conv2
    DTranspose,Lambda
04  from tensorflow.keras.models import Model
05  import tensorflow as tf
06  import keras
07  import matplotlib.pyplot as plt
08  from keras import backend as K
09
10  (x_train,y_train),(x_test,y_test)=mnist.load_data()
                                            # MNIST를 읽고 신경망에 입력할 준비
11  x_train=x_train.astype('float32')/255.
12  x_test=x_test.astype('float32')/255.
13  x_train=np.reshape(x_train,(len(x_train),28,28,1))
14  x_test=np.reshape(x_test,(len(x_test),28,28,1))
15
16  zdim=32                                     # 잠복 공간의 차원
17
18  def sampling(args):
19      z_mean,z_log_var=args
20      epsilon=K.random_normal(shape=(K.shape(z_mean)[0],zdim),mean=0.0,stddev=0.1)
21      return z_mean+K.exp(0.5*z_log_var)*epsilon
22
23  encoder_input=Input(shape=(28,28,1))        # 인코더
24  x=Conv2D(32,(3,3),activation='relu',padding='same',strides=(1,1))(encoder_input)
25  x=Conv2D(64,(3,3),activation='relu',padding='same',strides=(2,2))(x)
26  x=Conv2D(64,(3,3),activation='relu',padding='same',strides=(2,2))(x)
27  x=Conv2D(64,(3,3),activation='relu',padding='same',strides=(1,1))(x)
28  x=Flatten()(x)
29  z_mean=Dense(zdim)(x)
30  z_log_var=Dense(zdim)(x)
31  encoder_output=Lambda(sampling)([z_mean,z_log_var])
32  model_encoder=Model(encoder_input,[z_mean,z_log_var,encoder_output])
33
34  decoder_input=Input(shape=(zdim,))          # 디코더
35  x=Dense(3136)(decoder_input)
36  x=Reshape((7,7,64))(x)
37  x=Conv2DTranspose(64,(3,3),activation='relu',padding='same',strides=(1,1))(x)
38  x=Conv2DTranspose(64,(3,3),activation='relu',padding='same',strides=(2,2))(x)
39  x=Conv2DTranspose(32,(3,3),activation='relu',padding='same',strides=(2,2))(x)
```

```
40  x=Conv2DTranspose(1,(3,3),activation='sigmoid',padding='same',strides=(1,1))(x)
41  decoder_output=x
42  model_decoder=Model(decoder_input,decoder_output)
43
44  model_input=encoder_input          # 인코더와 디코더를 결합하여 오토인코더 모델 구축
45  model_output=model_decoder(encoder_output)
46  model=Model(model_input,model_output)
47
48  reconstruction_loss=tf.reduce_mean(tf.reduce_sum(keras.losses.binary_cros
    sentropy(model_input,model_output),axis=(1,2)))
49  kl_loss=-0.5*(1+z_log_var-tf.square(z_mean)-tf.exp(z_log_var))
50  kl_loss=tf.reduce_mean(tf.reduce_sum(kl_loss,axis=1))
51  total_loss=reconstruction_loss+kl_loss
52  model.add_loss(total_loss)
53
54  model.compile(optimizer='adam')
55  model.fit(x_train,x_train,epochs=50,batch_size=128,validation_data=(x_test,x_test))
56
57  i=np.random.randint(x_test.shape[0])  # 테스트 집합에서 임의로 두 샘플 선택
58  j=np.random.randint(x_test.shape[0])
59  x=np.array((x_test[i],x_test[j]))
60  z=model_encoder.predict(x)[2]
61
62  zz=np.zeros((11,zdim))                 # 두 샘플 사이에서 등간격 점을 만듬
63  alpha=[0.0,0.1,0.2,0.3,0.4,0.5,0.6,0.7,0.8,0.9,1.0]
64  for i in range(11):
65      zz[i]=(1.0-alpha[i])*z[0]+alpha[i]*z[1]
66
67  gen=model_decoder.predict(zz)          # 등간격 점에서 가짜 샘플 생성
68
69  plt.figure(figsize=(20,4))
70  for i in range(11):
71      plt.subplot(1,11,i+1)
72      plt.imshow(gen[i].reshape(28,28),cmap='gray'); plt.xticks([]); plt.yticks([])
73      plt.title(str(alpha[i]))
```

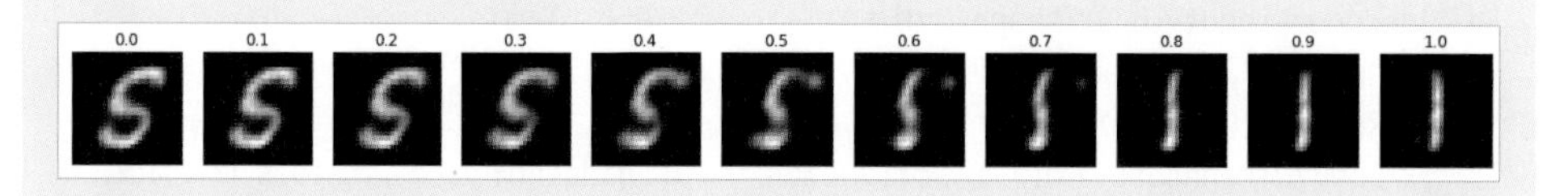

16행은 잠복 공간의 차원을 32로 설정한다. 18~21행은 **ε**을 샘플링하고 **z**=**μ**+**σε**을 계산하는 sampling 함수다.

23~32행은 인코더를 구현한다. 23~28행은 [프로그램 13-4]의 14~19행과 같다. 29행과 30행은 Dense 층으로 **μ**와 **σ**를 추정하는 두 갈래로 나눈다. 31행은 Lambda 함수를 이용하여 **z**를 샘플링하는 층을 추가한다. 32행은 encoder_input을 입력으로 받아 [z_mean,z_log_sigma,encoder_output]을 출력하는 인코더 모델을 만들어 model_encoder에 저장한다. 디코더를 구현하는 34~42행과 인코더와 디코더를 연결하여 오토인코더 모델을 구성하는 44~46행은 [프로그램 13-4]와 같다.

48~52행은 손실 함수를 구현한다. 48행은 식 (13.17)의 복원 항, 49~50행은 규제 항, 51행은 둘을 더한 전체 손실 함수다. 52행은 add_loss 함수를 사용하여 신경망 모델 model에 손실 함수를 등록한다. 54~55행은 이렇게 구현된 변이 오토인코더를 학습한다. 57~73행은 [프로그램 13-4]의 42~58행과 비슷하다. 인코더는 32행에서 요소 3개로 구성된 리스트를 출력하는데, 이 중 디코더로 전달되는 것은 세 번째다. 따라서 60행은 predict 함수의 출력에 [2]를 적용하여 세 번째 요소를 취한다. 이 점만 [프로그램 13-4]와 다르다.

프로그램 실행 결과를 보면 숫자 5와 1에 해당하는 샘플이 뽑혔고 5가 점점 1로 변하는 모습을 확인할 수 있다.

오토인코더와 변이 오토인코더가 형성하는 잠복 공간 비교

[프로그램 13-5] 16행의 32를 2로 바꾸면 잠복 공간이 2차원이 되어 샘플의 분포를 컴퓨터 화면에 그릴 수 있다. 아래 코드를 프로그램 끝에 덧붙인 다음 실행하면 [그림 13-9(a)]를 얻는다. 테스트 집합 x_test에 있는 모든 샘플을 인코더의 predict 함수로 2차원 잠복 공간으로 변환한 다음 그린 결과다. 색은 숫자 0~9 부류를 구분한다. 대략 [-2,3] 사이의 좁은 공간에 10부류가 골고루 퍼져 있는 현상을 확인할 수 있다. 보다 큰 32차원에서 10부류가 겹치지 않고 더욱 잘 퍼져 있을 상황을 상상할 수 있다.

```
pred=model_encoder.predict(x_test)
plt.figure(figsize=(6,6))
plt.scatter(pred[0][:,0],pred[0][:,1],c=y_test)
plt.colorbar()
plt.show()
```

[그림 13-9(b)]는 [프로그램 13-4]의 오토인코더가 형성하는 2차원 잠복 공간이다. [프로그램 13-4]에서는 인코더의 출력 형태가 다르기 때문에 앞의 코드 세 번째 행에서 [0]을 제거해야 제대로 실행된다. 대략 [-10,10] 사이의 넓은 공간에 10부류가 일부 영역에 밀집되어 있고 사용하지 않는 공간 비율이 큰 현상을 확인할 수 있다. 생성 과정에서 난수가 빈 공간에 떨어지는 경우 의미 없는 영상이 생성될 가능성이 높다. 오토인코더는 변이 오토인코더에 비해 이런 위험이 더욱 크다. 예상대로 변이 오토인코더는 잠복 공간을 구조화함으로써 공간을 훨씬 잘 활용한다는 사실을 확인했다.

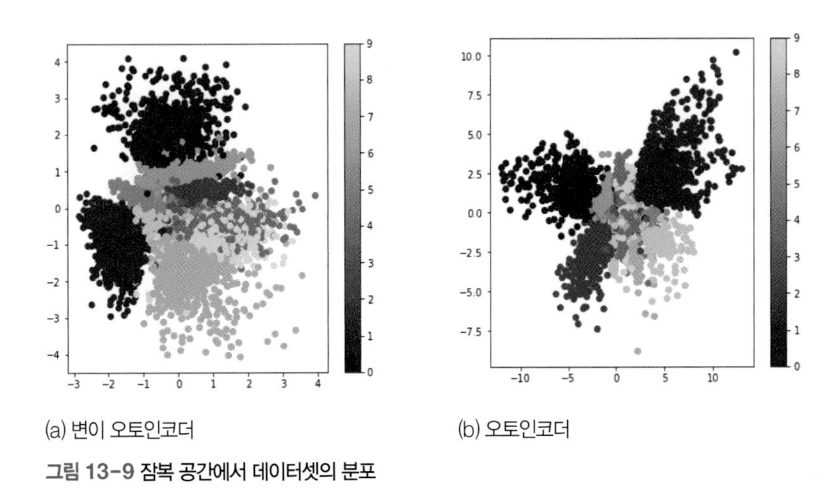

(a) 변이 오토인코더 (b) 오토인코더

그림 13-9 잠복 공간에서 데이터셋의 분포

13.2.4 이산 변이 오토인코더

지금까지 오토인코더는 모두 실수 공간에서 동작한다. 이산 변이 오토인코더dVAE;discrete VAE는 실수 공간을 이산 공간으로 바꿈으로써 성능 향상을 꾀한다[Oord2017]. [그림 13-10]은 이산 변이 오토인코더의 동작을 설명한다.

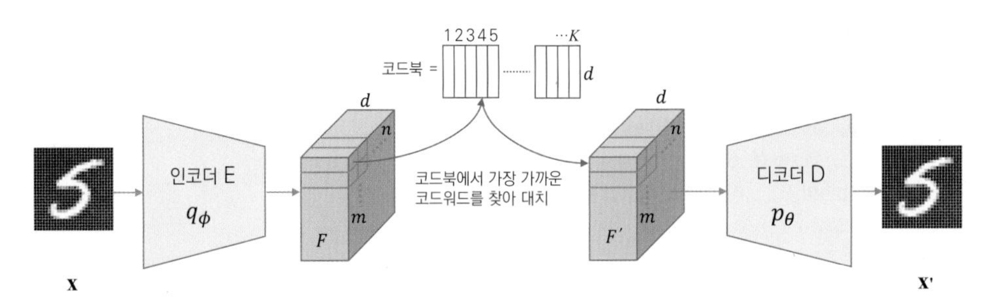

그림 13-10 이산 변이 오토인코더의 구조와 동작

입력 영상 $\mathbf{x}$에 대해 인코더는 F라 표기된 $m \times n \times d$ 크기의 특징 맵을 출력한다. 이제 mn개의 d차원 벡터 각각에 대해 코드북codebook에서 가장 가까운 코드워드를 찾아 새로운 특징 맵 F'에 대치한다. 그림에서는 첫 번째 벡터에 대해 가장 가까운 4번 코드워드를 찾아 F'의 같은 위치에 대치하는 과정을 예시한다. 이런 과정을 모든 벡터에 대해 수행한다. 코드워드와 특징 맵 벡터의 차원이 같기 때문에 새로 얻은 특징 맵은 원래 특징 맵과 크기가 같다.

원래 특징 맵 F의 벡터는 모두 다른 반면, 새로운 특징 맵 F'는 코드북에 있는 K개 코드워드 중의 하나이기 때문에 이산이란 단어가 붙었다. 13.6절에서 소개하는 DALL·E는 K=8192를 사용한다. 이산 변이 오토인코더는 이와 같이 특징 벡터가 가질 수 있는 값을 제한함으로써 규제를 달성한다. 코드북은 학습으로 알아낸다. 이산 변이 오토인코더를 계층 구조로 쌓아 성능을 향상한 연구 결과가 발표되어 있다[Razavi2019].

이산 변이 오토인코더를 구현하려면 가장 가까운 코드워드를 찾는 과정에서 argmax 연산자를 사용해야 한다. 그런데 argmax는 미분이 불가능하여 역전파를 적용하는 데 까다로운 문제가 생긴다. 이 문제를 해결하기 위해 Gumbel-softmax라는 새로운 확률 분포를 제안한 연구가 있다[Jang2016, Maddison2016]. 이 연구 결과를 사용하면 코드북을 명시적으로 학습할 필요가 없는 장점이 있다. DALL·E는 Gumbel-softmax를 채택한 이산 변이 오토인코더를 이용한다.

13.3 생성 적대 신경망

2014년에 굿펠로우는 생성 적대 신경망GAN; Generative Adversarial Network이라는 획기적인 생성 모델을 발표한다[Goodfellow2014]. GAN은 이름이 암시하듯 두 신경망이 적대적인 관계에서 학습하는 생성 모델이다. GAN은 필기 문자 정도를 생성할 수 있던 생성 모델을 자연 영상을 생성할 수 있는 수준으로 끌어올린다.

13.3.1 구조와 학습

GAN은 [그림 13-11]이 보여주는 바와 같이 생성망 G와 분별망 D가 대립 관계를 가진다. 생성망의 목적은 분별망을 속이기 위해 진짜 같은 가짜를 생성하는 것이고 분별망의 목적은 생성망이 만들어낸 가짜를 훈련 집합에서 들어오는 진짜와 정교하게 구별하는 것이다. 생성망은 위조 지폐범, 분별망은 경찰에 비유할 수 있다. 위조 지폐범과 경찰은 적대적인 관계에서 점점 지능화되듯이 GAN에서 G와 D는 학습을 통해 점점 고도화된다. 현실에서는 경찰이 승리해야 하지만 GAN의 최종 목적은 생성망 G가 분별망을 완전히 속이는 수준에 올라서는 것이다. 학습을 마치면 생성망을 사용해 가짜 샘플을 만든다.

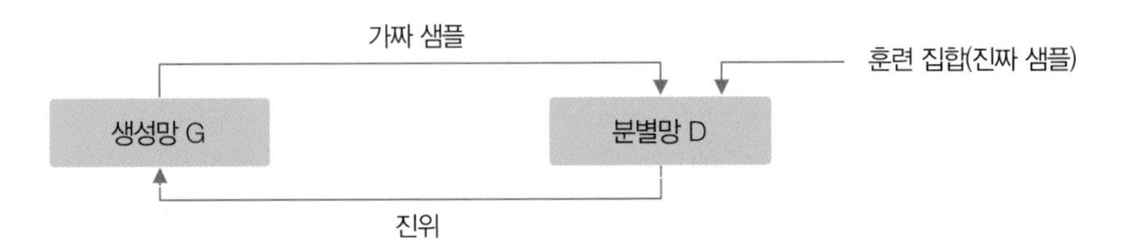

그림 13-11 GAN의 동작 원리

구조

GAN의 원래 논문은 완전연결층을 사용했는데 2016년에 컨볼루션층을 사용하는 DCGAN으로 발전한다[Radford2016]. [그림 13-12(a)]는 분별망의 구조다. 이 구조는 MNIST를 가정한다. 입력은 28×28×1 영상이다. 컨볼루션층을 거쳐 4×4×128 특징 맵으로 변환한 다음에 2048 벡터로 변환한다. 진짜 또는 가짜를 구별하는 신경망이므로 출력 노드는 1개다. 1은 진짜, 0은 가짜에 해당한다. 활성 함수는 [0,1] 범위를 출력하는 sigmoid를 사용한다. [그림 13-12(b)]는 생성망의 구조다. 입력은 zdim=100차원의 잠복 공간의 점이다. 100차원을 완전연결층으로 3136 크기로 확대한 다음 7×7×64로 변환한다. 업 샘플링과 컨볼루션층을 거쳐 최종적으로 28×28×1 영상을 생성한다.

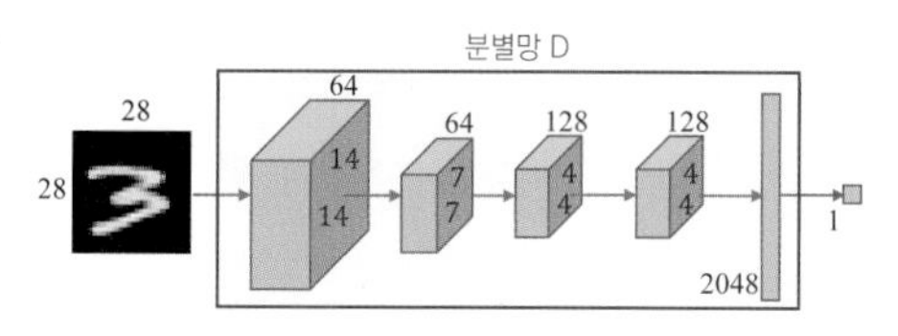

(a) 분별망 D

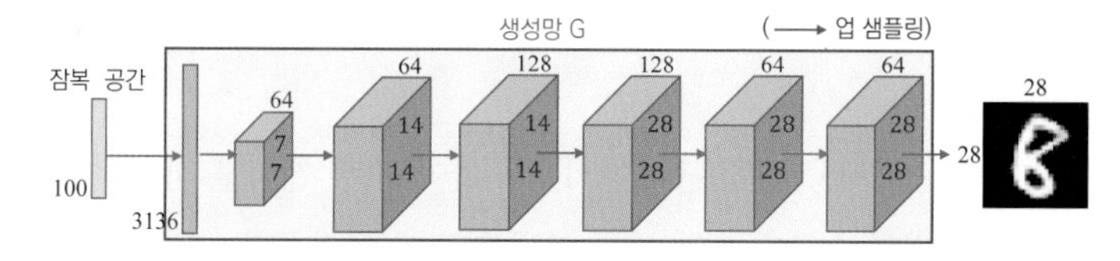

(b) 생성망 G

그림 13-12 GAN의 구조

학습

GAN의 구조는 여느 컨볼루션 신경망과 비슷해 구현이 쉽지만 학습은 복잡하다. 분별망은 입력된 영상을 가짜와 진짜의 두 부류로 분류하는 신경망이므로 그 자체로는 compile과 fit 함수를 사용해 학습하면 된다. 하지만 진짜는 훈련 집합에서 취하고 가짜는 생성망에서 취해야 하므로 생성망과 연결된 상태에서 학습이 이루어져야 한다. [그림 13-13(a)]는 이러한 관계를 설명한다.

생성망의 학습은 더 복잡하다. [그림 13-13(b)]에서 보는 바와 같이 잠복 공간에서 난수로 생성한 벡터를 생성망에 통과시켜 가짜 샘플을 생성한다. 그리고 생성된 가짜 샘플에 부류 1(진짜)을 부여하고 학습을 진행한다. 이때 분별망의 가중치를 고정해 생성망만 학습이 일어나게 설정하는 일이 중요하다. 현재 분별망이 가짜 샘플을 진짜로 오인하도록 생성망을 학습함으로써 생성망이 더욱 진짜 같은 샘플을 만들도록 개선하는 전략이다. 만일 분별망의 가중치도 학습이 되게 허용하면 생성망이 개선되는 대신 분별망이 퇴화할 수 있다. 비유하자면 위조 지폐범이 더욱 지능화되는 방향이 아니라 경찰이 멍청해지는 결과를 초래하는 꼴이 된다. [그림

13-13(b)]에서는 분별망 D를 회색으로 표시해 가중치가 고정된 채 학습이 이루어진다는 사실을 강조한다.

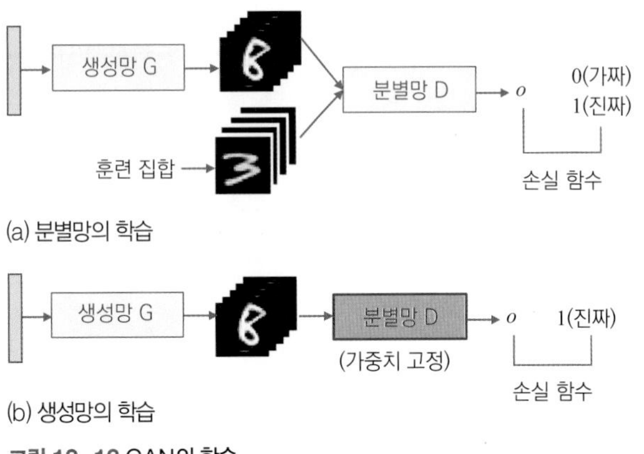

그림 13-13 GAN의 학습

생성망과 분별망은 각자 손실 함수를 가지고 대립 관계에서, 즉 둘이 승리 게임을 하면서 학습한다. 따라서 손실 함수 하나를 최적화하는 다른 문제에 비해 학습이 까다롭다. GAN 학습에서 가장 큰 문제는 모드 붕괴mode collapse다[Goodfellow2016a]. [그림 13-14]는 3개 모드를 예시한다. 실제 데이터셋에서는 훨씬 많은 모드가 발생하는데 같은 부류에 속하는 샘플이 특징 공간에 가까이 모여 모드를 형성하고 같은 부류에서도 비슷한 모양이나 외관을 가진 샘플이 모드를 형성할 것이다. GAN은 모든 모드를 학습해 다양한 부류의 다양한 외관의 샘플을 생성해야 하는데, 세대를 거치면서 몇 개 모드만 모델링하는 모드 붕괴 현상이 자주 나타난다. [그림 13-14]는 학습 도중에 모드 붕괴가 일어나는 현상을 개념적으로 예시한다.

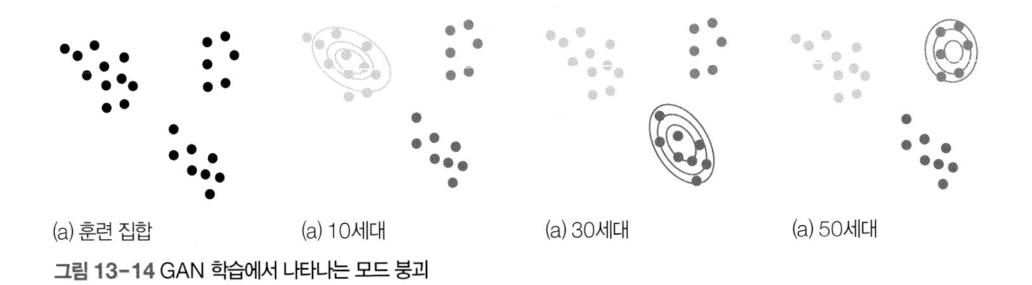

그림 13-14 GAN 학습에서 나타나는 모드 붕괴

모드 붕괴가 나타나는 이유는 생성망과 분별망이 몇 개 모드만 잘 학습해도 손실 함수를 충분히 낮출 수 있기 때문이다. 분류나 검출같은 문제에서는 부류를 틀리거나 틀린 박스를 예측하면 곧바로 손실 함숫값이 커져서 잘못이 손실 함수에 바로 반영되는 반면에 GAN에서는 어떤 모드를 무시해도 두 신경망이 대립 관계만 잘 유지하면 손실 함수가 낮게 유지된다. GAN의 궁극적인 목적은 진짜와 구별할 수 없는 가짜를 생성하는 것인데 궁극적인 목적을 직접적으로 표현하기 어렵기 때문에 승리 게임을 표현하는 수식을 손실 함수로 대신 사용하기 때문에 모드 붕괴가 발생한다. 모드 붕괴를 방지하는 여러 가지 경험 규칙이 개발되어 활용되고 있다 [Goodfellow2016a, Salimans2016].

13.3.2 GAN의 프로그래밍 실습

먼저 fashion MNIST 데이터셋으로 GAN을 학습하는 실습을 수행한다. 이어 보다 변화가 심한 자연 영상 데이터셋인 CIFAR-10으로 실습을 수행한다.

fashion MNIST에서 한 부류 모델링

[프로그램 13-6]는 fashion MNIST 데이터셋에서 한 부류만 추출해 GAN으로 모델링하는 프로그램이다.

프로그램 13-6 fashion MNIST를 GAN으로 모델링하고 샘플 생성하기

```
01  import numpy as np
02  from keras.datasets import fashion_mnist
03  from tensorflow.keras.optimizers import Adam
04  from keras.models import Sequential
05  from keras.layers import Dense,Reshape,Flatten,Conv2D,Conv2DTranspose,
    LeakyReLU,Dropout
06  import matplotlib.pyplot as plt
07
08  (x_train,y_train),(x_test,y_test)=fashion_mnist.load_data()
09  x_train=x_train[np.isin(y_train,[8])]                 # 부류 8(Bag) 추출
10  x_train=(x_train.astype('float32')/255.0)*2.0-1.0     # [-1,1] 정규화
11
12  zdim=100                                              # 잠복 공간의 차원
13
14  def make_discriminator(in_shape):                     # 분별망 D
15      model=Sequential()
16      model.add(Conv2D(64,(3,3),padding='same',activation=LeakyReLU
        (alpha=0.2),input_shape=in_shape))
```

```
17      model.add(Conv2D(128,(3,3),strides=(2,2),padding='same',activation
        =LeakyReLU(alpha=0.2)))
18      model.add(Conv2D(128,(3,3),strides=(2,2),padding='same',activation
        =LeakyReLU(alpha=0.2)))
19      model.add(Conv2D(256,(3,3),strides=(2,2),padding='same',activation
        =LeakyReLU(alpha=0.2)))
20      model.add(Flatten())
21      model.add(Dropout(0.4))
22      model.add(Dense(1,activation='sigmoid'))
23      model.compile(loss='binary_crossentropy',optimizer=Adam(lr=0.0002,
        beta_1=0.5),metrics=['accuracy'])
24      return model
25
26  def make_generator(zdim):                               # 생성망 G
27      model=Sequential()
28      model.add(Dense(7*7*64,activation=LeakyReLU(alpha=0.2),input_dim=zdim))
29      model.add(Reshape((7,7,64)))
30      model.add(Conv2D(128,(3,3),padding='same',activation=LeakyReLU(alpha=0.2)))
31      model.add(Conv2DTranspose(128,(4,4),strides=(2,2),padding='same',activation
        =LeakyReLU(alpha=0.2)))                             # 14*14 업샘플링
32      model.add(Conv2DTranspose(128,(4,4),strides=(2,2),padding='same',activation
        =LeakyReLU(alpha=0.2)))                             # 28*28 업샘플링
33      model.add(Conv2D(1,(3,3),padding='same',activation='tanh'))
34      return model
35
36  def make_gan(G,D):                                      # GAN 모델
37    D.trainable=False
38    model=Sequential()
39    model.add(G)
40    model.add(D)
41    model.compile(loss='binary_crossentropy',optimizer=Adam(lr=0.0002,beta_1
      =0.5))
42    return model
43
44  def generate_real_samples(dataset,n_samples):           # 진짜 샘플 뽑음
45    ix=np.random.randint(0,dataset.shape[0],n_samples)
46    x=dataset[ix]
47    y=np.ones((n_samples,1))
48    return x,y
49
50  def generate_latent_points(zdim,n_samples):             # 잠복 공간 점 생성
51      return np.random.randn(n_samples,zdim)
52
```

```
53  def generate_fake_samples(G,zdim,n_samples):           # 가짜 샘플 생성
54      x_input=generate_latent_points(zdim,n_samples)
55      x=G.predict(x_input)
56      y=np.zeros((n_samples,1))
57      return x,y
58  
59  def train(G,D,GAN,dataset,zdim,n_epochs=200,batch_siz=128,verbose=0): # GAN 학습
60      n_batch=int(dataset.shape[0]/batch_siz)
61  
62      for epoch in range(n_epochs):
63          for b in range(n_batch):
64              x_real,y_real=generate_real_samples(dataset,batch_siz//2)
65              d_loss1,_=D.train_on_batch(x_real,y_real)      # 진짜 샘플로 D 학습
66              x_fake,y_fake=generate_fake_samples(G,zdim,batch_siz//2)
67              d_loss2,_=D.train_on_batch(x_fake,y_fake)      # 가짜 샘플로 D 학습
68  
69              x_gan=generate_latent_points(zdim,batch_siz)
70              y_gan=np.ones((batch_siz,1))
71              g_loss=GAN.train_on_batch(x_gan,y_gan)        # G 학습
72          if verbose==1:
73              print('E%d: loss D(real)=%.3f, D(fake)%.3f GAN %.3f'%(epoch+1,d_loss1,
                d_loss2,g_loss))
74          if (epoch+1)%10==0:
75              x_fake,y_fake=generate_fake_samples(G,zdim,12)
76              plt.figure(figsize=(20,2))
77              plt.suptitle('epoch '+str(epoch+1))
78              for k in range(12):
79                  plt.subplot(1,12,k+1)
80                  plt.imshow((x_fake[k]+1)/2.0,cmap='gray'); plt.xticks([]); plt.
                    yticks([])
81              plt.show()
82  
83  D=make_discriminator((28,28,1))
84  G=make_generator(zdim)
85  GAN=make_gan(G,D)
86  train(G,D,GAN,x_train,zdim,verbose=1)
```

```
E1: loss D(real)=0.328, D(fake)0.312 GAN 3.109
E2: loss D(real)=0.707, D(fake)0.618 GAN 1.142
E3: loss D(real)=0.382, D(fake)0.150 GAN 2.392
E4: loss D(real)=0.376, D(fake)0.338 GAN 1.957
...
```

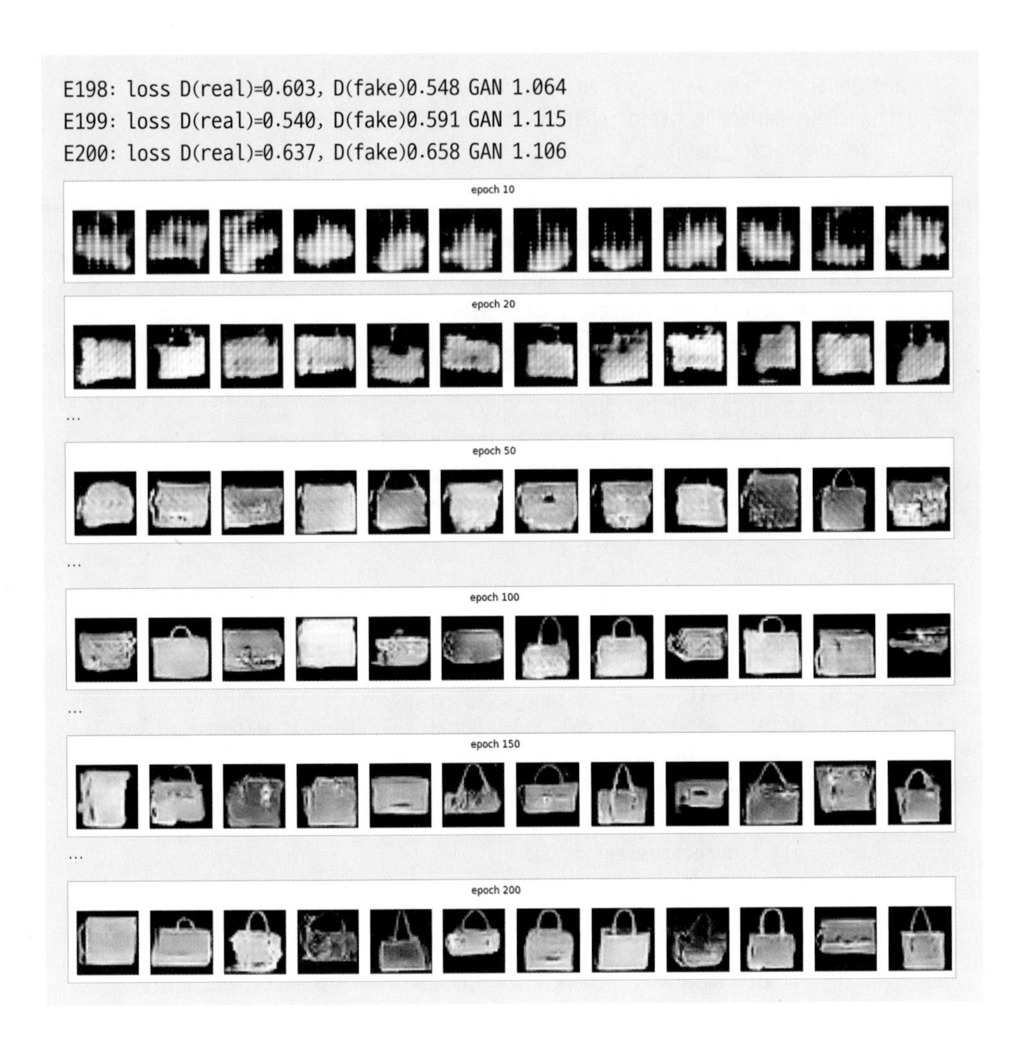

08행은 데이터셋을 읽고 09행은 부류 8(Bag)에 속한 샘플을 추출한다. 10행은 [0,255] 사이 정수를 [−1,1] 사이 실수로 변환한다. GAN은 [−1,1] 사이에서 잘 작동한다고 알려져 있다. 12행은 잠복 공간의 차원을 100으로 설정한다.

14~24행의 make_discriminator 함수는 분별망을 만들어 반환한다. 15행은 Sequential 모델을 생성해 model 객체에 저장한다. 16행은 3×3 필터를 64개 적용하는 컨볼루션층을 쌓는다. 활성 함수는 DCGAN의 권고에 따라 LeakyReLU를 사용한다. input_shape은 fashion MNIST의 영상 크기인 28×28×1로 설정한다. 영상 크기 정보는 메인 프로그램이 시작하는 83행에서 인수로 준다. 17~19행은 컨볼루션층을 3개 추가하고 20행은 1차원 구조로 변환한다. 22행은 출력층을 쌓는데, [그림 13-12(a)]가 설명하는 바와 같이 출력 노드는 1

개이며 softmax를 적용해 확률을 출력한다. 23행의 compile 함수는 손실 함수로 binary_crossentropy를 설정하고 Adam 옵티마이저를 설정한다.

26~34행의 make_generator 함수는 생성망을 만들어 반환한다. 27행은 Sequential로 모델을 생성해 model 객체에 저장하고 28행은 Dense 함수로 완전연결층을 쌓는다. 입력은 잠복 공간의 차원인 zdim이고 출력은 3136 차원이다. 이 값은 29행에서 7×7×64의 3차원 구조로 변환되어 30행의 컨볼루션층으로 입력된다. 31행은 Conv2DTranspose 함수로 업 샘플링층을 쌓아 7×7을 14×14로 키우고 32행은 한번 더 적용해 28×28 크기로 만든다. 33행은 컨볼루션층을 적용해 28×28×1 영상으로 변환한다. 이때 tanh 활성 함수를 적용해 화소가 [−1,1] 사이 값을 가지게 한다. [그림 13−13(b)]가 설명하는 바와 같이 생성망은 분별망과 연계해 학습하기 때문에 여기서는 compile 함수를 적용하지 않는다.

36~42행의 make_gan 함수는 [그림 13−13(b)]의 학습 모델을 구성한다. 36행은 함수 매개변수로 생성망 G와 분별망 D를 받는다. 37행은 분별망의 가중치를 동결해 분별망은 학습이 일어나지 않게 한다. 38행은 모델을 생성하고 생성망 G와 분별망 D를 쌓는다. 이에 대해서는 [그림 13−13(b)]의 설명을 참조한다. 41행의 compile 함수는 손실 함수로 binary_crossentropy를 설정하고 Adam 옵티마이저를 설정한다.

44~48행의 generate_real_samples 함수는 훈련 집합 dataset에서 n_samples개의 진짜 샘플을 랜덤하게 선택해 반환한다. 이때 샘플의 레이블은 진짜를 나타내는 1로 설정한다.

50~57행의 함수는 가짜 샘플을 생성해 반환한다. 50~51행의 generate_latent_points 함수는 잠복 공간의 랜덤 벡터를 n_samples개 생성해 반환한다. 53~57행의 generate_fake_samples 함수는 생성망 G를 이용해 가짜 샘플을 만들어 반환한다. 54행은 잠복 공간의 점을 만들고 55행은 생성망 G의 predict 함수로 가짜 샘플을 생성한다. 56행은 가짜 샘플에 레이블 0을 붙인다.

83~86행은 메인 프로그램이다. 83행은 분별망을 만들어 D 객체에 저장하고 84행은 생성망을 만들어 G 객체에 저장한다. 85행은 G와 D를 연결한 신경망을 만들어 GAN 객체에 저장한다. 86행은 G, D, GAN을 학습하는 함수 train을 호출한다.

59~81행의 train 함수는 학습을 수행한다. 함수 매개변수인 n_epoch은 세대 수인데 기본 값을 200으로 설정하고 batch_siz는 미니 배치 크기인데 기본 값을 128로 설정한다. 60행은 전체 샘플 수를 미니 배치 크기로 나누어 미니 배치 개수를 알아내 n_batch에 저장한

다. 62행은 세대 수만큼 반복하고 63행은 미니 배치 개수만큼 반복한다. 64행은 generate_real_samples 함수로 진짜 샘플을 뽑아낸다. 이때 미니 배치의 절반만큼만 만든다. 65행은 이렇게 만든 진짜 샘플로 분별망 D를 학습한다. 66행은 generate_fake_samples 함수로 가짜 샘플을 만드는데, 미니 배치의 절반만큼만 만든다. 67행은 이렇게 만든 가짜 샘플로 분별망 D를 학습한다. 분별망은 64~67행을 통해 진짜와 가짜가 절반씩 있는 미니 배치로 학습한 셈이다. 69~71행은 GAN을 통해 생성망 G를 학습한다. 69행은 잠복 공간의 점을 생성하고 70행은 이들의 레이블을 1(진짜)로 설정해 분별망을 속이는 방식으로 학습한다. 이 방식에 대한 내용은 [그림 13-13(b)]의 설명을 참조한다. 74~81행은 10세대마다 그때까지 학습된 GAN으로 가짜 샘플 12개를 생성해 출력한다. 이렇게 하여 GAN이 학습을 통해 어떻게 좋아지는지 확인한다.

프로그램의 실행 결과를 살펴보자. 09행에서 bag에 해당하는 부류 8을 선택했기 때문에 핸드백 모양을 학습한다. 10세대 후에서는 개략적인 모양이 나타나고 20세대에서는 좀 나아졌는데 여전히 품질이 낮다. 50세대 후에는 제법 꼴을 갖추고 100세대에서는 손잡이도 잘 나타난다. 200세대에서는 표면의 음영 변화까지 반영하고 다양한 모양의 핸드백을 생성하는 것을 확인할 수 있다. 세 번째 샘플의 경우 핸드백의 왼쪽 부분이 미완성인 채 나타나는 현상이 나타났다.

fashion MNIST에서 10부류 모델링

앞에서는 한 부류만 모델링했는데 이제 전체 10부류로 확장한다. [프로그램 13-6]에서 한 부류를 추출하는 09행을 제거하고 수행하면 된다. [그림 13-15]는 수정한 프로그램을 실행한 결과다. 간혹 미완성인 채 나타나는 샘플도 있는데 대부분 진짜와 구분하기 힘들 정도로 품질이 좋다.

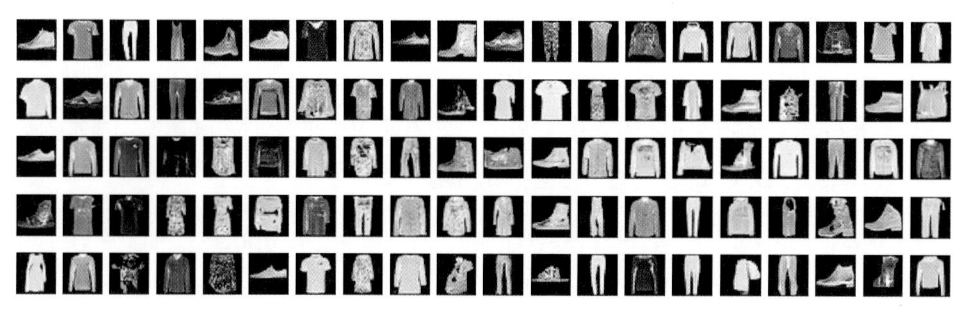

그림 13-15 GAN으로 생성한 fashion MNIST의 10부류(200세대)

자연 영상인 CIFAR-10에서 한 부류 모델링

물체 모양과 배경이 더욱 심하게 변하고 컬러 영상인 CIFAR-10을 GAN으로 모델링해보자. [프로그램 13-7]은 이 일을 한다. [프로그램 13-6]에서 수정된 곳을 음영으로 표시했는데, 모두 28×28×1 영상을 32×32×3 컬러 영상으로 바꾸는 부분이다.

프로그램 13-7 CIFAR-10 자연 영상을 GAN으로 모델링하고 샘플 생성하기

```
01  import numpy as np
02  from keras.datasets import cifar10

    ...

08  (x_train,y_train),(x_test,y_test)=cifar10.load_data()
09  x_train=x_train[np.isin(y_train.reshape([y_train.shape[0]]),[1])]
                                                    # 부류 1(automobile) 추출
10  x_train=(x_train.astype('float32')/255.0)*2.0-1.0   # [-1,1] 정규화

    ...

26  def make_generator(zdim):                          # 생성망 G
27      model=Sequential()
28      model.add(Dense(4*4*256,activation=LeakyReLU(alpha=0.2),input_dim=zdim))
29      model.add(Reshape((4,4,256)))
30      model.add(Conv2DTranspose(128,(4,4),strides=(2,2),padding='same',activation
        =LeakyReLU(alpha=0.2)))                        # 8*8
31      model.add(Conv2DTranspose(128,(4,4),strides=(2,2),padding='same',activation
        =LeakyReLU(alpha=0.2)))                        # 16*16
32      model.add(Conv2DTranspose(128,(4,4),strides=(2,2),padding='same',activation
        =LeakyReLU(alpha=0.2)))                        # 32*32
33      model.add(Conv2D(3,(3,3),padding='same',activation='tanh'))
34      return model

    ...

83  D=make_discriminator((32,32,3))
84  G=make_generator(zdim)
85  GAN=make_gan(G,D)
86  train(G,D,GAN,x_train,zdim,verbose=1)
```

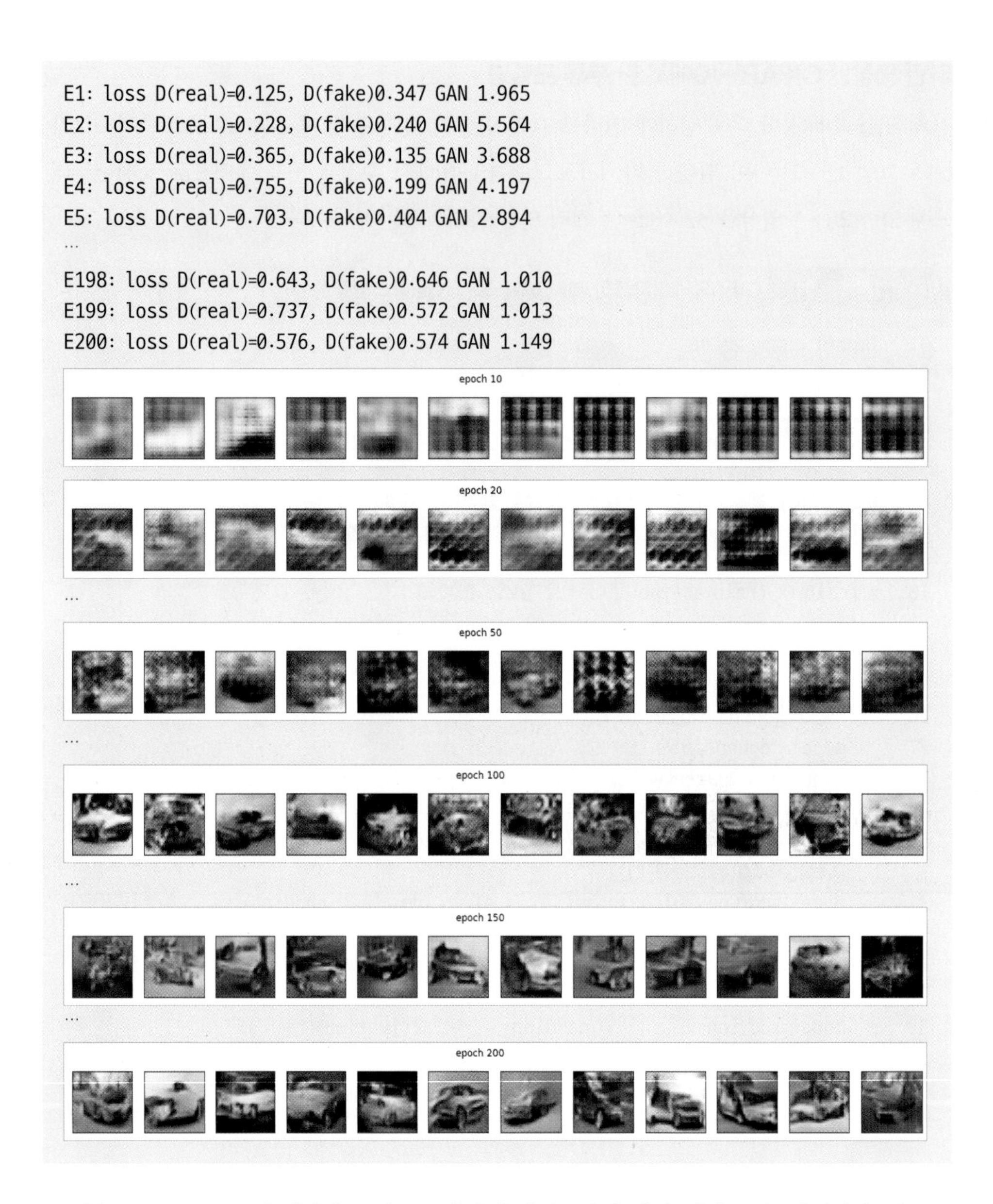

E1: loss D(real)=0.125, D(fake)0.347 GAN 1.965
E2: loss D(real)=0.228, D(fake)0.240 GAN 5.564
E3: loss D(real)=0.365, D(fake)0.135 GAN 3.688
E4: loss D(real)=0.755, D(fake)0.199 GAN 4.197
E5: loss D(real)=0.703, D(fake)0.404 GAN 2.894
…
E198: loss D(real)=0.643, D(fake)0.646 GAN 1.010
E199: loss D(real)=0.737, D(fake)0.572 GAN 1.013
E200: loss D(real)=0.576, D(fake)0.574 GAN 1.149
epoch 10
epoch 20
…
epoch 50
…
epoch 100
…
epoch 150
…
epoch 200

09행은 automobile에 해당하는 부류 1만 추출한다. 제일 많이 변한 곳은 생성망을 만드는 make_generator 함수다. zdim차원의 벡터를 입력으로 받아 완전연결층을 통해 4096(4×4×256)차원으로 변환한 다음에 reshape으로 4×4×256 특징 맵으로 변환한다. 이 특징 맵은 업 샘플링을 수행하는 Conv2DTranspose 함수로 8×8, 16×16, 32×32 특징 맵으로 변환한다.

프로그램의 실행 결과를 살펴보자. 09행에서 automobile에 해당하는 부류 1을 선택했기 때문에 자동차 모양을 학습한다. 10세대에서는 아무런 모양이 나타나지 않고 20세대에서 아주 희미하게 자동차 모양이 나타난다. 50세대에서는 간신히 자동차를 식별할 수 있을 정도고 100세대에서는 나아진다. 150세대에서는 제법 자동차 꼴을 갖추고 200세대에서는 표면의 색상 변화를 반영하고 다양한 모양의 자동차를 생성한다. 자동차로 간주하기 어려운 샘플도 여럿 있다.

자연 영상인 CIFAR-10에서 10 부류 모델링

09행을 제거하면 10부류 모두 학습하게 할 수 있다. [그림 13-16]은 이렇게 학습하고 100개 샘플을 생성한 결과다. 배경을 제법 그럴싸하게 모델링했다. 하지만 물체는 알아보기 힘든 경우가 상당히 많다. 자연 영상은 명암이고 배경이 일률적인 fashion MNIST보다 학습이 어렵다는 사실을 알 수 있다. 다음 절에서는 보다 좋은 품질의 영상을 생성하는 개선된 GAN 모델을 소개한다. 이들 모델은 수백×수백~수천×수천의 고해상도 영상을 생성한다.

그림 13-16 GAN으로 생성한 CIFAR-10의 10부류(200세대)

13.3.3 GAN의 전개: CycleGAN, ProGAN, SAGAN

혁신적인 생성 모델인 GAN을 제안했지만 초기 모델의 영상 품질은 그리 높지 않았다. 하지만 몇 년 만에 진짜와 구별하기 어려울 정도의 고해상도 영상을 생성하는 발전된 모델이 여럿 등장한다. [그림 13-17]은 얼굴, 음식, 화합물, 나비, 곤충, 지도 등을 대상으로 학습한 GAN 모델이 생성한 가짜 샘플을 예시한다(이 예시는 https://thisxdoesnotexist.com에서 가져왔다).

(a) 얼굴

(b) 고양이

(c) 해변

(d) 운동화

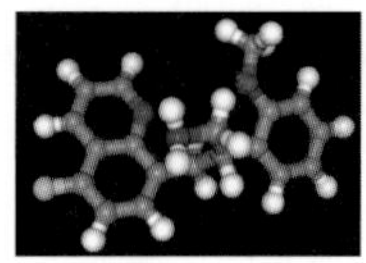
(e) 화합물

(f) 지도

그림 13-17 GAN이 생성한 영상(This X does not exist 사이트 제공)

영상 품질을 높이는 새로운 아이디어를 추가한 새로운 GAN 모델이 여럿 발표된다. GAN을 서베이한 논문으로 [Creswell2018, Bond-Taylor2022, Jabbar2021, Sampath2021, Wang2021c]를 추천한다. 여기서는 대표적인 모델 몇 가지를 간략히 소개한다.

CycleGAN은 영상을 내용과 스타일로 분해한 다음에 스타일만 변화시키는 방법으로 사진을 특정 화가의 화풍으로 변환하거나 무늬를 변환해 말을 얼룩말로 변환하는 일을 한다[Zhu2017]. 기존에는 입력 영상과 원하는 변환 영상 쌍을 훈련 집합으로 주어야 했는데, CycleGAN은 쌍을 줄 필요가 없다. 다시 말해 무작위로 고른 사진 집합과 무작위로 고른 고흐 그림 집합을 주고 학습하면 사진을 고흐풍의 그림으로 변환해주는 GAN을 얻는다. 논문 제목에 unpaired가 붙은 이유다. [그림 13-18(a)]는 CycleGAN으로 영상을 변환한 사례다.

ProGAN은 1024×1024의 고해상도 얼굴 영상을 생성한다[Karras2018]. 한꺼번에 고해상도 영상을 생성하는 일이 어렵기 때문에 먼저 4×4 저해상도 영상을 생성하는 신경망을 학습한 후 학습된 신경망에 8×8을 생성하는 층을 추가하고 다시 학습한다. 이런 과정을 1024×1024를 얻을 때까지 반복한다. [그림 13-18(b)]는 ProGAN의 단계별 학습 과정을 설명한다.

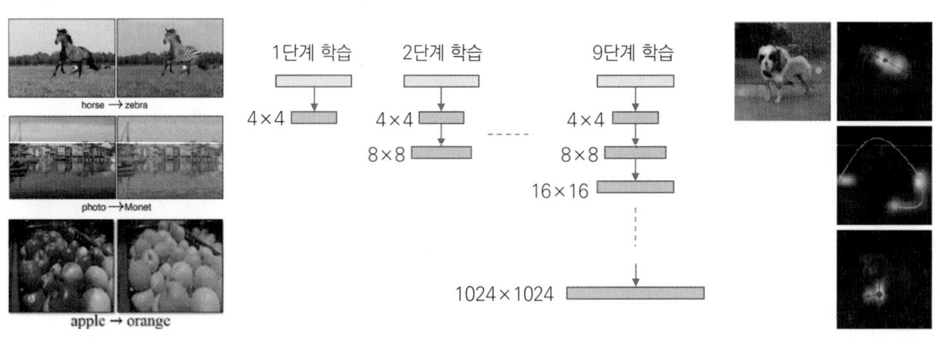

(a) CycleGAN[Zhu2017] (b) ProGAN[Karras2018] (c) SAGAN[Zhang2019]

그림 13-18 발전하는 GAN

SAGAN은 자기 주목을 GAN에 적용해 성능을 개선한다[Zhang2019]. [그림 13-18(c)]에 있는 개 영상은 SAGAN이 생성한 것인데, 영상 생성 도중에 세 점이 어느 곳을 주목하는지 시각화한다. 빨간색 점은 몸통의 다른 곳에 주목하고 바닥을 나타내는 초록색 점은 바닥의 다른 곳을 주목하고 다리에 해당하는 파란색 점은 관절과 다른 다리에 주목한다는 사실을 알 수 있다. SAGAN은 컨볼루션 신경망을 백본으로 사용한 채 자기 주목을 적용했는데 이후에 트랜스포머를 백본으로 사용하는 GAN으로 넘어간다.

13.3.4 트랜스포머 GAN

다른 컴퓨터 비전 분야와 마찬가지로 컨볼루션 신경망은 GAN의 백본으로 군림했는데, 트랜스포머가 등장한 이후 GAN에서도 빠르게 트랜스포머로 전환하고 있다. 다른 분야처럼 처음에는 컨볼루션 신경망을 보조하는 방식으로 트랜스포머를 사용하다가 이제 컨볼루션을 사용하지 않는 순수한 트랜스포머 GAN이 대세다. TransGAN은 순수 트랜스포머를 처음 시도한 모델로 평가받는다[Jiang2021b]. 트랜스포머를 [그림 13-11~13]의 GAN에 적용하려면 어떤 문제를 다루어야 하고 어떻게 해결할 수 있는지 TransGAN을 통해 이해한다.

TransGAN

트랜스포머로 GAN을 구현하려면 [그림 11-12]에 있는 인코더와 디코더 블록이 모두 필요할까? 원래 트랜스포머에서는 $T \times d_{model}$ 행렬이 크기를 유지하면서 여러 단계를 거치는데, GAN에서도 그렇게 해야 할까? [그림 13-12]에 따르면 생성망 G의 입력은 잠복 공간의 벡터고 출력은 영상이며 분별망 D의 입력은 영상이고 출력은 진짜와 가짜를 구별하는 확률인데 이들을 어떻게 입력하고 출력할까? 여러 의문이 생긴다.

TransGAN은 [그림 11-12]에서 인코더 블록만 가져다 생성망과 분별망에 사용한다[Jiang2021b]. 먼저 생성망에 대해 생각해보자. [그림 13-12(b)]처럼 입력은 잠복 공간의 벡터고 출력은 영상이라는 사실은 변함이 없다. 또한 잠복 공간의 벡터를 출력 영상의 크기에 맞추어 한번에 키운 다음에 같은 크기를 유지할 수 있는데 그렇게 하면 주목 행렬의 크기가 커서 메모리를 감당할 수 없게 된다. 그림의 예에서는 256×256 영상을 생성하는데 화소를 토큰으로 취급하면 65,536개의 토큰이 있고 주목 행렬이 65536×65536이 되어 현실성이 없다.

TransGAN은 이 문제를 두 가지 아이디어로 해결한다. 이들 아이디어는 스윈 트랜스포머가 사용하는 계층적 특징 맵과 윈도우 분할([그림 11-21(a)]) 아이디어와 흡사하다. 첫 번째 아이디어는 [그림 13-19(a)]가 보여주는 바와 같이 작은 해상도에서 시작해 업 샘플링을 통해 점점 키워나간다. zdim차원의 잠복 공간 벡터를 다층 퍼셉트론에 통과시켜 $8\times8\times C$=$64C$ 차원의 벡터로 변환한다. 이 벡터를 $64\times C$ 크기의 행렬로 변환하고 위치 인코딩을 적용해 트랜스포머 인코더 블록에 입력한다. [그림 11-12]에 따르면 $T\times d_{model}$=$64\times C$ 행렬이 입력되는 셈이다. 인코더 블록은 멀티 헤드 주목$_{\text{MHA}}$층과 FF층을 거쳐 같은 크기의 행렬을 출력한다. 이 출력 행렬은 [그림 9-34]의 업 샘플링 과정을 통해 $16\times16\times C$ 크기로 커진다. 이 특징 맵은 $T\times d_{model}$=$256\times C$ 행렬로 변환되어 두 번째 인코더 블록에 입력되고 같은 크기를 유지해 출력된다. 이런 과정을 여러 번 거쳐 최종적으로 $(256\times256)\times(C/16)$ 크기의 특징 맵으로 변환된다. 마지막에 선형층을 적용해 $256\times256\times3$의 컬러 영상으로 변환한다. 선형층은 선형 활성 함수를 사용하는 완전연결층이다. 이 구조는 [그림 11-23]의 스윈 트랜스포머와 비슷한데 스윈 트랜스포머는 패치 합치기 연산을 통해 해상도를 줄여나가는 반면에 TransGAN은 업 샘플링을 통해 해상도를 키워나가는 차이가 있다.

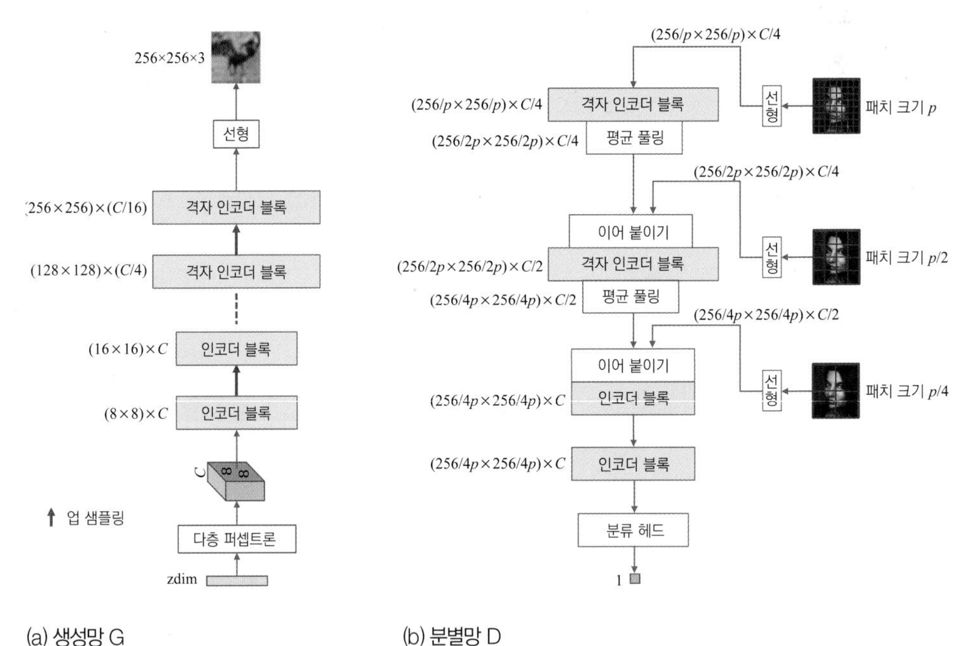

그림 13-19 TransGAN의 구조와 동작

생성망에는 높은 해상도를 다루기 위한 또 다른 아이디어로 격자 자기 주목grid self-attention이 있다. 이것이 두 번째 아이디어다. 격자 자기 주목은 [그림 13-19(a)]에서 격자 인코더 블록이 수행한다. 격자 자기 주목은 [그림 13-20]에서 설명하는 바와 같이 인접한 패치를 격자 단위로 나누고, 자기 주목을 격자 안에 있는 패치끼리 수행해 자기 주목 행렬의 크기를 다룰 수 있을 정도로 유지한다. 그림의 예에서는 격자에 16개의 패치가 있기 때문에 자기 주목 행렬은 16×16이 된다. 이 아이디어는 [그림 11-21(a)]의 스윈 트랜스포머의 윈도우와 비슷하다. TransGAN은 특징 맵의 크기가 32×32보다 작을 때는 보통 자기 주목을 적용하고 해상도가 그 이상일 때는 격자 자기 주목을 적용한다.

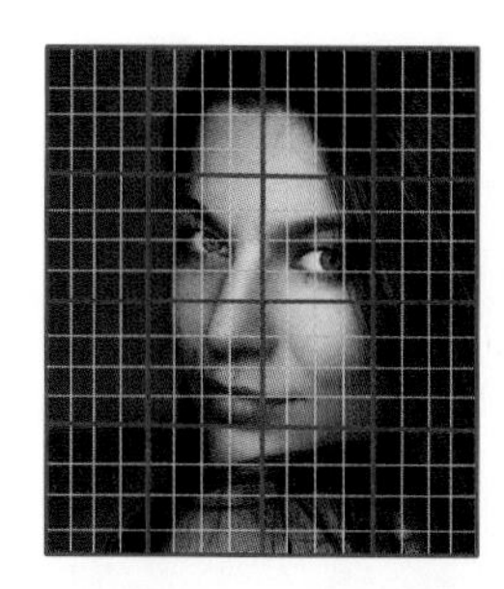

그림 13-20 격자 자기 주목(격자 안에 있는 패치끼리 자기 주목 계산)

분별망은 진짜와 가짜를 구별하는 이진 분류기이므로 [그림 11-18]의 ViT 구조를 빌려오면 될 것이라 생각할 수 있다. 하지만 GAN에서는 위조 지폐를 진짜 지폐와 구별할 수 있는 고도의 상세 내용을 파악할 수 있어야 한다. 이런 요구사항을 감안해 TransGAN은 [그림 13-19(b)]가 보여주는 여러 계층의 특징 맵을 이용해 영상의 전역 정보와 지역 상세 내용을 모두 고려한다.

먼저 입력 영상을 $p \times p$ 크기의 패치로 나누어 $(256/p) \times (256/p)$개의 패치를 만들고 선형층을 통과시켜 $(256/p \times 256/p) \times C/4$ 행렬을 만든 후 격자 인코더 블록에 입력한다. [그림 11-12]에 따르면 $T \times d_{model} = (256/p \times 256/p) \times C/4$ 행렬이 입력되는 셈이다. 인코더 블록은 같은 크기의 행렬을 출력하는데, 이어 적용되는 평균 풀링은 행렬을 $(256/2p \times 256/2p) \times C/4$로 변환한다. 한편 오른쪽에서는 입력 영상을 $2p \times 2p$ 크기의 패치로 나누고 선형층을 통과시켜 $(256/2p \times 256/2p) \times C/4$ 행렬을 만든다. 이 행렬을 인코더 블록에서 나온 행렬과 이어 붙여 $(256/2p \times 256/2p) \times C/2$로 만들어 두 번째 인코더 블록에 입력한다. 이런 과정을 한 번 더 반복하면 $(256/4p \times 256/4p) \times C$ 행렬이 된다.

이 행렬에 분류 헤드를 적용해 확률을 출력한다. 이 확률은 진위 확률을 나타낸다. 분별망에서도 해상도가 32×32보다 클 때는 격자 자기 주목을 적용하고 그렇지 않은 경우에는 보통 자기 주목을 적용한다. 지금까지 설명한 과정을 통해 분별망은 앞쪽에서는 상세 특징을 추출하고 뒤쪽에서는 영상 전체에 대한 특징을 추출하며 이들을 적절한 시점에 결합해 전역 정보와 지역 정보를 골고루 사용하는 효과를 얻는다.

13.4 확산 모델

기체 입자는 공기 중에 확산된다. 개별 입자의 운동은 불확실하지만 전체적인 운동은 일정한 규칙을 따르기 때문에 수식으로 모델링할 수 있다. 비평형 열역학non-equilibrium thermodynamics은 이런 기체 운동을 연구하는 학문이다. [그림 13-21]은 시간이 지남에 따라 두 종류의 기체 입자가 섞이는 과정을 비평형 열역학으로 시뮬레이션하는 장면이다. 0초, 10초, 20초가 흐른 뒤의 상태를 보여준다. 수직 막대는 두 입자의 평균 위치다. 확산 모델diffusion model은 비평형 열역학에서 아이디어를 얻어 개발된 생성 모델이다.

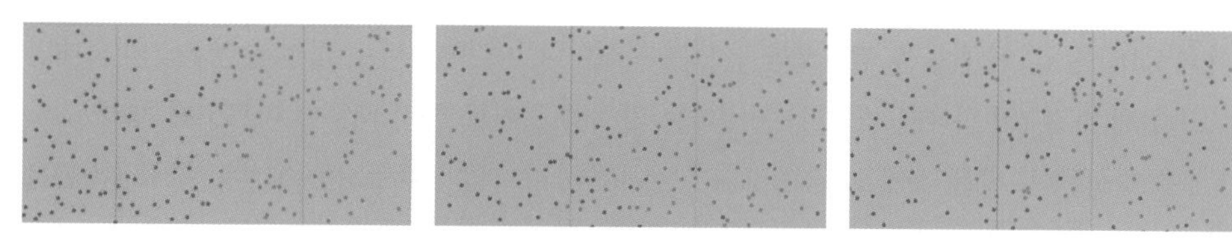

그림 13-21 두 종류 기체 입자의 운동을 시뮬레이션(왼쪽부터 0초, 10초, 20초 뒤의 상태. https://galileoandeinstein.phys.virginia.edu/more_stuff/Applets/Diffusion/diffusion.html)

처음에는 확산 확률 모델diffusion probabilistic model이라는 이름으로 제안되었다[Sohl-Dickstein2015]. 이후 디노이징 확산 확률 모델DDPM; Denoising Diffusion Probabilistic Model[Ho2020], 디노이징 확산 암시 모델DDIM; Denoising Diffusion Implicit Model[Song2020]로 발전했다. 튜토리얼 강의로 [Kreis2022]를 추천한다.

[그림 13-22]는 확산 모델의 원리를 설명한다. $t-1$ 순간의 영상 $\mathbf{x}_{t-1}$에 잡음을 조금 섞어 t 순간의 영상 $\mathbf{x}_t$를 만든다. 이런 연산을 원래 영상 $\mathbf{x}_0$에서 출발하여 $\mathbf{x}_T$가 될 때까지 반복한다. 시간 단계time steps T를 충분히 길게 하면 $\mathbf{x}_T$는 원래 영상의 내용을 모두 잃고 가우시안 잡음으로만 구성된다. 이 과정 전반을 전방 확산forward diffusion이라 부른다. 전방 확산은 학습 없이 일정한 확률 규칙에 따라 동작한다. 전방 확산이 끝나면 역 디노이징reverse denoising 과정을 이용하여 $\mathbf{x}_T$에서 출발하여 원래 영상 $\mathbf{x}_0$을 복원한다. 역 디노이징은 신경망을 이용하여 달성하기 때문에 학습이 필요하다.

전방 확산과 역 디노이징 과정을 차례로 살펴보는데, 디노이징 확산 확률 모델, 즉 DDPM [Ho2020]을 중심으로 설명한다.

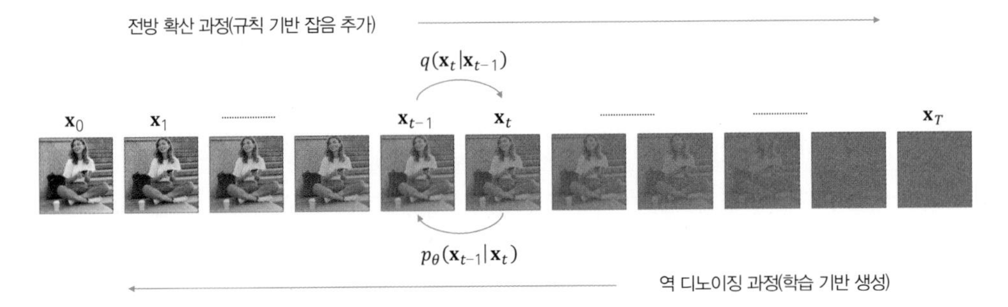

그림 13-22 확산 모델의 원리

전방 확산

식 (13.18)은 $\mathbf{x}_{t-1}$에 잡음을 섞어 $\mathbf{x}_t$를 만드는 수식이다. 이 식은 바로 직전 순간 $t-1$의 상태만 보고 현재 순간 t의 상태를 결정할 수 있다는 가정을 근거로 하기 때문에 마르코프 체인Markov chain을 형성한다. 잡음 스케쥴noise schedule β_t는 $[0,1]$ 사이의 실수로서 t 순간에 추가하는 잡음의 정도를 조정한다. β_t가 클수록 잡음의 강도가 크다.

$$q\left(\mathbf{x}_t|\mathbf{x}_{t-1}\right)=N\left(\sqrt{1-\beta_t}\,\mathbf{x}_{t-1},\beta_t\mathbf{I}\right) \qquad (13.18)$$

식 (13.18)을 연속으로 적용하면 입력 영상 $\mathbf{x}_0$에서 출발하여 $\mathbf{x}_1,\mathbf{x}_2,\cdots,\mathbf{x}_t$를 만들어서 임의 순간 t의 영상 $\mathbf{x}_t$를 만들 수 있다. 그런데 이런 순차적인 방법은 시간이 많이 걸리기 때문에 $\mathbf{x}_0$에서 바로 $\mathbf{x}_t$를 만드는 방법이 필요하다. 이 일은 $\alpha_t=1-\beta_t$로 재매개변수화reparametrization하고 식 (13.19)를 유도함으로써 가능해진다. $\bar{\alpha}_t=\alpha_1\alpha_2\cdots\alpha_t=\prod_{i=1}^{t}\alpha_i$이다.

$$q\left(\mathbf{x}_t|\mathbf{x}_0\right)=N\left(\sqrt{\bar{\alpha}_t}\,\mathbf{x}_0,\left(1-\bar{\alpha}_t\right)\mathbf{I}\right) \qquad (13.19)$$

$\mathbf{x}_t$의 실제 샘플링은 식 (13.19)에서 유도된 식 (13.20)을 이용하여 수행한다. 즉 표준 가우시안 $N(\mathbf{0},\mathbf{I})$에서 $\boldsymbol{\varepsilon}$을 샘플링한 다음 $\sqrt{\bar{\alpha}_t}\,\mathbf{x}_0+\sqrt{1-\bar{\alpha}_t}\,\boldsymbol{\varepsilon}$을 계산하여 $\mathbf{x}_t$로 취한다.

$$\mathbf{x}_t=\sqrt{\bar{\alpha}_t}\,\mathbf{x}_0+\sqrt{1-\bar{\alpha}_t}\,\boldsymbol{\varepsilon},\ \text{이때}\ \ \boldsymbol{\varepsilon}\sim N\left(\mathbf{0},\mathbf{I}\right) \qquad (13.20)$$

DDPM은 시간 단계 T=1000으로 설정하고, 분산 스케쥴은 β_1=0.0001에서 시작하여 선형적으로 증가시켜 β_{1000}=0.02로 설정했다. 식 (13.20)은 학습 없이 그냥 계산하면 된다. 따라서 전방 확산 과정은 신경망이 필요 없다.

역 디노이징

역 디노이징 과정을 구현하려면 $\mathbf{x}_t$에서 $\mathbf{x}_{t-1}$이 발생할 확률 분포를 계산해야 한다. 이 확률 분포의 계산은 전방 계산과 달리 쉽지 않다. 왜냐하면 잡음을 섞는 전방 과정과 달리 잡음이 섞인 영상에서 잡음을 분리해야 하기 때문이다. 확산 모델은 이 과정을 위해 신경망을 사용한다. 가중치 θ를 가진 신경망이 추정해주는 확률 분포를 $p_\theta(\mathbf{x}_{t-1}|\mathbf{x}_t)$라 표기한다.

전방 확산에서 β를 충분히 작게 설정하면 역 디노이징 과정의 확률 분포를 가우시안으로 간주할 수 있다는 정리가 있다. 이에 따르면 신경망이 추정하는 $p_\theta(\mathbf{x}_{t-1}|\mathbf{x}_t)$는 가우시안이고 식 (13.21)로 표현할 수 있다. 이제 신경망이 추정해야 하는 값은 가우시안의 평균 벡터 μ_θ와 공분산 행렬 σ_θ다. DDPM은 σ_θ는 성능에 큰 영향을 미치지 않는다고 보고 상수 C로 간주한다.

$$p_\theta\left(\mathbf{x}_{t-1}|\mathbf{x}_t\right)=N\Big(\mu_\theta\left(\mathbf{x}_t,t\right),\sigma_\theta\left(\mathbf{x}_t,t\right)\Big)=N\Big(\mu_\theta\left(\mathbf{x}_t,t\right),C\Big) \qquad (13.21)$$

신경망이 할 일은 $\mathbf{x}_t$가 주어졌을 때 전방 확산 과정에서 섞은 잡음을 제거하여 $\mathbf{x}_{t-1}$을 복원하는 것이다. 식 (13.21)에 따르면 가우시안의 평균 μ_θ를 통해 손실 함수를 정의할 수 있는데, 실제로는 잡음 ε_θ를 통해 식 (13.22)와 같이 손실 함수를 정의한다. ε_θ는 원래 영상과 크기가 같은 잡음 영상이므로 손실 함수는 $\boldsymbol{\varepsilon}$과 ε_θ의 MSE인 셈이다. 구체적인 유도 과정은 DDPM을 제안한 [Ho2020]을 참조한다.

$$\text{DDPM의 손실 함수: } J(\theta)=\left\|\boldsymbol{\varepsilon}-\varepsilon_\theta\left(\sqrt{\bar{\alpha}_t}\mathbf{x}_0+\sqrt{1-\bar{\alpha}_t}\varepsilon,\ t\right)\right\|_2^2=\left\|\boldsymbol{\varepsilon}-\varepsilon_\theta\left(\mathbf{x}_t,t\right)\right\|_2^2 \qquad (13.22)$$

학습 알고리즘과 추론 알고리즘

[알고리즘 13.1]은 DDPM이 사용하는 학습 알고리즘이다. 식 (13.22)를 손실 함수로 사용한다. 이 알고리즘은 한 샘플씩 처리하는 방식으로 기술되었는데, 실제로는 미니 배치 단위로 처리한다. 옵티마이저로는 SGD나 Adam을 사용한다.

[알고리즘 13-1] DDPM의 학습

입력: 데이터셋 X, 시간 단계 T

출력: 잡음을 추정하는 신경망의 최적 가중치 $\hat{\theta}$

1. 신경망의 가중치 θ를 초기화한다.
2. repeat
3. X에서 랜덤하게 샘플 하나를 취해 $\mathbf{x}_0$이라 한다.
4. $1, 2, \cdots, T$에서 랜덤하게 하나를 취해 t라 한다.
5. 표준 가우시안 $N(\mathbf{0}, \mathbf{I})$에서 한 점을 샘플링하여 $\boldsymbol{\varepsilon}$이라 한다.
6. $\sqrt{\bar{\alpha}_t}\mathbf{x}_0 + \sqrt{1-\bar{\alpha}_t}\boldsymbol{\varepsilon}$를 계산하여 $\mathbf{x}_t$를 구한다.
7. 신경망으로 $\varepsilon_\theta(\mathbf{x}_t, t)$를 예측하여 $\boldsymbol{\varepsilon}'$라 한다.
8. $\|\boldsymbol{\varepsilon}-\boldsymbol{\varepsilon}'\|_2^2$의 그레이디언트를 구하여 $\Delta\theta$에 저장한다.
9. $\theta=\theta-\rho\Delta\theta$
10. until(수렴)
11. $\hat{\theta}=\theta$

[알고리즘 13-1]은 신경망의 가중치를 θ로 표기했을 뿐 어떤 구조의 신경망을 사용할지에 대한 실마리는 없다. 어떤 신경망이 적절할까? [알고리즘 13-1]에 등장하는 $\mathbf{x}_t$와 $\boldsymbol{\varepsilon}$, ε_θ는 모두 원래 영상과 같은 크기다. 따라서 9.4.3항에서 살펴본 분할을 위한 신경망이 적절하다. DDPM은 [그림 9-36]의 U-net을 사용한다.

[알고리즘 13-1]로 학습을 마친, 즉 잡음을 분리하는 U-net을 이용하여 어떻게 새로운 샘플을 생성할 수 있을까? 기본 아이디어는 표준 가우시안 $N(\mathbf{0}, \mathbf{I})$를 샘플링한 결과를 $\mathbf{x}_T$로 둔 다음, 역 디노이징 과정을 통해 $\mathbf{x}_T$에서 $\mathbf{x}_{T-1}$, $\mathbf{x}_{T-1}$에서 $\mathbf{x}_{T-2}$, $\cdots$, $\mathbf{x}_1$에서 $\mathbf{x}_0$를 추정하여 원래 영상 $\mathbf{x}_0$을 생성한다. [알고리즘 13-2]는 이러한 추론 과정을 기술한다.

[알고리즘 13-2] DDPM에서 추론(생성)

입력: 잡음을 추정하는 신경망의 가중치 θ, 시간 단계 T

출력: 새로운 샘플 $\mathbf{x}$

1. 표준 가우시안 $N(\mathbf{0},\mathbf{I})$에서 한 점을 샘플링하여 $\mathbf{x}_T$라 한다.
2. for $t=T, T\text{-}1, \dots, 2, 1$
3. if $(t>1)$, $N(\mathbf{0},\mathbf{I})$에서 한 점을 샘플링하여 $\mathbf{z}$라 한다.
4. else $\mathbf{z}=0$
5. $\mathbf{x}_{t-1} = \frac{1}{\sqrt{\alpha_t}}\left(\mathbf{x}_t - \frac{1-\alpha_t}{\sqrt{1-\bar{\alpha}_t}}\varepsilon_\theta(\mathbf{x}_t, t)\right) + \alpha_t \mathbf{z}$
6. $\mathbf{x}=\mathbf{x}_0$

DDPM의 실제 구현에서는 U-net에 지름길 연결과 정규화층, 주목층을 추가하여 성능 향상을 꾀하였다. 분산 스케줄로는 선형, 제곱, 코사인 등이 있다. DDPM은 선형을 사용했다. 코사인이 더 좋은 성능을 보인다고 증명한 논문이 있다[Nichol2021].

DDPM 논문은 https://github.com/hojonathanho/diffusion에 텐서플로로 작성된 소스코드를 공개한다. keras 사이트도 소스코드를 제공하는데, 이 소스코드를 이 책의 형식으로 변환한 프로그램은 분량이 커서 부록 D에서 제공한다.

확산 모델의 특성

확산 모델은 현재 가장 뛰어나다고 평가되는 언어-비전 생성 모델인 DALL·E2와 Imagen의 중요한 구성 요소로 사용된다. 생성 모델이 갖추어야 하는 조건을 두루 잘 만족하기 때문이다. 생성 모델은 주어진 데이터셋을 충실히 모델링하여 비슷한 샘플을 생성하는 충실성fidelity과 데이터셋을 골고루 발생시키는 다양성diversity을 동시에 만족해야 한다. [그림 13-14]에서 보여주듯이 GAN은 모드 붕괴가 일어나 어떤 모드에 치우칠 우려가 있는데, 확산 모델은 모든 모드를 골고루 표현하여 다양성 확보에 유리하다고 알려져 있다. 체계적인 실험을 통해 확산 모델이 GAN보다 우수하다고 입증한 논문이 있다[Dhariwal2021]. GAN은 학습이 어려운 문제가 있는데, 확산 모델은 학습이 훨씬 쉬운 장점이 있다. 확산 모델은 역 디노이징 과정에서 여러 단계를 거쳐 새로운 샘플을 생성하기 때문에 속도가 느린 단점이 있다. 최근에는 단계 수를 줄여 속도 향상을 꾀하는 여러 아이디어가 나오고 있다[Song2020, Nichol2021,Vahdat2022].

13.5 생성 모델의 평가

생성 모델은 비지도 학습을 통해 만들어지기 때문에 정답이 없어 평가 척도를 만들기 어렵다. 초창기에는 주로 사람에 의존하여 평가를 수행했다. 진짜 영상과 생성 모델이 출력한 가짜 영상을 나란히 배치하고 진짜를 찾아내게 하는 성능 실험을 하고, 틀린 비율을 성능 척도로 사용한다. 이때 50%를 넘는다면 사람을 완벽히 속인 셈이므로 완벽한 성능이다. 판단하는 시간을 제한하여 보다 세밀하게 측정하는 방법을 제안한 논문이 있다[Zhou2019]. 사람은 시간이 많이 걸리고 사람에 따라 또는 같은 사람이라도 할 때마다 점수가 달라지는 문제가 있다. 다양성을 고려하지 못하는 치명적인 단점도 있다. 예를 들어 특정 인종이나 특정 나이대를 전혀 생성하지 않아도 점수에 반영되지 못한다.

앞 절에서 언급한 바와 같이, 생성 모델은 충실성과 다양성을 균형 있게 만족해야 한다.

- 충실성: 주어진 데이터셋을 잘 모방하여 비슷하지만 같지 않은 샘플을 생성한다.
- 다양성: 데이터셋을 이루는 모든 영상을 빼놓지 않고 골고루 반영한다.

지금은 사람을 배제하고 완전 자동으로 평가하거나 둘을 결합하는 방식을 주로 사용한다. 자동 평가에는 인셉션 점수IS; Inception Score, 프레셰 인셉션 거리FID; Frechet Inception Distance, 커널 인셉션 거리KID; Kernel Inception Distance를 주로 사용한다. 이들 평가 기준의 장단점을 제시한 논문이 있다[Borji2022].

인셉션 점수

인셉션 점수 IS는 GAN을 최초 제안한 굿펠로우가 GAN 학습을 개선하는 논문에서 새로운 평가 방법으로 제안했다[Salimans2016]. IS는 생성 모델이 출력한 영상 $\mathbf{x}$를 사전 학습된 신경망에 입력하여 분류를 수행하고, 분류 결과를 $\mathbf{y}$로 표기한다. 논문은 분류기로 [그림 8-23(b)]의 InceptionNet을 사용했기 때문에 인셉션 점수라는 이름을 붙였다. [그림 13-23(a)]는 영상 $\mathbf{x}$에 대해 신경망이 출력한 부류 확률 분포 $p(\mathbf{y}|\mathbf{x})$다. 왼쪽은 두 번째 부류를 확신하는 반면 오른쪽은 어떤 부류인지 불확실하다. IS는 충실성 기준에 따라 왼쪽을 선호하여

높은 점수를 부여한다. 즉 $p(\mathbf{y} | \mathbf{x})$에서는 엔트로피가 낮은 것을 선호한다. [그림 13-23(b)]는 모든 영상의 부류 확률 분포 $p(\mathbf{y} | \mathbf{x})$를 평균한 주변 확률 $p(\mathbf{y})$다. 다양성 기준을 만족하려면 여러 부류를 골고루 생성해야 하므로, IS는 [그림 13-23(b)]에서 왼쪽을 선호하여 높은 점수를 부여한다. 즉 $p(\mathbf{y})$에서는 엔트로피가 높은 것을 선호한다.

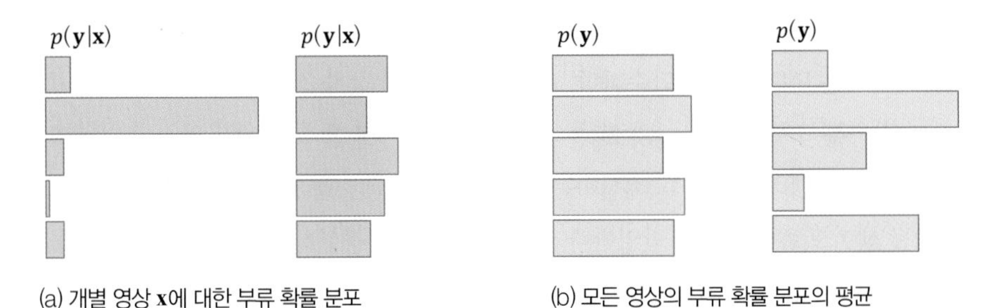

(a) 개별 영상 **x**에 대한 부류 확률 분포 (b) 모든 영상의 부류 확률 분포의 평균

그림 13-23 인셉션 점수를 계산할 때 고려하는 부류 확률 분포

IS는 $p(\mathbf{y} | \mathbf{x})$와 $p(\mathbf{y})$를 식 (13.23)으로 결합하여 충실성과 다양성을 균형 있게 고려한다. $p(\mathbf{y} | \mathbf{x})$는 [그림 13-23(a)]의 왼쪽 그림처럼 한 부류에 몰릴수록 좋고, 반대로 $p(\mathbf{y})$는 [그림 13-23(b)]의 왼쪽 그림처럼 모든 부류에 골고루 퍼질수록 좋다는 성질을 이용하여 $p(\mathbf{y} | \mathbf{x})$와 $p(\mathbf{y})$의 쿨백-라이블러 발산으로 생성 모델의 좋은 정도를 측정한다. 요약하면 신경망으로 개별 영상 $\mathbf{x}^i$의 부류 확률 분포 $p(\mathbf{y}^i | \mathbf{x}^i)$를 구한 다음, 이들을 평균하여 주변 확률 $p(\mathbf{y})$를 구한다. 그런 다음 개별 영상의 $p(\mathbf{y}^i | \mathbf{x}^i)$와 $p(\mathbf{y})$의 KL을 계산하고 결과를 평균한다. 식 (13.23)의 뒤에 있는 $\exp\left(\mathbb{E}_{\mathbf{x}} \mathrm{KL}\left(p(\mathbf{y} | \mathbf{x}) \| p(\mathbf{y})\right)\right)$는 논문에 있는 식을 그대로 제시한 것으로서 같은 내용을 기댓값 $\mathbb{E}_{\mathbf{x}}$로 표현한 것이다.

$$IS = \exp\left(\frac{1}{n}\sum_{i=1,n} \mathrm{KL}\left(p(\mathbf{y}^i | \mathbf{x}^i) \| p(\mathbf{y})\right)\right) = \exp\left(\mathbb{E}_{\mathbf{x}} \mathrm{KL}\left(p(\mathbf{y} | \mathbf{x}) \| p(\mathbf{y})\right)\right) \quad (13.23)$$

IS는 생성 모델을 위한 자동 평가 척도를 처음 제시했다는 데 의미가 있지만 여러가지 한계점이 있다. 예를 들어 한 부류에 대해 항상 똑같은 영상 하나만 생성하는 경우 아주 높은 점수를 받는다. 즉 부류 간의 다양성은 고려하지만 부류 내 다양성은 무시하는 문제가 있다. 또한 분류기로 사용한 InceptionNet은 ImageNet 데이터셋으로 학습되었기 때문에 ImageNet의 영향을 크게 받는다. 이런 한계점을 체계적으로 지적한 논문이 있다[Barratt2018]. 프레셰 인셉션 거리와 커널 인셉션 거리는 IS의 한계점을 개선한다.

프레셰 인셉션 거리

IS는 생성된 샘플만 가지고 점수를 계산하는 한계가 있다. 프레셰 인셉션 거리 FID는 생성된 샘플의 특징 벡터와 데이터셋에 있는 진짜 샘플의 특징 벡터를 비교하여 점수를 계산함으로써 한계를 극복한다[Heusel2017]. 두 특징 벡터가 비슷할수록 좋은 품질을 의미하기 때문에 FID는 점수가 낮을수록 좋다. IS는 반대로 점수가 높을수록 좋다.

식 (13.24)로 정의되는 FID 계산은 단순하다. $\boldsymbol{\mu}$와 $\boldsymbol{\Sigma}$는 생성된 샘플 집합에서 추출한 특징 벡터의 평균 벡터와 공분산 행렬이고 $\boldsymbol{\mu}_w$와 $\boldsymbol{\Sigma}_w$는 데이터셋에서 추출한 특징 벡터의 평균 벡터와 공분산 행렬이다. 평균 벡터의 거리를 계산하는 첫 번째 항은 생성된 영상과 데이터셋 영상의 거리를 계산하는 셈이므로 충실성을 반영한다. 두 번째 항은 두 공분산 행렬이 비슷할수록 값이 작으므로 다양성을 반영한다. Tr은 대각선 요소를 모두 더하는 대각합 연산이다. 논문에서는 특징을 추출하기 위해 InceptionNet의 끝부분에 있는 2048차원의 특징 벡터를 사용한다[Heusel2017].

$$d^2\left(N(\boldsymbol{\mu},\boldsymbol{\Sigma}),N(\boldsymbol{\mu}_w,\boldsymbol{\Sigma}_w)\right)=\|\boldsymbol{\mu}-\boldsymbol{\mu}_w\|_2^2+\mathrm{Tr}\left(\boldsymbol{\Sigma}+\boldsymbol{\Sigma}_w-2\left(\boldsymbol{\Sigma}\boldsymbol{\Sigma}_w\right)^{1/2}\right) \quad (13.24)$$

커널 인셉션 거리

FID는 샘플의 개수를 달리 하여 측정하면 심하게 다른 값이 나오는 편향 문제를 안고 있다. 커널 인셉션 거리 KID는 편향 문제를 크게 누그러뜨린다[Binkowski2018]. KID는 식 (13.25)가 제시하는 MMD Maximum Mean Distance로 측정한다. P와 Q는 각각 생성된 샘플의 미니 배치와 데이터셋 샘플의 미니 배치다. 미니 배치 크기는 m이다. 첫 번째 항은 P에 속하는 샘플의 $m(m-1)$개 조합에 대해 커널 k를 계산하고 평균한다. 두 번째 항은 같은 계산을 Q에 대해 수행한다. 세 번째 항은 P 샘플과 Q 샘플의 조합에 대해 같은 계산을 수행한다. 커널 $k(\mathbf{x}^i,\mathbf{x}^j)$는 $\left(\frac{1}{d}\mathbf{x}^i\cdot\mathbf{x}^j+1\right)^3$을 계산한다. 즉 두 벡터의 내적을 벡터의 차원으로 나누고 1을 더한 결과를 세제곱한다. 샘플의 특징 벡터 $\mathbf{x}$로는 FID처럼 InceptionNet 끝부분에 있는 2048차원 특징 벡터를 사용한다

$$\begin{aligned}\mathrm{KID}&=\mathrm{MMD}(P,Q)\\&=\frac{1}{m(m-1)}\sum_{\mathbf{x}^i\in P}\sum_{\mathbf{x}^j\in P,j\neq i}k(\mathbf{x}^i,\mathbf{x}^j)+\frac{1}{m(m-1)}\sum_{\mathbf{x}^i\in Q}\sum_{\mathbf{x}^j\in Q,j\neq i}k(\mathbf{x}^i,\mathbf{x}^j)\\&\quad-2\frac{1}{mm}\sum_{\mathbf{x}^i\in P}\sum_{\mathbf{x}^j\in Q}k(\mathbf{x}^i,\mathbf{x}^j)\end{aligned} \quad (13.25)$$

13.6 멀티 모달 생성 모델: 언어와 비전의 결합

언어와 비전은 성질이 확연히 다르다. 문장은 적은 수의 단어로 구성되는 반면 영상은 많은 수의 화소로 구성된다. 의미를 가진 단어와 달리 화소는 의미를 지니지 못하며 여러 화소가 결합하여 의미 있는 패치를 구성한다. 단어는 '비전은', '비전을', '비전에서'와 같이 약간의 변화를 보이지만 영상에 나타나는 물체는 크기, 방향, 명암 등에서 심한 변화를 겪는다. 영상은 물체와 물체, 물체와 배경이 심하게 섞인다. 이런 이유로 컴퓨터 비전과 자연어 처리는 서로 다른 줄기로 연구되어 왔다. 딥러닝 초기에는 영상이 주어지면 설명 문장을 생성하는 [그림 1-11]과 같은 소극적인 형태의 결합이 시도되었다[Xu2015].

생성 모델이 발전하면서 보다 적극적인 결합으로 전환되었다. 이러한 결합은 더욱 어려운 역방향의 문제, 즉 설명 문장을 주면 걸맞은 영상을 생성하는 언어-비전 멀티 모달 연구를 촉발했다. 2015년에 RNN을 사용한 모델이 제안되었고[Mansimov2015], 이듬해에는 GAN을 사용한 모델이 나오고[Reed2016], 그 이듬해에는 에너지 기반 모델이 등장했다[Nguyen2017]. 이들은 설명 문장을 사람이 정교하게 레이블링한 데이터셋을 사용하기 때문에 데이터셋과 모델이 작은 한계가 있다. 트랜스포머가 등장한 이후 영상-문장 쌍을 인터넷에서 자동으로 수집하여 기존보다 수백~수천 배 늘어난 대용량 데이터셋과 대용량 모델을 사용하는 방향으로 연구가 확장되었다. 이런 새로운 연구 방향은 DALL·E, Imagen, Midjourney 같은 획기적인 언어-비전 멀티 모달 생성 모델을 탄생시켰다.

이들 생성 모델은 제로샷zero-shot 학습을 한다고 말한다. [그림 13-24]는 DALL·E mini와 Stable Diffusion에 텍스트 프롬프트로 'a cat made of accordion flying over the sea'를 입력하여 생성한 영상이다. 'cat'과 'accordion', 'sea'는 훈련 집합에 있지만 '아코디언으로 만들어진 고양이'와 같은 개념을 내포한 문장은 없었음에도 불구하고 고양이 몸통을 아코디언으로 대치하여 새로운 개념을 만들어냈다고 말할 수 있다. 사람 수준의 추론을 DALL·E가 흉내냈다고 평가할 수 있다.

TIP DALL·E 사이트(https://openai.com/blog/dall-e)에서 보다 다양한 영상을 감상할 수 있다.

(a) DALL·E mini에서 생성

(b) Stable Diffusion에서 생성

그림 13-24 언어-비전 생성 모델의 제로샷 학습 능력('a cat made of accordion flying over the sea'를 입력)

TIP 참고 사이트

- DALL·E mini: https://huggingface.co/spaces/dalle-mini/dalle-mini
- Stable Diffusion: https://huggingface.co/spaces/stabilityai/stable-diffusion

Open AI 팀의 DALL·E의 성공 이후 유사한 기능을 가진 언어-비전 멀티 모달 생성 모델이 봇물 터지듯 여럿 등장했다. 몇 가지 유명한 모델을 꼽자면, 구글 마인드 팀의 Imagen [Saharia2022]과 Imagen을 비디오 생성으로 확장한 Imagen-video[Ho2022], 소규모 신생 팀의 Midjourney, 독일 CompVis 팀의 Stable Diffusion[Rombach2022]이 있다. Stable Diffusion은 소스코드와 신경망 가중치를 공개하여 쉽게 사용할 수 있다. 이 절에서는 DALL·E를 자세히 설명하고 Stable Diffusion을 이용한 프로그래밍 실습을 수행한다.

13.6.1 DALL·E

DALL·E를 학습하는 데 쓸 훈련 집합을 $X=\{(\mathbf{x}^1,s^1),(\mathbf{x}^2,s^2),\cdots,(\mathbf{x}^n,s^n)\}$으로 표기한다. $\mathbf{x}^i$는 256×256 크기의 컬러 영상이며 s^i는 'a very cute cat laying by a big bike'와 같이 해당 영상을 설명하는 문장이다. DALL·E는 인터넷에서 자동으로 수집한 2억 5천만 장의 $(\mathbf{x},s)$ 쌍으로 120억 개의 가중치를 가진 방대한 트랜스포머 모델을 학습하여 구축한다. [그림 13-25]는 세 가지 구성 요소를 보여준다. 이산 변이 오토인코더는 영상을 토큰으로 변환하고 BPE는 문장을 토큰으로 변환하며 트랜스포머는 문장 토큰과 영상 토큰을 동시에 모델링한다.

[그림 13-25(a)]에 있는 이산 변이 오토인코더dVAE의 인코더로 입력된 256×256 크기의 컬러 영상 $\mathbf{x}$는 32×32=1024개의 토큰으로 변환되어 잠복 공간 텐서 $\mathbf{z}$가 된다. 토큰이 d차원 벡터라면 $\mathbf{z}$는 1024×d 텐서다. 디코더는 $\mathbf{z}$를 원래 영상으로 복원한다. 설명 문장 s는 BPEByte Pair Encoding 기법과 단어 임베딩 기술을 이용하여 256×d 텐서 $\mathbf{y}$로 변환된다. 문장 토큰 $\mathbf{y}$와 영상 토큰 $\mathbf{z}$를 이어 붙여 트랜스포머에 입력하면 트랜스포머는 자기 회귀autoregressive 방식으로 학습을 진행한다. [그림 13-25]는 세 모델의 입출력과 가중치를 표시한다. BPE는 별도로 학습을 수행하기 때문에 신경망 학습에 참여하지 않으며 가중치가 없다. dVAE의 인

코더와 디코더, 트랜스포머의 가중치를 ϕ, θ, ψ로 표기하며, 이들이 추정하는 확률 분포를 각각 q_ϕ, p_θ, p_ψ로 표기한다.

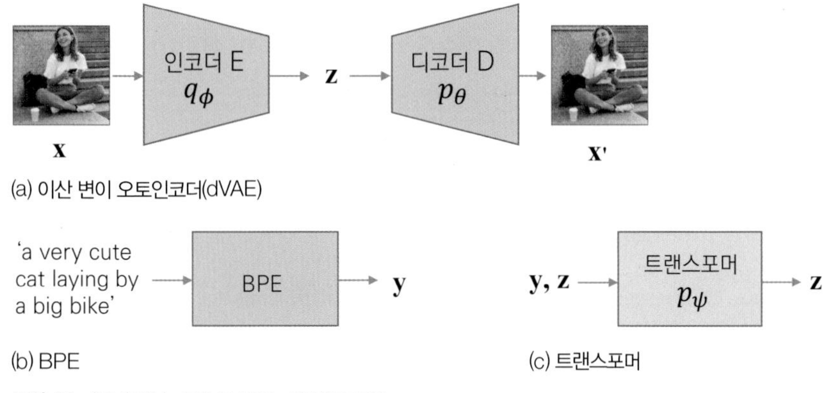

그림 13-25 DALL·E를 구성하는 세 가지 모델

DALL·E는 세 모델을 적절한 정도로 분리하여 독립적으로 학습함과 동시에 적절한 정도로 결합하여 학습하는 양면 전략을 사용한다.

BPE 학습

설명 문장 s를 256개의 토큰으로 변환하는 BPE(Byte Pair Encoding)는 독립적으로 학습한다. 자연어 처리에서 어려운 문제 중의 하나는 아무리 많은 단어를 사전에 포함시키더라도 신조어, 고유 명사, 희소 단어 등으로 인해 처음 보는 단어가 끊임없이 발생하는 OOV(Out-of Vocabulary)다. OOV 문제를 해결하는 전략 중 하나는 단어를 더 작은 단위로 쪼개서 처리하는 서브워드 분리(subword segmentation)다. 서브워드 분리를 달성하는 방법이 여럿인데 BPE는 대표적인 기법이고[유원준2022, 13.1절], DALL·E는 BPE를 사용한다.

BPE는 문장의 가장 작은 단위인 알파벳에서 시작하여 점점 큰 단위로 조합하는 전략을 쓴다. 여기서는 [유원준2022, 13.1절]에서 제시한 예제를 가지고 설명한다. 문장 데이터셋에서 단어를 수집한 결과, 아래 4개 단어로 구성된 사전이 되었다고 가정한다. 단어 옆의 숫자는 발생 빈도다. 사전에서 알파벳을 수집하여 단어로 취급하면 어휘1이 된다.

```
사전={low:5, lower:2, newest:6, widest:3}
어휘1={l,o,w,e,r,n,s,t,i,d}
```

첫 번째 반복에서는 어휘1에 있는 단어 두 개를 조합하여 새로운 단어를 만드는데, 빈도가 가장 높은 조합을 선택한다. 결과는 빈도 9인 'es'다. 어휘1에 새로운 단어 'es'를 추가하여 어휘2를 만든다. 두 번째 반복에서는 어휘2를 가지고 같은 과정을 수행한다. 빈도 9인 'est'를 새로 추가하면 어휘3이 된다. 세 번째 반복에서는 빈도 7인 'lo'를 추가하여 어휘4를 만든다. 이런 과정을 지정된 횟수만큼 반복하는데, 반복 횟수를 10으로 설정하면 어휘10을 얻는다. 최종 어휘를 단어 임베딩 기법으로 임베딩 벡터로 변환하면 학습이 끝난다.

```
어휘2={l,o,w,e,r,n,s,t,i,d,es}
어휘3={l,o,w,e,r,n,s,t,i,d,es,est}
어휘4={l,o,w,e,r,n,s,t,i,d,es,est,lo}
...
어휘10={l,o,w,e,r,n,s,t,i,d,es,est,lo,low,ne,new,newest,wi,wid,widest}
```

추론 과정에서 원래 사전에 없는 'lowest'라는 단어가 입력되었다고 가정하자. BPE를 사용하지 않았다면, 'lowest'는 없는 단어로 취급되어 unknown_token이라는 임베딩 벡터로 변환되어 신경망에 입력될 것이다. BPE에서는 'lowest'를 l,o,w,e,s,t로 분할한 다음 조합을 통해 어휘10에 있는 low와 est로 변환되고 의미 있는 두 개의 임베딩 벡터로 변환되어 신경망에 입력된다.

dVAE의 학습

[그림 13-26]은 [그림 13-25]의 세 구성 요소를 결합한 DALL·E의 전체 구조다. '학습'이라고 표시된 빨간 박스 안이 신경망이다. 앞서 설명한 바와 같이 BPE는 별도로 학습하기 때문에 이 박스에서 제외된다. E와 D로 표시된 초록 박스는 각각 인코더와 디코더로서, 이산 변이 오토인코더 dVAE를 구성한다. T로 표시한 노란 박스는 트랜스포머다. 신경망 학습은 두 단계로 수행된다. 첫 번째 단계는 영상 데이터셋만 가지고 dVAE를 학습한다. 이때는 $X=\{\mathbf{x}^1, \mathbf{x}^2, \cdots, \mathbf{x}^n\}$을 가지고 인코더 E의 가중치 ϕ와 디코더 D의 가중치 θ를 알아낸다. ϕ와 θ는 각각 확률 분포 q_ϕ와 p_θ를 추정한다.

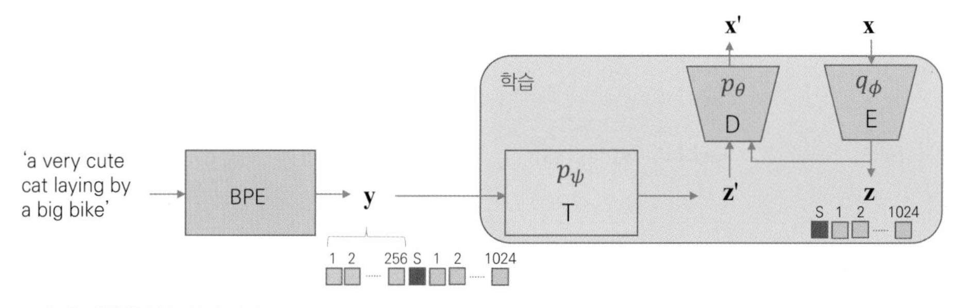

그림 13-26 DALL·E의 전체 구조

트랜스포머의 학습

dVAE의 학습을 마치면 트랜스포머를 학습하는 두 번째 단계로 넘어가는데, 이때는 오토인코더의 가중치 ϕ와 θ를 고정한 채 트랜스포머의 가중치 ψ를 학습한다. 트랜스포머 T는 [그림 11-12]의 트랜스포머에서 디코더만 가져다 쓴다. 62개의 헤드가 있는 디코더층을 64개 쌓은 구조를 사용한다. [그림 11-12]의 표기에 따르면 h=62이고 N=64이다. T의 입력은 256개의 토큰으로 구성된 **y**와 1024(=32×32)개의 토큰으로 구성된 **z**를 이어 붙인 텐서다. 각 토큰은 d 크기의 벡터이므로, T의 입력은 1280×d 크기의 텐서다.

트랜스포머 T는 [그림 13-27]의 자기 회귀 방식으로 동작한다. (자기 회귀는 [그림 11-9(b)]에서 설명한 적이 있다.) 첫 번째 순간에는 맨 왼쪽 그림처럼 **y**와 영상 시작을 알리는 start-of-image를 나타내는 〈S〉 토큰을 가지고 출발한다. 트랜스포머는 첫 번째 토큰 〈1〉을 출력한다. 두 번째 순간에는 **y**와 〈S〉〈1〉을 입력하면 〈2〉를 출력한다. 세 번째 순간에는 **y**와 〈S〉〈1〉〈2〉를 입력하면 〈3〉을 출력한다. 이런 과정을 1,024번 반복하면 **z**를 구성하는 1,024개의 토큰을 얻는다.

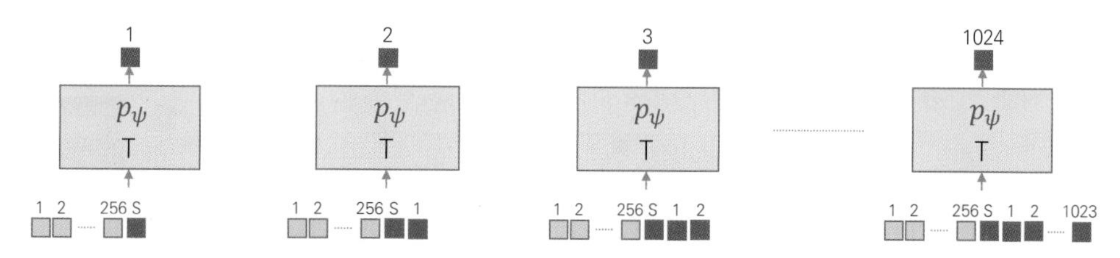

그림 13-27 트랜스포머의 자기 회귀 방식

트랜스포머의 토큰 수는 1,280개이므로, 자기 주목을 표현하는 행렬은 1280×1280 크기로서 큰 편이다. 영상에서 변환된 32×32 맵을 구성하는 한 토큰은 설명 문장을 표현하는 256개 토큰의 어느 것과도 연관이 있을 수 있으므로 256개 모두에 대해 주목을 계산해야 한다. 하지만 영상 토큰끼리는 이웃한 몇 개의 토큰으로 한정하여 주목을 계산해도 된다. 마스크를 사용하여 이웃을 한정하는데, 이런 아이디어를 채택한 트랜스포머를 희소 트랜스포머sparse transformer라고 한다[Child2019]. DALL·E는 희소 트랜스포머를 사용한다. [그림 13-28]은 희소 트랜스포머가 사용하는 마스크를 보여준다. 간편하게 설명하려고 **y**와 **z**의 토큰 수를 6과 16으로 제한하였다. 노란색 칸은 **y**, 녹색 칸은 **z**를 표시한다. 흰색 칸은 0으로 설정하여 주목을 적용하지 않는다. 예를 들어 맨 왼쪽에 있는 행 주목 마스크의 경우, 모든 영상 토큰이 문장 토큰에 주목하지만 다른 영상 토큰에는 행을 기준으로 가까운 것만 한정하여 주목한다.

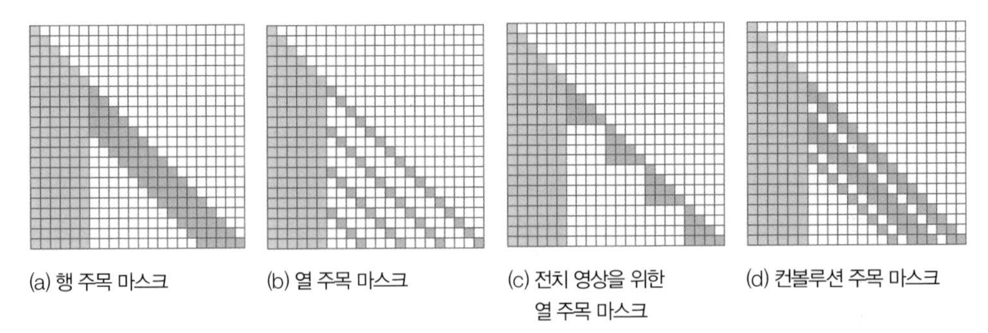

(a) 행 주목 마스크
(b) 열 주목 마스크
(c) 전치 영상을 위한 열 주목 마스크
(d) 컨볼루션 주목 마스크

그림 13-28 희소 트랜스포머가 사용하는 마스크

DALL·E의 추론

추론, 즉 생성 단계도 [그림 13-29]가 보여주는 바와 같이 자기 회귀로 동작한다. 텍스트 프롬프트text prompt라 부르는 입력 문장이 들어오면, BPE를 적용하여 256개의 토큰으로 변환하여 트랜스포머에 입력한다. 첫 순간에는 맨 왼쪽처럼 **y**와 영상 시작을 알리는 ⟨S⟩를 가지고 출발한다. 첫 번째 토큰 ⟨1⟩이 출력되면, **y**와 ⟨S⟩⟨1⟩을 입력하여 ⟨2⟩를 얻는다. 이런 과정을 반복하여 **z**를 구성하는 1,024개의 토큰을 얻는다. 디코더는 **z**를 가지고 영상을 복원한다.

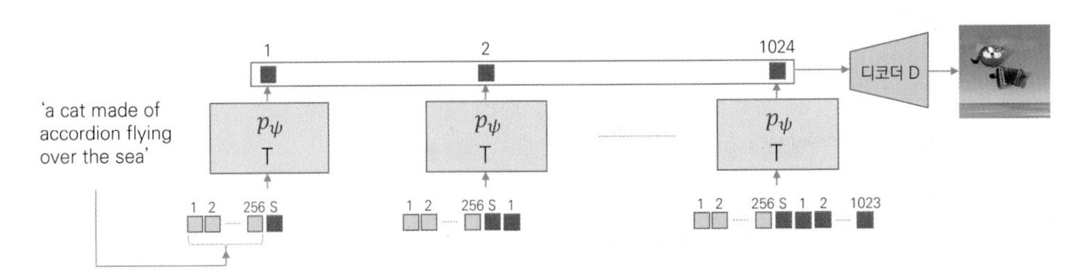

그림 13-29 DALL·E의 추론(생성) 과정

DALL·E2

2021년 1월에 등장한 DALL·E(https://openai.com/blog/dall-e)를 여러 면에서 뛰어넘는 DALL·E2(https://openai.com/dall-e-2)가 2022년에 등장했다. 무엇보다 해상도가 4배로 증가하고 영상을 편집하는 기능이 추가되었다. 예를 들어 모델이 생성한 영상에서 위치와 물체를 지정하면 그 위치에 그 물체를 자연스럽게 추가 배치한 새로운 영상을 만든다. 또한 텍스트의 일부를 이리저리 바꾸면 영상이 그에 따라 바뀌는 기능도 제공한다. 예를 들어 '들판에서 뛰노는 망아지'에서 '들판'을 잔디밭으로 바꾸면 들판을 잔디밭으로 바꾼다. 게다가 영상의 스

타일을 바꾸는 기능도 제공한다.

DALL·E2는 dVAE 대신 13.4절에서 소개한 확산 모델을 사용한다. 또한 문장과 영상을 같이 모델링하여 사전 학습한 CLIP을 활용한다. CLIP은 11.5.3항에서 소개했다. DALL·E2에 대한 보다 상세한 내용은 [Ramesh2022]를 참조한다.

13.6.2 Stable Diffusion 프로그래밍

여러 모델 중에 Stable Diffusion은 가장 과감하게 소스코드와 신경망 가중치를 대중에게 공개한다. 따라서 Stable Diffusion에 편리한 API를 붙여 공개하는 사이트가 많다. [프로그램 13-8]은 케라스 사이트가 제공하는 API를 사용하여 프로그래밍을 한다. 이 프로그램을 실행하려면 아래 명령어를 통해 keras-cv 모듈을 설치해야 한다. keras-cv는 파이썬 3.7과 텐서플로 2.9 버전 이상에서 동작한다.

```
> pip install keras-cv
```

프로그램 13-8 Stable Diffusion으로 샘플 생성하기

```
01  import keras_cv
02  import matplotlib.pyplot as plt
03
04  model=keras_cv.models.StableDiffusion(img_width=512,img_height=512)
05  img=model.text_to_image('A cute rabbit in an avocado armchair',batch_size=3)
06
07  for i in range(len(img)):
08      plt.subplot(1,len(img),i+1)
09      plt.imshow(img[i])
10      plt.axis('off')
```

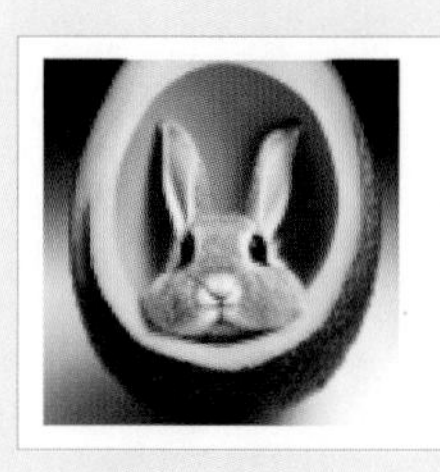

API를 잘 설계했기 때문에 단 두 행, 04~05행으로 코딩할 수 있다. 04행은 512×512 영상을 생성하는 Stable Diffusion 모델을 만들어 model 객체에 저장한다. 영상 크기는 128×128, 256×256, 512×512, …가 가능하다. 05행은 model 객체의 text_to_image 멤버 함수를 통해 영상을 생성한다. 첫 번째 인수는 텍스트 프롬프트고 두 번째 인수는 생성할 영상의 개수다.

실행 결과를 보면, 텍스트 프롬프트 내용을 반영한 영상이 생성되었음을 확인할 수 있다. 다양한 프롬프트로 실험해보기 바란다.

허깅페이스는 Stable Diffusion을 포함하여 다양한 확산 모델을 일관성 있게 프로그래밍해볼 수 있는 통합 API를 제공한다(https://huggingface.co/docs/diffusers/api/pipelines/overview).

13.7 생성 모델은 예술이 될 수 있을까

생성 모델은 예술이 될 수 있을까? 공학자뿐 아니라 예술가와 일반인에게도 흥미로운 질문이 아닐 수 없다. [그림 13-30]은 이 질문에 대해 명쾌한 답을 준다. GAN이 그린 에드몽 데 벨라미Edmond de Belamy라는 초상화는 2018년 10월 25일 크리스티 경매에서 432,500달러에 낙찰되었다. 경매 이전 추정가는 7천~1만 달러였는데 무려 50여 배에 팔렸다. GAN이 사용하는 손실 함수를 그림의 오른쪽 아래에 낙관으로 적어 넣어 화제가 됐다. 이 그림은 14~19세기 초상화 15,000여 점으로 GAN을 학습한 다음 생성한 것으로 알려져 있다. 숄레는 GAN이 생성해내는 새로운 화풍을 갠이즘GANism이라는 새로운 조류로 받아들일 것을 제안한다.

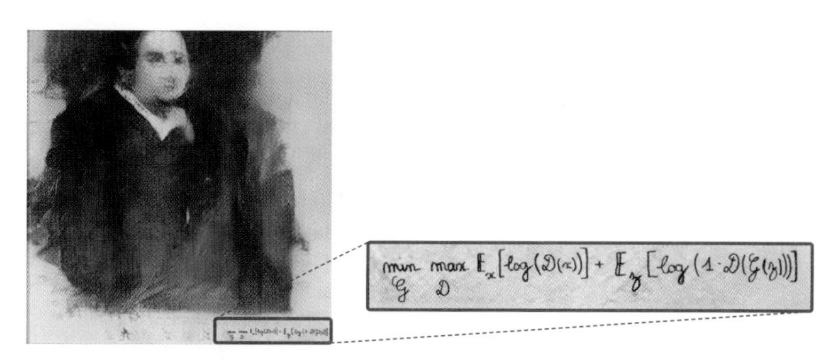

min max Ex[log(D(x))] + Ez[log(1-D(G(z)))]
G D

그림 13-30 GAN으로 그린 Edmond de Belamy 초상화와 인공지능의 낙관

예술가나 디자이너, 일반인이 DALL·E2를 성공적으로 활용한 사례가 여럿 있다(https://openai.com/blog/dall-e-2-extending-creativity). 소아암 환자가 암세포와 싸워 이기는 상황을 뮤직 비디오로 만든 이야기, 28세에 요절한 오스트리아 화가 에곤 실레Egon Schiele가 살아 있었다면 그렸을 법한 그림을 생성하여 전시회를 여는 이야기, 코스모폴리탄 잡지 표지를 제작하는 이야기, 새로 여는 레스토랑의 메뉴 판에 들어갈 음료 영상을 제작하는 이야기 등이 있다.

Midjourney를 활용한 재미있는 이야기가 여럿 있다. 영국에서 발간하는 잡지 이코노미스트The Economist는 2022년 6월 표지를 Midjourney로 생성했다고 밝혔다. 이태리에서 가장 많은 부수를 자랑하는 일간지 코리에레 델라 세라Corriere della Sera는 Midjourney로 제작한 코믹 만화를 게재했다. Midjourney로 생성한 영상을 디지털 미술 대회에 출품하여 1등 상을 받은 사례가 발생해 논란이 일기도 했다. 우승자는 여러 비난에 대해 자신은 대회 규정을 충실히 지켰다고 반박했다.

생생한 영상을 쉽게 생성하고 편집할 수 있는 능력의 위험성을 경고하는 목소리 또한 높다. 이런 위험을 체계적으로 분석하고 실험한 사례도 많다. DALL·E2가 제시한 문서를 추천한다 [Mishkin2022].

이러한 혼란 속에서 누구도 부인할 수 없는 새로운 길이 열리고 있다. 광고나 디자인 산업의 경쟁력은 아이디어가 떠올랐을 때 얼마나 빠르게 초안, 즉 프로토타입을 확보하느냐에 달려 있다. 사람이 며칠 걸려 프로토타입을 제작하는 그룹은 생성 모델을 이용하여 몇 분만에 확보하는 그룹을 당해낼 수 없다. 생성 모델에서는 단지 아이디어를 적절하게 묘사하는 텍스트 프롬프트를 만들기만 하면 된다. 게다가 텍스트의 키워드를 바꿔가며 초기 디자인의 분위기나 질감, 느낌을 수시로 바꾸거나 관심 물체를 지정한 위치에 배치할 수 있어 경쟁력은 몇 배가 된다.

연습 문제

01 [프로그램 13-3]은 GMM의 가우시안 개수 k를 8로 설정하고 실험했다. k를 4, 8, 16, 32, 64로 바꾸어 실험하고 k에 따른 생성 품질을 평가하시오.

02 [프로그램 13-3]은 10개 부류 중에 0부류만 추출해 모델링한다.

(1) 10개 부류 모두를 모델링하도록 프로그램을 수정하시오.

(2) (1)의 프로그램에서 k를 4, 8, 16, 32, 64로 바꾸어 실험하고 k에 따른 생성 품질을 평가하시오.

03 [프로그램 13-4]를 fashion MNIST에 적용하고 성능을 평가하시오.

04 변이 오토인코더는 흐릿한blurred 영상을 생성하는 문제를 안고 있다고 알려져 있다. 이유와 개선책을 조사한 보고서를 작성하시오.

05 DALL·E를 서비스하는 사이트(https://huggingface.co/spaces/dalle-mini/dalle-mini)에 접속하시오.

(1) 현실에서 발생할 수 있는 장면을 표현하는 영어 문장을 입력하고 그때 생성되는 영상을 제시하시오.

(2) 상상 속의 장면을 표현하는 문장을 입력하고 그때 생성되는 영상을 제시하시오.

hint a pig is flying over sky to pick the stars 또는 three dancing rabbits and two jumping trees와 같은 문장을 예로 들 수 있다.

(3) 생성된 영상의 품질에 대한 평가 의견을 제시하시오.

(4) DALL·E의 응용 시나리오를 제시하시오.

06 13.5절에서 소개한 생성 모델의 평가 척도, IS와 FID, KID가 다음 극단적인 상황에 대해 어떻게 동작하는지 설명하시오.

(1) 각 부류에 대해 품질이 뛰어난 단 하나의 샘플만 생성한다.

(2) 훈련 집합에 있는 샘플을 단지 기억하여 똑같은 샘플을 생성한다.

07 13.7절에서는 DALL·E2의 실제 응용 사례 일부를 열거했다. 이런 사례 중에 자신의 흥미를 끄는 것을 하나 선택하여 자세히 조사하시오.

08 인공일반지능AGI; Artificial General Intelligence에 대해 토론한다.

(1) 2014년에 발표된 두 문헌 [Brooks2014]와 [Muller2014]를 읽고 두 사람의 상반된 주장을 각각 요약하고 자신의 견해를 제시하시오.

(2) 딥마인드는 2022년 5월에 604개의 서로 다른 과업을 수행할 수 있는 딥러닝 모델 Gato를 발표했다[Reed2022]. Gato가 할 수 있는 일을 요약해 제시하고, 이것이 인공일반지능에 어떤 의미를 가지는지 설명하시오.

(3) DALL·E, Imagen, Midjourney, Stable Diffusion 같은 언어-비전 생성 모델이 인공일반지능에 미칠 영향에 대한 견해를 제시하시오.

09 [프로그램 13-8]을 비전 에이전트로 확장하시오.

학술대회 약어

NIPS(Conference on Neural Information Processing Systems) * 2018년에 NeurIPS로 이름 바꿈
NeurIPS(Conference on Neural Information Processing Systems)
CVPR(Conference on Computer Vision and Pattern Recognition)
ICCV(International Conference on Computer Vision)
ICLR(International Conference on Learning Representations)
ICML(International Conference on Machine Learning)
ECCV(European Conference on Computer Vision)
ICIP(International Conference on Image Processing)

학술지 약어

IEEE PAMI(IEEE Transactions on Pattern Analysis and Machine Intelligence)
IEEE NNLS(IEEE Transactions on Neural Networks and Learning Systems)
CACM(Communications of the ACM)
ACM CS(ACM Computing Surveys)
ACM TOG(ACM Transactions on Graphics)
IJCV(International Journal of Computer Vision)
CVIU(Computer Vision and Image Understanding)

[김민휘2020] 김민휘, PyQt5 Tutorial–파이썬으로 만드는 나만의 GUI 프로그램, https://wikidocs.net/book/2165.
[김성필2019] 김성필, 칼만 필터는 어렵지 않아, 한빛아카데미.
[문병로2018] 문병로, 쉽게 배우는 알고리즘, 개정판, 한빛아카데미.
[오일석2008] 오일석, 패턴인식, 교보문고 (2023 인피니티북스 재출간).
[오일석2014] 오일석, 컴퓨터 비전, 한빛아카데미.
[오일석2017] 오일석, 기계학습, 한빛아카데미.
[오일석2021] 오일석, 파이썬으로 만드는 인공지능, 한빛아카데미.
[유원준2022] 유원준, 안상준, 딥러닝을 이용한 자연어 처리 입문, https://wikidocs.net/book/2155.

[Aanas2012] H. Aanas, A. L. Dahl, and K. S. Pedersen, "Interesting interest points," IJCV.
[Achanta2012] R. Achanta et al., "SLIC superpixels compared to state–of–the–art superpixel methods," IEEE PAMI.
[Ahuja1993] R. K. Ahuja, T. L. Magnanti, and J. B. Orlin, Network Flows: Theory, Algorithms, and Applications, Prentice Hall.
[Andoni2008] A. Andoni and P. Indyk, "Near–optimal hashing algorithms for approximate neighbor in high dimensions," CACM.
[Andriluka2014] M. Andriluka, L. Pishchulin, P. Gehler, and B. Schiele, "2D human pose estimation: new benchmark and state of the art analysis," CVPR.
[Andriluka2018] M. Andriluka et al., "PoseTrack: a benchmark for human pose estimation and tracking," CVPR.
[Angulu2018] R. Angulu, J. R. Tapamo, and A. O. Adewumi, "Age estimation via face images: a survey," EURASIP Journal of Image and Video.
[Arbelaez2011] P. Arbelaez, M. Maire, C. Fowlkes, and J. Malik, "Contour detection and hierarchical image segmentation," IEEE PAMI.
[Bahdanau2015] D. Bahdanau, K. H. Cho, and Y. Bengio, "Neural machine translation by jointly learning to align and translate," ICLR.
[Bai2016] M. Bai, W. Luo, K. Kundu, and R. Urtasun, "Exploiting semantic information and deep matching for optical flow," ECCV.
[Bailey2006] T. Bailey and H. Durrant–Whyte, "Simultaneous localization and mapping(SLAM): part II," IEEE Robotics and Automation Magazine.
[Bao2021] H. Bao, L. Dong, and F. Wei, "BEiT: BERT pre–training of image transformers," arXiv:2106.08254.
[Barratt2018] S. Barratt and R. Sharma, "A note on the inception score," arXiv:1801.01973v2.
[Barros2022]. A. M. Barros, M. Michel, Y. Moline, G. Corre, and F. Carrel, "A comprehensive survey of visual SLAM algorithms," Robotics.

[Bazarevsky2019] V. Bazarevsky et al., "BlazeFace: sub-millisecond neural face detection on mobile GPUs," arXiv:1907.05047v2.

[Bazarevsky2020] V. Bazarevsky et al., "BlazePose: on-device real-time body pose tracking," arXiv:2006.10204v1.

[Bello2019] I. Bello, B. Zoph, A. Vaswani, and J. Shlens, "Attention augmented convolutional networks," CVPR.

[Bentley1975] J. L. Bentley, "Multidimensional binary search trees used for associative searching," CACM.

[Bewley2016] A. Bewley et al., "Simple online and realtime tracking," ICIP.

[Bhoi2019] A. Bhoi, "Monocular depth estimation: a survey," arXiv:1901.09402v1.

[Binkowski2018] M. Binkowski, D. J. Sutherland, M. Arbel, and A. Gretton, "Demystifying MMD GANs," arXiv:1801.10401v5 (ICLR2018).

[Blake2007] R. Blake and M. Shiffrar, "Perception of human motion," Annual Review of Psychology.

[Blei2016] D. M. Blei, A. Kucukelbir, and J. D. McAuliffe, "Variational inference: a review for statisticians," arXiv:1601.00670v9.

[Bommasani2021] R. Bommasani et al., "On the opportunities and risks of foundation models," arXiv:2108.07258v2.

[Bond-Taylor2022] S. Bond-Taylor, A. Leach, Y. Long, and C. G. Willcocks, "Deep generative modelling: a comparative review of VAEs, GANs, normalizing flows, energy-based and autoregressive models," IEEE PAMI.

[Borji2022] A. Borji, "Pros and cons of GAN evaluation measures: new developments," CVIU.

[Bossard2014] L. Bosaard, M. Guillaumin, and L. V. Gool, "Food-101: mining discriminative components with random forests," ECCV.

[Bouguet2000] J.-Y. Bouguet, "Pyramidal implementation of the Lucas Kanade feature tracker," Intel Corporation.

[Boykov2004] Y. Boykov and V. Kolmogorov, "An experimental comparison of min-cut/max-flow algorithms for energy minimization in vision," IEEE PAMI.

[Brooks1979] R. A. Brooks, R. Creiner, and T. O. Binford, "The ACRONYM model-based vision system," IJCAI(International Joint Conference on Artificial Intelligence).

[Brooks2014] R. A. Brooks, "Artificial intelligence is a tool, not a threat," Robohub(https://robohub.org/artificial-intelligence-is-a-tool-not-a-threat/).

[Brown2003] M. Brown, D. Burschka, and G. Hager, "Advances in computational stereo," IEEE PAMI.

[Brown2020] T. Brown et al., "Language models are few-shot learners," NeurIPS.

[Brox2011] T. Brox and J. Malik, "Large displacement optical flow: descriptor matching in variational motion estimation," IEEE PAMI.

[Butler2012] D. J. Butler, J. Wulff, G. B. Stanley, and M. J. Black, "A naturalistic open source movie for optical flow evaluation," ECCV.

[Canny1986] J. Canny, "A computational approach to edge detection," IEEE PAMI.

[Cao2017] Z. Cao, T. Simon, S.-E. Wei, and Y. Sheikh, "Realtime multi-person 2D pose estimation using part affinity fields," CVPR.

[Carion2020] N. Carion et al., "End-to-end object detection with transformers," ECCV.

[Carreira2017] J. Carreira and A. Zisserman, "Quo Vadis, action recognition? a new model and the kinetics dataset," CVPR.

[Chen2017a] L.-C. Chen, G. Papandreou, F. Schroff, and H. Adam, "Rethinking atrous convolution for semantic image segmentation," arXiv:1706.05587v3.

[Chen2017b] S. Chen et al., "Using ranking-CNN for age estimation," CVPR.

[Chen2018] L.-C. Chen, et al., "Encoder-decoder with atrous separable convolution for semantic image segmentation," ECCV.

[Chen2019] Y. Chen, T. Mensink, and E. Gavves, "3D neighborhood convolution: learning depth-aware features for RGB-D and RGB semantic segmentation," International Conference on 3D Vision.

[Chen2020a] M. Chen et al., "Generative pretraining from pixels," ICML.

[Chen2020b] Y. Chen, Y. Tian, and M. He, "Monocular human pose estimation: a survey of deep learning-based methods," CVIU.

[Child2019] R. Child, S. Gray, A. Radford, and I. Sutskever, "Generating long sequences with sparse transformer," arXiv:1904.10509v1.

[Christensen2002] H. I. Christensen and P. J. Phillips, Empirical Evaluation Methods in Computer Vision, World Scientific.

[Chum2005] O. Chum and J. Matas, "Matching with PROSAC-progressive sample consensus," CVPR.

[Chung2021] J. Chung, C.-H. Wuu, H.R. Yang, Y.-W. Tai, and C.-K. Tang, "HAA500: human-centric atomic action dataset with curated videos," ICCV.

[Ciaparrone2020] G. Ciaparrone et al., "Deep learning in video multi-object tracking: a survey," Neurocomputing.

[Corbetta2002] M. Corbetta and G. L. Shulman, "Control of goal-directed and stimulus-driven attention in the brain," Nature Reviews Neuroscience.

[Cordonnier2020] J.-B. Cordonnier, and A. Loukas, and M. Jaggi, "On the relationship between self-attention and convolutional layers," ICLR.

[Correia2021] A. S. Correia and E. L. Colombini, "Attention, please! a survey of neural attention models in deep learning," arXiv:2103.16775v1 (Artificial Intelligence Review 2022).

[Cousty2007] J. Cousty, "Discrete watersheds: theory and applications to cardiac image segmentation," PhD thesis (https://en.wikipedia.org/wiki/Watershed_(image_processing)).

[Creswell2018] A. Creswell et al., "Generative adversarial networks: an overview," IEEE Signal Processing.

[Dalal2005] N. Dalal and B. Trigs, "Histograms of oriented gradients for human detection," CVPR.

[Dhariwal2021] P. Dhariwal and A. Nichol, "Diffusion models beat GANs on image synthesis," arXiv:2105.05233v4 (NeurIPS 2021).

[Das2016] A. Das et al., "Human attention in visual question answering: do humans and deep networks look at the same regions?," Conference on Empirical Methods in Natural Language Processing.

[Dendorfer2021] P. Dendorfer et al., "MOTChallenge: a benchmark for single-camera multiple target tracking," IJCV.

[Deng2009] J. Deng et al., "ImageNet: a large-scale hierarchical image database," CVPR.

[Devlin2018] J. Devlin, M.-W. Chang, K. Lee, and K. Toutanova, "Bert: pre-training of deep bidirectional transformers for language understanding," arXiv:1810.04805v2.

[Donahue2015] J. Donahue, L. A. Hendricks, S. Guadarrama, and M. Rohrbach, "Long-term recurrent convolutional networks for visual recognition and description," CVPR.

[Dosovitskiy2015] A. Dosovitskiy et al., "FlowNet: learning optical flow with convolutional networks," ICCV.

[Dosovitskiy2021] A. Dosovitskiy et al., "An image is worth 16x16 words: transformers for image recognition at scale," ICLR.

[Dou2021] Z.-Y. Dou et al., "An empirical study of training end-to-end vision-and-language transformers," arXiv:2111.02387v3 (CVPR 2022).

[Dumoulin2016] V. Dumoulin and F. Visin, "A guide to convolution arithmetic for deep learning," arXiv1603.07285v2.

[Durrant-Whyte2006] H. Durrant-Whyte and T. Bailey, "Simultaneous localization and mapping: part I," IEEE Robotics and Automation Magazine.

[Eidinger2014] E. Eidinger, R. Enbar, and T. Hassner, "Age and gender estimation of unfiltered faces," IEEE Transactions on Information Forensics and Security.

[Eigen2014] D. Eigen, C. Puhrsch, and R. Fergus, "Depth map prediction from a single image using a multi-scale deep network," NeurIPS.

[Eitel2015] A. Eitel, J. T. Springenberg, L. Spinello, M. Riedmiller, and W. Burgard, "Multimodal deep learning for robust RGB-D object recognition," IROS(International Conference on Intelligent Robots and Systems).

[Enebuse2021] I. Enebuse et al, "A comparative review of hand-eye calibration techniques for vision guided robots," IEEE Access.

[Everingham2010] M. Everingham et al., "The PASCAL Visual Object Classes (VOC) challenge," IJCV.

[Everingham2015] M. Everingham et al., "The PASCAL Visual Object Classes challenge: a retrospective," IJCV.

[Eykholt2018] K. Eykholt et al., "Robust physical-world attacks on deep learning visual classification," CVPR.

[Fan2021] D.-P. Fan et al., "Rethinking RGB-D salient object detection: models, data sets, and large-scale benchmarks," IEEE NNLS.

[Fang2017] H.-S. Fang et al., "RMPE: regional multi-person pose estimation," ICCV.

[Farneback2003] G. Farneback, "Two-frame motion estimation based on polynomial expansion," Image Analysis.

[Fedus2022] W. Fedus, B. Zoph, and N. Shazeer, "Switch transformer: scaling to trillion parameter models with simple and efficient sparsity," Journal of Machine Learning Research.

[Feichtenhofer2016] C. Feichtenhofer, A. Pinz, and A. Zisserman, "Convolutional two-stream networks fusion for video action recognition," CVPR.

[Felzenszwalb2005] P. F. Felzenszwalb and D. P. Huttenlocher, "Pictorial structures for object recognition," IJCV.

[Felzenszwalb2010] P. F. Felzenszwalb, R. B. Girshick, D. McAllester, and D. Ramanan, "Object detection with discriminatively trained part-based models," IEEE PAMI.

[Fischler1981] M. A. Fischler and R. C. Bolles, "Random sample consensus: a paradigm for model fitting with applications to image analysis and automated cartography," CACM.

[Fitzpatrick2021] M. Fitzpatrick, "Create GUI Applications with Python and Qt5," PyQt5 Edition(online).

[Fukushima1980] K. Fukushima, "Neocognitron: a self-organizing neural network model for a mechanism of pattern recognition unaffected by shift in position," Biological Cybernetics.

[Garcia-Garcia2017] A. Garcia-Garcia et al., "A review on deep learning techniques applied to semantic segmentation," arXiv:1704.06857v1.

[Gastal2011] E. S. L. Gastal and M. M. Olieira, "Domain transform for edge-aware image and video processing," ACM TOG.

[Geiger2013] A. Geiger, P. Lenz, C. Stiller, and R. Urtasun, "Vision meets robotics: the kitti dataset," International Journal of Robotics and Research.

[Geng2011] J. Geng, "Structured-light 3D surface imaging: a tutorial," Advances in Optics and Photonics.

[Gesmundo2022] A. Gesmundo, "A continual development methodology for large-scale multitask dynamic ML systems," arXiv:2209.07326v3.

[Girshick2014] R. Girshick, J. Donahue, T. Darrell, and J. Malik, "Rich feature hierarchies for accurate object detection and semantic segmentation," CVPR.

[Girshick2015] R. Girshick, "Fast R-CNN," arXiv:1504.08083v2 (ICCV 2015).

[Glorot2010] X. Glorot and Y. Bengio, "Understanding the difficulty of training deep feedforward neural networks," International Conference on Artificial Intelligence and Statistics.

[Godard2019] C. Godard, O. M. Aodha, M. Firman, and G. Brostor, "Digging into self-supervised monocular depth estimation," ICCV.

[Goh2021] G. Goh et al., "Multimodal neurons in artificial neural networks," Distill (https://distill.pub/2021/multimodal-neurons).

[Gonzalez2018] R. C. Gonzalez and R. E. Woods, Digital Image Processing, 4th Edition, Pearson.

[Goodfellow2014] I. Goodfellow et al., "Generative adversarial nets," NIPS.

[Goodfellow2016a] I. Goodfellow, "NIPS 2016 tutorial: generative adversarial networks," arXiv:1701.00160v4.

[Goodfellow2016b] I. Goodfellow, Y. Bengio, and A. Courville, Deep Learning, The MIT Press.

[Goodfellow2018] I. Goodfellow, P. McDaniel, and N. Papernot, "Making machine learning robust against adversarial inputs," CACM.

[Greig1989] D. Greig, B. Porteous, and A. Seheult, "Exact maximum a posteriori estimation for binary images," Journal of the Royal Statistical Society.

[Grishchenko2020] I. Grishchenko et al., "Attention mesh: high-fidelity face mesh prediction in real-time," arXiv:2006.10962v1.

[Gu2022] W. Gu, S. Bai, and L. Kong, "A review on 2D instance segmentation based on deep neural networks," Image and Vision Computing.

[Gunning2017] D. Gunning, "Explainable artificial intelligence," DARPA memo.

[Guo2021a] M.-H. Guo et al., "PCT: point cloud transformer," Computational Visual Media.

[Guo2021b] Y. Guo et al., "Deep learning for 3D point clouds: a survey," IEEE PAMI.

[Guo2022] M.-H. Guo et al., "Attention mechanisms in computer vision: a survey," Computational Visual Media.

[Gupta2019] A. Gupta, P. Dollar, and R. Girshick, "LVIS: a dataset for large vocabulary instance segmentation," CVPR.

[Han2013] J. Han, L. Shao, D. Xu, and J. Shotton, "Enhanced computer vision with Microsoft Kinect sensor: a review," IEEE Transactions on Cybernetics.

[Han2018] H. Han et al., "Heterogeneous face attribute estimation: a deep multi-task learning approach," IEEE PAMI.

[Han2022] K. Han et al., "A survey on vision transformer," IEEE PAMI.

[Harris1988] C. Harris and M. Stephens, "A combined corner and edge detector," Alvey Vision Conference.

[Harshvardhan2020] G. M. Harshvardhan, M. K. Gourisaria, M. Pandey, and S. S. Rautaray, "A comprehensive survey and analysis of generative models in machine learning," Computer Science Review.

[He2021] J. He et al., "TransFG: a transformer architecture for fine-grained recognition," ArXiv:2103.07976.

[Heusel2017] M. Heusel, H. Ramsauer, T. Unterthiner, and B. Nessler, "GANs trained by a two time-scale update rule converge to a local Nash equilibrium," arXiv:1706.08500v6 (NIPS 2017).

[Hinton2002] G. E. Hinton, "Training products of experts by minimizing contrastive divergence," Neural Computation.

[Hinton2006] G. E. Hinton, S. Osindero, and Y.-W. Teh, "A fast learning algorithm for deep belief nets," Neural Computation.

[Hirschmuller2008] H. Hirschmuller, "Stereo processing by semiglobal matching and mutual information," IEEE PAMI.

[Ho2020] J. Ho, A. Jain, and P. Abbeed, "Denoising diffusion probabilistic models," arXiv:2006.11239v2 (NeurIPS 2020).

[Ho2022] J. Ho et al., "Imagen video: high definition video generation with diffusion models," arXiv:2210.02303.

[Horn1981] B. K. P. Horn, "Determining optical flow," Artificial Intelligence.

[Horn2018] G. Van Horn et al., "The iNaturalist species classification and detection dataset," CVPR.

[Hu2018] J. Hu et al., "Squeeze-and excitation networks," CVPR.

[Hu2022] J. Hu et al., "Deep depth completion: a survey," arXiv:2205.05335v2.

[Huang2007] G. B. Huang, M. Ramesh, T. Beg, and E. Learned-Miller, "Labeled faces in the wild: a database for studying face recognition in unconstrained environments," University of Massachusetts, Amherst, Technical report 07-49.

[Huang2021] Y. Huang et al., "ADNet: leveraging error-bias towards normal direction in face alignment," ICCV.

[Huang2022] Z. Huang et al., "FlowFormer: a transformer architecture for optical flow," arXiv:2203.16194v1.

[Humeau-Heurtier2019] A. Humeau-Heurtier, "Texture feature extraction methods: a survey," IEEE Access.

[Ioannidou2017] A. Ioannidou, E. Chatzilari, S. Nikolopoulos, and I. Kompatsiaris, "Deep learning advances in computer vision with 3D data: a survey," ACM CS.

[Irvin2019] J. Irvin et al., "CheXpert: a large chest radiograph dataset with uncertainty labels and expert comparison," AAAI Conference on AI.

[Itti1998] L. Itti, C. Koch, and E. Niebur, "A model of saliency-based visual attention for rapid scene analysis," IEEE PAMI.

[Jabbar2021] A. Jabbar, X. Li, and B. Omar, "A survey on generative adversarial networks: variants, applications, and training," ACM CS.

[Jaderberg2015] M. Jaderberg, K. Simonyan, A. Zisserman, and K. Kavukcuoglu, "Spatial transformer networks," NeurIPS.

[Jain2014] A. Jain, J. Tompson, Y. LeCun, and C. Bregler, "MoDeep: a deep learning framework using motion features for human pose estimation," ACCV(Asian Conference on Computer Vision).

[Jaiswal2021] A. Jaiswal et al, "A survey on contrastive self-supervised learning," Technologies.

[Janai2021] J. Janai, F. Guney, A. Behl, and A. Geiger, "Computer vision for autonomous vehicles: problems, datasets and state of the art," arXiv:1704.05519v3.

[Jang2016] E. Jang, S. Gu, and B. Poole, "Categorical reparametrization with Gumbel-softmax," arXiv:1611.01144v5.

[Jiang2021a] S. Jiang et al, "Learning to estimate hidden motions with global motion aggregation," ICCV.

[Jiang2021b] Y. Jiang, S. Chang, and Z. Wang, "TransGAN: two pure transformers can make one strong GAN, and that can scale up," NeurIPS.

[Jiao2019] L. Jiao et al., "A survey of deep learning-based object detection," IEEE Access.

[Jin2017] X. Jin and X. Tan, "Face alignment in-the-wild: a survey," CVIU.

[Johnson2021] J. Johnson, M. Douze, and H. Jegou, "Billion-scale similarity search with GPUs," IEEE Transactions on Big Data.

[Judd2009] T. Judd, K. Ehinger, F. Durand, and A. Torralba, "Learning to predict where humans look," ICCV.

[Kaplan2020] J. Kaplan et al., "Scaling laws for neural language models," arXiv:2001.08361.

[Karras2018] T. Karras, T. Aila, S. Laine, and J. Lehtinen, "Progressive growing of GANs for improved quality, stability, and variation," ICLR.

[Kartynnik2019] Y. Kartynnik, A. Ablavatski, I. Grishchenko, and M. Grundmann, "Real-time facial surface geometry from monocular video on mobile GPUs," arXiv:1907.06724.

[Kass1987] M. Kass, A. Witkin, and D. Terzopoulos, "Snakes: active contour models," ICCV.

[Kawai2022] H. Kawai, K. Ito, and T. Aoki, "Face attribute estimation using multi-task convolutional neural network," Journal of Imaging.

[Kemelmacher-Shlizerman2016] I. Kemelmacher-Shlizerman, S. Seitz, D. Miller, and E. Brossard, "The Megaface benchmark: 1 million faces for recognition at scale," CVPR.

[Khan2022] S. Khan et al., "Transformers in vision: a survey," ACM CS.

[Khosla2011] A. Khosla et al., "Novel dataset for fine-grained image categorization," First Workshop on Fine-grained Visual Categorization.

[Kingma2013] D. P. Kingma and M Welling, "Auto-encoding variational Bayes," arXiv:1312.6114v10.

[Kirillov2019] A. Kirillov et al., "Panoptic segmentation," CVPR.

[Kong2022] Y. Kong and Y. Fu, "Human action recognition and prediction: a survey," arXiv:1806.11230v3.

[Kovashka2016] A. Kovashka, O. Russakovsky, L. Fei-Fei, and K. Grauman, "Crowdsourcing in computer vision," Foundations and Trends in Computer Graphics and Vision.

[Krause2013] J. Krause, M. Stark, and J. Deng, and L. Fei-Fei, "3D object representations for fine-grained categorization," IEEE Workshop on 3D Representation and Recognition.

[Kreis2022] K. Kreis, R. Gao, and A. Vahdat, "Denoising diffusion-based generative modeling: foundations and applications," CVPR2022 Tutorial (Lecture video at https://www.youtube.com/watch?v=cS6JQpEY9cs).

[Kristan2021] M. Kristan et al., "The ninth visual object tracking VOT2021 challenge results," CVPR.

[Krizhevsky2012] A. Krizhevsky, I. Sutskever, and G. E. Hinton, "ImageNet classification with deep convolution neural networks," NeurIPS.

[Kurenkov2020] A. Kurenkov, "A brief history of neural networks and deep learning," https://www.skynettoday.com/overviews/neural-net-history.

[Kuznetsova2020] A. Kuznetsova et al., "The Open Images dataset V4: unified image classification, object detection, and visual relationship detection at scale," IJCV.

[LeCun1998] Y. LeCun, L. Bottou, Y. Bengio, and P. Haffner, "Gradient–based learning applied to document recognition," Proceedings of the IEEE.

[Levi2015] G. Levi and T. Hassncer, "Age and gender classification using convolutional neural networks," CVPR Workshop.

[Li2019a] F. Li, J. Johnson, and S. Yeung, "Lecture 11: generative models," Stanford cs231n lecture note(http://cs231n.stanford.edu/slides/2019/cs231n_2019_lecture11.pdf).

[Li2019b] J. Li et al., "CrowdPose: efficient crowded scenes pose estimation and a new benchmark," CVPR.

[Li2021a] J. Li et al., "A systematic collection of medical image datasets for deep learning," arXiv:2106.12864v1.

[Li2021b] Y. Li et al, "Deep learning for LiDAR point clouds in autonomous driving: a review," IEEE NNLS.

[Li2022a] S. Li and W. Deng, "Deep facial expression recognition: a survey," IEEE Transactions on Affective Computing.

[Li2022b] X. Li and D. Chen, "A survey on deep learning–based panoptic segmentation," Digital Signal Processing.

[Li2022c] Z. Li, X. Wang, X. Liu, and J. Jiang, "BinsFormer: revisiting adaptive bins for monocular depth estimation," arXiv:2204.00987.

[Lin2014] T.–Y. Lin et al., "Microsoft COCO: common objects in context," ECCV.

[Lin2017] T.–Y. Lin, et al., "Focal loss for dense object detection," arXiv:1708.02002.

[Lin2021] T. Lin, Y. Wang, X. Liu, and X. Qiu, "A survey of transformers," arXiv:2106.04554v2.

[Lindeberg1998] T. Lindeberg, "Feature detection with automatic scale selection," IJCV.

[Liu2015] Z. Liu, P. Luo, X. Wang, and X. Tang, "Deep learning face attributes in the wild," ICCV.

[Liu2016a] W. Liu et al., "SSD: single shot multibox detector," ECCV.

[Liu2016b] Z. Liu et al., "DeepFashion: powering robust clothes recognition and retrieval with rich annotations," CVPR.

[Liu2018] L. Liu et al., "Deep learning for generic object detection: a survey," arXiv:1809.02165 (IJCV 2019).

[Liu2019] B. Liu, H. Cai, Z. Ju, and H. Liu, "RGB–D sensing based human action and interaction analysis: a survey," Pattern Recognition.

[Liu2021a] Z. Liu et al., "Swin transformer: hierarchical vision transformer using shifted windows," ArXiv:2103.14030v2.

[Liu2021b] Z. Lie et al., "Swin transformer V2: scaling up capacity and resolution," ArXiv:2111.09883v2.

[Long2015] J. Long, E. Shelhamer, and T. Darrell, "Fully convolutional networks for semantic segmentation," CVPR.

[Loper2015] M. Loper et al, "SMPL: a skinned multi–person linear model," ACM TOG.

[Lowe1999] D. Lowe, "Object recognition from local scale–invariant features," CVPR.

[Lowe2004] D. Lowe, "Distinctive image features from scale–invariant keypoints," IJCV.

[Lucas1984] B. D. Lucas, "Generalized image matching by the method of difference," PhD Dissertation, Carnegie Melon University.

[Lugaresi2019] C. Lugaresi et al., "MediaPipe: a framework for building perception pipelines," arXiv:1906.08172v1.

[Luiten2021] J. Luiten et al., "HOTA: a higher order metric for evaluating multi–object tracking," IJCV.

[Luo2018] Y. Luo et al., "LSTM pose machines," CVPR.

[Maddison2016] C. J. Maddison, A. Mnih, and Y. W. Teh, "The Concrete distribution: a continuous relaxation of discrete random variables," arXiv:1611.00712v3.

[Mansimov2015] E. Mansimov, E. Parisoto, J. L. Ba, and R. Salakhutdinov, "Generating images from captions with attention," arXiv:1511.02793v2.

[Maturana2015] D. Maturana and S. Scherer, "VoxNet: a 3D convolutional neural network for real–time object recognition," IROS(International Conference on Intelligent Robots and Systems).

[Mayer2016] N. Mayer et al., "A large dataset to train convolutional neural networks for disparity, optical flow, and scene flow estimation," CVPR.

[McFarlane1972] M. D. McFarlane, "Digital pictures fifty years ago," Proceedings of the IEEE.

[Meinhardt2021] T. Meinhardt, A. Kirillov, L. Leal–Taixe, and C. Feichtenhofer, "TrackFormer: multi–object tracking with transformers," arXiv:2101.02702.

[Meyer1993] F. Meyer, "Topographic distance and watershed lines," Signal Processing.

[Minaee2021a] S. Minaee et al., "Image segmentation using deep learning: a survey," IEEE PAMI.

[Minaee2021b] S. Minaee, P. Luo, Z. Lin, and K. Bowyer, "Going deeper into face detection: a survey," arXiv:2103.14983v2.

[Minsky1969] M. Minsky and S. Papert, Perceptrons, (1988년에 The MIT Press에서 확장판 출간).

[Mishkin2022] P. Mishkin et al., "DALL · E2 preview–risks and limitations," https://github.com/openai/dalle–2–preview/blob/main/system–card.md.

[Mnih2013] V. Mnih et al., "Playing Atari with deep reinforcement learning," NeurIPS.

[Mnih2014] V. Mnih, N. Heess, A. Graves, and K. Kavukcuoglu, "Recurrent models of visual attention," NeurIPS.

[Moeslund2006] T. Moeslund, A. Hilton, and V. Kruger, "A survey of advances in vision-based human motion capture and analysis," CVIU.

[Montavon2012] G. Montavon, G. B. Orr, and K.-R. Muller(Edited), Neural Networks: Tricks of the Trade, LNCS 7700, Springer.

[Moravec1980] H. Moravec, "Obstacle avoidance and navigation in the real world by a seeing robot rover," Carnegie-Mellon University, Robotics Institute.

[Muja2014] M. Muja and D. Lowe, "Scalable nearest neighbor algorithms for high dimensional data," IEEE PAMI.

[Muller2014] V. C. Muller, "Risks of general artificial intelligence," Journal of Experimental and Theoretical Artificial Intelligence.

[Mundy2006] J. L. Mundy, "Object recognition in the geometric era: a retrospective," Toward Category-level Object Recognition(LNCS 4170).

[Nandy2020] A. Nandy, S. Haldar, S. Banerjee, and S. Mitra, "A survey on applications of Siamese neural networks in computer vision," International Conference for Emerging Technology.

[Naphade2021] M. Naphade et al., "The 5th AI City challenge," CVPR Workshop.

[Newell2016] A. Newell, K. Yang, and J. Deng, "Stacked hourglass networks for human pose estimation," ECCV.

[Nguyen2017] A. Nguyen et al., "Plug&play generative networks: conditional iterative generation of images in latent space," arXiv:1612.00005v2 (CVPR 2017).

[Nichol2021] A. Nichol and P. Dhariwal, "Improved denoising diffusion probabilistic models," arXiv:2102.09672v1.

[Ning2019] G. Ning and H. Huang, "LightTrack: a generic framework for online top-down human pose tracking," arXiv:1905.02822.

[Niu2016] Z. Niu et al., "Ordinal regression with multiple output CNN for age estimation," CVPR.

[Noh2015] H. Noh, S. Hong, and B. Han, "Learning deconvolution network for semantic segmentation," ICCV.

[Oh2004] I.-S. Oh, J. S. Lee, and B.-R. Moon, "Hybrid genetic algorithms for feature selection," IEEE PAMI.

[Oord2017] A. Oord, O. Vinyals, and K. Kavukcuoglu, "Neural discrete representation learning," arXiv:1711.00937v2. (NeurIPS 2017)

[Osman2020] A. A. A. Osman, T. Bolkart, and M. J. Black, "STAR: sparse trained articulated human body regressor," ECCV.

[Otsu1979] N. Otsu, "A threshold selection method from gray-level histograms," IEEE Transactions on Systems, Man, and Cybernetics.

[Padilla2020] R. Padilla, S. L. Netto, and E. A. B. da Silva, "A survey on performance metrics for object-detection algorithms," International Conference on Systems, Signals and Image Processing.

[Park2017] S.-J. Park, K. S. Hong, and S. Lee, "RDFNet: RGB-D multi-level residual feature fusion for indoor semantic segmentation," ICCV.

[Parkhi2012] O. M. Parkhi, A. Vedaldi, A. Zisserman, and C. V. Jawahar, "Cats and dogs," CVPR.

[Parkhi2015] O. M. Parkhi, A. Vedaldi, and A. Zisserman, "Deep face recognition," BMVC.

[Pfister2015] T. Pfister, J. Charles, and A. Zisserman, "Flowing convnets for human pose estimation in videos," ICCV.

[Poggi2021] M. Poggi et al., "On the synergies between machine learning and binocular stereo for depth estimation from images: a survey," IEEE PAMI.

[Qi2017] C. R. Qi, H. Su, K. MO, and L. J. Guibas, "PointNet: deep learning on point sets for 3D classification and segmentation," CVPR.

[Quiroga2005] R. Q. Quiroga et al., "Invariant visual representation by single neurons in the human brain," Nature.

[Rabiner1989] L. R. Rabiner, "A tutorial on hidden Markov models and selected applications in speech recognition," Proceedings of the IEEE.

[Radford2016] A. Radford, L. Metz, and S. Chintala, "Unsupervised representation learning with deep convolutional generative adversarial networks," ICLR.

[Radford2021] A. Radford et al., "Learning transferable visual models from natural language supervision," ICML.

[Ramachandran2017] P. Ramachandran, B. Zoph, and Q. V. Le, "Searching for activation functions," arXiv:1710.05941v2.

[Ramachandran2019] P. Ramachandran et al., "Stand-alone self-attention in vision models," NeurIPS.

[Ramesh2021] A. Ramesh et al., "Zero-shot text-to-image generation," arXiv:2102.12092v2.

[Ramesh2022] A. Ramesh, P. Dhariwal, and A. Nichol, "Hierarchical text-conditional image generation with CLIP latents," arXiv:2204.06125v1.

[Ranftl2021] R. Ranftl, A. Bochkovskiy, and V. Koltun, "Vision transformers for dense prediction," ICCV.

[Ranjan2018] R. Ranjan et al, "Deep learning for understanding faces: machines may be just as good or better than humans," IEEE Signal Processing.

[Ranjan2019] R. Ranjan, V. M. Patel, and R. Chellappa, "HyperFace: a deep multi–task learning framework for face detection, landmark localization, pose estimation, and gender recognition," IEEE PAMI.

[Razavi2019] A. Razavi, A. Oord, and O Vinyals, "Generating diverse high–fidelity images with VQ–VAE–2," arXiv:1906.00446.

[Redmon2016] J. Redmon et al., "You only look once: unified, real–time object detection," CVPR.

[Redmon2018] J. Redmon, "YOLOv3: an incremental improvement," arXiv:1804.02767v1.

[Reed2016] S. Reed et al., "Generative adversarial text to image synthesis," arXiv:1605.05396v2.

[Reed2022] S. Reed et al., "A generalist agent," arXiv:2205.06175v2.

[Ren2015] S. Ren, K. He, R. Girshick, and J. Sun, "Faster R–CNN: towards real–time object detection with region proposal networks," arXiv:1506.01497.

[Rombach2022] R. Rombach et al., "High–resolution image synthesis with latent diffusion models," arXiv:2112.10752v2 (CVPR 2022).

[Ronneberger2015] O. Ronneberger, P. Fischer, and T. Brox, "U–net: convolutional networks for biomedical image segmentation," MICCAI(Conference of the Medical Image Computing and Computer Assisted Intervention Society).

[Rosenblatt1958] F. Rosenblatt, "The Perceptrons– a probabilistic model for information storage and organization in the brain," Psychological Review.

[Rother2004] C. Rother, V. Kolmogorov, and A. Blake, "GrabCut: interactive foreground extraction using iterated graph cuts," ACM TOG.

[Roxo2022] T. Roxo and H. Proenca, "YinYang–Net: complementing face and body information for wild gender recognition," IEEE Access.

[Ruder2016] S. Ruder, "An overview of gradient descent optimization algorithms," arXiv:1609.04747v2.

[Rumelhart1986] D. Rumelhart et al, Parallel Distributed Processing: Explorations in the Microstructure of Cognition, The MIT Press.

[Russakovsky2015] O. Russakovsky et al., "ImageNet large scale visual recognition challenge," IJCV.

[Russell2021] S. Russell and P. Norvig, Artificial Intelligence: A Modern Approach, 4th Edition, Pearson.

[Saharia2022] C. Saharia et al., "Photorealistic text–to–image diffusion models with deep language understanding," arXiv:2205.11487.

[Salimans2016] T. Salimans, I. Goodfellow, W. Zaremba, and V. Cheung, "Improved techniques for training GANs," arXiv:1606.03498 (NIPS 2016).

[Sampath2021] V. Sampath, I. Maurtua, J. J. A. Martin, and A. Gutierrez, "A survey on generative adversarial networks for imbalance problems in computer vision tasks," Journal of Big Data.

[Sanchez–Riera2016] J. Sanchez–Riera et al., "A comparative study of data fusion for RGB–D based visual recognition," Pattern Recognition Letters.

[Sapp2013] B. Sapp and B. Taskar, "MODEC: multimodal decomposable models for human pose estimation," CVPR.

[Scharstein2002] D. Scharstein and R. Szeliski, "A taxonomy and evaluation of dense two–frame stereo correspondence algorithms," IJCV.

[Scharstein2021] D. Scharstein et al., "Guest editorial: special issue on performance evaluation in computer vision," IJCV.

[Schmidhuber2015] J. Schmidhuber, "Deep learning in neural networks: an overview," Neural Networks.

[Selvaraju2016] R. R. Selvaraju et al., "Grad–CAM: visual explanations from deep networks via gradient–based localization," arXiv:1610.02391 (ICCV 2017).

[Sevilla–Lara2016] L. Sevilla–Lara, D. Sun, V. Jampani, and M. J. Black, "Optical flow with semantic segmentation and localized layers," CVPR.

[Shaikh2021] M. B. Shaikh and D. Chai, "RGB–D data–based action recognition: a review," Sensors.

[Sharma2021] V. Sharma, M. Gupta, A. Kumar, and D. Mishra, "Video processing using deep learning techniques: a systematic literature review," IEEE Access.

[Shi1994] J. Shi and C. Tomasi, "Good features to track," CVPR.

[Shi2000] J. Shi and J. Malik, "Normalized cuts and image segmentation," IEEE PAMI.

[Shin2022] N.–H. Shin, S. H. Lee, and C. S. Kim, "Moving window regression: a novel approach to ordinal regression," CVPR.

[Shotton2011] J. Shotton et al., "Real–time human pose recognition in parts from single depth images," CVPR.

[Simonyan2014] K. Simonyan and A. Zisserman, "Two–steam convolutional networks for action recognition in videos," NeurIPS.

[Sohl–Dickstein2015] J. Sohl–Dickstein, E. A. Weiss, N. Maheswaranathan, and S. Ganguli, "Deep unsupervised learning using nonequilibrium thermodynamics," arXiv:1503.03585v8.

[Song2017] J. Song, L. Wang, L. V. Gool, and O. Hilliges, "Thin–slicing network: a deep structured model for pose estimation in videos," CVPR.

[Song2020] J. Song, C. Meng, and S. Ermon, "Denoising diffusion implicit models," arXiv:2010.02502v4.

[Song2021] L. Song, G. Yu, J. Yuan, and Z. Liu, "Human pose estimation and its application to action recognition: a survey," Journal of Visual Communication and Image Representation.

[Springenberg2014] J. T. Springenberg, A. Dosovitskiy, T. Brox, and M. Riedmiller, "Striving for simplicity: the all convolutional net," arXiv:1412.6806v3.

[Sreenu2019] G. Sreenu and M. A. Saleem Durai, "Intelligent video surveillance: a review through deep learning techniques for crowd analysis," Journal of Big Data.

[Srivastava2014] N. Srivastava et al., "Dropout: a simple way to prevent neural networks from overfitting," Journal of Machine Learning Research.

[Stutz2018] D. Stutz, A. Hermans, and B. Leibe, "Superpixels: an evaluation of the state–of–the–art," CVIU.

[Su2012] H. Su, J. Deng, and L. Fei–Fei, "Crowdsourcing annotations for visual object detection," AAAI Technical Report, 4th Human Computation Workshop.

[Sun2019] K. Sun, B.Xiao, D. Liu, and J. Wang, "Deep high–resolution learning for human pose estimation," CVPR.

[Sun2021] P. Sun et al., "TransTrack: multiple object tracking with transformer," arXiv:2012.15460v2.

[Sundararajan2018] K. Sundararajan and D. L. Woodard, "Deep learning for biometrics: a survey," ACM CS.

[Sutskever2014] I. Sutskever, O. Vinyals, and Q. V. Le, "Sequence to sequence learning with neural networks," NIPS.

[Szegedy2013] C. Szegedy et al., "Intriguing properties of neural networks," arXiv:1312.6199.

[Szeliski2022] R. Szeliski, Computer Vision: Algorithms and Applications, 2nd Edition, Springer.

[Taigman2014] Y. Taigman, M. Yang, M. Ranzato, and L. Wolf, "DeepFace: closing the gap to human–level performance in face verification," CVPR.

[Tatarchenko2018] M. Tatarchenko, J. Park, V. Koltun, and Q.–Y. Zhou, "Tangent convolution for dense prediction in 3D," CVPR.

[Tay2022] Y. Tay, M. Dehghani, D. Bahri, and D. Metzler, "Efficient transformers: a survey," ACM CS.

[Teed2020] Z. Teed and J. Deng, "RAFT: recurrent all–pairs field transforms for optical flow," arXiv:2003.12039v3.

[Teh1989] C.–H. Teh and R. T. Chin, "On the detection of dominant points on digital curves," IEEE PAMI.

[Toshev2014] A. Toshev and C. Szegedy, "DeepPose: human pose estimation via deep neural networks," CVPR.

[Tran2015] D. Tran et al., "Learning spatiotemporal features with 3D convolutional networks," ICCV.

[Turk1991] M. A. Turk and A. P. Pentland, "Face recognition using eigenfaces," CVPR.

[Tuytelaars2007] T. Tuytelaars and K. Mikolajczyk, "Local invariant feature detectors: a survey," Foundations and Trends in Computer Graphics and Vision.

[Uijlings2013] J. Uijlings, K. van de Sande, T. Gevers, and A. Smeulders, "Selective search for object recognition," IJCV.

[Ulman2017] V. Ulman et al., "An objective comparison of cell–tracking algorithms," Nature Methods.

[Vahdat2022] A. Vahdat and K. Kreis, "Improving diffusion models as an alternative to GANs, Part 2," NVIDIA Technical Blog.

[Vaswani2017] A. Vaswani et al., "Attention is all you need," NIPS.

[Viola2001] P. Viola and M. Jones, "Rapid object detection using a boosted cascade of simple features," CVPR.

[Viola2004] P. Viola and M. J. Jones, "Robust real–time face detection," IJCV.

[Wang2018] X. Wang, R. Girshick, A. Gupta, and K. He, "Non–local neural networks," CVPR.

[Wang2019a] L. Wang et al., "Temporal segment networks for action recognition in videos," IEEE PAMI.

[Wang2019b] W. Wang, V. W. Zheng, H. Yu, and C. Miao, "A survey of zero–shot learning: settings, methods, and applications," ACM Transactions on Intelligent Systems and Technology.

[Wang2020] Y. Wang et al., "Deep multimodal fusion by channel exchange," NeurIPS.

[Wang2021a] C. Wang, C. Wang, W. Li, and H. Wang, "A brief survey on RGB–D semantic segmentation using deep learning," Displays.

[Wang2021b] M. Wang and W. Deng, "Deep face recognition: a survey," Neurocomputing.

[Wang2021c] Z. Wang, Q. She, and T. E. Ward, "Generative adversarial networks in computer vision: a survey and taxonomy," ACM CS.

[Welinder2010] P. Welinder et al., "Caltech–UCSD Birds 200," California Institute of Technology, CNS–TR–2010–001.

[Williams1992] D. Williams and M. Shah, "A fast algorithm for active contours and curvature estimation," Computer Vision, Graphics, and Image Processing.

[Wojke2017] N. Wojke, A. Bewley, and D. Paulus, "Simple online and realtime tracking with a deep association metric," ICIP.

[Woo2018] S. H. Woo, J. C. Park, J.–Y. Lee, and I. S. Kweon, "CBAM: convolutional block attention module," ECCV.

[Wu2015] Z. Wu et al., "3D ShapeNet: a deep representation for volumetric shape modeling," CVPR.

[Wu2018] Y. Wu and K. He, "Group normalization," ECCV.

[Xiao2018] B. Xiao, H. Wu, and Y. Wei, "Simple baselines for human pose estimation and tracking," ECCV.

[Xie2022] Z. Xie et al., "SimMIM: a simple framework for masked image modeling," CVPR.

[Xu2015] K. Xu et al., "Show, attend, and tell: neural image caption generation with visual attention," ICML.

[Yao2020] R. Yao, G. Lin, S. Xia, J. Zhao, and Y. Zhou, "Video object segmentation and tracking: a survey," ACM Transactions on Intelligent Systems and Technology.

[Yuan2021] L. Yuan et al., "Florence: a new foundation model for computer vision," arXiv:2111.11432v1.

[Zaidi2021] S. S. A. Zaidi et al., "A survey of modern deep learning based object detection models," Digital Signal Processing.

[Zande2021] L. E. Zande, O. Guzhva, and T. B. Rodenburg, "Individual detection and tracking of group housed pigs in their home pen using computer vision," Frontiers in Animal Science.

[Zbontar2016] J. Zbontar and Y. LeCun, "Stereo matching by training a convolutional neural network to compare image patches," Journal of Machine Learning Research.

[Zeng2021] F. Zeng et al., "MOTR: end–to–end multiple–object tracking with transformer," arXiv:2105.03247 (ECCV 2022).

[Zhai2021a] M. Zhai, X. Xiang, N. Lv, and X. Kong, "Optical flow and scene flow estimation: a survey," Pattern Recognition.

[Zhai2021b] X. Zhai, A. Kolesnikov, N. Houlsby, and L. Beyer, "Scaling vision transformers," arXiv:2106.04560v1.

[Zhang2000] Z. Zhang, "A flexible new technique for camera calibration," IEEE PAMI.

[Zhang2018] Y. Zhang and T. Funkhouser, "Deep depth completion of a single RGB–D image," CVPR.

[Zhang2019] H. Zhang, I. Goodfellow, D. Metaxas, and A. Odena, "Self–attention generative adversarial networks," ICML.

[Zhang2020] F. Zhang et al., "MediaPipe Hands: on–device real–time hand tracking," arXiv:2006.10214v1.

[Zhang2021] S. Zhang, L. Zheng, and W. Tao, "Survey and evaluation of RGB–D SLAM," IEEE Access.

[Zhang2022] A. Zhang, Z. C. Lipton, M. Li, and A. J. Smola, Dive into Deep Learning, https://d2l.ai.

[Zhao2019] Z.–Q. Zhao, P. Zheng, S.–T. Xu, and X. Wu, "Object detection with deep learning: a review," IEEE NNLS.

[Zhao2020] C. Zhao et al., "Monocular depth estimation based on deep learning: an overview," arXiv:2003.06620v2.

[Zhao2021] H. Zhao et al., "Point transformer," ICCV.

[Zheng2018] L. Zheng, Y. Yang, and Q. Tian, "SIFT meets CNN: a decade survey of instance retrieval," IEEE PAMI.

[Zheng2021] S. Zheng et al., "Rethinking semantic segmentation from a sequence–to–sequence perspective with transformers," CVPR.

[Zheng2022] C. Zheng et al., "Deep learning–based human pose estimation: a survey," arXiv:2012.13392v4.

[Zhou2016] B. Zhou et al., "Learning deep features for discriminative localization," CVPR.

[Zhou2017] C. Zhou, H. Zhang, X. Shen, and J. Jia, "Unsupervised learning of stereo matching," ICCV.

[Zhou2018] B. Zhou et al., "Semantic understanding of scenes through the ADE20K dataset," IJCV.

[Zhou2019] S. Zhou et al., "HYPE: a benchmark for human eye perceptual evaluation of generative models," arXiv:1904.01121v4 (NeurIPS 2019).

[Zhu2017] J.–Y. Zhu, T. Park, P. Isola, and A. A. Efros, "Unpaired image–to–image translation using cycle–consistent adversarial networks," ICCV.

[Zhu2020] Y. Zhu et al., "A comprehensive study of deep video action recognition," ArXiv:2012.06567v1.

숫자

A · B

C · D

L · M · N

O · P